O CALEIDOSCÓPIO DO DIREITO
O DIREITO E A JUSTIÇA
NOS DIAS E NO MUNDO DE HOJE

ANTÓNIO MANUEL HESPANHA

O CALEIDOSCÓPIO DO DIREITO
O DIREITO E A JUSTIÇA
NOS DIAS E NO MUNDO DE HOJE

(2.ª edição, *reelaborada*)

> «Pour les juristes aussi, la question se pose: savent-ils de quoi ils parlent ou parlent-ils de ce qu'ils savent?», Christian Atias, *Épistémologie du droit*, Paris, PUF, 1994, 29.

Reimpressão da 2.ª edição de Julho de 2009

ALMEDINA

O CALEIDOSCÓPIO DO DIREITO.
O DIREITO E A JUSTIÇA NOS DIAS E NO MUNDO DE HOJE
2.ª edição, reelaborada

AUTOR
ANTÓNIO MANUEL HESPANHA

EDITOR
EDIÇÕES ALMEDINA. SA
Rua Fernandes Tomás, 76 - 80
3000-167 Coimbra
Tel.: 239 851 904
Fax: 239 851 901
www.almedina.net
editora@almedina.net

Pré-impressão
G.C. GRÁFICA DE COIMBRA

Impressão e Acabamento
PAPELMUNDE

Julho, 2014

DEPÓSITO LEGAL
295743/09

Os dados e as opiniões inseridos na presente publicação
são da exclusiva responsabilidade do(s) seu(s) autor(es).

Toda a reprodução desta obra, por fotocópia ou outro qualquer
processo, sem prévia autorização escrita do Editor, é ilícita
e passível de procedimento judicial contra o infractor.

Biblioteca Nacional de Portugal – Catalogação na Publicação

HESPANHA, António Manuel, 1945-

O caleidoscópio do direito : o direito e a justiça nos
dias e no mundo de hoje. – 2ª ed. – (O tempo e a
norma)
ISBN 978-972-40-3814-8

CDU   340
378

NOTA DA 2.ª EDIÇÃO

Passado cerca de um ano, esgotou-se a 1.ª edição. Para além de alguma segurança que isso me deu quanto à utilidade e sucesso do que escrevera, refazer o texto deu-me a oportunidade de expulsar deste ninho um razoável bando de gralhas e, além disso, de reelaborar partes apreciáveis do conteúdo. Procurei estruturar melhor o todo em redor de um núcleo mais nítido e consistente de ideias, no centro das quais está a tentativa de enriquecer uma definição realista do direito – o direito é aquilo que, numa comunidade, vigora como tal – com as ideias de que esta vigência se deve a um consenso comunitário reflexivo e que este é o único que pode fazer com que as normas correspondam a expectativas sociais alargadas e que, com isto, desempenhem uma função estabilizadora. Ou seja, tentei tirar partido das reflexões de J. Habermas e de N. Luhmann, para densificar as condições da norma de reconhecimento que faz com que uma norma seja tida como norma de direito.

Esta precisão do conteúdo do direito localmente válido tornou, porventura, mais complexa a identificação dos contornos do direito, pois obriga a perguntar mais coisas acerca de cada norma (ou da sua interpretação). Não apenas se é aplicada pelas instâncias competentes, mas ainda se reúne um consenso suficientemente geral e inclusivo e se, por isso, é um factor de estabilização sustentável. Isto pode ser visto como uma questão de mera teoria do direito. Mas, realmente, eu acho que não há nada de mais prático e que mais adira a problemas concretos do direito e da justiça no mundo de hoje (e, muito concretamente, neste país). Mais do que abstractamente justo, o direito tem que ser concretamente ajustado. Ajustado, a quê? À sua função indeclinável de resolver de forma tão consensual e estabilizadora quanto possível os problemas do Povo, esse povo que a Constituição portuguesa evoca logo nos seus primeiros artigos, mas de que o direito praticado tão pouco cuida. Por isso é que, ao fazer as normas ou ao concretizá-las em situações concretas, o norte dos legisladores, dos juízes, dos burocratas e dos juristas tem que ser, necessariamente, a auscultação, tão inclusiva e complexa quanto se puder, dos grupos, interesses e perspectivas envolvidos. Não apenas daqueles que sempre o são; mas também e sobretudo daqueles que quase nunca o são. Desse Povo *para quem não há direito*, a não ser para se tornar *objecto* dele.

Porque a situação é mesmo esta: por causa do modo como o direito é feito (ou identificado como tal) e aplicado, pela forma enviesada como os interesses são ponderados, pela denegação prática da justiça (em função da sua obscuridade, da sua apropriação quase exclusiva pela litigiosidade empresarial, da sua consequente lentidão e do seu custo) à enorme massa dos cidadãos, o direito transformou-se num poderosíssimo instrumento de exclusão política e social, num factor de generalizada irritação dos sentimentos comunitários de bom governo e de justiça.

NOTA DA 2.ª EDIÇÃO | 7

Refugiados numa dogmática imóvel – ou interessadamente imóvel – e cada vez mais desajustada da vida, muitos juristas parece que não vêm nada disto ou que, vendo-o, consideram a situação como normal e inevitável ("afinal, pobres e injustiçados sempre houve..."). Muitos parece que até crêem que esta barreira entre os eleitos e os excluídos é tanto um factor de racionalidade do direito, como o acertar o passo entre este e os grupos sociais mais exitosos, os que integram o pelotão da frente na corrida em direcção a esse mundo para onde correu, e onde infelizmente acabou por chegar, uma outra bolha de superespecialistas – os grandes gestores financeiros e os gurus da economia irreal. Com os resultados hoje já sabidos, de exclusão, de angústia e de conflito social.

Não tenho ilusões nenhumas de que com este livro o mundo do direito mude substancialmente. No entanto, ao explorar caminhos que podem parecer arriscados, apenas porque ainda são estranhos, e nebulosos, apenas quero sublinhar que as possibilidades reais – também no mundo da dogmática jurídica – começam justamente por ser golpes de imaginação e de vontade; saídas arriscadas para situações que se vê que já são, em si mesmas, fonte de desconforto de juristas aquietados. Se dermos esse primeiro passo, nada de garantido nos está oferecido para além da certeza de que agitámos e demos um novo golpe de ar ao pântano. E isso, isso sim, nós podemos!

Lisboa, Natal de 2008.

Neste livro não se filosofa sobre o direito, embora se sugira nele que o direito, a sólida e boa artesania dos juristas, tenha que ser *filosofia*, ou seja, amiga – e boa amiga, atenta, solícita e cúmplice – do saber, de muitos saberes, sobretudo de saberes que os juristas comuns raramente cultivam e de que não são sinceros amigos. Por isso é que se procura olhar o direito de mais sítios e de sítios mais improváveis do que se tornou habitual. Daí que, para além do monumental espaço "industrial" da produção legislativa e dogmática (como lhe chamou Pierre Legendre), também se espreite, se esteja atento e se valorize esse outro direito da vida – um direito frágil e em risco permanente, luminoso mas frequentemente invisível, ameaçado na academia, nas *law firms* e no foro, mas resistente no quotidiano e dentro de nós. De que muitos livros não falam, de que os tribunais quase não se ocupam, a que o legislador se refere como coisa marginal e decerto abusiva, sobre o qual a imponente dogmática ainda não pôde começar a tagarelar. Esse direito quase ausente da literatura especializada de hoje tem nomes também eles improváveis: direito democrático, sentimentos comunitários de justiça, direito do quotidiano, direito do Outro, entidades que os juristas mais clássicos nem reconhecerão facilmente como coisa sua, mas que facilmente encontraremos em todos os quotidianos, bem como – noutro plano – em algumas das dimensões proféticas da tradição ética e jurídica ocidentais.

É isto – e não apenas ou sobretudo um *jet set* de normas emplumadas, desembarcadas dos centros mais elitistas e cosmopolitas da vida contemporânea – que faz dos nossos dias uma época de pluralismo. Na qual o direito oficial se tem que confrontar com outros direitos, num despique de resultados incertos.

Porém, se o resultado é incerto, certo é ainda que, nos Estados democráticos dos nossos dias, o direito democrático – vertido nas constituições e nas leis democráticas – não perdeu esse grande trunfo de ser, ainda que de forma muito incompleta e imperfeita, a vontade mais solene e consistentemente querida dos cidadãos. E isso, com todas as cautelas e com todas as reservas, não pode deixar de ser tido muito em conta.

Embora me responsabilize pelo conteúdo deste texto e reconheça que nele há muito de duvidoso e de experimental, quero agradecer a vários amigos – que aqui listo por ordem alfabética – os conselhos que me deram, no sentido de o aperfeiçoar, em diversas fases da sua elaboração: Ana Prata, Cláudia Trabuco, Cristina Nogueira da Silva, João Caupers, Marian Ahumada,

Michele Luminati, Nuno Piçarra, Rui Pinto Duarte e Susana Brito. Alguns alunos e ex-alunos também me fizeram valiosas sugestões, de forma e de conteúdo, do que lhes fico muito reconhecido. Tenho, porém, que destacar, nestes meus confessados débitos, a solicitude com que os meus Colegas e juristas de timbre, José Manuel Correia Pinto e Manuel Macaísta Malheiros, com aquela militante elegância e operoso garbo que a ambos os caracteriza, me lançaram as mãos em muitas e tormentosas matérias.

Um livro é também um bocado inseparável da trama das nossas vidas. A preparação deste decorreu num período em que quatro dos nossos velhinhos – que aqui em casa viveram connosco os seus últimos anos – nos deixaram. Quando o folhear, a memória de cada um deles estará presente, bem como um enorme e gratíssimo sentimento de admiração por quem, para além de ninar o outonal autor deste escrito, deles tratou, como se de uma filha do sangue de todos se tratasse. Que Deus te pague.

Lisboa, Junho de 2007.

ANTÓNIO MANUEL HESPANHA

NOTA PRÉVIA

Este livro constitui uma primeiríssima introdução ao Direito, pelo menos ao nível que é próprio de um curso universitário – ou seja, uma introdução ao direito *que convide à reflexão e à problematização do que parece óbvio ou adquirido*. Por isso é que a minha principal preocupação aqui é a de – informando os meus leitores dos contornos gerais de um saber – ir, ao mesmo tempo, evocando (e, se possível, desconstruindo) simplificações, subentendidos, incertezas, pontos débeis e perspectivas críticas – que surgem a propósito dos vários temas.

Para isso, os leitores são convidados a uma reflexão jurídica mais completa (e mais inquieta ...), integrando perspectivas teóricas, sociológicas ou políticas (de política do direito ou de avaliação política do direito); o que, na verdade, corresponde àquilo que Ulpianus, um jurista romano do séc. III d.C, pensava do modo de trabalhar com o direito, ao defini-lo como "arte do justo e do injusto, tendo em vista o conhecimento das coisas [divinas e] humanas", ou seja, a uma reflexão complexa, ponderada e, sobretudo, perspicaz e atenta aos diversos níveis da realidade com que o direito se relaciona ou de que ele depende.

CALEIDOSCÓPIO DO DIREITO...

O mundo está cheio – cada vez mais cheio – de senso comum, de imagens feitas, de ideias recebidas e repetidas acriticamente, de uma ditadura doce dos meios de comunicação social que, além de confundir simplicidade com simplificação, torna automaticamente aceites os pontos de vista mais problemáticos. Um ensino do direito de nível superior há-de, justamente, mostrar que é *superior*, colocando-se acima desse nível de trivialização e de chateza e interrogando, cheio de desconfianças, o que parece óbvio. Repetindo, como as crianças, intermináveis cadeias de "porquês" a cada resposta pretensamente definitiva que se lhes dá[1].

A problematização há-de começar por nós mesmos, juristas ou aprendizes de direito. Por isso, uma linha que este curso constantemente segue é a de pôr em causa uma visão acrítica e idealizada dos juristas e do

---

[1] Lembrem-se da deliciosa faixa do álbum de Adriana Calcanhotto *Adriana Partimpim* (orig.: Paula Toller / Dunga, cantado por Paula Toller):
"Porque é que o fogo queima?
Porque a lua é branca?
Porque a Terra roda?
Porquê deitar agora?
Porque as cobras matam?
Porque o vidro embaça?
Porque você se pinta?
Porque o tempo passa?"
Oito anos, em Adriana Partimpim

NOTA PRÉVIA | 15

seu saber, "neutro" e "científico", sobretudo se contraposto ao saber "dos políticos"[2]. Nomeadamente quanto à crença na sua neutralidade, na racionalidade do seu saber, quanto à sua arrogante pertinácia em impor ao mundo (e às visões que todo o mundo tem do mundo) as suas particulares maneiras de o ver. Depois, devemos problematizar o mundo que o direito constrói, quando envolve os casos da vida nas suas roupagens "técnicas". Quando distinguia ou distingue ainda[3], por exemplo, "filhos legítimos" de "ilegítimos", "casamentos" de "uniões de facto", capazes de incapazes, propriedade de posse, direitos adquiridos de meras expectativas; quando constrói coisas que não existem no mundo, como "pessoas colectivas", "crime continuado"[4]; quando trata como reais laços meramente imaginados (como

---

[2] Parafraseando, de novo, a Adriana Partimpim – o senso comum dos juristas acha que eles são mais ou menos como a bailarina da ciranda (orig: Edu Lobo – Chico Buarque/1982, para o ballet *O grande circo místico*):
"Futucando bem
Todo o mundo tem piolho
Ou tem cheiro de creolina
Todo o mundo tem um irmão meio zarolho
Só bailarina é que não tem.
Nem unha encardida,
Nem dente com comida.
Nem casca de ferida ela não tem [...]"
Ciranda da bailarina, em Adriana Partimpim.
[3] Hoje esta distinção desapareceu da ordem jurídica portuguesa, v. art.º 36, n.º 4 da CRP.
[4] V. adiante nota 713 (e o texto que para ela remete).

a "representação política"); quando distingue entre "direitos" e "simples expectativas", ou "interesses juridicamente protegidos" e "interesses juridicamente irrelevantes", etc. Não é que estas "ficções" de vário grau sejam arbitrárias, mas o certo é que elas se baseiam em assunções prévias por vezes muito problemáticas e claramente ligadas àquilo que apenas é evidente no seio de uma cultura. Mas – ao mesmo tempo que se tomam estas distâncias em relação ao discurso jurídico estabelecido – é preciso compreender porque é que o saber dos juristas é assim[5] e, até, que vantagens sociais daí decorrem[6].

A grande exigência deste texto está, sobretudo, nesta contínua insistência na necessidade de "ver para além das aparências", de confrontar o direito com outras perspectivas do mundo e, desde logo, de tomar consciência da multiplicidade de maneiras que os juristas, eles mesmos, adoptaram para ver o direito. Neste último caso, não abundamos aqui em detalhes sobre as diversas teorias sobre o direito manifestadas ao longo

---

[5] Isto é, é preciso perceber os efeitos sociais e ideológicos dos mitos da neutralidade e cientificidade, bem como a função social do formalismo jurídico.

[6] Nomeadamente, o efeito de, por um lado, baixar o nível emocional dos litígios, envolvendo-os num manto "isolante" de "argumentos técnicos"; por outro lado, tentar encaixar a discussão num "método" que a torne *verificável*, retirando-a do domínio do arbitrário e do meramente opinativo.

NOTA PRÉVIA | 17

da história, remetendo para a exposição que delas se faz na disciplina de História do Direito, tal como ela tem sido ensinada nesta Escola[7] ou para outra bibliografia, mais genérica ou mais especializada, que irá sendo indicada[8].

---

[7] Cf. António Manuel Hespanha, *Cultura jurídica europeia. Síntese de um Milénio*, Lisboa, Europa-América, 2003.

[8] Dada a natureza, objectivos e destinatários do curso, socorremo-nos frequentemente de fontes *on line*, onde se encontram hoje os materiais mais actualizados.

PRINCIPAIS ABREVIATURAS USADAS

art.º   Artigo

cap.   Capítulo

CC   Código Civil de 1966

Cf.   Confronte

CPA   Código do Procedimento Administrativo, DL n.º 442/91 de 15-11-1991, alterado pelo DL 6/96, de 31.1.

CRP   Constituição da República Portuguesa de 1976

D.   Digesto de Justiniano (533 d.C.)

Max.   *Maxime* (principalmente)

p. (pp.)   Página(s)

s. (ss.)   Seguinte(s)

STJ   Supremo Tribunal de Justiça

STA   Supremo Tribunal Administrativo

TJCE   Tribunal de Justiça das Comunidades Europeias

v.   Ver

Vol.   Volume

Este livro terá, normalmente, uma leitura sequencial. Em todo o caso, ele também se adapta a uma leitura mais aleatória, uma vez que a sua estrutura "em rede", com múltiplas conexões não arborescentes, permite uma exploração por tópicos.

O quadro seguinte procura explicitar essa rede de referências ou conexões múltiplas, com isto tentando contribuir para leituras mais pessoais e, ao mesmo tempo, mais conscientes do entramado lógico do texto.

As "cabeças temáticas" vão assinaladas com texto a negrito e em maiúsculas.

As diversas cores e o seu esbatido identificam os vários espaços temáticos, bem como as centralidades e dependências no seu âmbito. As setas completam esta informação sobre leituras sequenciais aconselhadas.

I

PRELIMINARES

1. Estadualismo e antiestadualismo

A intenção deste primeiro capítulo é destacar que a maior parte daquilo que se costuma explicar nas comuns introduções ao direito – a começar pelas que fazem parte dos programas do ensino secundário – é o resultado de um modelo de pensar o direito e os saberes jurídicos que se estabeleceu, há cerca de 200 anos, quando a generalidade dos juristas pensava que *o direito tinha que ser uma criação do Estado*, um *reflexo da sua soberania*, um *resultado da sua vontade*. Em parte, isto era uma consequência da implantação dos modelos democráticos de Estado, em que a vontade popular se exprimia sob a forma das leis emanadas do Estado. Mas esta verdade, nas condições em que foi política e institucionalmente realizada, tinha pés de barro. Por um lado, a democracia foi, no séc. XIX, um regime muito elitista, participado por muito poucos cidadãos. O alheamento da generalidade das pessoas em relação à vida política e ao direito do Estado era muito grande e, por isso mesmo, outras formas de direito, outros direitos, desligados do Estado, surgiam espontaneamente na comunidade, por vezes como sobrevivências de antigas normas sociais geralmente aceites, outras vezes como produto da doutrina de uma elite de juristas que também não esquecera nem as suas doutrinas tradicionais, nem o papel dirigente que ocupara na sociedade de Antigo Regime[9]. Por outro lado, a democracia – a fim de reduzir esta dispersão da tarefa fundamental de definir um novo direito – procurou impor um determinado processo para emitir o direito. As razões para se prescrever um processo regulado de fazer o direito eram justificadas do ponto de vista democrático, mas a sua complexidade, artificialidade e demora ainda aumentavam mais a distância entre o direito e os cidadãos.

A consequência desta desconfiança em relação ao direito do Estado foi uma revalorização dos elementos não estatais do direito – a doutrina dos juristas, o costume e essas formas espontâneas e dinâmicas de regular que surgiam da vida de todos os dias.

Nesta reacção contra o direito do Estado convergiram escolas de pensamento e intenções políticas muito diversas. Uns, pura e simplesmente, tinham em muito pouca conta os princípios democráticos e procuravam substituir o direito das assembleias representativas por um direito aristocrático, oriundo da elite dos juristas ou das práticas governativas das altas burocracias do Estado. Foi o que aconteceu na Alemanha na última fase do II Império, sob a batuta do chanceler Bismarck e com a caução de uma elite respeitadíssima de juristas,

---

[9] Cf. A. M. Hespanha, *Cultura jurídica europeia. Síntese de um milénio*, Lisboa, Europa-América, 2003.

que haveriam de marcar o saber jurídico durante décadas (a chamada *Pandectística, Pandektisitk, Pandektenwissenschaft*). Outros, partidários de uma arquitectura liberal da sociedade, entendiam que a democracia era, sobretudo, a abstenção do Estado, o Estado mínimo (*État-veilleur de nuit, État-gendarme*), com um direito que correspondesse a esta ausência do Estado e ao mero livre curso das vontades individuais. Outros, ainda, levando mais sério todo o espectro de direitos não oficiais, valorizavam as instituições criadas pela vida, vendo nestas um verdadeiro direito do povo, liberto dos constrangimentos do direito oficial ou doutrinário, o que – valha a verdade – os transformava nas ovelhas negras da comunidade dos juristas bem pensantes. Outros, finalmente, entenderam que o direito, longe de se deixar enlear na legislação dos parlamentos ou dos governos por eles eleitos, devia seguir a vontade ou o interesse do *povo*, definido por dirigentes ou partidos que se autodefiniam como identificados com o próprio "povo", fosse este entendido como uma Nação histórica, como uma raça predestinada ou como uma classe que, tendo sido explorada, era agora dirigente.

Durante os últimos 200 anos, este movimento anti-estatalista não deixou de se fortalecer, insistindo alternadamente nos seus vários argumentos. Os regimes políticos autoritários dos meados do séc. XX (fascismos, nazismo, bolchevismo), identificando o direito com leis e com a autoridade totalitária do Estado, foram apenas a cereja no topo do bolo. A partir daí, mesmo depois de se terem restabelecido as democracias na maior parte da Europa ocidental, uma concepção legalista do direito passou a ser suspeita de trazer consigo novos riscos de absolutismo legalista e de totalitarismo do Estado.

Aparte isto, o certo é que as sociedades ocidentais se tornavam cada vez mais dinâmicas e diferenciadas. Nas últimas décadas, a imigração acentuou ainda mais o pluralismo destas sociedades, ao trazer para dentro delas comunidades com sentimentos jurídicos muito diferenciados, nomeadamente em relação aos padrões usuais na Europa central-ocidental e nas populações brancas dos Estados Unidos. Esta erupção do pluralismo étnico-cultural, a que o direito oficial tem respondido de forma muito deficiente (entre o desconhecimento e um integracionismo violento), foi ainda acompanhada pela crescente importância atribuída a formas alternativas de vida, cujo reconhecimento era exigido pelos movimentos feministas, juvenis, ecologistas ou sexualmente dissidentes. Cada um destes movimentos trazia consigo propostas novas de viver a vida e, com elas, novos ideais de justiça e novas normas de comportamento. O próprio cidadão comum, cada vez mais consciente dos seus direitos e exigindo ser bem governado e tratado pelas agências públicas e privadas de acordo com "boas práticas", ensaia a construção autónoma de "direitos de proximidade", que instituam princípios de relacionamento correspondentes aos sentimentos de justiça da generalidade das pessoas, independentemente da sua consagração na legislação estadual.

Por fim, a União Europeia e, mais em geral, a globalização económica e comunicacional desvalorizaram também o Estado e o seu direito, ao proporem formas de organização política e de regulação que atravessavam as fronteiras dos Estados, desafiando aquilo que era considerada a soberania destes.

Todos estes factos, que antes de serem jurídicos são civilizacionais, modificaram de forma decisiva as bases do direito actual. Só muito simplificadamente – e de forma cada vez mais irrealista – é que este pode continuar a ser identificado com a lei. Esta profunda modificação na natureza do direito contemporâneo implica uma modificação, igualmente profunda, na sua teoria e na sua dogmática, não sendo mais possível continuar a utilizar conceitos e fórmulas que foram cunhados num período de monopólio legislativo do direito para descrever um direito que se afasta progressivamente da lei. Embora também seja certo, como veremos, que a adopção de uma perspectiva pluralista do direito não pode perder de vista o significado democrático hoje assumido pela constituição e pelas leis. Por isso é que – apesar de todas as suas insuficiências – elas têm ainda que continuar a merecer a designação prestigiante de "forma da República"[10], como a forma mais regulada, mais controlada e provavelmente mais adequada de manifestação da vontade popular.

---

[10] Cf. o título do recente livro de Maria Lúcia Amaral, *A forma da República*, Coimbra, Coimbra Editora, 2004.

30 | CALEIDOSCÓPIO DO DIREITO...

1.1 *Um saber dependente de pré-compreensões culturais*

Quem ler textos que visam uma introdução ao direito ou à "ciência do direito"[11-12] fica muitas vezes com a impressão de que – ao contrário do que devia acontecer numa "ciência"[13] – as incertezas e as polémicas sobre as questões mais básicas acerca do direito

---

[11] As aspas são, neste e nos casos seguintes, os sinais da minha desconfiança perante a fiabilidade das expressões usadas. Uso-as, porque são correntes e translatícias; mas, em notas finais a este capítulo, direi porque é que acho que se podem transformar em "falsos amigos", contrabandistas de muitos pressupostos, sentidos e implicações não declarados.

[12] "Ciência do direito" insinua que o saber jurídico obedece a um modelo de discurso semelhante ao das "ciências": ou seja, em que há uma referência "verdade" (e uma só), em que se produzem resultados objectivos, por métodos dotados de rigor e univocidade, sobre uma realidade objectiva, exterior ao observador ("positiva"), de modo a obter um saber geral (de "leis"), sobre o qual as pré-compreensões ou as opções (filosóficas, políticas, existenciais) do estudioso (do "cientista") não têm qualquer influência ("neutralidade" da ciência). Esta concepção dominou o estudo do direito a partir dos meados do séc. XVIII, por influência do cientismo das Luzes e da teoria kantiana da ciência. Embora, na sua maior parte, os pressupostos científicos enunciados sejam altamente controversos, sobretudo quando aplicados ao direito, a expressão continua a ser usada, mesmo por aqueles que problematizam algumas das anteriores assunções. A expressão banalizou-se; mas, implicitamente, continua a funcionar como uma certa forma de conferir legitimidade ao saber dos juristas.

[13] V. nota anterior.

se multiplicam incessantemente. Quero, no entanto, começar por realçar que, tendo em conta que a cultura jurídica do Ocidente já tem mais de dois milénios, na verdade aquilo que, *de fundamental*, se tem discutido acerca do direito não tem variado assim tanto.

Basicamente, juristas (e não juristas) têm-se perguntado:

> (*i*) Se o direito está contido nos próprios equilíbrios da natureza – *i.e.*, se é uma *ratio*, uma razão, um equilíbrio, que provenha das próprias situações da vida – ou se, pelo contrário, é o produto de uma vontade ocasional, arbitrária, "livre" de alguém – *i.e.*, se é uma *voluntas* – (de Deus, do rei ou do povo).

Se se responde que é uma *ratio*, há lugar para perguntar:

> (*ii*) Se essa razão pode ser reconhecida *por meios gerais* (sob a forma de regras ou normas gerais, ainda que mutáveis no tempo e localizadas em certa sociedade) [*normativismo*]; se apenas pode ser reconhecida em relação *aos casos particulares* (sob a forma de um sentido particular de justiça, a que se tem chamado equidade) [*casuísmo*]; ou se, tratando-se de um saber essencialmente particular, pode ser, em todo o caso, *acumulável, de modo a que a partir do direito dos casos concretos já resolvidos se possa construir um saber prático*, uma *prudentia*, por meio de indução de regras heurísticas, que depois aju-

32 | CALEIDOSCÓPIO DO DIREITO...

dem a encontrar o direito de outros casos [*prudencialismo, valor vinculativo dos precedentes*].

(*iii*) De qualquer destas respostas pode seguir-se um rosário de questões sobre a *teoria do direito*, mas relevantes para a prática jurídica: a origem[14], os fins[15] e conteúdos do direito, as fontes pelas quais o direito se manifesta, os métodos para encontrar o direito (*ars inveniendi*)[16] e o aplicar aos casos (*ars iudicandi*).

Se se responder que o direito é uma *voluntas* – ou, então, que é uma razão divina incognoscível e, portanto, tão pouco possível de discutir como o é uma vontade arbitrária [*providencialismo*] – as questões que se podem colocar são de dois tipos:

(*i*) Pode perguntar-se, num plano político-filosófico, sobre qual seja essa vontade: a de Deus, a do Povo, a da Nação, a do Estado. Pode, depois, perguntar-se sobre a legitimidade de tal vontade para criar direito. E, por fim, se essa vontade tem limites, sejam materiais (coisas que não podem ser queridas, *v.g.*, a ofensa de

---

[14] Em Deus, na natureza, na razão.

[15] A maximização da felicidade individual, a observância de uma regra absoluta de justiça, a prossecução da utilidade comum (ou o bem-estar supra-individual da comunidade).

[16] De uma forma "inspirada" ou "carismática"; a partir de evidências racionais; a partir de evidências emotivas ("sentimentos partilhados de justiça"); a partir de um método de discussão geralmente reconhecido como apto.

direitos naturais dos cidadãos), sejam formais (estabelecimento de formalidades a que a vontade deve obedecer ao criar direito).

(*ii*) Pode, por outro lado, perguntar-se – assumindo a validade da norma *querida* – uma série de coisas sobre esta declaração de vontade criadora de direito (*teoria da norma*): sobre qual a declaração de vontade do legislador a que um caso concreto deve ser referido (*qualificação*); sobre o sentido da declaração de vontade (*interpretação*); sobre a possibilidade da sua extensão a outros casos não expressamente previstos (*integração*); sobre a colisão entre duas ou mais manifestações de vontade (*conflitos ou concurso de normas*); sobre o processo intelectual de aplicação da norma geral a um caso concreto (*aplicação*).

Estas perguntas surgiram também logo nos inícios da tradição jurídica europeia, havendo muitas respostas para elas – mas nem sempre coerentes entre si – logo no enorme *corpus* textual do direito romano[17].

---

[17] Vale a pena, nesse sentido, fazer um reconhecimento do livro I das *Institutiones* do Imperador Justiniano (529 d.C.) ou dos títulos I e III do Livro I do *Digesto*, do mesmo (533 d.C.), que reúnem textos dois ou três séculos mais antigos. Cf. António Manuel Hespanha, *Cultura jurídica europeia. Síntese de um Milénio*, Lisboa, Europa-América, 2003 (última versão, algo modificada e corrigida, ed. bras., Florianópolis, Fundação Boiteux, 2005), secção 6.1.1.

34 | CALEIDOSCÓPIO DO DIREITO...

Passando em silêncio muitas voltas que estas questões deram, ao longo de dois mil anos de história, apenas anotamos que, a partir da Revolução Francesa, mas sobretudo nos dias de hoje, o princípio que se tornou dominante na Europa foi o de que o direito é a manifestação da *vontade*, a vontade do povo [da Nação, do Estado][18], expressa pelos seus representantes (*princípio democrático, soberania nacional, soberania popular, soberania estadual*)[19], escolhidos estes pela forma que o próprio povo estabeleceu na constituição[20]. Como o povo, no momento constituinte originário, também quis que certos direitos do cidadão (mais tarde chamados *direitos fundamentais*) presidissem à organização da República, a vontade dos representantes do povo ficou obrigada a garantir esses direitos. Daí que, na tradição europeia ocidental moderna, o direito exprima a vontade do povo, sob três pontos de vista:

1. Ao garantir os direitos fundamentais *estabelecidos no momento constituinte*;

---

[18] Note-se que estas entidades não são sinónimos, se bem que a doutrina política as relacione entre si.

[19] Que também não são sinónimos, só tendo um elemento comum – a referência a soberania, como "poder supremo [e ilimitado]".

[20] Neste ponto, as soluções podem variar: a eleição por sufrágio universal, eleição por sufrágio restrito, escolha por órgãos ou corpos sociais (famílias, grupos de interesses [corporativismo]), aclamação popular não eleitoral (como é pressuposta nos regimes ditatoriais).

2. Observando o processo de criar direito estabelecido no momento constituinte.

Estes dois pontos de vista exprimindo o *primado da Constituição*.

3. Validando como direito a vontade normativa expressa subsequentemente pelos representantes do povo, de acordo com os processos previstos no momento constituinte.

Este ponto consubstanciando o princípio da legalidade (*rule of law*).

Formuladas como o foram nos últimos parágrafos, não se nota a tensão entre a soberania do povo e a garantia de direitos. Isto porque, de acordo com a formulação adoptada, os direitos garantidos foram aqueles que o povo quis que fossem garantidos, no momento constituinte, e pelos processos jurídicos também queridos por ele nesse momento.

Porém, outras tradições jurídicas – nomeadamente a norte-americana (e, em menor medida, a tradição inglesa) – combinam, num equilíbrio diverso, o princípio democrático com os da garantia de direitos (*liberalismo* político) e do respeito pelos processos estabelecidos pelo direito: *rule of law*, ou *due process of law*). Nesta perspectiva, o povo quis que os direitos naturais (*i.e.*, provindos da natureza, logo, anteriores à organização política, ou longamente recebidos pela tradição jurídica) dos indivíduos constituíssem o direito; de tal forma que o povo ou não pode querer nada

36 | CALEIDOSCÓPIO DO DIREITO...

contra eles (versão norte-americana[21]) ou, mesmo que o queira (por meio de um acto de vontade dos seus representantes, *i.e.*, do Parlamento), sempre terá que respeitar, na sua derrogação, a *rule of law* ou o *due process of law* (versão, mais atenuada, dominante entre os juristas ingleses que, tradicionalmente, insistem mais na soberania do Parlamento) – ou seja, os processos (antes, longamente) estabelecidos pelo direito.

Verifica-se hoje uma certa tendência para importar para o contexto europeu o modelo anglo-saxónico, mesmo na sua versão mais radicalmente garantista de direitos pré-legais, que é a americana, destacando a anterioridade dos direitos (dos indivíduos) em relação ao direito (parlamentar).

Deve começar por se dizer que a revogação de leis, pela *Supreme Court* dos EUA, como contrárias aos direitos representa uma evolução muito recente da prática jurídica norte-americana. Durante todo o séc. XIX e uma boa parte do séc. XX, a *Supreme Court* não

---

[21] Constituição dos EUA. 14.º Acto Adicional (*amendment*): "1. All persons born or naturalized in the United States, and subject to the jurisdiction thereof, are citizens of the United States and of the State wherein they reside. No State shall make or enforce any law which shall abridge the privileges or immunities of citizens of the United States; nor shall any State deprive any person of life, liberty, or property, without due process of law; nor deny to any person within its jurisdiction the equal protection of the laws". Sobre o sentido de *due process of law* no contexto norte-americano: cf. http://www.usconstitution.net/consttop_duep.html.

ousou exercer esta prerrogativa. Com o actual vigor, só a partir dos anos 60 do séc. XX – a época em que surge nos EUA, com grande acuidade, a questão dos "direitos cívicos" e do combate à segregação racial – é que o Supremo Tribunal, então presidido por um juiz famoso, Earl Warren, que marcou uma época na história do direito na América do Norte, começou a exercer um controle apertado sobre a conformidade das estaduais e federais com certos princípios constitucionais (*judicial review*)[22]. Por outro lado, os historiadores do direito norte-americano costumam salientar que o vigor desta anteposição dos direitos à lei decorre de dois factores absolutamente próprios da cultura jurídica e política dos EUA – o federalismo e o

---

[22] Sobre a lenta emergência da *judicial review* (controle da constitucionalidade das leis) nos EUA, v. a bela síntese de Lawrence M. Friedman, *Law in América [...], maxime* 12-13, 143 ("courts used it rarely and gingerly for the first century of independence [...] not until the late nineteenth century did judicial review of legislation become a normal part of the life cycle of major litigation" (p. 13). Um outro livro do mesmo autor em que estas questões são discutidas é *American law in the Twentieth Century*, New Haven, Yale Univ. Press, 2002. Sobre o carácter problemático deste primado do judiciário, na tradição jurídica norte-americana, v. a súmula no cap. "Pros and cons" em http://en.wikipedia.org/wiki/Judicial_review [Virginia Constitution de 1776: "All power of suspending laws, or the execution of laws, by any authority, without consent of the representatives of the people, is injurious to their rights, and ought not to be exercised." (!)]. V., ainda, Marian Ahumada, *La jurisdicción constitucional en Europa [...]*, cit.

38 | CALEIDOSCÓPIO DO DIREITO...

individualismo agressivo da cultura local, temerosa da concentração do poder, desconfiada do Estado e propícia a um governo disperso e fragmentado[23].

A grande dificuldade que, a este propósito, se põe é a de que, ao passo que a cultura constitucional americana, além das características peculiares antes referidas, se fundou num património moral (*i.e.*, quanto aos [bons] costumes) largamente partilhado e pôde, neste ambiente (hoje, em crise), consolidar um catálogo de direitos constitucionais razoavelmente unânime, a cultura constitucional e jurídica europeia foi muito mais variada e divergente, não tendo podido chegar a posições unânimes quanto a estes direitos. Em virtude disso, é muito menos claro, para um jurista europeu, definir o elenco e prioridade relativa dos direitos constitucionais sem o recurso àquilo que as constituições e as leis efectivamente consignaram (ou *incorporaram* na ordem jurídica de cada país) e, por isso mesmo, o risco de arbitrariedade e de impressionismo de um direito baseado em direitos pré-constitucionais é, aqui na Europa, se não muito maior, pelo menos muito mais presente nos espíritos.

O enunciado anterior de perguntas (e de respostas) já mostra que responder e perguntar têm a ver entre si. Ou seja, que, se se conceber o direito de certo modo, daí flui uma série de questões pertinentes quanto ao seu método, enquanto outras não têm lugar

---

[23] Lawrence M. Friedman, *Law in America [...]*, 13.

PRELIMINARES | 39

nesse contexto. Alterado o grande modelo (o *paradigma*) segundo o qual o direito é encarado, certas questões submergem, enquanto outras, novas, se manifestam. O saber jurídico mostra, assim, um perfil histórico que não evolui em linha recta, segundo uma linha evolutiva sem rupturas. Pelo contrário, segue um rumo inconstante, explorando, segundo estratégias muito variadas, um capital de regras e de problemáticas que, ao longo de mais de dois mil anos, não variou tanto como isso[24].

Por isso é que é indispensável ter em conta, ao analisar as "proposições técnicas" do direito, os grandes modelos de entender o direito. Pois tais "proposições técnicas" variam de sentido consoante o contexto filosófico ou cultural em que andem inseridas.

1.2 *Uma primeira e provisória aproximação*

Costuma dizer-se que o direito é um conjunto de normas que rege a vida em sociedade. Nesta regulação da vida social, o direito coexiste, no entanto, com outros complexos de normas, como – nas modernas sociedades ocidentais[25] – a religião, a moral, os cos-

---

[24] A situação não é singular. Pense-se, apenas, como tem sido diversamente reconstruída a tradição bíblica, do Antigo e do Novo Testamento, por judeus, por diversas confissões cristãs e por diversos ramos do islamismo.

[25] Quase tudo o que é dito nesta introdução ao direito se relaciona com aquilo que hoje consideramos direito, nas socie-

40 | CALEIDOSCÓPIO DO DIREITO...

tumes, as normas técnicas, as "boas práticas" e as próprias "leis" da natureza. Tradicionalmente, a distinção entre o direito e a generalidade destes outros complexos normativos era feita recorrendo à característica da coercibilidade, ou seja, ao facto de o direito ser virtualmente imposto pela força do Estado[26]. Deste

---

dades do Ocidente. Se abordássemos outras sociedades ou, mesmo, a nossa noutras épocas, pouco do que irão ler teria cabimento. Nem as distinções entre direito e outros complexos normativos seriam as mesmas (porventura, nem haveria nada que pudesse ser identificado como o nosso direito, quer pela sua forma, quer pela sua função), nem o direito teria a forma do nosso, nem cumpriria as mesmas funções, nem seria guiado pelos mesmos valores. De tudo isto se ocupa a antropologia jurídica, cujos ensinamentos devem ser tidos muito em conta, sobretudo numa época em que a mobilidade das pessoas e das experiências humanas tornam quotidiano o nosso contacto directo com pessoas portadoras de outras culturas, de outras concepções do direito, de outros valores jurídicos e mesmo de outro estatuto jurídico pessoal, reconhecido pelo nosso direito (direito internacional privado). V., sobre o assunto, Armando Marques Guedes, *Entre Factos e Razões – Contextos e Enquadramentos da Antropologia Jurídica*, Coimbra, Almedina, 2004.

[26] Este critério de distinção é, como veremos, cada vez mais problemático. Note-se, desde logo, que nem todas as normas jurídicas contêm a ameaça de uma sanção. Muitas apenas estabelecem um regime jurídico (cf., entre muitos outros, o art.º 1717, ou 1721, etc., do CC; art.º 11, ou art.º 110 da CRP): a norma que estabelece a sanção existe, e faz parte da ordem jurídica, mas, o mais das vezes, é preciso figurar uma longa série de normas intermédias até encontrar a norma que contém a sanção: uma pena, a perda (caducidade) de uma vantagem ou bem jurídico; a nulidade ou ineficácia de um acto jurídico e a consequente extinção dos seus efeitos vantajosos. Por outro lado,

modo, a violação das normas jurídicas importaria uma consequência forçosa (pena ou prémio) a ser efectivada pelos poderes públicos. Por isso se distinguiria da religião, cuja sanção, para os crentes, se efectivará no desamor de Deus (dos deuses), com as consequências que cada religião liga a isso[27]. Por isso se distinguiria da moral, cuja sanção teria uma natureza meramente interior, no "foro" (note-se a linguagem jurídica, em todo o caso) da consciência. Por isso se distinguiria dos bons costumes ou da urbanidade ("cortesia", "boa educação"), cuja violação é objecto de uma censura

---

a palavra "virtualmente" já pretende sugerir que as soluções jurídicas não são sistematicamente impostas coercivamente, deixando a sociedade que subsistam muitas situações não jurídicas: crimes não punidos, rendimentos não declarados e impostos não pagos, obrigações juridicamente constituídas mas não cumpridas, etc. Estas e outras situações de normas jurídicas não cumpridas podem mesmo ser estatisticamente dominantes. Por isso, a coercibilidade é apenas uma virtualidade de coerção, não uma coerção efectiva. Mas há mais. Com a proposta liberal de "retirada do Estado", damo-nos conta de que, para se fazer cumprir, o direito conta cada vez mais com a imposição de meras desvantagens, no caso de incumprimento, que são de natureza puramente económica (coimas, por vezes ridículas em face das vantagens de não cumprir as normas, por exemplo no domínio do direito do ambiente, do ordenamento do território, da violação das regras de transparência no mercado de valores imobiliários, etc.), resultando a decisão de cumprir o direito de uma mera análise "custos-benefícios" e não do teor de uma acção compulsiva do Estado (v., adiante, cap. 10).

[27] Algumas das quais podem ter, em todo o caso, reflexos externos (penitência, excomunhão).

social, mas difusa[28]. Por isso se distinguiria da "vingança privada" (ou da "justiça popular"), em que a comunidade ou alguns dos seus elementos se encarregam de infligir uma sanção a quem violar as regras de convívio estabelecidas. Por isso se distinguiria das "boas práticas", cuja violação apenas daria lugar a uma censura dirigida à consciência deontológica do agente, mas não a um castigo que lhe fosse imposto pelo Estado. Já quanto às "leis da natureza" (a "natureza das coisas", humanas ou do mundo físico), elas estão garantidas, tanto pela impossibilidade de as violar, como pelo automatismo da sanção (por exemplo: estar em dois lugares ao mesmo tempo; falar uma língua que nunca se aprendeu; cruzar os céus no cabo de uma vassoura; caminhar sobre as águas).

A esta ordem normativa que comanda a actividade livre das pessoas por meio da ameaça de sanções se chama "direito objectivo", por oposição a "direito subjectivo", que se pode definir – agora encarando as coisas do lado dos sujeitos de direito – como a faculdade que o direito confere a cada um de agir (de acordo com a sua vontade, *facultas agendi*, *Willensmacht*; mas também de acordo com o direito)[29].

---

[28] Distinguir-se-á das "leis da economia"? As consequências negativas da perda de eficiência (de competitividade) ou do peso excessivo das despesas públicas não será uma das tais desvantagens associadas à violação de uma lei? Nomeadamente, em face da tendência para "desestatizar" o direito? Veremos isso mais adiante, cap. 10.

[29] Não poderemos ver as coisas de um ponto de vista oposto, colocando os direitos subjectivos como a variável independente

1.2.1 *Fontes de direito, sua hierarquia e forma de manifestação*

Estas normas constituem aquilo (ou provêm daquilo) a que se chama as *fontes de* direito, pelo menos num dos sentidos que esta última expressão assume correntemente: o de formas de manifestação do direito.

Embora (i) nem sempre tenha sido assim, nem haja nenhuma garantia (ii) de que isso venha a acontecer, mesmo num futuro próximo, (iii) ou mesmo que ainda esteja a acontecer nos dias de hoje, nos modernos Estados constitucionais, as fontes de direito parece que têm que ser definidas pelos poderes públicos a quem a Constituição confere essa prerrogativa[30].

---

e o direito objectivo como a variável derivada? Ou seja, considerar que, no princípio, estão direitos individuais, como faculdades livres de agir próprias dos homens (porquê apenas dos homens? e todas as faculdades de agir dos homens, ou apenas algumas? e, neste último caso, quem determina quais são essas?), e que o direito objectivo apenas garante estas faculdades, ratificando o modo melhor de as combinar? É a visão jusnaturalista liberal, surgida no séc. XVIII, e hoje inspiradora de modelos neoliberais de direito.

[30] Para quem ache que o direito provém da natureza das relações humanas ou da natureza irrenunciável de certos direitos das pessoas, poder-se-ia prescindir de qualquer actividade declarativa do Estado. Tais direitos ou princípios seriam antes o fundamento do direito. A questão será discutida mais adiante (cf., *infra*, cap. 6). Porém, restariam sempre as normas de hierarquia axiológica inferior, bem como a regulamentação das matérias que fossem, como antigamente se dizia, "indiferentes" e que sempre necessitariam de um "acertamento" pelo direito do Estado. Por exemplo, a regra de manter a direita na con-

44 | CALEIDOSCÓPIO DO DIREITO...

A Constituição portuguesa (CRP) começa por estabelecer que toda a actividade do Estado, nomeadamente a actividade normativa, tem que respeitar a Constituição[31] e as leis (cf. art.º 3, n. 2). Depois (CRP, art.º 112), estabelece quais são os actos normativos e as relações de hierarquia entre eles:

"Artigo 112. (Actos normativos).
1. São actos legislativos as *leis, os decretos-leis* e os decretos legislativos regionais.
2. As leis e os decretos-leis têm igual valor, sem prejuízo da subordinação às correspondentes leis dos decretos-leis publicados no uso de autorização legislativa e dos que desenvolvam as bases gerais dos regimes jurídicos".

De seguida, o mesmo artigo estabelece algumas especificidades de outros actos normativos emanados dos poderes públicos:

---

dução de um veículo... antes de isso se ter estabelecido, seja por que forma for (porque, depois de estabelecida, já não é indiferente); o estabelecimento dos prazos processuais (em toda a sua latitude?); a definição de alguns dos crimes (?); o estabelecimento das medidas da pena e dos modos da sua execução (em toda a sua latitude?); o estabelecimento das formas e condições da união conjugal (?); o estabelecimento dos dias de descanso semanal e dos feriados (?).

[31] CRP, art.º 3, n. 2: "O Estado subordina-se à Constituição e funda-se na legalidade democrática"; n. 3: "A validade das leis e dos demais actos do Estado, das regiões autónomas, do poder local e de quaisquer outras entidades públicas depende da sua conformidade com a Constituição".

"3. Têm valor reforçado, além das leis orgânicas, as leis que carecem de aprovação por maioria de dois terços, bem como aquelas que, por força da Constituição, sejam pressuposto normativo necessário de outras leis ou que por outras devam ser respeitadas.

4. Os decretos legislativos regionais versam sobre matérias de interesse específico para as respectivas regiões e não reservadas à Assembleia da República ou ao Governo, não podendo dispor contra os princípios fundamentais das leis gerais da República [...].

5. São leis gerais da República as leis e os decretos-leis cuja razão de ser envolva a sua aplicação a todo o território nacional e assim o decretem.

6. Os regulamentos do Governo revestem a forma de decreto regulamentar quando tal seja determinado pela lei que regulamentam, bem como no caso de regulamentos independentes.

7. Os regulamentos devem indicar expressamente as leis que visam regulamentar ou que definem a competência subjectiva e objectiva para a sua emissão.

8. A transposição de directivas comunitárias para a ordem jurídica interna assume a forma de lei ou de decreto-lei, conforme os casos".

E, finalmente, a CRP estabelece os mecanismos pelos quais o respeito pela Constituição e pelas leis se efectiva:

"Artigo 204: Nos feitos submetidos a julgamento não podem os tribunais aplicar normas que infrinjam o disposto na Constituição ou os princípios nela consignados [...];

Artigo 223: "1. Compete ao Tribunal Constitucional apreciar a inconstitucionalidade e a ilegalidade, nos termos dos artigos 277 e seguintes [...];

46 | CALEIDOSCÓPIO DO DIREITO...

Artigo 277. (Inconstitucionalidade por acção): 1. São inconstitucionais as normas que infrinjam o disposto na Constituição ou os princípios nela consignados [...];

Artigo 278. (Fiscalização preventiva da constitucionalidade):

1. O Presidente da República pode requerer ao Tribunal Constitucional a apreciação preventiva da constitucionalidade de qualquer norma constante de tratado internacional que lhe tenha sido submetido para ratificação [...].

2. [...]

3. [...]

4. Podem [...] o Primeiro-Ministro ou um quinto dos Deputados à Assembleia da República em efectividade de funções.

Artigo 279. (Efeitos da decisão):

1. Se o Tribunal Constitucional se pronunciar pela inconstitucionalidade de norma constante de qualquer decreto ou acordo internacional, deverá o diploma ser vetado pelo Presidente da República ou pelo Ministro da República, conforme os casos, e devolvido ao órgão que o tiver aprovado [...].

2. No caso previsto no n. 1, o decreto não poderá ser promulgado ou assinado sem que o órgão que o tiver aprovado expurgue a norma julgada inconstitucional ou, quando for caso disso, o confirme por maioria de dois terços dos Deputados presentes [...];

4. [...].

Artigo 280. (Fiscalização concreta da constitucionalidade e da legalidade):

1. Cabe recurso para o Tribunal Constitucional das decisões dos tribunais:

a) Que recusem a aplicação de qualquer norma com fundamento na sua inconstitucionalidade;

b) Que apliquem norma cuja inconstitucionalidade haja sido suscitada durante o processo.

2. Cabe igualmente recurso para o Tribunal Constitucional das decisões dos tribunais:

a) Que recusem a aplicação de norma constante de acto legislativo com fundamento na sua ilegalidade por violação da lei com valor reforçado;

b) Que recusem a aplicação de norma constante de diploma regional com fundamento na sua ilegalidade por violação do estatuto da região autónoma ou de lei geral da República;

c) Que recusem a aplicação de norma constante de diploma emanado de um órgão de soberania com fundamento na sua ilegalidade por violação do estatuto de uma região autónoma;

d) Que apliquem norma cuja ilegalidade haja sido suscitada durante o processo com qualquer dos fundamentos referidos nas alíneas a), b) e c). [...].

6. [...]

Artigo 281. (Fiscalização abstracta da constitucionalidade e da legalidade):

1. O Tribunal Constitucional aprecia e declara, com força obrigatória geral:

a) A inconstitucionalidade de quaisquer normas;

b) A ilegalidade de quaisquer normas constantes de acto legislativo com fundamento em violação de lei com valor reforçado;

c) A ilegalidade de quaisquer normas constantes de diploma regional, com fundamento em violação do estatuto da região ou de lei geral da República;

d) A ilegalidade de quaisquer normas constantes de diploma emanado dos órgãos de soberania com fundamento em violação dos direitos de uma região consagrados no seu estatuto. [...]".

48 | CALEIDOSCÓPIO DO DIREITO...

Segundo a nossa ordem jurídica, têm competência normativa legislativa a Assembleia da República (a quem compete fazer as leis[32]), o Governo (decretos-leis, com força idêntica à das leis) e, no âmbito regional e autárquico, as assembleias regionais (art.º 227, 228, 232). Têm competência regulamentar o Governo (art.º 199, c)), as assembleias regionais (art.º 227, c) e d)), os governos regionais (de acordo com o Estatuto da Região) e as autarquias (art.º 241).

Se exceptuarmos as *Ordenações do Reino* (a partir de 1446) – complementadas, depois, pela Lei da Boa Razão (1769) –, é a primeira vez que uma constituição portuguesa faz o elenco das fontes normativas (das fontes de direito), matéria que tradicionalmente era regida pelo Código Civil, cujas disposições a doutrina estendia, com alguma adaptação, ao conjunto da ordem jurídica.

Em todo o caso, *também agora não é certo que a Constituição pretenda esgotar, no elenco do art.º 112, a enumeração das fontes de direito*, mas apenas enumerar as fontes do direito *normativo e estadual*[33]. Daí que, em princípio, se possa continuar a pôr a questão da vigência das outras fontes que constituíam o elenco tradicional nesta matéria: o costume, a jurisprudência,

---

[32] Competência, em certas matérias, reservada ou exclusiva (cf. CRP, arts. 112, 161, 164 e 165).

[33] Cf. anotação a este art.º em J. J. Gomes Canotilho e Vital Moreira, *Constituição da República Portuguesa Anotada*, ed. cons., 3.ª ed., Coimbra, Coimbra Editora, 1993, p. 501, n. II.

a doutrina. Ou ainda, se aderirmos à ideia de que há normas jurídicas superiores e fundantes da própria ordem estadual (questão a que já nos referimos), estas vigorariam também, não apenas independentemente do disposto nos artigos Constitucionais citados, mas ainda do texto constitucional na sua globalidade[34]. Por sua vez, se aderirmos à ideia de que o direito não se exprime apenas sob a forma de cláusulas normativas gerais (v. adiante), mas também por uma intuição da justiça dos casos concretos, teríamos que acrescentar a este elenco a *equidade*.

O *costume* é, em sentido jurídico, uma norma observada geral e longamente, com o sentimento de que é juridicamente obrigatória (*opinio iuris vel necessitatis*, convicção de que constitui direito ou algo de forçoso). Tradicionalmente, não era reconhecido como fonte autónoma de direito pela doutrina dominante entre nós, desde o Código Civil de 1867, embora pudesse ter relevância jurídica quando a lei para ele expressamente remetia (cf. art.º 1499, n. 1 do CC)[35]. A *jurisprudência* é o conjunto das decisões dos tribunais.

---

[34] V., *infra*, a discussão deste ponto, em sede teórica (cf. cap. 6: A definição realista e a consideração dos "princípios": H. L. Hart e R. Dworkin).

[35] De alguma forma, os princípios da boa-fé, a que se referem os arts. 227 e 762 do CC, representam costumes incorporados na vida, ou em certas instituições da vida ("direito do quotidiano"); e, nesse sentido, são direito consuetudinário, embora de contornos vagos e gerais.

50 | CALEIDOSCÓPIO DO DIREITO...

Embora goze de uma inegável influência de facto, era também tradicionalmente afastada do quadro das fontes do nosso direito, sobretudo desde que o dec. 329-A/95, de 12.12, pôs fim à possibilidade de o STJ proferir, a propósito de uma divergência de decisões de tribunais superiores, um *assento* genérico sobre a questão de direito *sub judice*, com força vinculativa para o futuro. Hoje em dia, esta irrelevância da jurisprudência estaria, de qualquer modo, prejudicada pela existência de decisões do Tribunal Constitucional que declarem, com força obrigatória geral, uma norma como inconstitucional (cf. o antes citado art.º 281 da CRP)[36]. A *doutrina* continua a ser, de facto, a principal fonte inspiradora das decisões judiciais; em todo o caso, não lhe costumava ser reconhecida uma força normativa autónoma, já que, no plano de uma certa teoria do direito, estabelecida e dominante a partir dos inícios do séc. XIX, os jurisconsultos elaborariam as suas construções com base nos dados do direito posto pelo Estado.

Claro que tudo isto é muito mais complicado, sobretudo se se entender – como já se referiu – que a Constituição e mesmo outras componentes da ordem jurídica positivam princípios *em desenvolvimento*, ou seja, princípios que vão ganhando contornos novos à medida que são aplicados. Tal seria o caso dos prin-

---

[36] Também os tribunais administrativos podem declarar ilegal, com força obrigatória geral, uma norma, de hierarquia inferior à lei.

cípios enunciados nos arts. 12 e ss. da CRP, ou dos princípios que afloram, por exemplo, no Código Civil (princípio da boa-fé: arts. 227 e 762, n. 2; princípio da não retroactividade da lei, art.º 12, etc. por exemplo), ou mesmo em directivas comunitárias incorporadas na nossa ordem jurídica (princípio do poluidor-pagador, emergente do Programa Comunitário de Política e Acção em Matéria de Ambiente e Desenvolvimento Sustentável, referido na resolução do Conselho de 1992 e do Sexto Programa de Acção no domínio do Ambiente, de 2002-2012, também acolhido na Lei n. 11/87, de 7.4, art.º 41). Nestes casos – como nos do reconhecimento de um direito feito de usos quotidianos, de sentimentos arreigados de justiça, de boas práticas –, estaríamos perante um direito relativamente autónomo, de origem sociológica, doutrinal ou jurisprudencial[37]. Para não falar já daqueles que entendem que, por sobre a ordem jurídica positiva, paira uma outra ordem jurídica, de origem divina, moral, ou natural, apenas desvendável por quem tenha conversações com Deus ou com a Natureza, atribuição que a CRP não confere a nenhum dos órgãos do poder e que, portanto, ficaria a ser privativa dos jurisconsultos[38].

---

[37] Cf. art.º 10 do CC. Voltaremos a esta questão (cf., *infra*, cap. 6 – A definição realista e a consideração dos "princípios": H. L. Hart e R. Dworkin).

[38] Os quais, desde o tempo dos romanos, reclamam – com alguma credibilidade social... – esta possibilidade de ler o direito nas "coisas divinas e humanas". Sobre a importância de uma leitura político-sociológica desta e outras pretensões gnoseológicas dos juristas, v., *infra*, cap. 11.4 (Elites).

52 | CALEIDOSCÓPIO DO DIREITO...

Outra questão é a de saber se o direito apenas se manifesta sob a forma de normas, ou se também se revela por sentimentos de justiça essencialmente ligados a um caso concreto, os quais constituiriam o fundamento de um juízo de equidade. Apesar dos ventos que a sensibilidade actual faz soprar no sentido de um reconhecimento mais generoso de uma "justiça do caso concreto", a doutrina dominante é a de reconhecer à equidade apenas um papel supletivo, de atenuação do rigor da lei[39], a menos que as partes convenham numa decisão de equidade, quando não estejam em causa direitos que a lei considere indisponíveis[40].

2. Pressupostos de uma revisão do método jurídico, num sentido pluralista. Contextualização da metodologia jurídica corrente.

O método jurídico, tal como é correntemente exposto, tem a idade de uma dessas tartarugas bicentenárias. Na verdade, nas suas linhas gerais, ele constituiu-se no

---

[39] Cf. José de O. Ascensão, *O direito. Introdução [....]*, Coimbra, Almedina, 2005, 245 ss.

[40] Os romanos punham o problema justamente ao contrário: "non ex regula jus sumatur, sede ex iure quod est regula fiat" (Paulo, D., 50, 17,1: não é da regra que se faz o direito, mas do direito que existe é que se extrai a regra): a solução é sempre singular – embora dirigida por princípios ínsitos na natureza das coisas; sendo a regra apenas uma espécie de orientação provisória (uma heurística) a ser testada no caso *sub judice*.

trânsito do séc. XVIII para o séc. XIX, tendo a sua expressão mais notável na obra de C. F. von Savigny (1779-1861). Era a época em que – depois de séculos de um mosaico político muito complicado, em que as grandes monarquias conviviam com pequenos Estados, umas e outros entre si ligados por laços e equívocos e complexos de independência política, e em que o direito do rei convivia com uma infinidade de direitos espontaneamente gerados na sociedade – a Europa se organizava em grandes unidades políticas que reclamavam para si o monopólio do poder (*Estados absolutos*). As formas políticas surgidas da Revolução Francesa mantiveram este ideal de um poder unificado e absoluto, ainda que, agora, a cabeça desse poder não fosse um *rei soberano*, mas o *povo soberano*. Isto não implicava, no entanto, o monopólio do direito pelo Estado – a equiparação entre direito e lei –, como o prova o facto de, em muitos destes grandes Estados, o direito continuar a poder provir da doutrina dos juristas, da tradição do direito romano ou, mesmo, dos ordenamentos de outros Estados[41].

Inicialmente, a soberania era identificada com a independência de qualquer poder, nomeadamente do Império ou da Igreja; mas, a partir da segunda metade do séc. XIX, a teoria política alemã (em especial,

---

[41] Em Portugal, por exemplo, até ao final do movimento da codificação (último quartel do séc. XIX), certas matérias eram reguladas, de acordo com a *Lei da Boa Razão*, de 1769, pelas "leis das nações cultas e civilizadas da Europa".

54 | CALEIDOSCÓPIO DO DIREITO...

com Ph. Zorn, 1850-1928; G. Jellinek, 1851-1911; e P. Laband, 1838-1918) tinha recomposto esta definição, passando a considerar a soberania como a faculdade exclusiva de criar o direito[42]. A soberania passa a ter, então, uma natureza normativa: um Estado soberano é aquele que pode produzir uma ordem jurídica autónoma e unificada. Dizendo de outro modo, é a unidade do direito – e não as relações políticas que este mantém com outras unidades políticas – que constrói a soberania do Estado[43].

---

[42] V., sobre esta evolução, muito informado e rigoroso, Enzo Cannizzaro, "Il pluralismo dell'ordinamento giuridico europeo e la questione della sovranità", *Quaderni fiorentini per la Storia del pensiero giuridico moderno*, 31.1(2002) 245-271 (versão electrónica em www.unimc.it/web_9900/prov_dip/internaz/doc/pluralismo.pdf, 08.2006).

[43] V. Enzo Cannizzaro, "Il pluralismo dell'ordinamento giuridico europeo [...]", cit.; v. também L. Ferrajoli, *La sovranità nel mondo moderno*, Laterza, Roma-Bari, 1997. Crítica a este conceito tradicional, mostrando que o Estado foi sempre muito menos do que esse poder absoluto e livre, Stephen D. Krasner, *Sovereignty. Organized hypocrisy*, Princeton, Princeton University Press, 1999 (uma obra que se tornou de referência). Mas a crítica ao conceito de soberania – de cuja invenção se reclama, problematicamente em vários sentidos, Jean Bodin (1530-1596; *Les six livres sur la République* (1579), cap. 8; v. textos – http://agora.qc.ca/reftext.nsf/Documents/Souverainete—De_la_souveraineté_par_Jean_Bodin (já vinha do séc. XIX: cf., por exemplo, Léon Duguit, *Souveraineté et Liberté*, Paris, F. Alcan, 1922. Antes da Revolução Francesa, porém, não era esta a visão monista-estadualista que prevalecia – antes pelo contrário – cf. A. M. Hespanha, *As vésperas do Leviathan. Instituições e poder político (Portugal, séc. XVIII)*, Coimbra, Almedina, 1994 (algumas restrições: Diego Quaglione, *La sovranità*, Roma, Laterza, 2004).

Esta recomposição do conceito de soberania marcou decisivamente a teoria do direito, bem como o método de o encontrar e de o desenvolver.

Desde logo, o direito passa doravante a ser o direito do Estado, ou seja, *a lei*. A lei torna-se, por isso, na única fonte de direito (aquilo a que alguns chamaram o "totalitarismo da lei" ou "o absolutismo legislativo"). Qualquer outra fonte que se pudesse enumerar como relevante para o conteúdo do direito (nomeadamente o costume ou a equidade) tinha que o ser em virtude de uma concessão ou remissão da lei. Era também a lei que remetia, eventualmente, para outros ordenamentos jurídicos, nomeadamente ordens jurídicas estrangeiras, por meio das chamadas normas de conflito; por isso, estes ordenamentos jurídicos estranhos deviam a sua vigência exclusivamente à lei e não a uma decisão a que um intérprete chegasse, tida em vista a natureza das coisas.

As revoluções liberais dos finais do séc. XVIII reforçaram ainda mais este primado da lei. Na verdade, ao conferirem a soberania ao povo e ao estabelecerem que a vontade deste novo soberano se manifestava por meio das leis votadas pelos seus representantes, estabeleceram um vínculo muito forte entre democracia e primado da lei, fosse esta a lei constitucional, que estabelecia as bases do convívio republicano, fosse esta a lei ordinária. Em alguns modelos democráticos, a distinção entre constituição e lei era pouco evidente, já que a constituição era livremente alterável por novas votações parlamentares (constituições flexíveis); noutros, porém,

56 | CALEIDOSCÓPIO DO DIREITO...

a constituição representava um pacto fundamental e dirigente (constituições rígidas), ao qual devia obedecer a lei ordinária, embora ambas fossem o produto da vontade popular[44]. Em qualquer dos casos, porém, constituição e lei representavam um fortíssimo núcleo de legitimação do sistema político, isto explicando a antipatia com que os juristas que aceitavam a legitimação democrática do poder olhavam todas as formas de manifestação do direito que não fossem de origem legislativa. Naturalmente, existiram durante todo o séc. XIX correntes que tenderam a desvalorizar o papel da constituição, do parlamento e da lei. Em alguns casos (minoritários), tratava-se de correntes que entendiam que um modelo parlamentar era insuficiente, por defeitos inerentes quer aos sistemas eleitorais, quer às deformações plutocráticas e elitistas do modelo democrático-liberal, para exprimir a autêntica vontade de todo povo, reclamando por isso formas diversas de aprofundamento da democracia. Na maior parte dos casos, porém, a desconfiança em relação à constituição e ao parlamentarismo eram o reflexo de uma desconfiança em relação à capacidade do povo comum para decidir dos negócios públicos, ou seja, de uma desconfiança quanto à validade do princípio democrático, entendido como participação de todos na formação das regras de convívio republicano. Por isso é que os

---

[44] V., sobre estes aspectos, A. M. Hespanha, *Guiando a mão invisível [...]*, cit.; *Cultura jurídica europeia [...]*, cit.; Maurízio Fioravanti, *Costituzione*, Bologna, Il Mulino, 1999.

substitutos para a democracia parlamentar propostos por estas correntes acabaram por inspirar decisivamente as formas de organização política antiparlamentar e antidemocrática que se desenvolveram no séc. XX[45]. Ou, pelo menos, promoveram uma despolitização e tecnicização do direito de que resultava que os mais lídimos porta-vozes da vontade popular não eram já os cidadãos ou os seus representantes eleitos, mas os juristas, depositários de um saber multissecular sobre o que é que era bom ou injusto para o povo (o *Volksrecht*, direito do povo, transforma-se no *Professorenrecht*, direito dos professores)[46].

Neste mundo do legalismo, o papel do intérprete – nomeadamente do juiz – teria que ser muito modesto. Em face do primado absoluto da lei, ao juiz não cabia senão aplicá-la, nem sequer a podendo afastar "a pretexto de ela lhe parecer injusta ou imoral" (como se dizia no Estatuto Judicial português em vigor entre os anos 30 e os anos 70 do séc. XX [art.º 110, depois 240]). Quanto ao intérprete doutrinal, apenas lhe cabia aperfeiçoar o conjunto das leis (o "sistema jurídico"), extrair das várias leis os "princípios gerais" que as inspiravam e, eventualmente, utilizar este "espírito geral" do sistema legislativo para integrarem cada uma das leis (elemento sistemático) ou para resolverem casos nelas não previstos (lacunas da lei).

---

[45] V., sobre estes aspectos, A. M. Hespanha, *Guiando a mão invisível [...]*, cit.

[46] V., sobre estes aspectos, A. M. Hespanha, *Cultura jurídica europeia [...]*, cit.

2.1 *A reacção antilegalista*

É certo que o saber jurídico é uma actividade intelectual, sujeita a certas regras de método, também elas de natureza intelectual, e que dependem da reflexão dos seus especialistas. Por outro lado, a bondade (ou correcção, ou acerto, ou justeza) das soluções jurídicas depende da sua aceitabilidade pela comunidade, da sua sintonia com os sentimentos de Justiça nela dominantes. Ora, é bem claro que a observância dos processos democráticos, mesmo nas democracias sãs e consolidadas, não garante suficientemente a consonância entre lei, justeza e sentimentos comunitários de Justiça. Apesar de a democracia representativa se ter vindo a aperfeiçoar – com melhores leis eleitorais, com a introdução de formas ricas e variadas de auscultação dos cidadãos (obrigatoriedade de audição de certos grupos especialmente interessados, introdução de vários tipos de referendo), com a regulação do financiamento dos partidos e com outras medidas tendentes a tornar mais transparente a vida política, com o estabelecimento de regimes de incompatibilidades para os eleitos, etc. –, o certo é que existem factores, antigos e novos, a introduzir elementos de distorção nos regimes democráticos. Porventura o factor mais notório é a possibilidade de manipulação da opinião pública por grupos organizados de interesses (*lobbies*) que usem os meios de comunicação social para promover os seus pontos de vista unilaterais e para condicionar, deste modo, a maioria. Mas não é menos efectiva a deterioração da democracia provocada pela multiplicação das normas, de grande complexidade técnica, cuja formulação mal se compatibiliza com a natureza não especializada das assembleias parlamentares ou com consultas populares pouco reflectidas. Para não falar já da distância que normas com esta configuração criam em relação aos seus destinatários (que constituem, teoricamente, a comunidade cuja vontade legitima o direito nos Estados democráticos).

Este monismo legislativo – ou absolutismo legalista – foi denunciado quase logo desde o seu aparecimento. Várias correntes, de inspirações teóricas e filosóficas distintas, insistiram no carácter redutor do legalismo e na necessidade de uma concepção mais alargada, mais plural, do ordenamento jurídico. Uns insistiram em que a solução jurídica não era a que resultava mecanicamente da aplicação da lei, mas a que dava lugar a uma melhor composição dos interesses sociais em conflito (R. Jhering, 1818-1892; Ph. Heck, 1858-1943); outros proclamaram que o direito não era o conjunto das leis, mas antes a constelação das normas que regulavam espontaneamente a vida social ("Escola do direito livre", E. Ehrlich, 1862-1922; H. Kantorowicz, 1877-1940); outros, ainda, propunham que o direito não era um sistema de leis, mas a unidade orgânica das normas que regulavam, no dia-a-dia, as instituições sociais (Santi Romano, 1875-1947); outros entendiam que, abaixo do nível das leis, a vida se organizava por si mesma ("natureza das coisas", E. Maihoffer); outros, finalmente, entendiam que, por

60 | CALEIDOSCÓPIO DO DIREITO...

cima das leis, existiam certos princípios, naturais ou divinos, que condicionavam a sua validade ("jusnaturalismo")[47]; outros retomavam, agora de uma perspectiva compatível com o modelo democrático, as críticas ao modelo exclusivamente representativo da democracia, que propunham aprofundar, não na direcção de uma "democracia popular", mas no sentido de uma "democracia deliberativa", em que o império do senso comum – que, por ser comum e, com isso, suscitar o acordo irreflectido, cada vez se torna "mais comum", mais automático e menos consciente e, paralelamente, mais segregador das opiniões isoladas – fosse substituído pelo império de um sentido enriquecido pela reflexão. Um autor hoje muito influente, Cass Sunstein, fala expressivamente das "cascatas das maiorias" (mediáticas, eleitorais, parlamentares) e da necessidade da sua substituição por "cascatas de juízos deliberativos", produzidos no "espaço público"; ou seja, pela promoção, no espaço público (nos *media*, nos foros políticos, no espectro político, partidário ou não, dentro dos próprios partidos), de uma cultura da divergência e do contraditório, para fomentar a reflexão que crie consensos mais esclarecidos e mais firmes[48].

---

[47] Sintetizamos, aqui, telegraficamente, algumas das correntes de superação do legalismo, desde os finais do séc. XIX; para maiores desenvolvimentos, v. A. M. Hespanha, *Cultura jurídica europeia [...]*, cit., 9.6.

[48] Sobre o conceito, em geral, v. http://en.wikipedia.org/wiki/Deliberative_democracy. Outros *sites* de muito interesse, alguns

Perante estas novidades do governo e do Estado nos dias de hoje, têm surgido perplexidades diversas sobre a possibilidade de se manterem alguns dos princípios fundamentais do Estado democrático, tal como foi desenhado sob a forma de Estado-Nação. Nomeadamente, pode a Constituição continuar a ser um estatuto político regulador de grau eminente? Deve continuar a insistir-se no primado da lei sobre outras formas de regulação social? Ou, pelo contrário, deve admitir-se que certas esferas da vida comunitária se auto-regulem a si mesmas, com grande autonomia em relação àquilo que o povo manifestou querer sobre a forma constitucional ou legal?[49] Ou mesmo que, ao lado e em torno

---

com experiências de formas de organizar a deliberação democrática em diversos domínios: http://www.deliberative-democracy.net/; http://cdd.stanford.edu/; http://www.uoregon.edu/~ddp/; http://www.ssc.wisc.edu/~wright/deliberative.html; http://www.cpn.org/tools/dictionary/deliberate.html; Carlos Santiago Nino, *The constitution of deliberative democracy*, New Haven, Yale University Press, 1996; para um debate sobre o tema, tentando reencontrar antigas formas de fazer política "cara a cara" em grandes espaços territoriais, v. James S. Fishkin & Peter Laslett, *Debating deliberative democracy*, Oxford, Blackwell, 2003. Aplicação da ideia de foros públicos de deliberação ao mundo mediatizado de hoje, com referência aos perigos que representa a "insularização" do espectador-consumidor num mundo unidimensional dos *media*, que – sob o pretexto da liberdade de escolha – fomente no espectador o desejo de apenas tomar contacto com ideias, gostos e sentimentos semelhantes aos seus (TV interactiva, TV *on demand*, "personalização" da Internet), v. Cass Sunstein, *Republic.com*, Princeton, Princeton University Press, 2002.

[49] É este, no fundamental, o grande tema do recente livro de Joaquim Gomes Canotilho, *"Brancosos" e interconstitucionalidade*.

62 | CALEIDOSCÓPIO DO DIREITO...

dessas formas antes privilegiadas de formalizar o consenso – a Constituição e a lei –, que nos tinham sido legadas pelo Estado-Nação, se deva admitir que surgiu uma rede de foros em que a vontade popular pondera questões e delibera normas que, em certas circunstâncias, se impõem como direito à consciência jurídica da sociedade e do corpo especializado dos seus juristas e juízes, com a força redobrada do facto de surgirem, espontaneamente, de uma vasta ponderação e deliberação, envolvendo, porventura, mais gente e mais ponderação do que o sufrágio tradicional e mais participação do que o voto parlamentar?

Ora bem. Numa concepção legalista do direito, as regras da metodologia jurídica que se ligam directa-

---

Itinerário dos discursos sobre a historicidade constitucional, Coimbra, Almedina, 2006. O A., que se distinguiu pelas suas teses acerca do papel dirigente da Constituição, justamente em nome do princípio democrático, interroga-se agora se novas formas societais e políticas não obrigarão a reservar à Constituição um papel menos eminente, nos quadros daquilo a que chama "democracia cosmopolita", "democracia deliberativa" ou "estruturas democráticas em rede" – parlamentos e governos nacionais, *ombudsmann*, tribunais, referendos transnacionais, agências internacionais sujeitas à publicidade crítica (cf. p. 292). Sendo o nosso mundo o que ele é – desigual, pleno de interesses mascarados e opacos, cheio de desequilíbrios no que respeita ao acesso à participação, ao diálogo e mesmo ao conhecimento que possibilita a deliberação –, a honesta *démarche* (auto)crítica do A. comporta riscos para quem continue a acarinhar a ideia do primado de democracia baseada na igualdade de oportunidades e não se demita de observar criticamente o carácter socialmente enviesado da "deliberação pública" nas sociedades de hoje.

mente a questões como as do elenco das fontes de direito, da interpretação, da integração, e dos conflitos de normas deviam estar estabelecidas na lei, como de facto o estão na generalidade dos ordenamento jurídicos ocidentais – embora, geralmente, apenas na lei ordinária –, os quais procuram amarrar o intérprete à vontade do (povo) legislador, mesmo quanto às regras intelectuais a que deve obedecer o achamento da solução justa. Em contrapartida, os movimentos doutrinais e os sinais civilizacionais antes referidos propuseram que as regras do saber jurídico – como essas que devem reger a interpretação, a integração, os conflitos de leis – não pudessem ser decididas autoritariamente pelo legislador. E, assim, apresentaram soluções alternativas relativamente à regulação legislativa destas questões.

Perante estas perplexidades, há basicamente quatro atitudes. A daqueles que acham que o princípio democrático, como decisão política pelo povo da forma da República, deixou de valer... e ainda bem. A dos que acham que, para bem ou para mal, o mundo mudou, e que há que acatar a sua nova normatividade, mesmo que ela não tenha muito a ver com princípios basilares da antiga, nomeadamente a do carácter estadual – e, por isso, dependente de decisão estadual – das questões comuns da República. A dos que, reconhecendo que o mundo mudou e que o antigo também não era um paraíso de justiça e de liberdade para todos, se mantêm fiéis a um *acquis* democrático, a uma ideia de que o bom governo da República, se não puder ser de todos, pelo menos há-de tender para uma consensualidade, justa e não manipulada, de todos, mantendo essa ideia como linha de rumo na reconstrução, sob o impacto das novas condições, da teoria política e jurídica. Pelo menos sempre que não for certo e seguro que as novas formas de expressão de consensos garantem efectivamente a igualdade e a liberdade de todos os cidadãos e, pelo contrário, não reflectem os desequilíbrios de poder e as relações de domínio existentes na sociedade civil dos dias de hoje. Finalmente, a dos que entendem que – ou em homenagem às condições formais de processo e de transparência que sustentam a presunção de consensualidade das suas soluções, ou à previsibilidade e virtude estabilizadora que elas, pela sua visibilidade, adquirem – a Constituição e as leis, para além de gozarem, de facto, nas nossas ordens jurídicas (quer tal como elas são entendidas e aplicadas pelos especialistas, quer como elas são sentidas pelas pessoas correntes), de uma supremacia geralmente admitida, são, por isso e pela procedimentalização da sua elaboração, as fontes que melhor garantem consensos mais explícitos, universais, inequívocos e transparentes, e, por esse facto, satisfazem as expectativas mais generalizadas, gozando, assim, da mais efectiva virtualidade estabilizadora. Devendo, por isso, gozar de uma presunção forte de supremacia. Partilhamos das duas últimas sensibilidades.

2.2 *A democracia plural e o seu direito*

O monismo legislativo é, na ordem dos factos, uma ficção simplificadora. Qualquer sociedade tem mais normas do que as legais. Isto é uma aquisição antiga do "pluralismo jurídico", ou seja, da ideia de que o direito se pode encontrar em vários ordenamentos, de vários níveis, sem que entre eles exista um que determine a validade dos outros ou estabeleça a hierarquia entre eles[50].

O tema do pluralismo jurídico surgiu, sobretudo, a partir dos anos 50 do séc. XX, na antropologia jurídica, para descrever a situação do direito nas colónias e, mais tarde, nos estados pós-coloniais, em que, ao lado do direito oficial do colonizador (do direito ocidental), se manifestava, com grande pujança, um variado complexo de direitos indígenas, os quais escapavam quase completamente à direcção ou tutela do aparelho jurídico oficial. Mais tarde, foram os sociólogos a descobrir, mesmo nas sociedades do pri-

---

[50] Em síntese, sobre o vasto movimento do pluralismo jurídico, v. A. Facchi, "Prospettive attuali del pluralismo nornativo" (em www.tsd.unifi.it/juragentium/it/surveys/rights/facchi.htm – 30k), com uma bibliografia escolhida; também "Pluralism" (em http://en.wikipedia.org/wiki/Pluralism [Ago 2006]); cf. ainda *Journal of legal pluralism* (www.jlp.bham.ac.uk); exemplo de projecto de investigação ("Project Group Legal Pluralism", do *Max Planck Institut f. Soziale Anthropologie*, em http://www.eth.mpg.de/dynamic-index.html?http://www.eth.mpg.de/research/legal-pluralism/index.html [Ago. 2006]).

66 | CALEIDOSCÓPIO DO DIREITO...

meiro mundo, "ilhas" de direito não oficial (como o direito "das favelas" brasileiras, estudado, nos finais dos anos 60, pelo jus-sociólogo português Boaventura de Sousa Santos), regulando importantes sectores da vida comunitária. Com a imigração massiva na Europa e nos Estados Unidos e o consequente aprofundamento do carácter multicultural destas sociedades, o tema do pluralismo jurídico ganhou ainda maior importância, sendo hoje abundantíssima a literatura dedicada às relações entre o direito dos países de acolhimento e os direitos de origem das comunidades imigrantes. Também nos países de grandes disparidades étnico-culturais se assiste hoje a formas insuspeitadas de organização pluralista do poder e do direito, pela atribuição de poderes quase soberanos às comunidades nativas, nomeadamente quanto à autonomia de conformação do seu direito. Os casos porventura mais notáveis são os do Canadá e da Bolívia, pelas garantias constitucionalmente garantidas a povos que habitam no interior dos seus territórios e que, frequentemente, se consideram a si mesmos como Estados ou Repúblicas[51]. Mas, independentemente destes fenó-

---

[51] Cf. Bartolomé Clavero, *Ama Llunku, Abya Yala: Constituyencia Indígena y Código Ladino Por América*, Madrid, Centro de Estudios Políticos y Constitucionales, 2000. V. o projecto de nova Constituição da Bolívia (aprovado em 9.12.2007), que certamente inaugura um novo paradigma constitucional, em http://www.archive.org/details/www.morochos.orgProyectonuevaconstitucionbolivia.

menos de multiculturalismo, não tem faltado quem identifique, ao lado do direito oficial, um "direito do quotidiano" (*everyday life law*), que rege as nossas condutas mais comezinhas e correntes. Apesar da importância social e política destes temas, a comunidade jurídica mais tradicional continuou bastante ausente da sua discussão.

Por outro lado, surgiu também – com a sociologia de N. Luhmann – a teoria de que os sistemas normativos que regem as sociedades se autodiferenciam, constituindo-se, cada um deles, em sistemas auto-regulados, imunes ao império de sistemas diferentes[52]. Esta tendência para a autodiferenciação, que explicou a diferenciação do direito em relação à religião e à moral, continuaria a funcionar, autonomizando, agora, o direito do Estado de outros direitos particulares, como, nomeadamente, o direito da vida económica ou o direito dos *media* ou da *internet*, por exemplo, que eram e teriam deixado de poder ser direitos de feitura estadual[53].

---

[52] A inspiração teórica vem, como é evidente, de Niklas Luhmann; cf. *infra:* 9.1 – Direito e a redução da complexidade (a perspectiva sistémica de N. Luhmann). Introdução. Na literatura jurídica portuguesa, já se nota a influência exercida por estas concepções sobre o conceito de ordem jurídica pluralista (auto-reflexiva): J. G. Canotilho, *"Brancosos" e interconstitucionalidade [...]*, cit.

[53] É em torno disto que gira a questão de se saber se os meios de comunicação social (a TV, por antonomásia) devem estar sujeitos à regulação estadual, à de uma "alta-autoridade", a "códigos de conduta" ou... a coisa nenhuma. V., sobre este

68 | CALEIDOSCÓPIO DO DIREITO...

Mas, porventura, a emergência desta nova vaga de interesse pelo pluralismo jurídico no centro da comunidade jurídica decorreu não tanto destas questões teóricas ou das questões político-culturais relativas ao direito dos colonizados, dos imigrantes, das minorias étnicas, das igrejas (*v.g.*, o caso do direito canónico, católico ou protestante, nos Estados europeus) ou do cidadão comum, mas sobretudo... da descoberta de que o tema do pluralismo podia ser útil para pensar a combinação das ordens jurídicas nacionais e comunitária no âmbito da União Europeia. Embora a exploração do tema "pluralismo" se mantenha intensa no estudo das questões da imigração e do multiculturalismo, ele entrou paradoxalmente na cidadela do direito bem-pensante pela mão dos especialistas de direito comunitário ou, mais em geral, pela mão dos que pretendem encontrar uma teoria jurídica para a globalização.

Na verdade, os cultores do direito europeu têm necessidade de superar uma concepção estadualista e legalista do direito para explicarem a natureza e legitimidade do direito comunitário, já que este – em

---

importante tema – que se relaciona com a liberdade de expressão e de informação, mas também com outros valores privados (*v.g.*, protecção dos direitos ao bom nome, protecção dos menores contra a influência de programas violentos ou pornográficos, defesa contra os "discursos discriminatórios" (*hate speech*), públicos diversos (educativos, de segurança pública, direito de antena) ou de cidadania (introdução de linguagem gestual para surdos) –, Cass Sunstein, *Republic.com [...]*.

virtude dos desenvolvimentos nele provocados pela jurisprudência do Tribunal de Justiça das Comunidades, a que adiante já nos referiremos[54], não se pode legitimar num acto fundador dos Estados signatários do Tratado de Roma, mas antes numa espécie de geração espontânea, a partir da jurisprudência de um órgão desprovido de competência formal para criar direito (o Tribunal de Justiça das Comunidades), com a cooperação ou cumplicidade de uma comunidade jurídica constituída por tribunais (superiores) nacionais, juristas especialistas em direito comunitário e particulares com interesse em invocar a jurisdição comunitária[55]. Nestas circunstâncias, invocar Estado como a fonte legitimadora do direito não é possível, porque, ainda que o instrumento constitutivo da comunidade tenha sido um tratado internacional subscrito pelos Estados-membros, nesse tratado não estava contemplada a criação, pelo Tribunal de Justiça das Comunidades, de direito com validade interna na ordem jurídica de cada Estado membro. Assim, a única possibilidade de legitimar esta situação jurídica é a de

---

[54] Cf., *infra*, 12.2 (Democraticidade do direito e integração jurídica europeia); *infra*, 16.1.

[55] Cf. Miguel P. Maduro, "As Formas do Poder do Europeu: O pluralismo constitucional europeu em acção", texto inserido em Miguel Poiares Maduro, *A constituição plural: constitucionalismo e União Europeia*, S. João do Estoril, Principia, 2006 (versão electrónica consultada em http://www.estig.ipbeja.pt/~ac_direito/ PoderEuro.pdf [Ago. 2006]). Sobre o ponto em discussão v. as primeiras páginas da "Introdução".

70 | CALEIDOSCÓPIO DO DIREITO...

recorrer aos tópicos pluralistas, nomeadamente quando eles negam o monopólio estatal da criação de direito e admitem que a comunidade, constituída por uma pluralidade de grupos autónomos, pode criar o seu próprio direito plural, correspondente a essa multiplicidade de interesses organizados, mas não hierarquizados ou harmónicos entre si, que coexistem no seu seio.

Este modelo legitimador beneficiou também da teorização, feita por J. Habermas (cf., *infra*, 8)[56], da

---

[56] Sobre os desenvolvimentos da teoria do "espaço público de Habermas", v., antes, p. 49. Um excerto de C. Sunstein sobre a sua experiência no *President's Advisory Committee on the Public Interest Obligations of Digital Television Broadcasters*: "A nossa tarefa era considerar se e como os emissores de televisão deveriam ser obrigados a promover objectivos de interesse público como, por exemplo, a adopção de linguagem gestual para os surdos, a emissão de avisos, de programas educativos para crianças, e de tempo de antena para candidatos. Cerca de metade dos membros da Comissão eram emissores, estando a maior parte deles absolutamente dispostos a desafiar as medidas de regulação propostas pelo Governo como invasivas e indefensáveis [{...} incompatíveis] com os interesses económicos das cadeias de televisão. [{...} Apesar de o Comité apenas ter poderes para elaborar um relatório] ele foi objecto de um esforço de condicionamento (*lobbying*) contínuo, intenso, violento e muito bem preparado, esforço este geralmente associado com a indústria rádio-televisiva, procurando invocar a Primeira Emenda [da Constituição Norte-Americana, que garante a liberdade de expressão] para sugerir que toda e qualquer obrigação de interesse público [posta à programação] deveria ser considerada inconstitucional [...]. Naturalmente que tudo isto constituía um exercício legítimo da liberdade de expressão. Mas quando o *President's*

democracia como espaço regulado por uma ordem jurídica baseada num consenso obtido por meio de um diálogo entre vários grupos de interesses em presença. Para este ponto de vista, o consenso obtido através do sufrágio individual como que é substituído por um diálogo de grupos, cujas regras não estão fixadas nas leis eleitorais, mas nas condições que o próprio Haber-

---

Advisory Committee on the Public Interest Obligations of Digital Television Broadcasters é constituído, em larga parte, por emissores e quando o próprio comité é invadido por interpretações tendenciosas e pouco prováveis da Primeira Emenda, algo parece estar a faltar [...]. Naturalmente que o nosso comité ouviu muita coisa sobre a Primeira Emenda e outras decisões marginais da *Supreme Court* [...], mas ouviu muito pouco, de facto quase nada, sobre questões pragmáticas sobre as quais deveriam ter incidido os nossos trabalhos. Por exemplo. Se os programas nacionais para crianças são realmente pedidos à CBS, NBC e ABC e quantas crianças acabam por os seguir? O que é que elas vêem ou fazem, na falta de tais programas? Em que é que programas educacionais os ajudariam? Quando os programas nacionais são obrigatórios, quanto custam às cadeias televisivas e quem paga este preço – anunciantes, espectadores, funcionários da empresa, ou outrem? Quais seriam os efeitos reais, nos cidadãos mas também no financiamento eleitoral, da concessão de tempo de antena a candidatos? Tal obrigatoriedade produziria uma atenção maior em relação a questões importantes? Reduziria as pressões actuais para obter outras fontes de financiamento? Quais as consequências da violência na televisão, tanto para crianças como para adultos? A violência na televisão aumenta, de facto, a violência no mundo real? Ela torna as crianças ansiosas, em termos de lhes criar danos psicológicos reais? Em que medida são, de facto, os surdos afectados pela ausência de tradução em linguagem gestual?" (*ibid.*, 147).

72 | CALEIDOSCÓPIO DO DIREITO...

mas estabeleceu para a validade das condições ideais de um diálogo legitimador. Estas condições eram, lembremo-lo, a verdade, a sinceridade, a universalidade e a igualdade de condições dos grupos dialogantes. Não há dúvida de que – se as condições ideais de diálogo estivessem garantidas – esta forma de democracia seria muito mais real e perfeita do que aquela que é obtida por meio do sufrágio. Todo o problema, porém, é que as condições habermasianas estão muito longe de estar garantidas. De tal modo que, não sendo irrelevantes os consensos obtidos por esta forma, eles acabam por ser frequentemente muito mais mistificadores do que os imperfeitos consensos estabelecidos na base da democracia representativa. Nesta, pelo menos, procura-se que os participantes gozem de condições iguais de desempenho, que os interesses relevantes sejam apenas interesses públicos, que as regras de jogo estejam de antemão fixadas e que existam processos institucionais de verificar o seu cumprimento. O preenchimento das condições ideais da "democracia deliberativa", em contrapartida, é ainda matéria não suficientemente avaliada e matéria de opinião, sendo poucas as experiências controladas de funcionamento de foros de deliberação autenticamente igualitários e transparentes e, em contrapartida, muitas as situações de foros manipulados e manipuladores.

É por isso que esta oportuna apropriação pelos juristas eurocomunitaristas da teoria pluralista do direito tem bastante que se lhe diga. Por um lado, trata-se de um pluralismo "de via estreita", já que não

PRELIMINARES | 73

é comum vê-lo estendido pela mesma elite jurídica ao reconhecimento e à legitimação de outras ordens jurídicas particulares (a dos ciganos, dos imigrantes turcos ou chineses, das comunidades sexualmente dissidentes, das comunidades dos *bidonvilles*, das favelas ou dos bairros "de barracas", etc.). Por outro lado, a comunidade produtora deste direito não estatal tem características sociológicas completamente enviesadas, nada tendo que ver com a "comunidade discursiva racional e geral" de que fala J. Habermas ou com o "auditório geral" referido por Ch. Perelman: é uma comunidade de juízes de altos tribunais, de altos funcionários comunitários, de juristas especialistas em direito comunitário, de firmas internacionais de advogados e de particulares, em geral, selectos, com capacidade, nomeadamente económica, para litigar nas instâncias comunitárias[57]. Por fim, a simples constatação da existência de múltiplos pólos de criação de

---

[57] Isto mesmo é reconhecido por Miguel P. Maduro (em "As Formas do Poder do Europeu [...]", cit.), onde manifesta a aspiração de que "o processo judicial europeu [...] não [continue] a ser domínio de um determinado conjunto de actores sociais ou de determinados tribunais nacionais. Este assunto requer que a questão da democracia na Europa seja relacionada com a questão de como democratizar o discurso jurídico e judicial europeu". Em todo o caso, a litigância supranacional tem permitido ganhos de justiça de grupos desfavorecidos, nomeadamente de imigrantes (cf. http://ec.europa.eu/justice_home/glossary/glossary_t_fr.htm; v. Travail), de deficientes (http://ec.europa.eu/justice_home/glossary/glossary_h_fr.htm [v. Handicap]), etc.

74 | CALEIDOSCÓPIO DO DIREITO...

normas jurídicas e de processos contínuos de negociação e de transacção entre eles – típica das situações
de pluralismo e, por isso, reclamada para o direito
europeu – não garante, só por si, a justeza dos
resultados obtidos: (com alguma impaciência perante
certos argumentos panglossianos...), diríamos que
muitos centros de poder, fora e dentro do âmbito
oficial, muita negociação e muitas transacções existiram em sociedades mafiosas ou pouco respeitadoras
dos direitos e da justiça; mas nem por isso a ordem
aí em vigor, a tal que é "induzida de baixo para cima",
será mais justa ou mais perfeita do que a ordem que
o Estado se esforça por impor, a tal "de cima para
baixo"[58].

Seja como for, a orientação estratégica de reconstruir a teoria e metodologia do direito numa perspec-

---

[58] V., com idênticas reservas, a recensão de Paolo Grossi, um
patriarca da denúncia do monismo legislativo, a um livro
recente sobre o direito e a globalização: "Si deve aver contezza
che il rischio per il diritto è di attuare la sua liberazione dall'autoritarismo politico per consegnarsi nell'abbraccio dell'autoritarismo economico, un autoritarismo arrogantissimo. A nostro
avviso – considerate la plasticità, la mobilità, la mutevolezza delle
forze economiche e considerato lo spazio universale di diffu-
sione – è un rischio da correre e anche una scommessa da
sottoscrivere, muniti tuttavia da una piena consapevolezza delle
molte valenze di questo incisivo fenomeno storico-giuridico, con
l'impegno totale di ogni giurista a trarre da esso il lièvito
positivo per un costume nuovo e per una visione nuova delle
fonti di produzione del diritto" (em www.grupposanmartino.it/
GROSSI,%20Globalizzazione.htm).

tiva pluralista está basicamente correcta, por corresponder ao modo de ser das sociedades dos nossos dias. Porém, com uma reserva fundamental. Enquanto as concepções pluralistas não cultivarem um ecumenismo que lhes permita reconhecer, sem discriminação, todas as formas de manifestação autónoma de direito e de dar a todas elas a mesma capacidade de se exprimirem na comunidade jurídica, a garantia do um *pluralismo verdadeiramente pluralista* não está realizada. E, por isso, não estão garantidas nem a legitimidade nem a justeza das soluções jurídicas que decorrem de um diálogo, que deveria ser igualitário, entre os vários ordenamentos jurídicos. Daí que, enquanto isto não acontecer, os ordenamentos jurídicos que garantam uma maior democraticidade e participação, como é o caso da ordem jurídico-constitucional (e, em geral, da própria ordem legal) dos Estados democráticos, deverão merecer, neste confronto de pontos de vista, uma particular atenção. Não no sentido de se lhes garantir o exclusivismo ou uma primazia automática e de princípio sobre as outras ordens jurídicas, nem no de se lhes atribuir a competência para decidir sobre a competência dos outros direitos; mas no sentido de se ter em conta que as suas soluções mereceram um maior consenso, avaliado por processos que, não sendo isentos de defeitos, são, pelo menos, os mais transparentes e participados que a experiência política tem conseguido fazer funcionar, pelo menos em comunidades de grande dimensão, em que o diálogo equilibrado e *face to face* – ou algum seu substituto moderno – se mostra impossível, ineficiente ou mistificador[59].

À medida que os capítulos seguintes se forem desenvolvendo, ver-se-ão os resultados desta mudança de um paradigma legalista para um paradigma pluralista.

Em geral, ela há-de traduzir-se numa valorização da ponderação das várias perspectivas possíveis; numa recusa de soluções automáticas ou unidimensionais; numa busca da problematização e da complexificação, antes se obter uma solução; na insistência na provisoriedade e precariedade destas soluções; e num seu contínuo contraste com as sensibilidades jurídicas da

---

[59] Também do lado das teorias auto-referenciais se têm apontado limitações à ideia de auto-referenciação dos sistemas; assim, os direitos fundamentais que se relacionam com a liberdade negocial e a autonomia da vontade deveriam ter um efeito "horizontal" ou "externo" no âmbito do sistema normativo da economia, já que eles tutelam um elemento fundamental da gramática deste mundo normativo. Cf. a posição de K.-H. Ladeur, relatada por Christian Cappel, "Anachronismus einer Drittwirkung". Das kognitivistische Konzept Karl-Heinz Ladeurs und die Matrix Günther Teubners im grundrechtstheoretischen Spannungsfeld, em http://www.anci.ch/doku.php?id=beitrag:anachronismus_einer_drittwirkung.; esta posição pode representar um grande progresso na promoção do primado da Constituição e dos direitos fundamentais, sobretudo num país em que a doutrina jurídica considerava a esfera normativa do económico como quase isenta de vinculações a valores que lhe fossem estranhos (como o da não discriminação política ou racial, por exemplo).

comunidade. Ao contrário do que muitos pensam, a certeza do direito, a sua estabilização em soluções mais consensuais e duradouras, passa justamente por aqui, por uma análise profunda e não superficial, apressada ou automática, dos interesses e sensibilidade jurídicas em jogo. Porém, neste esforço de complexificação da ponderação jurídica, a referência democrática, garantida por processos formalizados, transparentes e largamente participados – de que, até agora, o melhor exemplo é, apesar de tudo o que sabemos, a criação do direito nos Estados democráticos avançados –, não pode ser submergida por uma referência pluralista de que esta alma democrática esteja ausente. Ou seja, em que o pluralismo seja um complemento para a democracia e não um seu substituto.

II

UMA DEFINIÇÃO REALISTA DO DIREITO

3. O que é, para nós, o direito?

Tratemos, agora, de operacionalizar um conceito de direito que tenha em consideração as considerações anteriores e que permita reconstruir, sobre isso, uma dogmática mais actualizada, ou seja, mais liberta da dependência estadualista.

Segundo as regras da lógica, a definição faz-se pela indicação do género e da diferença específica[60].

O género a que o direito pertence é o dos complexos normativos que regulam as acções livres (dependentes da vontade) dos homens. A questão principal reside na diferença específica do direito em relação às outras ordens normativas que também regulam estas acções (religião, moral, bons costumes, boa educação). É comum a opinião de que a diferença específica reside na coercibilidade estadual das normas jurídicas[61].

---

[60] Ou seja, a diferença entre uma espécie e as outras que integram o mesmo género.

[61] Ou seja, na virtualidade de o seu comportamento ser imposto pelo Estado sob a ameaça de uma sanção. Note-se, em todo o caso, que há normas apenas permissivas ou dispositivas, outras que apenas contêm definições, etc. A coercibilidade tem que se referir a conjuntos de normas e não, sempre, a normas isoladas.

82 | CALEIDOSCÓPIO DO DIREITO...

Esta opinião liga indissociavelmente direito e Estado e, por isso, é característica das concepções legalistas do direito, cujas limitações e irrealismo já foram abordados. Mas há mais. Será, realmente, que basta que o Estado ameace, com uma sanção, quem violar uma norma, para que, por esta simples característica externa (ou formal), essa norma se torne numa norma *jurídica*? Por outras palavras: não haverá nada de *substancial*, de *interno* – como, por exemplo, uma certa fonte de legitimidade (gerando uma razão específica para obedecer), a referência a um certo valor a proteger (a uma certa finalidade a prosseguir), distinto de outros, protegidos (ou prosseguidos) por outras ordens normativas[62] –, no conceito de direito? E será que, por outro lado, tudo o que estiver privado dessa estampilha estadual está, irremediavelente, fora do direito?[63] Perguntar isto significa, nomeadamente, questionar se o direito não se distingue por estar ao serviço (por ter como função assegurar a realização) de *certos valores específicos* (digamos, a justiça deste mundo, a ordem da cidade), seja ele formulado por quem for.

---

[62] Por exemplo, o direito referir-se-ia à Justiça; como a ciência se refere à Verdade; a moral, à perfeição individual; a religião, à comunhão com Deus; ou a estética, à Beleza.

[63] Por exemplo, não se negará o carácter de jurídica a uma norma que não vise a Justiça (mas a oportunidade, o desenvolvimento económico, a salvação da alma, a perfeição individual)? O que, por sua vez, nos remete para um outro rosário de questões, agora sobre o conteúdo e a forma da Justiça: o que é a Justiça? como se estabelece, conhece (reconhece) a Justiça?

No início de um livro seu – que se tornou clássico –, o jurista inglês Herbert L. A Hart (1907-1992)[64] afirma que "poucas questões relativas à sociedade foram postas com tanta persistência e respondidas por grandes pensadores de forma tão diversa, estranha ou mesmo contraditória, como a questão «o que é o direito?»" Mas ele mesmo também observa que, se passarmos dos grandes pensadores ao senso comum, se verifica uma situação paradoxal, que também ocorre em relação a entidades de todos os dias, como o "tempo" ou o "amor": somos incapazes de as definir, apesar de todos as reconhecermos no plano da experiência[65].

Os juristas romanos – que, a partir de certa altura (aprox. séc. III a.C.), também tiveram uma noção específica ("diferenciada") de direito, definiram-no como "a arte do bom e do justo" – "ut eleganter Celsus definit, jus est ars boni et aequi", prosseguindo com frases que exprimiam muito claramente a auto-estima que os dominava: "é por isto que nos chamam sacerdotes. Na verdade, prestamos culto à justiça, tirando partido do conhecimento do bom e do equitativo: separando o justo do injusto, o lícito do ilícito, no intuito de promover os bons costumes não apenas pelo

---

[64] Cf., para aspectos biográficos: http://www.law.ox.ac.uk/jurisprudence/hart.ºshtml; http://www.oup.co.uk/isbn/0-19-927497-5.

[65] Herbert L. Hart, *The concept of law*, cit., 13 s. (existe [boa] trad. port.: de Armindo Ribeiro Mendes. Lisboa, Calouste Gulbenkian, 1986).

84 | CALEIDOSCÓPIO DO DIREITO...

medo das penas, mas também pela promessa de prémios [...]"[66] (Ulpiano, († 228), em *Digesto*, 1,1,1, pr./ 1). Trata-se, como se vê, de uma definição de direito muito *densa de sentidos*, pois pressupõe que é possível identificar objectivamente o que seja o bem especificamente procurado pelo direito (o "justo") e uma série de valores a ele relativos ("bom e equitativo", "bons costumes"), dos quais depende a contra-distinção entre o direito e não-direito, por um lado, e, depois, entre direito e outras ordens normativas. Mas, além disso, é uma definição que não toma, tão pouco, grandes cautelas, quer quanto à objectividade do conhecimento desses valores densos que se pressupõe, quer quanto aos meios adequados a realizar tais valores – já que Ulpiano não tinha grandes dúvidas acerca das especiais capacidades dos juristas para sondar estas coisas. Quem (e como) reconhece objectivamente o "bem", em termos de o poder impor como norma de acção a toda a comunidade? Como se identificam, também objectivamente, os meios (as "penas", os "prémios", os critérios da sua distribuição) que são "bons" para atingir o bem? Mas, mais do que isso, como se distingue o bem procurado pelo direito do bem procurado pela moral ou pela religião?

---

[66] "Cuius merito quis nos sacerdotes appellet; iustitiam namque colimus, et boni et aequi notitiam profitemur, aequum ab iniquo separantes, licitum ab illicito discernentes, bonos non solum metu poenarum, verum etiam praemiorum quoque exhortatione efficere cupientes"

UMA DEFINIÇÃO REALISTA DO DIREITO | 85

As perplexidades ainda aumentam quando nos dermos conta de que muitas culturas diferentes da nossa – como também a nossa, se recuarmos uns trezentos anos – não distinguiam, pelos seus objectivos, o direito da moral ou da religião, confundindo mesmo, frequentemente, o direito com a ordem do mundo (a "natureza das coisas"), a qual também era expressa pela religião, pela moral, pelos costumes legados pela tradição.

Os riscos de uma definição assim densa – da qual transparece a autoconfiança que um grupo de especialistas, que se presumiam dotados de poderes quase divinos para reconhecer o justo e o injusto, de forma a extrair daí normas jurídicas concretas – são, por isso, muito grandes. Não apenas não se estabelece nenhum critério objectivo para reconhecer o direito na sociedade, distinguindo-o de outras ordens normativas vizinhas que também aí existem (religião, moral social, utilidade comum), como também não se definem, de forma objectiva ("argumentável", "intercomunicável"), noções tão abstractas e dependentes dos sentimentos de cada um como as de "justo" ou "injusto" (em suma, de "justiça"). Finalmente, nada se diz sobre a legitimidade dos processos adequados ou legítimos para prosseguir os valores visados. É neste sentido que se tem afirmado que uma definição de direito tão densa ([*thick*], M. Walzer[67]), tão dependente de "valores", e

---

[67] Michael Walzer, *Thick and Thin: Moral Argument at Home and Abroad*, Notre Dame, University of Notre Dame Press, 1966.

86 | CALEIDOSCÓPIO DO DIREITO...

tão indiferente aos "processos" para os atingir, corresponde a uma forma de totalitarismo. Pois, ainda que os valores estejam certos (e consensualmente certos para todos, ou para a maioria), todos os meios usados para os prosseguir ficam automaticamente legitimados (a magnitude dos fins justifica a pluralidade dos meios)[68].

Vinte séculos depois, um jurista português notável, João Baptista Machado (1927-1991)[69], relaciona a existência e a natureza do direito com a abertura e indeterminação naturais ao homem (a que normalmente chamamos livre arbítrio, ou liberdade) e com a necessidade de compatibilizar estas características com a necessidade de vida em sociedade segundo regras comuns[70]. Parece, à partida, uma noção menos exigen-

---

[68] Como, quando estamos preocupados em realizar certos valores, "o critério de validade da acção ou do juízo é a sua eficiência em relação ao fim [...], podendo o mais nobre valor justificar a mais abjecta acção", isto leva Gustavo Zagrebelsky a concluir que "o agir e o julgar "por valores" são, de facto, refractários a critérios regulativos ou delimitativos de natureza objectiva, não podendo ser reconduzidos a razões racionalmente controláveis [e assim] são incompatíveis com as exigências do Estado de Direito, pois contém implicitamente uma propensão totalitária" ("Diritto per valori, principi o regole (a proposito della dottrina dei principi di Ronald Dworkin)", em *Quaderni fiorentini per la storia del pensiero giuridico moderno*, vol. 31(2002).

[69] Sobre ele, v. http://www.filosofiayderecho.com/rtfd/numero6/portugal.htm.

[70] João B. Machado, *Introdução ao direito e ao discurso legitimador*, Coimbra, Almedina, 1983.

te, pelo menos porque não liga o direito a um valor geral e abstracto (e "denso") como a justiça, mas apenas à necessidade de conduzir o homem para formas mínimas (e variáveis) de convívio. Tratar-se-ia, assim, de uma forma de *consensualismo*, estruturalmente semelhante à que subjaz às diversas concepções de contrato social desde o séc. XVIII. No entanto, o tema da Justiça retorna, a propósito da distinção entre a ordem jurídica e outras ordens normativas presentes na sociedade. Na verdade, como o direito realiza a sua função educativa a par com muitas outras instituições (*i.e.*, simplificando, conjuntos orgânicos de normas), diz-se normalmente que o que distingue o direito dessas outras ordens normativas é o facto de as normas jurídicas deverem ser cumpridas, não apenas por um imperativo interno, mas também – como já dizia Ulpiano – pela ameaça de sanções ou pela promessa de prémios. Porém, Baptista Machado – que escreve numa época muito sensível ao abuso da força por regimes autoritários ou totalitários, o terceiro quartel do século XX – não se contenta com esta definição *externa*, pois caracterizar o direito apenas pela coercibilidade das suas normas seria considerar jurídicas as normas aberrantes de alguns desses regimes (perseguição por motivos étnicos, religiosos ou políticos, por exemplo). Para ultrapassar esta dificuldade, Baptista Machado apoia-se em Karl Larenz (1903-1993), um conhecido jurista alemão dos meados do séc. XX, quando ele define o direito como "uma ordem de convivência humana orientada pela ideia de uma ordem

88 | CALEIDOSCÓPIO DO DIREITO...

«justa»"[71]. Seria esta referência à justiça que permitiria distinguir as normas do direito de uma ordem de força ou da regra que a si mesmo se dá um bando de salteadores (p. 32), repetindo uma questão que já tinha sido posta, nestes mesmos termos, por Santo Agostinho (354-430 d.C.).

Voltando aos clássicos – que é sempre uma forma eficaz de dispor bem o auditório – lembremos um outro texto do *Digesto*. Aquele em que Gaius (séc. III?) distingue o direito natural, baseado na natureza humana (outro valor denso e, logo, problemático nos dias de hoje), do direito civil (*i.e.*, da cidade), definindo este como "o que cada povo instituiu para si, a que se chama civil, como que «próprio da cidade»" (D., I, I, 9); e que, portanto, constituía como uma "promessa comum e solene da cidade", como acrescentará Papinianus (D., I, 3, 1). Estes dois textos – típicos do *republicanismo* romano – introduzem uma ideia que nós hoje podemos entender muito bem e que exprimimos pelo princípio do direito democrático: o direito é aquilo que um povo estabeleceu, solenemente (ou seja, respeitando certas formalidades),

---

[71] Para levarmos esta afirmação a sério, temos que esquecer piedosamente algumas das posições de Larenz sobre a exclusão dos judeus da comunidade jurídica alemã. Ele próprio ocupou a cátedra do filósofo do direito G. Husserl, afastado do ensino por ser judeu. Enfim, eram os tempos do nazismo, em que os tais sentidos de justiça se obscureceram para muita gente. O que já diz algo sobre a sua falibilidade...

para se reger a si mesmo. Princípio este que, hoje, está estreitamente ligado ao da soberania popular.

Normalmente, este direito querido pelo povo concretiza-se (i) num momento constituinte originário, numa *Constituição*; (ii) em momentos constituintes subsequentes, em *reformas* ou *revisões* (ou emendas [anglicismo]) a essa constituição; e, instituída a constituição, (iii) na edição de normas jurídicas pelos órgãos que ela declare competentes para tal.

Esta posição quanto à definição do direito – que identifica o direito com uma vontade, a vontade expressa mais ou menos solenemente pelo povo – é denominada, tradicionalmente, de positivismo legalista ou legalismo.

A fama de que o positivismo gozou, sobretudo nos últimos cinquenta anos, não foi brilhante, porque ele apareceu normalmente associado à conversão da vontade arbitrária de Estados autoritários em direito legítimo – ou seja, em direito a que se devia obedecer[72]. E, por isso, muito se tem escrito contra esta concepção[73].

---

[72] Veja-se, ainda hoje, o art.º 8.º do CC (sobretudo o seu n.º 2). A sua genealogia ascende, em Portugal, ao Estatuto Judiciário do Estado Novo, nos anos 30 do séc. XX.

[73] A vulgarização desta ideia da relação entre legalismo e totalitarismo deve-se a G. Radbruch (demitido pelos nazis em 1933: Gustav Radbruch, "Gesetzliches Unrecht und übergesetzliches Recht", *Süddeutsche Juristenzeitung*, 1(1945), 105-108). Mas tem vindo a ser posta em causa por estudos mais recentes sobre o direito sob o nazismo e sob o leninismo-estalinismo:

90 | CALEIDOSCÓPIO DO DIREITO...

Em face desta polémica, a primeira coisa que se deve observar é que o legalismo não foi, na época contemporânea, um atributo característico das políticas autoritárias do direito. Pelo contrário. Ele prevaleceu na fase inicial da Revolução Francesa, justamente aquela que correspondeu ao período de mais enfática afirmação da soberania popular. Já antes, nos Estados Unidos, se manifestara com um enorme vigor, logo no preâmbulo da Constituição Federal, de 1778 (21.6): "*We the people of the United States*, in order to form a more perfect union, establish justice, insure domestic tranquility, provide for the common defense, promote the general welfare, and secure the blessings of liberty to ourselves and our posterity, *do ordain and establish this Constitution for the United States of America*"[74]. Constituição que, como já vimos, também declarava formal e enfaticamente que ninguém deveria ser tão ousado que se atrevesse a suspender ou deixar de

---

cf., Michael Stolleis, *The Law under the Swastika: Studies on Legal History in Nazi Germany*, Chicago: University of Chicago Press, 1998; Joerges/Singh Ghaleigh (eds.), *Darker Legacies of Law in Europe: The Shadow of National Socialism and Fascism over Europe and its Legal Traditions. With a prologue by Michael Stolleis and an epilogue by JHH Weiler,* Hart Publishing, 2003.

[74] Elementos históricos básicos sobre o processo constitucional norte-americano, *v.g.*, em http://www.archives.gov/national archives-experience/charters/constitution_q_and_a.html. Exaustiva indicação das fontes do princípio constitucional de que é a vontade do povo que deve decidir acerca da Constituição e do direito, que está na base da proclamação "we the People [...]", em http://press-pubs.uchicago.edu/founders/tocs/v1ch2.html.

executar as leis ["All power of suspending laws, or the execution of laws, by any authority, without consent of the representatives of the people, is injurious to their rights, and ought not to be exercised]". O mesmo aconteceu em Inglaterra, país considerado, desde o início da época contemporânea, como um modelo de liberdades e de democracia; aí, não só se prolongou até hoje o princípio da soberania do parlamento, como também a tradição jurídica inglesa tem sido, nos últimos duzentos anos, fortemente marcada pelo positivismo legalista (John Austin [1790-1859]; H. L. Hart [1907-1992], Joseph Raz [1939-...])[75]. Em contrapartida, as posições antilegalistas têm constituído um sinal característico da política do direito de Estados autoritários, para os quais a lei (ou a constituição) – mesmo que sejam as *suas* leis e as *suas* constituições – podem ser sempre um embaraço para o arbítrio do poder. E, por isso, os líderes desses Estados frequentemente apelaram para normas ou valores supralegais (como o direito natural, o génio nacional, o interesse do povo ou da Nação, a tradição, a oportunidade política, a moral e os bons costumes, a religião, quando não para a simples vontade de chefes carismáticos) para ultrapassarem os limites rigorosos da lei ("decisionismo")[76].

---

[75] Cf. uma breve síntese em http://en.wikipedia.org/wiki/ Legal_positivism Legal_positivism_in_the_English_speaking_world.

[76] Um exemplo: a Constituição do Estado Novo (1933) declarava que "A Nação portuguesa constitui um Estado independente, cuja soberania só reconhece como limites, na ordem interna, a moral e o direito [...]" (art.º 4). Ora nem esta

92 | CALEIDOSCÓPIO DO DIREITO...

Mesmo que fosse certo que o império da lei serve os regimes autoritários, hoje em dia, muitos dos argumentos antilegalistas correntes no imediato pós-guerra podem ser revertidos ou acautelados.

Em primeiro lugar, temos que constatar que a democracia política – normalmente na forma de democracia representativa – é a forma política largamente dominante no mundo cultural que constitui a nossa referência. E, por isso, todos os argumentos que se tiravam do carácter autoritário, arbitrário, ditatorial da lei (aquilo a que ironicamente já se chamou de

---

referência, logo preliminar à moral e ao direito – que os juristas de então tendiam a identificar com o direito natural –, impediu o carácter autoritário e frequentemente arbitrário da acção do Estado ou a promulgação de leis primariamente ofensivas das liberdades de opinião e de expressão do pensamento. A importância da lei na salvaguarda contra os actos arbitrários do poder ainda foi mais clara nos totalitarismos nazi e bolchevista, em que a vontade do Führer, do Partido único ou dos seus comissários políticos tinha força de lei. O decisionismo como fundamento do direito foi teórica e filosoficamente justificado por Carl Schmitt (Carl Schmitt, *Politische Theologie: Vier Kapitel zur Lehre von der Souveränität*, München, 1922), membro do Partido Nacional-socialista (*ab* 1933) e principal teorizador do direito nazi (max. *Staat, Bewegung, Volk: Die Dreigliederung der politischen Einheit*, 1933), membro do Conselho de Estado da Prússia, e defensor de que o princípio constitucional fundamental do III Reich era a vontade do Führer („Führertum") e não a mera legalidade („Der Wille des Führers ist Gesetz"). Dito isto, não é justo ignorar como os valores "jusnaturalistas" (ou "supralegalistas") da justiça, da liberdade, da igualdade, etc., fundaram argumentos *políticos* muito importantes no combate às ditaduras.

UMA DEFINIÇÃO REALISTA DO DIREITO | 93

reductio ad Hitlerum[77]) constituem sobrevivências de um momento histórico que não existe mais.

Em segundo lugar, segundo o antilegalismo, a recusa do nome de direito às "leis injustas" teria a vantagem de lhes negar o carácter jurídico e, logo, cogente ou obrigatório. Ora, se estudarmos a história da resistência aos regimes totalitários dos anos 30 e 40 do séc. XX, constataremos duas coisas. A primeira delas é que a esmagadora maioria dos juristas – mesmo em países de brilhante tradição jurídica – raramente usou este argumento para justificar o direito (ou mesmo dever) de resistência às leis aberrantes; pelo contrário, elas foram invariavelmente aplicadas com o assentimento ou colaboração do corpo dos juristas e dos juízes. Mas, mais do que isso, a existência potencial deste argumento a favor de um "combate jurídico às ditaduras" não raramente constituiu uma diversão de formas mais eficazes de se lhes opor, desde as formas abertamente políticas (a começar pela crítica política da lei, que não lhe nega o valor de lei, mas a critica nos seus fundamentos políticos, morais ou religiosos) às formas de resistência ou de revolta, legal ou ilegal, passiva ou activa.

Hoje, em contrapartida, o contexto político é outro. E, sobretudo, outros são os riscos que ameaçam o princípio do direito democrático.

---

[77] Trata-se de um trocadilho com a expressão *reductio ad absurdum*, argumento que consiste em atacar uma proposição mostrando que ela conduz a resultados absurdos.

94 | CALEIDOSCÓPIO DO DIREITO...

O primeiro risco é o de que alguém se substitua ao povo na tarefa de criar direito.

Isto pode acontecer de várias formas, algumas das quais bastante antigas na tradição jurídica ocidental. Com uma delas já nos defrontámos, nesta curta introdução: pressupondo (i) que existe um direito "natural", ou "racional", ou "certo" – ou seja, que existem respostas independentes da cultura, dos interesses ou das opiniões, para a pergunta "isto é ou não justo?"[78] – e (ii) que os juristas, pelo seu saber ou pelo seu treino, são capazes de descobrir essas respostas, a tentação é grande para substituir ao direito de raiz democrática um outro de raiz aristocrática, formulado por uma elite de especialistas. Pois se passaria no direito aquilo que se passa em outros ramos do saber – como a matemática ou (em menor grau...) a medicina – em que as decisões sobre as "soluções certas" não dependem do voto. Daí que o direito – como "ciência do justo" – não pudesse ser dirigido por um princípio

---

[78] Que existe um direito "certo", na recente formulação de Ronald Dworkin (V. Dworkin, "No right answer?", in *Law, Morality and Society, Essays in Honour of H. L. Hart*, P. M. S. Hacker & Joseph Raz (ed.), Clarendon Press, Oxford, 1977, 58 ss. e "Is There Really No Right Answer in Hard Cases", in *A Matter of Principle*, Harvard Univ. Press, Cambridge (Ma.), 1984, 119 ss.). Outro texto interessante (agora num sentido positivista): Eugenio Bulygin, "Objectivity of Law in the View of Legal Positivism", *Analisi e diritto* 2004, a cura di P. Comanducci e R. Guastini (=http://www.giuri.unige.it/intro/dipist/digita/filo/testi/analisi_2004/15bulygin.pdf).

democrático, sendo, antes pelo contrário, um domínio próprio de um saber de autoridades (um saber "dogmático", *i.e.*, que devia ser *aprendido* de uma aristocracia de especialistas, e não estabelecido pela *vontade* dos cidadãos). Não é raro que esta argumentação seja reforçada, salientando as deficiências conhecidas do sistema democrático, nas suas várias versões, nomeadamente na actuais democracias representativas, problematizando ainda mais a bondade, só por esta razão, de um direito democrático. Como veremos (cf. *infra*, III, n.º 11.4), esta suposição de que os juristas constituem um grupo socialmente neutro, dominando uma *ciência* e dotado de uma especial perspicácia axiológica ou de uma autoridade intelectual que torna as suas decisões indiscutíveis, tem sido posta em causa pela generalidade dos cientistas sociais e dos epistemólogos[79]. Dadas estas dúvidas, não há fundamentos bastantes para substituir um direito de raiz democrática, fundado na sensibilidade comunitária da justiça, expressa pelos processos democraticamente estabelecidos, por um outro de raiz aristocrática, baseado numa pretensão de sabedoria que nem a epistemologia, nem a sociologia, têm podido demonstrar.

O segundo risco para o princípio do direito democrático é o da substituição de um direito de raiz

---

[79] Não se exclui, com o que acabo de dizer, a função esclarecedora, orientadora da discussão e estabilizadora das soluções, que os juristas podem desempenhar na realização do direito.

96 | CALEIDOSCÓPIO DO DIREITO...

democrática por um outro baseado em normas pretensamente naturais, impostas pela própria natureza das relações humanas. A ideia é antiga. Em todas as épocas houve a tendência para crer, ingenuamente, que as normas de vida então aceites eram as normas ditadas pela natureza, das coisas, do homem, das relações sociais e humanas (das relações familiares, das relações amorosas, do exercício do poder, dos negócios, etc.). Abordaremos brevemente duas manifestações desta tendência.

Hoje, insiste-se muito na lógica das relações económicas – segundo os padrões do actual capitalismo avançado – como um modelo forçoso de organização das relações, não apenas económicas, mas, em geral, das relações humanas. Nesta perspectiva, valores como o da rentabilidade económica, da expansão do mercado, da submissão de todos os juízos de valor (incluindo os do direito) a uma análise custos-benefícios, seriam tão incontornáveis que contra eles não poderia valer a soberania popular ou o princípio da decisão democrática do direito. Todavia, a observação das sociedades históricas, ou mesmo das actuais, mostra que a economia já prosseguiu de muitas formas o combate à escassez, a produção de bens, a optimização social das vantagens, a distribuição do produto, a ponderação dos custos e dos benefícios, a distribuição de uns e outros ou pelos particulares ou pela comunidade; de tal modo que alegadas leis naturais ou inevitabilidades, neste domínio, não são empiricamente comprováveis, podendo, pelo contrário, constatar-se a existência de postulados culturais e políticos subjacentes a todas as análises económicas[80]. Sendo estes postulados produto de convicções ou de escolhas contingentes (civilizacionais, comunitárias ou apenas de certos grupos), não têm força bastante para se imporem às decisões comunitárias sobre o direito (v., *infra*, III.10 e IV.14.2).

Uma outra manifestação de naturalização da cultura é algum do discurso que se faz em torno dos direitos naturais – ou "direitos fundamentais", consoante se adopte uma formulação mais "americana" ou uma mais "europeia". O princípio do direito democrático não tem outro fundamento senão o de garantir os direitos mais eminentes dos membros da comunidade, a começar pelo direito de estabelecerem um direito como norma de vida comum, do qual decorrem, para todos, direitos e deveres.

Naturalmente que este direito de estabelecer uma norma de vida comum – uma ordem ou forma da República – só se justifica enquanto vise, em última análise, o respeito dos direitos dos cidadãos. Mas, como a vida comum é impossível se os direitos pes-

---

[80] É neste sentido que sociólogos, antropólogos e historiadores insistem em que o cálculo económico é "culturalmente embebido" (a expressão é de Karl Polanyi, 1866-1964, sobre o qual, v. http://en.wikipedia.org/wiki/Karl_Polanyi e a interessante nota, orientada justamente para a questão da desmistificação das "regras do mercado", em http://www.fguide.org/Bulletin/polan yi.htm.

98 | CALEIDOSCÓPIO DO DIREITO...

soais, mesmo os mais eminentes, forem intangíveis, não pode haver direitos incomensuráveis, ou seja, não pode haver direitos que escapem, no seu exercício, a um confronto, a uma ponderação, com os direitos dos outros (individuais ou de grupos[81]) ou com os direitos da própria comunidade, como garante do conjunto dos direitos de todos.

Por isso, a defesa – hoje comum entre as mais radicais correntes ideológicas liberais – do princípio de uma prevalência absoluta dos direitos individuais

---

[81] Exemplos de direitos de grupos são o direito à identidade e sobrevivência cultural, o direito à paz e segurança colectiva, o direito a um ambiente são e acolhedor, o direito a um consumo seguro, o direito à preservação do patri-mónio; estes direitos colectivos podem ser protegidos por formas colectivas de reivindicação destes direitos, como a "acção popular" (art.º 52 da CRP; sobre ela v. Carlos Adérito Teixeira, "Acção Popular – Novo Paradigma", em http://www.diramb. gov.pt/data/basedoc/FCH_ 19868_D.htm; Mariana Sotto Maior, "O direito de acção popular na Constituição da República Portuguesa", em *Documentação e Direito Comparado*, n.ᵒˢ 75/76 (1998) = http://www.gddc.pt/actividade-editorial/pdfs-publicacoes/7576-g.pdf; cf. Lei n.º 83/95, de 31 de Agosto – Direito de participação procedimental e de acção popular; alguns deles são sancionados penalmente: o caso mais patente é o da criminalização do genocídio pelo direito penal internacional e por muitos direitos nacionais; mas poder-se-ia apontar ainda a criminalização da guerra contrária aos princípios da Carta das Nações Unidas, como atentado ao direito colectivo à paz; ou, num círculo ainda mais vasto, os delitos contra o ambiente, contra o património cultural, contra as boas práticas nas relações com os consumidores, etc.

sobre o Direito (como ordem compatibilizadora, ou ponderadora, ou reguladora) pode ser considerada uma ameaça grave ao princípio do direito democrático. Por um lado, sem uma positivação (ou incorporação objectiva, um reconhecimento seguro) desses direitos numa ordem jurídica, o que se instaura é o arbítrio quanto à sua identificação, quanto ao estabelecimento do seu âmbito e quanto ao seu peso relativo perante outros direitos. E, com isto, corre-se o risco de que cada um ou cada juiz defina, recorte e valore o catálogo de direitos segundo as suas convicções pessoais, impondo-as a todos como o princípio ou fundamento do Direito. Por outro lado, mesmo os direitos mais fundamentais não são absolutos[82], pois têm que se medir com os direitos dos outros ou, se se quiser, com os deveres criados pela convivência no seio da República. O problema não é, em suma, o de "tomar os direitos a sério" (R. Dworkin) ou não, pois todos quererão levar a sério os direitos seriamente estabelecidos e ponderados. O problema é antes, por um lado, o de saber quem define séria e objectivamente esses direitos, sobretudo num mundo cultural e ideologicamente plural como o de hoje; e, em segundo lugar,

---

[82] A vida cede, em certas ordens jurídicas, perante o direito de punir; como se entende dever ceder, em geral, pelo dever de defesa da República (em guerra justa); cede perante o estado de necessidade ou a legítima defesa, que excluem a ilicitude do acto de matar quando o agressor se encontre nessas situações de extrema inexigibilidade.

100 | CALEIDOSCÓPIO DO DIREITO...

se se podem levar a sério os direitos de uns sem igualmente se levarem a sérios os direitos dos outros, isto é, *sem se levar a sério a séria tarefa da sua ponderação*.

O terceiro risco que se coloca à democraticidade do direito é o da submissão do direito querido e positivado por uma comunidade a um direito real ou alegadamente querido por uma comunidade mais globalizada. Embora a constituição de espaços jurídicos mais vastos, correspondentes a espaços de interacção humana também mais vastos, apareça como uma característica dos nossos dias, há sempre que verificar se a participação nesses espaços de direito mais globalizado foi realmente querida pela comunidade mais restrita, se em relação a essa integração houve um momento constituinte em que a comunidade decidiu, segundo as normas da sua constituição, pelo menos aceitar como seu o direito instituído a um nível superior, de acordo com regras também pré-definidas e aceites. Caso contrário, poderemos estar a submeter o direito constituído democraticamente a formas não democraticamente legitimadas de estabelecer direito[83].

Dissemos que alguns dos argumentos contra o princípio do direito democrático são obsoletos, que os outros não têm fundamentos empiricamente comprováveis e que, por isso, o direito deve ser definido como

---

[83] V., *infra*, a propósito do processo de integração jurídica europeia, cap. 12.2 (Democraticidade do direito e integração jurídica europeia).

aquela ordem normativa que o povo soberanamente quis e constituiu para conviver.

A questão que colocaremos de seguida é a de saber o que é isso de "o povo querer".

Tratados têm sido escritos sobre esta pequena frase, interrogando-se sobre o que é o povo? como é que o povo quer? como se manifesta a sua vontade? Sendo questões da teoria política pertinentes, mas praticamente indecidíveis, limitar-nos-emos a explorar, no campo mais especificamente jurídico, a resposta dada a esta questão pelas correntes do pensamento jurídico que, para não ficarem encerradas em posições demasiado formalistas – como as que só consideram como expressão da vontade comunitária a lei parlamentar –, observam como é que, na realidade dos factos, a comunidade constitui direito. Referimo-nos às correntes *realistas* – vivazes, primeiro na França dos finais do sec. XIX, depois na Inglaterra e nos Estados Unidos e, mais recentemente, nos países escandinavos.[84]

---

[84] Uso propositadamente o termo Inglaterra, e não Reino Unido, para salvaguardar algumas especificidades do direito escocês, por exemplo.

4. Uma autodefinição?

Antes, porém, apliquemos a nossa teoria... à nossa teoria.

Será que os dados do ordenamento jurídico português confirmam esta ideia de que só é direito aquilo que tiver sido estabelecido (democraticamente) pelo povo? Ou, pelo contrário, encontraremos nele aberturas para o reconhecimento de outras normas, provindas de outras fontes, não explicáveis nem coerentes com o princípio do direito democrático?

Se o direito definisse o direito, poderíamos dispor de uma base paradoxal, mas também inequívoca: "direito é o que o direito diz ser direito". Do ponto de vista lógico, há nesta ideia ou uma petição de princípio ("quem diz que é direito a norma que diz qual é o direito?") ou uma tautologia ("o direito é o direito"). Mas a utilidade das teorias jurídicas nem sempre está directamente ligada à sua saúde lógica, pois há soluções jurídicas que podem ter vícios lógicos e, no entanto, corresponderem ao sentido comum de razoabilidade ou de adequação (de "justeza"). Por isso é que pontos de partida semelhantes não são desconhecidos da teoria do direito (foram adoptados, embora em termos diferentes, tanto por Hans Kelsen, como por Niklas Luhmann; v. *infra*, cap. 9.1). Há, por isso, quem entenda que, se um certo legislador (eventualmente, legislador constituinte ou actuando como tal), estabelecer qual será o direito num certo Estado, isto deve fechar a questão.

UMA DEFINIÇÃO REALISTA DO DIREITO | 103

Para tomar um exemplo português. As *Ordenações Afonsinas* [II, 9 – "Quando a lei[85] contradiz a decretal[86], qual se há-de guardar"] (1446) ou as *Filipinas* [III, 64 – "Como se julgarão os casos que não forem determinados pelas Ordenações"] (1603) estabeleciam qual era o direito em vigor no reino de Portugal: a lei, os costumes gerais ou locais (satisfeitos certos requisitos), o direito canónico, o direito romano e certas obras da tradição jurídico-doutrinal europeia. O direito português era isso (ou estava contido nisso, ou era revelado por isso). A utilização de outro direito estava excluída; embora, dado que entre as fontes se incluía todo o *mare magnum* da doutrina romanística (sob a etiqueta de "direito romano" ou de "opinião comum dos doutores"), possa dizer-se que esta estipulação autoritária das fontes de direito era completamente ilusória. Trezentos anos mais tarde, a lei "da Boa Razão" (18.8.1769) estabelece um elenco parecido, mas sujeitando as fontes não legislativas ao requisito de "serem conformes à boa razão". Como a "boa razão" (a "razoabilidade") não é, porém, coisa que só possa ser avaliada pelo rei, também aqui não se pode dizer que o elenco estabelecido nesta lei seja definitivo, pois está sujeito a uma triagem suplementar, que verifique a "racionalidade" de cada uma das normas em princípio admitidas como direito. Triagem essa que, acrescente-se, era feita não pelo titular da soberania, mas

---

[85] Direito civil, temporal.
[86] Direito canónico.

104 | CALEIDOSCÓPIO DO DIREITO...

pelos juristas; com o que o poder soberano... deixava de ser soberano.

Mas a pretensão de o legislador definir originariamente o direito volta a aparecer. Um dos artigos da lei de 30 do Ventôse do ano XII [7.2.1804], que põe em vigor o *Code civil* de 1804, estabelece: "A partir do dia em que estas leis sejam executórias, o direito romano, as *ordonnances* [leis reais francesas], os costumes gerais ou locais, os estatutos, e os regulamentos, deixam de ter força de lei geral ou particular nas matérias que são objecto das leis que compõem o presente código".

Em Portugal, o Código Civil de 1867 declarava que as "questões sobre direitos e obrigações [civis?]" deviam ser resolvidas pelo texto da lei ou pelo seu espírito, pelos casos análogos previstos em outras leis ou, na falta destes meios legais, pelos "princípios de direito natural, conforme as circunstâncias do caso"; mas nunca se entendeu muito bem – nem, muito menos, se formou um consenso – sobre o que queria dizer esta última e enigmática frase ("princípios de direito natural, conforme as circunstâncias do caso"). O Código de 1966, esse então resolvia o problema com uma simplicidade desconcertante: "São fontes imediatas do direito as leis e as normas corporativas" (art.º 1).

Já a Constituição do Estado Novo (de 1933) declarava que o Estado português se considerava limitado "pela moral e pelo direito" (art.º 4). Mas não dizia o que fosse esse "direito": daí que uns entendessem que se tratava do direito do próprio Estado (o que corresponderia à inexistência prática de qualquer limitação); outros opinando que se tratava de uma mera declaração programática, destituída de sentido efectivo; outros identificando o tal "direito" supralegal com os princípios do direito natural, tal como a Igreja Católica então o definia.

Embora fornecendo alguns elementos para uma definição de direito – nomeadamente alguns princípios que o devem enformar – também a Constituição actual não contém qualquer definição intencional e explícita da ordem jurídica. Diz-nos que a sociedade portuguesa deve ser "baseada na dignidade da pessoa humana e na vontade popular e empenhada na construção de uma sociedade livre, justa e solidária" (art.º 1.º); formula mais alguns princípios genéricos da ordem jurídica, logo no art.º 2.º, e, em geral, ao longo de todo o seu texto; e acrescenta, no art.º 3.º, que "2. Estado subordina-se à Constituição e funda-se na legalidade democrática. 3. A validade das leis e dos demais actos do Estado, das regiões autónomas, do poder local e de quaisquer outras entidades públicas depende da sua conformidade com a Constituição". Neste último artigo já afloram alguns elementos mais concretos para a definição do que seja o direito na ordem jurídica portuguesa: (i) o primado da Constituição sobre toda a actividade, normativa ou não, dos entes públicos – o que pressupõe, por identidade da razão, que a Constituição se imponha também aos actos de par-

106 | CALEIDOSCÓPIO DO DIREITO...

ticulares criadores de efeitos jurídicos[87]; (ii) o princípio de que o direito do Estado se exprime através da lei democrática[88].

O certo é que a realidade – mesmo realidade jurídica – é mais vasta do que os preceitos constitucionais. Desde logo, porque a Constituição, bem como as leis, são escritas com palavras, cujo sentido não se encontra frequentemente expresso, remetendo para os sentidos comuns dos termos utilizados, tal como existe na linguagem corrente. Para dominar esta ambiguidade semântica, um corpo de especialistas – os juristas – cultiva um saber que, entre outras coisas, procura identificar os sentidos correctos das normas. Mas esta tarefa de interpretação das normas jurídicas (v., adiante, cap. 21) não só não conduz a resultados inequívocos, como – não raramente – introduz ambiguidades suplementares, dada a variedade das opiniões que são expressas pelos intérpretes. Como o resultado deste saber se repercute nas decisões dos tribunais e de outras entidades públicas, bem como nas convicções dos particulares acerca do direito, a distância entre o direito vivido (*law in action*) e o direito formal do Estado (*law in the books*) torna-se ainda maior, qualquer que seja a pretensão deste em se autodefinir.

---

[87] Cf. art.º 18, n. 1 da CRP.

[88] A CRP enumera, ainda, quais são os actos normativos (art.º 112) e impõe a sua publicidade (art.º 118).

UMA DEFINIÇÃO REALISTA DO DIREITO | 107

Mas a insuficiência da definição constitucional para "fechar o direito" decorre ainda de os particulares e os próprios órgãos públicos, pelas razões mais diversas, não obedecerem uniformemente ao direito estabelecido. Umas vezes, existe a convicção de que estas condutas destoantes são ilícitas e devem ser punidas; mas também acontece que, noutros casos, esta convicção não existe e que, por isso, tais comportamentos passem por lícitos e acabem por substituir o direito estabelecido pelo Estado (casos de desuso de uma lei; ou de um "erro comum e geral" sobre o direito e da consequente generalizada falta da "consciência da ilicitude" do acto praticado contra direito)[89]. Ou, então – fenómeno muito corrente nos dias de hoje – que tais condutas destoantes do direito oficial sejam permitidas por outros direitos coexistentes na galáxia pluralista dos dias de hoje.

A própria Constituição da República tem aberturas neste sentido do reconhecimento de que há mais

---

[89] Por exemplo, as agressões – frequentemente intencionais e causadoras de danos apreciáveis –, praticadas entre jogadores durante um jogo de futebol, não são geralmente tidas como puníveis pelo direito penal. Aqui, mais do que a consciência da ilicitude, falta a própria ilicitude, já que o direito que regula o que se passa durante um jogo de futebol não é o direito penal do Estado, mas um direito autónomo deste, com outras proibições de condutas (uma "carga", um "pé em riste") e outras penas (um "pontapé livre", um "cartão", uma "expulsão", uma "suspensão").

108 | CALEIDOSCÓPIO DO DIREITO...

direito do que aquele da Constituição e das fontes normativas que ela prevê (cf. arts. 112 ss. – actos normativos).

Em primeiro lugar, quando declara, no art.º 1.º, que a República Portuguesa concretiza a sua soberania na adopção dos princípios directores da (i) dignidade da pessoa humana", (ii) na vontade popular e (iii) no desígnio de construir uma sociedade livre, justa e solidária. Na verdade, se as normas de comportamento destinadas a garantir o primado da vontade popular são, substancialmente, produzidas pelas instituições da República democrática previstas na Constituição, já aquelas que garantem a dignidade humana e a construção do modelo de sociedade para que a Constituição aponta podem provir de outras fontes – decorrer de concepções doutrinais sobre o que seja a dignidade humana e que consequências normativas deva ter, provir de normas de direito (embora não estadual) que promovam ou garantam a liberdade, a solidariedade e a justiça sociais. Ou seja, numa palavra, de normas que não decorram do império do Estado, mas de consensos sociais – espontâneos ou baseados na autoridade de especialistas. Também o art.º 2.º, ao referir-se ao aprofundamento da democracia participativa, aponta no sentido da superação da democracia representativa – basicamente, a estabelecida na Constituição – por formas suplementares de expressão da vontade popular, que alarguem e enriqueçam a "legalidade democrática", referida no n.º 3, n.º 2 e especificada nos arts. 112 ss. E, finalmente, o art.º 8.º, n.º 4 declara direito interno o "direito da UE", expressão que, no contexto dos artigos 7.º e 8.º, só pode significar aquele que não conste dos tratados subscritos por Portugal, constituindo antes um *acquis* não expressamente querido pelos Estados-membros nos tratados instituidores. Em síntese, sem desconhecer que a matriz da organização jurídica da sociedade portuguesa, segundo a sua manifestação de vontade mais solene, mais expressa e mais transparente, é a de um direito fundado na vontade popular manifestada nas formas expressas na CRP – um direito "maioritário" –, existem na Constituição aberturas tanto para a ideia de que a vontade popular se pode exprimir de outras formas e, sobretudo, fora das instituições estaduais, como para a de que o conjunto do direito democrático se compõe de elementos estadualistas, de cariz democrático-maioritário, como de elementos que, não podendo provir de fontes não democráticas de legitimação[90], podem, no entanto, fundar-se em formas não estaduais de manifestação da vontade comunitária, expressa por consensos mais ou menos sectoriais, mais ou menos formalizados.

Assim, independentemente de ser ou não legítimo que o Estado democrático procure monopolizar a definição do direito[91], o que a realidade mostra é que

---

[90] Como seriam a legitimação religiosa, tecnocrática, científica, burocrática, utilitarista, etc.

[91] Trata-se de uma questão que é muito menos teórica do que política. No início do séc. XIX, a repugnância por um direito totalmente controlado pelo Estado (pelo legislativo) relacio-

110 | CALEIDOSCÓPIO DO DIREITO...

o Estado – que representa uma *vontade*, mas não se pode arrogar a detentor de uma *razão*; e que se exprime juridicamente por meio de proposições gerais e abstractas – não está em condições de impedir declarações normativas de uma pluralidade de grupos sociais, alguns com um assento espacial que excede mesmo os limites espaciais do território estadual, na definição do que seja o direito.

Dentro de certos limites, isto não contradiz o princípio do direito democrático, pelo menos se continuarmos a situar-nos no âmbito de um sistema político

---

nava-se com as recordações traumáticas do período do Terror jacobino (1791-1793), bem como com a sensação, por parte da elite dos juristas, de terem perdido o monopólio de dizer o direito. No início do séc. XX, a antipatia pela omnipotência da lei, que era visível sobretudo em França, constituía um reflexo do desacordo das elites com a legislação "radical" da III República francesa, nomeadamente em matéria de relações entre a Igreja e o Estado, em matéria de família e, menos, em matéria social e laborista. Para além de que se combinava com a crítica ao parlamentarismo, provindo de círculos de esquerda, mas sobretudo dos grupos de direita que, maioritariamente, haveriam de desembocar nos fascismos. No período que se seguiu à II Guerra Mundial, este antilegalismo encontrou uma nova justificação na legislação criminosa das ditaduras europeias. Hoje em dia, o antipositivismo legalista está, fundamentalmente, ligado quer à ideia de uma ordem jurídica intimamente dependente da lógica dos mecanismos económicos do mercado, quer a diversas orientações que insistem em que o direito se deve justificar não pelas vontades das maiorias parlamentares, mas pela sua adesão a valores independentes destas, cuja revelação incumbiria aos juristas, aos moralistas ou, mesmo, aos religiosos.

fundado na vontade popular. Na verdade, as "distorções" ao direito estabelecido pelos órgãos constitucionalmente competentes (*law in the books*), *quando se enraízam no direito praticado* (*law in action*), supõem uma espécie de plebiscito de todos os dias, que aceita estas "distorções" (ou, noutros casos, recusa como direito práticas desviantes com curso na comunidade, ratificando o direito oficial) como desenvolvimentos do direito.

A questão está, então, em saber como se determina esse direito que sai fora dos processos de elaboração normativa estabelecidos na Constituição para o direito "maioritário". Há quem pense que a validação deste direito competiria aos técnicos de direito que, baseados nos seus conhecimentos especializados, fariam a triagem e estabeleceriam a hierarquia entre as fontes estaduais e não estaduais de direito. Esta opinião – que se traduz em substituir a legitimidade democrática das maiorias por uma legitimidade técnico-científica de certos grupos minoritários (daí que se fale, a propósito, de um direito *contramaioritário*) – tem uma antiquíssima genealogia, que arranca no período do Antigo Regime (*ratio non voluntas facit ius*, é a razão e não a vontade que faz o direito) e se desenvolve, sob várias formas e com vários argumentários, durante os sécs. XIX e XX[92]. Mais recentemente, a questão voltou a pôr-se,

---

[92] Cf., com especial referência a Portugal, A. M. Hespanha, *Guiando a mão invisível [...], maxime*, 8.6.3. e 11.2.1.

112 | CALEIDOSCÓPIO DO DIREITO...

inicialmente nos EUA, a propósito dos poderes respectivos do Congresso ou do *Supreme Court* para declarar o direito válido[93].

Muito mais interessante, como forma de ultrapassar a dificuldade, é a posição do jurista inglês H. L. Hart (1907-1972), que, fundamentando a validade do direito numa "norma de reconhecimento" que dá conta daquilo que, em cada sociedade, é tido como direito, não apenas pode corrigir uma visão estadualista do direito, como ainda preserva uma legitimação democrática do direito.

---

[93] V., como posição inaugural do debate ainda em curso, Alexander Mordecai Bickel (1924-1974), que, em *The Least Dangerous Branch* (Bobbs-Merrill, 1962), cunhou o termo *countermajoritarian difficulty* para sublinhar a tensão existente entre a declaração judicial da inconstitucionalidade das leis e a fundamentação democrática destas, já que um corpo restrito de especialistas, com uma legitimação democrática débil, impunha os seus pontos de vista ao órgão legislativo eleito.

UMA DEFINIÇÃO REALISTA DO DIREITO | 113

5. O realismo jurídico de H. L. Hart, como ponto de partida...

One thing which it is necessary for jurisprudence or the philosophy of law to do in the present state of affairs is to guard against taking a narrow one-state or Community-only perspective, a monocular view of these things. The difficulty about sovereignty theory is that it seems to point inevitably in that direction. So the thing to do is to use the discussion so far as a springboard for looking at other models which may enable us to account for legal complexity in a different way. To do so is to follow the late Frank Dowrick's splendid path-breaking analysis of nearly ten years ago [Frank Ernest Dowrick, "A model of the European Communities' legal system", Yearbook of European Law 3 (1983), pp. 169-237]. One possibility is to use a Hartian model, with its conception of legal systems as unions of primary and secondary rules. Any legal system has at its apex a rule of recognition, and comprises that rule together with all the others which are valid according to it. Since it concerns recognition of other rules, it comprises a set of criteria for validity of law, with some ranking of criteria inter se, and asserts the binding character of valid law. Such a rule both governs and emerges from the critical deliberation of those charged to take binding decisions within a system, most particularly the judges whose task it is to give binding conclusions on the proper rules to apply in cases of dispute. Since it is a rule which depends on deliberative practice and emergent custom, it can evolve and develop over time, and can be controversial or unclear on some points so long as it is not so on all! This evolutionary interpretation of Hartian theory (though it seems to me the better reading of The Concept of Law) *was not endorsed by Dowrick, who treated the rule of recognition as necessarily having a once-for-all cut-and-dried quality, and hence being a concept imperfectly if at all applicable to the evolving character of Community law".*

Neil MacCormick, "Beyond the sovereign Sate",
The Modern Law Review, 1993, pp. 1 ss.

114 | CALEIDOSCÓPIO DO DIREITO...

Assumimos aqui – quanto à questão da definição do direito – uma posição semelhante a esta que acabamos de citar, de um jurista escocês de referência, Neil MacCormick[94], quando propõe que, para ganhar uma visão do direito isenta de proposições subjectivas e indecidíveis, mas superadora de um legalismo estreito, se recorra às perspectivas das escolas realistas do direito[95].

---

[94] N. 1941, *Regius Professor of Public Law and the Law of Nature and Nations* na Universidade de Edimburgo (sobre ele, v. http://en.wikipedia.org/wiki/Neil_MacCormick).

[95] Agrupar, sob a mesma etiqueta, todos estes realismos pode produzir visões equivocadas acerca da sua proximidade. O realismo francês (Léon Duguit, Raymond Salleiles, Gaston Jèze) decorre, ao mesmo tempo, de um interesse intelectual pela sociologia do direito e de um interesse político na denúncia do formalismo existente na construção jurídica e política então dominante, a qual, basicamente, identificava o direito com a lei do Estado. Estes realistas procuram, então, identificar as normas de origem estadual ou não que, na sociedade real, condicionam as pessoas como sendo direito. Isto leva-os a valorizar o costume, a jurisprudência, mas também sentimentos difusos acerca do justo e do injusto (bibliografia indicativa: J. Bell, *French Legal Cultures*, Butterworths, 2001; H. P. Glenn, *Legal Traditions of the World*, Oxford UP, 2000; J.-L. Halperin, *Histoire du droit privé français depuis 1804*, PUF, éd. 2001; P. Rosanvallon, *Le modèle politique français*, Seuil, 2004). Já o realismo norte-americano, muito influenciado pelo behaviorismo de John Dewey, identifica o direito com aquilo que os juízes decidem, propondo um estudo empírico destas decisões (cf., brevemente, http://en.wikipedia.org/wiki/Legal_realism; recente e interessante por mostrar a vivacidade desta orientação, Thomas J. Miles & Cass R. Sunstein, "The New Legal Realism", *University of Chicago Law &*

UMA DEFINIÇÃO REALISTA DO DIREITO | 115

Ao remeter para critérios empíricos o reconhecimento do que é e do que não é direito – ou seja, ao tomar como direito aquilo que, numa dada sociedade, se observa ser comummente considerado e aplicado

---

Economics, Olin Working Paper No. 372 (2008); *University of Chicago Law Review,* a sair; http://ssrn.com/abstract=1070283). Próximo deste, o realismo jurídico escandinavo, fundado pelo sueco Axel Hägerström [1862-939] e pelo dinamarquês Alf Ross [1899-1979]). Hägerström concebe o direito positivo como um sistema de normas que correspondem a regularidades no comportamento dos seres humanos, posição que foi adoptada pelos seus discípulos A. Vilhelm Lundstedt [1882-1955] e Karl Olivecrona [1897-1980]. Ross, por sua vez, aproxima-se do positivismo lógico. Seja como for, quer num caso como no outro, não resta muito espaço para o conhecimento jurídico em termos de busca de valores ou razões para legitimar os comportamentos. (cf. Jes Bjarup, "The Philosophy of Scandinavian", *Ratio Juris.* Vol. 18.1 (March 2005), 1-15 (=http://www.blackwell-synergy.com/doi/pdf/10.1111/j.1467-9337.2005.00282.x?cookieSet=1). O realismo inglês explica-se pelo contexto positivista do *common law* britânico, com o seu princípio da soberania do Parlamento e da vigência indiscutida do tradicional *common law*; recebe ainda influências de uma vaga positivista, que ultrapassa o domínio do direito, e que é contrária à assunção de proposições não verificáveis. No caso do direito, isto comprometeria o reconhecimento de normas jurídicas cuja vigência não pudesse ser objectivamente verificável (sobre esta corrente, em geral, http://en.wikipedia.org/wiki/Legal_positivism). Sobre o princípio da supremacia parlamentar, nomeadamente no Reino Unido, v., eficaz e breve, http://en.wikipedia.org/wiki/Parliamentary_supremacy. A obra clássica sobre o tema é, porém, *An Introduction to the Study of the Law of the Constitution* (1885; http://www.constitution.org/cmt/avd/law_con.htm), de Albert Venn Dicey (1835-1922), para quem a liberdade dos britânicos dependia da soberania do Parlamento e da supremacia do *common law*.

116 | CALEIDOSCÓPIO DO DIREITO...

como tal – é que as correntes realistas, procurando assim ater-se a simples descrições da *realidade* dos factos, tentam evitar questões para as quais as respostas "teóricas" são problemáticas ("o que é o direito", "o que determina a sua legitimidade", "qual é o fundamento da sua obrigatoriedade").

Esta atitude nem sequer é nova, pois não é difícil encontrar no conjunto do direito romano, medieval e moderno (ou seja, em toda a tradição romanística europeia) a ideia de que o direito corresponde a normas enraizadas (*radicatae*) na sociedade, aí postas, usadas na prática (*usu firmatae, practicabiles, receptae*), e cuja validade é, por isso, empiricamente observável. Nem sequer faltando também a ideia de que este direito praticado contém um elemento consensual por parte da comunidade que autoriza a sua equiparação à lei votada nas assembleias populares (hoje, nos parlamentos), (Julianus, D., 1, 3, 32, – *tacitus consensus populus longa consuetudine inveteratus*[96], um consenso tácito do povo arraigado por uma longa observância comum).

Um dos mais notáveis representantes da corrente realista é Herbert L. Hart (1907-1992).

---

[96] Também Hermogenianus fala do costume como uma *tacita civium conventio* [convenção tácita dos cidadãos] (D., I, 3, 35). É provável que esta concepção "consensualista" do direito praticado provenha de interpolações da época pós-clássica (depois de 230 d.C., uma fase de simplificação e vulgarização do direito clássico romano), já que os juristas mais antigos faziam equivaler os costumes a normas decorrentes da natureza.

Depois de referir a já citada dificuldade em definir o que seja direito, ele constata que, apesar disso, "poucos são os ingleses que não estão conscientes de que o direito proíbe o homicídio, ou obriga ao pagamento do imposto sobre o rendimento, ou especifica o que deve ser feito para celebrar um testamento válido [...]; e o que se sabe geralmente acerca dele é muito mais do que isto [...]" (p. 3). Esta remissão para a opinião comum quanto a saber quais são as normas jurídicas vai ser o centro da concepção realista do direito de H. L. Hart.

Ele opina que, para além das normas correntes, que dirigem os comportamentos das pessoas (a que ele chama "normas primárias"), o direito seria constituído por "normas secundárias" (*normas de reconhecimento, rule of recognition*), que definiriam os critérios de que dependeria o carácter jurídico das normas sociais que prescrevem, proíbem ou autorizam comportamentos, em função dos imaginários sociais de cada comunidade histórica de indivíduos. Ou seja, os contornos de um sistema jurídico seriam definidos por "normas de reconhecimento", que conteriam certos critérios de criação, transformação e aplicação das normas tidas como jurídicas, funcionando como uma espécie de *meta-normas*, que *observam* o mundo normativo e identificam as normas que os *operadores do direito* e o *público em geral* têm como jurídicas: "Dizer que uma dada regra [primária, de comportamento] é válida é reconhecê-la como tendo passado todos os testes facultados pela regra de reconhecimento e, portanto, como uma regra do sistema. Podemos, na verdade, dizer simples-

118 | CALEIDOSCÓPIO DO DIREITO...

mente que a afirmação de que uma regra concreta é válida significa que ela satisfaz todos os critérios facultados pela regra de reconhecimento"[97]. Assim, o sistema jurídico teria uma constituição dualística: "Por um lado, as regras de comportamento [regras primárias] que são válidas segundo os critérios últimos de validade do sistema devem ser geralmente obedecidas; e, por outro lado, as regras de reconhecimento especificando os critérios de validade jurídica e as suas regras de alteração e de julgamento [regras secundárias] devem ser efectivamente aceites como padrões públicos e comuns de comportamento pelos funcionários [...]. A asserção de que um sistema jurídico existe é, portanto, uma afirmação bifronte, que visa tanto a obediência pelos cidadãos comuns como a aceitação pelos funcionários das regras secundárias como padrões críticos comuns de comportamento oficial"[98-99].

---

[97] H. L. Hart, *O conceito de direito*, trad. port., 5.ª ed., Lisboa, Fundação C. Gulbenkian, 2007, 114.

[98] Nestes dois parágrafos, Hart parece insistir muito no carácter burocrático – logo, estadual – do "reconhecimento". No entanto, logo a seguir, Hart destaca que a convicção de validade (o aspecto interno) não está confinado aos funcionários, mas também aos cidadãos, sob pena de estes poderem ser "lamentavelmente semelhantes a um rebanho [podendo] acabar no matadouro" (*ibid.*, 129); ou seja, a regra de reconhecimento há-de comportar, nas sociedades actuais, uma exigência de aceitabilidade generalizada pela sociedade, embora esta aceitabilidade seja eventualmente sectorializada. Cf. *ibid.*, 129. V. a nota seguinte sobre este dilema entre o carácter estadual-burocrático ou cidadão-democrático do reconhecimento.

[99] H. L. Hart, *O conceito [...]*, cit., 128.

Segundo Hart, as normas de reconhecimento "podem tomar uma de várias formas: estas incluem a referência a um texto dotado de autoridade[100]; ao acto legislativo; à prática consuetudinária; às declarações gerais de pessoas determinadas ou a decisões judiciais passadas, proferidas em casos concretos [...] Num moderno sistema jurídico, em que existe uma variedade de "fontes" de direito, a regra de reconhecimento é correspondentemente mais complexa: os critérios para identificar o direito são múltiplos [...]; na maior parte dos casos, estabelece-se uma solução para conflitos possíveis, através da ordenação destes critérios numa hierarquia de subordinação e primazia relati-

---

[100] Embora, como acabamos de dizer, Hart não seja tão claramente pluralista (a sua teoria está muito próxima do direito inglês, dando uma forte primazia a regras constitucionais e legais e a decisões judiciais e de funcionários do Estado), podemos reformular, em termos mais abertamente pós-estadua-listas, as suas posições. Neste caso de "texto dotado de autoridade", por exemplo, podemos dizer que ele corresponde tanto ao texto produzido por um órgão estadual reconhecido como competente para dizer o direito, como ao oriundo de uma entidade não estadual; mas, neste caso, com uma autoridade *geralmente* reconhecida. No caso de códigos de boas práticas, por exemplo, serão decerto reconhecidos os oriundos de entidades autónomas e consensuais para todos os interessados na relação jurídica regulada (produtores, consumidores, trabalhadores, porta-vozes de interesses comunitários difusos – *v.g.*, ambientais, comunitários [bom governo, interesses gerais da economia, boa ordem nacional e internacional]). Mas não os que se observar serem aceites apenas por entidades cartelizadas ou lobbyistas, portadoras de interesses apenas parciais.

vas [...]"[101]. "Uma vez mais [...], a existência de uma tão complexa regra de reconhecimento, com este ordenamento hierárquico de distintos critérios, manifesta-se *na prática geral de identificação das regras*[102] *através de tais critérios*"[103].

Num sistema jurídico moderno, a norma de reconhecimento pode ser bastante complexa: existe uma Constituição escrita, diversos critérios para identificar a lei (hoje, normalmente, incluídos na Constituição), precedentes judiciais, normas burocráticas da administração, doutrina firmada e recebida jurisprudencialmente, sentimentos de justiça difusos na comunidade, opiniões mais sectoriais, embora aí generalizadas, sobre boas práticas e bom governo (de uma empresa, de um hospital, de um sector da vida económica), etc. Normalmente, existem ainda preceitos para hierarquizar estas fontes. No seu conjunto, a norma de reconhecimento emerge, por isso, como resultado de um complexo de práticas de tribunais, de funcionários ou de particulares, enquanto estes identificam o direito por meio da referência a certos critérios, por vezes implícitos. Em certos sistemas, estes critérios apenas se relacionam com o modo como as normas são criadas (legitimidade formal, *pedigree*, na expressão de

---

[101] H. L. Hart, *O conceito de direito* [...], cit., 112.

[102] [De direito, e suas hierarquias].

[103] Estabelecidos pelas normas de reconhecimento e não por qualquer declaração das regras primárias a esse respeito, do tipo das que referimos no capítulo anterior.

UMA DEFINIÇÃO REALISTA DO DIREITO | 121

H. L. Hart); mas, noutros sistemas, a norma de reconhecimento pode incorporar princípios de justiça, valores morais ou, mesmo, valores religiosos (H. L. Hart, *op.cit.*, pp. 247, 250), desde que estes sejam continuadamente aceites como constituindo também direito. Nas democracias constitucionais modernas, por exemplo, as constituições não se satisfazem com a correcção processual da feitura das normas (o chamado *pedigree* das normas...), incorporando também exigências *materiais* (*i.e.*, exigências de respeito de valores positivados como jurídicos [ou "princípios jurídicos"]), cujo processo de "reconhecimento" apenas é mais difícil de definir em face do seu processo de formação – como acontece com as referências aos direitos fundamentais ou aos "direitos humanos"[104]. Neste caso, há que buscar na "norma de reconhecimento" o critério para reconhecer os valores fundamentais relativos ao homem efectivamente positivados como "direitos"[105]. Dada a legitimidade (ou, pelo menos, a "autoridade" social e política) da Constituição e do seu desenvolvimento pelos tribunais consti-

---

[104] Veja-se o carácter relativamente "aberto" da formulação do art.º 16 da CRP ("1. Os direitos fundamentais consagrados na Constituição não excluem quaisquer outros constantes das leis e das regras aplicáveis de direito internacional. 2. Os preceitos constitucionais e legais relativos aos direitos fundamentais devem ser interpretados e integrados de harmonia com a Declaração Universal dos Direitos do Homem.").

[105] Note-se como isso é feito no art.º 16 da CRP, citado na nota anterior.

122 | CALEIDOSCÓPIO DO DIREITO...

tucionais ou tribunais supremos, o conjunto das normas da Constituição – e, depois, da sua explicitação ou desenvolvimento por estes tribunais – constitui, nos modernos Estados constitucionais, um elemento fundamental na modelação das atitudes dos profissionais do direito e também na consciência pública quanto ao reconhecimento das normas jurídicas. Nos Estados islâmicos – por exemplo, o Irão ou a Arábia Saudita, como também no Estado de Israel ou no Vaticano –, a norma de reconhecimento incorporará, seguramente, preceitos religiosos. Na República Popular da China, incorporará, porventura, directivas políticas[106]. Nos Estados Unidos da América, incluirá normas que nós consideraríamos, na Europa, normas morais[107] ou normas de "salvação nacional", hoje frequentemente entendidas com um âmbito que nos parece chocantemente ofensivo de princípios fundamentais da nossa concepção de Estado de Direito democrático[108]. E é

---

[106] Durante as décadas de 60 e 70, os editoriais do *Diário do Povo*, órgão do Partido Comunista Chinês, constituíam uma fonte geralmente reconhecida de direito.

[107] Por exemplo, a proibição da prática, privada e *inter volentes*, de actos homossexuais (cf. o caso *Bowers v. Hardwick*, 1986, em que a *Supreme Court* declarou que o direito à privacidade não incluía "a fundamental right to engage in cases of sodomy"; cf. Mary Ann Glendon, *Rights talk. The impoverishment of political discourse*, New York, The Free Press, 1991, 147 s., 151 s.).

[108] As prerrogativas concedidas ao Presidente dos Estados Unidos pelo *Patriot Act* e, depois, pelo *Domestic Security Enhancement Act* de 2003, também conhecido como *Patriot Act II*, que acrescenta ao anterior cerca de cem medidas restritivas dos

UMA DEFINIÇÃO REALISTA DO DIREITO | 123

muito provável que ela inclua bastantes normas originárias das regras de funcionamento da economia de
mercado – tanto relativas à liberdade de empresa,
como, sobretudo hoje, normas que sujeitam a livre
iniciativa a regras prudenciais de gestão e a princípios
de transparência e de boa-fé. Impedindo que o mercado continue a descair para um capitalismo "de
casino", ou "de sarjeta" (duas expressões que têm feito,
ultimamente, curso para designar a economia puramente especulativa e fraudulenta); embora talvez sob a
condição, também contida na regra de reconhecimento, de que (i) todos estes princípios não conflituem
abertamente com o reconhecimento que na norma de
reconhecimento também for feito dos princípios constitucionais, e de que (ii) sejam geralmente reconhecidos[109] como normas de direito. Para além disto, das
normas de reconhecimento nestas sociedades comple-

---

direitos cívicos... – por vezes muito gravosas para os direitos
fundamentais dos cidadãos ou para os próprios direitos humanos reconhecidos pelo direito internacional – são, de acordo
com um consenso muito vasto na sociedade americana, ratificado por decisões judiciais, como explicitações de um dever de
defesa dos Estados Unidos, um imperativo da razão de Estado.
Existe muita informação na Internet sobre qualquer destas
medidas: *v.g.*, http://www.aclu.org/safefree/general/17203leg20030
214.html (Out. 2006); http://www.epic.org/privacy/terrorism/usa-
patriot/ (26.08.2006); http://www.eff.org/Censorship/Terrorism_
militias/patriot-act-II-analysis.php (Out. 2006).

[109] E não apenas por grupos de interesses ou entendidas
como representativas de interesses parciais (cartéis, etc.).

124 | CALEIDOSCÓPIO DO DIREITO...

xas do pós-estadualismo, farão também parte critérios sobre a hierarquia relativa das normas primárias[110].

Seja como for, mesmo nestes casos, a existência da "norma de reconhecimento" constitui *matéria de facto* sobre a qual não há lugar para discutir a "justiça", nem a "validade"[111]; por isso, a norma de reconhecimento

---

[110] Ou seja, criam-se "costumes" de hierarquização que podem ser observados e descritos objectivamente (e cuja "força" deve ser, depois, ponderada com a de outras normas secundárias, mesmo com a das normas constitucionais). Assim, por exemplo, a não observância, generalizada, de certa norma legal (como no caso de touradas tradicionais com "touros de morte") não se incorpora automaticamente na norma de reconhecimento – no sentido de derrogar localmente a norma que as proíbe em geral –, sem que se pondere *a força da adesão comunitária* de que goza com princípios constitucionais como o da unidade da República e do primado da Constituição e da lei democrática (art.º 3.º), mas também com o da protecção do património cultural (arts. 9.º, e) e 78.º, 2, c), estes ponderados, também, com os anteriores, no sentido de verificar quais contêm bens comunitariamente mais valorados. O mesmo se deverá fazer, com resultados eventualmente não correspondentes, com a generalizada desobediência da norma legal que proíbe fumar nas instalações escolares e em outros espaços públicos. A ponderação a que nos referimos não é, porém, uma mera sensibilidade do juiz, mas a auscultação, tendencialmente universal e reflectida, dos sentimentos comunitários quanto à eficácia estabilizadora e de realização das várias expectativas por parte de cada uma das normas ponderadas.

[111] Hart conserva o conceito de "validade" para as normas primárias: mas este nada tem a ver com a conformidade com valores filosóficos ou éticos: "Dizer que uma dada regra é válida é reconhecê-la como tendo passado todos os testes facultados pela regra de reconhecimento e, portanto, como uma regra do

UMA DEFINIÇÃO REALISTA DO DIREITO | 125

não é nem um fundamento metafísico do direito (como "dar a cada um o que é seu", "não prejudicar outrem"), nem, basicamente, um acordo constituinte de vontades (uma espécie de um "contrato social"), definindo uma vez por todas o que é que o povo consideraria como direito, nem um axioma lógico (como acontece com a "normal fundamental" de H. L. Kelsen[112]). Ou seja,

---

sistema. Podemos, na verdade, dizer simplesmente que a afirmação de que uma regra concreta é válida significa que ela satisfaz todos os critérios facultados pela regra de reconhecimento", H. L. Hart, *O conceito [...]*, cit., 114.

[112] Hans Kelsen (1881-1973), jurista austríaco, autor da "Teoria pura do direito", para a qual só uma norma jurídica – e não uma constatação empírica (como a vontade formalmente expressa numa votação ou informalmente observável sociologicamente) ou um ideal político ou moral – podia fundamentar outras normas jurídicas; por isso, a "norma fundamental", que fazia com que o direito fosse direito, constituía um pressuposto intelectual, o de que o conjunto de determinações do poder validamente emitidas (emitidas de acordo com a Constituição) constituem um sistema jurídico que devia ser tido como sendo – melhor, como se fosse – válido. Perguntas sobre a validade e justiça do sistema são possíveis, legítimas e necessárias, mas não *de dentro* do saber *jurídico*. Cf. um curto excerto significativo em H. Kelsen, *Teoria pura do direito*, Coimbra, Coimbra Editora (trad. J. Baptista Machado), pp. 277 ss.: "a aceitação de que a Constituição constitui uma norma vinculante tem que ser *pressuposta*, para que seja possível interpretar os actos postos [=positivados, realizados] em conformidade com ela como criação ou aplicação de normas jurídicas gerais válidas e os actos postos em aplicação destas normas jurídicas gerais como criação ou aplicação de normas jurídicas individuais válidas. Dado que o fundamento de validade de uma norma somente pode ser uma outra norma [dada a autonomia dos mundos do ser e do dever ser,

126 | CALEIDOSCÓPIO DO DIREITO...

a norma de reconhecimento existe no plano empírico; não no plano axiológico, nem no plano psicológico, nem no plano simplesmente lógico.

O que permite esta simplicidade de raciocínio é o facto de Hart distinguir uma visão *interna* do sistema jurídico de uma sua visão *externa*: para quem participa do sistema, as normas são convictamente aceites, reconhecidas como válidas (justas, adequadas, úteis); para quem está fora do sistema, a norma de reconhecimento apenas descreve aquilo que observa que outros aceitam como direito[113]. Deste modo, numa perspectiva exter-

---

dos valores e da realidade], este pressuposto tem que ser uma norma: não pode ser uma norma posta por uma autoridade jurídica, mas uma norma pressuposta, quer dizer, uma norma que é pressuposta sempre que o sentido subjectivo [= a vontade, a intenção] dos factos geradores de normas postas em conformidade com a constituição é interpretado como o seu sentido objectivo [*i.e.*, como um comando para os seus destinatários]. Como essa norma é a norma fundamental de uma ordem jurídica, isto é, de uma ordem que estatui actos coercivos, a proposição que descreve tal norma, a proposição fundamental da ordem jurídica em questão, diz: *devem ser postos [i.e., positivados, tornados efectivos] actos de coerção sob os pressupostos e pela forma que estatuem a primeira Constituição histórica e as normas estabelecidas em conformidade com ela* (em forma abreviada: *Devemos conduzir-nos como a Constituição prescreve*) [...]", *ibid.*, p. 277. Sobre H. Kelsen, http://en.wikipedia.org/wiki/Hans_Kelsen. Muito interessantes os seus dois curtos escritos autobiográficos, agora publicados em Mario G. Losano (dir.), *Hans Kelsen. Scritti autobiografici*, Reggio Emília, Diabasis, 2008.

[113] Cf. H. Hart, *O conceito [...]*, cit., 98/79.

UMA DEFINIÇÃO REALISTA DO DIREITO | 127

na, dizer que uma certa norma é válida é apenas reconhecer que ela passou com êxito todos os testes previstos pela norma de reconhecimento e que, portanto, constitui uma norma jurídica aceite. Embora, do ponto de vista (interno) dos participantes no sistema, essa norma seja mais do que um facto, seja algo que é aceite por alguma razão que gera uma convicção de obrigatoriedade[114].

Pode acontecer que, em virtude de questionamentos acerca da utilidade ou justiça das normas primárias se verifiquem modificações no conteúdo do direito, "no conjunto das normas primárias" (o caso mais notório é o advento de uma revolução que modifique a Constituição; ou, menos dramaticamente, de uma revisão constitucional da Constituição). Como pode mesmo

---

[114] Analiticamente, a norma de reconhecimento tanto pode constituir um *facto* como uma *norma*. Para os observadores externos do direito (sociólogos, historiadores, antropólogos, enquanto tal), a "norma de reconhecimento é um *facto social*, que descreve aquilo que a comunidade (nomeadamente, através dos órgãos competentes para reconhecer o direito, como os tribunais e a administração) aceita como direito. Para estes órgãos, ela faz parte do direito, é uma norma sobre normas: ou seja, eles constatam, também por observação (e, eventualmente, com recurso a cientistas sociais), que a comunidade de que eles cobram a sua autoridade reconhece *como norma jurídica* o elenco das normas aceites como jurídicas. Cf. H. L. Hart, *O conceito [...]*, cit., 123: "a regra que a observação demonstra facultar os critérios para a identificação das outras regras do sistema pode bem ser concebida como um elemento definidor do sistema jurídico e, portanto, digna ela mesma de se chamar «direito»".

128 | CALEIDOSCÓPIO DO DIREITO...

acontecer que – em virtude ou de circunstâncias internas ao direito (como o triunfo de uma doutrina sobre, por exemplo, a relevância do costume *contra legem* ou a adesão a uma organização, cujo tratado constitutivo preveja a validade das normas da organização no interior das ordens jurídicas dos estados membros), ou em virtude de práticas estranhas ao direito (como o não cumprimento e não reconhecimento generalizados de uma norma[115] eventualmente acompanhado de "sinais oficiais", respeitando os aspectos processuais da norma de reconhecimento[116]) – a norma de reconhecimento se modifique, no sentido de desincorporar (ou, pelo contrário, passar a incorporar) certa norma primária no âmbito do direito, ou mesmo no sentido de se alterar a si mesma, nomeadamente quanto aos processos de criação ou de transformação das normas primárias. Isto será constatado pela perspectiva externa que, adoptando uma atitude simplesmente descritiva, dará conta da mudança do direito. Ou seja, dará conta de que, internamente ao campo do direito, os tribunais, os juristas ou a comunidade passaram – por razões que eles explicarão uns aos outros, com argumentos reconhecidos como válidos pelo saber jurídico – a sentir-se obrigados por um conjunto diferente de normas.

---

[115] Por exemplo, a juntar aos de uma anterior nota, as que punem o aborto ou os abusos de liberdade de imprensa.

[116] Como o não exercício da acusação pelo Ministério Público ou a absolvição pelos tribunais.

UMA DEFINIÇÃO REALISTA DO DIREITO | 129

O que distingue, portanto, as teorias realistas – também chamadas "positivas", por se interessarem apenas pelo direito efectivamente posto (estabelecido) – é que elas não se ocupam da *justificação* (da finalidade ou do mérito em função dessa finalidade, da validade substancial, da fundamentação ontológica ou lógica), mas apenas da *descrição* (da existência como normas, da sua validade formal), das normas jurídicas, aceitando como tal as normas efectivamente reconhecidas como jurídicas[117]. Isto significa, ainda, que a distinção entre o direito e os outros complexos normativos só é possível a partir das características específicas estabelecidas pelas normas de reconhecimento sobre a forma de identificar, modificar, e aplicar as normas jurídicas. Tal como as línguas – para os linguistas, mas não para os falantes, os escritores, os poetas, que encaram a língua noutros planos (estético, expressivo, emotivo, etc.) – só se distinguem umas das outras pela gramática que as rege. Já do ponto de vista interno, os juristas identificam o direito também a partir da norma de reconhecimento (que, para eles, é uma espécie de costume jurisprudencial ou doutrinal, de cuja validade substancial – e não apenas formal [*i.e.*,

---

[117] Ou seja, toda a norma reconhecida como jurídica é juridicamente válida. Sem prejuízo de, noutros planos que não o do direito, poder ser problematizado o seu mérito. V., para uma clara exposição do alcance do positivismo – frequentemente deturpado – o artigo de John Gardner, "Legal positivism: 5 1/2 myths" *American Journal of Jurisprudence*, 46(2001), 199-227.

130 | CALEIDOSCÓPIO DO DIREITO...

cumprimento dos critérios postos pela norma de reconhecimento] – estão convencidos). Não a observam, seguem-na com o sentido de que estão a isso obrigados por razões substanciais.

Na perspectiva do observador do sistema jurídico interessado em identificar as suas regras de reconhecimento, torna-se muito importante saber *a que nível da sociedade se deve situar esse reconhecimento*, quais os grupos cujo reconhecimento é relevante ou decisivo.

H. L. Hart oscila um pouco sobre a que entidade se está a referir, quando adopta como padrão de validade jurídica a aceitação por esta entidade de certas normas como jurídicas. Aparentemente, o decisivo para ele é o reconhecimento pelos órgãos política e socialmente tidos como autorizados a produzir ou a certificar direito – o legislativo, os tribunais, os especialistas em direito: "Na maior parte dos casos a regra de reconhecimento não é enunciada, mas a sua existência *manifesta-se* no modo como as regras concretas[118] são identificadas, tanto pelos tribunais ou outros funcionários, como pelos particulares ou seus consultores [...]", esclarecendo que "o que eles [os tribunais] dizem tem um estatuto de autoridade especial, que lhe é conferido por outras regras [de reconhecimento]"[119]. O comum dos cidadãos limitar-se-ia a aceitar aquilo

---

[118] [As regras "primárias"].

[119] H. L. Hart, *O conceito [...]*, 113. Ou, como ele diz, que as normas reconhecidas por estas entidades formais e elaboradas de acordo com as regras formais do direito oficial têm *pedigree*.

que os órgãos com competência reconhecida para dizer o direito aceitassem como direito válido. No entanto, Hart realça também, como já foi referido, que se se prescindir da observação da aceitação das normas pelos cidadãos, a sociedade se transforma num rebanho. E que, se isto pôde corresponder a certas épocas e culturas do direito, nada tem que ver com as sociedades modernas. Note-se, desde logo, (i) que ao definir as entidades cujo juízo sobre a validade das normas secundárias é decisiva, influenciando decisivamente o povo, Hart recorre, de novo, a um critério de observação empírica e não a um critério autoritário ou legalista: estes órgãos são aqueles que se observar gozarem de tal autoridade social. Por outro lado, (ii) Hart realça que, nos complexos sistemas jurídicos modernos, se verificam tensões entre vários níveis de reconhecimento, podendo acontecer que uma norma reconhecida pelas entidades formais-oficiais não o seja pela comunidade ou por um seu sector relevante; e que este facto pode, ainda nos termos dos critérios da norma de reconhecimento, prejudicar a sua aceitação como norma jurídica válida[120]. Deste modo, compatibiliza Hart a sua teoria realista com uma legitimação democrática-maioritária do direito, fundada num plebiscito contínuo sobre o reconhecimento popular das normas jurídicas; acusando, em contrapartida, a legi-

---

[120] Seria o que acontece com o costume, a quem a norma de reconhecimento pede uma observância regular e longa.

132 | CALEIDOSCÓPIO DO DIREITO...

timação contramaioritária-eilitista de tender a transformar a sociedade num rebanho de carneiros.

De qualquer modo, pode dizer-se que o "plebiscito de todos os dias" em que se baseia a sua *norma de reconhecimento* é um plebiscito prudente e temperado.

Primeiro, porque Hart distingue entre efectividade e validade, esclarecendo que a norma de reconhecimento trata da validade das normas jurídicas, e não da sua efectividade. Com duas consequências. A primeira é a de que não basta a efectiva e regular observância de um comportamento para que se esteja perante uma norma jurídica (e não perante um mero hábito social): "é necessário que exista uma atitude crítica reflexiva em relação a certos tipos de comportamento enquanto padrões comuns e que ela própria [atitude] se manifeste crítica (incluindo autocrítica), em exigências de conformidade e no reconhecimento de que tais críticas e exigências são justificadas, o que tudo se expressa caracteristicamente na terminologia normativa de "ter o dever de", "ter de" "dever", "bem" e "mal"[121].

Depois, porque na formação desta atitude reflexiva e ponderada, na criação de um sentimento interno de "obrigação" por parte das pessoas comuns, a observação pela comunidade da atitude das entidades providas de autoridade social (tribunais, especialistas, funcionários) tem um peso importante. Assim, a legitimidade

---

[121] H. L. Hart, *O conceito [...]*, cit., 66.

UMA DEFINIÇÃO REALISTA DO DIREITO | 133

democrática exige informação, reflexão e crítica, tal como é proposto pelos politólogos e juristas adeptos do aprofundamento da democracia no sentido de uma democracia deliberativa (v. 2.1, 13.3)

Que vantagens tem, dos pontos de vista teórico e prático, esta definição realista do direito? Ou seja, o que é que ela nos permite evitar?

Muito resumidamente, a resposta pode ser a seguinte.

Ela permite-nos, por um lado, evitar um legalismo fechado inexoravelmente na lei, tal como ela é promulgada, desatendendo completamente o resultado do seu confronto com a sociedade, a sua "prova de fogo" ao confrontar-se com a prática, quer com a prática dos sentimentos de justiça, quer com a prática doutrinal e jurisprudencial. Com esta construção, o direito ganha flexibilidade, adapta-se às circunstâncias da vida jurídica efectiva (*law in action*) e ganha legitimidade democrática, enraizando-se nas convicções populares e cumprindo, assim, o principal requisito de um sistema político democrático.

Em contrapartida, ela evita o subjectivismo em que caem outras concepções que pretendem tomar distâncias em relação ao direito positivo formal, confrontando-o com princípios legitimadores ou com princípios normativos como "a justiça", "o direito natural", "os direitos humanos", os quais dependem de convicções não geralmente partilhadas, carecendo, portanto, de uma objectividade assegurada. No caso da teoria realista, o distanciamento em relação ao direito positivo oficial faz-se com base em elementos empíricos, os

134 | CALEIDOSCÓPIO DO DIREITO...

critérios observados de reconhecimento de normas como pertencendo ao direito.

No entanto, as posições realistas não deixam de levantar objecções[122].

---

[122] Uma delas – a que Joseph Raz tenta responder na sua obra *The authority of law [...]*, cit. – é a questão de saber qual é, afinal, o fundamento da obediência ao direito – a autoridade do direito –, já que a simples constatação da sua vigência não explica o porquê dessa vigência. Pôr esta questão pressupõe que ela tenha sentido jurídico. Ou seja, que tenhamos que explicar a vigência do direito por uma razão que esteja para além do simples facto dessa vigência. Dizendo de outro modo, que a vigência do direito não possa ser explicada apenas, num plano já não jurídico, por razões de natureza histórica, sociológica, política; mas que tenha uma explicação normativa, que tenha que se fundar num valor. Alguns autores já tinham respondido negativamente a esta pergunta sobre a necessidade de encontrar um fundamento último para o direito, dentro do direito. Tradicionalmente, o legalismo oitocentista entendia que o fundamento do direito e do modelo das suas fontes estava fora do direito, na política. H. Kelsen vem responder o mesmo, mais elaboradamente, na sua proposta de "purificação do direito": os fundamentos da obediência ao direito encontram-se numa norma jurídica apenas formal (*Grundnorm*; cf. A. M. Hespanha, *Cultura jurídica europeia [...]*, cit., 8.4.6). Ele não nega que, por detrás das normas do Estado, haja motivos axiológicos ou sociológicos, ou mesmo meros impulsos de vontade. Mas crê que averiguar isso pode levar os juristas para campos indecidíveis e, logo, inúteis; opináveis e, logo, prejudiciais. Se a mera constatação de obediência ou adesão generalizada a certas normas tiver que ser explicada, a verdade é que criamos vários embaraços (talvez artificiais) na explicação de vários níveis da vida humana. Porque é que em certa época vigoram certos padrões de gosto? Certos padrões morais? Certas crenças religiosas? Podemos responder apenas com um enfastiado "porque sim!"; se quisermos ser mais curiais, poderemos avançar com razões de história

UMA DEFINIÇÃO REALISTA DO DIREITO | 135

6. A definição realista e a consideração dos "princípios": H. L. Hart e R. Dworkin[123]

Nos dias de hoje, as posições realistas têm a oposição daqueles que acham que, para além das normas jurídicas postas, observáveis, susceptíveis de serem

---

social, de psicologia colectiva, etc., que expliquem a adesão a certos valores (estéticos, morais, religiosos); mas não é forçoso, segundo creio, que tenhamos que tentar buscar padrões normativos, independentes da prática social, para tal. Pois isso seria supor que por detrás das práticas há a sombra de valores "em si". Cf., num sentido semelhante J. L. Mackie, "Obligations to obey the law", *Virginia Law Review*, 67.1 (Fev. 1981) 143-158 (=*The Symposium in Honor of A. D. Woozley: Law and Obedience*). Discutindo a questão com profundidade e procurando explicar como se transita da vigência empírica (do "ser") para a justificação normativa (para o "dever ser"), cf. R. Alexy, *Teoria da argumentação [...]*, cit., sobretudo no "Posfácio. Resposta a alguns críticos", 289-314; ideia-chave: o consenso, o comum reconhecimento, "pressupõe que os participantes no discurso estão, em princípio, em condições de ter ideias ou de ter imaginação e de distinguir as boas das más razões para a formulação de enunciados substanciais. Parte-se, pois, de uma capacidade de juízo e de imaginação dos participantes [no discurso, na formação da norma de reconhecimento], que em princípio existe de maneira suficiente [na comunidade discursiva]", 292.

[123] Textos de aprofundamento: Hart, H. L. A., *The concept of law (with a Postscript edited by Penelope A. Bulloch and Joseph Raz)*, Oxford, Oxford Univ. Press, 1994; G. Zagrebelsky "Diritto: per valori, principi o regole (a proposito della dottrina dei principi di Ronald Dworkin)", *Quaderni fiorentini per la storia del pensiero giuridico* moderno, 31(2002), pp. 577 ss.; os pontos de vista de H. L. Hart têm sido desenvolvidos, com originalidade, por Joseph Raz, nomeadamente nos ensaios que publicou sob o título *The authority of law; Essays on Law and Morality*, New York – Oxford, The Clarendon Press, 1979.

136 | CALEIDOSCÓPIO DO DIREITO...

descritas como factos (apesar de, eventualmente, estarem carregadas de valores para quem tem delas uma visão interna, ou seja, para quem as cumpre ou aplica), existem outras insusceptíveis de serem observadas, ou por serem muito pouco concretas ou, mesmo, por serem apenas virtuais.

Apesar de se tratar de uma velha questão em todo pensamento jurídico ocidental, esta de saber se existe um direito para além daquele (independentemente daquele) que está estabelecido, ou posto, pela autoridade política competente, ela foi de novo colocada nos nossos dias, de forma nova, pelo famoso jurista norte--americano Ronald Dworkin (1931-...), antigo discípulo de Hart[124], ao criticar este por não admitir, no âmbito da sua teoria da "norma de reconhecimento", um dos mais importantes – mas, ao mesmo tempo, um dos menos concretos – tipos de normas: os "princípios".

Na perspectiva de R. Dworkin, no direito existiriam, também objectivamente, certos "valores morais"[125] que,

---

[124] Cf. http://en.wikipedia.org/wiki/Ronald_Dworkin; com aplicações práticas das suas ideias jurídico-filosóficas à realidade política norte-americana contemporânea: *v.g.* decisão da *Supreme Court* sobre as eleições de 2000; o terrorismo e o ataque aos direitos civis; os direito humanos na República Popular da China; a discriminação positiva nas universidades; etc., http://www.ny books.com/authors/90.

[125] Proposição com a qual o seu mestre, de resto, não discorda, desde que estes valores sejam *objectivamente* reconhecidos como direito (cf. H. L. Hart, *op. cit.*, 259). Hart não apenas defende que as "suas" normas primárias podem ter uma estrutura aberta (*open texture*), que permite uma sua aplicação ponde-

UMA DEFINIÇÃO REALISTA DO DIREITO | 137

ao tomar a forma jurídica, se exprimiriam em "princípios". Os princípios teriam pelo menos três características que os distinguiriam das regras. A primeira seria uma questão de amplitude: os princípios seriam, relativamente às regras, gerais, extensos, ou não específicos, a ponto de se poder dizer que careceriam do primeiro elemento estrutural de qualquer norma – a "hipótese", apenas tendo o segundo, a "estatuição"[126]. A segunda característica seria a de que os princípios, por se referirem mais ou menos explicitamente a algum valor ideal deveriam ser como que dignos de ser promovidos (maximizados, e não apenas "constatados")[127]; e, por isso, "não só explicam as regras que os instanciam, mas contribuem ainda para a justificação [para o bem fundado] dessas regras" (H. L. Hart, *op. cit.*, p. 260). Uma terceira característica seria a de

---

rada em função do caso concreto, mas ainda "que os tribunais exercem um genuíno poder legislativo ou discricionário [*discretion*] embora intersticial" (*op. cit.*, p. 259). Quem, de facto, não concorda que Hart concorde com ele é ... Dworkin. Assusta-o o "realismo" do mestre e, portanto, não se quer ver na sua companhia.

[126] Sobre estes elementos estruturais, v., adiante, cap. 17.1. O facto de carecerem da parte da proposição normativa que estabelece o seu campo de aplicação quer dizer que os princípios são de aplicação tendencialmente geral, devendo esta ser maximizada, ou seja, estendida sempre que adequado a todos casos que se apresentem.

[127] Isto é, têm um conteúdo programático, além de normativo; ou um conteúdo moral, além de jurídico; ou um conteúdo de direito natural, além do de direito positivo.

138 | CALEIDOSCÓPIO DO DIREITO...

que as regras funcionariam de uma forma "tudo ou nada", no sentido de que, se uma regra é válida e aplicável a um caso, ela *determina* inexoravelmente o resultado jurídico; enquanto os princípios jurídicos difeririam neste aspecto das regras, pois, sendo aplicáveis, não implicariam necessariamente uma decisão, apontando simplesmente para ela, ou afirmando uma razão que poderia não ser recebida, mas que os tribunais teriam que tomar em conta, ao decidir numa ou noutra direcção (carácter não conclusivo dos princípios). Ou seja, os princípios jurídicos teriam, para Dworkin, uma dimensão de *peso* e não de *validade automática*, sendo por isso que, em caso de conflito – numa determinada situação concreta – com outro princípio de peso superior, um princípio poderia ter que ceder e deixar de determinar a decisão, apesar de continuar a sobreviver intacto, podendo ser usado noutros casos, em que porventura triunfaria, em competição com outros princípios de menor peso. As regras, em contrapartida, ou seriam válidas ou não, mas não teriam esta dimensão de peso. (H. L. Hart, *op. cit.*, p. 261). Hart não aceita esta distinção em termos drásticos, prevendo que possa haver conflitos resolvidos, não por adjudicação (*i.e.*, preferência absoluta de uma delas a outra), mas por ponderação, também entre regras[128].

---

[128] Na verdade, parece que é o que acontece quando se procede à interpretação sistemática das normas jurídicas, ou à sua interpretação segundo os cânones da "jurisprudência teleológica" ou "dos interesses" (v. adiante, cap. 21 [Interpretação]).

Mas o principal é que, para além disto, Dworkin afirma que os princípios jurídicos não podem ser identificados por critérios provenientes de uma norma de reconhecimento manifestada pela prática dos tribunais – já que eles nunca podem ser observados em toda à sua extensão (não são objectiváveis, coisificáveis), dado o seu carácter aberto, virtual e programático. Segundo ele, os princípios jurídicos apenas poderiam ser identificados por uma interpretação doutrinal dirigida a identificar os valores jurídicos "que melhor enquadram o conjunto da história institucional de um certo sistema jurídico" (cf. H. L. Hart, *op. cit.*, p. 263). E, assim, uma vez que os princípios são elementos essenciais do direito, a doutrina da norma de reconhecimento teria que ser abandonada. Ao desenvolver este argumento, o propósito de Dworkin é o de recusar o carácter empirista do conceito de direito de Hart – que ele julga demasiado agarrado ao direito tal como ele se manifesta positivamente na prática –, procurando salvaguardar uma dimensão dinâmica, aberta, quase profética, do direito, que permita uma sua incerteza criadora, apenas levemente dirigida por certas linhas de rumo – os princípios –, a serem actuadas casuisticamente.

No plano da política do direito, *qualquer das duas interpretações* devolve do Estado para a sociedade a constituição do direito. Pode mesmo dizer-se que – dado o papel preponderante que os juízes, funcionários e técnicos de direito têm, mesmo na concepção de Hart, na atribuição de efectividade às normas

140 | CALEIDOSCÓPIO DO DIREITO...

jurídicas – em ambos os casos o estabelecimento do direito é, basicamente, transferido dos órgãos legislativos do Estado para o grupo profissional dos juristas (como juízes, como jurisconsultos e, em menor grau, como burocratas). Porém, a liberdade deixada ao juiz por Dworkin na resolução dos casos difíceis – *hard cases*, *i.e.*, naqueles que não são resolúveis pela aplicação de uma regra, mas apenas pela ponderação de princípios, eventualmente conflituantes – alarga muitíssimo este poder discricionário dos juízes.

Numa breve síntese, vejamos como descreve Dworkin o modo de proceder do juiz nestes casos difíceis. Ele usa, para isso, de duas metáforas: a do "juiz hercúleo" (de Hércules) e a do "romance em cadeia" (*chain novel*).

A primeira metáfora apresenta-nos um juiz de capacidades sobre-humanas, capaz de interpretar toda a história constitucional e jurídica de um país[129], de modo a extrair dela os princípios a partir dos quais deverá ser resolvido o caso *sub judice*. Mais tarde, R. Dworkin reformula a metáfora numa outra, a do romance em cadeia (*chain novel*): um grupo de romancistas escreve conjuntamente um romance, tirando à sorte a ordem da sua intervenção. Cada um deles é

---

[129] Cf. "Hard cases", em *Harvard Law Review*, 88.6(1974-1975), 1057-1109, depois publicado em *Taking rights seriously* (1977), cap. 4. Não parece que estejamos muito longe de F. C. v. Savigny com o seu apelo ao "espírito do povo" (*Volksgeist*). Só que, em Savigny, os Hércules eram os professores de direito (e, por isso, a Escola Histórica desemboca num *Professorenrecht*).

UMA DEFINIÇÃO REALISTA DO DIREITO | 141

obrigado a dar continuidade, no seu capítulo, ao enredo já escrito pelos anteriores, embora aí tenha que combinar a sua própria criatividade com esta tradição de sentido que o romance já traz[130].

Em qualquer das metáforas, a margem de discricionariedade do juiz é muito grande. Não apenas é ele quem interpreta a tradição (embora limitado pelo que ela já tem de positivado, de fixado pela letra da Constituição, das leis e dos precedentes), mas é ainda ele quem decide acerca do modo como a tradição *deve ser actualizada (prosseguida)* naquele caso concreto. O direito tende a transformar-se, de produto de um poder (*imperium*) – nomeadamente, do poder constituinte e legislativo democrático, expresso nas leis ou actos normativos a elas vinculados –, no produto do poder de uma autoridade ligada a um saber (*auctoritas)*, embora um saber alegadamente enraizado numa interpretação do consenso social ou – de acordo com o sentido de evolução que se nota em R. Dworkin – num mundo de valores absolutos[131].

---

[130] Cf., para a metáfora de "chain novel", Ronald Dworkin, *Law's Empire* (1986); "Is there really no right answer in hard cases?", em *A Matter of Principle* (1985); para um exemplo de discussão sobre o sentido político da metáfora, "What Dworkin was trying to do? Legitimacy from chain novels?", em http:// www.lawsocietyblog.com/archives/21 [23-04-2009].

[131] V. o de texto R. Dworkin, "Objectivity and Truth. You'd Better Believe It", *Philosophy and public affairs,* 25.1 (1996), 87--139, de que transcreveremos, adiante, os passos mais agressivos.

142 | CALEIDOSCÓPIO DO DIREITO...

Num Estado democrático, quer a posição de Hart, quer a posição de Dworkin, não deixam de pôr problemas de legitimação democrática (pelo menos se tomarmos esta num sentido mais estrito e formal), pois a democracia instituiu um processo, regulado e tendencialmente representativo do universo comunitário, de exprimir as convenções sociais. Embora seja certo que a norma de reconhecimento também exprime uma convenção popular *de facto*, a verdade é que ela não corresponde necessariamente ao processo democrático estabelecido (ou seja, que o povo, num certo momento constituinte, quis que fosse o seguido). Para não falar no peso que, na gestação de uma convicção popular de obrigatoriedade (de uma norma de reconhecimento), têm os imaginários gerados na consciência social por processos de condicionamento (ou mesmo manipulação) pelos fazedores de opinião e, neste caso particular, também pela autoridade "técnica" dos juristas (como tal, como juízes, como funcionários)[132]. Já vimos e debatemos estes aspectos, concluindo num sentido positivo quanto à possibilidade de combinar a teoria realista com a legitimação democrática do direito.

No entanto, se compararmos o grau de discricionariedade (*discretion*) dos juristas, a concepção de Hart reduz este grau de arbítrio, na medida em que direito é apenas aquilo que obedeça a uma norma de reconhecimento que se pode observar e descrever objectiva-

---

[132] "Das wichtigste Reservoir der deutschen Elite" ([a mais importante reserva da elite alemã], R. Dahrendorf).

UMA DEFINIÇÃO REALISTA DO DIREITO | 143

mente, por observação empírica da consciência jurídica da comunidade, embora mediada[133]. Enquanto na concepção de R. Dworkin, se abre um enorme crédito ao desenvolvimento jurisprudencial[134] do direito, na base de princípios – cuja positividade é afirmada pelos juízes, a partir de uma leitura que eles fazem da história e sentido da ordem jurídica – aos quais é conferida, depois, uma capacidade quase ilimitada de produzir decisões jurídicas concretas. Como diz Hart, "o risco é o de que um juiz, convidado a realizar tais testes [sobre a existência e conteúdo de princípios], aproveite a oportunidade para exercer ele próprio o papel de legislador, de acordo com a sua interpretação da melhor moral e dos seus requisitos, já que é duvidoso que teorias filosóficas ou morais controversas possam ter aquilo que Dworkin chama «uma existência objectiva»" (*op. cit.*, p. 254)[135].

No final, Hart resume as suas diferenças com Dworkin da seguinte forma: "a principal diferença entre o meu ponto de vista e Dworkin quanto a este assunto é que, embora eu subscreva o consenso geral que existe entre os juízes quanto ao critério para a

---

[133] Embora, por vezes, com um apreciável grau de generalidade, como acontece sempre que ela contenha princípios ou valores; e, lembremo-nos, sempre sujeita à influência que sobre ela têm as próprias decisões dos tribunais e dos juristas.

[134] No sentido antigo, de doutrina; e no sentido novo, de judicial.

[135] Texto de aprofundamento: Herbert L. Hart, *The concept of law [...]*, cit. "Postscript", 259-268.

144 | CALEIDOSCÓPIO DO DIREITO...

identificação das fontes de direito, no sentido de que este se deve basear numa aceitação partilhada de regras que definam tais critérios, Dworkin prefere falar não de regras, mas de "consensos", "paradigmas" e "assunções" partilhadas pelos membros da mesma comunidade interpretativa." (H. L. Hart, *op. cit.*, p. 266). Ou seja, os termos usados pelo discípulo são bastante mais vagos e, por isso, bastante mais permissivos em relação à tal "comunidade interpretativa" (leia-se "juízes/juristas"), do que os do mestre. E, por isso, ao passo que este respeita a regra da supremacia parlamentar como fazendo parte da norma de reconhecimento do direito inglês, já o discípulo considera a doutrina da supremacia legislativa como um facto brutal da história do direito que limita o papel que a consciência do juiz pode desempenhar[136].

A este propósito, tem-se dito que, afinal, Dworkin prefere a "tirania de uma minoria à tirania de uma maioria". E, realmente, as suas últimas posições sobre a indisputabilidade da existência de valores absolutos atingem expressões chocantes de arrogância e daquilo que os americanos chamam *hate speech* em relação aos que não compartilham dos seus pontos de vista.

---

[136] Embora também declare – agora menos preocupado com a consciência individual de cada juiz, como já se percebia da metáfora do romance em cadeia... – que "a atitude interpretativa [ou seja, o desenvolvimento judicial dos tais consensos ou paradigmas] não pode sobreviver a não ser que os membros da mesma comunidade interpretativa partilhem, pelo menos no essencial, das mesmas assunções" (H. L. Hart, *op. cit.*, p. 267).

UMA DEFINIÇÃO REALISTA DO DIREITO | 145

O texto que se segue – e que, em boa verdade [se é que isso existe...], excede em muito o que as regras académicas da humildade, do rigor e da tolerância intelectual permitem – é um bom exemplo disto:

[...]
"Introdução. Há alguma verdade objectiva? Ou não devemos nós por fim aceitar que no fundo, em termos filosóficos, não há nenhuma verdade "real" ou "objectiva" ou "absoluta" ou "ontológica" ("foundational") ou "de facto" ou "certa" sobre nada, que mesmo as nossas convicções mais fiáveis sobre o que aconteceu no passado ou sobre aquilo de que o universo é feito ou sobre quem nós somos ou sobre o que é bonito ou sobre quem é mau, são apenas convicções nossas, apenas convenções, apenas ideologia ou sinais de poder, apenas regras de jogos linguísticos que decidimos jogar, apenas o produto da nossa irreprimível tendência para nos enganarmos a nós mesmos quando pensamos ter descoberto à nossa volta um mundo externo, objectivo, eterno, independente das nossas mentes, embora o tenhamos inventado nós mesmos, a partir do instinto, da imaginação ou da nossa cultura? Esta perspectiva, que leva os nomes de "pós-modernismo" e "antiontologismo" ("antifoundationalism") ou "neopragmatismo" domina hoje um estilo intelectual na moda, do qual não podemos escapar nos duvidosos departamentos das universidades americanas: em faculdades de história da arte, literatura inglesa e antropologia, por exemplo, e também nas faculdades de direito. Formas mais sofisticadas deste cepticismo profundo têm exercido influência na filosofia das academias desde há muitos séculos. Manifestam-se em duas versões: uma versão geral e omni-abrangente, que ataca a própria ideia de uma verdade objectiva sobre seja o que for; e uma

versão limitada e selectiva que concede a existência de verdade objectiva nas proposições "descritivas", incluindo as matemáticas, mas a nega em relação às "valorativas" – morais ou éticas – ou interpretativas e estéticas.

Um voto pio

Nós queremos viver vidas decentes, dignas de ser vividas, vidas em que possamos olhar para trás com orgulho e não com vergonha. Queremos que as nossas comunidades sejam justas e boas e as nossas leis sábias e justas. Estes objectivos são imensamente difíceis, em parte porque as questões em jogo são complexas e confusas. Quando nos é dito que quaisquer convicções que nos esforcemos por alcançar não podem, em caso algum, ser tidas como verdadeiras ou falsas, ou tidas como objectivas, ou fazendo parte daquilo que nós *sabemos*, ou que são meros lances em jogos de linguagem, ou que apenas decorrem dos impulsos das nossas emoções, ou que são só projectos experimentais que devemos pôr à prova para ver no que dão, ou apenas convites para pensamentos que podemos achar divertidos ou engraçados ou, então, menos aborrecidos do que as maneiras habituais de pensar, devemos responder que estas difamantes sugestões são todas elas falsas, apenas má filosofia barata. Elas constituem, contudo, interrupções desprovidas de sentido, inúteis e fatigantes. Devendo nós esperar que as tristes mentes do nosso tempo que as alimentam cedo se recomponham" ["But these are pointless, unprofitable, wearying interruptions, and we must hope that the leaden spirits of our age, which nurture them, soon lift"].

R. Dworkin, "Objectivity and Truth. You'd Better Believe It", *Philosophy and public affairs*, 25.1 (1996), 87-139; cit. 87-89 e 139

6.1 *O sentido político de uma polémica acerca da definição de direito*

Aparentemente muito técnica e abstracta, esta discussão da relevância jurídica dos princípios está carregada de política, e de política muito concreta, embora de sentido variável com as circunstâncias. O que aqui se discute é, no fim de contas, quem (que grupo social) tem o poder de dizer o direito, uma questão que é politicamente central.

Nos Estados democráticos, este poder tem sido atribuído ao povo (qualquer que tenha sido o sentido desta palavra). Um problema permanente tem sido o de saber se a vontade popular é o critério último do bom governo e do bom direito ou se, pelo contrário, há saberes – neste caso, saberes normativos (filosofia do direito, teoria do direito, filosofia política, teologia do direito, ética, etc.), mas também saberes empíricos (sociologia, ciência política, técnica legislativa) – que possam disputar ao povo o seu poder soberano de dizer o direito[137].

A necessidade desta partilha entre a soberania do povo e a autoridade dos "homens de ciência" tem sido justificada de muitas formas. Umas vezes, insistindo nos aspectos técnicos do direito (que reclamariam a mediação de um saber "especializado"); outras vezes,

---

[137] Sobre uma leitura, neste plano, da história do direito contemporâneo na Europa, A. M. Hespanha, *Cultura jurídica europeia [...]*, cit., caps. 8.1. e 8.2.

148 | CALEIDOSCÓPIO DO DIREITO...

invocando – paradoxalmente e numa aparente fuga para a frente – a necessidade de ouvir o "espírito do povo", "os consensos valorativos de uma comunidade", sendo certo que esta "audição" deveria caber a um grupo de pessoas especializadas nisso (a elite dos juristas) e não às grosseiras técnicas de contar as maiorias[138].

Na verdade, é isto que Hart e Dworkin discutem, tendo como pano de fundo as tradições políticas dos respectivos países. Hart, escrevendo à sombra de uma velha e bem estabelecida tradição inglesa de supremacia do parlamento e de um direito (o *common law*) que corporizava a própria ideia de liberdade britânica, tem menos dificuldade em admitir os consensos dos juízes e dos funcionários – ou mesmo da comunidade – como critério para a determinação do que é o direito, pois sabe que estes não ousarão desafiar a soberania do povo, expressa pelo parlamento e na *rule of law*. Enquanto Dworkin – vivendo numa democracia em que a soberania do povo se exprimiu, antes de tudo, numa Constituição escrita há mais de 200 anos, sob a influência de uma filosofia que opunha concepções ético- -religiosas e direitos tradicionais ("naturais") ao direito "voluntário" (arbitrário...) da Coroa (inglesa, da metrópole) e cujos valores (princípios) têm sido continuamente reinterpretados pelos juízes (locais, estaduais,

---

[138] V., adiante, sobre o direito como expressão do poder de uma elite cap. 11.4 (Elites).

contrapontos dos poderes centrais, metropolitanos ou federais), avessa a uma tradição política centrada no Parlamento, tradição contra a qual os Estados Unidos nasceram e formaram a sua identidade nacional, e hostil a uma concentração do poder num pólo que possa violar os direitos dos Estados e dos indivíduos – entende que esse respeito pela vontade constituinte do povo se traduz em confiar aos tribunais essa capacidade de manter vivos a Constituição (que, para além do mais, tem traços de um tratado interestadual) e o direito, actualizando e referindo os seus princípios originais às novas situações. Mesmo que isto signifique que estes critérios judiciais se vão impor à vontade do "povo actual", expressa nos resultados das eleições para o legislativo. Pois, no fundo, se tende a considerar como inaceitável que a "geração actual" de políticos (parlamentares)[139] imponha a sua vontade à tradição que foi aceite pelas gerações passadas; não se tendendo, em contrapartida, a ter como chocante que a vontade das gerações passadas (tal como é interpretada pelos seus pretensos porta-vozes de hoje...) se continue a impor à geração actual. Algumas das mais importantes questões constitucionais norte-americanas nos dias de hoje relacionam-se com esta tensão entre o judicial e o legislativo; tensão que também explica a importância política da nomeação, pelo Presidente,

---

[139] Todavia, a questão também valeria, se posta em relação aos juízes.

150 | CALEIDOSCÓPIO DO DIREITO...

dos membros da *Supreme Court*, no caso de vacatura de lugares[140].

Na Europa continental, a generalidade dos Estados são hoje – como já antes se realçou – democracias constitucionais, com constituições elaboradas e reelaboradas pelos parlamentos, em épocas recentes. Do mesmo modo, as leis têm origem no parlamento ou em governos com maioria parlamentar. Nestes casos, a incorporação na "norma de reconhecimento" de uma segunda fonte de legitimidade do direito – a da autoridade técnica de um corpo de juízes ou de juristas, que identificam e desenvolvem princípios de forma quase autónoma – é muito mais problemática, porque não é normal que, estabelecendo recentes e prestigiadas constituições que cabe aos representantes

---

[140] Cf. http://walterolson.com/articles/dworkinr.html: "Dworkin's morality: rule by Supremes", in *Baltimore Sun*, May 5, 1996; http://www.bu.edu/wcp/Papers/Law/LawWenz.htm: "Dworkin's Wishful-Thinkers Constitution", by Peter S. Wenz, University of Illinios – Springfield; http://www.kansaspress.ku.edu sunpop. html: "Popular Government and the Supreme Court. Securing the Public Good and Private Rights", by Lane V. Sunderland, Univ. Press of Kansas (review). V. um histórico exemplo da importância da orientação política das maiorias na *Supreme Court* no célebre caso conhecido como "A stitch in time saves nine", 1937 (http://en.wikipedia.org/wiki/The_switch_in_time_that_saved _nine), dando conta da importância política das posições ideológicas dos juízes quanto ao *New Deal*, do presidente Franklin D. Roosevelt; este iria mesmo tentar reorganizar o tribunal, para poder fazer avançar a sua legislação favorável à criação de um "Estado Social" (*Judiciary Reorganization Bill*, 1937, ou *Court--packing Bill*).

do povo um papel constituinte e legiferante inerente ao conceito de soberania, se reconheça ainda a existência de uma espécie de porta-vozes (ou tutores?), diferentes daqueles que constitucionalmente o representam mais directamente (os membros do parlamento)[141-142].

Poderíamos acrescentar mais, no sentido da crítica da *discretion* judicial. É que, na verdade, falar de *discretion* (poder como que discricionário[143]) do juiz é uma enorme simplificação. Na verdade, quem está no centro da decisão judicial não é uma pessoa, mas um

---

[141] Por isso é que a CRP insiste em que os fundamentos do Estado são "a Constituição" (que tem origem parlamentar) e a "legalidade democrática" (art.º 3). O que corresponde à ideia, expressa logo no art.º 1, de que "Portugal é uma República soberana, baseada na dignidade humana e *na vontade popular* [...]". V., no entanto, 4. "Uma autodefinição?", sobre outras aberturas do texto constitucional.

[142] Note-se que, na prática, a proximidade de uma decisão judicial em relação aos sentimentos vividos de justiça pode ser maior do que uma decisão parlamentar. Isto acontece frequentemente nas democracias em que a partidocracia dominou, de forma mórbida, a vida político-parlamentar; como o corpo judicial é mais vasto, disperso e difícil de controlar do que as cúpulas do poder, pode acontecer que este se encontre mais liberto desta forma de "corrupção" e, por isso, mais capaz de realizar ideais democráticos. Foi este, por exemplo, o diagnóstico que fizeram os partidários do "uso alternativo do direito", na Itália dos anos setenta (cf. A. M. Hespanha, *Cultura jurídica europeia [...]*, cit., 321 ss.).

[143] Na verdade, em teoria, não o é, pois o juiz não pode – mesmo de acordo com aqueles que maior latitude de decisão lhe conferem – julgar segundo opiniões meramente pessoais.

152 | CALEIDOSCÓPIO DO DIREITO...

complexo processo de interacção de pessoas – juiz, advogados, peritos, tribunais de recurso, para não falar das partes e das testemunhas e de outros produtores de prova. O realismo norte-americano, por exemplo, continua a pensar que é muito proveitoso saber mais do modo como este processo de decisão funciona e produz decisões[144]. Todavia, sejam quais forem os resultados de tais investigações, o nosso senso comum continua a considerar que esta rede de intervenções no processo de decisão parece ser vantajosa, sendo esta a razão do próprio princípio do contraditório no processo. No entanto, também pode, realisticamente, jogar no sentido de corromper a "boa decisão" do juiz, enviesando-a no sentido de favorecer os mais poderosos. Uma análise concreta da justiça, tal como a faremos mais tarde, aponta justamente para aqui. O juiz funciona no seio de uma teia de condicionamentos muito desequilibrada, pois o recurso aos melhores advogados (e, portanto, aos produtores de discursos mais consistentes ou convincentes), a possibilidade de obter mais prova, de suportar os custos (tempo e dinheiro) dos incidentes e recursos, de entender melhor o que se passa em tribunal e, até, de condicionar a decisão por meio da comunicação social, tudo isto está desigualmente distribuído na sociedade. E é esta desigualdade, mais do que "qualquer défice democrático original", que projecta sobre a justiça uma sombra

---

[144] V. antes, sobre o realismo norte-americano, as indicações da nota 95.

UMA DEFINIÇÃO REALISTA DO DIREITO | 153

de ilegitimidade e que cria preocupações perante o alargamento da sua esfera de intervenção, enquanto o seu ambiente não for regido pelo princípio da igualdade de oportunidades.

Pode dizer-se que o mesmo se passa com a decisão no processo legislativo. E é bem verdade que isso pode ser justamente dito, dado o compadrio de interesses, as leis políticas, as leis feitas à medida de um caso, a opacidade de certas decisões ou o lobbyismo descarado que subjaz a outras. Mas, pergunta-se, esses poderosos meios que condicionam um governo ou uma maioria parlamentar são incapazes de controlar um tribunal? Não passa já hoje a aplicação de toda essa legislação espúria pelo crivo dos tribunais? Os resultados da justiça não são hoje avaliados como sendo ainda mais discriminadores do que o enunciado das leis?

Daí que a recepção da doutrina de R. Dworkin no ambiente jurídico da Europa ocidental – embora beneficiando de uma certa aura poética, em que ecoam velhos temas jusnaturalistas e humanistas – tenha dado resultados mais limitadores da *discretion*, nomeadamente da dos tribunais constitucionais[145].

---

[145] Sobre isto, v. Gustavo Zagrebelsky, ("Diritto per valori [...], cit.), que, aderindo embora às posições de Dworkin, lhe introduz cirúrgicas, embora discretas, explicitações que tornam essas posições compatíveis com a dogmática europeia do direito constitucional, mais atenta ao carácter democrático do poder constituinte.

154 | CALEIDOSCÓPIO DO DIREITO...

Assim.

Exige-se, em primeiro lugar, que os princípios sejam "jurídicos", ou seja, que tenham sido recebidos, por alguma das formas admitidas pela norma de reconhecimento, na ordem jurídica, não se mantendo apenas como princípios éticos (religiosos, políticos)[146]. Ou seja, insiste-se na necessidade de positivação (ou recepção) concreta dos princípios: "Para que o princípio possa operar efectivamente, é necessária a sua "concretização", ou seja, a sua redução a uma fórmula que contenha uma situação de facto referível a um acontecimento histórico, bem como a consequência que daí deva derivar. A concretização do princípio dá-se por obra do legislador, por meio de uma regra que diga respeito a acontecimentos futuros, ou por obra do juiz, por meio de uma decisão que evoque uma regra dessas, embora a aplique a acontecimentos passados"[147].

Mas, paralelamente, insiste-se em que a maleabilidade dos princípios, a sua possibilidade de constituir orientações normativas flexíveis e combináveis, é a única forma que o direito tem de responder a sociedades onde convivem – e, constitucionalmente, devem conviver, porque todos eles são valores existentes neste "povo plural" [homens, mulheres, católicos, islamitas, naturais, imigrantes, etc.] das democracias modernas – valores conflituais, cuja prevalência recíproca deve ser ponderada caso a caso. Como refere Zagrebelsky, as

---

[146] Cf. Maria Lúcia Amaral, *A forma da República [...]*, cit., 93 ss.
[147] Cf. Gustavo Zagrebelsky, "Diritto: per valori [...]", cit., 875.

sociedades contemporâneas "são sociedades complexas, também do ponto de vista dos próprios postulados
morais. Estes traduzem-se em axiomas jurídicos variados e frequentemente contraditórios [...]. Embora o
peso dos ingredientes singulares possa ser, para cada
um de nós, diverso, segundo as nossas inclinações
ideológicas, todos (ou muitos de nós) querem (queremos) uma sociedade livre, mas também reformas sociais;
igualdade perante lei, mas também igualdade relativamente a certas situações materiais; por isso, normas
jurídicas gerais mas também particulares; direitos negativos de protecção contra a interferência dos poderes
públicos ou privados, mas também direitos positivos a
prestações de tais poderes; direitos dos indivíduos,
mas também direitos dos grupos; a consciência, com
as suas pretensões (por exemplo, ao uso dos recursos
oferecidos pela biotecnologia em matéria de procriação
assistida ou de suicídio assistido), mas também a
estabilidade das estruturas sociais e a protecção dos
sujeitos mais fracos; a defesa das identidades colectivas, como as nacionais, mas também a tendência para
integrarem identidades culturais diversas sem as destruir; a protecção de formas de vida consagradas pela
tradição (mesmo para além da sua reduzida função
económica ou social), como a família, mas também o
reconhecimento de outros modos de convivência; a
valorização das energias materiais e espirituais dos
indivíduos, mas também a protecção contra a sua força
destruidora dos bens colectivos, como a natureza; o
rigor na aplicação da lei, mas também a equidade em

156 | CALEIDOSCÓPIO DO DIREITO...

relação às suas consequências mais rígidas; a responsabilidade individual na construção da própria existência, mas também a intervenção colectiva a favor dos mais débeis; a ordem, mas também a espontaneidade social, etc., etc." (*ibid.*, 879). O sentido democrático exige que todas estas vozes do povo se possam fazer ouvir.

É esta natureza compósita das sociedades contemporâneas que as democracias constitucionais procuram respeitar e proteger, quer contra as maiorias parlamentares conjunturais e que não reflictam a complexidade da constelação comunitária de valores (princípio contramaioritário[148]), quer contra a apropriação da vontade popular por uma minoria de especialistas, de burocratas ou de tecnocratas[149]. Por isso é que o reconhecimento da pluralidade dos princípios constitucionais visa criar uma democracia mais profunda,

---

[148] No sentido que aqui lhe é dado. V., num sentido não totalmente coincidente, Jorge Reis Novais, *Direitos Fundamentais. Trunfos contra a Maioria*, Coimbra, Coimbra Editora, 2006.

[149] Num sentido crítico da particular aptidão de juízes e juristas para levar a cabo esta ponderação relativa de pontos de vista sociais, v. Karl-Heinz Ladeur, *Kritik der Abwägung in der Grundrechtsdogmatik*, Tübingen, Mohr Siebeck, 2004; Id., "Abwägung: ein neues Rechts-paradigma", *Archiv f. Rechts- u. Sozialphilosophie*, 69(1983), pp. 463 e ss.; sobre o contexto geral da utilização da "ponderação" das perspectivas plurais na temática do achamento do direito, Willis Santiago Guerra Filho, "A dimensão processual dos direitos fundamentais e da Constituição", http://www.senado.gov.br/web/cegraf/ril/Pdf/pdf_137/r137-02.pdf [em 24-10-2008].

mais inclusiva e mais dinâmica, permitindo um desenvolvimento e uma harmonização de geometria variável dos princípios que a vontade constituinte ou legislativa do povo foi depositando na ordem jurídica. Os juristas aparecem aqui não como hermeneutas mais qualificados da vontade popular (que dela saberiam mais do que o próprio povo), mas apenas como técnicos especializados na descoberta de uma "«concordância prática» das discordâncias", de um arranjo harmónico das várias vozes (da polifonia), apoiados (tal como os técnicos do *music mixing*, ou arranjo musical) em instrumentos conceptuais desenvolvidos – alguns desde há muitos séculos – pelo seu saber especializado[150].

---

[150] Daí que alguma teoria do direito na Europa tenha preferido converter os "valores" de Dworkin em "argumentos". Ou seja, de princípios carregados de valorações de conteúdo normativo forte (*i.e.*, de natureza axiológica [que têm que ser, *müssen*]), em princípios de conteúdo normativo fraco (*i.e.*, em meros valores localizados numa ordem jurídica (*Sollen*), ou mesmo apenas em "pontos de vista", ou argumentos jurídicos), que devem ser sujeitos a um *método de ponderação* que permita controlar o discurso do juiz aplicador, método de que fariam parte: uma técnica de identificação dos princípios, uma técnica de ponderação dos princípios e um sistema de condições de prioridade. É este o sentido da adaptação que Robert Alexy faz das ideias de R. Dworkin, a parte da sua teoria da argumentação jurídica (*Theorie der juristischen Argumentation. Die Theorie des rationalen Diskurses als Theorie der juristischen Begründung*, Frankfurt, Suhrkamp, 1978). Porém, isto não está nada longe do método da tópica, classicamente utilizado pela tradição jurídica ocidental; cf., sobre isso, A. M. Hespanha, *Cultura jurídica europeia [...]*, cap. 5.6.

158 | CALEIDOSCÓPIO DO DIREITO...

Esta valorização do papel dos juristas no desenvolvimento dos princípios ainda introduz, apesar de tudo, riscos evidentes e sérios de arbitrariedade, na medida em que permite a manipulação dos princípios segundo as preferências ideológicas ou meramente conjunturais de uma maioria – não já de deputados, mas de juízes[151]. É, por isso, muito importante insistir em vários pontos:

(*a*) os princípios a desenvolver devem estar – como se disse – positivados, nomeadamente na Constituição[152]; uma simples positivação jurisprudencial pode incorrer numa *petitio principii*, pois a primeira decisão do tribunal deveria fundar-se numa positivação anterior, e esta não podia ser senão constitucional ou legislativa;

(*b*) o desenvolvimento dos princípios terá que obedecer às regras de arte do saber jurídico, não derivando exclusivamente dos sentimentos, ideais ou sentido de oportunidade do tribunal;

(*c*) o "bom jurista, para a doutrina dos princípios, não é o mero conhecedor de todas as leis e de todos os precedentes". É, pelo contrário, aquele que dá vida a estes conhecimentos, com a participação, como jurista, na vida da cultura na sociedade em que opera, sendo os princípios que aplica a ponte de ligação que permite um con-

---

[151] Cf., antes, n. 149.
[152] Cf. Zagrebelsky, *ibid.*, p. 882.

tínuo ir e vir que tanto produz cultura, como é produzido pela cultura (Zagrebelsky, *ibid.*, 886); (*d*) a primeira regra deontológica do jurista deve ser não o cultivo da auto-suficiência e da arrogância, mas a assunção de um espírito de serviço; de serviço, tanto aos valores culturais e políticos democraticamente positivados na constituição e nas leis, como às regras de arte de um saber jurídico que reflicta esta atitude de serviço à democracia pluralista; só assim se afastando perigo, já bem conhecido da história da cultura jurídica europeia, de os juristas se arvorarem em intérpretes autênticos da vontade popular, transformando o direito popular (*Volksrecht*) num direito de professores (*Professorenrecht*)[153].

Todos estes pontos são muito relevantes, quer no plano da formação jurídica, quer no plano da deontologia dos juristas. No plano da formação, apontam para conteúdos rigorosos, críticos e auto-reflexivos; para uma informação não exclusivamente técnica, antes aberta para a apreensão da plural realidade social, política e cultural, pelos meios, também rigorosos e verificáveis, das ciências sociais; para o cultivo de um espírito de contínua autovigilância e autocrítica, que previna a imposição de pontos de vista pessoais ou de grupo aos pontos de vista da vontade popular positi-

---

[153] Cf., no mesmo sentido, Zagrebelsky, *ibid.*, p. 886.

160 | CALEIDOSCÓPIO DO DIREITO...

vados na ordem jurídica[154]; e, finalmente, de uma sagacidade e perspicácia que desconstrua o contrabando intelectual que consiste em fazer passar por naturais ou gerais as opiniões ou os interesses de um grupo ou de uma parte. No plano deontológico, os mesmos pontos fomentam a *cura reipublicae*, o cuidado pela República, pela sua vontade e pela defesa dos seus interesses, antes que pela defesa de interesses particulares ou corporativos.

---

[154] "La plus belle qualité du juriste est cette forme d'honnêteté intellectuelle qui transforme un être animé de passions, de convictions et d'opinions personnelles en un observateur impartial est désintéressé», Christian Atias, *Épistémologie du droit*, Paris, PUF, 1994, p. 116.

III

AS FUNÇÕES SOCIAIS DO DIREITO

Uma das razões por que preferimos uma definição realista do direito, como a de H. L. Hart, é que ela nada pressupõe como natureza ou finalidade do direito que não seja observável como reconhecido pela comunidade. Ou seja, parte do princípio de que o direito é um sistema de regulação social admitido, em cada sociedade concreta, por uma série de entidades a quem essa mesma sociedade autoriza a dizer o que é direito, apoiadas e também reforçando sentimentos comunitários sobre o que é direito. Nada se diz sobre a "natureza", a "essência", os valores que busca, as funções, do direito.

Este carácter mínimo da definição impede que ela esteja decalcada sobre a "naturalização" (ou a "racionalização") artificiais de experiências histórico-geográficas concretas do direito – como, por exemplo, a do direito ocidental contemporâneo, assumindo que todos os direitos devem prosseguir os mesmos fins, organizar do mesmo modo, invocar as mesmas razões de decidir, adoptar as mesmas estratégias de resolução de conflitos, reconhecer as mesmas autoridades para dizer o direito. E, com isto, permite-nos ter uma noção não etnocêntrica, que não exclua outras formas de organizar o direito ou de o relacionar com outras ordens

164 | CALEIDOSCÓPIO DO DIREITO...

normativas, como a tradição[155], a feitiçaria[156], a religião[157], os bons costumes[158].

Este esforço para tornar evidente o carácter "local" do direito – a sua ligação a uma cultura determinada, o seu embebimento em ideias de senso comum que não

---

[155] A tradição foi – até ao século XVIII – uma das principais fontes do direito europeu: quer se falasse em "direitos adquiridos", em "opinião comum", em "natureza das coisas", em "usos e costumes", etc.

[156] Na Europa, até à época moderna, a magia constituiu um processo jurídico, por exemplo, de obter provas judiciais ("ordálios", "juízos de Deus"). Ainda hoje, os direitos e a justiça apresentam formas ritualizadas que se relacionam com precedentes mágicos ou religiosos (uso de fórmulas, a ocorrência repetida de certos números, rituais, juramento). Em certos direitos africanos essa proximidade entre direito e magia é ainda muito mais forte (v. Armando Marques Guedes et al., "Litígios e pluralismo em Cabo Verde. A organização judiciária e os meios alternativos", Themis, 3(2001), 5-68).

[157] A separação entre religião e direito – o princípio do Estado laico (cf. CRP, art.º 41) – não é acolhido em muitos Estados islâmicos, no Estado judaico, no Estado do Vaticano (que, convenhamos, é um Estado um tanto particular) e sofre algumas limitações, em certos Estados cristãos, católicos ou protestantes (nomeadamente Portugal, Inglaterra).

[158] Os "bons costumes" (comerciais) constituíram o principal fundamento do direito comercial na Europa moderna. Hoje em dia, as chamadas "boas práticas", avaliadas por entidades não estaduais saídas do próprio universo corporativo (tribunais de árbitros, entidades reguladoras nacionais ou internacionais), substituem-se ao direito em zonas muito extensas da vida social (telecomunicações e novas tecnologias, meios de comunicação social, etc.). Ponto é que tais entidades representam um universo equilibrado e neutro de interesses.

AS FUNÇÕES SOCIAIS DO DIREITO | 165

foram nem são partilhadas por todos – é muito importante numa época de globalização como a nossa, em que, em virtude da posição hegemónica da cultura ocidental, é muito tentador e muito frequente fazer passar como valores (também valores jurídicos) universais e culturalmente neutros os valores do Ocidente. Veremos isso, com detalhe, mais adiante[159]. Esta tendência para reduzir o direito a uma realidade normativa unidimensional verifica-se mesmo no âmbito da cultura ocidental: por exemplo, em relação ao direito norte-americano[160]; ou mesmo em relação à própria história do direito europeu[161], ignorando

---

[159] V. *infra*, *v.g.*, cap. 8 – O direito como elemento racionalizador da interacção social (como acção comunicativa, J. Habermas). Cf. Clifford Geertz, "Common sense", em Cl. Geertz, *Local knowledge. Further essays in interpretative anthropology*, Basic Books, 1983; Clifford Geertz, "The way we think. Toward an ethnography of modern thought", em Cl. Geertz, *Local knowledge. Further essays in interpretative anthropology*, Basic Books, 1983; Boaventura Sousa Santos, "Towards a multicultural concept of human rights", *Zeitschrift f. Rechtssoziologie*, 18.1 (1997), 1-15.

[160] Cf. James Q. Whitman, "«Human Dignity» in Europe and the USA. The social foundations", em *Human Rights Law Journal*, 25.1-4 (2004), 18-23.

[161] A história do direito europeu ensina-nos que este já foi pensado de perspectivas totalmente distintas das de hoje: como uma parte da ordem global do mundo (abrangendo o homem e todos os seres da Criação, animados ou inanimados), como uma constelação de deveres, mais do que direitos, como um mundo normativo semelhante ao do amor ou ao da amizade. Cf., para uma ilustração, A. M. Hespanha, *Cultura jurídica europeia [...]*, cit., cap. 4.2. Se usarmos da imaginação, figurar um

166 | CALEIDOSCÓPIO DO DIREITO...

os pressupostos culturais de que este sucessivamente parte[162].

Seja como for, uma dimensão essencial realça a teoria realista: o direito enraiza-se nos sentimentos jurídicos da comunidade. Isto mesmo se afirma nas constituições dos Estados modernos; para não dizer, mais fortemente, que isto mesmo constitui um traço civilizacional ou paradigmático da nossa cultura política. Por isso, se tem insistido muito – a propósito dos vários temas tratados – no princípio da legitimação democrática do direito, como um dos critérios comuns do reconhecimento de normas jurídicas nos modernos Estados democráticos.

Nos capítulos seguintes, vamos confrontar este princípio – que, aqui, vale, antes de mais, como um prin-

---

direito ao avesso do nosso (mas muito semelhante ao direito tradicional europeu) é fácil: "Imagine a world very much like ours, except that nobody has any rights. A world with no rights is not necessarily evil or cruel. People's lives, possessions, and well-being may be well protected in this imagined world, for instance through the charitable behavior of others, or even through the imposition of sanction-backed duties on others... How would this world be different from ours? Would such a world be (other things being equal) worse or perhaps better than ours?", Alon Harel, em *The Blackwell Guide to the Philosophy of Law and Legal Theory*, Blackwell Publishing, 2005, p. 191.

[162] Cf. Jacques Lenoble, "Prolegomenos para una lectura epistemologica de los modelos jurídicos", em Bruno Ribes *et al.*, *Dominar o compartir?: desarrollo endógeno y transferencia de conocimientos*, s.l., UNESCO, 1977.

cípio observado no direito dos dias de hoje – com várias das funções que se têm atribuído ao direito, nomeadamente na reflexão de nomes grandes da teoria social contemporânea.

A questão que está subjacente a cada um destes capítulos é a seguinte: de que modo podemos compatibilizar cada uma destas perspectivas com um direito cuja regra de reconhecimento inclua uma referência à legitimidade democrática?

Começaremos pela ideia de igualdade, que muitos têm considerado como uma condição primordial da liberdade. Depois, abordaremos o tema de novas formas de democracia, alegadamente mais adequadas à sociedade comunicativa dos nossos dias. A seguir, veremos que relação pode ter a previsibilidade, a proscrição do risco e a estabilização promovidas pelo direito com o enraizamento deste na consciência comunitária; ou, pondo as coisas ao invés, de que modo é que o enraizamento do direito na consciência comunitária contribui para que este possa desempenhar um papel estabilizador na sociedade. Trataremos ainda das relações entre utilidade e eficácia, por um lado, e democraticidade do direito. Finalmente, analisaremos os aspectos positivos e negativos da mediação dos especialistas do direito na gestação de um contacto fluido entre este e os sentimentos comunitários de justiça.

168 | CALEIDOSCÓPIO DO DIREITO...

7. O direito como forma de estabelecer a igualdade entre os cidadãos

Desde há muito que se estabeleceu existir uma íntima ligação entre vontade e liberdade, pela simples razão de que só quem é livre – interna e externamente – pode querer. Por outro lado, pelo menos desde o séc. XVIII – embora com conhecidas raízes anteriores –, que se relaciona a liberdade com a igualdade, insistindo-se em que a dependência (política, económica, social ou cultural), a falta de igualdade, impede a expressão de uma vontade livre. Daí que uma das funções do direito mais geralmente aceite é a de instaurar a igualdade, constituindo uma das componentes mais importantes do "imaginário" espontâneo dos juristas. Pode dizer--se, com efeito, que a instauração da igualdade entre os cidadãos tem sido – juntamente com a garantia da sua liberdade e da segurança (ou da paz) – a definição clássica das funções do direito no Estado contemporâneo (cf. CRP, arts. 12.º, 13.º, 20.º[163]). Sendo, por

---

[163] Cf. também, a respeito da relação da administração (em sentido lato, abrangendo mesmo entidades privadas que, por delegação, exerçam funções administrativas, cf. Art.º 2.º do diploma citado a seguir) com os particulares, *Código de Procedimento Administrativo*, Dec.-Lei 442/91 de 15-11-1991, act. pelo Dec.-Lei 6/96, de 31.1, art.º 5.º (n.º 1): *"Princípios da igualdade e da proporcionalidade*. 1 – Nas suas relações com os particulares, a Administração Pública deve reger-se pelo princípio da igualdade, não podendo privilegiar, beneficiar, prejudicar, privar de qualquer direito ou isentar de qualquer dever nenhum adminis-

isso, aceites como óbvias as suas razões[164], destacaremos aqui brevemente algumas das dificuldades que se lhe levantam.

---

trado em razão de ascendência, sexo, raça, língua, território de origem, religião, convicções políticas ou ideológicas, instrução, situação económica ou condição social."

[164] Na verdade, estas razões não são nada óbvias, assentando sobre pressupostos filosóficos e antropológicos muito discutidos. Incumbir o direito da garantia da igualdade pressupõe que a igualdade não é um dado espontâneo da sociedade, embora possa ser um elemento da natureza dos homens. Como se vê, os problemas começam logo aqui – um dado *natural*, mas não *espontâneo*... Um dado que pertence à natureza, mas que é preciso garantir, artificialmente, pela força do direito. Antes desta, pode colocar-se ainda a questão de saber se a liberdade que importa é a que o direito pode garantir (a liberdade externa, de agir) ou, antes, uma inatingível por factores externos, a liberdade interior; foi esta maneira de ver que compatibilizou, por exemplo, a liberdade cristã com muitas formas de servidão, incluindo a própria escravatura. O assunto é um dos grandes temas da história das ideias políticas, para a qual remetemos. Refiramos, como afloramentos, de sentido por vezes contraditório, da ideia de igualdade como valor inerente à justiça, para além da simbologia da balança com os pratos em equilíbrio, o julgamento de Salomão (em que o rei simula ir fazer um julgamento de igualdade, cortando o menino *ao meio*... mas que seria um mau julgamento, porque a igualdade não se media aí, no corpinho do bebé, mas no plano dos sentimentos, de dor e de alívio, perante a perspectiva de morte do menino), bem como a sua reinterpretação pelo dramaturgo alemão Bertold Brecht (1898-1956: http://german.lss.wisc.edu/brecht/; http://library.ups.edu/instruct/ricig/brecht/circle.htm), em *O círculo de giz caucasiano* (http://www.gradesaver.com/ClassicNotes/Titles/chalkcircle/fullsumm.html), e também a Parábola dos Trabalhadores da Última Hora (Mateus, 20, 1-16).

170 | CALEIDOSCÓPIO DO DIREITO...

Os problemas que classicamente se põem em relação à garantia da igualdade referem-se à distinção entre igualdade jurídica (formal) e igualdade material (igualdade efectiva, no plano das relações sociais reais). Esta diferença foi salientada, inicialmente, ainda no século XIX, pelas utopias socialistas logo no período revolucionário[165] e, mais tarde, pelo socialismo, nomeadamente pelo marxismo[166], que nisso fundou a sua crítica ao Estado liberal. Foi então dito que: (i) além de que este nem sempre instaurava a igualdade – escravatura, sufrágio censitário, exclusão do voto feminino, denegação da cidadania aos nativos das colónias, situação privilegiada de certas religiões, nomeadamente a católica nos Estados católicos, como Portugal, a Itália ou a Espanha –, (ii) as liberdades reconhecidas a todos igualmente pelo direito não podiam ser exercidas na mesma medida por todos, dada a diferença das condições sociais e económicas de cada um. Nesse sentido, por exemplo, as normas que garantem a propriedade (CRP, art.º 62; CC, art.º 1305) constituem, lidas do ponto de vista dos pobres, uma *proibição de acesso* à propriedade[167]. Ou, para dar outro exemplo, as nor-

---

[165] François-Noël Babeuf (1760-1797); Louis Antoine Léon de Saint-Just (1767-1794).

[166] Karl Heinrich Marx (1818-1883).

[167] "Se toda a violação da propriedade, sem distinção ou limitação, é um roubo, então não deveria toda a propriedade ser considerada como tal? Pois pela a minha propriedade privada, não excluo eu dela outra pessoa? Não violo, por isso, o seu direito de propriedade?" (Karl Marx). O tema aparece pela

AS FUNÇÕES SOCIAIS DO DIREITO | 171

mas que proíbem o aborto, a vadiagem, o furto, o lenocínio ou a prostituição[168] (como também os hoje chamados *white-collar crimes* – evasão fiscal, exportação ilícita de capitais, favorecimento, corrupção activa), embora formuladas em geral, visam, caracteristicamente, certos grupos sociais e não outros.

Além de coonestar e reproduzir estas desigualdades materiais, o direito criava, ainda, o mito da igualdade, insinuando que, estabelecida a igualdade formal, as desigualdades materiais tinham origem em diferenças de mérito ou de capacidade e vontade de trabalho, pelo que cada um apenas tinha que se queixar de si próprio. Neste sentido, a referência à igualdade no discurso jurídico (nas leis ou na doutrina) era antes a

---

primeira vez nos seus artigos sobre o "roubo" de lenha nos bosques da Renânia: "Debatten über das Holzdiebstahlsgesetz. Von einen Rheinländer", *Rheinische Zeitung*, n.ºˢ 298(25.10.1842), 300(27.10.1842), 303(30.10.1842), 305(1.11.1842), 307(3.11. 1842).

[168] V., *v.g.*, Cód. Penal, arts. 140 (aborto), 203 (furto), 170 (lenocínio). A mendicidade e a vadiagem foram punidas nos códigos do séc. XIX (*v.g.*, Cod. 1837, cap. X). Cf. Mário Simões dos Reis, *A vadiagem e a mendicidade em Portugal*, Lisboa, Imprensa Libânio da Silva, 1940. E continuou a ser considerada como prática anti-social e a ter efeitos para-penais; ainda em 1967, a Lei n.º 2132 de 26-05, bem como o decreto n.º 47847, proibiam a concessão de licença de caça "por delinquência habitual, vadiagem e mendicidade". Por sua vez, o Dec.-Lei 22469, de 1.04.1933, que organizava os serviços de censura, estabelecia que era "expressamente proibida a narração circunstanciada por qualquer forma gráfica de publicidade de casos de vadiagem, libertinagem [...]" (art.º 3.º).

172 | CALEIDOSCÓPIO DO DIREITO...

maneira de, insinuando uma imagem convenientemente distorcida da distribuição das capacidades dos indivíduos[169], legitimar a desigualdade, tornando-a aceitável para todos, mesmo para os que, efectivamente, eram negativamente discriminados. A desigualdade efectiva de bens jurídicos era, assim, encoberta por um discurso que afirmava a possibilidade futura de uma igualdade para todos. Com isso, desonerava a sociedade das responsabilidades nessa situação de facto, devolvendo esta responsabilidade para os desfavorecidos (pobres, mas responsáveis pela sua pobreza; mulheres, mas responsáveis pelo papel discriminado que tinham na sociedade; subdesenvolvidos, mas culpados por isso [desorganizados, corruptos, indolentes, etc.]).

Alguns autores vão mais fundo na explicação da linguagem do "direito igual": o facto de o direito adoptar o discurso da igualdade seria uma consequência da sua técnica de "falar em geral" (de falar por regras gerais e abstractas), para abraçar um grande número de situações. Por outras palavras, não se tratava tanto de uma intenção de enganar, de fazer passar o falso por verdadeiro, mas antes de uma forma especificamente jurídica de construir o mundo, desatendendo certos aspectos particulares, para criar modelos gerais, mais eficazes (por serem mais redutores da

---

[169] Isto, assumindo que os mais desfavorecidos eram aqueles a quem a natureza tinha conferido menos qualidades.

AS FUNÇÕES SOCIAIS DO DIREITO | 173

complexidade). A criação de uma visão do mundo dominada pelos factores que salientavam a igualdade permitia gerir com cada norma um número maior de casos, tornava o direito mais eficaz; tal como no mercado, a criação da moeda como uma medida geral (mas artificial) do valor das coisas, ou a criação da noção de "mercadoria", como produto fungível, sem qualidades (sem valores concretos "de uso"), facilitam as transacções[170]. Também aqui, quando as coisas perdem o seu valor concreto (que é o valor *de uso*) e ganham um valor meramente artificial (que é o valor *de troca*), uma ficção torna-se na realidade. O mesmo se teria passado no direito, a propósito tanto da igualdade como da liberdade. Convertidas em valores formais, perderam toda a adesão ao mundo efectivo; mas, nas representações jurídicas (no imaginário jurídico), passaram a constituir a própria realidade, que se substituiu, assim, à "realidade real". "Todos os cidadãos são iguais perante a lei" passa, assim, de uma proposição a uma situação real; e, com isto, a lei torna-

---

[170] Este tema do "fetichismo da mercadoria" (aplicação "fetichismo da liberdade" foi sobretudo tratado pelo jurista russo E. Pashukanis (1891-1937); cf. http://www.marxists.org/archive/pashukanis/; escritos principais [*on line*]: http://home.law.uiuc.edu/~pmaggs/pashukanis.htm) queria significar a fixação da atenção num objecto, que é tomado pelo todo (o qual deixa de se ver). Sobre os diversos usos da palavra: http://www.wordreference.com/definition/fetichism. Cf. Márcio Bilharinho Naves, *Marxismo e direito. Estudos sobre Pashukanis*, Rio de Janeiro, Boitempo, 2000.

174 | CALEIDOSCÓPIO DO DIREITO...

-se num fetiche, ou seja, numa fantasia que confere poder sobre a realidade[171].

Perante esta corrupção do valor da igualdade, surgem escolas que se propõem fazer uma crítica – no sentido (kantiano) de tornar visíveis os enviesamentos sociais que estão na base do direito contemporâneo – do "direito igual". Na Europa, isto acontece com as escolas neomarxistas[172]; nos EUA, com os *Critical legal studies*[173] que se desenvolveram, sobretudo, em duas direcções: *Race legal studies*[174] e *Gender legal studies*[175], respectivamente dedicados aos aspectos discriminadores do direito em matéria étnica e de género.

A CRP, como a generalidade das Constituições dos Estados sociais dos nossos dias, contém normas proi-

---

[171] Fetiche (*fetish*) vem do português *feitiço* e, daí, do latim *facticius*, "artificial" e *facere*, "fazer".

[172] Cf. A. M. Hespanha, *Cultura jurídica europeia* [...]. cit, pp. 318-320. V., a título de exemplo, G. Cottutti, *Diritto eguale e società di classi. Per una critica dei manuali tradizionali*, Bari, De Donato, 1972.

[173] Cf. A. M. Hespanha, *Cultura jurídica europeia [...]*. cit, pp. 321 ss.; cf., *infra*, cap. 11.3; cf. também http://en.wikipedia.org/wiki/Critical_legal_studies; http://www.wvu.edu/~lawfac/jelkins/critproj/cls.html; http://www.questia.com/library/law/critical-legal-studies.jsp (acesso a livros em *full text*, pago).

[174] Cf., *infra*, cap. 11.3.2 – Etnia (*"Ethnic" jurisprudence; outsider jurisprudence*); cf. http://www.law.usyd.edu.au/%7Elibrary/pathfind/fem_p.htm; http://www.library.wisc.edu/libraries/Womens Studies/othsubj.htm.

[175] Cf., *infra*, cap. 11.3.1 – Género (*"Feminist jurisprudence"*); cf. http://academic.udayton.edu/race/LReviews/0412.htm; http://www.otal.umd.edu/amst/mssp04/lau/wired2.html.

AS FUNÇÕES SOCIAIS DO DIREITO | 175

bitivas e, até, punitivas, de práticas discriminatórias (criminalização do racismo: art.º 46, n.º 4; promoção da igualdade dos sexos, CRP, art.º 9.º, h); garantia da igualdade no trabalho, CRP, arts. 58, 2., b), 59.º, 1., a), 59, 2., c); na protecção da saúde, CRP, art.º 64, 2; nas oportunidades de acesso ao ensino, arts. 74, 1; 78, 2., a); ou à justiça[176]. Todavia, as desigualdades práticas de tratamento – que são visíveis em muitos planos da vida social e mesmo jurídica (emprego, acesso à justiça, ao ensino, aos cuidados médicos, desigualdade na punição, violência e maus tratos, etc.) – levam a supor (i) que o direito existente, orientado pela ideia de "igualdade", não é eficaz; (ii) que, porventura, terá que ser complementado com normas dirigidas pela ideia de "desigualdade", como as que estabeleçam medidas de discriminação positiva[177];

---

[176] Cf. CRP, art.º 20. Para a justiça administrativa, v. Código do Procedimento Administrativo (Dec.-Lei n.º 442/91 de 15 de Novembro; rev. pelo Dec.-Lei 6/96, de 31.1.). Artigo 12.º *"Princípio do acesso à justiça*. Aos particulares é garantido o acesso à justiça administrativa, a fim de obter a fiscalização contenciosa dos actos da administração, bem como para tutela dos seus direitos ou interesses legalmente protegidos, nos termos previstos na legislação reguladora do contencioso administrativo".

[177] Alguns exemplos constitucionais a apontar para um direito desigual "correctivo": em relação aos delegados sindicais, art.º 55, n. 6; em relação aos direitos de cessar o trabalho, art.º 57; em relação às crianças e aos jovens, arts. 69 e 70; aos deficientes, art.º 71, n. 3; à terceira idade, art.º 72. Em Abril de 2006, o Parlamento português aprovou a chamada "lei da paridade", segundo a qual passa a ser obrigatório para os

176 | CALEIDOSCÓPIO DO DIREITO...

(iii) que certas especificidades relevantes para os "diferentes" continuam a ser anuladas pela ideia de igualdade.

Por exemplo, o art.º 405 do CC, uma especificação da liberdade contratual como princípio do direito dos contratos, dispõe que "1. Dentro dos limites da lei, as partes têm a faculdade de fixar *livremente* o conteúdo dos contratos, celebrar contratos diferentes dos previstos neste código ou incluir nestes às cláusulas que lhes aprouver". Não havendo uma igualdade substancial entre as partes, é claro que – nomeadamente em áreas como o direito do trabalho, do inquilinato e do consumo – a palavra "livremente" perde uma parte importante do seu conteúdo, pois um dos contraentes agiu ou "em estado de necessidade", ou "sob coação" ou, aceitando o contrato, "sob reserva mental" de não o cumprir pontualmente. Por

---

partidos políticos apresentarem nas suas listas eleitorais pelo menos 1/3 de candidatos femininos, sendo rejeitadas as listas que não cumpram este requisito. Em contrapartida, o Tribunal Constitucional entendeu não dever declarar – como pedia o Ministério Público – a inconstitucionalidade com força obrigatória geral das normas dos n.ᵒˢ 1.º, 2.º e 9.º, da Portaria n.º 393/97, de 17.06, enquanto "nelas se fixam – para os resultados de excelência obtidos na prática desportiva, em competições internacionais, por cidadãos portadores de deficiência – prémios de montantes desproporcionadamente inferiores aos previstos para os praticantes em regime de alta competição com desportivos correspondentes aos níveis máximos de rendimento da modalidade (Tribunal Constitucional, Acórdão n.º 486/03, Proc.º n.º 182/2000: Relator: Conselheiro Bravo Serra; com vários votos de vencido). (Agradeço esta informação à minha Colega Mariana França Gouveia).

muito razoável que seja pensar assim – por muito que a atitude do contratante mais fraco tenha até correspondido à de um "bom pai de família, em face das circunstâncias de cada caso" (art.º 487. 2 CC) –, as normas do Código Civil não conseguem proteger a situação deste contraente, nem pela declaração da nulidade do contrato (arts. 286, 287 CC), nem pela sua redução a limites razoáveis (art.º 293 CC). Pelo contrário: o CC exclui aqui qualquer destes remédios, favoráveis à parte mais fraca, pois reduz as causas de nulidade por falta de vontade negocial à simulação (art.º 240 CC), à coação – entendida como ameaça de alguém directamente dirigida a forçar à celebração do contrato (arts. 246, 255 CC) – e ao erro relevante (cf. arts. 249 a 254 CC); não admitindo, ainda, o estado de necessidade como fundamento de nulidade contratual, enquanto vício da vontade.

Argumentos que aproveitariam ao "contraente à força" poderiam tirar-se do art.º 487 CC, que configura como não culposo (logo, "correcto") o comportamento conforme "à diligência de um bom pai de família, em face das circunstâncias de cada caso". Essa seria a situação deste contraente forçado, se da não celebração resultasse um mal maior do que do seu incumprimento. Como o art.º 798 só responsabiliza o devedor pelos prejuízos quando ele "falta culposamente ao cumprimento da obrigação", justificar-se-ia que alguma jurisprudência se tivesse afastado, por esta via, da responsabilização do contraente por necessidade; pois, dadas as condições concretas da celebração do contrato, não lhe poderia ser imputada uma censura ética (uma culpa) pelo seu não cumprimento. Mas isso não acontece, antes se podendo fazer valer contra ele o disposto no art.º 227. n.º 1 do CC,

178 | CALEIDOSCÓPIO DO DIREITO...

considerando-o como contraente de má-fé e fazendo-o responder por todos os danos causados à outra parte. Também o art.º 335, que dispõe que, "Havendo colisão de direitos [...] 2. Se os direitos forem desiguais ou de espécie diferente, prevalece o que deva considerar-se superior". Porém, isto pressuporia que o interesse do contraente mais fraco se pudesse configurar como um direito[178].

Um outro exemplo da lógica da "igualdade", combinada com a lógica da "eficiência" é o do art.º 205, n.º 2. do Código de Trabalho (Lei 99/2003, de 7/8). Este artigo estabelece, como regra geral, o descanso semanal aos domingos, tendo como pano de fundo uma determinada concepção cultural (cristã) acerca da respeitabilidade dos dias da semana e a ideia de que a coincidência do descanso semanal num mesmo dia (igualdade) gerava eficácia; consignando várias excepções ao princípio geral, não apenas se limita a excepcionar os casos em que a eficiência da empresa seja prejudicada, como nem sequer aventa a hipótese de existirem objecções de consciência a trabalhar noutro dia da semana (*v.g.*, para os judeus, o sábado; para os muçulmanos, a 6.ª feira)[179].

---

[178] O que, em certos casos, até seria possível, por aplicação directa de preceitos constitucionais, que conferem o direito ao trabalho, à habitação, à saúde, etc.

[179] Artigo 205. Descanso semanal obrigatório: 1 – O trabalhador tem direito a, pelo menos, um dia de descanso por semana. 2 – O dia de descanso semanal só pode deixar de ser o domingo quando o trabalhador preste serviço a empregador que esteja dispensado de encerrar ou suspender a laboração um dia completo por semana ou que seja obrigado a encerrar ou a

AS FUNÇÕES SOCIAIS DO DIREITO | 179

Os exemplos acima são-no também de como o direito não constitui um sistema unívoco, encerrado numa única lógica; mas, na maior parte dos casos, um campo relativamente aberto de escolhas, onde se podem verificar decisões de ruptura, mesmo em termos sociais, contrárias à lógica global sobre que repousa o sistema. Porém, o peso das soluções estabelecidas e uma certa disposição mental – a que Pierre Bourdieu[180] chamou *habitus* – dos juristas para a continuidade, a "neutralidade", o "tecnicismo", a "a-politicidade" tornam tais decisões excepcionais[181].

---

suspender a laboração num dia que não seja o domingo. 3 – Pode também deixar de coincidir com o domingo o dia de descanso semanal: a) De trabalhador necessário para assegurar a continuidade de serviços que não possam ser interrompidos ou que devam ser desempenhados em dia de descanso de outros trabalhadores; b) Do pessoal dos serviços de limpeza ou encarregado de outros trabalhos preparatórios e complementares que devam necessariamente ser efectuados no dia de descanso dos restantes trabalhadores; c) De pessoal operacional de vigilância, transporte e tratamento de sistemas electrónicos de segurança; d) De trabalhador que exerça actividade em exposições e feiras; e) Nos demais casos previstos em legislação especial. 4 – Sempre que seja possível, o empregador deve proporcionar aos trabalhadores que pertençam ao mesmo agregado familiar o descanso semanal no mesmo dia.

[180] Cf., *infra*, 11.4.1 (A "teoria dos campos simbólicos").

[181] Cf. Alain Bancaud, "Une constance mobile – la haute magistrature", em *Actes de la recherche en Sciences Sociales*, 76-77 (1989); *La haute magistrature judiciaire entre politique et sacerdoce ou le culte des vertus moyenne*, Paris, LGDJ, 1993.

180 | CALEIDOSCÓPIO DO DIREITO...

8. O direito como elemento racionalizador da interacção social (como acção comunicativa, J. Habermas)

É intuitivo para muitos – sobretudo para muitos juristas – que o direito é uma forma de aperfeiçoamento das relações humanas, através da qual se promove o entendimento harmonioso, baseado na verdade, na justiça e na liberdade (autenticidade) de cada membro da sociedade.

Este tópico tem acompanhado toda a história da cultura jurídica ocidental, desde o período do direito comum – que encarava a lei humana como um reflexo da lei divina, tendo esta inscrita na sua alma – até ao racionalismo da época contemporânea, que via no direito a concretização de máximas de comportamento fundadas na razão.

Nos finais do séc. XX, o filósofo e sociólogo alemão Jürgen Habermas (n. 1929)[182] formulou esta teoria de forma mais adequada à sensibilidade político--social e jurídica dos nossos dias e mais consistente com os desenvolvimentos contemporâneos das ciências humanas.

---

[182] Sobre ele, http://www.msu.edu/user/robins11/habermas/; http://en.wikipedia.org/wiki/J%FCrgen_Habermas; http://www.ge ocities.com/nythamar/habermas.html.

8.1 *Direito técnico-instrumental vs. direito comunicativo*

Jürgen Habermas assume que a coesão social se constrói pela racionalização das acções dos indivíduos em sociedade, embora esta racionalização se manifeste sob duas formas. Uma racionalização de tipo instrumental, que assegura a melhor adequação (a maior eficiência) das acções humanas em relação aos seus objectivos (técnicos, políticos); e uma racionalização convivial ou comunicacional, que se orienta para a formação de consensos entre os membros de uma sociedade, de forma a harmonizar as suas visões do mundo e a permitir uma convivência livre e pacífica. Ou seja, a sociedade forma-se e reforça-se quer pela *prestação eficaz de serviços aos seus membros*, quer pela *criação, entre estes, de laços de entendimento*.

Baseando-se em teorias anteriores sobre a natureza da linguagem[183], Habermas assume ainda que, em si mesma, a linguagem já tende, por natureza, para este último tipo de racionalidade, a que proporciona o convívio harmónico, pois qualquer acto de fala (*speech act*) – bem formado, autêntico, que se queira válido – já tem esse sentido de iniciar com o outro interlocutor um processo de diálogo que, baseado na verdade

---

[183] Nomeadamente em K. O. Apels, para quem cada acto de fala exige implicitamente um acto de compreensão-entendimento (*Verständigung*).

182 | CALEIDOSCÓPIO DO DIREITO...

(acerca do que se fala) e na autenticidade (de quem fala), possa conduzir a uma relação equilibrada e justa entre os interlocutores. Assim, numa "comunidade comunicativa" autêntica não pode existir qualquer tipo de domínio, de falsidade, de desigualdade de condições de expressão ou de acesso a ela, ou quaisquer objectivos de manipulação no âmbito da comunicação. A harmonia das acções sociais apenas se obtém por meio do uso de um *diálogo, transparente e igualitário*.

Isto é, nomeadamente, o que se passa na vida quotidiana (o "mundo da vida", *Lebenswelt*), organizada pelo "senso comum", em que os entendimentos se formam sem dificuldade, na base da partilha, pelos membros de uma mesma comunidade, dos mesmos sentimentos sobre o sentido das coisas e das acções e sobre as regras da *acção comunicativa* (do diálogo)[184]. Nas sociedades ocidentais, a criação de um "espaço público" (de um espaço de discussão pública "racionalizada"[185]), a partir dos finais do séc. XVIII, consistiu justamente na tentativa de adoptar, como critério de validade das proposições políticas, sociais, culturais,

---

[184] "O mundo da vida armazena o trabalho de interpretação já feito pelas gerações passadas; é o contrapeso conservador em relação aos riscos de desacordo que surge em cada processo actual de compreensão mútua [*Verständigung*]", J. Habermas, *Theorie des kommunikativen Handels*, Frankfurt/Main, Suhrkamp, 1981, I, 107.

[185] *I.e.*, igualitário, livre e transparente (como se pensa que é, por exemplo, a imprensa livre). Daí a importância política da questão da "liberdade de imprensa" no séc. XIX.

AS FUNÇÕES SOCIAIS DO DIREITO | 183

jurídicas, etc., estes padrões de objectividade, justiça e liberdade que decorriam do aparecimento de espaços sociais de diálogo sujeito a regras. Ou seja, os valores em que havia de repousar a ordem da sociedade deviam resultar da discussão pública regulada, como a discussão parlamentar ou a discussão na imprensa (a "opinião pública"), desde que esta se encaminhasse para a realização das condições de um diálogo justo, transparente, neutral e universal, pressupostas por Habermas.

Porém, ao lado deste processo de racionalização do diálogo na vida de todos os dias (*i. e*, nomeadamente, na vida pública), processou-se também uma outra forma de racionalização, esta mais relacionada com os aspectos técnicos da vida social, que consistiu no aumento da eficiência dos actos destinados a controlar os processos pelos quais as sociedades garantem a sua reprodução (controlam o ambiente e os seus recursos, prestam serviços aos seus membros, transmitem valores culturais, se defendem dos elementos associais, etc.). Assim, ao lado da racionalidade *comunicacional* criada pelo diálogo justo e livre, existe uma outra racionalidade, *instrumental*, gerida pelo poder (nomeadamente, com recurso à lei). O conflito entre as duas racionalidades teria surgido e seria uma das marcas do nosso tempo. No plano do direito, o conflito consubstanciar--se-ia na tensão entre um (i) direito tecnificado, dirigido à satisfação das necessidades públicas definidas pelo Estado, e imposto pelo poder aos cidadãos por meio da lei e da acção governativa, e um (ii) direito

184 | CALEIDOSCÓPIO DO DIREITO...

dialógico, de que seriam exemplos (a) o direito doutrinal – estabelecido entre a comunidade dos juristas,
regulado por um discurso cujas convenções (conceitos,
modos de raciocinar, argumentos) são partilhadas –, (b)
o direito judicial – produto de um processo com
garantia de contraditório, ou seja, ele mesmo um
diálogo igual, regulado e justo –, e (c) o direito "da
vida" – produto de compromissos e negociações
entre as partes, baseado não na imposição, mas na
troca de argumentos e no convencimento mútuo que
daí decorre, nomeadamente pela discussão pública ou
pelo diálogo entre pessoas próximas, que partilham
microespaços sociais (família, comunidades de vizinhança, etc.).

Nos nossos dias, com a complexidade crescente das
necessidades sociais e com a necessidade de lhes
responder com acções, também cada vez mais tecni-
ficadas, do Estado, este conflito estaria a desequili-
brar-se no sentido do direito "técnico-instrumental".
Ou seja, a vida pública seria dominada não por uma
regulação que fosse produto da auto-reflexão gerada
pelo diálogo justo e equilibrado, mas pela imposição
de soluções geradas pela premência das necessidades
e veiculadas por um discurso tecnocrático, incompre-
ensível para os destinatários e, logo, autoritário; que,
para além disto, se procura legitimar artificialmente
com recurso ao carácter democrático dos Estados contemporâneos[186].

---

[186] O que, naturalmente, também pode ocorrer no direito...

AS FUNÇÕES SOCIAIS DO DIREITO | 185

Habermas designa este processo por "colonização" [também, "coisificação", *Verdinglichung*] da vida pelo direito técnico, imputando-lhe a responsabilidade pela gestação de uma crise na racionalidade da vida quotidiana[187]. Como escreve um seu comentador[188]: "o potencial comunicativo dirigido para a compreensão na vida quotidiana é desgastado pela intervenção dos imperativos dos sistemas monetário e burocrático" [189]. Por outras palavras, a sociabilização humana deixa de assentar numa base consensual (autónoma), passando a ser imposta por mecanismos (económicos e burocráticos) que se impõem às pessoas, tornando-as "objectos", entregando a outrem (*i.e.*, alienando) a ordenação da vida.

Note-se como as posições de Habermas se orientam para uma crítica do legalismo (e da governamentalização), tal como ele se manifesta, sob as mais variadas

---

[187] J. Habermas, *Theorie [...]*, II, 536.

[188] Mathieu Deflem, "Introduction: Law in Habermas Theory of Communicative Action", http://www.cas.sc.edu/socy/faculty/deflem/zhablaw.htm. (síntese do seu livro *Habermas, Modernity and Law*, dir. Mathieu Deflem, London, Sage, 1996).

[189] [Ao lado dos quais se perfilam, também, os imperativos de um sistema jurídico hermético e alienado dos sentimentos de justiça que vigoram na vida corrente]. É justamente daqui que parte a crítica ultimamente dirigida por K.-H. Ladeur à "ponderação" (*Abwägung*) de interesses e valores comunitários pelos juristas, na medida em que estes tenderão a sobrepor critérios burocráticos ou tecnocráticos – aqueles mesmos de que o Estado se serve para regular a sociedade – aos critérios das práticas sociais correntes na vida quotidiana. V. nota 149.

186 | CALEIDOSCÓPIO DO DIREITO...

formas e com os mais diversos fundamentos teóricos, na segunda metade do séc. xx. Também a alternativa que adianta – a da preferência por um direito consensual, produto de um diálogo transparente e justo, em que nenhuma das partes goze de poder (político, económico) ou de vantagens comunicacionais (maior cultura, maior capacidade de uso da língua, possibilidade de manipular o outro) – aponta para formas de aprofundamento da participação democrática na gestão da vida, dando mais autonomia, mas também maior capacidade de intervenção, e garantindo um maior espaço de reflexão e de crítica aos cidadãos. No plano do direito, as suas análises sobre a legitimação do direito pelo diálogo transparente e livre ("em condições ideais") tem muitas semelhanças com propostas contemporâneas (da "nova retórica" de Chaïm Perelmann[190], da "tópica" de Th. Viehweg[191], e da "teoria da argumentação" de Robert Alexy[192]), todas elas subli-

---

[190] Cf. http://home.uchicago.edu/~ahkissel/rhetoric/perelman. html; http://www.nau.edu/english/rhetarea/alex/Scholarship/perel. htm; http://www.wam.umd.edu/~tpg/KlingerArticle762.pdf

[191] Cf. http://www.puc-rio.br/sobrepuc/depto/direito/revista/on line/rev13_paulo.html; http://www.ivr-enc.info/en/article.php?id=14

[192] Cf. http://en.wikipedia.org/wiki/Robert_Alexy; http://www. ivr-enc.info/en/article.php?id=14; http://www.blackwellpublishing .com/content/BPL_Images/Journal_Samples/RAJU0952-1917~15~4~215/215.pdf (trad. portuguesa [de Cláudia Toledo], *Teoria da argumentação jurídica. A teoria do discurso racional como teoria da justificação jurídica*, São Paulo, Landy Editora, 2005). De todos, Alexy foi quem mais próximo se manteve das posições de J. Habermas, podendo ser considerado como um seu adaptador ao campo da reflexão sobre o direito.

nhando que a acomodação de valores sociais necessariamente opostos só pode ser levada a cabo por um diálogo igualitário, transparente e regulado, semelhante ao que o ocorre no "mundo da vida"[193].

Todavia, a confiança de Habermas na função emancipatória do direito – não extensiva (numa primeira fase, como já veremos) ao direito legislativo, dominado por intenções técnicas e alheias aos consensos sociais – é de realçar, sobretudo se pensarmos que Habermas se filia na Escola Crítica de Frankfurt[194]. Na verdade, Habermas coloca o modo jurídico de decidir – através de um processo de diálogo racionalizado, em que são regulados os meios de acertar a veracidade dos factos, em que é garantida a igualdade de intervenção das partes, em que se pressupõe a objectividade na ponderação dos pontos de vista, em que se explicitam todos os passos do raciocínio – como um modelo de construir consensos. As suas críticas iniciais ao direito legislado – ou à actividade "governamental" – apenas sublinham a sua admiração pelo direito doutrinal, jurisprudencial e compromissório, pois o que impediria a lei de constituir um processo socialmente emancipatório era, justamente, o seu carácter unilateral, coisificador dos sujeitos, arrogante, tecnocrático, despreocupado com a obtenção de consensos políticos e sociais.

---

[193] V., antes, n. 189.

[194] Cf. http://en.wikipedia.org/wiki/Critical_theory_(Frankfurt _School).

188 | CALEIDOSCÓPIO DO DIREITO...

É neste sentido que Habermas tem sido utilizado por uma tentativa de relegitimação da doutrina jurídica como discurso emancipador e, por isso, dotado de maior legitimidade do que o direito do Estado, mesmo do Estado democrático (que seria identificado com o direito técnico-instrumental, destinada apenas a regular a satisfação das necessidades sociais externas).

8.2 *O poder comunicativo*

Alguns anos mais tarde[195], J. Habermas procede a uma revisão das suas ideias (negativas) sobre o direito do Estado. Pois este, na sua modalidade entretanto dominante no primeiro mundo, teria evoluído para formas democráticas, instituindo processos também dialogais e participados de criar direito, nomeadamente ao estabelecer as formas parlamentares de democracia e, em certos casos, como na Alemanha, prevendo, e fomentando até, outras formas de participação política dos cidadãos (certas formas de democracia "participativa", *Bürgerinitiativen*). De facto, a oposição que se notava – na sua fase anterior, em torno da obra *Theorie des kommunikativen Handels*, 1981 –

---

[195] Com a publicação de *Between Facts and Norms*, MIT Press, 1996 (versão orig. alemã: *Faktizität und Geltung*, Frankfurt am Main, Suhrkamp, 1993; *Moral Consciousness and Communicative Action*, Harvard, MIT Press, 1990 (=*Moralbewußtsein und kommunikatives Handeln*, Frankfurt am Main, Suhrkamp Verlag, 1983).

AS FUNÇÕES SOCIAIS DO DIREITO | 189

entre o direito do poder e o direito produzido pela acção comunicativa (no mundo da vida, *Lebenswelt*) atenua-se agora e acaba por desaparecer. Perante a existência de Estados democráticos, dominados pelas ideias de democracia representativa alargada e de "governo pela lei", perante a participação dos cidadãos no poder e em face de formas de auto-regulamentação em que o Estado está ausente, a vida político-governamental – e, portanto, também o direito – teria ganho um carácter racional, na medida em que os processos de formação das decisões do poder teriam passado a poder ser descritos como modalidades de actividade discursiva pública, em que os cidadãos participariam, argumentando e controlando a racionalidade do diálogo[196]. Neste caso, a deliberação política (legislativa) assumiria um carácter racional. E, como escreve um comentador, "neste contexto, o poder do Estado é visto

---

[196] "O princípio do discurso pode ser assimilado ao princípio da lei democrática apenas na medida em que ambos se interpenetrem e dêem origem a um sistema de direitos em que a autonomia privada e a autonomia pública sejam pressupostos uma da outra" (*Between facts and norms [...]*, p. 128). [No processo democrático de "formação da opinião e vontade públicas" na esfera pública], "como um modo de formação da opinião e da vontade, o discurso público não é apenas um exercício cognitivo, mas mobiliza razões e argumentos, que se socorrem das motivações e volições efectivas dos cidadãos. Por isso, gera um "poder comunicativo" que tem um impacto real no processo de formação da decisão e da acção que representa a expressão institucional final da «vontade» política" (*Between facts and norms*, cit., p. XXVIII).

190 | CALEIDOSCÓPIO DO DIREITO...

como algo que reforça o sistema de direitos que governa a interacção entre cidadãos iguais"[197].

Ou seja, com esta nova noção de "poder comunicativo", Habermas torna o poder do Estado (democrático) numa força positiva, na medida em que, sendo legítimo pela sua origem dialogal, exerce, ainda por cima e sobretudo, uma influência benéfica ao habituar a um modelo racional de decidir e de resolver diferendos (o diálogo democrático, igual, transparente)[198]. "Consequentemente – continua o mesmo autor –, ao pôr no mesmo plano poder comunicativo, direito legítimo e poder do Estado, a perspectiva de Habermas parece ter legitimado o poder político, tal como ele existe nas democracias ocidentais. Porém, ao fazê-lo, Habermas corre o risco de nos privar da capacidade crítica. Pois, ao ligar tão intimamente as ordens políticas e jurídico-legais existentes ao poder gerado por processos comunicativos, como fonte da sua legitimidade, parece garantir o poder político [e a ordem jurídica legal] contra qualquer crítica [...], não deixando qualquer espaço para um teste da sua justiça".

------

[197] Abdollah Payrow Shabani, "Habermas' Between Facts and Norms: Legitimizing Power?", em http://www.bu.edu/wcp/Papers/Poli/PoliShab.htm.

[198] Shabani nota aqui a influência de Hanna Arendt (1906--1975); "o poder como potenciador de uma vontade comum formada num meio comunicativo não coercivo" (*Macht*), como oposto a "violência" (*Gewalt*)" (*Between facts and norms [...]*, pp. 147-48).

8.3 *Balanço e críticas*

Como se dirá adiante, não seria razoável perder de vista aquilo que a discussão metódica de questões jurídicas pelos juristas trouxe de progresso ao direito – mesmo como instrumento de emancipação e de criação de condições para um diálogo equilibrado entre as pessoas. Como em muitas outras zonas da conflitualidade social, as questões só ganham em ser bem analisadas e bem discutidas, significando, aqui, a palavra "bem": com verdade, com objectividade, com transparência, com igualdade, com sinceridade, seguindo regras. Por isso mesmo, os sistemas opressivos são "obscurantistas", e não "clarificadores", "iluministas", "esclarecidos". A história do direito ocidental representa, em boa medida, uma epopeia do método intelectual controlado e verificável dos juristas contra o arbítrio decisionista dos mais poderosos.

Embora também não se possa esquecer que, durante toda a história da cultura jurídica ocidental, os juristas gozaram de uma péssima imagem pública, e justamente pelo carácter impenetrável do seu discurso, o qual – como muitos supunham – lhes permitia ludibriar a justiça, decidindo a favor das partes que os corrompiam mais eficazmente. No mínimo, seriam espíritos artificiais e alambicados, imaginando razões que nunca ocorreriam às pessoas sensatas. No máximo, caracteres cúpidos e interesseiros, que usavam de uma linguagem carregada de hermetismo e de sofismas para defender os seus particulares interesses. A leitura de um "manual

192 | CALEIDOSCÓPIO DO DIREITO...

de confessores" dos sécs. XVI a XVIII, no capítulo dedicado aos pecados dos homens de leis, é elucidativa. Mas esta crítica feroz é duradoura, vindo da baixa Idade Média, sendo reforçada pelo Humanismo (por razões metodológicas), pela Reforma (por razões éticas e religiosas), pelo Iluminismo (a partir da nova paixão pela razão e pela clareza) e, frequentemente, pelas ideias revolucionárias ou humanistas dos sécs. XIX e XX. E, não obstante ser verdade tudo quanto se diz sobre a função clarificadora da maneira jurídica de discutir as questões, não é menos verdade que o discurso jurídico continua a ser tido, na consciência pública, como um dos mais mistificadores e sofísticos. E, por isso, os juristas são frequentemente tidos como estando mais próximos da origem dos problemas jurídicos do que das suas soluções[199].

É que nem sempre as razões de decidir dos juristas ou dos políticos, mesmo nos Estados democráticos, são o produto de uma troca de argumentos tão igualitária, transparente e controlada racionalmente como supõe J. Habermas. Por isso é que as críticas ao consensualismo racional de J. Habermas, a seguir resumidas, são importantes, sobretudo se combinadas com o que adiante se dirá sobre o carácter socialmente enviesado dos discursos e, nomeadamente, do discurso jurídico[200].

---

[199] Por isso é que um antigo provérbio norte-americano diz: "A town that can't support one lawyer can always support two".
[200] Cf., adiante, 11.4.1 (A "teoria dos campos simbólicos").

AS FUNÇÕES SOCIAIS DO DIREITO | 193

"O progresso da ciência (do direito)"

"Der Fortschritt der Wissenschaft". Sketch by Julius Friedländer and Eduard Philippi. (Reproduced from L. Wickert, *Theodor Mommsen*, vol. 3, facing p. 104.)

O optimismo jurídico de J. Habermas – mesmo o optimismo mitigado pela crítica do legalismo, da sua primeira fase – tem sido, de facto, objecto de crítica[201].

---

[201] Muito eficazmente sintetizada em Koen Raes (Univ. de Gant, Prof. de História do Direito e de Filosofia Moral – cf. biogr., http://www.law.ugent.be/gandaius/personeel/koenraes.html [em flamengo]), "Communicative action and the process of legalization. A critique of Habermas' approach of law", *paper apresentado (em versão* draft) *a ECLS – Conference on New frontiers of legality,*

194 | CALEIDOSCÓPIO DO DIREITO...

A primeira crítica arranca dos pressupostos teóricos de Habermas quanto à natureza da linguagem, que tenderia naturalmente para o entendimento[202]. Sabe-se, por experiência directa, que a linguagem tem muitos registos e se usa para muitos fins, desde a busca de acordo, até à dissimulação, à ironia, à mistificação e ao "desconversar". Excluir estes outros usos da linguagem, estes outros tipos de actos de fala, de modo a obter uma *"Herrschaftsfreie Kommunikation"* (uma comunicação livre de domínio, igualitária) é um ideal que, esse sim, porventura contradiz a natureza equívoca e finalisticamente aberta da linguagem. Sem negar o interesse que tem todo o esforço para tornar as nossas mensagens compreensíveis e, mesmo, o dever moral que se nos impõe de as transformar num diálogo sério, a verdade é que não podemos dar antecipadamente como certo que o estabelecimento do diálogo, por si só, produza, como resultado natural, o entendimento. O mesmo se passa com o diálogo jurídico (*v.g.*, o diálogo forense)[203], que – sem desmentir com isto as

---

Univ. Coimbra, Faculdade de Economia, Portugal, 1985, que seguirei de perto, embora elidindo muitos dos seus tópicos.

[202] "Verständigung wohnt als Telos der menschliche Sprache inne" [o entendimento é uma finalidade inerente à linguagem humana], J. Habermas, *Theorie [...]*, I, 187.

[203] Cf. Raes, "Communicative action [...]", cit., 14 ss. Citando M. Foucault (*L'ordre du discours*, 1971) e P. Bourdieu (*Ce que parler veut dire. L'économie des échanges linguistiques*, 1982) sobre outros possíveis usos da linguagem e sobre as suas eventuais funcionalidades sociais.

AS FUNÇÕES SOCIAIS DO DIREITO | 195

virtualidades clarificadoras da técnica de discorrer e argumentar juridicamente – pode servir tanto para chegar a um acordo racional, como para pressionar, para manipular, para confundir, para ostentar poder. Do mesmo modo, também o diálogo jurídico académico pode ter em vista a busca de prestígio por um qualquer dos interlocutores, a manipulação teórica, o ganho de poder simbólico (v. cap. 11.4). Ou podem constituir, quer um quer outro, meros rituais sociais (*v.g.*, em certos casos, a obrigatoriedade de audição dos parceiros sociais, em sede de concertação social, como prevê a CRP nos arts. 80, 92, n.º 2; ou as audiências prévias de conciliação nos processos de divórcio [cf. CC arts. 1774 e 1776, hoje já abolidas], ou no âmbito do processo administrativo gracioso). Em segundo lugar, nem sequer o próprio processo judiciário – talvez o mais estritamente regulado dos discursos jurídicos[204] – promove um diálogo sem limites ou fronteiras: há certos temas que uma das partes está autorizada a não discutir[205], há prazos para o desenrolar do diálogo[206], há proposições que se impõem ao diálogo[207].

---

[204] R. Alexy chama a atenção para que é uma simplificação falar de um único discurso jurídico, já que existem vários, sujeitos a regras distintas – o legal, o jurisprudencial, o dogmático (cf. *Teoria da argumentação [...]*, cit., Parte III, 1.1.).

[205] Por exemplo, ninguém é obrigado a fazer declarações que o incriminem; ninguém é, em princípio, obrigado a revelar factos íntimos.

[206] Cf. Raes, "Communicative action [...]", 18 s.

[207] Por exemplo, as presunções jurídicas forçosas (*iuris et de iure*).

196 | CALEIDOSCÓPIO DO DIREITO...

Seja como for, entender o discurso jurídico como um diálogo de sentido neutro, igualitário e libertador, como é definido por Habermas, para que possa revestir a natureza de uma "acção comunicativa", racionalizadora dos conflitos sociais, seria desconhecer que os "universais" desse possível diálogo têm raízes numa cultura específica, num equilíbrio social desigual, em que uns gozam de mais capacidades (ou recursos) práticas e argumentativas do que os outros, não apenas para usar a linguagem natural, mas, ainda mais, para usar a linguagem estilizada e técnica do direito, tal como é a do direito das nossas sociedades. E que, por isso, os universais (pressupostos, implícitos, princípios consensuais) desse diálogo reflectem relações de poder social, desigual entre as pessoas e os grupos que integram a sociedade. Nesta medida – a crítica era mais pertinente quando Habermas opunha o carácter emancipador do diálogo jurídico (doutrinal, judicial) ao carácter opressor, despersonalizador, colonizador, dos comandos da lei –, não se poderá dizer que o "direito comunicativo" seja uma verdadeira alternativa ao "direito técnico-instrumental" da lei[208], pois um e outro são apenas duas faces, algo diferentes, mas também algo semelhantes, de mecanismos desiguais e opressores, existentes na sociedade, que tanto se manifestariam ao nível técnico-instrumental (ou seja, ao assegurar a reprodução social global a cargo do Estado:

---

[208] Cf. Raes, "Communicative action [...]", cit., 24.

AS FUNÇÕES SOCIAIS DO DIREITO | 197

alocação de recursos, regulação da economia, organização do poder estatal) como – embora de forma eventualmente não homóloga – na discussão doutrinal ou judicial dos conflitos jurídicos. Mais do que isso, nem sempre a "retirada da lei" e o alargamento do espaço de "decisão comunicacional" significaria um incremento na capacidade emancipatória do direito; basta que os fóruns não legais de decisão jurídica ainda estejam socialmente mais enviesados[209] do que os padrões legais de decisão. Isto pode facilmente acontecer em sociedades muito inigualitárias, em que, "quanto mais necessidades de emancipação se descobrem, mais poderia ser dito a favor do argumento do acréscimo de poder de intelectuais tecnicamente melhor equipados"[210]. Esta é, muito tipicamente, a situação das sociedades em vias de desenvolvimento ou de países de grandes assimetrias sociais – como Portugal, o Brasil, os próprios EUA –, caracterizados por grandes desigualdades económicas, políticas e culturais, que se reflectem em grandes desigualdades de poder social, e em que, portanto, os grupos privilegiados

---

[209] *I.e.*, reproduzam de forma ainda mais directa as desigualdades sociais e comunicativas e sejam ainda mais moldados por elas. Se considerarmos o lugar social dos que, nas nossas sociedades, normalmente lideram os processos de decisão doutrinal ou jurisprudencial, a hipótese é bastante plausível.

[210] Este paradoxo foi formulado, há mais de trinta anos, a propósito do acesso à justiça, por Marc Galanter ("Justice in Many Rooms: Courts, Private Ordering, and Indigenous Law", *Journal of legal pluralism*, 19 [1981], 1 ss.).

198 | CALEIDOSCÓPIO DO DIREITO...

podem mobilizar muito mais recursos intelectuais e discursivos (bem como suprir défices próprios com o recurso a técnicos e peritos [neste caso, a advogados e consultores] para defender os seus pontos de vista) (cf. *infra* 12.7).

Na última fase da sua obra, Habermas estende ao poder do Estado – e, consequentemente, à lei por ele criada – aquela ("boa") natureza de "poder comunicativo", baseado no consenso e, ao mesmo tempo, exemplo vivo das virtualidades do diálogo regulado. Koen Raes, invocando como paralelo uma conhecida passagem em que David Hume[211] se pergunta acerca da legitimidade de invocar a força obrigatória do contrato social contra os pobres e revoltados com a ordem social, afirma: "Uma teoria do direito e da legitimidade que toma como ponto de partida o apelo para o – implícito – consenso que se verifica em relação às normas legais é confrontada com uma objecção do mesmo tipo. Acharemos, realmente, que o facto de as pessoas agirem de acordo com as normas jurídicas significa que compreendem e concordam com essas normas e com a legitimidade da autoridade dos que as estabeleceram? Na realidade, os actores sociais não têm qualquer possibilidade de se colocarem numa posição externa a esse sistema jurídico. Eles estão sempre ligados à legalidade e à autoridade política.

---

[211] Em *A treatise on human nature* [1739/40], II, ed. Glasgow, 1975, p. 160.

AS FUNÇÕES SOCIAIS DO DIREITO | 199

Não é razoável pensar nesta questão abstraindo do monopólio sobre os meios de coerção física que constitui a verdadeira pedra-de-toque de qualquer ordem jurídica; e, por isso, não pode sustentar-se que as pessoas, ao seguirem as normas do direito, estão antes de tudo motivadas pela pretensão implícita da sua validade"[212].

Dito isto – como importante matéria de reflexão –, não deixa também de ser verdade que esse direito legal dos actuais Estados democráticos – sobretudo quando não desistiram do modelo de democracia social que tem dominado a cultura política europeia (o chamado "modelo social europeu") – é ainda, apesar de tudo e tal como a própria democracia, a menos má das formas conhecidas de estabelecer uma ordem global para a sociedade. Pelo que o primado da lei – não podendo, porventura, beneficiar de uma forte legitimação em termos axiológicos e devendo ser sempre encarado como um primado sujeito, ele próprio, à prova do diálogo – deve ser aceite como uma aquisição, provisória, no sentido de uma promoção da justiça e da igualdade das soluções.

Resta acrescentar que há em *Faktizität und Geltung*, de J. Habermas, elementos que correspondem a uma transformação mais recente do Estado democrático, que já hoje se distancia bastante das clássicas democracias estadualistas.

---

[212] Raes, "Communicative action [...]", cit., 28.

200 | CALEIDOSCÓPIO DO DIREITO...

De facto, a lei tende frequentemente a ser, hoje, objecto não de um mero debate e de uma votação parlamentar, mas de uma recolha muito alargada de pontos de vista, em sede de concertação social, de audição de peritos, de colaboração efectiva de especialistas privados (que, frequentemente, são os autores materiais dos textos a converter em lei), de debates na opinião pública, de períodos de discussão organizada pelos governos, e, finalmente, de muitas transacções entre forças políticas, parceiros sociais e *lobbies* estaduais ou partidários. Nesse sentido, o pluralismo penetrou o Estado. Por vezes, até excessiva e enviesadamente, a ponto de também se poder objectar que, paradoxalmente, o Estado, ele mesmo, se pode hoje facilmente transformar num sindicato de interesses, num "auditório parcial" (e não na institucionalização do "auditório universal" idealizado por Habermas).

O problema é que J. Habermas, como se não tivesse isto em conta, continua a estabelecer uma ligação muito directa entre a lei do Estado e a legitimidade pelo consenso expresso *por via eleitoral* ("a gestação informal de uma opinião pública gera «influência»; a influência é transformada em «poder comunicativo» pela via das eleições políticas e, de novo, transformado em «poder administrativo» por meio da legislação. É esta influência, impulsionada pelo poder comunicativo, que dá à lei a sua legitimidade e outorga, assim, ao poder político do Estado a sua força coerciva"). Isso afasta-se muito pouco das teorias clássicas da democracia representativa[213]. Claro que, de outros passos do seu livro, extrai-se que a via eleitoral não é a única pela qual o consenso legitimador se formaliza. Porém, uma qualquer formalização estadual dos consensos parece continuar a ser indispensável, talvez porque Habermas esteja consciente de que, apesar de tudo, o melhor apoio para que o consenso se obtenha perante um auditório universal é ainda constituído pelos mecanismos de organização regrada do diálogo e de formação também regrada da opinião consensual contidos nos

---

[213] Ou do chamado agora "constitucionalismo débil", o qual não reconhece grandes limitações aos ditames dos representantes parlamentares do povo (em contraste com um "constitucionalismo forte", que os vincularia a valores heterónimos de diversa natureza, desde a um catálogo de direitos humanos definido por outrem até a consensos comunitários não parlamentares). V., sobre isto, entre muitos, *Alfonso Di Giovine*, "Le tecniche del costituzionalismo del '900 per limitare la tirannide della maggioranza", em G.M. Bravo (a cura di) *La democrazia tra libertà e tirannide della maggioranza nell'Ottocento* (Atti della X Giornata Luigi Firpo, Torino, 29-30 maggio 2003), Olschki, 2004 (=http://www.associazionedeicostituzionalisti.it/materialianticipazioni/index.html) [Out. 2006]; Paolo Comanducci, "Formas de (neo) constitucionalismo: un análisis metateórico", em http://www.cervantesvirtual.com/servlet/SirveObras/90250622101470717765679/isonomia16/isonomia16_06.pdf [Out. 2006]; Juan Carlos Bayón, "Democracia y derechos: problemas de fundamentación del constitucionalismo", em J. Betegón, F. J. Laporta, J. R. de Páramo, L. Prieto Sanchís (coords.), *Constitución y derechos fundamentales*, Madrid, Centro de Estudios Políticos y Constitucionales, 2004, 67-138; José Juan Moreso, "Bayón acerca de los fundamentos del constitucionalismo", em www.upf.edu/cms/filosofiadeldret/_pdf/moreso-bayon.pdf [Out. 2006].

202 | CALEIDOSCÓPIO DO DIREITO...

sistemas eleitorais e parlamentares democráticos ou nos mecanismos promovidos pelo Estado de assegurar o carácter equilibrado, informado e reflectido do diálogo[214].

Por isso é que, se se diz que a legitimação político--jurídica provém de um consenso deliberativo ou reflexivo (ou seja, a que se chegou depois de reflexão e deliberação), não se pode insistir tanto nos elementos – aristocráticos – da reflexão e da deliberação a ponto de se abandonar o elemento central de um consenso gerado num "auditório universal".

9. O direito como factor de segurança

Por muito longínquas que as questões possam parecer, a legitimação democrática do direito relaciona-se também com a segurança que ele garante à vida social, com a previsibilidade que ele empresta aos acontecimentos sociais futuros. Por um lado, só podemos estar de

---

[214] Isto explica o peso que têm, na obra de um seguidor de J. Habermas no campo da metodologia do direito, Robert Alexy (*Theorie der juristischen Argumentation. Die Theorie des rationalen Diskurses als Theorie der juristischen Begründung*, Frankfurt, Suhrkamp, 1983; *Theory of Legal Argumentation: The Theory of Rational Discourse as Theory of Legal Justification*, Oxford, Clarendon, 1989), os "elementos estaduais" do consenso; ou seja, que ele condicione tanto a validade das conclusões da argumentação jurídica (conduzida autonomamente pela comunidade dos juristas) a uma suficiente consagração nos textos legais.

AS FUNÇÕES SOCIAIS DO DIREITO | 203

acordo com uma norma se soubermos que resultados práticos vai ela produzir. Por outro lado, essa capacidade da norma para criar previsibilidade, para estabilizar as expectativas, reforça, desde logo, a adesão comunitária aos seus comandos e depende da consonância destes com os sentimentos de justiça e de ordem mais generalizados na comunidade. Neste último sentido, o sentimento de segurança gerado pelo direito e a expectabilidade das suas soluções constituem uma outra fase da democracia, neste caso menos ligada ao acordo comunitário de que as normas surgiram (*i.e.*, à democraticidade da constituição e das leis) e mais relacionada com o consenso que o direito e as soluções jurídicas podem possibilitar, de forma geral e continuada. Ou seja, uma democracia que depende, certamente, de uma vontade originária do povo ou dos seus representantes quanto ao direito; mas que depende não menos de um consenso estável e comunitariamente partilhado acerca dos resultados proporcionados pelo direito. Assim, à legitimidade *ex ante*, relativa ao pacto instituidor celebrado pelo povo, junta-se uma legitimidade *ex post*, que decorre da consensualidade dos resultados do direito. Esta combinação de legitimidades é importante, pois – dadas as imperfeições das instituições democráticas – evita que todo o peso da questão da legitimidade do direito recaia sobre elas, o seu modo de funcionamento, as suas eventuais perversões; agregando às razões de validade do direito um aspecto que desde há séculos os juristas e a sensibilidade comum têm vindo a valorizar – a *habitualidade* do direito, o facto de ele ser

204 | CALEIDOSCÓPIO DO DIREITO...

aceite, se enraizar na prática, não irritar a vida comunitária (*consensus facit legem* [o consenso cria direito], *tacitus consensus populus longa consuetudine inveteratus* [o consenso tácito do povo, habituado por um costume antigo], *iuris est id quod plerumque accidit* [é jurídico aquilo que acontece a mais das vezes]). Ponto é que, como veremos, este consenso prático tenda a ser geral, abrangendo todos os interessados e não "irritando" substancialmente qualquer deles.

O apreço pela segurança prende-se com a informação deficiente que nós temos sobre o futuro. Esta pode decorrer do facto de que o futuro depende de ocorrências incertas (acaso) – que, sendo susceptíveis de causar danos, se chamam "riscos"[215] – ou da multiplicidade de escolhas existentes para a nossa acção e para a reacção dos outros[216].

---

[215] V. literatura citada abaixo, nomeadamente a obra clássica de U. Beck.

[216] Alguns filósofos e sociólogos actuais trataram o sentimento de insegurança como uma das características civilizacionais da nossa época, relacionando-a com outras características civilizacionais, como a globalização e a consequente crise das instâncias que, tradicionalmente, garantiam a segurança (nomeadamente, o Estado). Um dos autores responsáveis por sínteses mais brilhantes neste domínio é o filósofo polaco-inglês Zygmunt Bauman (cf. http://en.wikipedia.org/wiki/Zygmunt_Bauman; http://books.guardian.co.uk/print/0,3858,4640858-110738,00.html), que relaciona esta nova insegurança com a crise do Estado e dos seus tradicionais mecanismos de garantir a segurança e a previsibilidade da vida, não apenas pelos mecanismos de manutenção da ordem, ou pelos mecanismos do direito, mas também

pelo lançamento de políticas sociais típicas do Estado Social. Segundo Bauman, tudo isto foi posto em causa pela formação de um mundo de economia globalizada que detém hoje o poder efectivo, produzindo efeitos muito concretos sobre os elementos essenciais da vida quotidiana dos indivíduos – sobre o seu emprego, sobre o seu consumo, sobre as suas poupanças ou sobre a sua riqueza, sobre a qualidade ambiental e, logo, sobre a sua saúde e bem-estar; mas, ao mesmo tempo, não permitindo a estes indivíduos qualquer função de direcção ou de controlo, as funções centrais da qualidade de cidadão, mas também factores indispensáveis de estabilidade existencial e emocional. Tudo isto gera medos profundos, sentimentos de perigo, de isolamento e de exclusão, de perda do lugar no mundo. Uma resposta "teórica" tem sido a tentativa de revalorizar o sentimento de pertença a uma "comunidade" (ideologias identitárias ou comunitaristas, de origem étnico-cultural ou religiosa, por exemplo [nacionalismos, movimentos religiosos fortemente comunitaristas, formas de gregarização, como as "novas igrejas", os *gangs*, as claques], ou mesmo modalidades mais ligeiras e efémeras de criação de laços interpessoais, como os clubes de fãs, as *rave parties*, os concertos *rock*, as comunidades virtuais [*Orkut*, *h5*, *Second life*, etc.]. Frequentemente, estas formas de socialização revestem um carácter mítico e, eventualmente, fomentam sentimentos de oposição e de recusa do estranho. Respostas "práticas", do lado dos indivíduos, têm sido a compensação dessa sensação de extrema insegurança pela fixação em medos exagerados, artificiais ou construídos, dirigidos contra o imigrante, o estrangeiro, a criminalidade de rua, o terrorismo (realmente, muito menos perturbadores da vida que as inseguranças estruturais antes referidas). Do lado do Estado, a resposta a estes medos levaria a um sobreinvestimento no único tipo de garantia que o Estado ainda pode razoavelmente oferecer – a protecção policial. Um e outro aspecto combinam-se nas preocupações e nas políticas "de lei e ordem" (políticas securitárias), quer publicamente prosseguidas, quer auto-organizadas pelos particulares (xenofobia, segregação urbanística, criação de seguranças privadas, condomínios privados).

206 | CALEIDOSCÓPIO DO DIREITO...

O tema do *risco* – e a definição da sociedade contemporânea como uma "sociedade de risco" (*Risikogesellschaft, risk society*) – foi posto em voga por textos de Anthony Giddens[217] e, sobretudo, de Ulrich Beck[218]. A novidade dos riscos sociais actuais não está na sua nova magnitude, nem no facto de serem provocados, em larga medida, por factos do homem, mas na circunstância de serem consequências necessárias de uma certa forma de "modernização" da organização económica – industrialização massiva, uso intensivo de recursos naturais finitos, manipulação da natureza, uso intensivo de substâncias sintetizadas e de produtos transgénicos, recurso a formas perigosas de energia, uso da engenharia genética, carácter invisível e virtual das mais importantes formas actuais de "fortuna" (valores mobiliários, participações em fundos, "derivados financeiros", "futuros", etc.). Por outro lado, ao contrário do que aconteceu noutras épocas, estes meios de produção são conscientemente utilizados como resultado de uma certa reflexão sobre os seus custos-benefícios (que o autor acima citado acusa de imprudente, cega para os efeitos, riscos e perigos já conhecidos dos processos antes referidos), como, por exemplo, o primado de uma economia de especulação bolsista (ou com o preço das matérias-primas, ou do petróleo) sobre uma economia de satisfação das necessidades; o sacrifício do ambiente à produtividade e ren-

---

[217] Anthony Giddens (1990), *Consequences of Modernity*, Cambridge, Polity Press, 1990; "Risk and responsability", *Modern law review*, 62(1) (1999), 1-10.

[218] *Risikogesellschaft*, 1986, trad. ingl. *Risk society: towards a new modernity*, New Delhi, Sage, 1992.

AS FUNÇÕES SOCIAIS DO DIREITO | 207

tabilidade imediata; o sacrifício do bem-estar geral à acumulação de lucros desmesurados e imprudentes; o sacrifício da segurança à eficiência[219]. Esta ligação do risco à produção faz com a responsabilidade pela causa do risco esteja desigualmente distribuída: países ou grupos que produzem mais ou que consomem mais são os maiores causadores da predação ou manipulação dos recursos naturais e, por isso, os responsáveis pelos maiores factores de risco. Forças dominantes nos mercados financeiros sujeitam ao risco da bancarrota indivíduos, grupos ou países financeiramente mais débeis. Em contrapartida, são também estes grupos que – por disporem de um nível mais elevado de conhecimento – estão mais conscientes do risco e, ao mesmo tempo, mais capacitados para o evitarem, nomeadamente para si próprios. Seja como for, a consciência dos riscos difunde-se por toda a sociedade, em bases mais emocionais ou mais científicas[220]; para utilizar uma formulação de Z. Bau-

---

[219] V. dados em http://www.mises.org/story/1892.

[220] Sobre a questão da medição do risco e dos processos para impedir que as medidas anti-riscos se baseiem em factores emocionais, em dados errados ou em dados falseados, Cass R. Sunstein, *Risk and Reason: Safety, Law and the Environment,* Cambridge University Press, 2002. A solução de Sunstein é a de entregar a avaliação custos-benefícios de novos empreendimentos a peritos, providos de boa informação; a verdade é que a consciência subjectiva do risco do comum das pessoas (ainda que mal informada) é também um factor de angústia e de perda de qualidade de vida e, por isso, deve ser tida em conta; um pouco como o que se passa com os que sofrem de alucinações, mas que nem por isso deixam de ser tratados só porque as causas dos seus males "não são reais".

208 | CALEIDOSCÓPIO DO DIREITO...

man[221], a vida é sentida como "líquida", ou seja, feita de extrema mobilidade e falha solidez. Enquanto uma profunda e global revisão das formas do viver colectivo não se perfila no horizonte[222], a questão da prevenção do risco constitui hoje o objectivo de muitas políticas públicas e privadas, centradas nas ideias de *regulação*, de *sustentabilidade* e de *precaução*[223].

---

[221] *Liquid Modernity*, Cambridge, Polity Press, 2000; *Community. Seeking Safety in an Insecure World*, Cambridge, Polity Press, 2001; *The Individualized Society*, Cambridge, Polity Press, 2001; Society *under Siege*, Cambridge, Polity Press, 2002; *Liquid Love: On the Frailty of Human Bonds*, Cambridge, Polity Press, 2003; *Liquid Life*, Cambridge, Polity Press, 2006; *Liquid Fear*, Cambridge, Polity Press, 2006; *Liquid Times: Living in an Age of Uncertainty*, Cambridge, Polity Press, 2006.

[222] Sobre uma experiência de construir um mercado financeiro globalizado em que o risco é diminuído pela observância de uma regulação muito estrita, neste caso de origem religiosa, v. a informação sobre a pouco divulgada, mas aparentemente bem sucedida, experiência do *International Islamic Financial Market* (http://www.iifm.net/).

[223] Sobre o tema têm escrito algumas notabilidades do mundo da economia, quer de perfil académico (*v.g.*, Joseph Stiglitz (n. 1943), *Making Globalization Work*, 2006; http://www2.gsb.colum bia.edu/faculty/jstiglitz/; Prémio Nobel da Economia, 2001; membro da Pontifical Academy of Social Sciences; opiniões suas sobre a crise financeira e económica de 2008: http://www2.gsb. columbia.edu/faculty/jstiglitz/Crisis.cfm), quer provindas do mundo dos negócios e, mesmo, do mundo da especulação financeira (*v.g.* George Soros *The Alchemy of Finance*, 2003; http://www.georgesoros.com/).

AS FUNÇÕES SOCIAIS DO DIREITO | 209

Neste mundo incerto, nós criamos convicções sobre os eventos futuros (expectativas), baseadas ou na probabilidade ou na "fé" – fundada num conhecimento imperfeito – que temos em certo acontecimento ou comportamento futuro. É com base neste *saber prudencial* (nesta *confiança*, *Vertrauen*) que agimos. A confiança de senso comum é, por isso, o primeiro factor de garantia das expectativas. Mas, frequentemente, ela não nos basta. Necessitamos de algo que fixe e garanta as nossas expectativas, nomeadamente quando estão em causa valores importantes para nós. É aqui que surge o direito que, ao lado de outros sistemas, reforça a confiança, aumentando a segurança.

9.1 Direito e a redução da complexidade (a perspectiva sistémica de N. Luhmann)

9.1.1 Introdução

No pensamento político da época moderna (sécs. XVII-XIX), o "estado de natureza", a que a constituição da sociedade civil pusera termo, era caracterizado por uma "guerra de todos contra todos", bem como por uma absoluta falta de previsibilidade do comportamento alheio, factores que, combinados, tornavam o mundo insuportável para viver.

Na nossa era de uma sociedade de informação, surgiram versões mais modernas das razões deste carácter inóspito do mundo humano originário, tanto mais que a biologia e a etologia parece que vêm

210 | CALEIDOSCÓPIO DO DIREITO...

demonstrando o carácter naturalmente sociável e interdependente dos grandes primatas, entre os quais – com licença dos "criacionistas"... – os homens se incluem[224].

Hoje, alguns teóricos entendem que o grande desafio das sociedades humanas tem sido não a redução da agressividade individual, mas a redução da complexidade do mundo, ou seja, a criação de sistemas que fomentem a previsibilidade das situações futuras e, assim, reduzam o risco e aumentem a confiança. No fundo, repetindo, com uma elaboração teórica muito mais fina, o que os juristas têm dito, há séculos, sobre a "segurança" como um valor jurídico central na elaboração das nossas estratégias de vida.

O desenvolvimento desta ideia de que a evolução social está ligada à criação de mecanismos de redução da complexidade deve-se, sobretudo, a Niklas Luhmann (1927-1998)[225], justamente considerado como

---

[224] Cf., *v.g.*, John Manique, *The origins of justice. The evolution of morality, Humans Rights and Law*, Philadelphia, Penns. U. P., 2003.

[225] Sobre ele, em síntese, http://en.wikipedia.org/wiki/Niklas_Luhmann; http://www.libfl.ru/Luhmann/Luhmann4.html; sobre as relações com o direito, http://www.geocities.com/~n4bz/law/lu law0.htm; bibliografia (em inglês): http://www.questia.com/library/sociology-and-anthropology/niklas-luhmann.jsp). Suas ideias sobre o risco (*Risk: a sociological theory*, New York, Aldine de Gruyter, 1993 (on line): http://www.questia.com/library/sociology-and-anthropology/niklas-luhmann.jsp); introdução muito eficaz sobre os aspectos da sua obra mais ligados ao direito, Arnaud, André-Jean & Guibentif, Pierre, *Niklas Luhmann observateur du droit*, Paris, LGDJ, 1993. Sobre as teorias dos sistemas

um dos maiores sociólogos contemporâneos, demais com formação jurídica, bem como prática no domínio do direito.

Para Luhmann, a complexidade do mundo humano decorre do facto de os comportamentos serem necessariamente mediados pela *comunicação*; ou seja, pelo facto de eles apenas serem importantes por terem *um sentido*, por constituírem *mensagens* para nós. Daí que a redução da complexidade da vida social passe por uma redução da ambiguidade dos actos humanos, por uma tentativa de fixar sentidos esperados, estáveis, consensuais, "não irritantes". Tal como acontece com a linguagem, esta estabilização do sentido dos actos humanos não depende de qualquer dos intervenientes na relação, mas de sistemas comunicativos[226], em que

---

autopoiéticos aplicados ao direito, v. a trad. de um ilustre discípulo de N. Luhmann, Günther Teubner, *O direito como sistema auto-poiético*, Lisboa, Gulbenkian, 1993, bem como o respectivo prefácio (de José Engrácia Antunes). Cf. *Niklas Luhmann über Systemtheorie* (vídeo em alemão: ein Luhmann-Interview von Ulrich Boehm aus dem Jahr 1973, Uniaudimax, Sendung 28.08.1973, Kamera Bernd Maus): (Parte 1): http://www.youtube.com/watch?v=QZ0Za33tBYc; (Part 2): http://www.youtube.com/watch?v=iAz5Jmf7tZY&mode=related&search=.

[226] Obra de abertura da problemática: *Funktionen und Folgen formaler Organisationen*, 1964. Noção de "sistema": 2. "Jogo de relações semânticas (ou de sentido) (*Sinnzusammenhang*) entre acções sociais, que reenviam umas para as outras, e que podem ser delimitadas em relação a um ambiente da acção que não faz parte do sistema" (L., 1967, cf. P. Guibentif, "Introduction", em A.-J. Arnaud & Pierre Guibentif, *Niklas Luhmann observateur du droit*, cit.).

212 | CALEIDOSCÓPIO DO DIREITO...

ambos os comunicantes estão imersos, sistemas que conseguem (são capazes de, têm competência para) dar às acções dos interlocutores um sentido compartilhado por eles[227].

Nesta medida, a sociologia jurídica de Luhmann começa por nos interessar enquanto constitui mais uma negação da existência de sentidos "naturais", fixos, universais, para os actos humanos[228]. Interessa-nos, depois, ao salientar a irrelevância da "pura vontade" ou de "puros estados de consciência", ou seja, dos estados de vontade ou de consciência *independentemente dos significados que lhes são atribuídos por sistemas externos aos sujeitos*[229]. Interessa-nos, em terceiro lugar, na medida em que salienta o papel criador (*poiético*) que esses sistemas – neste caso, o(s) sistema(s) jurídico(s) – têm na *criação* do *sentido* do mundo[230]. Finalmente,

---

[227] Transformar, *i.e.*, o proferir de certas palavras numa proposta contratual; um aperto de mão, num acordo de vontades; o colocar a mão sobre um certo livro, num juramento; certos fenómenos fisiológicos, numa "morte jurídica" ou num "nascimento de uma pessoa titular de direitos".

[228] Este "interesse" decorre de a teoria de Luhmann se opor a todas as concepções essencialistas ou universalistas acerca do direito, ao salientar a natureza contextual do sentido.

[229] Este "interesse" decorre do facto de a teoria do direito ter precisamente repousado desde o liberalismo – mas não antes – na pressuposição de que o direito era uma ordem voluntária, racional e livre, no centro da qual estava o "sujeito" e as suas *intenções*.

[230] Este interesse decorre de a teoria de Luhmann manifestar o carácter "artificial", "factício – fictício", dos valores jurídicos.

AS FUNÇÕES SOCIAIS DO DIREITO | 213

permite construir de uma forma nova – já antes esboçada no início deste capítulo 9. – a relação existente entre consenso democrático e valores jurídicos, bem como as mediações e limitações desta relação.

9.1.2 *Diferenciação, sistema, ambiente, autopoiésis, fechamento-abertura.*

A complexidade crescente da comunicação humana[231] dá origem à progressiva diferenciação dos sistemas comunicacionais que dão sentido às acções humanas, criando, assim, vários níveis de sentido (ou de valores) (morais, políticos, jurídicos, económicos) (*Ausdifferenzierung*). Luhmann insiste em que a progressiva diferenciação dos sistemas, a partir de um originário "sistema de comunicação social global", no sentido de sistemas especializados, não tem, porém, a natureza de uma lei histórica (semelhante, por exemplo, à "lei dos três estados", de A. Comte), nem obriga a um sentido uniforme da evolução histórica[232].

---

[231] Na "situação original" social, como é desenhada por Luhmann, está um sujeito que pretende agir, mas que se encontra numa situação de complexidade que decorre de uma "dupla contingência" (indeterminação absoluta da 1.ª acção do 1.º interveniente, quanto ao que ele próprio vai fazer – em face das múltiplas possibilidades de acção – e quanto à resposta do 2.º interveniente, que sofre das mesmas indeterminações do 1.º).

[232] Embora note que o traço característico das sociedades contemporâneas seria o facto de estas responderem à complexidade com uma diferenciação sistémica, enquanto as do Antigo

214 | CALEIDOSCÓPIO DO DIREITO...

Todos estes sub-sistemas sociais funcionam autonomamente. No seu exterior (no seu "ambiente" [*Umwelt*])
existe a realidade "bruta", desprovida de sentido
(melhor, daquele sentido que aquele específico sistema
cria). Tal como, fora das línguas, existe um mundo de
coisas que, sem recurso às línguas, não pode ser
nomeado. Mas no ambiente de cada sistema existem
também outros sistemas, criando outros sentidos e
outros valores para essa mesma realidade bruta. Assim
como, no exterior de cada língua, independentes dos
significados que esta dá às coisas, existem outras línguas que, aos diversos elementos deste mundo de
coisas, dão outros nomes. Abstraindo do conjunto de
todos os sistemas, pode dizer que a "realidade" não
existe. Tal como, abstraindo de todas as línguas, as
coisas não podem ser nomeadas e, deste modo, não
existem. Daí que se possa dizer que são os sistemas que
constroem o mundo e, portanto, que a teoria de
Luhmann representa um "construtivismo radical"[233].

Regime lhe correspondiam com uma diferenciação "corporati-
va" (ou "estamental" ou de "ordens") (Cf. Pierre Guibentif,
"Introduction", em A.-J. Arnaud & P. Guibentif, *Niklas Luhmann
[...], cit.*, 16 s.). Ou seja, que, então, a ambiguidade de sentido
se resolvia por apelo ao senso comum (à confiança, à fé, *Treu und
Glaube*) de pequenos grupos (aldeias, grupos sociais culturalmente homogéneos [nobreza, clero, etc.]). Porém, parece que os
dois tipos de diferenciação podem conviver, ainda hoje.

[233] Aplicações desta ideia em vários domínios do saber:
Siegfried J. Schmidt, *Der Diskurs des Radikalen Konstruktivismus*,
Frankfurt am Main, Suhrkamp, 1987.

AS FUNÇÕES SOCIAIS DO DIREITO | 215

Um destes sistemas do ambiente é o sistema de sentidos ou de valores do senso comum, do "mundo da vida" (como diria Habermas), o qual, na sua avaliação das situações e dos processos sociais a que elas dão lugar, também cria expectativas e mecanismos de garantia destas. É na base deste sistema que se baseia a nossa "confiança" (*Vertrauen*) ou expectabilidade. Como o senso comum pode não ser aceite por todos e, por isso, a confiança pode ser traída, alguns sistemas estabelecem regras mais estritas de garantir as expectativas. É o caso do direito[234].

O direito, na verdade, permite esta generalização, garantia e consequente estabilização das expectativas. Generaliza as expectativas porque formula modelos de comunicação, ao criar um conhecimento prático e difuso das estatuições das normas jurídicas, depois ainda reforçado por um conhecimento especializado (dogmática jurídica) para o qual se reclama uma inevitabilidade que se pretende próxima da das ciências ("ciência" jurídica...). Garante/solidifica as expectativas, (i) ao impor normas desincentivadoras (punitivas)

---

[234] "O direito trata de forma diferente de qualquer outro sistema as *expectativas normativas* que são dotadas de uma capacidade de resistência em caso de conflito [...] que são mantidas como expectativas mesmo no caso de serem frustradas, sendo isto sabido e feito saber antecipadamente. A normatividade não é, do ponto de vista sociológico, senão uma estabilidade contra os factos [...]. Decide os conflitos mesmo antes de eles se darem.", N. Luhmann, "Le droit comme système social", em P. Guibentif, *Niklas Luhmann observateur du droit [...]*, cit., 61.

216 | CALEIDOSCÓPIO DO DIREITO...

dos factos que frustrem expectativas, (ii) ao promover, por meio de vantagens, os comportamentos correspondentes ao esperado e (iii) ao difundir a convicção de que isto resulta ou da natureza ou de valores obrigatórios, à luz da razão ou da prudência.

Uma outra ideia muito interessante para a compreensão da sociologia do direito de Luhmann é a ideia de *autopoiesis*, termo grego por ele adoptado a partir de certa altura[235], que se pode traduzir por autocriação. Por *autopoiesis* devemos entender: (a) a capacidade de autocriação do sistema[236], ou seja, a capacidade de auto-regulação do sistema, *i.e.*, o facto de o sistema criar e transformar[237] as suas regras de

---

[235] Por inspiração de dois biólogos chilenos, Umberto Maturana e Francisco Varela, que estudaram sistemas biológicos (desde logo a vida) como sistemas auto-regulados. V., em síntese, http://www.users.globalnet.co.uk/~rxv/tcm/resistance.htm; selforgani-zing; http://en.wikipedia.org/wiki/Autopoiesis; http://www.enol gaia.com/AT.html.

[236] A positivação do direito é o produto não de uma escolha do Estado (como pretendem os positivistas legalistas) ou de uma regra admitida socialmente como reconhecendo o que é direito (como pretendem os realistas radicais), mas de um "mecanismo reflexivo", pelo qual o direito se cria a si mesmo, definindo as modalidades pelas quais novo direito pode surgir. P. Guibentif, em A.J. Arnaud & P. Guibentif, *Niklas Luhmann observateur du droit [...]*, cit. p. 33. Cf. N. Luhmann, "Positivität als Selbsbestimmheit des Rechtes", *Rechtstheorie*, 19(1988)11-27.

[237] Esta transformação não é aleatória, obedecendo a regras de segunda ordem, ou meta-regras. Uma aplicação paralela da mesma ideia é a da gramática (melhor ainda, das gramáticas generativas [cf. http://en.wikipedia.org/wiki/Generative_grammar], de Noam Chomski [http://en.wikipedia.org/wiki/Noam_chomski]).

AS FUNÇÕES SOCIAIS DO DIREITO | 217

funcionamento; (b) a capacidade de o sistema construir, de acordo com estas regras, os objectos de que trata[238]; (c) a capacidade de o sistema se fechar ao ambiente (*closure*), ou seja, de não se deixar influenciar por regras estranhas a ele mesmo; (d) a capacidade de o sistema construir o seu ambiente (em que medida é que "vê" o que lhe é exterior e, logo, em que medida é que o ambiente existe para o sistema; em que medida é que ele próprio se deixa "irritar" por este contorno ou ambiente, autodesencadeando processos internos de reajuste); (e) a capacidade de receber "estímulos", "irritações", "energia", do ambiente (*openessnes*), os quais, embora não possam *determinar* as reacções do sistema, desencadeiam reajustes internos *de acordo com a gramática do sistema* e, por isso, o mantêm vivo ou operante.

Estes pontos de vista são muito sugestivos para a análise do direito, na medida em que, correspondendo

---

[238] Trata-se do tal construtivismo antes referido: "As ordens [sistemas] emergentes devem constituir-se elas mesmas os elementos que as formam (ainda que elas estejam nesta medida submetidas ao que lhes é fornecido pelas ordens de nível inferior e que seja preciso construir a partir destes elementos)". Estes elementos já não são apenas peças (*Bausteine*) preexistentes, mas elementos constituídos no próprio processo de emergência de novos níveis (mais elevados) de formação dos sistemas, P. Guibentif, "Introduction", em A.J. Arnaud & P. Guibentif, *Niklas Luhmann observateur du droit* [...], cit., p. 25 *in fine*.

218 | CALEIDOSCÓPIO DO DIREITO...

a intuições dos juristas, lhes dão um rigor de formulação muito elevado.

Corresponde, por exemplo, ao senso comum dos juristas que só uma norma jurídica pode legitimar uma solução jurídica e que, por isso, não basta invocar outra ordem de justificações (outro sistema; a religião, a moral, a política, a utilidade) para que um acto ou uma situação sejam juridicamente regulares. A isto chamam os juristas a "positividade" do direito ou a "incorporação" de normas no direito. Por exemplo, não se pode justificar juridicamente a punição do aborto ou a não admissão do divórcio com argumentos de ordem religiosa. Não se pode justificar a preterição das formalidades de um concurso administrativo (em geral, de um acto administrativo) com a urgência, a oportunidade ou outras vantagens práticas do resultado. Não se pode justificar o incumprimento da lei ou a prática de ilegalidades ou de crimes no exercício de um mandato político com a legitimação pelo voto popular (anterior ou posterior), com o argumento de que, nas próximas eleições, os eleitores é que julgarão dos méritos do infractor e das medidas ilegais que tomou. Não se pode aceitar a competência de um órgão jurídico (por exemplo, o Tribunal de Justiça da União Europeia) apenas com o fundamento de que uma certa versão dessa competência favorece um objectivo político desejável (como, no caso deste Tribunal, a unificação europeia, por exemplo). Não se pode deixar de cumprir um contrato (de trabalho, por exemplo), com base em razões puramente económicas (*v.g.* as vanta-

AS FUNÇÕES SOCIAIS DO DIREITO | 219

gens da deslocalização da empresa para países de salários mais favoráveis)[239], etc.

Um outro aspecto muito interessante – e correspondente ao anterior – é o de que é o direito que determina, por regras que ele próprio estabelece, quais são as questões que têm relevância jurídica[240]. O que corresponde a uma outra forma de dizer – como algumas escolas jurídicas anteriores[241] já diziam, mas com formulações talvez menos rigorosas – que os factos não segregam direito (senão na medida em que o direito lhes confira relevância) e que, portanto, o dever ser (*Sollen*) jurídico é um mundo ontologicamente separado do ser fáctico (*Sein*), não se podendo concluir do que *é* para o que *deve ser* (juridicamente), nem vice-versa. Isto porque o "ser" – que está fora, no meio

---

[239] A não ser nas circunstâncias em que uma norma de direito declare que isso é relevante para o direito (cf. art.º 437 ["teoria da imprevisão"], ou, ainda, art.º 790 do CC).

[240] "Não há direito fora do direito" (Luhmann, "Ökologische [...]", 125 n. 6); "Não pode haver nem *input* nem *output* normativo [...] já que [nem o direito recolhe normas alheias] nem as normas jurídicas são normas fora do direito", Juan A. G. Amado, "La société et le droit chez Niklas Luhmann", em A.-J. Arnaud & P. Guibentif, *Niklas Luhmann [...]*, cit., 134 n. 132. A fixação dos critérios da prova pelo próprio direito é significativa do que se diz aqui: só o direito é que determina como é que "factos externos" podem ser validados como "existentes" pelo direito.

[241] *Vg.*, a Teoria Pura do Direito, sobre a qual, em síntese, A. M. Hespanha, *Cultura jurídica europeia [...]*, cap. 8.4.6.; http://en.wikipedia.org/wiki/Pure_Theory_of_Law.

220 | CALEIDOSCÓPIO DO DIREITO...

ambiente [*Umwelt*] do sistema [*System*] – não é significativo para o interior do sistema, já que este só atribui sentido àquilo que está no seu seio, obedecendo à sua gramática.

No entanto, o fechamento do *sistema* direito ao *ambiente* não exclui transacções entre um e outro. Tal como os sistemas biológicos – os seres vivos –, por exemplo, constituem um sistema autopoiético, mas recebem energia (alimentos, calor, etc.) do ambiente, assim como são irritados por ele e reagem, por auto--adaptações, a essas irritações, também o direito mantém uma relação semelhante de fechamento/abertura com o seu ambiente (o sistema político, a economia, o senso comum, etc.). Assim, a sua energia (força coerciva das suas normas) advem-lhe do sistema político, da garantia do Estado[242], ou do senso comum, da disponibilidade das pessoas para aceitarem o direito[243]. Ao mesmo tempo, o que se passa no ambiente do sistema – por exemplo, no plano da aplicação do direito ou da reacção social que isso suscita – "irrita" o sistema, obrigando-o a reajustar-se internamente, em ordem a produzir resultados que lhe causem menos irritação[244]. Finalmente, o sistema conhece as situações

---

[242] Embora nas condições e modalidades definidas pelo direito.

[243] Embora esta aceitabilidade do direito dependa daquilo que o direito estatui e do modo como é juridicamente (dogmaticamente) justificado.

[244] A irritação do direito perturba o desenrolar rotineiro das operações jurídicas, pelo que a teoria do direito deve desenvol-

AS FUNÇÕES SOCIAIS DO DIREITO | 221

sociais ambientais, ao incorporá-las mediante a sua estilização segundo os modelos jurídicos[245]. Ou seja, o direito é fechado como sistema de comunicação e de atribuição de sentido (jurídico), mas é cognitivamente aberto ao exterior. Ou seja, "sente" o exterior, mas não comunica (transmite sentido jurídico, troca informações jurídicas) com ele. Recolocando a questão no campo do direito: a má aceitação social de uma norma jurídica não a invalida, só por si; mas desencadeia, se esta reacção for admissível como relevante (se for "reconhecível"; cf. "norma de reconhecimento") no

---

ver modelos jurídicos capazes de dissolver esta irritação (como também aquela que decorre dos paradoxos internos à gramática do direito: contradições, inconsistências, lacunas da dogmática jurídica).

[245] Juan A. G. Amado, "La société et le droit chez Niklas Luhmann", em A.-J. Arnaud & P. Guibentif, *Niklas Luhmann [...]*, cit., p. 136. Esta "estilização", esta conversão de uma questão social numa questão jurídica (pretendendo uma solução jurídica) faz-se – tal como nos sistemas computacionais – pela aplicação de "programas", ou seja, de proposições reconhecidas pelo código que organiza o sistema jurídico (dogmas, princípios, regras, precedentes). O código é a parte constante, os programas a parte variável do sistema (*ibid.*, 136): os programas são o produto de uma aprendizagem do sistema, ao reagir (de acordo com as regras do sistema, do código) perante a frustração das expectativas ou ao descobrir uma melhor forma de as assegurar [potenciando a coerência do sistema] (*ibid*, 136). É por processos deste género que elementos normativos ambientais, como valores morais, religiosos ou políticos [oportunidade] (logo, *factos*, do ponto de vista do sistema jurídico) se podem converter em *valores jurídicos*.

222 | CALEIDOSCÓPIO DO DIREITO...

interior do campo jurídico, um processo de revisão dos elementos normativos que originaram tal decisão. Esta abertura do sistema ao ambiente é, tal como nos seres vivos, a garantia de que o sistema jurídico continua em movimento. A sociedade, ao desenvolver-se e ao complexificar-se, vai pondo sucessivamente novos problemas ao direito. Este, para os integrar – obedecendo a regras generativas e transformacionais existentes no seu sistema – reduz a complexidade social (solidifica ou fixa expectativas, surgidas em face de situações novas).

Porém, se "a sociedade pressiona o direito no sentido de este aumentar cada vez mais a sua complexidade", este aumento não pode ser ilimitado, pois isso poderá criar ao sistema jurídico situações de "indigestão", sempre que a reelaboração sistémica se torne tão complexa – pela multiplicação das normas – que não possa processar, nomeadamente em tempo útil, os casos emergentes. A complexidade do sistema será dita *adequada*, podendo dizer-se – segundo Luhmann – que o sistema é *justo*[246], quando houver adequação entre o seu grau de complexidade e a consistência mútua das decisões tomadas pelo sistema. O direito poderá aumentar a sua complexidade, desde que isto não impeça que as decisões tomadas sejam consistentes, ou seja, desde que se trate os casos de forma coerente. Por exemplo, um direito casuístico, que tivesse em consi-

---

[246] Note-se o conceito de justiça como eficiência estrutural para a realização dos seus fins (de redução da complexidade).

AS FUNÇÕES SOCIAIS DO DIREITO | 223

deração e processasse todas as variáveis de cada problema, não realizaria esta exigência, não constituiria uma garantia de expectativas fiáveis e estáveis"[247]. Daí que N. Luhmann relacione a crise do direito contemporâneo com o aproximar deste limite de eficiência: processos de estabilização dogmática muito lentos; criação, pelo próprio direito, no seu desenvolvimento frenético, de conflitos, sendo esta evolução tão rápida que escapa ao controle da dogmática, tendendo-se para a substituição da legitimação dogmática pela legitimação legal (ou política)[248]. Só que, como a dogmática é a expressão do código do próprio sistema jurídico, enquanto a lei – como vontade política – é um programa que pertence ao sistema político, esta tendência descaracterizará, aniquilará, o sistema jurídico, ao impedir a sua diferenciação em relação ao sistema político (absorção do direito pela política).

Chegados a este ponto, merece a pena reflectir sobre a relação que estes pontos de vista têm com o que no início deste livro se disse sobre as insuficiências do estadualismo na compreensão do direito. Hoje em dia, dada a globalização e, ao memo tempo, a complexificação das esferas de regulação mesmo no interior destes Estados, a estabilização da vida social por meio do direito depende de consensos muito vastos e, ao

---

[247] Juan A. G. Amado, "La société et le droit [...], cit., p. 138-139.

[248] N. Luhmann, "Le droit comme système social", em A.-J. Arnaud & P. Guibentif, *Niklas Luhmann [...]*, cit., 68-70.

mesmo tempo, muito finos e que ultrapassam quer as fronteiras internacionais, quer as esferas internas de acção (grupos profissionais, comunidades diferenciadas, esferas particulares do agir social), dos Estados nacionais. Com isto, o próprio direito diferenciou-se internamente, dividindo-se em vários (sub)sistemas, cada um dos quais auto-regulando juridicamente uma dimensão da vida. O sistema do direito estadual não é mais senão um deles e, por isso, não pode – em virtude do seu fechamento ao ambiente e por causa do fechamento de cada um dos outros sistemas jurídicos que nele existem – estender a sua regulação aos domínios das relações sociais cujo direito se autonomizou. Para descrever – aproximadamente – este facto, Habermas falava de "colonização" do mundo da vida pelo direito do Estado. Neste livro, falou-se de pluralismo jurídico; como se poderia falar de pluralidade das normas de reconhecimento. Agora, falamos de *diferenciação do direito* e de mútuo *fechamento/abertura* dos vários (sub)sistemas jurídicos. Como todos estes sistemas tendem para a garantia da confiança e da expectabilidade, mas não são, deste ponto de vista, igualmente eficazes, prevalecerá a regulação daquele sistema que produzir soluções mais estabilizadoras, por corresponderem a expectativas e a consensos mais gerais. Em contrapartida, serão preteridos os sistemas que produzirem soluções mais "irritantes", geradoras de consensos menos gerais ou menos capazes de estabilizar as relações sociais. Contra uma ideia corrente até há pouco, os sistemas de regulação mais diferenciados e mais locais (sistema financeiro, sistema do mercado, etc.), seriam os mais capazes de gerar soluções duradouramente estabilizadoras, por terem uma dinâmica (gramática) mais forte e, por isso, mais autónoma em relação às irritações ambientais. A crise económica actual mostrou como isto era falso e como o sistema de regulação estadual, por poder combinar interesses mais diversos e por poder ser capaz de processar maior complexidade, pode produzir uma regulação com maiores virtualidades estabilizadoras, introduzindo confiança onde os sistemas mais especializados tinham produzido incerteza.

Esta forma de pôr o problema das relações entre direito e sociedade é muito mais precisa do que as fórmulas vagas de "autonomia relativa" ou mesmo "sistemas abertos".

Em suma, o interesse da teoria dos sistemas autopoiéticos, quando aplicada ao direito, pode ser assim sumariado:

(1) Compreende melhor a dimensão social do direito e, ao mesmo tempo, compreende melhor do que antes o trabalho de reflexão realizado pelo próprio sistema jurídico – quer se trate da dogmática ou da teoria do direito –, concebido como o produto da auto-referência do sistema"[249]. O direito era compreendido como um conjunto

---

[249] N. Luhmann, "Le droit comme système social", cit., 59.

de normas, como um conjunto de conhecimentos, como a vontade do Estado, como a implementação da política. As concepções autopoiéticas colocam o problema a um nível operacional, definido pelo próprio sistema jurídico; assim toda a comunicação relevante para o sistema jurídico é definida por este mesmo, embora ele esteja cognitivamente ligado a factos externos (tendo tomado conhecimento, segundo regras por si definidas, de factos externos)[250].

(2) Aproximar a teoria dos sistemas autopoiéticos em relação às auto-representações dos juristas dogmáticos. "Proximidade que surpreende e irrita, ao mesmo tempo", como diz Luhmann, pois o que se pretende "não é reinvestir na dogmática, mas olhá-la sociologicamente, de modo a relatar as maneiras de pensar, os interesses e as posições sociais dos juristas e, assim, a explicá-las". Esta explicação aponta para conceber a dogmática como um sistema de «razões» "para poder tratar de forma selectiva a infinidade de relações jurídicas internas e controlar a sua consistência ou inconsistência. Daqui resulta que qualquer tratamento das expectativas é acompanhado de uma observação de controle, que permite ver como é que o mundo é observado [...]. Os juristas chamam a isto argumentação. Num contexto socio-

---

[250] N. Luhmann, "Le droit comme système social", cit., 59, 63.

AS FUNÇÕES SOCIAIS DO DIREITO | 227

lógico, falar-se-ia antes de redundância, ou seja, de redução do efeito de surpresa das operações isoladas"[251]. "[...] Esta reconstrução da argumentação como tratamento da redundância não a concebe como ela é entendida por aqueles que a praticam. Concebe-a não como a busca de argumentos razoáveis e convincentes, mas como um esforço argumentativo no sentido da superação da inconsistência e no do reforço da coesão do sistema [...]. Mas, ao fazer isto, também – diferentemente da crítica da ideologia – não se procura nenhum efeito de desmistificação ou de racionalização"[252].

9.2 *Habermas e Luhmann. Uma hoje paradoxal polémica*

Esta última frase permite-nos abordar um último ponto que – tendo oposto J. Habermas e N. Luhmann numa polémica famosa[253] – hoje, paradoxalmente, parece que os aproxima.

No início dos anos 70 do séc. XX, Luhmann e Habermas representaram o papel de porta-vozes de

---

[251] N. Luhmann, "Le droit comme système social", cit., p. 65 (cf. n. 10).

[252] N. Luhmann, "Le droit comme système social", cit., 66.

[253] J. Habermas & N. Luhmann, *Theorie der Gesellschaft oder Sozialtechnologie*, Suhrkamp, Frankfurt/M, 1971.

228 | CALEIDOSCÓPIO DO DIREITO...

escolas sociológicas contrapostas. J. Habermas tomou para si, então, o papel de representante dos sociólogos que não acreditavam na possibilidade de uma observação objectiva dos fenómenos sociais, na medida em que eles participavam da sociedade e, por isso, transportavam consigo o peso de compreensões implícitas e inconscientes da própria sociedade, compreensões essas que distorciam o carácter neutro e objectivo/racional da própria comunicação. A sua proposta era a de que a sociologia desempenhasse uma função crítica, procurando contribuir para um mundo em que a comunicação e o diálogo se pudessem produzir libertos desses enviesamentos subjectivos.

Enquanto Luhmann, em contrapartida, tentara quebrar com a tradição do idealismo alemão – que procurava causas e explicações para os fenómenos sociais – propondo que a sociologia fosse uma mera observação: o sociólogo observa – numa observação "de segunda ordem" (*zweiter Ordnung Beobachtung*)[254] – o modo como os sistemas se adaptam para melhorar a sua eficiência na redução da complexidade.

Nesta altura, Habermas criticava a Luhmann a pretensão (ou ingenuidade) de crer ser possível uma pura observação, ignorando essas tais distorções do conhe-

---

[254] A observação de primeira ordem era aquela pela qual os sistemas tanto observavam o ambiente como se observavam a si mesmos, no sentido de adoptar as modificações internas que diminuíssem quer a complexidade do contorno, quer a sua própria complexidade.

AS FUNÇÕES SOCIAIS DO DIREITO | 229

cimento, a que já nos referimos. Ao passo que Luhmann criticava a Habermas o facto de ele correr atrás
de uma utopia. Não já a utopia marxista da igualita-
rização na apropriação da mais-valia económica e na
partilha do poder social e político, mas a utopia da
apropriação racional dos meios de comunicação.

O futuro demonstrou que realmente Habermas foi
paulatinamente dominado pela sua utopia, a ponto de
ter finalmente crido que a utopia se tinha realizado,
reconhecendo que a racionalidade comunicativa ia
tomando forma, primeiro no direito "comunicativo",
depois no próprio direito do Estado democrático[255].

---

[255] V., sobre esta polémica e uma alegada convergência de
posições (ou, pelo menos, de uma ligação "interconceptual"),
Manfred Füllsack, „Geltungsansprüche und Beobachtungen zweiter Ordnung [...]", cit.; Loet Leydesdorff, „Luhmann, Habermas,
and the Theory of Communication", em *Systems Research and
Behavioral Science*, 17(3) (2000), 273-288 (=http://users.fmg.uva.nl/
lleydesdorff/montreal.htm); Poul Kjaer, "Systems in Context.
On the outcome of the Habermas/Luhmann debate", em *Ancila
iuris*, (2006-66) (=http://www.anci.ch/doku.php?id=beitrag:systems).
Recente, sobre os dois autores e a teoria do direito: Leonel
Severo Rocha, Germano Schwartz & Jean Clam, *Introdução à
teoria do sistema autopoiético do direito*, Porto Alegre, Livraria do
Advogado, 2005; Orlando Villas Bôas Filho, *O direito na teoria dos
sistemas de Niklas Luhmann*, São Paulo, Max Limonad, 2006;
Marcelo Neves, *Entre Têmis e Leviatã: uma relação difícil. O estado
democrático de direito a partir e além de Luhmann e Habermas*, São
Paulo, Martins Fontes, 2006.

10. O direito como factor de eficiência (do mercado) ("análise económica do direito", *law and economics*)

A ideia de que o direito deve promover a eficiência das relações sociais faz parte do senso comum[256]. Porém, a equivocidade do termo "eficiência" não ajuda à clarificação do que queremos dizer com isto. Eficiência pode ser sinónimo de "redução da complexidade social" ou de garantia das expectativas dos indivíduos, como vimos no capítulo 8. Em sentido próximo, pode ser visto como equivalente de "segurança", de "previsibilidade", o que corresponde a um dos objectivos tradicionalmente atribuídos ao direito (v. cap. 9). Mas eficiência pode, num contexto de pensamento já bastante diferente, significar "justiça", "justeza", "razoabilidade", "consensualidade", ou seja, "adequação" das suas soluções [ao razoável, à solução esperada por uma comunidade de pessoas justas, prudentes, compartilhando os mesmos sentimentos]. Aproximamo-nos, neste caso, de um dos sentidos do direito

---

[256] Embora, como vimos, esta perspectiva (utilitarista) do direito tenha sido e continue a ser objecto de duras críticas daqueles que (desde a crítica de Kant aos utilitaristas do seu tempo até às actuais posições de J. Rawls sobre a centralidade absoluta da justiça – e não da oportunidade ou da utilidade – na definição de um direito legítimo) defendem que a missão do direito é, antes, servir os valores e não os interesses; ou, postas as coisas de outra maneira, que o único interesse da convivência humana é a justiça, pelo que a única sociedade eficiente é a sociedade justa.

AS FUNÇÕES SOCIAIS DO DIREITO | 231

indicados por J. Habermas[257]. Eficiência pode ter, ainda, um sentido programático, "técnico-instrumental", político ou prospectivo, avaliando-se então a eficácia com que o direito pode contribuir para a realização de certos objectivos político-sociais, considerados como desejáveis (por exemplo, o desenvolvimento económico, a igualdade social, a "defesa do interesse nacional", a protecção da família, a rapidez do processamento judicial dos litígios, etc.).

Porém, o senso comum actual relaciona estreitamente a ideia de eficiência com factores económicos, com o fluir eficaz das transacções e com a maximização dos ganhos delas decorrentes. E, neste sentido, por exemplo, a eficiência do direito e da justiça é muito frequentemente relacionada com o modo como um e outra agravam (mais ou menos) os custos dos bens; sendo, então, a eficiência própria da justiça (equilíbrio, igualdade, consensualidade, respeito por valores) subordinada a uma eficiência "externa", ligada ao mercado.

A análise económica do direito[258] tem já um longo curso no pensamento jurídico norte-americano. A sua

---

[257] V. cap. 8.

[258] *Sites*: Lewis Kornhauser, "Economic analysis of law", em Stanford Encyclopedia of Philosophy, http://plato.stanford.edu/ entries/legal-econanalysis/ (que constitui a base desta síntese); Law and Economic Resources (maintained by FindLaw.com, in Mountain View, CA); American Law and Economics Association; Encyclopedia of Law and Economics, edited by Boudewijn Bouckaert (University of Ghent) and Gerrit De Geest (University of Ghent and Utrecht University). Peter Newman, ed., *The New Dictionary Of The Economic And The Law*, London, Macmillan, 1998.

232 | CALEIDOSCÓPIO DO DIREITO...

primeira vaga está estreitamente ligada à escola económica neoliberal, com o seu centro em Chicago[259]. Para esta escola, as transacções humanas são o produto de uma liberdade de escolha individual que corresponderia necessariamente a uma escolha racional e constituem um dado da natureza humana que não pode ser ignorado. Por isso, a liberdade de mercado produz sempre vantagens, pois os contraentes, se decidem negociar, em geral ganham ambos com isso, pelo menos do seu ponto de vista e segundo as suas expectativas. As consequências desta assunção, para o direito, são que, a menos que haja prejuízos para terceiro (*externalities*), a negociação no mercado deva ser fomentada pelo direito (e não impedida, limitada ou dificultada, tornada onerosa); o Estado, por meio do direito, deveria incentivar a negociação, ou mesmo impor, como norma supletiva ou mesmo obrigatória, a solução que resultaria do mercado. A intervenção do direito haveria de ser mínima e, nesse mínimo, adequar-se às normas do mercado.

Foi esta ideia que levou à análise do direito do ponto de vista da sua compatibilização com as leis do mercado, tanto no sentido de o adaptar a elas, como no sentido de desvendar os efeitos deformadores que o funcionamento do mercado pode ter sobre uma norma jurídica, levando, por vezes, a resultados contrários aos pretendidos[260]. Um dos representantes mais

---

[259] Cf. http://en.wikipedia.org/wiki/Milton_Friedman.

[260] Por exemplo, a lei que obrigue a juros módicos nos empréstimos, embora se destine a proteger os devedores econo-

AS FUNÇÕES SOCIAIS DO DIREITO | 233

em evidência desta escola, Richard Posner (1939- ...[261],
que aqui escolhemos para exemplo típico[262]), propõe
uma análise da "eficiência" do direito, na perspectiva
da maximização da utilidade (concebida como adequação à utilidade que se colhe das transacções no mer-

---

micamente débeis, pode privá-los do crédito, por ninguém
querer emprestar dinheiro a remuneração tão baixa. Coisa
semelhante pode acontecer com uma lei que obrigue os senho-
rios a arrendarem casas a baixo preço ou a fazerem obras nas
casas arrendadas por rendas baixas; o efeito não querido, aqui,
será o desaparecimento do mercado de casas baratas para as
pessoas de menos posses.

[261] Posner, Richard A. [1973], *Economic Analysis of Law*,
Boston, Little Brown (1st edition); última ed., com posições
muito revistas, 2004. Sobre o autor, uma personalidade politicamente interventora, considerada como um dos maiores teóricos norte-americanos do direito, http://en.wikipedia.org/wiki/
Richard_Posner.

[262] Existe uma enorme pluralidade de subcorrentes na análise económica do direito. Para ter uma ideia, v. o texto
(demasiado complicado para uma referência cursiva como esta)
de José M. Aroso Linhares, "A unidade dos problemas da
jurisdição ou as exigências e limites de uma pragmática *custo/
benefício*. Um diálogo com a Law & Economics Scholarship", em
Bol. Fac. Dir. Coimbra, 78(2002), 65-178. A escolha que aqui
fazemos da versão de Richard Posner justifica-se pela notoriedade do autor e pelo facto de ele passar por ser um representante canónico da "escola" (cf., *v.g.*, *The Encyclopedia of Law
and Economics* (http://encyclo.findlaw.com/), cujo prefácio é de
R. Posner. Embora os artigos seminais da moderna AED sejam
os de Ronald Coase, "The Problem of Social Cost", *Journal of
Law & Economics*, Vol.3, No.1, 1960 [realmente, 1961], e Guido
Calabresi, "Some Thoughts on Risk Distribution and the Law of
Torts", *Yale Law Journal*, Vol.70 (1961).

234 | CALEIDOSCÓPIO DO DIREITO...

cado: ou seja, aumento dos benefícios, diminuição dos custos, dos contraentes) das suas normas, das decisões judiciais e das decisões administrativas. Ou, numa formulação algo diferente, a AED propõe uma análise do direito do ponto de vista da forma como ele permite (ou não) as escolhas dos sujeitos de acordo com o modelo de racionalidade que domina o mercado (análise custos-benefícios).

Esta proposta tem raízes no utilitarismo dos finais do século XVIII – que via na obtenção da "máxima felicidade para maior número" o fim a prosseguir pelo direito. Tanto Adam Smith (1723-1790) como J. Bentham (1748-1832) já tinham assumido que as pessoas se comportam de maneira a maximizar as suas utilidades, a sua felicidade. Pelo que, numa visão macro, a combinação dos interesses dos produtores e dos consumidores em satisfazer o máximo possível dos seus ganhos levaria automaticamente a um bem-estar comum também máximo ("a máxima felicidade para o maior número")[263].

No século XVIII, pensava-se que esta combinação óptima das utilidades devia ser ou levada a cabo pela lei (J. Bentham), ou, pelo contrário, deixando a máxima liberdade de acção aos indivíduos, como agentes no mercado (Adam Smith). Note-se, de passagem, como ambos os autores temem que a intromissão da burocracia estadual perturbe este mecanismo.

---

[263] Cf., para uma síntese, A. M. Hespanha, *Cultura jurídica europeia [...]*, pp. 229 ss.

AS FUNÇÕES SOCIAIS DO DIREITO | 235

Mas, ao mesmo tempo, o modo diferente como um e outro identificam os perigos dessa intervenção. J. Bentham teme, sobretudo, que os funcionários (e os juristas) anteponham os seus interesses próprios ao interesse da felicidade geral procurada pela lei e, por isso, recomenda que haja legislação boa e suficiente para os "pôr na ordem"; a maximização da felicidade dependia, assim, da boa legislação e da actividade do Estado, sempre desenvolvida à sombra da lei. Adam Smith, pelo contrário, acreditava nos automatismos sociais, considerando como contraproducente qualquer regulamentação estadual que os limitasse.

Na actual análise económica do direito, não se perdeu a ideia de que a lei e os agentes administrativos podem desempenhar um papel importante nesta conjunção óptima dos interesses particulares; mas salienta--se também que, em virtude da autonomia dos juízes – sobretudo no sistema norte-americano –, estes estão em condições muito mais favoráveis do que o legislador para chegar a decisões que correspondam à maximização da "eficiência" das soluções jurídicas. A explicação que se dá para isto é a de que, estando os juízes libertos de uma estrita obediência às leis, eles procuram encontrar soluções que correspondam à "eficiência" procurada pelas partes, às quais quereriam agradar, por motivos tanto de brio profissional como de aquisição de prestígio[264].

---

[264] Maria Rosario Ferrarese, num notável artigo de diagnóstico da especificidade do direito norte-americano, salienta como

236 | CALEIDOSCÓPIO DO DIREITO...

A "análise económica do direito" (*economic analysis of law, law and economics*) nasceu nos anos sessenta, com Ronald Coase e Guido Calabresi[265], tendo ganho maior notoriedade pública com Richard Posner (n. 1939), nos finais dos anos setenta[266].

---

a cultura jurídica dos EUA está embebida por uma ideia funcionalista do direito, segundo a qual este deve favorecer os arranjos privados sobre a justiça e pôr à disposição dos particulares meios de accionar as suas pretensões. Daí que a realização do direito pela actividade dos tribunais, desencadeada pelas partes, seria a forma de ajustar mais perfeitamente o direito às necessidades sentidas e aos impulsos espontâneos da sociedade civil. Porém, esta estratégia tem os seus "custos", nomeadamente do ponto de vista do interesse público e do interesse dos mais fracos, ou seja, daqueles interesses que menos excitam aqueles privados que estão, de facto, em condições (materiais, sociais) de accionar os tribunais. Maria Rosario Ferrarese, "An entrepreneurial conception of the law? The American Model through Italian Eyes", em David Nelken, *Comparing legal cultures*, Dartmouth, Socio-Legal Studies Series, 1997, 157-182. Mais extensamente, criticando a redução do direito aos "direitos" (frequentemente = interesses), Mary Ann Glendon, *Rights talk. The impoverishment of political discourse*, New York, The Free Press, 1991. Lembremo-nos, apenas, da dificuldade para um "cidadão mobilizado", mas não directamente envolvido, em provar a legitimidade para levar a juízo alguém que tenha ofendido um direito da comunidade, ou um direito público (por não pagar impostos, por construir ilegalmente, por desrespeitar as leis de trabalho, por conduzir perigosamente, por explorar imigrantes em situação de ilegalidade, por gerir interesseira ou levianamente instituições públicas ou de interesse público [*v.g.*, instituições financeiras], por corromper ou se deixar corromper).

[265] Cf., antes, n. 262.

[266] Sobre R. Posner, v. n. 261. Perspectiva crítica, moderada, A. Mitchell Polinsky, "Economic analysis as a potentially defec-

Posner sustenta que as normas jurídicas devem ser "eficientes", dando a este termo um significando muito específico: elas devem procurar *maximizar a disponibilidade das partes envolvidas para participar (se manter) no mercado* ("willingness to pay"); ou seja, a regulamentação jurídica das transacções deve promover situações em que cada parte colha mais vantagens em transaccionar do que aquelas que colheria em se abster. Isto assume, implicitamente, que é eficiente manter o mercado em funcionamento, pois o desenvolvimento deste contribui:

(*a*) de um ponto de vista antropológico, para dar realização à natureza livre e activa (comunicativa, *hoc sensu*) do homem;

(*b*) de um ponto de vista prático, para a generalização da felicidade geral, ao disponibilizar a todos uma vasta panóplia de bens e serviços capazes de satisfazer os desejos individuais.

De tal modo esta ideia da necessidade do mercado para a obtenção da felicidade humana se impõe à generalidade dos cultores da análise económica do direito (AED) (e aos economistas liberais), que estes propõem que, não existindo o mercado com as características que ele deve ter segundo a teoria económica liberal, o Estado o deve "construir"[267], cavando – como

---

tive product: a buyers's guide to Posner's economic analysis of law", *Harvard Law Review*, 87(1974), 1655-1681.

[267] As ideias de que o Estado deveria constituir o mercado, caso necessário, têm origem no Ordoliberalismo (*Ordenliberalismus*)

238 | CALEIDOSCÓPIO DO DIREITO...

nas histórias macabras – a cova onde irá ser sepultado...
Abolindo barreiras ao comércio livre, desnacionali-
zando, acabando com qualquer forma de intervenção
pública na economia (subsídios, bonificações selectivas
da taxa de juro, baixa dos impostos [tendencialmente
para 0...], provocando indirectamente a descapitaliza-
ção do Estado, também com o fim de o tornar impo-
tente ou inerme, realizando em *outsourcing* funções
tradicionais do Estado [incluindo a defesa, a cobrança
dos impostos, a educação[268], a administração peniten-
ciária, e, tendencialmente, a justiça][269].

Note-se, incidentalmente, que, para levar a cabo este
objectivo de maximização do bem-estar (da disponibilidade para estar no mercado), os juízes (bem como os
legisladores ou os funcionários) têm que pressupor que

---

dos anos 30 do séc. xx – que, em todo o caso, se definia como
uma terceira via entre socialismo e capitalismo (cf. http://de.wi-
kipedia.org/wiki/Ordoliberalismus; versão mais pobre, em inglês);
v. também http://en.wikipedia.org/wiki/Neoliberalism.

[268] Por exemplo, entregando, nas escolas públicas, o ensino
de certas matérias ou a realização de certas actividades não ao
pessoal da escola, mas a empresas de prestação de serviços, como
acontece em Portugal – ainda que pontualmente – com o ensino
dos primeiros níveis do inglês ou com as actividades de OTL.
Já se chegou a recorrer ao *outsourcing* para... substituir a participação cívica, *v.g.*, para garantir a existência de público – no
caso a que aludo, crianças em idade escolar – em cerimónias
governamentais!

[269] V., crítico, sobre esta tendência, A. J. Avelãs Nunes,
A Constituição Europeia. A constitucionalização do neo-liberalismo,
Coimbra, Coimbra Editora, 2006.

AS FUNÇÕES SOCIAIS DO DIREITO | 239

um certo senso, bom e comum, subjaz à racionalidade das escolhas feitas pelos que participam no mercado. "O modelo do mercado assume a soberania dos consumidores, o que quer dizer que as suas escolhas devem ser aceites. A interferência com as orientações, desejos e poder económico dos indivíduos deve ser rejeitada"[270]. Acrescentaria que o modelo do mercado, na economia clássica, ainda pressupõe outros ingredientes: todos os sujeitos intervenientes no mercado estão plenamente informados dos factos e do direito; e são plenamente livres nas suas escolhas, não sendo objecto de quaisquer constrangimentos normativos (como os que o direito costuma impor, em virtude dos interesses gerais, do bem-estar da comunidade, da justiça social ou do progresso colectivo).

Em vista desta ausência de elementos normativos na consciência dos agentes, estes não têm, nomeadamente, qualquer dever de obedecer às leis; fazê-lo ou não dependerá de uma análise custos-benefícios (de uma "análise prudencial"), já que desobedecer às leis importa, em princípio, o sofrimento de uma desvantagem (de uma pena, designadamente) que terá que ser ponderada com a vantagem (ou desvantagem) de lhes obedecer. É neste sentido – de que cada indivíduo actua de modo a maximizar os seus próprios interesses, sem que exista qualquer consideração relativa às restri-

---

[270] C. E. Baker, "The ideology of the economic analysis of law", *Philosophy and public affairs*, 5 (aut. 1975), 3-48 (p. 33).

240 | CALEIDOSCÓPIO DO DIREITO...

ções impostas pelo bem-estar social a esta maximização – que se costuma dizer que a análise económica do direito não contém qualquer consideração normativa. Podendo, por isso, produzir propostas que chocam fortemente o pensamento jurídico tradicional: "cumprir ou não um contrato depende de uma análise custos-benefícios", ou, *à la limite*, cometer ou não um crime depende de um complexo balanço entre as vantagens de o cometer e as desvantagens de, eventualmente[271], vir a ser punido. Neste cômputo, os custos sociais de uma acção ilícita são considerados como "externalidades" (ou custos sociais, *externalities, spill over*), cuja conversão em custos internos tem as suas dificuldades para a teoria económica. Paralelamente, do ponto de vista do Estado, o mesmo tipo de cálculo deverá ser feito: vale a pena (do ponto de vista dos custos-benefícios) punir a pequena criminalidade? Vale a pena cobrar coercitivamente impostos não voluntariamente pagos? Ou será mais eficiente, do mesmo ponto de vista, o perdão fiscal? Vale a pena detectar e perseguir a fraude fiscal?[272]

---

[271] Aqui entrará um módulo de cálculo das probabilidades (de se ser apanhado, de se ser pronunciado, de se ser condenado, da medida da pena)...

[272] Também aqui a demissão do Estado, embora possa significar uma economia directa, pode ter elevados custos sociais: incentivar a pequena criminalidade, desincentivar os contribuintes cumpridores, premiar a contabilidade manipuladora e vigarista ("criativa", como é de melhor tom dizer...).

É neste contexto que têm que ser entendidos os conceitos de Posner de "eficiência" e "valor": "Eficiência [...] quer dizer explorar os recursos económicos de tal modo que a satisfação humana, medida pela disponibilidade somada dos indivíduos directamente envolvidos para pagar bens e serviços, seja maximizada". O valor é definido pela «disponibilidade para pagar» (*willingness to pay*), ou seja, pela disposição para entrar em transacção, para estar no mercado[273]. Quando os recursos estão a ser usados no mercado de modo a que o seu valor seja o máximo possível, podemos dizer que estão a ser usados eficientemente; ou seja, de forma que o resultado da transacção, computando o valor encaixado por todas as partes envolvidas, atribui aos recursos utilizados um valor mais elevado do que aquele que tinham antes da transacção. A «disponibilidade para pagar» é, porém, uma função da distribuição de rendimento e da riqueza que existe numa sociedade. Ou seja, a disponibilidade de transaccionar, trocando os nossos recursos pelos do outro, é maior quando os nossos recursos são maiores e, por isso, têm, para nós, um valor subjectivo menor.

Como explica um seu comentador, "a ideia intuitiva que subjaz a estas definições ligadas ao modelo de

---

[273] R. Posner, *Economic analysis [...]*, p. 4. Este conceito de eficiência está relacionado com o conceito de "superioridade" de Pareto: uma transacção é "Pareto Superior" se resultar numa adjudicação de um bem de tal forma que esta beneficie uma parte não prejudicando nenhuma outra.

mercado é bastante simples. Numa relação comercial livre, ambas as partes ficam melhor depois de a efectuar do que antes – o "valor" aumentou. Numa transacção monetária, enquanto um comprador quiser e for capaz de pagar a quantia que um vendedor quer aceitar, o valor [global] aumenta com o negócio – ou seja, pelo seu comportamento cada uma das partes dá indicação de que pensa que a sua situação melhorou"[274].

Naturalmente que a teoria não deixa de considerar que de uma transacção podem advir consequências (positivas – lucros –, ou negativas – prejuízos) para partes não envolvidas (nomeadamente, para a comunidade). Este facto pode conduzir a medidas políticas, constrangindo o mercado – proibindo ou condicionando certas transacções, prejudiciais para o bem-estar, para a saúde, para o ambiente, para os interesses legítimos de terceiros. Todavia, pode encontrar-se uma solução "dentro do mercado", *internalizando* estes custos, ou seja, fazendo recair sobre os que os produzem o dever de indemnizar os prejudicados. Toda a questão está, neste caso, em conseguir que esta nova transacção, que consiste em "comprar prejuízos" aos terceiros afectados, decorra também segundo as regras do mercado e, por isso, pressuponha aquelas condições antes referidas.

Algumas consequências destas ideias: a lei deve atribuir o direito à parte para quem este direito for

---

[274] C. E. Baker, "The ideology of the economic analysis of law", cit., 5

AS FUNÇÕES SOCIAIS DO DIREITO | 243

mais valioso (Posner, *op. cit.*, pp. 18, 24); as normas sobre a propriedade devem definir regras tais que favoreçam a sua transferência para quem dela faça um uso mais valioso (Posner; *op. cit.*, pp. 10-13); o direito dos contratos deve "minimizar a perturbação do processo troca" e reduzir os seus custos (Posner, *op. cit.*, pp. 42, 44)[275]; as políticas melhores são as que aumentam, em geral, a disponibilidade para as transacções, para o desenvolvimento do mercado; a internalização dos custos externos[276] não deve ser de molde a incentivar a retirada do mercado, etc.

Uma interessante discussão relacionada com este carácter não normativo ("amoral") da AED é a que se desenvolve em torno da proposta de R. Posner de que os contratos poderiam deixar de ser cumpridos se esse não cumprimento resultasse eficiente para uma das partes e não danoso para as outras (a chamada *"efficient breach of contracts"*). Esta permitiria, nomeadamente, a um vendedor não cumprir um anterior contrato de compra e venda com o fim de vender em melhores condições os bens a outrem, realizando assim um maior lucro, mesmo que tivesse que pagar ao primeiro contraente uma compensação pelo não cumprimento (correspondente aos

---

[275] Note as consequências que isto tem quanto a defesa de valores comunitários como o dever de informação, o dever de assistência e de apoio pós-contratual, os deveres relativos à preservação de interesses comunitários (transparência dos negócios, estabilidade do comércio jurídico, qualidade do ambiente, funções sociais dos contratos, etc.).

[276] Poluição, desemprego, qualidade urbanística, justiça social, bem-estar comunitário.

244 | CALEIDOSCÓPIO DO DIREITO...

seus lucros cessantes)[277]. Porém, como escreve D. Friedman, "a análise [que suporta a doutrina da *efficient breach*] converte erradamente a indemnização pelo não cumprimento numa espécie de indulgência que o "pecador" sempre poderá comprar, de acordo com uma decisão unilateral. Como acontece com qualquer ideia geral, [esta] proposição é difícil de limitar aos casos de contratos, aos quais foi originariamente aplicada. Porque não generalizar a proposição, de tal modo que qualquer pessoa tenha uma "opção" de violar o direito de outrem ou de não cumprir a lei, desde que queira arcar com as consequências? O sistema jurídico poderia ser visto como estabelecendo apenas uma tabela de preços, uns altos e outros módicos, que então funcionariam como o único constrangimento para promover comportamentos lícitos"[278].

Uma vez que esta ideia de eficiência se baseia numa análise individual de custos-benefícios, importa escla-

---

[277] O que levaria à seguinte situação típica: "[I]f a seller (S) owns a widget that S values at $90, that one buyer (B1) values at $110, and that another buyer (B2) values at $130, an efficient legal rule is one that will induce the parties to behave in such a way that B2 will get the widget at a cost of no more than $130 and S will get at least $90. A rule under which S would keep the widget would not be efficient. Nor would a rule under which B1 ended up with the widget. (However, a rule under which S sold the widget to B1 and B1 then sold the widget to B2 would be efficient.)", Farnsworth and Young, *Contracts: Cases and Materials at 20* (5th ed. 1995), 277.

[278] Daniel Friedmann, "The Efficient Breach Fallacy", *The Journal of Legal Studies*, Vol. 18, No. 1 (Jan., 1989), pp. 1-24 (p. 1); v. ainda Steven Shavell, "Is Breach of Contract Immoral?" em Harvard John M. Olin Center For Law, Economics, And Business. Discussion Paper No. 531: http://www.law.harvard.edu/programs/olin_center [11/2005].

AS FUNÇÕES SOCIAIS DO DIREITO | 245

recer um pouco mais – embora em termos muito simplificados – a sua estrutura. No primeiro passo, o decisor político hierarquiza a ordem das preferências de cada indivíduo envolvido na situação, relativamente à sua "vontade de negociar" (*willingness to pay*) referida a cada uma das várias políticas disponíveis (ou a cada uma das soluções possíveis para o caso *sub judice*), *em função das suas particulares possibilidade de cumprir.* No segundo passo, ele soma as preferências individuais, obtendo uma ordenação da eficiência das várias soluções possíveis. As dificuldades teóricas deste segundo passo decorrem da dificuldade de somar preferências que são individuais – pois, lembremo-nos, se relacionam com as particulares possibilidades "de pagar" de cada pessoa e, portanto, representam coisas diferentes[279-280].

---

[279] O mesmo se diria se considerássemos "eficiência" como bem-estar, pois a noção que cada um tem de "bem-estar" também é pessoal e, portanto, insusceptível de ser somada. "If Tom is poor while Bill is wealthy, it is unclear why the representations of the well-being of each that derives from willingness to pay provide interpersonally comparable measures. Equally, if Tom and Bill are equally wealthy but Tom is disabled and Bill is not, the willingness to pay of each may still not be interpersonally comparable", Lewis Kornhauser, "Economic analysis of law", cit. Outra crítica usual a uma formulação da análise económica do direito centrada na ideia de maximização do "bem-estar" é a de que os juízes não estão preparados para avaliar esta noção, por falta de informação sobre economia, estatística, psicologia (nomeadamente, na decisão de casos criminais), ou os vários ramos das políticas públicas.

[280] A resposta do lado da análise económica do direito é a de que a soma que se faz é de juízos individuais e não de

246 | CALEIDOSCÓPIO DO DIREITO...

Posner não pretende afirmar que a satisfação da vontade de "estar no mercado", de negociar, comprando ou vendendo, deva ser o valor dominante da sociedade; mas crê que ele é um critério sensato para medir a eficiência.

No entanto, a lógica do modelo do mercado está longe de ser indiscutível.

Por isso, já uma segunda vaga da mesma escola toma em consideração as deficiências do mercado que justificam a limitação da liberdade de contrato[281].

---

preferências individuais; sendo que o juízo contém uma componente racional que permite a comparabilidade (e, portanto, também a soma) dos juízos individuais. "Crudely, preference differs from judgment in two respects. First, an expression of preference is personal. The individual expresses a preference that is valid for her; she makes no claim about the validity of this preference for others. Liza's statement that she prefers to be a jazz musician to a lawyer makes no claims concerning Henry's preferred profession. Judgments generally have a greater scope. If Liza claims that jazz musicians contribute more to social welfare than lawyers, she is not expressing a preference that this be so; she asserts that it is true for everyone (at least within current social arrangements)", Lewis Kornhauser, "Economic analysis of law", cit.

[281] Por exemplo, medidas de protecção de minorias raciais baseadas na perda de eficiência de políticas contratuais privadas segregacionistas; medidas de controlo das rendas urbanas que tornem o mercado habitacional mais eficiente; leis de defesa da concorrência (*antitrust laws*), protegendo alguma concorrência, mas não, necessariamente, as pequenas empresas incapazes de se haver com ela, pelo que podem, elas mesmas, gerar oligopólios. Se se quiser evitar isto, então têm que ser introduzidas limitações à concorrência que preservem os interesses das empresas pequenas, ou locais.

AS FUNÇÕES SOCIAIS DO DIREITO | 247

Mas as críticas mais decisivas aparecem mais tarde, vindas de sociólogos (insensibilidade à determinação cultural e ao contexto social das transacções e do mercado), dos psicólogos (assunção de uma racionalidade geral, hoje desmentida pelas ciências da cognição), dos filósofos (adopção de utilitarismo simplista)[282]. Os próprios juristas têm colaborado na crítica, ao salientarem que os conceitos centrais da análise económica (e também da AED) – como "valor" ou "utilidade" – são instrumentais e orientados para finalidades, criticando, com isto, a assunção do carácter abstracto e descontextualizado da noção clássica de "mercado" e substituindo-a por uma concepção de "mercado" como construção (jurídica, ética, consuetudinária – "negociação justa", "boa-fé", "vontade consciente").

Realmente, como já foi notado[283], o panorama intelectual – também no direito e na economia – tem evoluído de uma sensibilidade "moderna" para uma sensibilidade "pós-moderna". No direito, tem-se evoluído da ideia de certeza dos princípios e das soluções

---

[282] Tudo isto é muito claro, por exemplo, na análise económica de questões como a segregação (de raça, de género) no mercado de trabalho.

[283] Daniel T. Ostas, «The evolution of economic analysis of law: is pragmatic institutionalism displacing orthodoxy?», *Journal of economic issues*, 33.2(1999) (completa análise da doutrina mais recente quanto à oposição entre as escolas clássicas e as escolas pós-modernas (institucionalistas) na AED).

248 | CALEIDOSCÓPIO DO DIREITO...

jurídicas (modernismo)[284] para a de uma mera *solução razoável*, exigida pela indeterminação, complexidade e necessidade de contextualização das sociedades de hoje (pós-modernas); enquanto a AED supõe, com alguma frequência, um cálculo objectivo de factores objectivos, ligados à natureza humana ou à natureza das coisas ("eficiência", "maximização da riqueza", "valor", "mercado", "livre concorrência"). Mas também aqui se tem desenvolvido[285] uma consciência de que múltiplos factores – económicos, políticos, ideológicos e antropológicos – devem ser tidos em conta na análise custos-benefícios, e de que esta há-de ser complementada por outros tipos de análise económica, bem como contextualizada em certas culturas e situações.

Voltando aos defensores do mercado, eles agrupam-se, basicamente, em duas categorias: aqueles que acham que, em condições ideais, o mercado maximiza algo que deve ser maximizado – ou seja, o bem-estar individual e colectivo (como soma dos bem-estares individuais); e aqueles que vêem no mercado a corporização de liberdade humana e a forma de realizar uma

---

[284] Cf. A. M. Hespanha, *Cultura jurídica europeia [...]*, cit., 8.6.4. Nos 100 artigos mais citados dos anos 80 nos EUA, 45 inserem-se numa temática pós-moderna (*gender* ou *feminist jurisprudence, critical legal studies*), D. T. Ostas, "The evolution [...], cit., 289. A isto haveria que somar os pontos de vista "desconstrutivistas", mais recentes.

[285] V., neste sentido, o sintético artigo de Nuno Garoupa, "Limites ideológicos e morais à avaliação económica da legislação", em *Legislação. Cadernos de Ciência da Legislação [...]*, cit.

distribuição justa dos bens[286]. Contra estas ideias, várias objecções têm sido levantadas:

(a) A soberania do consumidor[287], numa sociedade em que a riqueza não está distribuída igualmente, não aumenta a satisfação humana global; um modelo de mercado gera uma distribuição desi-

---

[286] C. E. Baker, "The ideology of the economic analysis of law", cit., 33.

[287] Cass Sunstein traça uma impressiva oposição entre a "soberania do consumidor" e a "soberania política" (Cass Sunstein, *Republic.com* [...], cit., 2002, 44). Para ele, a primeira é a que subjaz à ideologia do mercado livre, não valorizando sobremaneira a liberdade e reflexividade dos indivíduos, mas antes as preferências das maiorias (audiências, popularidade, vendabilidade); a segunda, pelo contrário, não toma os gostos individuais como dados indiscutíveis, antes valorizando a "escolha por discussão", acompanhada pela apresentação de razões no espaço público. Cita um famoso juiz da *Supreme Court*, Oliver Wendel Holmes, que escreveu (contra um outro célebre colega, Louis Brandeis): "Aqueles que ganharam a nossa [dos EUA] independência acreditavam que a finalidade última do Estado era fazer homens livres e desenvolver as suas faculdades; e que no seu governo as forças deliberativas deviam prevalecer sobre o arbitrário [...] eles acreditavam que [...] sem liberdade de expressão e de reunião a discussão seria fútil; [...] que a grande ameaça para a liberdade é o povo inerte; que a discussão pública é um dever político; e que isto deve ser um princípio fundamental do Governo americano", 46/47. A mobilização das associações de consumidores, a proibição de publicidade enganosa ou não pedida (como o *spam* no correio electrónico ou nos *sites* da internet ou a publicidade depositada abusivamente nas nossas caixas de correio) constituem tentativas de transferir para o mercado idênticos ideais.

gual – *i.e.*, baseada em quem "tem a sorte" de possuir as capacidades e recursos necessários para satisfazer os seus desejos (ou, acentuando a crítica, os desejos que lhe foram criados). Este modelo nem é neutral, nem se pode justificar por razões de princípio. Uma crítica radical diria que o modelo de distribuição operada pelo mercado não é justo (por não ser igualitário e sacrificar sistematicamente os indivíduos mais fracos, cuja "vontade de pagar" se encontra limitada pela sua "possibilidade de pagar")[288]. Por outro lado, e também sistematicamente, o mercado disponibiliza mais escassamente certos valores (*i.e.*, os valores sociais). Ou seja, nem todos os valores "estão ou podem estar no mercado": simplificando, valores sociais ou valores altruístas – *i.e.*, que não se reduzam a interesses ou satisfações próprias de cada consumidor – não podem ser (ou mais dificilmente podem ser) transformados em mercadorias. Daí que a "vontade de estar no mercado" se meça em relação a um mercado que satisfaz melhor os interesses individuais do que os interesses públicos[289].

---

[288] Cf., adiante (10.1), o exemplo da evolução recente da instituição do *public domain* (semelhante à nossa expropriação por utilidade pública).

[289] C. E. Baker, "The ideology of the economic analysis of law", cit., 39; cf., também, Mary Ann Glendon, *Rights talk. The impoverishment of political discourse*, cit., 112 ss.

AS FUNÇÕES SOCIAIS DO DIREITO | 251

(b) O mercado interfere, ele mesmo, nos desejos individuais e, portanto, na satisfação de cada consumidor; nesta medida, este não é soberano, mas determinado pelo mercado. "Os gostos que existem reflectem as características estruturais de um certo sistema. Quando os gostos são moldados pelas necessidades do sistema mercantil capitalista – *i.e.*, quando apenas são disponibilizadas as escolhas compatíveis com a segurança ou as vantagens dos produtores, das empresas –, a avaliação feita do ponto de vista da perspectiva "soberana" do consumidor limita-se a sancionar o *status quo*"[290]. Basta pensar no papel tiranicamente conformador dos nossos gostos desempenhado pela publicidade. Tudo isto deveria bastar para problematizar a neutralidade do mercado em relação à hierarquização dos valores individuais; e, nesta medida, a ideia de dignificar o mercado como o "lugar da liberdade humana", sobretudo quando sabemos "como a publicidade, a disponibilidade dos bens e os hábitos de consumo adquiridos afectam (escravizam) decisivamente os desejos das pessoas"[291].

(c) "Numa transacção mercantil, o que é comprado e o que é vendido deve ser um objecto, uma mercadoria. O comprador ou o vendedor (o

---

[290] C. E. Baker, "The ideology of the economic analysis of law", cit., 36.

[291] C. E. Baker, "The ideology of the economic analysis of law", cit., 37-38.

sujeito) apenas se relaciona com um objecto [...],
tudo sendo tratado como um "valor privado" –
um objecto de interesse por parte da consciência
de uma pessoa [...]. De que modo pode este
modelo lidar com processos cujo valor não reside
na satisfação de um "querer" individual, mas no
estabelecimento de conexões entre "quereres",
"aspirações" ou "seres" de várias pessoas?"[292].

(d) Deve, ainda, ser destacado que, tal como
R. Posner o escreve, "a disponibilidade para
pagar é [...] uma função da distribuição de
rendimento e de riqueza que existe numa sociedade" (*op. cit.*, p. 4). Por isso, se essa distribuição
for injusta, maximizar a satisfação humana na
base da disponibilidade para pagar agrava ainda
essa injustiça. O carácter conservador e inigualitário da análise económica do direito – tal
como é concebida por Posner – pode ainda ser
confirmado se se considerar que, para ele, os

---

[292] C. E. Baker, "The ideology of the economic analysis of
law", cit., 36. Ver, neste sentido da dificuldade de acomodar a
análise custos-benefícios com valores colectivos e difusos, Mary
Ann Glendon, *Rights talk. [...]*, cit., 112 ss. Uma análise do
instituto norte-americano das *class actions* na perspectiva da
análise económica do direito pode ser instrutivo (cf. http://
en.wikipedia.org/wiki/Class_action; http://www.web-access.net/~acla-
rk/ frames45.htm). V., para o contraste com a acção popular,
prevista na CRP (art.º 52, n.º 3; Lei n.º 83/95, de 31 de Agosto),
Mariana Sotto Maior, "O Direito de Acção Popular na Constituição da República Portuguesa", *Documentação e Direito Comparado*, n. 75/76(1998) (= http://www.gddc.pt/actividade-editorial/
pdfs-publicacoes/7576-g.pdf).

AS FUNÇÕES SOCIAIS DO DIREITO | 253

"direitos" são mais valiosos em certas mãos ou em certos usos do que em outros, pelo que o direito deve promover a concessão de direitos àqueles capazes de usos mais valiosos desses direitos[293]. Ora, de acordo com o conceito adoptado de "valor", quem dá mais valor às coisas ou aos direitos é quem está disposto *e pode* pagar mais por eles, dada uma certa distribuição existente da riqueza. Daí que seja normal que a análise económica do direito favoreça os mais ricos ou aqueles capazes de um uso de recursos mais produtivo ou mais predatório[294].

Seja como for, análise económica do direito é um instrumento de grande utilidade para compensar o carácter abstracto e meramente formal dos estudos jurídicos tradicionais. Por isso, ela tem contribuído para visíveis progressos em campos como: a decisão de legislar, a feitura das leis, a análise das políticas públicas[295], a análise da decisão judicial.

---

[293] Cf., ainda uma vez, a evolução recente do direito da expropriação nos EUA, cap. 10.1.

[294] C. E. Baker, "The ideology of the economic analysis of law", cit., 28.

[295] Neste campo, note-se apenas que, na análise do funcionamento dos órgãos públicos, se costuma pressupor que os funcionários fazem também uma "escolha racional"; mas que esta, ao contrário da dos privados, não visa a maximização dos interesses dos próprios funcionários; ou seja, pressupõe que eles se comportam neutralmente, como um mero reflexo ou de uma interpretação "objectiva" da lei (positivismo legal) ou da maximização dos interesses das partes/dos utilizadores. Posner aborda

254 | CALEIDOSCÓPIO DO DIREITO...

A crise financeira e económica de 2008 provocou uma percepção mais aguda ainda de uma boa parte das críticas que acabam de ser esboçadas. Na verdade, é difícil reduzir a origem da crise à ganância especulativa, à incompetência e à crescente complexidade dos mercados, embora tudo isto seja real. A crise representa, sobretudo, a prova de que a regulação autónoma do mercado não responde a muitos dos interesses presentes na sociedade, justamente porque a eficiência não se pode medir apenas pela satisfação individual dos agentes do mercado. Se só isto for considerado, é a própria lógica do mercado que está a fomentar a maximização egoísta do lucro, a legitimar a externalização dos custos sociais das transacções e mesmo a atentar contra tradicionais regras fulcrais do funcionamento do mercado – como a transparência[296], a igual-

---

especificamente este tema, a propósito dos juízes americanos, defendendo que a maior discricionariedade que o direito americano lhes permitiria – não maximizar os interesses, como supõe o senso comum, mas adaptar-se melhor à maximização do interesse das partes – decorre de razões psicológicas que enumera: entusiasmo em encontrar uma solução eficiente; mero brio profissional. A partir de 1975, Posner e Landes salientam o papel do sistema jurídico no seu conjunto, cujos objectivos se não se confundem com os do legislador concreto, pois a vontade deste excede, frequentemente, a duração dos seus mandatos, combinando se, além disso, com legislação já existente e com a que há-de vir. Cf. Landes, William and Richard A. Posner, "The Independent Judiciary in an Interest Group Perspective", *Journal of Legal Studies*, 4. (1975).

[296] Gravemente afectada pela obscuridade gerada pela criação de mercadorias puramente virtuais, como os chamados "derivados" ou mesmo os "futuros".

dade[297], a livre concorrência[298], a ética dos negócios (boa-fé, transparência, responsabilização). Os testemunhos dos mais abalizados economistas – uns confirmando opiniões anteriores, outros fazendo autocríticas surpreendentes – e mesmo de financeiros em algum momento promotores disto a que se tem chamado "economia de casino" convergem também no sentido de uma profunda revisão, em face da experiência vivida, dos dogmas da economia liberal[299].

---

[297] Completamente falseada pela coexistência de "paraísos fiscais" (que além de não cobrarem impostos, são cegos para todo o tipo de manipulações financeiras) com países de regulação fiscal, financeira, económica e social (mesmo criminal) tradicionais.

[298] Posta em causa pela cartelização, frequentemente ainda agravada pela entrega aos grupos cartelizados de atribuições regulativas.

[299] Para as opiniões de Joseph E. Stiglitz, prémio Nobel de Economia (2001), membro da Academia Pontifícia de Ciências Sociais (2003), Professor da Columbia Business School, da Graduate School of Arts and Sciences (Department of Economics) e da School of International and Public Affairs, v. http:/ /www2.gsb.columbia.edu/faculty/jstiglitz/download/Stiglitz_CV.pdf (CV) e http://www2.gsb.columbia.edu/faculty/jstiglitz/Crisis.cfm (artigos sobre a crise financeira); sobre os pontos de vista de Paul Krugman, prémio Nobel (2008), apesar de se declarar como um liberal, http://en.wikipedia.org/wiki/Paul_Krugman, v. http://en.wi kipedia.org/wiki/Paul_Krugman; histórica autocrítica de Alan Greenspan, durante 40 anos, Presidente da USA Federal Reserve: http://news.yahoo.com/s/nm/20081023/bs_nm/us_financial_gre enspan. (full-text: http://clipsandcomment.com/wp-content/uplo ads/ 2008/10/greenspan-testimony-20081023.pdf; Vídeo (life) – http://br.youtube.com/watch?v=55-A1-D3MR0; http://br.youtube .com/watch?v=8oLHfKjiQew&feature=related.

256 | CALEIDOSCÓPIO DO DIREITO...

10.1 *Uma aplicação recente da teoria do valor de Posner ao mercado imobiliário nos EUA – o novo regime do* **eminent domain**

Eminent domain

Extraído de *Wikipedia, the free encyclopedia*
[http://en.wikipedia.org/wiki/Eminent_domain]
Eminent domain (US), compulsory purchase (England and Wales) or compulsory acquisition (Australia) in common law legal systems is the power of the state to appropriate private property for its own use without the owner's consent. The term *eminent domain* is used primarily in the United States, where the term was derived in the mid-19th Century from a legal treatise written by the Dutch jurist Hugo Grotius in 1625. The term *compulsory purchase*, also originating in the mid-19th Century, is used primarily in England and Wales, and other jurisdictions that follow the principles of English law. Originally, the power of eminent domain was assumed to arise from natural law as an inherent power of the sovereign.

Governments most commonly use the power of eminent domain when the acquisition of real property is necessary for the completion of a public project such as a road, and the owner of the required property is unwilling to negotiate a price for its sale. In many jurisdictions the power of eminent domain is tempered with a right that just compensation be made for the appropriation.

Some coined the term expropriation to refer to "appropriation" under eminent domain law, and may especially be used with regard to cases where no compensation is made for the confiscated property. Examples include the 1960 Cuban expropriation of property held by U.S. citizens, following a breakdown in economic and diplomatic relations between the

Eisenhower Administration and the Cuban government under Fidel Castro.

The term "condemnation" is used to describe the act of a government exercising its authority of eminent domain. It is not to be confused with the term of the same name that describes the legal process whereby real property, generally a building, is deemed legally unfit for habitation due to its physical defects. Condemnation via eminent domain indicates the government is taking the property; usually, the only thing that remains to be decided is the amount of just compensation. Condemnation of buildings on grounds of health and safety hazards or gross zoning violation usually does not deprive the owner of the property condemned but requires the owner to rectify the offending situation.

The exercise of eminent domain is not limited merely to real property. Governments may also condemn the value in a contract such as a franchise agreement (which is why many franchise agreements will stipulate that in condemnation proceedings, the franchise itself has no value).

[...]

United States (special regime and recent jurisprudential changes)

In the United States, the Fifth Amendment to the Constitution requires that just compensation be paid when the power of eminent domain is used, and requires that "public use" of the property be demonstrated. Over the years the definition of "public use" has expanded to include economic development plans which use eminent domain seizures to enable commercial development for the purpose of generating more tax revenue for the local government. [1] Critics contend this perverts the intent of eminent domain law and tramples personal property rights.

In 1981, in Michigan, the Michigan Supreme Court, building on the precedent set by *Berman v. Parker*, 348 U.S. 26 (1954) [2], permitted the neighborhood of Poletown to be taken in order to build a General Motors plant. Courts in other states relied on this decision, which was overturned in 2004 [3], as precedent. This expansion of the definition was argued before the United States Supreme Court in February 2005 [4], in *Kelo v. New London* [5]. In June 2005, the Supreme Court issued their decision in favor of New London, in a narrow 5-4 ruling–a decision that gives local governments wide latitude to decide when a seizure is for "public purposes", including economic development. The court hinted, however, that states could pass laws limiting the purposes for which eminent domain could be used. The controversial ruling sparked a backlash among citizens, and several states either have or are in the process of passing laws limiting eminent domain to either traditional uses (roads and public buildings) or to eliminate blight.

In other cases eminent domain has been used by communities to take control of planning and development. Such is the case of the Dudley Street Initiative [6], a community group in Boston which attained the right to eminent domain and have used it to reclaim vacant properties in the purpose of positive community development.

*** Political reactions ***

Eminent Domain: Being Abused?
CBS, July 4, 2004
[http://www.cbsnews.com/stories/2003/09/26/60minutes/main575343.shtml]
Quote

"For them to come in and tell me how much my property's worth and for me to get out because they're bringing in somebody else when I own the land is unfounded to me.", Shop owner Randy Bailey of Mesa, Ariz.

(CBS) Just about everyone knows that under a process called eminent domain, the government can (and does) seize private property for public use – to build a road, a school or a courthouse.

But did you know the government can also seize your land for private use if they can prove that doing it will serve what's called "the public good"?

Cities across the country have been using eminent domain to force people off their land, so private developers can build more expensive homes and offices that will pay more in property taxes than the buildings they're replacing.

Under eminent domain, the government buys your property, paying you what's determined to be fair market value.

But now, people who don't want to sell their homes at any price – just to see their land go to another private owner – are fighting back. Correspondent Mike Wallace reports on this story, which first aired last fall.

Jim and Joanne Saleet are refusing to sell the home they've lived in for 38 years. They live in a quiet neighborhood of single-family houses in Lakewood, Ohio, just outside Cleveland. The City of Lakewood is trying to use eminent domain to force the Saleets out to make way for more expensive condominiums. But the Saleets are telling the town, "Hell no! They won't go."

The bottom line is this is morally wrong, what they're doing here. This is our home. And we're going to stay here. And I'm gonna fight them tooth and nail. I've just begun to fight," says Jim Saleet.

"We talked about this when we were dating. I used to point to the houses and say, 'Joanne, one of these days we're going to have one of these houses.' And I meant it. And I worked hard."

Jim Saleet worked in the pharmaceutical industry, paid off his house and then retired. Now, he and his wife plan to spend the rest of their days there, and pass their house on to their children.

But Lakewood's mayor, Madeleine Cain, has other plans. She wants to tear down the Saleets' home, plus 55 homes around it, along with four apartment buildings and more than a dozen businesses.

Why? So that private developers can build high-priced condos, and a high-end shopping mall, and thus raise Lakewood's property tax base.

The mayor told *60 Minutes* that she sought out a developer for the project because Lakewood's aging tax base has been shrinking and the city simply needs more money.

"This is about Lakewood's future. Lakewood cannot survive without a strengthened tax base. Is it right to consider this a public good? Absolutely," says the mayor, who admits that it's difficult and unfortunate that the Saleets are being asked to give up their home.

The Saleets live in an area called Scenic Park, and because it is so scenic, it's a prime place to build upscale condominiums. With great views, over the Rocky River, those condos will be a cinch to sell.

But the condos can't go up unless the city can remove the Saleets and their neighbors through eminent domain. And to legally invoke eminent domain, the city had to certify that this scenic park area is, really, "blighted."

"We're not blighted. This is an area that we absolutely love. This is a close-knit, beautiful neighborhood. It's what America's all about," says Jim Saleet. "And, Mike, you don't know how humiliating this is to have people tell you, 'You live in a blighted area,' and how degrading this is."

"The term 'blighted' is a statutory word," says Mayor Cain. "It is, it really doesn't have a lot to do with whether or not your home is painted. ... A statutory term is used to describe an area. The question is whether or not that area can be used for a higher and better use."

But what's higher and better than a home? "The term 'blight' is used to describe whether or not the structures generally in an area meet today's standards," says Cain.

And it's the city that sets those standards, so Lakewood set a standard for blight that would include most of the homes in the neighborhood. A home could be considered blighted, says Jim Saleet, if it doesn't have the following: three bedrooms, two baths, an attached two-car garage and central air.

"This community's over 100 years old. Who has all those things? That's the criteria. And it's ridiculous," says Jim Saleet. "And, by the way, we got up at a meeting and told the mayor and all seven council members, their houses are blighted, according to this criteria."

Cain admits that her house doesn't have two bathrooms, a two-car garage and the lot size is less than 5,000 square feet.

The Saleets may live in a cute little neighborhood, but without those new condos, the area won't produce enough property taxes to satisfy the mayor and city council.

"That's no excuse for taking my home. My home is not for sale. And if my home isn't safe, nobody's home is safe, in the whole country," says Jim Saleet. "Not only Ohio. But this is rampant all over the country. It's like a plague.

262 | CALEIDOSCÓPIO DO DIREITO...

"Dana Berliner and Scott Bullock are attorneys at a libertarian non-profit group called The Institute for Justice, which has filed suit on behalf of the Saleets against the City of Lakewood. They claim that taking private property this way is unconstitutional.

"This is a nationwide epidemic," says Berliner. "We have documented more than 10,000 instances of government taking property from one person to give it to another in just the last five years."

"It is fundamentally wrong, and contrary to the Constitution for the government to take property from one private owner, and hand it over to another private owner, just because the government thinks that person is going to make more productive use of the land," says Bullock.

Everyone knows that property can be taken for a road. But nobody thinks that property can be taken to give it to their neighbor or the large business down the street for their economic benefit," adds Berliner. "People are shocked when they hear that this is going on around the country."

And it's not just people's homes that are the targets in these eminent domain cases. The Institute for Justice has also filed suit against the City of Mesa, Ariz., to save Randy Bailey's Brake Repair Shop – the shop he got from his father and hopes to someday pass on to his son.

The City of Mesa, citing the need for "redevelopment," is trying to force Bailey to relocate to make way for an Ace Hardware Store that would look better and pay more taxes.

"Redevelopment to me means work with existing people who are there and redevelop. Not, 'You get out! We're bringing this guy in,'" says Bailey, whose business has been on the same corner for more than 30 years.

Business has been awesome, Bailey says. But now, he says they're going to turn his business into dirt. In fact, the city has "made dirt" out of three restaurants and four businesses that once stood on a five-acre lot.

"And it's not just business properties that they're going this on. You know, they wiped out eight people's homes over here. Your home ain't even safe," says Bailey, who told *60 Minutes* that his neighbors let the city buy them out.

Out he's refusing to sell: "I'm standing in their way. I'm their thorn in their side."

And he's a thorn in the side of Ken Lenhart, who owns the Ace Hardware Store a few blocks away. Lenhart wants a much bigger store. He could have negotiated with Bailey, but instead, he convinced the City of Mesa to try to buy Bailey's land through eminent domain and then sell it to him.

"The City of Mesa wants to move Mr. Bailey about a block away, and from what I understand it's gonna be a new building, new equipment, moving expenses and everything set up for him," says Lenhart. "I don't see how Mr. Bailey is gonna get hurt."

"You can't replace a business being in the same location. This place was built in 1952 as a brake and front-end shop," says Bailey. "I don't care where you move it in the City of Mesa, it would never be the same."

So Bailey went to Lenhart looking for a way to stay on his corner.

"I tried to go to him and see if we couldn't work something out on this. And he told me, 'No, there ain't room for you there. We're gonna let the city just take care of you,'" says Bailey.

Lenhart admits that he never tried to negotiate with Bailey: "It happens all over the country. In practically any town you want to go to, they're redeveloping their town centers. Now, we are going to sit in Mesa, Arizona and have our town center decay? As a citizen of Mesa, I don't want that to happen."

But Bailey says his business was on private property, and not for sale: "If I'd had a 'For Sale' sign out there, it would have been a whole different deal. And for them to come in and tell me how much my property's worth and for me to get out because they're bringing in somebody else when I own the land is unfounded to me. It doesn't even sound like the United States."

And this isn't happening just in small towns. In New York City, just a few blocks from Times Square, New York State has forced a man to sell a corner that his family owned for more than 100 years. And what's going up instead? A courthouse? A school? Nope. The new headquarters of The New York Times.

The world's most prestigious newspaper wants to build a new home on that block, but Stratford Wallace and the block's other property owners didn't want to sell. Wallace told *60 Minutes* that the newspaper never tried to negotiate with him. Instead, The Times teamed up with a major real estate developer, and together they convinced New York State to use eminent domain to force Wallace out. How? By declaring the block blighted.

"I challenge them," says Wallace. "This is not blighted property."

Block would benefit the public.

Executives from The New York Times wouldn't talk to *60 Minutes* about it on camera.

Back in Lakewood, Ohio, Jim and Joanne Saleet are still waiting for their court decision. Most of their neighbors have

AS FUNÇÕES SOCIAIS DO DIREITO | 265

agreed to sell if the project goes ahead. But the Saleets, plus a dozen others, are hanging tough.

"I thought I bought this place. But I guess I just leased it, until the city wants it," says Jim Saleet. "That's what makes me very angry. This is my dream home. And I'm gonna fight for it."

He fought, and he won. In separate votes, Lakewood residents rejected the proposed development, removed the "blight" label from the Saleets' neighborhood, and voted Mayor Cain out of office.

In Mesa, Ariz., Randy Bailey can keep his brake shop right where it is. The week after this report aired, Arizona's Court of Appeals ruled that turning his land over to a hardware store would not be a proper use of eminent domain.

But in New York City, tenants and owners have been forced off their land so The New York Times can begin building its new headquarters.

© MMIV, CBS Worldwide Inc. All Rights Reserved.

***

AP Connecticut. http://www.newsday.com.

Connecticut towns, cities seek ways to limit eminent domain

October 2, 2005, 12:07 PM EDT

BRIDGEPORT, Conn. — Cities and towns in Connecticut are taking the lead in seeking to block their own officials from seizing private property for the benefit of developers.

The U.S. Supreme Court in June allowed New London to raze a neighborhood to build a privately owned hotel and office space that officials say could add millions of dollars to the tax base. Justice John Paul Stevens wrote that states may enact additional laws restricting condemnations if residents are overly burdened.

266 | CALEIDOSCÓPIO DO DIREITO...

The General Assembly has yet to act, with Republican lawmakers seeking a binding moratorium on property seizures until the state's eminent domain laws can be reviewed. Democrats held two public hearings during the summer and called on state and municipal leaders to voluntarily halt any eminent domain proceedings.

Some municipalities are taking action.

Milford has limited the use of eminent domain with an ordinance that prevents local officials from seizing property to be turned over to developers. It allows officials to condemn property for public projects such as new schools or roads.

"Of all the issues people call about, this one raised the greatest clamor," said Milford Alderman Thomas Beirne.

Trumbull and Monroe are considering similar restrictions and a Stratford Town Council committee recently approved an ordinance modeled after Milford's.

Bridgeport and Stamford are not restricting eminent domain authority. Officials say not much land is available for tax-generating projects because of densely developed areas in the two municipalities. Seizing smaller properties, therefore, is often the only way to make land available for redevelopment, local officials say.

The Stratford Town Council's ordinance committee last week approved a proposal that makes it difficult to take land for private economic development purposes. The plan, which heads to the Town Council for action, is based on the ordinance adopted in Milford.

"Anything that serves as a roadblock to the town taking private property is something we should do," Town Councilwoman Jennifer Hillgen-Santa said.

Republicans on the Trumbull Town Council have introduced a resolution that would prevent officials from seizing property for developers. A two-thirds majority vote of the council would be required when the power is used for public projects such as new schools or roads.

A similar proposal on the Monroe Town Council also would restrict the town's power to use eminent domain.

Information from: Connecticut Post, http://www.connpost.com

***

Kansascity.com [Posted on Thu, Sep. 29, 2005]
Eminent domain group talks about public use.

JEFFERSON CITY, Mo. – A law professor told a group studying eminent domain issues Thursday that it should set standards for government agencies to use when seizing property.

Dale Whitman, who teaches at the University of Missouri-Columbia, said those standards should include defining the public benefit, establishing the value of that benefit and holding public hearings.

Those standards could be used and assessed by a court if someone challenged the taking of their property, he said.

Gov. Matt Blunt set up the panel earlier this year in response to a U.S. Supreme Court decision giving local governments broader powers to seize private property for tax revenue-generating private developments such as shopping malls.

The task force is charged with studying Missouri law to see if changes need to be made to protect private property owners. Its goal is to offer criteria defining appropriate public use for when state and local governments consider seizing property.

268 | CALEIDOSCÓPIO DO DIREITO...

Members asked Whitman how the definition of public use should change.

"Where's that line cross to be a good project for a community?" asked Chris Goodson, of St. Louis, a developer and owner The Goodson Company, a promotional products business.

Whitman said the task force should be careful in spelling out what public use is. Relying on specific details such as amount of revenue or jobs created isn't wise because projects and benefits can vary widely, he said.

He said the decision should be left to the agency condemning the property. He also said getting consultants involved wouldn't solve much.

"Consultants will find what they are paid to find," he said.

But critics said public use should not involve taking private property to give to another private entity, and that the power of eminent domain should be more restricted.

"The focus should be on use and not compensation and not procedure," said Steven Anderson, a lawyer with the Institute for Justice in Washington. "The Constitution isn't a document to make it easier for developers to make money."

The task force is expected to make recommendations by the end of the year, so lawmakers can consider any recommended changes in law when their regular session begins in January

***

The Kentucky Post, October, 1, 2005
Curb on eminent domain possible
By Stephenie Steitzer, Post staff reporter
Legislation that would curb the use of eminent domain likely will be on the Kentucky General Assembly's 2006 agenda when it convenes in January.

Northern Kentucky legislators think there is enough bi-partisan support to pass a law in the next session that would limit how cities and counties can take private property for economic development projects.

"I think members of both parties are interested in reining in some of the powers that have been given to state and local governments to acquire property through condemnation," said Rep. Joe Fischer, R-Fort Thomas, a member of the joint legislative judiciary committee that heard testimony on the issue last spring.

A decision by the U.S. Supreme Court in June has infused some momentum into the cause, he said.

In Kelo v. City of New London, the high court ruled that private property could be taken for a private good if it also benefits the public – building a shopping center, for example.

The 5-4 decision, however, also said states have the right to place further restrictions on the use of eminent domain.

Some Kentucky legislators said they are particularly interested in rescinding a provision in state law that allows cities to declare property blighted as a pretext to then acquire it by eminent domain for redevelopment.

That is precisely what has happened in Newport, where the city has struck a deal with Montgomery, Ohio-based Bear Creek Capital to develop a retail project on 55 acres just west of Interstate 471 in the Cote Brilliante neighborhood.

The city declared the property blighted in 2002 and subject to private development under terms of eminent domain.

The city then set its sights on 123 properties needed for the project. Most of the owners negotiated sale deals with the city, but about a dozen filed suit in Campbell Circuit Court last year.

Circuit Judge Leonard Kopowski ruled in June 2004 that the city was entitled to use eminent domain, which allows governments to take property for a public purpose at a fair price to property owners, for the project.

The property owners who sued appealed the decision to the Kentucky Court of Appeals, which ruled Friday in the city's favor.

Newport City Manager Phil Ciafardini said Kentucky "already has a lot of restrictions" on how eminent domain is used and taking away a city's ability to declare property "blighted" would hinder important redevelopment.

"There's no question that the revitalization of Newport and other urban areas would not be possible without our ability to look at blight issues in the community," said Ciafardini.

"Without that ability, we would not have projects like the Newport Aquarium or Newport on the Levee, and it would really thwart our redevelopment efforts. A city like ours needs to have that ability."

But Sen. Jack Westwood, R-Crescent Springs, called Newport's eminent domain action in the Bear Creek Capital development "un-American."

Westwood said he expects a legislator – who has yet to be determined – to prefile a bill limiting eminent domain before the session starts in January.

He said he would likely be a co-sponsor.

Ciafardini declined to reply to Westwood's characterization of Newport's tack in the Cote Brilliant redevelopment.

The Kentucky League of Property owners and other property rights groups have banded together to lobby the General Assembly.

The league would like to prohibit government from taking private property for any economic development purpose, said Tim Nolan, former Newport city attorney and founder of the Campbell County chapter of the league.

Property rights advocates also want legislators to stop cities from declaring property blighted for the purpose of eminent domain.

Nolan said eminent domain should be restricted to its original purpose of allowing for infrastructure like roads and sewers to be constructed.

Rep. Gross Lindsay, D-Henderson, co-chair of the judiciary committee, said he suspects a bill restricting eminent domain will be filed in the next session. He isn't sure, however, how far such a measure might go to limit cities' authority.

"I would think something would come out," he said. "What it would be I don't know."

The Kentucky League of Cities is lobbying legislators to preserve the use of eminent domain as an important economic tool for cities.

In Ohio, senators have introduced a bill that would establish a moratorium until Dec. 31, 2006, on the use of eminent domain to take property located outside a blighted area for the purpose of economic development.

During the moratorium, a legislative task force would study eminent domain and its impact on land use planning in Ohio.

11. As análises políticas do direito. O direito como instrumento de domínio de um grupo social

Nos parágrafos seguintes, exporemos algumas doutrinas que consideram o direito desde um ponto de vista menos consensual, mais fracturante. Não como estabelecido em função de interesses gerais e indiferenciados, mas favorecendo interesses socialmente particulares e diferenciados.

A consideração destes pontos de vista é fundamental para a crítica (ou desconstrução) de um dos traços mais comuns da "ideologia espontânea" dos juristas. Por um lado, desconstrói a pretensão de que o saber jurídico constitui uma ciência, neutral e independente de pontos de vista particulares, seja os de grupos sociais dominantes, seja os do próprio corpo dos juristas. Por outro lado, mostra o carácter mistificador de muitos conceitos com que os juristas costumam lidar sem uma exacta noção do seu carácter enviesado, mítico ou artificial. Conceitos centrais – como o de *sujeito de direito*, capaz de acção livre e racional, liberto de constrangimentos sociais e de particularismos culturais ou psicológicos; ou o de *igualdade*, reduzida à igualdade formal perante o direito (quando esta existe, pois foi possível falar de igualdade dos cidadãos, mesmo quando se reconhecia a escravatura ou se negavam direitos básicos às mulheres ou aos negros); ou o de *direito adquirido*, desprovido de qualquer substância "material" e apenas dependente de taxinomias puramente dogmáticas, mas pesadas em consequências práticas.

AS FUNÇÕES SOCIAIS DO DIREITO | 273

Apesar de muitos considerarem as teorias críticas como panfletárias ou utópicas, a verdade é que elas apresentam quer uma impressionante fundamentação empírica, quer propostas viáveis para ultrapassar muitos dos défices democráticos do direito; os quais são, da perspectiva de uma legitimação democrática do direito, défices de democraticidade e, logo, razões de invalidez das normas jurídicas. E, na verdade, as normas que análises do tipo das que se apresentam mostram como discriminatórias têm progressivamente mais dificuldade para realizar consensos estáveis e, por isso, para serem reconhecidas como normas jurídicas (*i.e.*, para passarem as condições das normas de reconhecimento dos Estados democráticos contemporâneos).

11.1 *O marxismo contemporâneo*

Comecemos pelas formulações mais emblemáticas, por muito que elas tenham sido reformuladas e afinadas nas épocas subsequentes.

Foi Karl Marx (1818-1883)[300] quem, nos meados do séc. XIX, propôs uma interpretação sociológica segundo a qual toda a actividade social seria determinada, em última instância, pelo modo como os homens se

---

[300] http://en.wikipedia.org/wiki/Karl_Marx. Panorama geral do marxismo: http://en.wikipedia.org/wiki/Marxism#Post_Marxism. Textos *on line* sobre o marxismo: http://www.marxists.org/.

organizam para produzir os bens de que carecem. Todas as manifestações sociais seriam, assim, as super-estruturas de uma infra-estrutura constituída pelas relações sociais de produção e pela divisão das socie-dades em classes, determinadas por aquelas. Como há classes que dominam as outras, apropriando-se da parte livre (*i.e.*, não necessária à reprodução da pro-dução) do que se produz, estas classes teriam a pos-sibilidade de mobilizar recursos políticos que lhes permitiriam pôr ao seu serviço não apenas o aparelho produtivo, mas também outros instrumentos de cons-trução do seu domínio social, construindo formas de legitimar o seu poder, produzindo consensos sociais favoráveis, gerando nos dominados sentimentos de obediência, erigindo-se modelos de comportamento, instaurando formas de racionalidade, de justiça, de utilidade, de eficiência, de virtude ou de gosto[301], criando aparelhos repressivos; ou seja – como dirá, mais tarde, o marxista italiano António Gramsci –, dominando, tanto pela criação de sentimentos de obediência ou de consentimento nesse domínio (pela "hegemonia"), como pela força (pelo "domínio violen-to"). O direito funcionaria, assim, como um dos vários instrumentos ao serviço das classes dominantes.

Marx pouco escreveu sobre o direito; mas, apesar disso, o marxismo tem uma longa história, também no

---

[301] Entre os mecanismos de inculcação de disposições espi-rituais em última análise favoráveis às classes dominantes estaria o direito, mas também a estética, a literatura, a moral, etc.

AS FUNÇÕES SOCIAIS DO DIREITO | 275

que diz respeito à explicação do direito, destacando-
-se as versões mais actualizadas do marxismo, baseadas
nomeadamente na obra de Antonio Gramsci (1891-
-1937; dirigente do Partido Comunista Italiano; morreu
na cadeia durante o fascismo)[302] e de Louis Althusser[303] (1918-1990; ideólogo do Partido Comunista
Francês, professor da *École Normale Supérieure*).

Ao analisar a natureza social do direito, o marxismo
aplica aqui a sua teoria geral de que todas as manifestações da vida social são determinadas pela organização social da produção ("modo de produção"), ou
seja, pelo modo como os homens se relacionam para
levar a cabo a produção de bens materiais ("materia-
lismo histórico"). O direito – quer as leis, quer as
proposições doutrinais –, tal como a cultura ou a arte,
reflectiria esse nível fundamental ("infra-estrutura") da
organização social, defendendo os interesses e exprimindo os pontos de vista das classes aí dominantes.
Ou seja, o direito não seria algo de natural ou de ideal,
mas antes uma ordem socialmente comprometida, um
instrumento de classe.

Já se vê que uma teoria deste tipo não podia deixar
de eleger o idealismo e o formalismo das escolas
clássicas do pensamento jurídico oitocentista (nomeadamente, o jusnaturalismo herdado do iluminismo ou

---

[302] Sobre ele, http://www.soc.qc.edu/gramsci/; http://www.mar
xists.org/archive/gramsci/.

[303] Sobre ele, http://www.marxists.org/reference/archive/althus-
ser/; http://en.wikipedia.org/wiki/Louis_Althusser.

276 | CALEIDOSCÓPIO DO DIREITO...

o conceitualismo pandectista) como um alvo central de crítica. De facto, o mais característico destas escolas é o facto de apresentarem o direito como um sistema de princípios e conceitos produzidos pela razão e, nesse sentido, libertos, se não da história[304], pelo menos das contradições sociais. As categorias jurídicas, como as do pensamento em geral, seriam "naturais" e, por isso, partilháveis por todos os membros da sociedade. As soluções do direito seriam "técnicas", constituindo respostas neutras e científicas aos conflitos de interesses. Os juristas seriam engenheiros, politicamente descomprometidos do social, falando a linguagem de uma ciência rigorosa. Finalmente, o Estado, o pai da legislação e o garante do direito, seria a incarnação do interesse geral, obedientemente dirigido pela lei-vontade geral, geral e abstractamente (*i.e.*, igualmente) aplicada a todos.

A crítica marxista dirige-se, assim, tanto contra o *conteúdo* do direito burguês, como contra a sua *forma*.

No plano das alternativas, no entanto, o pensamento marxista foi menos produtivo.

Quanto às alternativas "de conteúdo", propunha, naturalmente, um direito que protegesse as classes trabalhadoras e os mais desprotegidos. Isso foi surgindo, justamente por influência do movimento ope-

---

[304] De facto, a pandectística oitocentista continuava (como herdeira da Escola Histórica) a aceitar implicitamente que o sistema dos conceitos jurídicos decorria de uma certa cultura ou de um certo direito positivo históricos.

AS FUNÇÕES SOCIAIS DO DIREITO | 277

rário, a partir dos finais do século XIX, nomeadamente no domínio do direito do trabalho. Mais tarde, a partir de 1917, com o advento da URSS, criou-se aí um direito que protegia os interesses que o Partido Comunista definia como sendo os das classes trabalhadoras e que, em contrapartida, sujeitava os "inimigos de classe" à "ditadura do proletariado". O direito passa a ser entendido como uma arma política ao dispor da classe operária e dos seus aliados na sua luta pela construção do socialismo. Este carácter *instrumental* do direito – que identificava a justiça com a utilidade política conjuntural – foi sobretudo enfatizado durante o estalinismo (1924-1953; pós-estalinismo, 1954-1988), tendo sido teorizado pelo então procurador-geral do Estado soviético, A. Vychinski (1883-1954)[305].

Quanto às alternativas no plano "da forma", a insistência no carácter burguês das características da generalidade e abstracção da norma jurídica fez com que se tendesse para considerar o direito – que, na sua forma contemporânea, se caracterizava justamente por ser constituído por normas (e categorias doutrinais) gerais e abstractas – como um modelo burguês de regular a sociedade, em que se transplantava para a construção do direito o mesmo tipo de processo intelectual que, na análise económica, transforma os bens, concretos, susceptíveis de usos, em *mercadorias*, entidades abstractas, apenas caracterizadas pelo seu

---

[305] Sobre o pensamento jurídico soviético, v. Umberto Cerroni, *Marx e il diritto moderno*, Roma, Editore Riuniti, 1962.

278 | CALEIDOSCÓPIO DO DIREITO...

valor de troca (independente do valor de uso)[306]. Isto explicaria a facilidade com que conceitos abstractos e desprovidos de realidade concreta (liberdade, igualdade, personalidade) se substituíam às condições históricas, desiguais e opressivas da vida, embelezando--as e ocultando-as.

Em contrapartida, o direito socialista devia ser mais atento à adequação às situações do que ao respeito pela exigência formal da igualdade, atribuindo deveres desiguais ("de cada um segundo as suas possibilidades", bem como direitos desiguais ("a cada um segundo as suas necessidades"). Isto explica a desconfiança dos regimes socialistas perante qualquer formalização jurídica genérica e a preferência por uma regulação casuísta e decisionista, baseada em directivas concretas, pontuais, provenientes da ponderação política de cada situação individual. A tantas vezes referida ausência de uma "legalidade socialista" explica-se também[307], do

---

[306] Este aspecto foi realçado pelos trabalhos teóricos de Pyotr Stucka (1865-1932), P. I. Stuchka, Robert S. Sharlet, Peter B. Maggs, Piers Beirne, *Selected Writings on Soviet Law and Marxism*, Sharpe, M.e., Inc., 1988. Cf. Isaac Balbus, "Commodity Form and Legal Form: an Essay on the 'Relative Autonomy' of the Law", em Susan Easton, *Marx and Law*, ed. by Susan Easton (2008), pp. 123-140 (=*Law & Society Review*, 11-2 [1977], pp. 571-588).

[307] Na verdade, a crítica da legalidade relacionava-se ainda com a ideia de que o direito era instrumental em relação ao poder e que, por isso, devia servir, sob a forma de normas abstractas ou sob a forma de directivas concretas, os interesses políticos do momento.

AS FUNÇÕES SOCIAIS DO DIREITO | 279

ponto de vista teórico, por esta recusa de uma normação geral que era associada pelos marxistas a um direito historicamente ultrapassado, mas, sobretudo, mistificador.

O marxismo contemporâneo – que continua a atrair muitos autores de teoria do direito no mundo anglo-saxónico e na América Latina – destaca, no seguimento de A. Gramsci (que distinguia, como vimos, entre "domínio" e "hegemonia") ou mesmo do próprio Marx, que o direito controla a sociedade em benefício dos grupos dominantes, em dois planos: o directamente normativo e o simbólico.

No plano normativo, editando normas que protegem os seus interesses (nomeadamente, nos domínios do direito do trabalho, direito da economia, organização do poder político). No plano simbólico, criando convicções sociais (como os conceitos de "liberdade" ou "igualdade", já antes referidos[308]; a que se poderia acrescentar certos usos correntes de "mérito", "produtividade", "Nação", "comércio livre", "terrorismo" ou mesmo "direitos humanos"), que podem servir em cadeias argumentativas que legitimem o domínio destes grupos dominantes. E, tal como Max Weber, Gramsci chama a atenção para que as formas duradouras de poder se apoiam menos sobre a força bruta do que sobre a criação do convencimento de que esta é legítima[309].

---

[308] Cf., antes, cap. 7.

[309] Ou porque se baseia no mérito, ou porque corresponde a formas naturais de organização social, ou porque é inevitável, etc.

280 | CALEIDOSCÓPIO DO DIREITO...

Além de destacar o papel do direito na criação do sentido da obediência e submissão, o marxismo contemporâneo salienta outra ideia importante. A de que o processo de causalidade social é muito mais complexo do que uma relação directa entre a infra-estrutura económica e as superstruturas jurídicas. Tem-se agora consciência – ao contrário do que acontecia com a vulgata marxista da III Internacional[310] – de que a "produção do direito" – isto é, a organização dos espaços institucionais onde se criam as normas jurídicas ou a doutrina do direito – também determina os resultados legislativos ou doutrinais produzidos. Isto quer dizer que o mundo do direito obedece a uma lógica própria que depende do seu "modo de produção"[311]: ou seja, de coisas como a formação intelectual e a origem social dos produtores do discurso jurídico (*i.e.*, dos juristas), os seus universos de leitura, as tradições jurídicas estabelecidas, o modo de articulação entre a teoria e a prática do direito, as relações que os vários ramos de Direito mantêm com a prática social, etc. Em face de tudo isto – que constitui o universo de factores que determinam de forma directa o direito –, pode acontecer que a sua relação com os interesses dos grupos dominantes (que

---

[310] Cf. http://en.wikipedia.org/wiki/Comintern; fonte: http://en.internationalism.org/taxonomy/term/99/9/.

[311] Um conceito que Marx criara para a produção económica, mas que agora é exportado para vários domínios da produção simbólica.

AS FUNÇÕES SOCIAIS DO DIREITO | 281

apenas o determinam indirectamente, "em última instância") se torne menos nítida ou até, em casos extremos, conjunturalmente disfuncional. Isto explicaria a existência de um campo de variação (de um campo de hipóteses de soluções juridicamente possíveis) que permitiria, em certas circunstâncias, um "uso alternativo do direito", um uso do direito que contrariasse os interesses socialmente dominantes[312].

Como veremos, este destaque dado à autonomia do direito em face da sociedade que o cria aproxima estas correntes de outras análises do direito, inspiradas sobretudo pela análise da linguagem e do discurso, como entidades auto-reguladas e relativamente impermeáveis às lógicas do seu meio circundante (podendo mesmo ser consideradas como criadoras deste meio). Estas últimas ideias tiveram origem na linguística que, desde os anos 20 do séc. XX (Ferdinand de Saussure)[313], encarava a língua como um conjunto de signos (significantes), aleatório em relação ao mundo exterior (ao referente), mas organizado internamente (pela sintaxe, pela semântica e pela pragmática, relacionando, respectivamente, os signos entre si, os signos com as coisas e os signos com os

---

[312] V. Pietro Barcellona, *L' uso alternativo del diritto*, Ed. Laterza, Roma-Bari, 1973; Cf. A. M. Hespanha, *Cultura jurídica europeia* [...]. cit., pp. 321-330; José de O. Ascensão, *O direito* [...]. cit., 484-488.

[313] Cf. http://www.press.jhu.edu/books/hopkins_guide_to_literary_theory/ferdinand_de_saussure.html.

282 | CALEIDOSCÓPIO DO DIREITO...

locutores), de modo a produzir um significado. Esta inspiração da linguística exerceu-se muito fortemente sobre todas as ciências sociais e humanas no decurso dos anos 70 a 90 do século XX, continuando ainda hoje a desempenhar um papel central na teoria das ciências sociais. A isto se chamou a "viragem linguística" (*Linguistic Turn, Linguistic Twist*)[314]. Aplicadas ao direito – que, na verdade, é uma linguagem sobre o mundo –, estas ideias vêm realçar como o direito pode ser encarado como uma construção autónoma, dotada de regras sobre a relação mútua entre os seus conceitos (dogmática), sobre o modo como estes se aplicam à realidade exterior (aplicação do direito, política do direito) e sobre a atribuição de competência para se poder falar "direito" (sociologia do discurso jurídico). São estas as ideias que inspiram as "escolas analíticas", importantes, sobretudo, na doutrina jurídica britânica. Mas que, como vemos, contribuíram também para dissolver o determinismo económico ("infra-estrutura económica à superestrutura jurídica") que caracterizava o marxismo que dominou nos meados do séc. XX.

11.2 *O "desconstrutivismo"*

Uma outra corrente que empreende uma desconstrução do poder, concebido de forma mais vasta do

---

[314] Cf. http://www.bu.edu/wcp/Papers/Cogn/CognRoy.htm.

que a de um poder económico de um grupo, é o *desconstrutivismo*[315]. Aqui, do que se trata é da crítica do poder – não dos que detêm meios materiais, mas dos que se arrogam a posse indiscutida de bens intelectuais ou simbólicos: dos que falam em nome da Verdade, da Razão, da Ciência, do Bom Senso, da Natureza, da Justiça.

Desconstrução consiste em revelar os vários significados de um texto, para além dos explícitos ou apontados pelo autor, revelando a sua ambiguidade. Isto põe em causa todas as visões essencialistas ou naturalistas do sentido e dão ao desconstrutivismo a fama de subversivo ou de nihilista, acusação de que se fazem eco quer o pensamento conservador, quer, por exemplo, certo progressismo (que teme pelos riscos envolvidos na crítica a valores civilizacionais adquiridos ou pelos valores "científicos")[316]. Esta subversão consiste ou na substituição da razão por formas mais complexas de sensibilidade intelectual, ou na classificação da filosofia (da história-ciência ou do direito) como géneros literários, ou na resistência ao conceito

---

[315] O desconstrutivismo anda frequentemente ligado à figura de Jacques Derrida (1930-2004). Mas são muito importantes, também, os contributos dados pela antropologia crítica (Clifford Geertz, n. 1926, Professor emérito de Princeton) ou até pela ciência e sociologia políticas, ao desvendar formas (raízes) não explícitas de hierarquização social (sentidos sociais escondidos e contraditórios com os expressos e aparentes).

[316] Esta acusação estende-se aos inspiradores do movimento: Nietzsche, Heidegger, Paul de Man.

de uma verdade unidimensional ou na demonstração do carácter "local" de valores tidos como "naturais". O desconstrutivismo é, sobretudo, um método, mais profundo, mais perspicaz e mais livre (e, seguramente, radicalmente crítico) de ler, que destrói a univocidade do texto, despistando sinais de oscilação do seu sentido. Um comentador de Jacques Derrida (John D. Caputo) define a desconstrução da seguinte forma: "Quando a desconstrução encontra um *slogan* (*nutshell*) – um axioma seguro ou uma máxima substanciosa e concisa – a ideia é mesmo a de a quebrar, perturbando a sua tranquilidade [...] quebrar nozes (*nutshell*) é o que a desconstrução é". Neste sentido, desconstruir significa, antes de tudo, uma infinita abertura ao outro: "A desconstrução não é um encerramento no nada, mas antes uma abertura ao outro" (escreveu J. Derrida). "Abertura ao outro" quer aqui dizer disponibilidade para aceitar sentidos, valores, diferentes dos meus, tais como os que outrem que não eu pode ler nos mesmos textos que eu leio, na mesma "realidade" que eu vejo.

Considerada globalmente, a desconstrução é, portanto, a contestação de que se tenha atingido qualquer nível absoluto, universal, transcendente (aos contextos), ou definitivo de saber. Daí que os desconstrutivistas dirijam as suas baterias contra a modernidade (iluminismo, racionalismo, estadualismo, cientismo, machismo, etnocentrismo, identidades nacionais) e se abram, pelo contrário, às visões críticas e alternativas (emoção, impensado, exotismo, multiculturalismo, pluralismo, diferença).

No plano do direito, o desconstrutivismo dirigir-se--ia[317] contra um direito cientista e dogmático, que reclame uma legitimidade indiscutível, privilegiando antes uma concepção da justiça aberta, dialógica, incerta e indizível, irremediavelmente controversa e aberta à perspectiva do outro. Neste sentido, Derrida tem importantes pontos de contacto com pensadores de que nos ocuparemos mais tarde, como Z. Bauman e E. Levinas[318].

---

[317] Existem muitos estudos ainda dispersos sobre as consequências da aplicação da metodologia desconstrutivista ao direito. Mas este campo parece ser de eleição, de tal modo o direito contemporâneo está no centro da modernidade. V. Bram Ieven, "On the Content of a Violent Force. The Relation between Rawls and Derrida", em http://www.wickedness.net/els/els1/Ieven%20paper.pdf [Out. 2006); John P. McCormick, "Derrida on Law; or Poststructuralim get serious", em *Political Theory*, 29 (3) (2001) 395 (=http://ptx.sagepub.com/cgi/reprint/29/3/395 [Out. 2006]); Brian Milstein, "Between voluntarism and universal autonomy; Jacques Derrida's «Force of Law»", em http://magictheatre.panopticweb.com/aesthetics/writings/polth-derrida.html [Out. 2006]; Cornelia Vismann, "Derrida, Philosopher of Law", em *German law journal*, 1.1(2005) (=http://www.germanlawjournal.com/article.php?id=531).

[318] O artigo "Deconstruction" da Wikipedia pode constituir uma boa primeira aproximação ao tema. (http://en.wikipedia.org/wiki/Deconstruction). V., adiante, cap. 15.

286 | CALEIDOSCÓPIO DO DIREITO...

11.3 Os "estudos críticos do direito", Critical legal studies

Nos Estados Unidos – mais propriamente na Universidade de Harvard, nos fins dos anos 60 –, surge um movimento de crítica ao modo como o sistema jurídico americano permanecia alheio aos conflitos políticos que, então, dividiam o país (guerra do Vietname, objectores de consciência, denúncia de operações ilegais de agências governamentais, nomeadamente da CIA, apoio norte-americano a regimes ditatoriais, sobretudo na América Latina, mas também no Zaire, Indonésia, Coreia do Sul, etc.); muitos deles envolviam questões jurídicas (mesmo jurídico-criminais: assassinatos políticos, desvio de fundos para operações ilegais contra os governos de terceiros países ["operação Condor", visando a instalação de ditaduras na América Latina[319], operação "Irão–contra"[320]], discriminação racial, ofensa de direitos e liberdades cívicas [*Watergate scandall*[321]], perseguição por motivos políticos [McCarthismo[322]]), que caíam na alçada do direito. Roberto Mangabeira Unger, um professor brasileiro tido como uma das personalidades

---

[319] http://www.thirdworldtraveler.com/NSA/CIA_Allende_LS.html; http://en.wikipedia.org/wiki/1973_Chilean_coup_d'%C3%A9tat.; http://diplo.uol.com.br/2001-05,a137.

[320] http://en.wikipedia.org/wiki/Iran-Contra_Affair.

[321] http://en.wikipedia.org/wiki/Watergate.

[322] http://en.wikipedia.org/wiki/McCarthyism.

AS FUNÇÕES SOCIAIS DO DIREITO | 287

mais representativas do movimento[323] descreve assim o embaraço dos professores que deviam ensinar a defender o direito e a justiça e ser, eles próprios, testemunhos dessa luta, quando confrontados com as questões jurídicas que irrompiam das questões políticas e sociais: "Quando chegámos [à Faculdade de Direito], eles (os professores de direito) eram como sacerdotes que tivessem perdido a fé, mas se mantivessem nos seus cargos. Estavam aí, quietos, num tédio desconforto perante altares já frios". Na verdade, a ideia de que a justiça e o direito devem ser imparciais tinha dado lugar – e não apenas nos EUA – a uma outra ideia, essa errada e perigosa, a de que o direito e os juristas "não se devem meter em política", de que o direito e os juristas são neutros, estando acima dos conflitos sociais e políticos. Ora, o que o movimento pôs em causa foi a ideia de que o direito fosse um saber politicamente neutro, limitado a aplicar "correctamente" normas ou precedentes. Pelo contrário, todos os juristas faziam política; pois, na verdade, as decisões jurídicas constituem escolhas políticas, macroscópicas (como na decisão legislativa) ou microscópicas (como na sentença). Se uns faziam inconsciente ou manhosamente estas escolhas, sob a capa da neutralidade, então outros deveriam tornar-se empe-

---

[323] Em *The Critical Legal Studies Movement*, Harvard, Harvard Univ. Press, 1986. (cf. recs. em http://www.hup.harvard.edu/catalog/UNGCRI.html).

288 | CALEIDOSCÓPIO DO DIREITO...

nhados politicamente, aplicando o direito de forma comprometida com os objectivos políticos, que contrabalançassem a defesa jurídica encapotada dos interesses estabelecidos. Isto obrigava não apenas a adoptar um novo estado de espírito, mas a possuir conhecimentos novos, para além do das leis e dos precedentes, englobando matérias sociais, políticas, etc. Por isso, os estudos críticos do direito deram tanta importância aos juristas não académicos – advogados dos pobres e dos interesses da comunidade, que conheciam bem tanto o lado sórdido do mundo como o lado sórdido do direito –, assim como ao contributo das ciências sociais.

Afirmar isto era afirmar que valores que estavam no centro da ideologia dos juristas desde o séc. XVIII – como o da racionalidade dos seus procedimentos – não tinham fundamento, constituindo apenas uma máscara de argumentos favoráveis à defesa de posições dominantes na vida social ou na vida académica. A cobertura teórica para uma posição tão provocatória veio da Europa, da Escola Crítica de Frankfurt[324], que se dedicara à crítica do Iluminismo e do cientismo, bem como das suas consequências na cultura e, sobre-

---

[324] Sobre esta e os seus principais representantes (Th. Adorno, H. Marcuse, J. Habermas) v. os *sites* http://www.absoluteastro nomy.com/encyclopedia/C/Cr/Critical_theory_(Frankfurt_School) 1.htm; http://www.marxists.org/subject/frankfurt-school/; http://www.erraticimpact.com/~20thcentury/html/frankfurt_school. htm.

AS FUNÇÕES SOCIAIS DO DIREITO | 289

tudo, na política europeia, ao levarem à desresponsabilização ética dos cientistas (o ideal de "a ciência pela ciência"). A Escola Crítica de Frankfurt insistia em que, por detrás de valores tidos como universais, racionais ou cientificamente indiscutíveis, estavam preconceitos próprios de uma certa cultura, preconceitos esses que uma razão universal não podia validar. O facto de algumas das maiores perversões ético-sociais do séc. XX, como o racismo ou o imperialismo – para não falar da versão cientista do marxismo adoptada pela III Internacional – se terem apresentado como baseadas na ciência (na biologia, na sociologia) ajudava bastante esta crítica ao universalismo iluminista e pós-iluminista. No campo do direito, a inutilidade ética e política da dogmática formalista e racionalista da segunda metade do séc. XIX e primeira metade do séc. XX, quando se tratou de encontrar meios para resistir aos totalitarismos, também fornecia bons argumentos à crítica do modernismo.

Também em relação ao direito americano, a análise não era amável. Segundo Unger (na versão de um seu comentador)[325]:

"By the 20th century the context in which American law operated had drastically changed. Social arrangements sanctioned by law had come to include an array of hierarchies of economic power and pernicious social distinctions protected as rights by the very legal system

---

[325] Cf. Calvin Woodard (http://www.robertounger.com/cls.htm).

created to establish individual freedom and equality. The politics of democracy and the blind forces of the market proved woefully inadequate to govern a society increasingly dominated by modern science and technology. Hence there is a compelling need to restructure our social order to make it compatible with freedom and equality.

The way to accomplish this reconstruction, according to Mr. Unger, is not through classical revolution of the kind Marx advocated, brought about by an alliance between disaffected elites and the downtrodden. Rather law must be reinvented to give it a revolutionary new purpose: to lead the dismantling of the various hierarchies of power and privilege that through perversions of the legal process have come to threaten the higher values of our society [...].

The overall goal of C.L.S. is to remove the constraints and hindrances imposed on individuals by unjust social hierarchy and class, enabling them to develop a new sense of self and to give full and free expression to their innate intelligence and imagination. To Mr. Unger, liberated individuals endowed with dignity, self-respect and equal opportunity are the highest hope of humankind.

Collectively, a society of such people would make up a new form of "empowered democracy" in which all social decisions would be regarded as political ones – in the sense that they would be made by open, rational deliberations of the people, not handed down by judges wielding a semimystical form of law masquerading as politically neutral.

Mr. Unger envisions, in his words, a "super liberal state" in which individuals – making up a true democracy representing all the members of society – govern. That

AS FUNÇÕES SOCIAIS DO DIREITO | 291

is possible, however, only if we use law (through C.L.S. strategy) to bring about the change. So long as individuals are born into and grow up in a world of social hierarchy and class, the realization of the values of equality, dignity and freedom is an impossible goal. By changing the shape and policies of social institutions, however, it is possible to create a world in which those values are realized, for the members of society tend to internalize the values embodied in its major social institutions".

A difusão do movimento nas universidades – e, muito especialmente, em universidades de elite, como Harvard ou Stanford – foi espectacular[326].

Como se pode ver, as distâncias entre este movimento – que, depois, deu origem a várias subcorrentes, como a *feminist jurisprudence* ou a *outsider jurisprudence* – e o "uso alternativo do direito" – que entretanto se desenvolvia na Europa[327] – não são grandes; o que se explica, se tivermos em conta que nasceram num mesmo caldo cultural, o dos movimentos críticos, de intelectuais e de estudantes, dos finais da década de 1960.

Entretanto, o que a Escola Crítica do Direito propõe é mais do que substituir uma opinião doutrinal

---

[326] O mesmo se diga da bibliografia a que deu origem. Por ocasião de um importante *Symposium* sobre o tema, a *Stanford Law Review* dedicou um número de 600 páginas ao balanço do movimento (36.1/2, Jan. 1984).

[327] A. M. Hespanha, *Cultura jurídica europeia [...]*. cit., pp. 321-330. Avaliação, José de O. Ascensão, *O direito [...]*, 484 ss.; para uma versão, mais radical, comum no Brasil, *ibid.*, 486 ss.

292 | CALEIDOSCÓPIO DO DIREITO...

por outra: é, mais radicalmente, substituir as regras da prática e do discurso jurídicos, admitir que outro tipo de pessoas possam participar no diálogo académico e jurisprudencial dos juristas, utilizar outros tipos de factos como relevantes, falar uma outra linguagem[328] e, sobretudo, admitir que o direito é um saber controverso, cujas escolhas representam também opções de ideologia e de política.

11.3.1 *Género ("Feminist jurisprudence")*

Uma outra leitura da função de dominação do direito é a dos estudos femininos (estudos sobre género, *gender studies*). Aqui, o tópico dominante é o de que o direito é um discurso no masculino: ou seja, que o direito foi feito por homens e para os homens, usando o masculino como característica da normalidade. Isto notar-se-ia, desde logo, na linguagem: são muito frequentes os textos jurídicos em que a palavra "homem" aparece como sinónimo de "indivíduo da espécie humana"; também o conceito de normalidade jurídica é, frequentemente, dado por expressões como "varão prudente", "bom pai de família". No aspecto normativo, seriam sinais deste "machismo" do direito todas as incapacidades jurídicas e políticas de que as

---

[328] Cf., sobre este aspecto, Arthur Austin, *The Empire strikes back, Outsiders and the struck over legal education*, New York, New York Univ. Press, 1998 (v. comentário em http://www.cwru.edu/pubaff/univcomm/authors/empire.htm).

AS FUNÇÕES SOCIAIS DO DIREITO | 293

mulheres só recentemente deixaram de sofrer nos países ocidentais (cf. CRP, art.º 9 h)).

Em termos legislativos, os progressos têm sido muitos[329]. No plano da prática, todavia, muito subsiste da anterior discriminação[330].

Em todo o caso, muitos autores feministas adoptam, neste caso, um ponto de vista semelhante àquele que referimos a propósito da característica da generalidade do direito: o direito aceita as mulheres, "transformando-as em homens", vendo-as e tratando-as como os homens as vêem e tratam. Ou seja, sem que se tenha modificado um direito que, globalmente, está construído em termos de género masculino, se se atribuir às mulheres um lugar nesse direito, outorgando-lhes mesmo certos direitos especiais (como a protecção da maternidade, alguma protecção especial contra a violência dos homens, etc.), este tende sempre a tratar o feminino como espécie do género masculino, quando, na verdade, o feminino é um outro género. Vejamos um exemplo. O direito penal pune a violação e as ofensas corporais praticadas pelo marido, insinuando que se trata, em ambos os casos, de mais uma manifestação de um princípio geral do

---

[329] Para informação suplementar, v. o *site* da Comissão para a Igualdade e para os Direitos das Mulheres, http://www.cidm.pt/. Também na *net* se encontram dados sobre medidas de discriminação positiva, nomeadamente no acesso às universidades.

[330] Dados sobre beneficiários do "rendimento mínimo garantido" (tomado como índice de pobreza), no *site* citado na nota anterior.

294 | CALEIDOSCÓPIO DO DIREITO...

direito penal, o de punição de comportamentos violentos; ora, o facto é que se trataria de algo especial, essencialmente ligado ao facto de se tratar de uma violência de um homem sobre uma mulher, representativa "de uma imagem de masculinidade que constitui a identidade (socialmente aceite) do homem"[331].

Mesmo que não se adoptem pontos de vista tão radicais, o desatendimento que o direito tem dado a questões como o aborto ou a educação sexual coincide com a menor importância que tais questões têm para os homens, pelo facto de não serem eles quem engravida. Como, num campo totalmente diferente, o modo de organização do trabalho e das carreiras (no direito do trabalho ou no direito da função pública) também desatende as especialidades femininas, tratando as mulheres, basicamente, segundo "regras gerais", ignorando os constrangimentos biológicos e sociológicos da sua situação, cujos resultados são notórios se olharmos para as estatísticas relativas à sua situação profissional, por exemplo[332]. Algum feminismo, que se

---

[331] Catharine A. MacKinnon, "Feminism, marxism, method, and the State: toward feminist jurisprudence", em Jules L. Coleman (ed.), *Philosophy of law*, New York, Garland Publishing, 1994, 543-566; também o *quantum* de força, ou a intensidade do "consentimento", necessários para se distinguir sexo de violação seria medido por uma perspectiva masculina, *ibid.*, 557. A autora, porém, vai mais longe do que isto, afirmando que a sexualidade masculina, falocêntrica, tende para a violação, pela sua própria cultura ("[for men] sex is rape").

[332] Remunerações médias de base mensais e situação profissional e educativa das mulheres, em Portugal, no mesmo *site*.

AS FUNÇÕES SOCIAIS DO DIREITO | 295

limita a propor – numa posição gradualista e "pragmática" – a abolição do herdado estatuto de menoridade da mulher, é acusado de apostar ainda nesta estratégia "universalista", que estende às mulheres os direitos dos homens, mas continua a avaliá-las pelos parâmetros do masculino[333-334].

11.3.2 *Etnia* ("Ethnic" jurisprudence; outsider jurisprudence)

A questão étnica apresenta analogias muito fortes com a questão de género[335]. Em ambos os casos, o argumento relativamente ao direito (ocidental) é o mesmo. Ele está pensado por brancos (homens brancos, diria a jurisprudência feminista), fundado na sua cultura (na sua visão do mundo, na sua racionalidade,

---

[333] Devem ganhar menos porque têm menos força, estão sujeitas a engravidar e estão mais limitadas pela vida doméstica; não devem exercer cargos de direcção porque não se impõem aos homens.

[334] Sobre a *feminist jurisprudence*: http://www.law.cornell.edu/topics/feminist_jurisprudence.html; Sobre Catharine A. MacKinnon, uma das mais importantes representantes da "teoria feminista do direito": http://www.cddc.vt.edu/feminism/MacKinnon.html.

[335] Sobre as relações entre raça e direito, muita informação em http://www.megalaw.com/top/race.php. A Universidade de Virgínia tem, desde 2003, um *Center for the Study of Race and Law* (http://www.law.virginia.edu/home2002/html/academics/race/mission.htm). Também a Universidade da Califórnia (Los Angeles, UCLA), criou um *Critical Race Studies Concentration* (http://www.law.ucla.edu/home/index.asp?page=1084).

na sua sensibilidade, nos seus ritmos de trabalho, nos seus mapas do espaço, nos seus conceitos de ordem, de belo, de apropriado, etc.) e prosseguindo, portanto, os seus interesses. Conceitos jurídicos formados na tradição cultural e jurídica ocidental (como propriedade, trabalho, família, roubo, pudor e, até, escravidão) foram exportados como se fossem categorias universais e aplicadas a povos a que eles eram completamente estranhos, desagregando as suas instituições e modos de vida e aplicando-lhes os modelos de convívio jurídico e político do ocidente. Isto não teria a ver apenas com as diferenças culturais originais, mas também com a conformação da mentalidade ocidental e nativa por séculos de experiência colonial europeia[336]. Esta teria começado por "construir" os conceitos de raça (como a história prova que aconteceu)[337] e, depois, teria habituado a cultura ocidental a relações desiguais com as outras culturas, consideradas como culturas inferiores, sujeitas à tutela educadora dos europeus, em relação às quais a missão civilizadora não teria atingido ainda os seus objectivos plenos.

---

[336] Cf. Paul Gilroy, *The black Atlantic. Modernity and double consciousness*, London/New York, Verso, 1993, nomeadamente 1-72 (Texto interessante; comentário: http://www.english.emory .edu/Bahri/Gilroy.htm).

[337] Ian F. Haney Lopez, "The Social Construction of Race: Some Observations on Illusion, Fabrication and Choice", *Civil Rights – Civil Liberties Law Review* (1994).

Também aqui, depois de séculos da mais absoluta discriminação – que, em África, no Brasil e nos Estados Unidos, incluiu um longo período de regime esclavagista; e, em África e nos Estados Unidos, conheceu, até aos anos 60 e 80 do século XX, políticas de segregação racial legalmente instituídas –, o direito ocidental adoptou, pela pressão das ideias anti-racistas, uma perspectiva universalista, garantindo a igualdade de todos os cidadãos, independentemente da raça, ou da cor de pele (cf. CRP, artigo 13). Em alguns dos estados norte-americanos, à política dos "direitos cívicos" – dirigida para o estabelecimento da igualdade racial, garantindo aos negros um acesso não discriminado ao ensino, ao trabalho, aos cargos dirigentes, ao estrelato cinematográfico e televisivo, etc. – seguiu-se uma política de "discriminação positiva" (ou "acção afirmativa", *affirmative action*), que, nomeadamente, estabelecia quotas, favorecendo os grupos étnicos não brancos (afro-americanos, hispânicos, ameríndios, asiáticos).

Também quanto a este problema, tem-se discutido se as medidas jurídicas adoptadas são suficientes para corrigir as assimetrias. Há quem argumente, nomeadamente, que se o "universalismo" continua a não garantir a igualdade de oportunidades (cf. CRP, artigo 73.2), também o sistema da "acção afirmativa" sobrecarrega as etnias diferentes com dois tipos de custos: por um lado, com o estigma de que só conseguem entrar nas escolas ou ser promovidos nos empregos porque são legalmente favorecidos; por outro lado,

298 | CALEIDOSCÓPIO DO DIREITO...

porque, convencidos (falsamente, dizem os críticos) de que a admissão numa universidade, sobretudo numa boa universidade, lhes facilitaria o acesso à profissão (nomeadamente a profissões importantes, como a de advogado), se vêem confrontados com um logro: nas boas escolas são menos bem classificados – pelo menos, menos bem classificados do que o seriam numa escola de direito de qualidade média – e, portanto, não superam a barreira do acesso à profissão[338-339].

11.4 *Elites*

Constitui um lugar-comum afirmar que o direito serve os interesses dos mais poderosos. Durante largos

---

[338] A questão é muito tipicamente americana. Na verdade, as boas universidades (*Yvi League*, Michigan) valorizam de forma mais positiva certas categorias de pessoas, normalmente discriminadas, sobretudo em função da etnia e do sexo. A *Supreme Court*, baseada nos precedentes Bakke and Grutter, determinou que as universidades, tanto públicas como privadas, não podem usar quotas, esquemas alternativos de admissão, ou majoração dos índices das "minorias". O argumento constitucional baseia-se no princípio da "igualdade", que seria ofendido sempre que "à raça fosse atribuído muito mais peso do que a todos os outros factores de diversidade somados". Sobre esta discussão, criticando os pontos de vista de um célebre professor de Direito, com posições liberais (Richard Sanders), mas crítico do sistema da "acção afirmativa", v. o *site* http://students.law.umich.edu/mjrl/ (Jan. 07, 2005).

[339] A questão das quotas também se põe em relação às mulheres, embora, neste caso, se insista mais no estigma que ele pode causar, porque as mulheres não costumam ter notas inferiores aos homens.

AS FUNÇÕES SOCIAIS DO DIREITO | 299

períodos da história europeia pensou-se mesmo que isso era desejável, já que o interesse das elites (da *sanior pars*, a parte mais sã [da sociedade]) corresponderia ao interesse de todos, uma vez que estes grupos, se dominavam a sociedade, era justamente porque tinham uma maior capacidade de entender o interesse comum. Mesmo no século XIX, foi esta a ideia que justificou a instituição de regimes políticos cujo domínio estava entregue às pessoas que se notabilizassem pela sua fortuna (regimes eleitorais censitários) ou, em menor grau, pela instrução ou pelo currículo profissional.

Hoje, quando se fala em elites, pensa-se, normalmente, nos mais ricos. Mas as elites sociais não têm necessariamente uma caracterização económica: todos sabemos que há elites de vários tipos – culturais, artísticas, religiosas, mundanas (*jet set...*); e que, mesmo no seio das elites económicas, se podem distinguir vários subtipos – financeiras, industriais, comerciais, fundiárias. As correntes que antes referimos tratam, genericamente, das relações do direito com as elites económicas, embora a *feminist jurisprudence* ou a *outsider jurisprudence* já se refiram a uma distinção entre poderosos e não poderosos que está longe de passar apenas pela riqueza[340].

---

[340] Sobre o conceito de elites (e o Estado): http://www.mises .org/etexts/intellectuals.asp; Farazmand, Ali, "The elite question. Toward a Normative Elite Theory of Organization", em *Administration & society*, Vol. 31, No. 3, July 1999, 321-360

300 | CALEIDOSCÓPIO DO DIREITO...

Neste capítulo, vamos referir correntes que encaram o direito como um produto, sobretudo, intelectual; e que, portanto, põem em destaque o papel que ele tem na definição e "sacralização" social do próprio grupo de intelectuais que o produz (os juristas), embora não ignore outras funções jurídicas mais vastas de hierarquização social.

11.4.1 A "teoria dos campos simbólicos"

Pierre Bourdieu (1930-2002)[341], um importante sociólogo francês, dedicou-se, logo no início da sua

---

(revendo as diferentes teorias das elites e procurando construir uma que estude o impacto das mais recentes transformações do tecido organizacional na formação ou deslocação das elites). Os autores clássicos, para a moderna teoria das elites, são Gaetano Mosca (1858-1941), *Elementi di Scienza Politica* (1896), Robert Michels (1876-1936), *Zur Soziologie des Parteiwesens in der modernen Demokratie. Untersuchungen über die oligarchischen Tendenzen des Gruppenlebens* (1911), logo traduzido em italiano, numa versão aumentada, como *Sociologia del partito politico nella democrazia moderna: studi sulle tendenze oligarchiche degli aggregati politici* (1912), e Vilfredo Pareto (1848-1923), *Les systèmes socialistes* (1902); *Trattato di Sociologia Generale* (1916). Para uma apreciação da visão clássica de V. Pareto, numa visão neomarxista: http://www.geocities.com/rational_argumentator/pareto.html; http://www.mutualist.org/id82.html (C. Wright Mills "Elite política no capitalismo avançado"; excertos do livro de C. Wright Mills, *The Power Elite*, Oxford Press, 1956: http://www.thirdworl dtraveler.com/Book_Excerpts/PowerElite.html).

[341] Sobre Pierre Bourdieu: http://en.wikipedia.org/wiki/Pierre_ Bourdieu; bibliografia geral de e sobre o autor: http://www.massey.ac.nz/~nzsrda/bourdieu/home.htm. Sobre P. Bourdieu, em geral, http://www.everything2.com/index.pl?node=Pierre%20Bourdieu.

AS FUNÇÕES SOCIAIS DO DIREITO | 301

carreira, a estudar os processos pelos quais as elites
(neste caso, as intelectuais e as económicas) se repro-
duzem[342]. Mais tarde, estudou os mecanismos de distinção (gostos musicais, bairros de habitação, maneiras
de falar ou de vestir, gostos literários, modismos
intelectuais, etc.) que essas elites usam para se dife-
renciarem (*La Distinction. Critique sociale du jugement*,
1979). Notou que o que cria uma elite é o prestígio
social (a que chamou "capital simbólico"), e descreveu, em livros sucessivos, o resultado dos mecanismos usados pelas elites para aumentar esse capital.
Influenciado pela viragem linguística (já referida), considerou cada plano de emergência de uma elite ("campos simbólicos": a literatura, a ciência, a fama mundana, a academia)[343] como um campo de construção
de diferenciações (de "distinções") destinadas a construir e consolidar o prestígio social (capital simbólico). A forma de discutir, as diferenciações profissionais, as formas de tratamento (os títulos, os graus
académicos), as distinções, nos cultores de um saber,
entre "teóricos" e "práticos", os rituais, os lugares de
residência: eis aqui vários elementos que, podendo
também ter outro sentido, têm também este sentido
"distintivo" e "hierarquizador" das pessoas que operam num certo campo e que nele querem adquirir

---

[342] [Em colab. com Jean-Claude Passeron] *Les héritiers: les
étudiants et la culture*, 1964.

[343] Desde as artes e as letras, até cada saber, passando pela
"distinção social" (os "famosos", o *jet set*).

prestígio ("capital simbólico"). Claro que estas distinções internas ao campo herdam factores distintivos exteriores – como a origem social, o percurso educativo, etc.; mas esses factores sofrem uma "conversão" quando passam de um campo para o outro: o prestígio económico não gera automaticamente prestígio académico, como este não gera automaticamente distinção mundana (fama)[344]. Uma aplicação célebre do método foi feita por Bourdieu ao meio académico francês[345]. O gráfico respectivo ("O meio universitário francês. Análise dos sistemas combinados de diferenciação (P. Bourdieu)", extraído do livro antes referido *L'espace des Facultés. Analyse des correspondances*[346], p. 73)

---

[344] Esta autonomia dos campos simbólicos pode ser descrita, em termos luhmanianos, como autonomia de diferentes sistemas de produzir prestígio.

[345] P. Bourdieu, *Homo academicus*, Paris, Minuit, 1984.

[346] A análise das correspondências é um método estatístico que analisa a "proximidade" entre entidades, avaliadas segundo uma multiplicidade de parâmetros. Neste caso, trata-se da análise dos grupos universitários franceses (agrupados por Faculdades), segundo parâmetros como a idade, a origem social (profissão do pai), o "nível" da sua formação secundária (liceus que frequentaram), o destaque mundano (condecorações, postos honoríficos), o destaque académico (colóquios científicos em que participaram, livros seus traduzidos), a religião, o género. No gráfico, a proximidade ou distância dos grupos aos pontos que representam os parâmetros, bem como a posição relativa entre eles, denota as suas proximidades e distâncias como "tipos sociais". Embora produza representações gráficas muito impressivas, este método estatístico pode simplificar bastante a complexidade dos dados. Note a baixa capacidade explicativa de cada eixo. Tente, apesar disso, avaliar um significado para cada um deles.

AS FUNÇÕES SOCIAIS DO DIREITO | 303

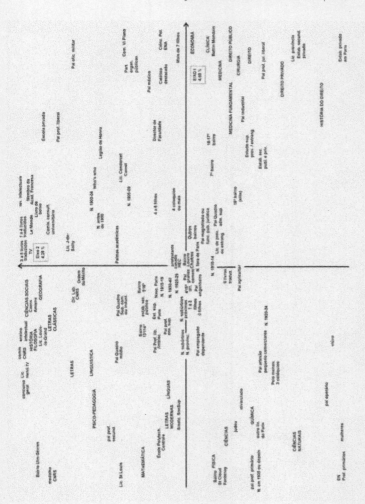

O meio universitário francês. Análise dos sistemas combinados de diferenciação (P. Bourdieu)

304 | CALEIDOSCÓPIO DO DIREITO...

procura definir o lugar dos diversos grupos de especialistas no âmbito desse meio. Note-se a posição dos juristas, com as suas proximidades e distâncias em relação a outros grupos, bem como a elementos caracterizadores do seu estatuto social.

Aplicada ao direito, esta teoria salienta que este, ao lado das suas funções externas, cumpre também funções internas. Pois o direito, se desempenha funções de organização do domínio social, realiza também funções internas ao seu próprio campo de produção, nomeadamente relativas ao aumento do prestígio social dos juristas.

Do ponto de vista da sua eficácia externa, P. Bourdieu realça que o direito institui um conjunto de modos de agir, de se comportar, de avaliar, de falar, de raciocinar, de provar e de tirar conclusões. A esta disposição mental que caracteriza aqueles que participam no "campo do direito" chama Bourdieu *habitus*[347], evocando com esta palavra tanto o facto de os juristas estarem habituados a um certo modelo de agir, de pensar e de ajuizar (aspecto passivo do *habitus*[348]), como ao facto de esse mesmo modelo habituar juristas e não juristas à visão do mundo que ele propõe (aspecto activo do *habitus*)[349]. Neste sentido, o direito cria, além de normas, imagens (também elas

---

[347] O conceito de *habitus* é, na verdade, um conceito geral, que descreve uma disposição intelectual durável dos participantes de um grupo social.

[348] O *habitus* é estruturado.

[349] O *habitus* é estruturante.

AS FUNÇÕES SOCIAIS DO DIREITO | 305

normativas, agindo como modelos de comportamento) sobre a sociedade. E, com estas normas e com estas imagens, modela as representações e os comportamentos sociais[350]. Neste sentido, o *habitus* jurídico – que tem a sua origem no modo como o campo jurídico está organizado – estrutura as mentalidades dos juristas e, para além destas, as mentalidades sociais. Daí que pensadores interessados na compreensão (e eventual modificação) das funções sociais do direito se empenhem numa "crítica da ideologia jurídica": "a estrutura jurídica ao mesmo tempo define e legitima a ordem social estabelecida; pelo que uma política de mudança social tem que afrontar tanto a ordem social estabelecida – também pelas normas do direito –, como a sua ratificação pelo imaginário jurídico (que legitima estas normas), para conseguir identificar e tornar efectivas as mudanças desejadas"[351].

Até aqui, a novidade não é muita em relação a outros pontos de vista já abordados sobre o papel socialmente "enviesado" (parcial) da função jurídica. Só que P. Bourdieu salienta algo mais sobre o modo como o que os juristas dizem visa também o aumento do seu próprio prestígio social (do seu "capital simbólico"). Ou seja, embora não se possa dizer que o direito é neutral em relação a interesses ou objectivos

---

[350] Desde logo, dos próprios juristas.

[351] Barbara Leckie, "The force of law and literature: critiques of ideology", em *Jacques Derrida and Pierre Bourdieu*, http://www.highbeam.com/library/doc0.asp?DOCID=1G1:17534615&num=1&ctrlInfo=Round3a%3AProd%3ASR%3AResult.

306 | CALEIDOSCÓPIO DO DIREITO...

ligados ao poder – de certos grupos sociais ou de certas instituições, nomeadamente do Estado –, a verdade é que o direito aparece como uma esfera relativamente autónoma, resistente à influência de outras esferas de actividade social. Isto é frequentemente realçado, tanto quando se refere o modo como os juristas resistem a adoptar conceitos estranhos à sua própria maneira de pensar e de falar[352], como quando se sublinha como eles cultivam um espírito corporativo que passa, inclusivamente, pela tendência para reproduzirem a sua profissão no âmbito da sua própria família (os juristas são, frequentemente, filhos de juristas...). Os próprios juristas se vangloriam frequentemente disto a que chamam a sua *neutralidade*, ou seja, o seu descompromisso em relação às influências estranhas, característica que valorizam como uma manifestação da sua imparcialidade, feita de rigor e de técnica.

Podem ser listados alguns dos elementos desta estratégia de alegada *tomada de distância* em relação ao mundo[353].

---

[352] Cf. Robert van Krieken, "Legal Reasoning As a Field of Knowledge Production: Luhmann, Bourdieu, and Law's Autonomy", *Paper presented at the annual meeting of the The Law and Society Association, Renaissance Hotel, Chicago, Illinois*, May 27, 2004 (http://www.allacademic.com/meta/p_mla_apa_research_cita tion/1/1/7/0/8/p117089_index.html).

[353] P. Bourdieu escreveu diversos textos notáveis acerca dos juristas e do direito: v., antes de todos, o seu artigo "La force du droit. Éléments pour une sociologie du champ juridique"

AS FUNÇÕES SOCIAIS DO DIREITO | 307

Um deles é o carácter formalizado da linguagem jurídica que, dificultando aos outros o acesso a ela, cria para os juristas o monopólio de um saber decisivo sobre a vida quotidiana; saber cuja formalização cria a convicção de rigor e de neutralidade em relação a essa vida e às paixões e parcialidades que a caracterizam. Esta seria basicamente a função dos juristas: transformar o caos da vida na ordem do direito (*da mihi facta, dabo tibi ius*, diz-me quais são os factos que eu dir-te-ei qual é o direito). Sendo certo que, aqui, o decisivo seria o direito, e não os factos (*quod non est in actis, non est in mundo,* o que não consta do processo, não existe no mundo). Esta atitude explica tanto o formalismo do discurso dos juristas, como a sua arrogância em relação à vida, que os leva frequentemente a descurar, no traçado das políticas jurídicas, tanto quanto na resolução dos casos concretos, os dados da experiência quotidiana, bem como os resultados das pesquisas em ciências sociais.

Outro dos elementos desta estratégia de construção da imagem de neutralidade seria a técnica de generalização usada pelos juristas – e transcrita na sua própria maneira de falar –; técnica que aproxima o direito das ciências formais ou exactas, dando às suas proposições a aparência de inevitabilidade que é pró-

---

(pp. 1-24) e "Habitude, code, codification" (pp. 50-55), em *Actes de la recherche en sciences sociales,* 64 (Septembre 1986: "De quel droit?") 1-24. Neste número, encontram-se outros artigos de análise do direito, na linha de Bourdieu.

308 | CALEIDOSCÓPIO DO DIREITO...

pria das proposições dessas ciências. Embora a generalidade do direito possa servir outros objectivos – nomeadamente cuidar da igualdade e prover à segurança –, ela funciona também como um artifício retórico que inculca a generalidade e inevitabilidade das leis naturais. Mais tarde, teremos oportunidade de verificar como este "discurso imperial" utiliza ainda outras técnicas retóricas, como as formulações impessoais, o uso de locuções latinas (ou também alemãs, outra língua pouco acessível...), um sobreinvestimento na linguagem técnica e, mesmo, certos tiques de gestualidade, postura e vestir, que pretendem enfatizar a autoridade de quem fala e o carácter exclusivo, distinto, não comum, daquilo que é dito.

Algumas destas características do discurso jurídico têm efeitos também no seio do próprio campo dos juristas, hierarquizando as profissões que nele convivem. O estilo formalista, abstracto e neutral contribui para o prestígio dos juristas académicos, desfavorecendo, em contrapartida, os juristas práticos. Por isso, o desenvolvimento deste "método jurídico" na Alemanha do séc. XIX coincidiu como a época em que direito era considerado como sendo um assunto para Professores (*Professorenrecht*)[354]. Ao passo que, nos dias de hoje, esse mesmo estilo é fortemente criticado nos Estados Unidos como um expediente para impor

---

[354] Sobre as relações entre o poder do direito e o poder da ciência: Boaventura Sousa Santos, *Crítica da razão indolente*, Porto, Afrontamento, 2001.

interesses de grupo (dos homens, dos mais ricos, dos brancos, das elites culturais ou económicas) como se fossem interesses gerais. Havendo quem contraponha a este estilo um outro mais próximo da vida em que, no centro da atenção e da narrativa, estão "casos da vida", logo, individuais, afectados pelas emoções, contados numa linguagem directa e simples, fugindo a generalizações que destruiriam a natureza experimentada e vivida daquilo de que se está falar. O estilo jurídico aproximar-se-ia do estilo com que contamos uma história passada connosco mesmo (*storytelling*)[355]. Todavia, a invocação da "normatividade da vida" também pode encobrir uma outra luta simbólica, desta vez entre juristas académicos e juristas comprometidos na prática do foro, estes últimos sacrificando a consistência teórica a uma prossecução mais directa dos interesses práticos dos seus clientes, nomeadamente quando estes fazem parte de um mundo homogéneo e com meios de recrutar com continuidade serviços jurídicos. Mesmo nas estratégias de ensino jurídico e na especialização das escolas esta tensão faz-se sentir, promovendo ligações da academia a poderosos interesses sociais e económicos e produzindo deformações nas temáticas dominantes dos *curricula* escolares (mais direito dos negócios, menos direito social), nas normas de reconhecimento (mais atenção ao direito provindo da regulação empresarial, nacional ou globali-

---

[355] Cf, *supra*, nota 328.

310 | CALEIDOSCÓPIO DO DIREITO...

zada, menos atenção à regulação estadual) e na própria teoria do direito (promoção de um certo pluralismo [não do pluralismo em geral]), consistente com os interesses das grandes empresas e com a visão que têm do direito os seus serviços jurídicos, estreitamente ligados às sociedades, nacionais e internacionais, de advogados[356]. Vistas as coisas com mais atenção – como nos é proposto por Pierre Bourdieu – esta aparente autonomia (a que o senso comum liga as características da neutralidade, do saber técnico e especializado, da imparcialidade e do rigor) contribui para criar um prestígio social (um "capital simbólico") aos juristas, favorável ao aumento do seu poder social, bem como do poder social do seu saber: o direito.

A modificação na estrutura dos serviços jurídicos – com o crescimento das firmas de advogados, cada vez mais relacionadas com uma litigiosidade de médias e grandes empresas, e com o declínio contínuo dos advogados individuais, cuidando dos problemas jurídicos de indivíduos – é hoje considerada pelos sociólogos do direito como um dos factos decisivos em mudanças muito sensíveis nos padrões ético-deontológicos, nos temas da litigiosidade e, por isso, também nos temas que suscitam interesse dogmático, na deon-

---

[356] Sobre os serviços jurídicos nos EUA, v. *Law & Society Review*, Vol. 11(1976), No. 2, Delivery of Legal Services; vários artigos, com uma perspectiva fortemente crítica, de um "clássico" dos CLS, Marc Galanter, em http://marcgalanter.net/docs.htm.

AS FUNÇÕES SOCIAIS DO DIREITO | 311

tologia dos advogados e nas estratégias forenses, com evidente repercussão sobre o uso que o foro faz do direito e com a identidade social de que dele faz uso.

Por isso é que é importante chamar aqui a atenção para estes aspectos da sociologia dos serviços jurídicos ou, o que é o mesmo, da análise pragmática do discurso do direito.

Estudos feitos para os EUA[357] documentam uma centralidade das firmas de advogados na vida jurídica americana a partir dos anos 60 do séc. XX. Segundo um estudo desse período, elas "não só tinham os maiores rendimentos, como serviam os melhores clientes e dispunham dos advogados mais experientes e tecnicamente mais qualificados"; e, ao mesmo tempo, a sua posição de destaque e de relativa independência em relação ao cliente permitia-lhes manter padrões deontológicos elevados[358]. Porém, este conúbio entre o espírito forense tradicional, a organização

---

[357] Outros estudos, para outros países, Y. Dezalay, "The Big Bang and the Law: The Internationalization and Restructuration of the Legal Field", *Theory, Culture & Society*, 7 (1990), 279--93; Y. Dezalay, "Territorial Battles and Tribal Disputes", I, 54 (1991), 792-809; A. Tyrrell and Z. Yaqub, *The Legal Professions in the New Europe*, Blackwell, Oxford, 1993.

[358] Jerome Cariin, *Lawyer's Ethics – Study of the New York City Bar*, Russell Sage Foundation, New York, 1966, 168-9, cit. por Marc Galanter & Thomas Palay, "Large Law Firms and Professional Responsibility", em R. Cranston (ed.), *Legal Ethics and Professional Responsibility*, Oxford, Oxford University Press, 1995, pp. 189-202.(= http/marcgalanter.net/Documents/lawyersandlawfir ms.htm).

312 | CALEIDOSCÓPIO DO DIREITO...

empresarial dos serviços jurídicos e o próprio mundo da clientela empresarial contribui, paradoxalmente, para uma diluição da ética tradicional da profissão, centrada na justiça, na defesa dos mais fracos e na devoção ao interesse público expresso pelo primado do direito. Os efeitos disto já tinham sido notados, no início do século XX, pelo grande escritor luso--americano John dos Passos: "From 'Attorneys and Counselors at Law' they became agents, solicitors, practical promoters, and commercial operators... Entering the offices of some of the law firms in a metropolitan city, one imagines that he is in a commercial counting-room or banking department". Tendo-se, progressivamente, vulgarizado a ideia de que a profissão de advogado consiste mais em torcer as leis do que em as aplicar[359]. Por isso, um *Dean* da *Law School* de Yale terá aconselhado os seus estudantes mais promissores a manterem-se longe das sociedades de advogados, como de inimigos do espírito de dedicação ao serviço público que era o timbre da identidade profissional dos advogados.

Esta imagem negativa da nova organização empresarial dos serviços jurídicos agravou-se ainda, nos anos 80 do séc. XX, devido à ideia de que as sociedades de advogados, "para gerirem eficientemente grandes concentrações de talentos e de meios, colocados ao serviço dos actores economicamente poderosos

---

[359] John dos Passos observava que já não se falava de "grandes advogados", mas de "advogados de sucesso".

que podiam pagar os seus honorários", agravavam as disparidades nas oportunidades de uso do sistema jurídico, fazendo de mais pelos ricos e de menos pelos pobres. Ao que se acrescentava algo que a prática confirmava – e que deu origem à condenação de algumas sociedades por faltas deontológicas –: a proximidade das sociedades de advogados em relação a grupos poderosos e influentes criava uma forte tentação de cumplicidade e *lobbying* a favor dos seus interesses individuais ou de grupo, mesmo quando eles não eram os seus clientes actuais[360]. Nos finais da era Bush (pai), esta imagem das *law firms* como elementos predadores e parasitas combinou-se com um liberalismo anti-regulador e antijurídico que responsabilizava o direito, e também os seus operadores[361], pelos problemas da economia[362]. Mesmo quando as associações de advogados – como a *American Bar*

---

[360] Marc Galanter & Thomas Palay, "Large Law Firms [...]", 196 ss.

[361] O Vice-Presidente Dan Quayle disse então que os EUA tinham 70% dos advogados do mundo e que era isto o que estava a minar a sua economia. Cf. também sobre esta reacção antiforense das elites económicas, Marc Galanter, "Farther along. Do the "Haves" Still Come Out Ahead?", *Law & Society Review*, 33, n.º 4, (1999), pp. 1113-1123: na mira destes protestos estavam as actividades *pro bono*, a regra tipicamente americana "no loser pays", as *class actions*, a recompensa por danos morais e o júri nas causas civis; tudo expedientes que, globalmente, favoreciam os mais pobres, pp. 1115-1116.

[362] "What do you call 60,000 lawyers at the bottom of the sea?" (Answer: a good start!) (cit. Marc Galanter & Thomas Palay, "Large Law Firms [...], cit., 195).

314 | CALEIDOSCÓPIO DO DIREITO...

Assocition – tentaram compensar as críticas de ganância, impondo aos seus membros quotas de serviço jurídico a favor dos pobres e da comunidade (*pro bono counseling*)[363], isto parece ter agravado ainda mais as críticas, vindas agora dos clientes ricos, que criam que estas actividades de solidariedade social repercutiam os seus custos nos honorários que eles pagavam.

Esta empresarialização da advocacia originou também uma drástica modificação do universo que efectivamente acedia à justiça, o qual foi progressivamente ocupado por empresas. Em Chicago, em 1975, a relação entre clientes organizacionais e indivíduos era de 53% para 40%. Em 1995, já era de 61% para apenas 29%. Isto levou alguns autores a afirmarem que o sistema constitucional norte-americano se tinha convertido de um sistema de protecção de direitos individuais para um de garantia de prerrogativas de organizações (*maxime*, empresas). Tanto mais que estas últimas gozavam de regimes fiscais, penais, deontológicos e éticos mais favoráveis, para além de uma pronunciada complacência por parte da opinião pública, que transformava condutas censuráveis num particular em provas de audácia e de eficácia quando se tratava de uma empresa[364].

Reunir conhecimento sobre instituições como estas

---

[363] Marc Galanter & Thomas Palay, "Large Law Firms [...], cit.,197.

[364] Muitos exemplos interessantes em Marc Galanter, "Farther along. Do the "Haves" Still Come Out Ahead?", *Law & Society Review*, 33, n.º 4, (1999), pp. 1118 s.

– que medeiam o acesso à justiça, mas interferem cada vez mais na produção do direito, quer como consultores dos governos na preparação de diplomas normativos, quer na modelação das decisões dos tribunais, sobretudo dos mais altos tribunais – é hoje fundamental para aferir a neutralidade, ou antes, o enviesamento dos processos de decisão sobre o direito e, logo, a consensualidade e carácter estabilizador dessas decisões. Pela sua dimensão e pelos meios de que dispõem, as sociedades de advogados podem constituir instâncias de observação e reflexão complexa sobre o direito. Ponto é que elas incorporem nesse conhecimento todas as perspectivas relevantes, e não apenas pontos de vista estritamente profissionalizados; que elas tenham em conta todos os interesses atendíveis (mesmo quando organizem a defesa de interesses de parte); que elas cultivem processos conformes à deontologia clássica da profissão, continuando a cultivar um compromisso estratégico com os interesses gerais.

IV

O DIREITO NA VIDA:
UMA ABORDAGEM TÓPICA

Nos números que se seguem, abandonaremos este nível mais teórico que adoptámos até agora, ao tratar da natureza e funções do direito, para enveredarmos por uma descrição de alguns aspectos, problemas, riscos e perplexidades do direito, tal como ele se nos manifesta na vida de todos os dias.

Na verdade, qualquer discurso sobre o direito – filosófico, teórico, dogmático, sociológico – deve arrancar de constatações e considerações como aquelas que se seguem. Isto é muito claro quanto às disciplinas jurídicas descritivas, como a sociologia, a antropologia, ou a história, as quais por definição só podem descrever *o que é*. Mas já costuma ser problematizado quando se trata de disciplinas jurídicas que têm por objecto os "valores jurídicos", ou seja, que estudam a adequação das soluções jurídicas àquilo que *deve ser*. Propendemos para crer – independente de uma vasta questão filosófica e sociológica[365] que existe a este respeito – que o que *deve ser* (o *dever ser*) é sempre

---

[365] Referimo-nos tanto ao modo como a hermenêutica funda todo o conhecimento numa pré-compreensão subjectiva (digamos, num valor) como às pretensões da sociologia dos valores para apreender estes como níveis da realidade.

320 | CALEIDOSCÓPIO DO DIREITO...

relativo *ao que é* (ao *ser*). Ou seja, que as soluções são justas ou injustas, não em abstracto, mas apenas em face de uma realidade existente. Dizendo ainda de outro modo, que a justiça anda estreitamente ligada com a justeza, com a adequação; e esta, com as circunstâncias histórico-concretas. E que, portanto, uma resposta justa aos problemas sociais deve começar a construir-se por uma averiguação rigorosa, tanto desses problemas sociais (e das diversas leituras, também sociais, que deles se fazem), como dos resultados sociais das respostas que o direito – como fenómeno social – lhes dê. Por exemplo, o estudo jurídico do acesso ao direito e à justiça – consagrados na CRP[366] – não se esgota na consideração e interpretação do texto constitucional e dos textos legais complementares; tem também que ter em conta a realidade socio-

---

[366] Art.º 20.º (Acesso ao direito e tutela jurisdicional efectiva) 1. A todos é assegurado o acesso ao direito e aos tribunais para defesa dos seus direitos e interesses legalmente protegidos, não podendo a justiça ser denegada por insuficiência de meios económicos. 2. Todos têm direito, nos termos da lei, à informação e consulta jurídicas, ao patrocínio judiciário e a fazer-se acompanhar por advogado perante qualquer autoridade. 3. A lei define e assegura a adequada protecção do segredo de justiça. 4. Todos têm direito a que uma causa em que intervenham seja objecto de decisão em prazo razoável e mediante processo equitativo. 5. Para defesa dos direitos, liberdades e garantias pessoais, a lei assegura aos cidadãos procedimentos judiciais caracterizados pela celeridade e prioridade, de modo a obter tutela efectiva e em tempo útil contra ameaças ou violações desses direitos.

O DIREITO NA VIDA: UMA ABORDAGEM TÓPICA | 321

lógica dos obstáculos concretos que se colocam aos cidadãos quando querem fazer valer os seus direitos: acessibilidade ao conhecimento do direito e adequada literacia, custos da justiça, custos do patrocínio forense, qualidade e empenhamento dos defensores oficiosos, constrangimentos sociais quanto ao recurso à defesa judicial dos direitos. Um dos perigos da dogmática jurídica é o de levar demasiadamente à letra a etimologia da palavra "dogmática", em cuja raiz aparece um elemento (doc > dog) que remete para "ensinar". Todavia, ensinar pressupõe não apenas uma prévia aprendizagem, mas também um contínuo diálogo com aquilo que se ensina e com aqueles a quem se ensina; num caso ou no outro, com o *ser*. Por outras palavras, se tiver que haver uma teoria do direito, ela há-de ser uma *teoria da prática* (e não uma mera prática da pura teoria).

Por isso é que muitas das questões que se abordaram na primeira parte só ganham um sentido pleno em contacto com as questões "práticas" tratadas nesta segunda parte.

Questões que, como se sugere no título, não serão objecto de uma abordagem sistemática, mas apenas *tópica*. Ou seja, das muitas questões que a prática do direito, nos nossos dias, coloca, escolheremos apenas algumas, por nos parecerem mais estimulantes de uma reflexão a propósito do direito do nosso tempo e do modo como ele interpela os nossos sentimentos de justiça, de oportunidade, de eficiência, de sentido da República.

322 | CALEIDOSCÓPIO DO DIREITO...

12. Democracia e direito

12.1 *A democraticidade do direito e a crítica do positivismo legal*

A título de preâmbulo, começamos por recapitular – justificando o risco de insistir demasiado neste ponto com a sua centralidade na economia deste texto – algumas ideias já expostas sobre os equilíbrios entre pluralismo e legalismo, salientando como uma ou outra perspectiva toca directamente a questão da legitimidade democrática do direito.

As críticas à identificação entre direito e lei – ao monopólio legislativo do direito, ao "absolutismo legislativo" – vinham já dos finais do séc. XVIII, nos quais, com base sobretudo na ideia de "volonté générale" combinada com a ideia (de Montesquieu) de "separação de poderes", se atribuía ao soberano, nomeadamente – depois da Revolução – "ao povo soberano" (ou aos seus representantes eleitos), o exclusivo da edição do direito[367]. Durante todo o séc. XIX, este monopólio do direito pela lei foi combatido, (i) ou na base da existência de um direito natural (fundado na religião, na natureza ou na razão, "jusnaturalismo"),

---

[367] Cf. A. M. Hespanha, *Cultura jurídica europeia [...]*, cit., caps. 7.2.1.2. e 8.2.1. Note-se que a mesma tendência para reduzir o direito à lei – aqui entendida como a vontade (racional) do soberano – se notava no modelo iluminista do "despotismo esclarecido".

O DIREITO NA VIDA: UMA ABORDAGEM TÓPICA | 323

(ii) ou com fundamento na força das tradições jurídicas de um povo ("romantismo jurídico"), (iii) ou tendo em conta as exigências científicas de um saber especializado, cultivado pelos juristas ("cientismo", "positivismo conceitual" [*Beggrffsjurisprudenz*[368]]); (iv) ou, finalmente, na incompatibilidade entre a formulação geral das leis e o particularismo dos casos concretos a que elas irão ser aplicadas[369].

Nos finais do séc. XIX e inícios do seguinte, a crítica da lei foi ainda feita no âmbito de uma crítica mais geral à democracia parlamentar, sobretudo na Europa latina e na Alemanha. Autores como René Duguit, Maurice Hauriou, Gaston Jèze, Raymond Saleilles, François Gény, Santi Romano e Rudolf Smend insistiram[370] – com cambiantes entre si diversas – na ideia de que as normas jurídicas provinham

---

[368] Cf. http://begriffsjurisprudenz.adlexi kon.de/Begriffsjuris-prudenz.html; http://de.wikipedia.org/wiki/Begriffsjurisprudenz.

[369] Cf. A. M. Hespanha, *Cultura jurídica [...]*, cit., caps. 8.3.2. e 8.4.

[370] Dugiut, Hauriou e Salleiles tiveram uma influência significativa em Portugal, entre os finais do séc. XIX e os anos 30 do séc. XX, constituindo – com Santi Romano – a principal inspiração da crítica do legalismo (que, frequentemente, se casou com a crítica da democracia parlamentar). Sobre F. Geny, v. a recente colectânea, elaborada e prefaciada por María José Bernuz Beneitez, *La libertad en el Derecho. Entre Certeza y incertidumbre*, Granada, Comares, 2007; ou o seu livro, *François Gény y el derecho. La luxa contra el método exegético*, Bogotá, Universidad Externado de Colômbia, 2006.

324 | CALEIDOSCÓPIO DO DIREITO...

do interior da sociedade, quer de ideias que aí se geravam correspondendo aos sentimentos de Justiça das populações, quer de instituições formadas espontaneamente, como a família, a empresa, a propriedade, etc. De modo que as pretensões dos legisladores de estabelecerem normas a partir da sua vontade arbitrária, manifestada em votações parlamentares, constituiriam uma ilusão e, ao mesmo tempo, uma usurpação de funções que deviam caber à comunidade (que, para alguns, era uma comunidade transtemporal de muitas gerações passadas, presentes e futuras – "a Nação").

Estas correntes corroeram o prestígio da lei – e, também, o da democracia parlamentar. No plano estritamente jurídico, revalorizaram o costume, a equidade, a decisão "segundo as circunstâncias do caso", atribuindo aos juristas e aos juízes uma muito maior liberdade de interpretação e de integração da lei. No plano político, promoveram a substituição da democracia por regimes autoritários – que falassem carismaticamente em nome da Nação ou das suas elites naturais, dos seus "melhores", esquivando-se, comodamente, à incómoda questão de saber quem decidia quem eram os melhores (ou quem guardava os guardiães da vontade da Nação [*qui custodit custodes*]). O certo é que – uma vez chegados ao poder – estes resgatadores das tradições e da alma da Nação esqueciam rapidamente a sua inspiração institucionalista e antilegislativa, adoptando uma política do direito baseada de novo na lei, mas agora numa lei não

O DIREITO NA VIDA: UMA ABORDAGEM TÓPICA | 325

parlamentar, mas governamental. Quando não se entregavam a um decisionismo que transformava o direito no produto da vontade de um líder carismático[371].

Na segunda metade do séc. XX, depois da queda dos regimes totalitários e autoritários na Europa Ocidental, a crítica do legalismo ainda se exacerbou, na medida em que se atribuiu a uma identificação entre direito e lei (promovida pelos estados totalitários e autoritários, para os quais o direito era a manifestação do poder, expressa nas leis estaduais) a quota maior de responsabilidade na barbárie estabelecida, já que qualquer vontade do legislador passava por ser direito legítimo. Ter-se-ia, assim, caído num "totalitarismo da lei"[372].

Qualquer que seja a validade teórica dos argumentos racionais ou o rigor histórico desta última já chamada *reductio ad Hitlerum*, a verdade é que a insistência na ideia de que existe mais direito do que aquele que está na lei é inevitavelmente arriscada do

---

[371] Era a ideia de Carl Schmitt, 1888-1985, um dos teorizadores jurídicos do nazismo, quando designava o chefe do Estado como guardião da constituição (*Der Hüter der Verfassung*, 1931). Famosa resposta de Hans Kelsen, num sentido constitucional e legalista: **Wer soll der Hüter der Verfassung sein?**. *Abhandlungen zur Theorie der Verfassungsgerichtsbarkeit in der pluralistischen, parlamentarischen Demokratie. Hrsg. u. mit einer Einf. und Auswahlbibliographie versehen v. Robert Chr. van Ooyen*, Tübingen, Siebeck-Mohr, 2008.

[372] Cf. A. M. Hespanha, *Cultura jurídica [...]*, cit., cap. 8.6.1., 8.6.2. e 8.6.3.

ponto de vista da democraticidade do direito[373]. Restringindo a questão ao âmbito dos Estados democráticos – em que as leis são feitas por órgãos directa ou indirectamente representativos do povo –, a hipótese de reconhecer formas de manifestação do direito concorrentes ou superiores à lei põe o delicado problema da fiabilidade e controlo dos modos pelos quais elas se manifestam. Quem pode definir "a justiça", a "natureza das coisas", os "grandes princípios jurídico-morais", as consequências da "dignidade humana" para o direito? Quanto mais não seja, por uma questão de viabilidade prática, as respostas a estas perguntas deverão dispor de um assentimento generalizado. Embora a lei democrática – votada nos parlamentos ou emanada de governos com suporte parlamentar – seja, apesar disso, uma forma muito imperfeita de traduzir os consensos sociais, coloca-se em relação a ela a mesma questão que se costuma colocar em relação à democracia, um regime de governo que, sendo também muito limitado quanto ao modo como realiza, na prática, os seus ideais e princípios, passa por ser o menos mau de todos; existe, na verdade, uma alternativa mais fiável e controlada?

Claro que se pode objectar que – tal como na matemática, na biologia ou na sociologia – a legitimi-

---

[373] Sobre o princípio democrático, v. o que antes já longamente dissemos: *supra*, cap. 4 (Uma auto-definição?) e, ainda, com especial destaque para a sua concretização constitucional, Maria Lúcia Amaral, *A forma da República [...]*, cit., cap. VI.

O DIREITO NA VIDA: UMA ABORDAGEM TÓPICA | 327

dade do direito (como resultado de um saber jurídico) não se mede pelo padrão da democraticidade, mas pela autoridade "científica" das suas proposições e, portanto, pela "racionalidade" / "razoabilidade" nelas embebida, questão que toda a tradição ocidental do direito nunca cessara de pôr, quando se perguntava se o direito era "uma razão ou uma vontade". Durante os séculos XIX e XX, também se objectou frequentemente ao tal princípio democrático: que o povo se exprimia, sim, mas não pela forma caótica e manipulável do sufrágio, antes pela forma racional e regulada do direito do Estado, constituída e ainda ulteriormente enriquecida pela colaboração tecnicamente informada dos juristas. De modo que a vontade popular relevante seria a que estava objectivamente expressa no direito, nomeadamente no direito constitucional; ou, mais seguramente ainda, na interpretação doutrinal que os juristas faziam deste direito, como versão cientificamente controlada e depurada da vontade do povo.

No entanto, para que se possa responder que o direito é mais uma razão (uma razão teórica, uma razão de Estado, uma razão prática, uma prudência cultivada por técnicos[374]) do que uma vontade, é preciso provar que o saber jurídico é do mesmo tipo

---

[374] Para referir várias formulações, diferentes entre si, e com resultados práticos também muito diversos – aparte um: a desconfiança na lei (desde logo, parlamentar; mas também governamental).

328 | CALEIDOSCÓPIO DO DIREITO...

dos saberes antes referidos, nomeadamente quanto à existência de processos internos (substanciais, "científicos") de controlo das suas proposições. Ou seja, é preciso provar que os conteúdos desse direito não legislativo, cuja formulação está a cargo dos juristas, são mais do que opiniões (subjectivas), que tais conteúdos têm algum suporte objectivo (na "racionalidade", em sentimentos de razoabilidade ou de justiça largamente compartilhados, num diálogo transparente, igualitário e não manipulador)[375]. Embora todos desejassem que assim fosse e muitos esforços intelectuais tenham sido feitos para que assim seja – ou, pelo menos, no sentido de provar que assim é –, a verdade é que não há conclusões definitivas ou geralmente aceites sobre conteúdos do direito objectivamente válidos e, como tal, verificáveis. E, por isso, o princípio democrático, entendido como respeito da vontade constituinte ou legislativa do povo, através dos seus representantes, continua a ser o mais importante dos elementos da norma que, nos Estados democráticos de hoje[376], nos autoriza a reconhecer o que é direito, decerto porque para aí apontam as normas

---

[375] V. o que antes se disse sobre a racionalidade da comunicação jurídica e sobre a neutralidade do discurso dos juristas, nos caps. 8 e 11.4; sobre o saber jurídico como prudência: João B. Machado, *Introdução ao discurso legitimador [...]*, 307--325.

[376] Cf. Maria Lúcia Amaral, *A forma da República [...]*, cit., 194.

constitucionais, geralmente reconhecidas como as de hierarquia mais elevada no direito de cada Estado daquele tipo[377]:

> Preâmbulo da CRP:
> *"A 25 de Abril de 1974, o Movimento das Forças Armadas, coroando a longa resistência do povo português e interpretando os seus sentimentos profundos, derrubou o regime fascista.*
> *Libertar Portugal da ditadura, da opressão e do colonialismo representou uma transformação revolucionária e o início de uma viragem histórica da sociedade portuguesa.*

---

[377] E mesmo, para além disto, a nossa ordem jurídica estabelece, em textos com um tão elevado grau de reconhecimento que os situa a um nível para-constitucional, o princípio da democracia participativa (expressa na participação popular e na transparência de processos visando um controlo cidadão) na modelação da actividade da administração. Cf. Código do Procedimento Administrativo, Dec.-Lei n.º 442/91 de 15-11-1991, alterado pelo Dec.-Lei 6/96, de 31.1: "art.º 7.º – *Princípio da colaboração da Administração com os particulares*. 1. Os órgãos da Administração Pública devem actuar em estreita colaboração com os particulares, procurando assegurar a sua adequada participação no desempenho da função administrativa, cumprindo-lhes, designadamente: a) Prestar aos particulares as informações e os esclarecimentos de que careçam; b) Apoiar e estimular as iniciativas dos particulares e receber as suas sugestões e informações. [...] Art.º 8.º – *Princípio da participação*. Os órgãos da Administração Pública devem assegurar a participação dos particulares, bem como das associações que tenham por objecto a defesa dos seus interesses, na formação das decisões que lhes disserem respeito, designadamente através da respectiva audiência nos termos deste Código". V., ainda, o art.º 10.º do mesmo Código.

A Revolução restituiu aos Portugueses os direitos e liberdades fundamentais. No exercício destes direitos e liberdades, os legítimos representantes do povo reúnem-se para elaborar uma Constituição que corresponde às aspirações do país.

A Assembleia Constituinte afirma a decisão do povo português de defender a independência nacional, de garantir os direitos fundamentais dos cidadãos, de estabelecer os princípios basilares da democracia, de assegurar o primado do Estado de Direito democrático e de abrir caminho para uma sociedade socialista, no respeito da vontade do povo português, tendo em vista a construção de um país mais livre, mais justo e mais fraterno.

A Assembleia Constituinte, reunida na sessão plenária de 2 de Abril de 1976, aprova e decreta a seguinte Constituição da República Portuguesa:"

Art.º 1º (República Portuguesa) Portugal é uma República soberana, baseada na dignidade da pessoa humana e na vontade popular e empenhada na construção de uma sociedade livre, justa e solidária.

Art.º 2º (Estado de direito democrático) A República Portuguesa é um Estado de direito democrático, baseado na soberania popular, no pluralismo de expressão e organização política democrática, no respeito e na garantia de efectivação dos direitos e liberdades fundamentais e na separação e interdependência de poderes, visando a realização da democracia económica, social e cultural e o aprofundamento da democracia participativa.

Art.º 3º (Soberania e legalidade) 1. A soberania, una e indivisível, reside no povo, que a exerce segundo as formas previstas na Constituição. 2. O Estado subordina-se à Constituição e funda-se na legalidade democrática. 3. A validade das leis e dos demais actos do Estado, das regiões autónomas, do poder local e de quaisquer outras entidades públicas depende da sua conformidade com a Constituição.

O DIREITO NA VIDA: UMA ABORDAGEM TÓPICA | 331

12.2 *Democraticidade do direito e integração jurídica europeia*

Esta questão tem alguma centralidade na discussão jurídica actual. Salientam-se dois pontos de afloramento.

Um deles é a – já antes (cap. 6) referida – proposta de R. Dworkin, sufragada, nomeadamente, por G. Zagrebelski, sobre a existência de princípios jurídicos, positivos, mas não necessariamente formulados de forma completa e finita na Constituição ou nas leis[378]. A questão que aqui se põe é não apenas a de dar um conteúdo preciso, descritível, controlável, a esta forma de "positivação", mas também a de compatibilizar a existência deste direito com o fundamento democrático que rege os modernos Estados constitucionais. Ou seja, de que modo é que estes princípios podem ser referidos à vontade popular, elemento legitimador básico do Estado, segundo, por exemplo, a CRP[379]?

---

[378] Cf. Maria Lúcia Amaral, *A forma da República [...]*, cit., 102 ss.

[379] *Art.º 2* – "A República Portuguesa é um Estado de direito democrático, *baseado na soberania popular,* no pluralismo de expressão e organização política democráticas, no respeito e na garantia de efectivação dos direitos e liberdades fundamentais e na separação e interdependência de poderes, visando a realização da democracia económica, social e cultural e o *aprofundamento da democracia participativa*; *Art.º 3.* "(Soberania e legalidade) – 1. A soberania, una e indivisível, reside no povo, que a exerce segundo as formas previstas na Constituição. 2. O Estado

332 | CALEIDOSCÓPIO DO DIREITO...

Uma resposta possível é a de que, devendo os princípios estar positivados, embora de forma não completamente desenvolvida (na Constituição), o povo os aceitou e os quis no momento constituinte[380]. Claro que esta fórmula já põe alguns problemas, pois não se pode, em bom rigor, dizer que foi querido algo cujos contornos não são definíveis, algo que pode ser objecto de desenvolvimentos não previsíveis. Como, na imagem da *chain novel*, não é tarefa fácil ligar à vontade dos autores dos primeiros capítulos os desenvolvimentos da narrativa pelos quais optaram os autores dos últimos. A menos que os actos normativos de desenvolvimento dos princípios sejam da responsabilidade de vontades cuja vinculação substancial à vontade popular seja indiscutível; ou seja, que quem desenvolver os princípios tenha uma legitimidade democrática suficiente para que se diga que está a querer o que o povo quer. Porém, se se quiser admitir a validade de princípios constitucionalmente não positivados ou, até, contrários à Constituição – de tal modo que certas normas constitucionais pudessem ser declaradas inconstitucionais, como entre nós já se

---

subordina-se à Constituição e *funda--se na legalidade democrática*".

[380] Fazem parte, por isso, do "sistema normativo da Constituição" (cf. Maria Lúcia Amaral, *A forma da República [...]*, cit., 93 ss.). Cf., porém, pp. 313 ss., em que o "princípio democrático" aparece algo mais comprimido, nomeadamente pelo "princípio do Estado de direito" e até pelo "princípio da integração europeia".

pretendeu, nos primeiros anos da Constituição de 1976[381] –, então tais princípios teriam de prescindir de uma legitimidade democrática. Em conclusão, a compatibilização da admissibilidade dos princípios (como fazendo parte do sistema normativo da constituição) com o princípio democrático parece exigir: (i) que os princípios estejam minimamente positivados na Constituição, (ii) não devendo nunca a sua concretização contrariar a Constituição (nomeadamente, afastando ou invertendo *inconsideradamente*[382] as disposições nela expressamente acolhidas).

Um outro exemplo de situações em que o princípio democrático se pode encontrar em risco é o das tensões existentes entre a "constituição económica" da União Europeia (cujos princípios estão consagrados, nomeadamente, nos arts. 2 e 3 do Tratado da União – diploma não directamente apoiado na vontade constituinte do povo e apontando para a instituição de uma organização económica baseada num modelo de economia de mercado sem grandes restrições[383]) com

---

[381] Otto Bachof, *Normas Constitucionais Inconstitucionais?*, trad. José M. Cardoso da Costa, Coimbra, Atlântida, 1977.

[382] Ou seja, sem uma suficiente consideração dos diversos critérios orientadores da Constituição.

[383] Embora o art.º 2 preveja uma correcção dos objectivos económicos por políticas sociais ("A Comunidade tem como

334 | CALEIDOSCÓPIO DO DIREITO...

as constituições nacionais, estas baseadas na vontade constituinte do povo, que – como, *v.g.*, a portuguesa e a italiana – prevêem políticas económicas muito mais interventoras (cf. CRI, art.º 41[384]; CRP, art.º 1; Tit. III, cap. I).

---

missão, através da criação da um mercado comum e de uma união económica e monetária e da aplicação das políticas ou acções comuns a que se referem os artigos 3.º e 4.º, promover, em toda a Comunidade, o desenvolvimento harmonioso, equilibrado e sustentável das actividades económicas, um elevado nível de emprego e de protecção social, a igualdade entre homens e mulheres, um crescimento sustentável e não inflacionista, um alto grau de competitividade e de convergência dos comportamentos das economias, um elevado nível de protecção e de melhoria da qualidade do ambiente, o aumento do nível e da qualidade de vida, a coesão económica e social e a solidariedade entre os Estados-Membros"), as alíneas do art.º 3, n.º 1, reduzem estes objectivos "sociais" ao previsto nas alíneas: i) (Uma política social que inclua um Fundo Social Europeu); j) (O reforço da coesão económica e social); k) (Uma política no domínio do ambiente); o) (Uma contribuição para a realização de um elevado nível de protecção da saúde); p) (Uma contribuição para um ensino e uma formação de qualidade, bem como para o desenvolvimento das culturas dos Estados-membros); q) (Uma política no domínio da cooperação para o desenvolvimento). V. textos em http://europa.eu.int/eur-lex/lex/pt/treaties/index.htm (o citado, versão de Tratado de Roma depois da actualização de Nice: http://europa.eu.int/eur-lex/lex/pt/treaties/dat/12002E/htm/C_2002325PT.003301.html).

[384] "L'iniziativa economica privata è libera. Non può svolgersi in contrasto con l'utilità sociale o in modo da recare danno alla sicurezza, alla libertà, alla dignità umana. La legge determina i programmi e i controlli opportuni perché l'attività economica pubblica e privata possa essere indirizzata e coordinata a fini sociali" (cf. http://www.quirinale.it/costituzione/costituzione.htm).

A questão era, sobretudo, de considerável importância, na medida em que o direito comunitário não tinha, todo ele, uma natureza correspondente ao que era clássico no direito internacional público. Neste, de facto, as normas contidas nos tratados obrigam apenas os Estados, dependendo da vontade (legislativa destes) a sua integração nas respectivas ordens internas, de modo a que sejam aplicáveis aos nacionais. Ora, se muitas normas do direito comunitário têm uma origem em tratados, noutras ele afasta-se destes esquemas clássicos, apontando para um "modelo de integração [jurídica] supranacional"[385], pouco vinculada ao princípio democrático[386]. As alterações constitucionais que expressamente permitiram a eficácia interna directa das normas comunitárias, bem como os referendos, realizados ou previstos, de ratificação dos tratados que instituíram a Comunidade/União procuraram coonestar esta vigência de um direito cuja base democrática era muito débil[387]. Ou seja, neste elenco de normas de direito comunitário europeu, existem já normas que ou não decorrem da vontade dos Estados, expressa na adesão aos tratados, ou se

---

[385] Nuno Piçarra, "A justiça constitucional da União Europeia" [...]. Agradeço ao autor a cedência deste texto ainda em versão digital original.

[386] Cf. Nuno Piçarra, "A justiça constitucional da União Europeia", cit., I.

[387] V., sobre este tema e nesta perspectiva, Natalino Irti, *L'ordine giuridico del mercato*, Bari, Laterza, 2001, 18 ss. Cf., na CRP, art.º 7, n.ᵒˢ 5, 6 e 7.

336 | CALEIDOSCÓPIO DO DIREITO...

aplicam não apenas aos Estados, mas também aos seus cidadãos, sem que estes tenham querido, nem directamente, nem por meio dos seus governos, que esta supremacia do direito comunitário sobre os direitos internos, constitucionalmente validados, se verificasse.

De facto, a doutrina da aplicação directa interna do direito comunitário, mesmo contra as disposições da lei e das Constituições dos Estados membros, foi sendo estabelecida autonomamente pelo Tribunal de Justiça das Comunidades, hoje Tribunal de Justiça da União Europeia, desde há mais de 40 anos.

Primeiramente, o TJCE reconheceu a aplicabilidade directa das disposições de direito comunitário não só às instituições da CE e aos Estados-Membros mas também aos cidadãos da Comunidade (apesar da resistência inicial de alguns Estados-Membros)[388].

---

[388] O ponto de partida para esta jurisprudência foi o já referido processo que envolveu a empresa neerlandesa *Van Gend & Loos*, que intentou uma acção junto dos tribunais neerlandeses contra a administração das alfândegas do seu país, por esta pretender cobrar um direito aduaneiro mais alto na importação de um produto químico da República Federal da Alemanha. A resolução deste litígio dependia de se saber se um particular podia invocar o disposto no artigo 12.º do Tratado CEE (entretanto, artigo 25.º do Tratado CE), que proíbe expressamente a introdução de novos direitos aduaneiros ou o aumento dos existentes. O Tribunal pronunciou-se (5.2.1963), contra o parecer de vários governos e do seu advogado-geral, pela aplicabilidade interna imediata das disposições comunitárias que fossem claras, precisas e incondicio-

O DIREITO NA VIDA: UMA ABORDAGEM TÓPICA | 337

Na fundamentação do acórdão *Van Gend & Loos*, entendeu-se «... *que a Comunidade constitui uma nova ordem jurídica (...) cujos sujeitos são não só os Estados--Membros, mas também os seus nacionais. Por conseguinte, o direito comunitário, independente da legislação dos Estados-Membros, tal como impõe obrigações aos particulares, também lhes atribui direitos que entram na sua esfera jurídica. Tais direitos nascem não só quando é feita uma atribuição expressa pelo Tratado, mas também como contrapartida de obrigações impostas pelos Tratados de forma bem definida, quer aos particulares quer aos Estados-Membros quer às instituições comunitárias».* Segundo a jurispru-

---

nais, tendo em conta a natureza e os objectivos da Comunidade (quanto à vigência das "directivas", a decisão era mais prudente, requerendo, em geral, a sua transposição no direito interno). No que se refere às garantias de *livre circulação*, o Tribunal pronunciou-se (Maio de 1973) a favor da sua aplicabilidade directa no processo Van Duyn. Em causa estava a possibilidade da Sr.ª Van Duyn, cidadã neerlandesa, poder entrar no Reino Unido para aí trabalhar como secretária na «Igreja da Cientologia», uma organização que o Ministério do Interior britânico considerava «socialmente perigosa». Quanto à liberdade de estabelecimento, o TJCE decidiu (22.6.1974) que o advogado neerlandês J. Reyners podia exercer advocacia na Bélgica, apesar da sua nacionalidade, após ter passado os exames necessários ao exercício forense na Bélgica. No seu acórdão, o TJCE estabeleceu que uma desigualdade de tratamento entre nacionais e estrangeiros em matéria de direito de estabelecimento contrariava o artigo 43.º do Tratado CEE, que era de aplicação directa e conferia aos cidadãos comunitários o direito de acesso a uma profissão e o direito de a exercer noutro Estado-Membro como qualquer nacional desse Estado.

338 | CALEIDOSCÓPIO DO DIREITO...

dência do TJCE, as *disposições* do direito comunitário que são *directamente aplicáveis* aos nacionais dos Estados-Membros são as que: 1) são formuladas sem reservas; 2) são auto-suficientes e juridicamente perfeitas e, por estas razões, 3) não necessitam de qualquer acção dos Estados-Membros ou das instituições comunitárias para a sua execução e eficácia.

Num segundo passo, estabeleceu-se a regra do primado das normas comunitárias sobre as normas de direito interno. Neste ponto, o direito comunitário escrito não continha qualquer disposição fundamentadora, pois em nenhum dos Tratados existe uma regra que determine qual deve ceder em caso de conflito, se o direito comunitário, se o direito nacional. Os defensores do primado do direito comunitário argumentaram que o conflito entre estes dois direitos só podia ser resolvido adequadamente na medida em que fosse dado ao direito comunitário o primado sobre o direito nacional. Pois, de outro modo, as disposições comunitárias podiam ser ineficazes perante qualquer lei nacional e, assim, estaria igualmente excluída a sua aplicação uniforme nos vários Estados-Membros. O funcionamento da CE seria posto em causa e "a construção de uma Europa unida, portadora de grandes esperanças, estaria definitivamente comprometida".

Prevenindo estas consequências, o TJCE reconheceu o princípio do primado do direito comunitário sobre o direito nacional. A história não foi, no entanto simples. Como escreve Nuno Piçarra, "O Tratado das

Comunidades Europeias não só não prevê nenhuma disposição explicitando o primado do direito comunitário sobre o direito dos Estados-Membros (ao contrário da generalidade das constituições federais), como de todo não atribui ao Tribunal de Justiça competência para anular normas nacionais desconformes com o direito comunitário. Tão-pouco prevê a possibilidade de recurso para aquele tribunal de decisões judiciais nacionais alegadamente violadoras do direito comunitário. Isto significa, portanto, que o TCE renunciou ao *paradigma da pirâmide* [...], tratando-se das relações entre o direito comunitário e o direito nacional, antes apontando para o *paradigma da rede*, onde nenhum ponto é privilegiado em relação a outro, e nenhum está inequivocamente subordinado a outro. Apesar disso [...] o TJ procurou resolver a questão das relações entre direito comunitário e direito nacional de acordo com o paradigma da pirâmide. Mas acabou por ver as suas relações com os tribunais nacionais decisivamente marcadas pelo paradigma da rede, como melhor se verá adiante, fazendo-o, no entanto, contra o parecer de alguns Estados-Membros"[389].

No acórdão Costa/ENEL[390], o Tribunal de Justiça formulou duas considerações decisivas relativamente

---

[389] "Nuno Piçarra, "A justiça [...]", III. 8.

[390] Em 1962, a Itália nacionalizara a produção e a distribuição de electricidade, tendo transferido o património das empresas do sector para a sociedade ENEL. Enquanto accio-

340 | CALEIDOSCÓPIO DO DIREITO...

às relações entre o direito comunitário e o direito nacional:

(1) os Estados-Membros transferiram de forma definitiva para uma Comunidade por eles criada certos direitos soberanos. Os referidos Estados não podem voltar atrás em relação a essa transferência, através de medidas unilaterais incompatíveis com o conceito de «Comunidade»;

(2) o Tratado estabelece como princípio fundamental que um Estado-Membro não pode pôr em causa a particularidade que tem o direito comunitário de se impor uniforme e completamente no conjunto da Comunidade.

---

nista da Edison Volta, atingida pela nacionalização, Flaminio Costa arguiu perante o Giudice Conciliatore de Milão o facto de a lei da nacionalização violar uma série de disposições do Tratado CEE. O tribunal de Milão apresentou então ao TJCE um pedido de decisão prejudicial relativamente à interpretação de algumas disposições do Tratado CEE. No seu acórdão, o TJCE estabeleceu, a propósito da natureza jurídica da CE: «Diversamente dos tratados internacionais ordinários, o Tratado CEE institui uma ordem jurídica própria que é integrada no sistema jurídico dos Estados-Membros a partir da entrada em vigor do Tratado e que se impõe aos seus órgãos jurisdicionais nacionais. Efectivamente, ao instituírem uma Comunidade de duração ilimitada, dotada de instituições próprias, de capacidade jurídica, de capacidade de representação internacional e, mais especialmente, de poderes reais resultantes de uma limitação de competências ou de uma transferência de atribuições dos Estados para a Comunidade, estes limitaram, ainda que em domínios restritos, os seus direitos soberanos e criaram, assim, um corpo de normas aplicável aos seus nacionais e a si próprios.»

O DIREITO NA VIDA: UMA ABORDAGEM TÓPICA | 341

A partir destas considerações, tornou-se dominante a doutrina de que o direito comunitário, criado por força dos poderes previstos nos Tratados, tem o primado sobre toda e qualquer norma jurídica de direito nacional a ele contrária. Prevalece não só sobre a legislação anterior, mas também sobre todos os actos legislativos ulteriores. A consequência jurídica deste princípio do primado do direito comunitário é que, em caso de conflito entre normas, (i) a disposição nacional contrária à disposição comunitária deixa de ser aplicável e (ii) não podem ser introduzidas disposições de direito interno contrárias à legislação comunitária.

O terceiro e último passo referiram-se ao direito constitucional interno dos Estados.

Aí, a situação permanece indecisa. Inicialmente, o TJCE – fundado na unidade substantiva do direito comunitário e no princípio da igualdade ou da não discriminação em razão da nacionalidade – tendeu a fazer aplicar o direito comunitário sem atender aos limites constitucionais das ordens constitucionais nacionais, restaurando com isto, agora a um nível supra-nacional, a estrutura em pirâmide tradicional dos Estados nacionais. Mas as reacções dos tribunais constitucionais, nomeadamente do Tribunal Constitucional Alemão[391], a uma aplicação interna do direito comu-

---

[391] Em Maio de 1974 o Tribunal Constitucional da RFA declarou-se competente para fiscalizar o direito comunitário derivado enquanto a Comunidade não estivesse vinculada a um

342 | CALEIDOSCÓPIO DO DIREITO...

nitário que contrariasse princípios fundamentais da
ordem constitucional nacional levaram a uma jurisprudência mais cauta. O resultado foi uma orientação
que salvaguarda, em certa medida, a supremacia dos
princípios fundamentais das constituições nacionais,
na concepção própria que disso tem cada ordem
constitucional nacional. Ou seja, em matéria de princípios fundamentais constitucionais, o modelo da rede
continua a prevalecer sobre o modelo da pirâmide[392].

A doutrina, no entanto, oscila. Uma corrente, favorável a uma relação reticular e interactiva das relação
entre direito comunitário e direitos constitucionais
nacionais, opina que "fica excluída a hipótese de o
princípio do primado impor ao juiz nacional a aplicação de uma norma de direito comunitário que acar-

---

catálogo de direitos fundamentais equivalente ao da Constituição alemã. Cf. Nuno Piçarra, "A Justiça [...]", III.10.

[392] Cf. Nuno Piçarra, "A justiça [...]", cit. III.10: "Os princípios jurisdicionalmente fixados pelo TJ a este respeito são
bem conhecidos: (1) os direitos fundamentais contam-se entre
os princípios gerais de direito comunitário cuja observância é
garantida pelo TJ; (2) a protecção desses direitos deve ser
garantida tendo em conta a estrutura e os objectivos da
Comunidade; (3) tal protecção inspira-se *nas tradições constitucionais comuns aos Estados-Membros, bem como nas indicações forne-
cidas pelos instrumentos internacionais relativos à protecção dos direitos fundamentais em que os Estados-Membros cooperaram ou a que
aderiram, com especial destaque para a Convenção Europeia dos Direitos do Homem*; (4) não podem, por conseguinte, ser admitidas
na Comunidade medidas incompatíveis com os direitos fundamentais assim reconhecidos e garantidos". Note-se, em todo o
caso, que os sentidos "locais" dos direitos humanos são limitados por sentidos "comuns".

O DIREITO NA VIDA: UMA ABORDAGEM TÓPICA | 343

rete a violação de princípios materialmente constituintes e, por isso mesmo, irrevisíveis da ordem constitucional de um Estado-Membro. Na verdade, por força do princípio da congruência estrutural entre a Constituição da UE e as Constituições dos Estados-Membros[393], *uma tal norma seria desde logo contrária ao* higher law *da própria União e por conseguinte anulável pelo TJ*"[394]. A doutrina jurídica não é unânime acerca deste ponto[395]. Os que, em vez do paradigma reticular, seguem defendendo a primazia do direito comunitário sobre o direito constitucional interno, ou invocam a naturalidade do *acquis communautaire* [*i.e.*, os desenvolvimentos autónomos do direito comunitário subsequentes aos primeiros tratados, entre os quais se contaria a vigência interna e superior do direito europeu, de acordo com a jurisprudência do TJCE antes descrita], nomeadamente no domínio econó-

---

[393] Ou seja, como que qualquer princípio fundamental irrevisível da Constituição de um Estado-Membro passa a integrar necessariamente a própria constituição material europeia.

[394] Nuno Piçarra, "A justiça [...]", cit., III.11. No caso português, em que qualquer juiz ordinário pode genericamente desaplicar normas com fundamento na inconstitucionalidade das mesmas, este mesmo juiz tem, em todo o caso, a obrigação de, tratando-se de uma norma comunitária, reenviar a apreciação da sua constitucionalidade ao TJC (por força do art.º 234 do TCE).

[395] Cf. N. Irti, *L'ordine guridico del mercato [...]*, cit.; síntese das razões de prevalência do direito constitucional dos Estados em Joaquim G. Canotilho, *Direito constitucional e teoria da Constituição*, Coimbra, Coimbra Editora, 7.ª ed., 2003, 825 s.; Nuno Piçarra, "A justiça [...]", cit., III.11, IV e bibliografia aí citada.

344 | CALEIDOSCÓPIO DO DIREITO...

mico[396], ou fundam-se na ideia de que a construção jurídica da Europa corresponde a um "processo constituinte evolutivo" que produziria "revisões não convencionais"[397] nas constituições dos Estados, figura totalmente estranha à CRP, que estabelece processos formais de revisão (Parte IV, Tit. II)[398]. Seja como for, a CRP admite, a partir da revisão de 1982, a vigência interna directa "das normas emanadas dos órgãos competentes das organizações internacionais de que Portugal seja parte [...], desde que tal se encontre estabelecido nos respectivos tratados constitutivos". Concretamente, em relação à União Europeia e às normas emanadas das suas instituições, no exercício das suas competências, a revisão constitucional de

---

[396] V. a enérgica crítica da naturalidade e apoliticidade destas "leis do mercado" em N. Irti, *L'ordine giuridico [...]*, cit. (que remete para muita literatura existente sobre a artificialidade do mercado, como nós hoje o entendemos no Ocidente, e das suas leis).

[397] Joaquim G. Canotilho, *Direito constitucional [...]*, cit., 826.

[398] Para uma justificação a partir de um conceito pluralista do sistema constitucional, v. cap. 2. O argumento é o de que, mais do que a legitimidade a partir da vontade popular, vale – para uma concepção pluralista do direito – o consenso obtido por meio do diálogo, numa comunidade de interessados, a qual, neste caso, seria constituída pelo TJCE, pelos tribunais nacionais, pelos especialistas em direito comunitário e pelos particulares interessados em invocar o direito comunitário. O problema está, como reconhece um dos autores que defende este ponto de vista, em que esta comunidade está ainda bem longe de gozar da generalidade que lhe permitiria impor-se ao consenso democrático, obtido pelos processos previstos nos Estados democráticos.

O DIREITO NA VIDA: UMA ABORDAGEM TÓPICA | 345

2004 conferiu-lhe aplicabilidade interna, nos termos definidos pelo direito comunitário (*i.e.*, de modo a incorporar o costume ou a jurisprudência dominante – o chamado *acquis comunitário*), "com respeito dos princípios fundamentais do Estado de direito democrático"[399], fórmula muito elástica e de amplas virtualidades interpretativas, que acabam por conferir uma capacidade de manobra muito razoável às instâncias jurídicas e judiciais nacionais, que sempre terão que ponderar em concreto o peso do princípio da integração europeia com o do princípio da soberania popular[400-401].

---

[399] Cf. Art.º 8, n.º 4. "As disposições dos tratados que regem a União Europeia e as normas emanadas das suas instituições, no exercício das respectivas competências, são aplicáveis na ordem interna, nos termos definidos pelo direito da União, com respeito pelos princípios fundamentais do Estado de direito democrático".

[400] O princípio da integração europeia passou a fazer parte, depois da revisão de 2004, daquilo a que a CRP chama "Princípios fundamentais" (arts. 1 a 11 da CRP); porém, entre os vários princípios aqui compreendidos não se pode estabelecer uma hierarquia à partida, pois é justamente o facto de só serem ponderáveis em concreto que caracteriza os princípios. Em todo o caso, o primeiro princípio de legitimidade do Estado democrático não parece poder deixar de ser o da soberania do povo, expressa embora nas formas e nos termos por ele mesmo estabelecidos na Constituição.

[401] A revisão constitucional de 2004 reconheceu também a jurisdição do Tribunal Penal Internacional (art.º 7, n. 7), instituído por tratado internacional, ratificado por um número significativo de Estados, para punir crimes contra a Humanidade.

346 | CALEIDOSCÓPIO DO DIREITO...

De tudo isto se conclui que o primado do direito comunitário sobre os direitos nacionais – mesmo aquele que exprime a vontade constituinte do povo – se foi estabelecendo por via jurisprudencial, a partir das decisões de um órgão cuja legitimidade democrática é muito indirecta e mediada – o TJCE / TJUE[402]. E, sobretudo, à sombra de considerações que têm pouco de jurídico e muito de simplesmente político, como a importância política da construção de uma Europa Unida, as vantagens decorrentes da criação de um mercado espacialmente unificado de bens, capitais e trabalho, as desvantagens de medidas económicas lesivas da economia de mercado, como as nacionalizações. Ou mesmo a maior democraticidade substancial de uma decisão tomada a um maior nível de generalidade, que permitiria anular *lobbies* ou interesses corporativos instalados, que se manifestariam com maior vigor nos espaços políticos mais reduzidos dos Estados do que nos espaços mais cosmopolitas da comunidade[403].

---

[402] O Tribunal de Justiça das Comunidades Europeias (art.º 220 a 245 do Tratado da CE) é constituído por 15 juízes e 8(9) advogados gerais, designados de mútuo acordo por um período de seis anos pelos Governos dos Estados membros.

[403] Cf. Miguel Poiares Maduro, "O *superavit* democrático [...]", cit. O argumento pode, casuisticamente, ter muito de verdade. Porém, nem pode ser convertido numa teoria geral consistente, nem pode escapar à reversibilidade, pois também é verdade que outros interesses corporativos e outros *lobbies* têm maiores oportunidades de se impor no nível supranacio-

O DIREITO NA VIDA: UMA ABORDAGEM TÓPICA | 347

Nós estamos habituados a considerar que a definição da política é, nos Estados democráticos, uma matéria reservada à vontade popular e, no caso da grande política, ao poder constituinte do povo. Ora, estas decisões acerca do primado do direito comunitário sobre os direitos nacionais (mesmo sobre o direito constitucional) não apenas provêm de um órgão sobre o qual o poder constituinte dos povos é quase irrelevante, como estabelecem a sujeição das leis e constituições nacionais a normas editadas por órgãos comunitários pouco representativos e pouco controlados[404].

A tentativa de fazer passar por um processo constituinte os trabalhos da Convenção Europeia, preparatórios de um "Tratado que estabelece uma Constituição para a Europa" (Outubro de 2004)[405] visava,

---

nal da Comunidade, relativamente imune aos protestos dos cidadãos e cego para respeitáveis interesses comunitários particulares, nomeadamente de pequenos países, de regiões, de grupos portadores de interesses particularistas, relevantes do seu ponto de vista, ou mesmo de pontos de vista mais alargados (*v.g.*, da defesa da diversidade cultural, da protecção de microambientes, da salvaguarda de tradições de vida respeitáveis, etc.).

[404] Nomeadamente, pelo Conselho da União Europeia (artículos 202 a 210 do Tratado CE), constituído por um representante de cada Estado-Membro, normalmente de nível ministerial e com capacidade para obrigar o respectivo Estado.

[405] Cf. http://european-convention.eu.int/bienvenue.asp?lang =PT.

348 | CALEIDOSCÓPIO DO DIREITO...

porventura, responder a estas dúvidas, substituindo o tal "processo constituinte evolutivo" por um processo constituinte típico, com algum acréscimo de participação democrática. O processo de referendo desta Constituição *sui generis* foi, porém, inviabilizado[406]. Em sua substituição surgiu um novo tratado reformador, aprovado em Lisboa no Outono de 2007 e a ratificar pelos mesmos Estados, por decisão parlamentar ou por referendo, no final do mesmo ano.

Nesse *Tratado de Lisboa*[407] existem normas muito relevantes sobre a matéria aqui em discussão.

---

[406] Esta discussão tem muitos cambiantes e muitas leituras. Em geral, poderíamos dizer que, se o poder constituinte do povo ficar sujeito a normas que potenciem a justiça entre os Estados e entre os povos, que aumentem o bem-estar particular e geral, que garantam uma maior liberdade e uma mais completa expressão da personalidade, tudo de acordo com critérios universalmente igualitários, dialogados e partilhados, a evolução terá um sentido positivo. Se, pelo contrário, a soberania constituinte do povo se sujeitar a estruturas decisórias inigualitárias (hegemónicas), não controladas, ou à imposição de valores ou modos de vida unilaterais, culturalmente ou politicamente enviesados, ou que prejudiquem o bem-estar e a liberdade individual ou colectiva, a evolução será negativa. O mais provável é que o diagnóstico não se possa fazer de forma dicotómica e geral, mas dependa dos conteúdos das normas jurídicas em presença e, até, das circunstâncias do caso.

[407] V. Projecto de Tratado Reformador, aprovado na Conferência de Lisboa, 2007 (versão portuguesa: http://www.consi lium.europa.eu/cms3_fo/showPage.asp?lang=PT&id=1317& mode=g&name=).

O DIREITO NA VIDA: UMA ABORDAGEM TÓPICA | 349

Logo nos primeiros artigos, surge a garantia do respeito das estruturas constitucionais de cada Estado--Membro[408]. No artigo seguinte, formulam-se os princípios construtivos fundamentais das relações – também no plano do direito – entre a União e o Estados--Membros, salientando-se:

a) Que a União só dispõe das competências que lhe forem atribuídas por tratado (*princípio da atribuição*), o que exclui a formação de princípios extravagantes dos tratados em matéria de competências da União[409];

---

[408] "Artigo 4.º – 1. Nos termos do artigo 5.º, as competências que não sejam atribuídas à União nos Tratados pertencem aos Estados-Membros. 2. A União respeita a igualdade dos Estados-Membros perante os Tratados, bem como a respectiva identidade nacional, *reflectida nas estruturas políticas e constitucionais fundamentais de cada um deles*, incluindo no que se refere à autonomia local e regional." Cf. ainda o Art.º 6.º – [...] 3. Do direito da União fazem parte, enquanto princípios gerais, os direitos fundamentais tal como os garante a Convenção Europeia para a Protecção dos Direitos do Homem e das Liberdades Fundamentais e *tal como resultam das tradições constitucionais comuns aos Estados-Membros.*"

[409] "Artigo 5.º – 1. A delimitação das competências da União rege-se pelo princípio da atribuição. O exercício das competências da União rege-se pelos princípios da subsidiariedade e da proporcionalidade. 2. Em virtude do princípio da atribuição, a União actua unicamente dentro dos limites das competências que os Estados-Membros lhe tenham atribuído nos Tratados para alcançar os objectivos fixados por estes últimos. As competências que não sejam atribuídas à União nos Tratados pertencem aos Estados-Membros. [...]".

350 | CALEIDOSCÓPIO DO DIREITO...

b) Que a intervenção da União só terá lugar quando os Estados-Membros não sejam capazes de realizar suficientemente as políticas da União[410];

c) Que o equilíbrio entre o objectivo de realizar as políticas da União e o respeito pela "identidade nacional" dos Estados e pelo princípio da subsidiariedade da União deve obedecer ao princípio da ponderação, não devendo "o conteúdo e forma da acção da União [...] exceder o necessário para alcançar os objectivos dos Tratados; e

d) Que "Os Parlamentos nacionais velam pela observância deste princípio [...]"[411].

---

[410] "Artigo 5.º – [...] 3. Em virtude do princípio da subsidiariedade, nos domínios que não sejam da sua competência exclusiva, a União intervém apenas se e na medida em que os objectivos da acção considerada não possam ser suficientemente alcançados pelos Estados-Membros, tanto ao nível central como ao nível regional e local, podendo contudo, devido às dimensões ou aos efeitos da acção considerada, ser mais bem alcançados ao nível da União."

[411] "Artigo 5.º – [...] As instituições da União aplicam o princípio da subsidiariedade em conformidade com o Protocolo relativo à aplicação dos princípios da subsidiariedade e da proporcionalidade. Os Parlamentos nacionais velam pela observância deste princípio de acordo com o processo previsto no referido Protocolo. 4. Em virtude do princípio da proporcionalidade, o conteúdo e a forma da acção da União não devem exceder o necessário para alcançar os objectivos dos Tratados. As instituições da União aplicam o princípio da proporcionalidade em conformidade com o Protocolo relativo à aplicação dos princípios da subsidiariedade e da proporcionalidade."

O DIREITO NA VIDA: UMA ABORDAGEM TÓPICA | 351

Deste modo, este artigo alargava o domínio de reserva normativa nacional, em face do que está estabelecido no art.º 8, n.º 4 da CRP.

Em todo o caso, são atribuídas à União extensas competências exclusivas[412]. A questão que sempre se poderá pôr é se mesmo o exercício destas competências exclusivas não está sujeito aos princípios construtivos antes referidos.

Seja como for, surgiam aqui duas novidades centrais. A primeira era a de que a acção da União, também no plano normativo, era subsidiária da dos Estados, só sendo permitida quando estes, por si só, não tivessem a possibilidade (não técnica, mas estrutural: por exemplo, por exigir a cooperação, ou tocar os interesses, de outros Estados-Membros) de realizar de forma suficiente as políticas da União. A segunda novidade era a de que os parlamentos nacionais vigiavam o cumprimento do princípio da subsidiariedade,

---

[412] "Artigo 3.º – 1. A União dispõe de competência exclusiva nos seguintes domínios: a) União aduaneira; b) Estabelecimento das regras de concorrência necessárias ao funcionamento do mercado interno; c) Política monetária para os Estados-Membros cuja moeda seja o euro; d) Conservação dos recursos biológicos do mar, no âmbito da política comum das pescas; e) Política comercial comum. 2. A União dispõe igualmente de competência exclusiva para celebrar acordos internacionais quando tal celebração esteja prevista num acto legislativo da União, seja necessária para lhe dar a possibilidade de exercer a sua competência interna, ou seja susceptível de afectar regras comuns ou de alterar o alcance das mesmas."

352 | CALEIDOSCÓPIO DO DIREITO...

podendo recusar normação comunitária quando o Estado respectivo pudesse cumprir suficientemente, por si só, as políticas da União e elaborar a regulamentação conducente a tais políticas.

No entanto, o Tratado de Lisboa parece ter fracassado, em virtude dos resultados negativos de referendos sobre a aceitação do novo tratado (ou perspectiva e idênticos resultados em futuros referendos).

12.3 *Democraticidade do direito e emergência do Estado Constitucional e dos "Direitos Humanos"*

Seja como for, qualquer retorno a uma elisão da componente democrática do direito parece contrariar frontalmente aquilo que se reconhece ser um dos traços mais evidentes da evolução jurídica dos nossos dias[413].

Luigi Ferrajoli, um dos mais notáveis juristas italianos contemporâneos, sintetiza, numa página, o significado que teve, na cultura jurídica italiana, a "emergência da Constituição", estreitamente ligada à reemergência e projectos de aprofundamento da democracia[414].

---

[413] V., antes, cap. 3.

[414] Luigi Ferrajoli, *La cultura giuridica nell'Italia del novecento*, Bari, Laterza, 1996, 69.

A Itália saíra de um longo período de regime autoritário[415], de modo que a Constituição de 1948 é a primeira vontade constituinte do povo desde a Unificação (*Risorgimento*). Uma vontade que, por outro lado, assumia politicamente, em declarações fortes, no sentido da esquerda democrata-cristã ou da esquerda socialista e comunista, de onde era fácil concluir os princípios ordenadores que, num Estado democrático, deviam enformar toda a actividade normativa. O primado da Constituição anda, assim, necessariamente ligado à emergência da vontade popular na condução da vida política, aí incluído o direito. Ou seja, ele não decorre apenas de um conceito dogmático sobre a hierarquia das fontes de direito; decorre de um elemento político central – o sentido de "Estado democrático" querido na Itália do imediato pós-guerra, caracterizado pelo carácter superiormente normativo e dirigente da vontade constituinte do povo e, consequentemente, pelo já referido *princípio do direito democrático*. Um fenómeno semelhante se dá nos Estados com uma evolução política semelhante: ou seja, em que, depostas as ditaduras, o povo elege assembleias constituintes que elaboram constituições – é o caso, nomeadamente, de Portugal, Espanha, Grécia e Brasil, embora cerca de trinta anos

---

[415] Que se seguira a décadas de vigência de uma constituição outorgada pelo monarca – o *Statuto Albertino*, de 1848, outorgado à Itália pelo rei Carlos Alberto de Sabóia, rei da Sardenha e, depois, da Itália unificada.

354 | CALEIDOSCÓPIO DO DIREITO...

mais tarde. Também aqui, a centralidade da Constituição é o reflexo da *centralidade da soberania do povo*, finalmente recuperada. Em Portugal, isso é constitucionalmente recordado na alusão à "libertação do povo português" do preâmbulo da CRP e continuamente afirmado, logo nos primeiros anos da Constituição, tanto contra os partidos que não a aprovaram (como o CDS) ou não a aceitaram (como os partidos e grupos de opinião de extrema-direita), como contra os partidos que, tendo ou não aprovado a Constituição, a consideravam insuficientemente fracturante com a ordem económica e social estabelecida (PCP – que, no entanto, votou favoravelmente a constituição – e grupos da esquerda extraparlamentar). A uns e outros se opunha, como argumento político e jurídico, que – quaisquer que fossem as opiniões dos vários partidos sobre o bom governo – a Constituição representava a vontade maioritária do povo português.

À centralidade da soberania constituinte do povo – centralidade política e jurídica da Constituição – soma-se algo que também pode ser encarado como um património do Estado democrático: a valorização dos direitos humanos[416]. Esta operação aritmética tem, todavia, algumas peculiaridades; porque, na tradição constitucional e política ocidental, o primado da vontade constituinte do povo e a garantia dos direitos humanos não foram, frequentemente, valores conso-

---

[416] Cf., sobre esta acoplação constitucional, Maria Lúcia Amaral, *A forma da República [...]*, 199 ss.

O DIREITO NA VIDA: UMA ABORDAGEM TÓPICA | 355

nantes, mas antes frequentemente opostos. Não foi raro que a afirmação de direito humanos, naturais e inalienáveis, tenha funcionado como uma forma de resistência ao carácter ilimitado da vontade popular. Nisso se traduz a conhecida polémica oitocentista entre "democratas" (partidários da vontade geral como supremo critério de justiça: liberdade = participação) e "liberais" (defensores dos direitos humanos como esfera de protecção de cada um contra a vontade das maiorias: liberdade = garantia)[417]. Somar "primado da soberania popular" com o "primado dos direitos humanos" pode, por isso, ser uma soma de valores de sinal contrário, em que ambos mutuamente se anulam.

A forma de compatibilizar as duas grandezas é reduzi-las a um denominador comum – e esse dominador comum é constituído pela presunção de que o respeito dos direitos humanos é um valor consensualmente reconhecido como um dos fundamentos dos nossos direitos. Neste caso, o valor "direitos humanos" é potenciado pelo valor "vontade geral" ou "vontade popular" e compatível com a definição do que é direito pelas "normas de reconhecimento". De alguma forma, é o que pressupõe a CRP, no seu art.º 2, quando, ao definir "Estado democrático", soma uma série de referências que, historicamente, raramente foram paralelas[418]: Artigo 2. – "(Estado de direito

---

[417] Cf. A. M. Hespanha, *Guiando a mão invisível [...]*, cit.

[418] Cf. A. M. Hespanha, *Guiando a mão invisível [...]*, caps. 8.3 a 8.5, 11.1 e 12.2.

356 | CALEIDOSCÓPIO DO DIREITO...

democrático). A República Portuguesa é um Estado de direito democrático, baseado (i) na soberania popular, (ii) no pluralismo de expressão e organização política democráticas, (iii) no respeito e na garantia de efectivação dos direitos e liberdades fundamentais e (iv) na separação e interdependência de poderes, (v) visando a realização da democracia económica, social e cultural e o (vi) aprofundamento da democracia participativa".

Pode dizer-se que, posta a questão num plano formal, não é muito difícil comprovar este consenso sobre a dignidade política dos "direitos humanos". Sob formas embora diversas, existe uma ideia cada vez mais universalizada[419] de que as pessoas são portadoras de direitos inerentes à sua personalidade.

Todavia, se se passar de um plano meramente formal para um plano substancial, este consenso desaparece rapidamente, pois falta uma enumeração verdadeiramente universalista de "direitos humanos". Se compulsarmos a Declaração Universal dos Direitos do Homem, proclamada em 1948 pela Assembleia Geral da ONU[420], e testarmos a probabilidade de

---

[419] Note-se a cautela da formulação, pois esta prova não está feita de forma absolutamente exaustiva. Podia sê-lo, por ventura, se se introduzisse uma restrição do tipo "em todas as comunidades decentemente organizadas", ou "em todas as comunidades civilizadas". Mas estas fórmulas estão carregadas de perigos de etnocentrismo.

[420] Cf. http://boes.org/un/porhr-b.html.

cada um dos direitos aí evocados ter uma aceitação universal, surgem-nos dúvidas de que isso aconteça em muitos artigos: o dever de fraternidade (art.º 1) será reconhecido universalmente? será que a raça, a cor, o sexo, a religião, a opinião política (art.º 2) são universalmente considerados como política e juridicamente irrelevantes? a pena de morte ou os tratamentos degradantes (art.º 5) são universalmente repugnantes? a discriminação ou o incitamento à discriminação (art.º 7) são universalmente censurados? o direito de casar (ou de não casar, ou de dissolver o casamento) e de constituir família, sem restrição alguma de raça, nacionalidade ou religião, e o casamento autodeterminado, livre e igualitário (art.º 15) serão valores universais? o direito à propriedade individual (art.º 17) será um valor humano indiscutido? a liberdade de religião e da manifestação pública desta (art.º 18) serão reconhecidas como um valor em todas as comunidades humanas? ou a liberdade de opinião e da sua expressão (art.º 19)? a democracia representativa (art.º 21) será um ideal de governo em todo o mundo? os direitos económico-sociais (e quais?) (art.º 22) são tidos como naturais em toda a parte? ou o direito ao trabalho, com salário igual, direito a descanso semanal e férias, e direitos sindicais (arts. 23 e 24)?; etc.

Está fora de dúvidas que estes direitos são geralmente reconhecidos no Ocidente – no qual existem, porém, Estados que mantêm a pena de morte (como os Estados Unidos), que são governados de forma não democrática (como o Vaticano), que discriminam em

358 | CALEIDOSCÓPIO DO DIREITO...

razão do sexo (como Portugal, a Espanha, etc.) ou da religião (como – embora tenuemente – Portugal e a Inglaterra); que infringem as garantias individuais de segurança relativamente à prisão sem culpa formada ou às garantias básicas de defesa (como os Estados Unidos depois do *Patriot Act* ou o Reino Unido depois de leis recentes contra o terrorismo[421]). Sendo também certo que, sem excepção, todos estes direitos se formaram na tradição política ocidental, não deixa de ser estranho que as culturas políticas não europeias não tenham conseguido introduzir no catálogo nem um único valor político próprio – desde a solidariedade familiar e comunitária e o respeito pelos mais velhos ou mais cultos, da tradição confuciana, à caridade e hospitalidade, da tradição muçulmana, à resistência pacífica, da tradição política hindu, ou à pro-

---

[421] Cf., em síntese, sobre o *Patriot Act*, aprovado na sequência dos atentados terroristas de 11 de Setembro, mas desde então objecto de contestação por parte de entidades de defesa dos direitos humanos e, mais recentemente, de decisões judiciais hostis, http://en.wikipedia.org/wiki/USA_PATRIOT_Act; http://www.aclu.org/safefree/resources/17343res20031114.html; http://www.epic.org/privacy/terrorism/usapatriot/; http://www.cato.org/pubs/handbook/hb108/hb108-12.pdf; http://web.amnesty.org/pages/usa-100106-action-eng; Sobre a legislação antiterrorista britânica, v. http://www.opsi.gov.uk/ACTS/acts2001/20010024.htm; http://www.humanrightsinitiative.org/publications/nl/articles/uk/uk_anti_terrorism_crime_security_act_2001.pdf; http://web.amnesty.org/wire/March2005/UK. V., em geral, o *Amnesty international report 2006* (cf. http://web.amnesty.org/shop/index/ISBN_0-86210-395-9).

O DIREITO NA VIDA: UMA ABORDAGEM TÓPICA | 359

priedade colectiva da terra, de tantos povos africanos e americanos[422]. É significativo que a República Popular da China – acusada pelo Ocidente de atentar contra os direitos humanos – tenha, a partir de 1991, modificado a sua estratégia de defesa. Enquanto, até aí, considerava que as críticas ocidentais tocavam assuntos pertencentes à esfera interna da sua soberania (o que constituía a defesa tradicional de todas as ditaduras, no Leste ou no Ocidente, perante as críticas da comunidade internacional às suas políticas de não reconhecimentos dos direitos do Homem), a partir do *Human Rights White Paper*, de 1991, o governo chinês passou a fundar-se numa defesa teórica de base cultural ou antropológica, argumentando, com expressa referência a alguns antropólogos ocidentais, com o carácter "local" dos catálogos de direitos humanos, e defendendo, consequentemente, que "A country's human rights situation cannot be judged in total disregard of its historical and national conditions, nor can it be evaluated according to the preconceived model or standard of another country or region. Such is the practical attitude of seeking truth from facts. From their own historical circumstances, the realities of their own country and their long practical experience, the Chinese people have derived their own

---

[422] V. Boaventura Sousa Santos, "Towards a multicultural conception of Human Rights", em *Zeitschrift f. Rechtssoziologie*, 18(1997), 1-18.

360 | CALEIDOSCÓPIO DO DIREITO...

viewpoints on human rights issues and have formulated the relevant laws and policies (GXB, p. ii)"[423].

12.4 *Direitos humanos e direitos fundamentais*

A fórmula mais segura de conferir uma espessura constitucional (um fundamento democrático) à expressão "direitos humanos", que permita a sua harmonização com o princípio da "soberania popular", é a conversão da noção de "direitos humanos" na de "direitos fundamentais", pois esta referir-se-ia aos direitos humanos "objectivamente vigentes numa ordem juridicamente concreta"[424] ou, mais precisamente ainda, direitos constitucionalmente determináveis, a que se somariam aqueles que, pelo seu objecto e importância, lhes sejam equiparáveis (CRP, art.º 16). Com esta restrição evita-se que, no desenho dos direitos, a opinião cultural e ideologicamente variável da doutrina (política, constitucional) se imponha à vontade popular, elidindo qualquer referência à vontade constituinte do povo no desenho dos direitos fundamentais. Neste sentido, o princípio do direito democrático constitui um poderoso facto emergente na doutrina jurídica. Ela tem que se desenvolver com

---

[423] Cf. Dingding Chen, "Understanding China's Human Rights Policy: The Limits of International Norms", em http://cosa.uchicago.edu/dingdingchen3.htm.

[424] Cf. Joaquim G. Canotilho, *Direito constitucional [...]*, cit., p. 393.

referência à constituição democrática e, sobretudo, aos *direitos fundamentais* nela estabelecidos (ou seja, aos "direitos do Homem" que *uma certa comunidade de homens democraticamente reconhece como tais*). Só esta fórmula, que combina um valor essencial na consciência pública dos Estados democráticos com a diversidade das concretizações deste valor reconhecidas nas diversas culturas permite afinar, face a cada cultura, o sentido recebido, estabelecido, socialmente reconhecido, de expressões como "direitos humanos".

12.5 *O conhecimento do direito*

No número anterior ocupámo-nos da questão de saber até que ponto o direito que vigora nos Estados contemporâneos ocidentais se constitui em conformidade com o princípio democrático. Ou seja, fizemos uma sondagem acerca da natureza democrática das fontes de direito.

Porém, para que o direito seja democrático não basta que ele surja da vontade popular; é ainda necessário que ele se mantenha ao alcance do povo, tanto num plano cognitivo, como no plano prático: que seja conhecido do povo e que seja actuável pelo povo para a resolução dos conflitos.

O primeiro aspecto prende-se com o conhecimento do direito pela população, o que se relaciona tanto com questões referentes à estrutura social e cultural da sociedade, como com a estabilidade do direito, com os meios da sua publicitação e com a estrutura comunicacional dos seus comandos (com a sua legibilidade, no sentido vasto do termo). A segunda questão prende-se, basicamente, com os modos de fazer valer o direito e, portanto, com a organização da justiça.

Trataremos por esta ordem as duas questões.

12.5.1 *Meios de informação sobre direito*

Num inquérito recente à população de Lisboa[425], obtivemos dados sobre o acesso ao conhecimento jurídico e sobre o conhecimento efectivo do direito, a partir dos quais construiremos o panorama descrito neste número.

A tabela seguinte exprime a qualidade da informação jurídica que os entrevistados atribuíram a cada um dos tipos mais comuns de fonte de conhecimento do direito.

Saliente-se, em primeiro lugar, que apenas 27% dos inquiridos crê obter uma informação jurídica suficiente ou boa, por uma qualquer das fontes utilizadas. Ou seja, para os restantes 63% que nunca conseguem obter uma informação bastante, o direito mantém sempre uma elevada dose de mistério.

---

[425] António Manuel Hespanha *et al.*, *Inquérito aos sentimentos de justiça num ambiente urbano*, Coimbra, Almedina, 2005.

Qualidade da informação de cada uma das fontes de conhecimento do direito
(% do *sentido das respostas* sobre a qualidade de cada fonte de informação)

	Conversas %	Experiência %	Jornais %	Brochuras %	Livros direito %	TV %	Rádio %	Conferências %	Ensino formal %	% Combinada das colunas anteriores
Boa	9	7	5	3	3	6	4	1	2	4
Suficiente	39	34	33	11	5	37	22	10	12	23
Boa + Suf.	(48)	(41)	(38)	(13)	(8)	(43)	(26)	(10)	(13)	(27)
Má	42	39	39	18	15	46	41	11	13	29
Nenhum	11	20	23	68	78	11	33	79	73	44
Total	100	100	100	100	100	100	100	100	100	100

364 | CALEIDOSCÓPIO DO DIREITO...

As fontes que, segundo o universo dos inquiridos, contêm melhor informação jurídica são (por ordem decrescente) as conversas, a experiência, a televisão e, um pouco menos, os jornais. Com pouca eficácia informativa (também por ordem decrescente de qualidade, tal como é percebida pelos inquiridos): as brochuras e o ensino formal, as conferências e os livros de direito. Esta aparentemente estranha hierarquia, em que as fontes a que um jurista reconheceria melhor qualidade informativa se encontram entre aquelas a que os inquiridos atribuem menor impacto informativo, revela afinal, uma vez mais, tanto o hermetismo dos discursos mais técnicos sobre o direito, como a distância que separa as crenças do mundo jurídico das crenças do mundo real.

De facto, o mundo real é constituído por:

- uma sociedade de baixa literacia (em que, mesmo os jornais generalistas, apenas são considerados como suficientemente informativos por pouco mais de um terço dos inquiridos, enquanto as brochuras de divulgação especializada não servem como fontes de informação sequer a um quinto dos inquiridos);
- bem como dotada de uma baixa capacidade de entender mensagens mais complexas, como são as jurídicas. De notar, também, a baixíssima eficácia informativa do ensino escolar, em matéria de direito.

O DIREITO NA VIDA: UMA ABORDAGEM TÓPICA | 365

Ou seja, o direito chega às pessoas pela sua quotidianização, pela sua transformação em matéria do trato de todos os dias – neste incluindo a televisão, que passou a impregnar o quotidiano e a própria domesticidade da vida de hoje[426] –, simplificado, despido de matizes e de tecnicidades. De facto, as fontes de informação que poderiam criar visões mais rigorosas e complexas (livros, conferências) mostram-se quase inacessíveis à compreensão da maior parte.

Nos quadros seguintes permitem-nos colocar o problema de outro modo. Entre aqueles que consideram colher informação jurídica suficiente, de onde a colhem eles?

Recorrendo a análises estatísticas mais sofisticadas – que aqui não reproduziremos – podemos dizer algo mais. Desenham-se claramente dois mundos de acesso à informação jurídica. Um mundo de oralidade (hoje fortemente invadido pelas novas formas de oralidade dos grandes meios de comunicação social), cujos membros se consideram, a esse nível, bem informados e cujo núcleo abrange c. de 20% dos inquiridos. E um mundo da comunicação escrita erudita, cujo núcleo engloba c. de 5% dos inquiridos. Entre estes dois mundos de "bem informados" (de um ou de outro

---

[426] Cf. R. Silverstone, *Television and everyday life*, London, Routledge, 1994; R. Silverstone & E. Hirsch, *Consuming technologies: media and information in domestic spaces*, London, Routledge, 1999; D. Gauntett & A. Hill, *TV living: culture and everyday life*, London, Routledge, 1999.

366 | CALEIDOSCÓPIO DO DIREITO...

tipo), há 75% de pessoas que se representam como juridicamente "desinformadas". Outros elementos permitam-nos ter uma ideia da composição social de cada grupo:

Grupo	%	Composição
Auto-representam-se como *informados* (com base em fontes orais)	20 %	Mulheres, jovens, grupos menos educados, grupos socialmente desfavorecidos
Auto-representam-se como *não informados*	75 %	
Auto-representam-se como *informados* (com base em fontes escritas)	5%	Pessoas com graus mais avançados de estudos [427], pessoas de rendimentos mais elevados, pessoas que se consideram de estratos sociais superiores.

---

[427] Percentagem dos inquiridos que consideram boa a informação de cada uma das fontes, por nível de ensino.

	Primário	Secundário	Superior	Rel. Sup./Prim.
Conversa com outras pessoas	6,5	8,6	18,8	2,9
Experiência própria	5,4	7,1	14,5	2,7
Leitura de jornais	1,8	7,5	11,6	6,4
Leitura de boletins de divulgação jurídica	0,7	1,9	11,8	16,9
Leitura de livros de direito	0,4	1,9	11,8	29,5
Audição de programas de rádio	5	2,6	2,9	0,6
Assistência a conferências	0,4	0,8	2,9	7,3
Ensino formal	0,7	0,7	10,4	14,9

O DIREITO NA VIDA: UMA ABORDAGEM TÓPICA | 367

Isto permite-nos (simplificando um pouco) dizer que apenas 5% da população se considera juridicamente informada de uma forma que corresponde àquilo que os juristas consideram como "boa informação". Mesmo dando de barato que esta convicção pode não corresponder à verdade, constatamos uma enorme assimetria nas capacidades de lidar autonomamente com o direito e de tirar partido dele. Em face do que adiante veremos sobre o acesso a apoio jurídico, os dados acima não apenas documentam enormes desigualdades na disponibilidade do direito em relação aos cidadãos – e, por isso, um profundo défice democrático no plano jurídico –, como colocam a esmagadora maioria dos cidadãos na dependência de uma mediação jurídica (de advogados, de solicitadores, etc.), que também está muito desigualmente ao alcance das pessoas, nomeadamente pelo seu custo económico.

Uma nota final sobre o grau de acessibilidade dos livros de direito, mesmo entre um público habituado a ler. Mesmo dos que costumam ler jornais, apenas 18,3% consideram ser suficiente ou boa a informação obtida de literatura jurídica especializada. E mesmo aqueles que têm bastantes (mais de 500) livros em casa, apenas 18,8% colhem dos livros jurídicos uma informação julgada suficiente ou boa.

Não é, porém, este carácter hermético da literatura jurídica – que, neste aspecto, pouco terá de incomum em relação a qualquer outra literatura especializada – que afecta decisivamente a acessibilidade social do

368 | CALEIDOSCÓPIO DO DIREITO...

conhecimento jurídico (além do mais, porque o núcleo dos utilizadores desta literatura como fonte de informação é muito pequeno), mas antes a falta de vias de disseminação social destes conhecimentos técnicos. Basta pensar na opacidade das técnicas de divulgação do direito vigente, de que é um bom exemplo a estrutura do *Diário da República*; no sistema de referência das disposições normativas por meio de complicados sistemas de numeração; na própria linguagem legislativa; ou na complexidade dos formulários oficiais. Tudo isto, para mais, envolvido no labirinto burocrático.

Como conclusão geral, anotemos a pobreza e as assimetrias sociais da informação jurídica na nossa sociedade e o modo como isto constitui, desde logo, um factor de enfraquecimento da adesão cidadã ao direito, o que devia preocupar políticos e juristas. Por três razões. A primeira delas é a desigualdade dos cidadãos perante o direito, que assim se estabelece (contrariando preceitos constitucionais, cf. CRP, art.º 20, n.ºs 1 e 2); a segunda é a dependência em relação aos profissionais do direito em que uma parte (mas apenas uma parte) dos cidadãos é colocada na sua relacionação com o direito[428]; a terceira – e,

---

[428] Em relação a outros bens fundamentais, como a saúde ou a educação, o Estado criou sistemas nacionais que os disponibilizam, a custos módicos e em condições de igualdade, a todos os cidadãos. No caso do direito, isso não acontece senão raramente. Aparte o caso dos notários e dos conservadores,

porventura, a mais estratégica – é o modo como estes défices na divulgação do direito se repercutem na legitimidade social deste. Ninguém pode aderir a algo que não lhe é dado a conhecer; nem ninguém pode sentir a "camaradagem no direito" (*Rechtsgenossenheit*), como factor de integração na República, se o direito for para si um mistério.

O mesmo inquérito também nos fornece dados acerca do conhecimento efectivo do direito, *embora a um nível muito superficial e ligado à vida de todos os dias*.

Uma apreciação global permite afirmar que, a este nível, o conhecimento do direito se mostrou bastante elevado, como se constata a partir do gráfico seguinte ("Conhecimento do direito"), bem como da tabela que vai no fim desta secção. A percentagem de respostas certas às questões postas atingiu sempre valores superiores a 80%.

---

que desempenham um papel muito significativo no aconselhamento jurídico das partes que os procuram na área da sua jurisdição, e de um sistema muito pouco eficaz de assistência judiciária, não existem praticamente serviços de consulta jurídica geralmente acessíveis. As próprias associações profissionais do sector, embora mantendo serviços de apoio jurídico *pro bono*, são muito ciosas, por razões que parecem ser corporativas, do monopólio das atribuições de aconselhamento jurídico e judiciário.

Respostas certas a diversas questões jurídicas
(muito simples)

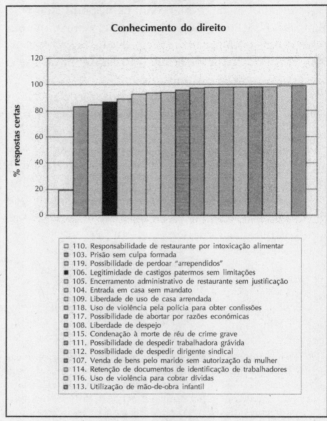

Conhecimento do direito por categorias de respondentes

	Género - Aceita	Masc.	Fem.	Idade - Aceita	Mais Novos	Mais Velhos	Nível Educ. - Aceita	Nenhum/Primário	Superior	Rendimento - Aceita	Pobres	Ricos	Prática Religiosa - Aceita	Prát. Rel. Regular	Prát. Rel. Nula	Escala Social - Aceita	Classe Baixa	Classe Alta	Ideologia - Aceita	Esquerda	Direita	Leitura Imprensa - Aceita	Leitores	Não Leitores	Média Geral
120. Prisão sem culpa formada	29			28			29	33	13	29			29			28			28			29			28
121. Entrada em casa sem mandato	16			16			16	17	12	16	21	7	16			16			16			16			16
122. Encerramento administrativo de restaurante sem justificação	16			16			16	20	15	18			16			17			17			16			16
135. Uso de violência pela polícia para obter confissões	23			23			23	28	10	25			23			24						23			21
136. Possibilidade de perdoar "arrependidos"	18			18			18		21	18						17						18			16
123. Legitimidade de castigos paternos sem limitações	15			15			15	18		15						14			14			15			15
124. Venda de bens pelo marido sem autorização da mulher	1	2		1			1			1						1					2	1			1
125. Liberdade de despejo	1	3		1			1			1			1			1					2	1			1
126. Liberdade de uso de casa arrendada	16			16			16		18	16						16		15				16			16
127. Responsabilidade de restaurante por intoxicação alimentar	87			87			87			87			87			87		13				87			22
133. Uso de violência para cobrar dívidas	9			9			9			9			9			9		8				9			9
128. Possibilidade de despedir trabalhadora grávida	1			1			1			1			1			1				2					1
129. Possibilidade de despedir dirigente sindical	3			3			3		2	3			3			3						3			3
130. Utilização de mão-de-obra infantil	11			11			11	15	13	11		2				10						11			11
131. Retenção de documentos de identificação de trabalhadores	1			1			1	1															1		1
132. Condenação à morte de réu de crime grave	34			34			34	40	20	37			34			35			36			34			35
134. Possibilidade de abortar por razões económicas	66			66			66	64		66						66		65		74	52	66			66

Só se apresentam os valores cuja variação estatisticamente é significativa.
Considera-se estatisticamente significativa uma variância nas respostas em que a probabilidade associada = 0,05.

372 | CALEIDOSCÓPIO DO DIREITO...

Interessante é notar a quase irrelevância, para efeitos de conhecimento do direito, do grau de ensino dos inquiridos. A relativa homogeneidade do conhecimento social do direito explica-se, decerto, pela natureza das perguntas, para responder às quais bastava um conhecimento comum do direito. Interessante é também notar como a auto-avaliação que os inquiridos fazem do nível dos seus conhecimentos jurídicos, a que antes nos referimos, não corresponde aos seus conhecimentos efectivos a este nível elementar. De facto, enquanto apenas 27% dos inquiridos julga dispor de uma boa informação sobre o direito, 80% responde acertadamente às questões colocadas. Embora, como dissemos, a resposta correcta às questões não exigisse senão um conhecimento superficial do direito, parece comum uma insegurança de cada um sobre os seus conhecimentos jurídicos, desproporcionada em relação aos respectivos conhecimentos reais. Ou seja, o direito parece um mistério, que não se dissipa... nem com o seu efectivo conhecimento. E, neste caso como em outros, a falta de confiança no conhecimento equivale a desconhecimento.

Para além da dignidade constitucional da matéria, o desconhecimento do direito pode ter consequências práticas muito nocivas para os direitos individuais, pois é princípio de direito, sintomaticamente estabelecido na aurora do legalismo, que "a ignorância da lei não aproveita a ninguém", ou seja, que ninguém se pode escusar dos deveres impostos por lei com o

O DIREITO NA VIDA: UMA ABORDAGEM TÓPICA | 373

fundamento na sua ignorância[429]. Portanto, se um ordenamento jurídico for obscuro ou insuficientemente comunicado ao público, ou o público não estiver em

---

[429] O sistema jurídico do Antigo Regime era bastante mais complacente, admitindo, para certas categorias de pessoas (mulheres, rústicos, etc.), que a ignorância do direito os podia aproveitar. Clássico sobre a questão, mostrando como ela se agrava com o legalismo do Estado liberal, Joaquín Costa, *El Problema de la Ignorancia del Derecho y sus Relaciones con el Status Individual, el Referendum y la Costumbre*; trad. port. *A Ignorância do Direito*, tradução, notas e apresentação de Isaac Sabbá Guimarães, prefácio de Newton Sabbá Guimarães, Juruá Editora, 2008. Tanto o direito continental como a *common law* limitam hoje a validade do princípio da irrelevância do desconhecimento da lei, embora ainda em termos restritos; cf. a sentença do Tribunal Europeu dos Direitos Humanos (caso *Sunday Times*) de 26 de Abril de 1979, ao considerar que "uma norma não pode ser considerada "lei" a menos que esteja formulada com suficiente precisão para permitir ao cidadão regular a sua conduta [embora considerando a eventual necessidade de assessoria jurídica]"; no *common law*, a doutrina de "nulidade por vaguidade" (*Void-for-Vagueness Doctrine*) foi incialmente formulada pela *Supreme Court* dos EUA no caso *Connally, Commissioner of Labor of Oklahoma*, et al. *v. General Construction Co.* (1926), 269 U.S. 385, 391: *"Any statute which either forbids or requires thedoing of an act in terms so vague that men of common intelligence must necessarily guess at its meaningand differ as to its application"* (opinião do Justice Sutherland), e continuada em *McBoyle v. United States*, 283 U.S. 25, 27 (1931): *"Although it is not likely that a criminal will carefully consider the text of the law before he murders or steals, it is reasonable that a fair warning should be given to the world in language that the common world will understand, of what the law intends to do if a certain line is passed"* (opinião do Justice Holmes).

374 | CALEIDOSCÓPIO DO DIREITO...

condições de entender o seu conteúdo, estamos perante uma situação semelhante à fábula contada por F. Kafka, no seu livro *O processo*: o Sr. K vagueava incessantemente pelos tribunais, acusado de um crime que não sabia qual fosse. Se estivermos atentos, veremos frequentemente que esta fábula se materializa em situações da vida quotidiana, não apenas nos tribunais, mas também nas repartições públicas ou, até, nos contenciosos de empresas ou nos escritórios de advogados.

12.6 *O desenvolvimento de políticas de democratização do acesso ao direito* [430]

A Constituição da República (art.º 20, n.os 1 e 2) estabelece que o acesso ao direito e aos tribunais é assegurado a todos, para defesa dos seus direitos e interesses legalmente protegidos, não podendo a justiça ser denegada por insuficiência de meios económicos. Esta garantia é completada pela referência ao direito à "informação e consulta jurídicas, ao patrocínio judiciário e ao acompanhamento por advogado perante qualquer autoridade".

Da informação jurídica já falámos no parágrafo anterior. Resta apenas sublinhar, uma vez mais, que a

---

[430] Texto de aprofundamento: "O acesso ao direito e à justiça: um direito fundamental em questão" (2002) em *site* do Observatório Permanente da Justiça Portuguesa (http://opj. ces.uc.pt/pdf/10.pdf).

O DIREITO NA VIDA: UMA ABORDAGEM TÓPICA | 375

questão tem dignidade constitucional, colocando-se – no plano dos direitos fundamentais – como o direito ao acesso ao direito e aos tribunais.

Quanto a este último ponto, comecemos por notar que se trata de uma questão que surgiu muito tarde.

O Antigo Regime legou à modernidade uma sociedade diversamente submetida ao controlo da lei[431]. Uma parte – francamente minoritária – vivia à sombra do direito escrito oficial, em que a lei começava a deter um papel importante – mas não decisivo[432] –, papel que é ainda acentuado com o legalismo iluminista e com as codificações da primeira metade do séc. XIX. Uma outra parte da sociedade – a maioritária – mantinha com este direito um contacto apenas tangencial; tratava-se, porém, de sectores sociais de facto não integrados no universo político-jurídico (dele afastados por incapacidades – caso das mulheres – ou por critérios censitários, estabelecidos no plano dos direitos políticos). Como diversos estudos históricos têm mostrado, o direito liberal clássico estava pensado para vigorar entre uma elite de homens letrados e razoavelmente informados (os "amigos do interesse geral", elite que conformava a chamada "opinião pública", sede em que se discutia a política e também a política do direito e da justiça). Este direito lidava

---

[431] Cf. António Manuel Hespanha, *Justiça e litigiosidade. História e perspectiva*, Lisboa, Fundação Gulbenkian, 1993, pp. 13 ss.

[432] Este era ocupado pela doutrina (do *ius commune*) ou pela jurisprudência dos tribunais superiores (*styli*).

376 | CALEIDOSCÓPIO DO DIREITO...

sobretudo com questões relacionadas com a liberdade e a propriedade, quando os litígios que daqui emergiam não eram resolvidos pelos próprios interessados, de acordo com os padrões de comportamento da "gente educada", devidamente aconselhada pelos técnicos de direito que faziam parte deste mesmo mundo (advogados ou, especialmente em França, os notários); os quais, com os seus conselhos, modelavam o comportamento dos seus clientes pelas regras e cautelas exigidas pelo direito oficial, evitando as questões em tribunal, pois não se podia dizer que "andar em tribunal" fosse um facto socialmente prestigiante.

O outro mundo apenas lidava com o direito quase como objecto dele, quando este se lhe impunha por exigência das elites. Mas, muito frequentemente, tanto no domínio civil como no domínio penal, nem nestes casos se tratava do direito oficial, com todas as suas complexidades e garantias, mas antes de um sub-direito, aplicado como ameaça eficaz para quem o desconhecia e o temia, ou actuado pelas autoridades de polícia, nessas lúgubres esquadras de polícia, um reino do despotismo autoritário e da violência bem descrito na literatura oitocentista, que consubstanciava, para "o povo", a verdadeira antecâmara dos tribunais.

A situação modifica-se por dois factores: por um lado, pela ascensão política dos grupos populares, a partir dos finais do séc. XIX, e pela progressiva tomada de consciência dos seus direitos, nomeadamente no mundo do trabalho; por outro lado, pela pretensão do Estado de incorporar estas periferias sociais na sua regulamentação por meio do direito (estadualização e jurisdicização, *Verrechtlichung*; mais tarde, aprofundamento do Estado democrático de direito). Neste sentido, tanto a procura do direito e da justiça passaram a aumentar, como os poderes públicos passaram a entender o acesso ao direito e à justiça oficial como um dos factores de civilização, de democratização ou de modernização social[433].

Porém, esta expansão periférica do direito e da justiça oficial constitui um fenómeno equívoco, nas suas consequências sociais. Se reage contra um mundo de "direitos" e "justiças" locais, por vezes muito mais desiguais e opressoras do que o direito e a justiça oficiais, por outro lado pode constituir um factor de alienação política e jurídica das populações (sobretudo das periféricas), impondo-lhes normas e modelos de resolução de conflitos totalmente estranhos às tradições que tinham interiorizado. Mas, mais do que isso, obrigando-os a adoptar os modelos axiológicos (os valores), os modelos de narrativa (*v.g.*, a narrativa genérica e abstracta), os modelos de prova (*v.g.*, a prova circunstancial, apoiada em factos empíricos e formalizada de acordo com as regras do processo escrito – *quod non est in actis non est in mundo* [o que não está no processo, não existe no mundo]), e os

---

[433] A obra clássica sobre o tema é M. Cappelletti (org.), *Accès à la justice et État providence*, Paris, Economica, 1984. Para Portugal v. o relatório "O acesso ao direito e à justiça", do OPJP, cit. (http://opj.ces.uc.pt/pdf/10.pdf).

378 | CALEIDOSCÓPIO DO DIREITO...

modelos de resolução de litígios (normalmente, a adjudicação, ou seja, a atribuição do bem disputado a uma das partes, excluindo dele a outra), acolhidos pelo direito e pela justiça oficiais. Esta face do fenómeno atingiu a sua expressão máxima no mundo colonial, mas também foi e é visível nos países do centro, nomeadamente naqueles em que as disparidades culturais e sociais (entre ricos e pobres, educados e incultos, urbanos e camponeses) são maiores. Num caso e noutro, o acesso (a adesão) à justiça oficial traduz um acto de submissão à hegemonia do direito oficial, por parte de grupos sociais periféricos, acto que, no entanto, constitui uma pré-condição para a defesa eficaz dos direitos destes grupos. Podendo dizer-se que, em certo sentido, o gozo do direito (oficial) pressupõe, assim, uma prévia alienação em relação ao direito (vivido)[434].

---

[434] Sobre esta problemática, v. António Manuel Hespanha (org.), *Justiça e litigiosidade [...]*, nomeadamente A. M. Hespanha, "Lei e justiça: história e perspectivas de um paradigma", 5-59; e Marc Galanter, "A justiça não se encontra apenas nas decisões dos tribunais", 59-119. Sobre a imposição do modelo de direito abstracto às populações camponesas, v. o expressivo estudo de caso de Gerd Spittler, "Abstrakteswisse als Herrschaftsbasis zur Entstehung bürokratischer Herrschaft im Bauernstaaten Preussen" [O saber abstracto como base política do emergir do poder burocrático no Estado de camponeses da Prússia], em *Kölner Zeitschrift f. Soziologie u. Sozialpsychologie*, 1980.3, 574 ss. e, mais recente e alargadamente, as belas páginas de Zygmund Bauman, em *Legislators and interpreters*, Lon-

O DIREITO NA VIDA: UMA ABORDAGEM TÓPICA | 379

Seja como for, o progressivo alargamento da esfera da justiça gerou – além desta expropriação jurídica das periferias, da "comunidade" – vários problemas novos.

O primeiro problema foi o da lentidão da justiça. A ele já nos referimos; importando, aqui, apenas acrescentar que os prejuízos da lentidão da justiça não recaem igualmente sobre todos. Recaem mais sobre aqueles que têm menos meios para esperar uma decisão final e serem eventualmente reintegrados nos seus direitos e, também, sobre os que participam de uma vida social e económica mais dinâmica – nomeadamente as empresas[435]. Embora se fale hoje em dia muito mais deste último aspecto, pelo que ele onera,

---

don, Polity Press, 2002, 21 ss. Também a literatura antropológica está cheia de referências ao efeito de desenraizamento destas transferências para as periferias coloniais dos modelos de justiça do centro. Sobre a permanência de um direito da oralidade, A. M. Hespanha, "The everlasting return of orality", paper presented to *Readings Of Past Legal Texts. International Symposium in Legal History in Tromsø, 13th and 14th June 2002*, em Dag Michalsen (ed.), *Reading past legal texts*, Oslo, Unipax, 2006, 25-56.

[435] Daí a insistência que o mundo empresarial hoje coloca na melhoria da justiça, como condição de estabilidade e fluidez da relações de mercado. Tem, porém, que se dizer que esta ânsia de justiça por parte do mundo empresarial é ambígua e contraditória. Por um lado, propõe-se uma justiça mais expedita, em que certas garantias sejam sacrificadas, sendo certo que isto joga, normalmente, a favor da parte mais forte, justamente o mundo empresarial frente ao cidadão comum, trabalhador ou consumidor; por outro lado, as empresas utilizam sobretudo a justiça para resolver conflitos que decorrem

380 | CALEIDOSCÓPIO DO DIREITO...

muito negativamente, a produtividade dos meios de negócios, é conveniente anotar duas coisas: uma delas é que o primeiro aspecto tem uma relevância cívica e constitucional muito mais elevada do que o segundo, pois não prejudica apenas a economia, atingindo também, em cheio, o princípio constitucional da igualdade; a segunda é que, em larguíssima medida, a lentidão da justiça é hoje causada por litigiosidade de iniciativa das empresas (*corporative litigation*), nomeadamente para cobrança de dívidas provocadas pelas estratégias de incentivo ao consumo supérfluo ou leviano, apoiado em publicidade massiva e, frequentemente, desinformativa ou mesmo enganosa. Ou seja, alguns sectores dos negócios (operadoras de telemó-

---

de factos de que elas próprias são responsáveis (por exemplo, ao abrir campanhas irresponsáveis de captação de consumo ou de concessão de crédito junto de populações carentes de meios de pagamento); com isto, "entopem" os tribunais com processos de cobrança forçosa de dívidas (pequenas prestações não pagas, pequenos cheques sem coberturas, dívidas de telemóveis), cujos custos, em boa verdade, deviam recair sobre elas, e não sobre o contribuinte ou sobre os outros utentes da justiça. Para além disso, muitas empresas não se mostram, normalmente, tão ansiosas pela justiça nos casos de incumprimento fiscal, de degradação industrial do ambiente, de não satisfação culposa dos consumidores, fazendo arrastar estas questões, por meio de recursos infindáveis, com isto entupindo também os tribunais e, para além disso, adiando a resolução final das questões. Finalmente, os custos marginais que as empresas, dotadas de gabinetes jurídicos permanentes, têm com um novo litígio são muito baixos, factor que incentiva um recurso aos tribunais fácil e frequentemente leviano ou de má-fé.

veis e telefones fixos, de Internet, empresas de "crédito fácil" ou gestoras de cartões de crédito) são os verdadeiros causadores de um "entupimento" dos tribunais, colocando o serviço público de justiça ao serviço quase exclusivo da satisfação de um interesse privado sectorial. Acresce ainda que, valendo-se do argumento da lentidão da justiça que eles mesmos provocam, pressionam no sentido de entregar estas cobranças a sectores administrativos do Estado, com risco para os direitos de defesa dos devedores, quando não se oferecem para, eles mesmos, se encarregarem dos procedimentos executivos (!).

Os remédios para a lentidão da justiça podem, por sua vez, ser de dois tipos. Por um lado, um maior investimento da justiça oficial[436], a par de um controlo mais rigoroso da sua eficiência e de uma desburocratização dos seus processos; por outro lado, ou a exclusão do mundo judiciário de certos conflitos que só na aparência o são – porque os direitos das partes não são objecto de contestação[437] – ou a criação de

---

[436] V., em todo o caso, o quadro "Eficácia comparada..." sobre os investimentos portugueses na justiça, num plano comparativo.

[437] V., para estes casos, n. 468. É o caso, por exemplo, da execução de dívidas admitidas pelo devedor, que apenas não pode ou não quer pagar. Em certos países, isto é resolvido por entidades não judiciais (serviços públicos de natureza administrativa). O que já é mais arriscado é entregar a execução ao titular do título executivo.

382 | CALEIDOSCÓPIO DO DIREITO...

formas alternativas de justiça, como a mediação e a arbitragem.

O segundo problema foi o de tornar acessível a justiça – em qualquer das suas formas, mas sobretudo a justiça oficial – a todos os cidadãos, independentemente do seu poder económico. Para isto se criou o instituto da assistência judiciária, ou seja, a dispensa, parcial ou total, do pagamento prévio das custas e, eventualmente, o patrocínio judiciário gratuito, por advogado nomeado pelo juiz (cf. CRP, art.º 20, n.ᵒˢ 1 e 2, concretizados pelo DL 30-E/2000, de 20.12, alterado pelo DL 38/2003, de 8.3)[438]. Embora faltem análises empíricas sobre o funcionamento do sistema, a simples atenção aos telejornais induz uma atitude bastante céptica quanto aos seus resultados: o sistema é mal conhecido, há que preencher uma série de requisitos burocráticos (incluindo a prova do cumprimento das obrigações fiscais), os defensores oficiosos mostram-se frequentemente pouco incentivados para assumir uma defesa eficaz[439], parecendo acontecer

---

[438] Rectificado pela "rectificação da rectificação" de 30.4 (oh técnica legislativa!). Cf., para ulterior legislação, Ana Prata, *Dicionário [...]*, cit., v. "Assistência judiciária", "Acesso à justiça". Guia prático no *site* da Ordem dos Advogados: http://www.oa.pt/servicos/faqs.asp?idc=8&scid=159. V., também, Catarina Lima da Costa, "O novo regime de acesso ao direito", *Boletim da Ordem dos Advogados*, Lisboa, n.º 33 (Set/Out.2004), pp. 54-56.

[439] Tabela de honorários pagos pelo Estado aos defensores oficiosos, em Portaria n.º 1386/2004 de 10 de Novembro (a críptica UR equivalia a 22,25€ em 2005). Realmente, compa-

mesmo que frequentemente apenas se encontram com o constituinte no dia da audiência, limitando-se a "pedir justiça" nas respectivas alegações.

Imprensa não especializada publicou, em 2006, alguns valores comparados, relativos aos investimentos na justiça na generalidade dos países da UE, que permitem conclusões interessantes[440].

A primeira é a de que Portugal seria, dos países da UE, o que mais tribunais tem relativamente ao número dos seus habitantes, só sendo, quanto a isto, ultrapassado pela Espanha. Seria também dos que, propor-

---

rado com o que se presume que se pode ganhar na actividade forense (para advogados com nome, os honorários oscilariam entre 100 e 200 € à hora, em 2006 [http://dn.sapo.pt/2006/03/28/sociedade/honorarios_advogados_totalmente_libe.html]). Desde 2006 que ficou formalmente estabelecido pelo conselho superior da Ordem dos Advogados que nenhuma tabela que estabeleça mínimos ou máximos de honorários é legal, nem mesmo as chamadas tabelas de honorários das comarcas, aprovadas pelas delegações locais da Ordem dos Advogados. Esta total liberalização do mercado da advocacia acautelaria uma eventual condenação por parte da Autoridade da Concorrência, por esta considerar que "a fixação de preços mínimos e máximos configura uma forma séria e das mais graves de restrição da concorrência" (http://dn.sapo.pt/2006/03/28/sociedade/hono rarios_advogados_totalmente_libe.html; v., ainda, sem sentido contrário, provocando reacções fortes, a decisão de um conselho deontológico comarcão de proibir o pagamento ao minuto: http://diarioeconomico.sapo.pt/edicion/diarioeconomico/edi cion_impresa/advogados/pt/desarrollo/699799.html).

[440] Pressupõe-se a fiabilidade dos dados, cujos critérios de recolha e tratamento não são completamente claros.

384 | CALEIDOSCÓPIO DO DIREITO...

cionalmente, mais funcionários judiciais emprega (só sendo ultrapassado pela Eslovénia, Malta e Estónia). Estaria, por fim, entre os que mais gastam com o funcionamento da justiça (menos, embora, do que a Áustria, Alemanha e a Eslovénia). Em contrapartida, empregaria um número relativamente baixo de juízes, embora, relativamente à população, maior do que um grupo de países com uma justiça eficiente e prestigiada (entre os quais a Holanda, a França, a Dinamarca e a Grã-Bretanha). Resumindo, parece que não é por falta de meios (humanos e materiais) que a justiça portuguesa se apresenta como tão ineficaz e lenta. Sendo assim, as razões estarão antes no modo como esses meios são organizados, nos processos que usam e, eventualmente, na prestação dos agentes da justiça. Deficiente organização (incluindo a administrativa) judiciária, deficientes leis processuais (ou mais em geral, deficientes leis...), deficiente formação dos funcionários e deficiente avaliação do seu desempenho, eis os defeitos para que aponta uma leitura sumária dos dados anteriores. Sendo certo que para a alegada ineficiência também contribui o mau uso social da justiça, nisto compreendendo o fomento de condutas que geram litigiosidade (como o endividamento excessivo das famílias), a litigância injustificada ou de má-fé, a pequena disponibilidade para a composição extrajudicial, as tácticas judiciais meramente dilatórias e chicaneiras. Tudo sinais, entre outras coisas, de um uso da justiça destituído de sentido cívico e de um défice deontológico dos advo-

O DIREITO NA VIDA: UMA ABORDAGEM TÓPICA | 385

gados, insuficientemente tido em conta pela respectiva Ordem[441].

À questão da ineficiência soma-se a da irracionalidade do mapa judiciário, agora em revisão[442].

Mas destes dados também se extrai que, se excluirmos os países do leste europeu, Portugal se encontra

---

[441] Movimento de processos disciplinares e de inquérito no Conselho Superior da Ordem dos Advogados (2006: 297 novos processos; o número total de advogados em Portugal deve rondar os 20 000): http://www.oa.pt/upl/%7B3cad81de-b681-478d-88d9-0f0d2aceeb43%7D.pdf; *idem* no Conselho Distrital de Lisboa (1996-2001: 1735 processos entrados ou transitados do anterior): http://www.oa.pt/CD/Conteudos/Artigos/detalhe_artigo.aspx?sidc=31634&idc=492&idsc=1226; há, actualmente, c. de 11 000 advogados inscritos em Lisboa; logo, numa estatística grosseira, apenas 2 % foram objecto, neste período, de processos disciplinares. Em 2000, Portugal tinha 188 advogados por cem mil habitantes (sendo superado por países como a Espanha, o Reino Unido e os Estados Unidos, mas estando acima da Alemanha, Bélgica, Holanda, Itália e França). Em termos de crescimento entre 1980 e 2000, Portugal apresenta a taxa de crescimento do número de advogados por cem mil habitantes mais elevada (248 por cento) (*Conferência do Banco de Portugal _11 e 12 de Março de 2004*, em http://www.bportugal.pt/events/conferences/IIDEP/sumexec.pdf). Os distritos de Lisboa e Porto concentram 68,3% dos advogados que exercem em Portugal. Os dados mais recentes revelam a crescente disparidade entre o interior e o litoral – Portalegre tem 48 advogados contra os 10.955 inscritos em Lisboa.

[442] Ver os importantes estudos do Observatório Permanente da Justiça, do Centro de Estudos Sociais da Universidade de Coimbra, preparatórios da revisão anunciada do mapa judiciário: http://www.mj.gov.pt/MJ/sections/justica-e-tribunais/organizacao-judiciaria/revisao-do-mapa8023/.

386 | CALEIDOSCÓPIO DO DIREITO...

na cauda da lista, sob o ponto de vista das verbas gastas com o apoio judiciário, com a agravante de que se trata de um dos países de rendimentos *per capita* mais baixos e em que existe um maior número de pessoas vivendo em níveis internacionalmente considerados "de pobreza".

Embora seja desejável que as primeiras instâncias decidam a contento das partes e que estas, por isso, não recorram, o afunilamento brutal do recurso aos vários níveis da pirâmide judicial pode relacionar-se também com os custos da justiça. O quadro seguinte mostra o número de processos entrados nos vários níveis da justiça comum em Portugal:

	Trib. 1ª inst.	Relações	% (em relação a 2)	STJ	% (em relação a 3)	% (em relação à 2)
(1)	(2)	(3)	(4)	(5)	(6)	(7)
1992	800823	19614	2%	3004	15%	0,38%
1993	861796	21446	2%	4126	19%	0,48%
1994	868081	17776	2%	3427	19%	0,39%
1995	614234	19370	3%	3371	17%	0,55%
1996	249385	19790	8%	3526	18%	1,41%
1997	730505	20482	3%	3570	17%	0,49%
1998	705951	20868	3%	4238	20%	0,60%
1999	709426	22561	3%	4012	18%	0,57%
2000	697401	26525	4%	4026	15%	0,58%
2001	682800	29049	4%	4423	15%	0,65%
2002	738882	27952	4%	4582	16%	0,62%
2003	802202	22072	3%	3569	16%	0,44%
2004	780175	29185	4%	4769	16%	0,61%

O DIREITO NA VIDA: UMA ABORDAGEM TÓPICA | 387

A grande quebra (96 a 98%) dá-se, justamente, quando existem barreiras mais fortes ao prosseguimento da litigância, em termos de custos, de demora e, até, de falta de proximidade. Já o recurso da Relação para o STJ é mais comum (apesar de pouco exceder os 15%), pois a parte recorrente já se "aclimatou" à lógica da justiça mais longínqua, mais demorada e mais cara.

Eficácia comparada dos investimentos na Justiça

(Fonte: *Expresso, 20-5-2005*)

Países	Nº de juízes (por 20.000 hab.)	Nº de administrativos	Despesa de funcionamento dos tribunais (por 1 milhão hab./em €)	Despesa com o apoio judiciário	Número de tribunais
Áustria	4,3	13,4	69,7	1,7	21,2
Bélgica			64,4	3,9	
Alemanha	5,3	14,5	53,2	5,6	13,2
Eslovénia	7,9	22,1	51,4		30,6
Portugal	3,0	19,1	47,0	3,0	34,0
Itália	2,3	11,2	46,0	0,8	20,9
Suécia	3,8	5,6	44,4	11,6	12,3
Finlândia	3,4	10,0	41,5	10,0	13,0
Holanda	2,3	6,3	41,0	12,7	1,3
Dinamarca	1,4	8,2	29,8	7,3	15,5
França	2,1	5,3	28,4	4,7	21,1
Hungria	5,4	14,9	27,0		13,0
Espanha	2,0	17,8	24,0		66,8
Malta	1,8	19,6	23,5	0,1	31,4
Irlanda	0,8	5,3	22,2	14,0	12,8
República Checa	5,3	12,8	21,0	0,9	8,4
Polónia	4,1	11,9	17,3	0,4	9,5
Grã-Bretanha	0,8	4,8	14,4	38,3	18,4
Estónia	3,5	19,2	12,2	1,1	11,8
Eslováquia	4,6	13,4	11,2	0,1	10,8
Letónia	3,4	6,0	9,6	0,5	16,8
Lituânia	3,9	4,6	6,7	0,3	17,0

388 | CALEIDOSCÓPIO DO DIREITO...

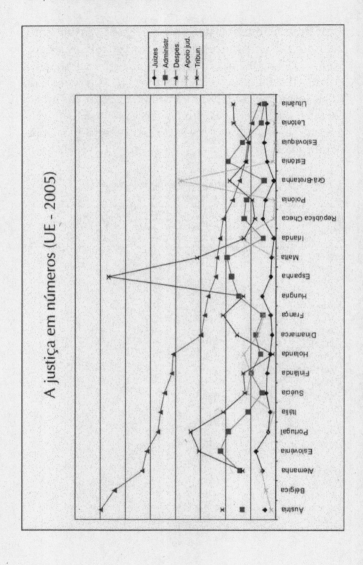

12.7 *Formas alternativas de justiça: conciliação, mediação e arbitragem*

Em Portugal, são meios alternativos de resolução de conflitos a conciliação, a mediação e a arbitragem[443]. Estes têm em comum estarem orientados para a resolução de litígios através de formas não jurisdicionais de composição.

O recurso a tais vias permite a realização de uma justiça célere e eficaz, sendo que o envolvimento das partes favorece as condições para que estas mantenham o seu relacionamento após a solução da desavença.

A *conciliação* é um meio alternativo à intervenção dos tribunais. No seu âmbito, as partes, com ou sem intervenção de terceiro, tentam produzir uma solução para o litígio. Quando ocorre a intervenção de um terceiro, este conduz o processo em conjunto com as partes, convidando-as a discutir o que as separa e ajudando-as a que cheguem voluntariamente a um acordo.

---

[443] Este texto segue, basicamente, o *site* "Modos alternativos de resolução dos litígios – Portugal"; v., também, no *site* da Ordem dos Advogados, "Guia Breve de Mediação". Para uma análise crítica, v. o importante texto "Percursos da informalização e da desjudicialização – por caminhos da reforma da administração da justiça (análise comparada)", do Observatório Permanente da Justiça Portuguesa (http://opj.ces.uc.pt/pdf/6.pdf). Acerca da negociação extrajudicial sobre resolução de conflitos no direito norte-americano, v. J. Kennan & R. Wilson. "Bargaining with private information", *Journal of Economic Literature*, XXXI:45-104, 1993.

390 | CALEIDOSCÓPIO DO DIREITO...

O conciliador observa os aspectos objectivos do conflito, estimula uma solução rápida e não exaustiva da questão e assiste os contendores para que alcancem um acordo da sua responsabilidade. Assume uma posição mais activa, por comparação com o mediador, chegando mesmo a propor uma solução para o litígio.

A *mediação* é um meio alternativo de resolução de litígios que assume carácter confidencial e voluntário e se caracteriza por a responsabilidade pela construção das decisões caber às próprias partes envolvidas. É, geralmente, de natureza mais formal do que a conciliação. No seu âmbito, os litigantes, auxiliados por um terceiro imparcial e neutro, o mediador, procuram chegar a um acordo que resolva a disputa que os opõe. Ao contrário de um juiz ou de um árbitro, o mediador não decide sobre o resultado da contenda, antes conduz as partes, estabelecendo a comunicação entre elas e viabilizando a troca de perspectivas, por forma a que estas encontrem, por si mesmas, a base do acordo que porá fim ao litígio. A mediação, ao permitir a manutenção das relações entre os litigantes, mostra-se, por exemplo, particularmente adequada para a resolução de conflitos familiares e de vizinhança.

A arbitragem voluntária é uma forma privada de resolução de litígios no âmbito da qual as partes, por sua iniciativa, escolhem pessoas, denominadas *árbitros*, com vista à resolução, por estes, através de uma decisão de natureza vinculativa, das suas divergências.

Aqui, o terceiro imparcial escolhido pelas partes decide o conflito que as opõe. Assemelha-se a um processo litigioso, porquanto a decisão é estranha aos litigantes. As decisões arbitrais são equiparadas, para efeitos executivos, às sentenças proferidas pelos tribunais comuns, sendo executadas perante estes. Delas cabe recurso para o Tribunal da Relação, salvo se as partes a ele tiverem renunciado ou se tiverem dado autorização ao árbitro para julgar segundo a equidade. A arbitragem diz-se *institucionalizada* quando realizada por entidades autorizadas pelo Ministério da Justiça para prosseguir tal actividade. Estas entidades recebem a denominação de Centros de Arbitragem[444].

O carácter alternativo destas vias de resolução de conflitos é desigual. A que está mais próxima da

---

[444] Exemplos: Associação Nacional para a Mediação Familiar – congrega os profissionais da área da mediação familiar, procedendo à sua formação inicial e contínua (anmf-portu gal@netcabo.pt); Centro de Arbitragem da Universidade Católica Portuguesa (CAUCP); Unidade de mediação de conflitos de Consumo, da Faculdade de Direito da UNL (umac@fd .unl.pt); Núcleo de Apoio ao Investidor e Mediação (NAIM); Centro de Mediação, Peritagens e Arbitragens Voluntárias; Centro de Arbitragem Comercial; Centro de Informação, Mediação e Arbitragem de Conflitos do Algarve (organismo orientado para a resolução de conflitos de consumo); Centro de Arbitragem de Conflitos de Consumo de Lisboa (lis.ar bitrag em@ip.pt); Centro de Informação de Consumo e Arbitragem do Porto (cicap@mail.telepac.pt); Centro de Arbitragem de Conflitos de Consumo de Coimbra e Figueira da Foz (tribarb @esoterica.pt).

justiça oficial é a arbitragem, em que o julgamento é feito segundo os patrões do direito oficial, eventualmente moderados pelo recurso a uma justiça do caso concreto (equidade), mas sempre dentro do espírito do direito oficial vigente. A isto acresce que a arbitragem – como qualquer outro dos meios de jurisdição compromissória (ou, neste sentido, de jurisdição voluntária) só pode incidir sobre direitos que a ordem jurídica oficial considere como disponíveis. Daí que a arbitragem tenha efeitos tão próximos da decisão judicial oficial: nomeadamente, efeitos executivos e possibilidade de recurso para o tribunal superior oficial. Esta "eficácia" da arbitragem tem um preço: realmente, ela é quase apenas uma forma de desconcentração da justiça, permitindo às partes a escolha de um decisor diferente do seu "juiz natural". Esta possibilidade de escolha pode ser positiva, desde que estejam garantidas as condições de igualdade entre as partes. Se uma delas, com isto, conseguir induzir a outra a aceitar uma instância decisora menos favorável do que o tribunal oficial, a arbitragem acentua ainda a desigualdade originária das partes perante a justiça. A hipótese não tem nada de académico, pois é frequente que as partes negociais mais fortes tentem fixar unilateralmente o foro mais favorável; e, frequentemente, isto é conseguido por cláusulas de arbitragem. Acrescente-se que o poder económico das partes acaba por ter muita importância na composição do tribunal arbitral, pois a nomeação de árbitros "de parte" mais competentes em direito é uma solução mais cara e, portanto, apenas ao alcance das partes economicamente mais poderosas.

Mais próximas dos processos quotidianos de composição de conflitos estão a conciliação e a mediação. Aqui, a obtenção de uma solução não se faz segundo o direito, mas segundo as regras de bom senso e de justiça comunitária dominantes. Apesar disso, tem-se dito que os seus efeitos não são mais fracos, sobretudo se o acordo for escrito de forma a poder constituir um título executivo, caso em que vale tanto como uma sentença judicial. Por outro lado, os defensores deste tipo de justiça – restaurativa – têm defendido que a taxa de cumprimento dos acordos é elevada, pois estes são mais reais, mais queridos, do que as decisões dos tribunais. Estes meios de resolução alternativa de litígios são, porém, mais adequados a conflitos entre pessoas – porque estas são mais atraídas pela perspectiva dos seus interesses do que pela dos seus direitos, adequando-se assim melhor ao espírito pragmático, orientado para os interesses, desta forma de resolução de conflitos, estando a execução da solução dependente da vontade das partes no sentido de cumprirem o seu compromisso de acatar esta decisão.

Por outro lado, tem-se dito, com alguma razão, que a conciliação e a mediação são formas de justiça "dos pobres". Pois quem tem capacidade para recorrer a uma instância cujas decisões são compulsivas e susceptíveis de recurso não tem grandes razões para preferir estas formas "moles" de resolver diferendos. Em Portugal, alguma experiência aponta no sentido

394 | CALEIDOSCÓPIO DO DIREITO...

de que as empresas, nos seus conflitos com os consumidores, não põem grandes obstáculos ao recurso à arbitragem, mas encaram com cepticismo as soluções de conciliação ou de mediação[445-446].

As mais recentes instituições de justiça informal são os Julgados de Paz, Tribunais Extrajudiciais criados na sequência das revisões constitucionais de 1989 e de 1997 (n.º 4 do art.º 202.º e n.º 2 do art.º 209.º da CRP) e regulados na Lei n.º 78/2001, com vista a uma resolução – personalizada, informal, célere e restaurativa da convivência social – dos pequenos litígios[447]. O Juiz de Paz deve tentar pacificar, ou pela obtenção de um consenso ou, na impossibilidade

---

[445] O aconselhamento dos seus próprios serviços jurídicos será no sentido de apenas se submeterem a processos de decisão em direito, controláveis, executivos e recorríveis.

[446] Resultado dos processos entrados nos 16 centros de arbitragem, em 2004:

Findos						
	Incompetência	Desistência	Mediação	Conciliação	Arbitragem	Outros
9148	741	735	2072	624	1447	3529
	8%	8%	23%	7%	16%	39%
				45%		

Fonte: http://www.dgpj.mj.pt/sections/estatisticas-da-justica/informacao-estatistica/estatisticas-de/anexos9113/sections/estatisticas-da-justica/informacao-estatistica/estatisticas-de/anexos9113/arb2004/downloadFile/file/Arbitragem_2004.pdf?nocache=1194866587.29

[447] Cf. http://www.conselhodosjulgadosdepaz.com.pt/index.asp?id=Legislacao&sub_id=Julgados; v. ainda Resolução do Conselho de Ministros n.º 175/2001 (1.ª Série – B), de 28.12. Sobre os julgados de paz, http://www.conselhodosjulgadosdepaz.com.pt/index.asp?id=Informacao.

O DIREITO NA VIDA: UMA ABORDAGEM TÓPICA | 395

deste, por uma decisão, explicada às partes, de forma pedagógica e harmonizadora[448].

Os Julgados de Paz são tribunais com características especiais, competentes para resolver, de forma rápida e barata, causas de valor reduzido (não superior a 5.000€) de natureza cível, excluindo as que envolvam matérias de Direito de Família, Direito das Sucessões e Direito do Trabalho.

Têm competência para apreciar e decidir acções declarativas cíveis, tais como: incumprimento de contratos e obrigações; responsabilidade civil – contratual e extracontratual; direito sobre bens móveis ou imóveis – como por exemplo propriedade, condomínio, escoamento natural de águas, comunhão de valas, abertura de janelas, portas e varandas, plantação de árvores e arbustos, paredes e muros divisórios; arrendamento urbano, exceptuando o despejo; acidentes de viação; apreciação de pedidos de indemnização cível, quando não tenha sido apresentada participação criminal ou após desistência da mesma (ofensas corporais simples,

---

[448] Processos julgados nos 16 Julgados de Paz existentes em 2006:

Findos	Mediação	Transacção	Decisão do Juiz	Outro
4622	1143	890	1365	1244
	25%	19%	30%	27%

Fonte: http://www.dgpj.mj.pt/sections/estatisticas-da-justica/informa cao-estatistica/estatisticas-de/anexos9113/sections/estatisticas-da-justica /informacao-estatistica/estatisticas-de/anexos9113/julg2006/download File/file/JulgadosPaz_2006.pdf?nocache=1213608263.78

difamação, injúrias, furto e dano simples e alteração de marcos, etc.) (art.º 9.º da Lei n.º 78/2001, de 13.07).

12.8 *O dever estadual de assegurar a justiça. O Ministério Público e as suas funções*

A contrapartida do direito dos cidadãos à justiça é o dever do Estado de lha assegurar.

Este dever comporta alguns dos aspectos já anteriormente focados: promoção de um conhecimento igualitário do direito, garantia da assistência judiciária, garantia da eficácia da justiça.

Mas envolve também o exercício sistemático da acção penal por parte do Estado, sempre que a lei o impuser e não a fizer depender de acusação particular. Essa é a função do Ministério Público, que a Constituição define como a entidade a quem "compete representar o Estado [note-se, não o Governo] e defender os interesses que a lei determinar, bem como [gozando de estatuto próprio e de autonomia] participar na execução da política criminal definida pelos órgãos de soberania, exercendo a acção penal orientada pelo princípio da legalidade e defender a legalidade democrática" (art.º 219)[449].

---

[449] Mais detalhes – também históricos – em http://www. pgr.pt; http://www.pgr.pt/portugues/grupo_pgr/mp.htm.

Ou seja, uma vez que não compete ao juiz – que deve permanecer como uma entidade independente e distanciada do desfecho da acção – desencadear as acções judiciárias decorrentes da violação da lei penal, a lei portuguesa (como outras europeias) criou uma magistratura, independente dos outros órgãos de soberania, que, com autonomia e dentro do exclusivo respeito dos critérios legais e das políticas penais genericamente definidas pelos órgãos de soberania, tome a iniciativa de accionar os meios judiciais para fazer cumprir a legalidade democrática. Isto implica, nomeadamente, que o Ministério Público não dependa do Governo, estando assim sujeito aos seus ditames quanto à oportunidade ou não de deduzir acusação em certo caso particular ou sendo forçado a adoptar a interpretação jurídica adoptada pelo – ou favorável ao – Executivo. Implica, por outro lado, que o Ministério Público possa dispor de meios de acção – nomeadamente investigatórios – suficientes e os possa gerir e alocar com liberdade. Se as polícias, nomeadamente as polícias de investigação criminal, estiverem dependentes do Governo, esta autonomia do Ministério Público e a sua exclusiva subordinação a critérios de legalidade poderão ser completamente anuladas.

Em contrapartida, o Ministério Público deve ser uma magistratura hierarquizada e responsável, sendo essas funções de hierarquia, direcção e controlo exercidas pelo Procurador-Geral da República e pelo

398 | CALEIDOSCÓPIO DO DIREITO...

Conselho Superior do Ministério Público (CRP, arts. 219 e 220)[450].

Este particular estatuto do Ministério Público envolve questões delicadas que, não o devendo pôr em causa – sob pena de disfunção grave da ordem democrática –, merecem ser ponderadas. Uma delas é a questão da sua autonomia financeira, já que o orçamento, embora aprovado pela Assembleia da República, é da iniciativa do Governo. Enquanto tal, o Ministério Público – tal como os tribunais – carece de capacidade de intervenção nesta matéria, estando, por isso, numa situação de dependência em relação ao Executivo. Porém, uma solução diferente não é fácil de arquitectar, todas as salvaguardas residindo na apreciação politicamente justa da Assembleia da República. Uma outra questão que se costuma pôr é a de como compatibilizar a autonomia do Ministério Público com a defesa dos interesses "de parte" do Estado, já que aquela magistratura não tem que sufragar a interpretação legal que conduziu a acção do Executivo e, deste modo, a sua intervenção (obrigatória, nos termos da Lei Orgânica do Ministério Público[451]) nos processos em que o Estado seja parte não a obriga a adoptar a defesa dos pontos de vista deste. Em alguns países, esta função é desempenhada,

---

[450] V. organograma e principais diplomas em http://www.pgr.pt/portugues/grupo_pgr/indice.htm.

[451] Cf. http://www.pgr.pt/portugues/grupo_pgr/mp_lei60-98/indice.htm.

também, pelo Ministério Público; noutros, por um corpo especial de advogados do Estado. Em Portugal, essas funções estão entregues a auditorias jurídicas dos Ministérios e dos serviços, acontecendo também que o Estado não raramente se socorre da assessoria jurídica de advogados privados.

Por tradição histórica muito antiga no direito português e também por inspiração dos princípios do Estado Social, o Estatuto do Ministério Público[452] estabelece que esta magistratura "representa o Estado, defende os interesses que a lei determinar, participa na execução da política criminal definida pelos órgãos de soberania, exerce a acção penal orientada pelo princípio da legalidade e defende a legalidade democrática, nos termos da Constituição, do presente estatuto e da lei" (art.º 2.º). Mas também que o MP deve, para além disso, intervir ainda nos processos em que são partes pessoas mais desfavorecidas[453].

---

[452] Aprovado pela Lei n.º 47/86, de 15 de Outubro com as alterações introduzidas pelas Leis n.ºˢ 2/90, de 20 de Janeiro, 23/92, de 20 de Agosto, 10/94, de 5 de Maio e 60/98, de 27 de Agosto.

[453] "a) Representar o Estado, as regiões autónomas, as autarquias locais, os incapazes, os incertos e os ausentes em parte incerta; [...]; d) Exercer o patrocínio oficioso dos trabalhadores e suas famílias na defesa dos seus direitos de carácter social; *e) Assumir, nos casos previstos na lei, a defesa de interesses colectivos e difusos;* [...]". E, nessa medida, exerce uma função complementar da da assistência judiciária antes descrita. V. http://www.pgr.pt/.

400 | CALEIDOSCÓPIO DO DIREITO...

13. Tempos da vida moderna e tempos do direito. Direito e comunicação social

Neste capítulo, exploraremos um outro tópico relacionado com o direito vivido na sociedade contemporânea – os ritmos de mudança do direito quando confrontados com os ritmos da mudança da vida e, a propósito disto, a não correspondência entre os tempos da comunicação mediática e os tempos da comunicação jurídica. A este respeito, aproveitaremos para alargar um pouco a discussão da relação entre *media* e direito.

13.1 *O fluir do direito*

O ritmo das mudanças jurídicas pode ser estudado a diversos níveis.

O mais profundo é o das mudanças das *sensibilidades jurídicas*, tal como se manifestam difusamente na sociedade, englobando nesta expressão tanto os sentimentos acerca do que é que é juridicamente pertinente (o âmbito do direito), como os sentimentos sobre o que é que é justo ou injusto[454]. Um nível intermédio

---

[454] Ou seja – fazendo referências retrospectivas –, para H. L. Hart, a norma de reconhecimento, mais as normas primárias de conteúdo normativo mais abrangente; para Dworkin, porventura, os princípios; para Luhmann, o código e os programas do sistema jurídico; para Habermas, o direito comunicativo da *Lebenswelt* (pelo menos em parte).

é o da doutrina jurídica, laborando sobre doutrina anterior, normas legislativas, precedentes judiciais. Um nível superficial é o da mudança legislativa.

As drásticas mudanças civilizacionais dos nossos dias, ligadas aos progressos da técnica e ao impacto da globalização (de pessoas, mas, sobretudo, de informação), originam mudanças rápidas mesmo ao nível mais profundo do direito, dando origem a uma *legal travelling culture*[455], feita de combinações entre sentimentos jurídicos nativos e importados, tradicionais e emergentes, cosmopolitas e locais. Mas também é frenética a mudança do direito legislado.

Compararemos a evolução do movimento legislativo em Portugal nas últimas sete décadas, no gráfico da pagina seguinte.

O perfil de evolução expresso no gráfico tem que ser lido com um certo cuidado no que respeita ao número dos actos normativos, pois as suas categorias e, sobretudo, a sua temática têm variado ao longo dos anos. Quase que parece mais significativo olhar para o critério (externo) do volume impresso, expresso no número de páginas de diário oficial (*Diário do Governo*,

---

[455] O conceito de *travelling culture* é de James Clifford, que, com ele, quer significar o carácter essencialmente transitório (ele refere-se, sobretudo, à transitoriedade espacial, mas pode incluir também a transitoriedade temporal) das culturas, produtos móveis de contactos, híbridas desde o início. Cf. James Clifford, *Route: Travel and Translation in the Late Twentieth Century*, Cambridge, Harvard UP, 1997.

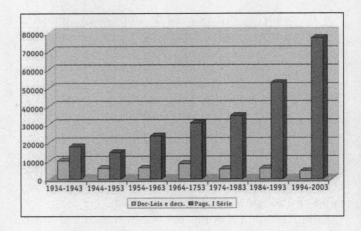

Diário da República). Em sete décadas, o número anual das suas páginas mais do que quadruplicou. Ou seja, apesar de evolução aparentemente decrescente dos actos legislativos e regulamentares importantes, o volume de informação jurídica – mesmo só a este nível formal – cresceu imenso.

> **Droit: quels remèdes à l'inflation législative?** *(jeudi 16 mars 2006)*
> 59 codes législatifs, plus de 200 nouvelles lois par an, des ordonnances en nombre accru... Dans son rapport annuel rendu public mercredi 15 mars 2006, le Conseil d'Etat s'inquiète de l'inflation législative, porteuse d'insécurité juridique pour les acteurs économiques et les citoyens.
> Pour remédier à cette situation, le Conseil d'Etat préconise de conditionner le dépôt d'un projet de loi à une étude d'impact étudiant le coût d'élaboration et de mise en œuvre

O DIREITO NA VIDA: UMA ABORDAGEM TÓPICA | 403

> de la loi, le nombre des destinataires, son impact sur le secteur et les autres formes d'action non réglementaires possibles (certifications privées par des organismes professionnels, incitations financières, campagne d'information, négociations...). Autre proposition: l'adoption selon une procédure simplifiée de textes transposant les directives européennes dans le droit français. Le Conseil imagine que ce type de lois pourraient être adoptées en Commission parlementaire sans qu'elles donnent lieu à débat, sauf demande expresse d'un groupe parlementaire. Le Parlement pourrait ainsi rééquilibrer son activité au profit du contrôle de l'application des lois.
>
> (http://www.vie-publique.fr/actualite/alaune/droit-quels-remedes-inflation-legislative.html)[456]

De acordo com alguns analistas, esta inflação legislativa seria profundamente desestruturante do direito, sendo as suas consequências consideradas como extremamente negativas, sob vários planos:

(i) comprometeria, pela degradação e aceleração dos processos de feitura das leis, a qualidade legislativa;

(ii) prejudicaria, por um lado, o conhecimento do direito pela população;

(iii) impediria, com isto, a formação de sentimentos jurídicos comuns;

---

[456] Sobre este tema, associado ao da segurança jurídica e previsibilidade do direito, v. o *Rapport public [du Conseil d'État] 2006 – Sécurité juridique et complexité du droit*, em http://les rapports.ladocumentationfrancaise.fr/BRP/064000245/0000.pdf.

404 | CALEIDOSCÓPIO DO DIREITO...

(iv) prejudicaria a democratização do direito, colocando os cidadãos nas mãos dos profissionais do direito;

(v) não daria tempo a que a doutrina gerasse uma versão racionalizada e depurada do direito, reduzindo as antinomias (contradições de normas) do direito e construindo fórmulas sintéticas. Promovendo – com isto – a complexidade do direito e sabotando, assim, a sua principal finalidade[457];

(vi) tornaria a justiça mais lenta e, por isso, mais ineficaz, e socialmente mais discriminatória (a lentidão da justiça é mais penosa para os mais fracos: mais pobres, réus detidos, vítimas);

(vii) constituiria uma forma técnico-instrumental de resolver os problemas jurídicos, sem os sujeitar à ponderação de um diálogo comunitário, colonizando, por isso o espaço do "direito comunicativo"[458];

(viii) diminuiria a "eficiência" do direito que, globalmente, tornaria as transacções mais complicadas e, por isso, diminuiria a "disposição para estar no mercado"[459];

(ix) fomentaria o descrédito do direito e corroeria a crença nos valores jurídicos.

---

[457] Cf. N. Luhmann sobre o direito como factor de redução da complexidade; *supra*, cap. 9.1.

[458] Cf. J. Habermas, *supra*, cap. 8.1.

[459] Cf. R. Posner, *supra*, cap. 10.

O DIREITO NA VIDA: UMA ABORDAGEM TÓPICA | 405

Alguns destes argumentos têm pressupostos teóricos ou ideológicos que convém não ignorar. Por exemplo, quando se lamenta o desgaste que a lei causa ao direito dialógico da vida[460], está-se a pressupor que a vida gera um direito libertador, produto de um diálogo transparente; quando se atribui à doutrina um papel de "revelação" ou de "racionalização" do direito, está-se a prolongar a antiquíssima visão dos juristas como sacerdotes iluminados ou especiais portadores de uma racionalidade jurídica que daria ordem ao caos do direito do poder; quando se culpa a abundância de leis da morosidade da justiça, está a ignorar-se o efeito frequentemente complexificador da doutrina e dos técnicos do foro[461]; quando se afirma que o excesso de leis torna o direito menos eficiente, está-se frequentemente a ignorar que a alegada eficiência de uma economia desregulamentada tem preços ainda mais pesados no plano de valores políticos como a igualdade, a protecção dos mais fracos, a justiça social ou mesmo a boa-fé e a protecção da

---

[460] Cf., *supra*, cap. 8.1.

[461] Embora falte a demonstração empírica, não é arriscado supor que a esmagadora maioria das razões de decidir dos juízes são de natureza doutrinal e não meramente legal e que, por isso, muitas indecisões têm origem na pluralidade das versões doutrinais do direito. Um tópico corrente da história da cultura jurídica europeia é, na verdade, a de que são os juristas que geram a confusão do direito e multiplicam as demandas ("Juristen, bösen Christen" [Juristas, maus cristãos], clamava Lutero; lembremo-nos, em Portugal, da cena do corregedor, no *Auto da Barca do Inferno*, de Gil Vicente).

406 | CALEIDOSCÓPIO DO DIREITO...

confiança, podendo mesmo tê-los no plano da eficácia meramente económica, como se tornou patente depois da crise financeira – e, logo a seguir, económica – surgida em 2008.

Mais adiante, veremos como estas críticas à inflação legislativa[462], combinadas com ideologias (de sinais contrários) adversas da intervenção do Estado na vida social, levaram a movimentos de deslegalização, cujo balanço está em curso, mesmo quando a deslegalização foi compensada por formas diversas de auto-regulação, ratificadas ou não pelo Estado.

Para já, interessa-nos destacar que a aceleração da edição legislativa não foi igualmente acompanhada pela aceleração das técnicas de julgar. Por um lado, por razões conjunturais – que se prendem com questões de organização judicial, de direito processual, de deficiente alocação de recursos por parte do Estado (relacionada com uma crise financeira estrutural do Estado providência)[463]; mas, por outro, por razões que se prendem com a própria estrutura do processo de decisão jurídica.

---

[462] Que, na verdade, não são de hoje, mas vêm já do século passado, constituindo uma das faces da polémica dos juristas contra os políticos (cf. A. M. Hespanha, *Cultura jurídica europeia [...]*, cit., cap. 8.2.1.; *Guiando a mão invisível [...]*, max., 11.2.).

[463] Cf., sobre o tema da eficiência e dos tempos da justiça em Portugal, Conceição Gomes, *O tempo dos tribunais: um estudo sobre a morosidade da justiça*, Coimbra, Coimbra Editora, 2003. Dados (de comparação internacional) sobre a eficácia em função dos meios logísticos, mais abaixo, cap. 12.6 e ss.

O DIREITO NA VIDA: UMA ABORDAGEM TÓPICA | 407

Desde há muito que os juristas estabeleceram um modelo de decisão – o *iudicium* – que, por razões substanciais, é lento. Exige (a) que o autor (queixoso) formule o seu pedido (acusação) e especifique os seus fundamentos jurídicos, bem como a prova dos elementos de facto que o sustentam; (b) que o(s) acusado(s) sejam formalmente notificados dessa acusação e dos seus fundamentos; (c) que se lhe(s) outorgue um período de tempo bastante para reunirem os seus elementos de defesa; (d) que o autor replique às razões do acusado; (e) eventualmente, que este tréplique; (f) que o juiz acerte a matéria de direito e liste a matéria de facto a apurar, fixando assim a matéria para julgamento); (g) que às partes seja dado um prazo para reclamar da decisão do juiz; (g) que este (ou um tribunal superior) decida de eventuais reclamações; (h) que o juiz profira a sentença; (i) que às partes seja dado um prazo de recurso; (j) que eventuais recursos sejam decididos, até que, finalmente, o caso se considere "julgado". A esta fase (em que um direito é declarado, fase declarativa), pode seguir-se ainda uma fase em que se dá execução forçosa à decisão declarativa (fase "executiva"), fase essa que tem também uma série de subfases e de incidentes (*i.e.*, actos processuais não definitivos, mas condicionantes da decisão final, constituindo processos autónomos[464]). Só então o queixoso é reintegrado no seu direito.

---

[464] Cf., para o processo civil, a lista de incidentes dos arts. 305 a 380 do CPC.

408 | CALEIDOSCÓPIO DO DIREITO...

Na publicação *Estatísticas da Justiça*, inserida no utilíssimo banco de dados sobre a justiça portuguesa integrado no *site* do Ministério da Justiça (em http://www.gplp.mj.pt/estjustica/), apresenta-se a duração média de alguns processos cíveis. Reportando-nos ao período compreendido entre 2001 e 2003, ali vemos (quadro 3.3.1)[465] que, em 2001 e em 2002, uma acção destinada a obter a declaração judicial de uma situação cível (titularidade de direito sobre uma coisa, de um direito de crédito, de uma situação jurídica pessoal ou familiar, etc.) demorava, em média, mais de ano e meio, podendo este período estender-se até dois anos e meio. A estes tempos, há que somar os da acção executiva, sendo necessária, a que se refere um outro quadro (3.3.22)[466].

Por aqui se vê que, paradoxalmente, a execução de uma quantia já acertada (por acordo ou por sentença em acção declarativa), demora mais do que o próprio acertamento. Ou seja, a justiça cível é lenta, mas é-o ainda mais na fase em que isso decorre menos de razões substanciais – devidas à dificuldade de apurar ou os factos ou o direito – e mais de razões organizativas ou da falta de meios de acção[467-468].

---

[465] *Estatísticas da Justiça*, p. 125, em http://www.gplp.mj.pt/estjustica/.

[466] *Estatísticas da Justiça*, p. 180, em http://www.gplp.mj.pt/estjustica/.

[467] O devedor evita a citação, sonega os bens, não declara os rendimentos que tem, etc.

[468] O Dec.-Lei n.º 269/98, de 1 de Setembro, criou uma providência – a injunção – que tem por fim conferir força executiva a um requerimento destinado a exigir o cumprimento

O DIREITO NA VIDA: UMA ABORDAGEM TÓPICA | 409

Se passarmos aos processos-crimes – que são aqueles em que a notoriedade mediática é, em geral, maior – os dados também lá estão, no quadro respectivo (3.3.31)[469]. Este quadro – com possibilidades de leitura muito interessantes sobre o carácter socialmente diversificado da eficiência penal[470] – revela também períodos de decisão em que a moda ronda os três anos.

A justiça laboral (quadro 3.3.57)[471] – que também tem algum impacto mediático (despedimentos indi-

---

de obrigações de montante não superior à alçada da Relação (c. de 15 000 euros) ou resultante de transacção comercial (art.º 7.º), permitindo que o credor obtenha, de forma célere e simplificada, um título executivo, sem necessidade de promover uma acção declarativa num tribunal e podendo entregar, pagar e tramitar através da Internet o procedimento de injunção. Cf. a Portaria n.º 220-A/2008, que cria uma secretaria-geral designada por Balcão Nacional de Injunções (BNI). Cf. http://www.redecivil.mj.pt/ProcedSimplificados.htm; http://processocivil.com.sapo.pt/injuncao.pps.

[469] *Estatísticas da Justiça*, p. 199, em http://www.gplp.mj.pt/estjustica/CD2002/Anuário%20Estatístico%20da%20Justiça%20CDROM/Dados%20Estatísticos/PDF/I%20Capitulo/3.3.%20B.%20Just%20Penal.pdf.

[470] Note-se, apenas, como o *white-collar crime* é o que leva mais tempo a chegar a tribunal e o que aí demora mais tempo a ser julgado. É certo que se enquadram nesta classificação crimes que pressupõem investigações tecnicamente complexas e para as quais a justiça está tradicionalmente mal equipada (evasão fiscal, branqueamento de capitais, corrupção). Mas também é aqui que os meios mais elaborados e caros de litigância são mobilizados, nomeadamente pelos arguidos.

[471] *Estatísticas da Justiça*, p. 239, em http://www.gplp.mj.pt/estjustica/CD2002/Anuário%20Estatístico%20da%20Justiça%20CDROM/Dados%20Estatísticos/PDF/I%20Capitulo/3.3.%20C.%20Just%20Laboral.pdf.

410 | CALEIDOSCÓPIO DO DIREITO...

viduais ou colectivos, acidentes de trabalho, *v.g.*) – é algo mais rápida, até se atingir a parte executiva, onde as coisas, de novo, patinam. Um trabalhador acidentado esperará, em média, 9 meses pela eventual declaração da responsabilidade patronal; mas, daí até conseguir ser efectivamente ressarcido por força de uma decisão judicial executiva, passarão, em média, mais 16 meses. Ao todo, mais de dois anos depois de ter entrado em tribunal, poderá obter a reparação do dano.

Um outro domínio mediático é o da justiça tutelar de menores. O panorama, aqui, é dado no gráfico 3.3.78 da mesma publicação.

As demoras, aqui, não sendo superiores às de outros sectores da justiça, são, no entanto, muito mais graves. Os vinte meses que demora um processo de protecção de menores podem constituir quase todo o tempo de vida, ou uma boa parte dele, do menor em risco.

Estes tempos deviam ser completados pelas demoras dos recursos para tribunais superiores. No entanto, as *Estatísticas da Justiça* não nos fornecem dados sobre isso, mas apenas uma visão estática da situação. Apenas sabemos que, em 2002, a situação processual nas Relações (Lisboa, Porto, Coimbra e Évora) e no STJ era a que resulta dos dados da mesma publicação (quadros 3.4.1, 3.4.2)[472]. Deles podemos concluir que,

---

[472] *Estatísticas da Justiça*, p. 306 ss., em: http://www.gplp .mj.pt/estjustica/CD2002Anuário%20Estatístico%20da%20Justiça %20CDROM/Dados%20Estatísticos/PDF/I%20Capitulo/3.4.pdf.

O DIREITO NA VIDA: UMA ABORDAGEM TÓPICA | 411

globalmente, os tribunais superiores não acumulam processos – ou seja, findam mais processos do que os que neles entram; mas, por esta fonte, não sabemos nada do tempo gasto no processamento.

Embora muitos dos atrasos processuais tenham que ver com outras causas, conjunturais, remediáveis e negativas, insistimos em que o perfil processual, com as suas fases e os seus tempos, se destina a salvaguardar valores substanciais e fundamentais – a garantia de que ambas as partes são ouvidas (garantia de contraditório), a averiguação cuidadosa dos factos, a garantia da publicidade do processo[473] (art.º 206 da CRP), a garantia de tempos adequados de ponderação e fundamentação das decisões (art.º 205 da CRP), a garantia da existência de recursos que corrijam eventuais erros de julgamento. Para assegurar outros valores fundamentais, como a imparcialidade dos juízes ou o respeito pelas competências estabelecidas na lei, o processo está pontuado de incidentes que antes não

---

[473] Nomeadamente, por meio da prescrição de certas formalidades. Mas também se protege, em certa fase do processo, o "segredo judiciário", como forma de protecção da privacidade das partes envolvidas e como modo de melhor garantir a serenidade das decisões. A questão do "segredo judiciário" (ou "segredo de justiça") transformou-se, ultimamente, numa questão candente. Cf. http://www.oa.pt/Uploads/%7BE0B6595D-DF89-44E8-BFD3-AE0E65E24490%7D.doc (José Miguel Júdice, "O segredo de justiça para a cadeia").

foram especificados, como incidentes sobre a competência do tribunal, incidentes de suspeição dos juízes, incidentes quanto à omissão de formalidades, etc. Mas nem todas as demoras acima constatadas se prendem, como disse, com a satisfação destes requisitos essenciais dos processos. Leis processuais mal elaboradas, organização judicial deficiente e burocratizada, deficiente formação e vícios culturais dos magistrados e dos advogados, eventuais manobras dilatórias das partes ou eventual desleixo (ou mesmo corrupção) dos oficiais de justiça explicam uma boa parte da demora processual.

Sendo certo que os tempos de hoje aprofundaram as diferenças entre os ritmos do direito e os ritmos da vida, não é menos seguro que essa diferença já existia, embora menos significativa, na antiga Roma. Já então se admitia que as solenidades e formalismos da justiça poderiam obstar a que esta fosse feita em tempo útil. O espectáculo da justiça demorava a encenar e exigia, para que as suas decisões fossem aceites pela comunidade, um cerimonial complexo. Certamente por isso se admitiu que as circunstâncias pudessem recomendar a tomada de uma decisão precária sobre o litígio, ainda antes de se encontrarem preenchidas todas as condições exigidas para a composição definitiva daquele. E essas circunstâncias residiam na possibilidade de a demora inerente a esta composição poder ter como consequência que ela se revelasse inútil, por entretanto os factos terem invia-

O DIREITO NA VIDA: UMA ABORDAGEM TÓPICA | 413

bilizado os seus efeitos. É que, naturalmente, a vida não parava, à espera da decisão do tribunal.

A via mais comum para procurar resolver o problema consiste na chamada *protecção cautelar*: o tribunal, não dispondo ainda de tudo quanto necessita para resolver o conflito, adopta uma decisão provisória que, fiando-se na aparência, com base na intuição treinada do juiz, antecipa a protecção do bem jurídico que o magistrado julga dela necessitar. Trata-se, afinal, de um risco calculado: proteger aquilo que parece merecer protecção, com base num cálculo de probabilidades.

13.2 *O direito, a comunicação social e a "cultura popular"*[474].

Este ritmo judicial nada tem a ver com os tempos de outros processos comunicativos na sociedade contemporânea, nomeadamente com o que pauta a cadência dos *media*. Aqui, por razões que têm que ver

---

[474] Texto de aprofundamento: Richard Sherwin, *When law goes pop. The vanishing line between law and Pop Culture*, Chicago, Chicago U.P., 2000, 15-30; 33-39; 47-52. Recensões e comentários: http://www.albany.edu/scj/jcjpc/vol8is2/alford.html (rec. por Ryan Alford; rec. M. Zagnoli); http://www.albany.edu/scj/jcjpc/vol8is1/elkins.html. James Elkin, "A Law Culture Diagnostic", http://www.albany.edu/scj/jcjpc/vol8is1/elkins.html. Entrevista com Richard Sherwin: http://www.stayfreemagazine.org/archives/18/sherwin.html.

414 | CALEIDOSCÓPIO DO DIREITO...

com a apetência do público, com a concorrência
entre os *media* e, no caso da televisão (ou mesmo da
rádio), com o preço dos tempos de emissão e a
relação quase directa entre o impacto comunicativo e
as receitas da publicidade, impera um fluxo informativo frenético, que exige da informação: rapidez,
impacto, espectáculo, novidade. A informação, nomeadamente a televisiva, tem necessidade de actuar rápida e continuamente sobre o público, garantindo as
audiências, pois não existem outros modos de fideli-
zar o auditório. O impacto não precisa de ser profundo, mas tem que ser forte (os chamados *sound-
bytes*). A mensagem não tem que ser duradoura ou que
deixar marcas duradouras, mas tem que fascinar
momentaneamente. A comunicação dos *media* vive do
movimento, não da *permanência*.

O impacto actual dos meios de comunicação social
explica que a sua influência se faça sentir também no
campo do direito. Esta influência exerce-se em vários
planos, tendo consequências mais ou menos profundas.

Uma consequência mais imediata é a de impor ao
direito ritmos e tempos que não são os seus, nem se
podem compatibilizar facilmente com o que antes se
disse sobre os processos de formação da decisão jurídica. Por um lado, o público tende a exigir dos
tribunais, e das decisões jurídicas em geral, as características da comunicação mediática. Desde logo, a
rapidez, quase de modo a que os processos (pelo
menos os que ganharam a natureza de acontecimento

O DIREITO NA VIDA: UMA ABORDAGEM TÓPICA | 415

mediático) evoluam à cadência dos telejornais. Depois, a "transparência", tal como ela *aparece* nos noticiários, em que parece que tudo aparece, além de parecer que tudo o que aparece aconteceu de facto. Daí que se estranhe a existência de actos reservados, como se estranhe (e desconsidere) a existência de um "segredo de justiça" ou a tecnicidade do direito e os seus aspectos mais elaborados e longínquos do senso comum. A versão mediatizada da realidade transforma-se numa realidade de nível superior, numa *hiper-realidade*[475].

O direito mediatizado converte-se em mais um assunto de entretenimento, devendo obedecer ao enredo dos programas de diversão, adaptando-se, no seu desenrolar, ao tipo de enredo e narrativa das séries policiais e dos *sit-com*: *suspense*, acções espectaculares, pessoalização das intervenções, rapidez de narração, linearidade dos perfis dos agentes e dos factos, evidência dos resultados ou, então, uma certa indecisão e mistério que permita desejar pela continuação da série (iminência de novos factos, suspeita de que alguns terão sido escondidos ou falseados).

---

[475] Este efeito de *hiper-realidade* explica que a publicação de um facto verdadeiro (negativo ou positivo) pelos meios de comunicação social possa prejudicar ou beneficiar suplementarmente o visado: *v.g.*, a notícia (com indicação de nomes) de um crime, de uma dívida existente, podem causar prejuízos agravados; embora estes prejuízos tenham que ser ponderados com o valor da liberdade de imprensa e com o interesse público no conhecimento de factos deste tipo, nomeadamente quando os visados exercem funções sociais de destaque.

416 | CALEIDOSCÓPIO DO DIREITO...

Muitas das actuais características dos ritmos respectivos do direito e da comunicação social têm uma natureza civilizacional, podendo apenas ser anotadas, mas não substancialmente mudadas. Isto tanto vale para a rapidez e brevidade do ritmo noticioso, que decorrem tanto da "guerra das audiências" como do preço do tempo de emissão, como para o tempo da justiça, que decorre, na sua essência, da necessidade de rigor no apuramento dos factos e do direito e da necessidade de assegurar o contraditório.

Em todo o caso, esta diferença de ritmos pode ter consequências muito negativas, nomeadamente enquanto o julgamento menos cauteloso, mais emotivo, mais indelével na opinião pública, feito pelos *media*, se antecipa quase sempre ao julgamento, em princípio mais rigoroso e mais ponderado, dos tribunais. Ultrapassar esta questão não é fácil.

Por um lado, é impossível dotar os tribunais de meios que lhes permitam desempenhar o seu trabalho, segundo as suas regras de arte, de forma tão rápida como os *media*. Embora muito se possa fazer no sentido de aperfeiçoar as normas processuais neste sentido, de dotar os tribunais de mais meios, de lhes retirar competências que obstruam o seu funcionamento, de inspeccionar e punir com mais rigor as faltas de zelo ou de uma eficácia razoável, por parte dos magistrados e funcionários, de punir com mais rigor todos os expedientes dilatórios ou de litigância de má-fé, da responsabilidade dos advogados.

Por outro lado é impossível – em face dos princípios do Estado democrático, nomeadamente dos con-

O DIREITO NA VIDA: UMA ABORDAGEM TÓPICA | 417

sagrados na nossa Constituição em matéria de liberdade de expressão e de informação (arts. 37.º a 40.º) – limitar a liberdade de tratamento jornalístico de casos que já estão a ser apreciados em justiça. Nomeadamente, há grandes riscos para a liberdade de expressão e para a transparência da vida pública na instituição de um segredo de justiça muito rigoroso, tanto mais que a prática demonstra que, perante a avidez dos *media* ou os próprios interesses das partes na manipulação da opinião pública, no condicionamento dos seus adversários ou do próprio tribunal, o segredo de justiça dificilmente pode ser mantido efectivo. Embora, também no domínio do tratamento jornalístico de questões jurídicas, seja possível tomar uma série de medidas que coíbam abusos e providenciem formas de reparação dos interesses dos lesados, como, por exemplo:

- Instituir medidas de regulação ou de auto-regulação que, respeitando a liberdade de expressão e de informação, instituam um código de boas práticas (*v.g.*, criação de um provedor do telespectador/ouvinte/leitor; estrito respeito do direito de resposta [art.º 37, n.º 4 da CRP]) (cf. arts. 37 a 40 da CRP)[476]; em Portugal, a

---

[476] Art.º 37.º (Liberdade de expressão e informação). 1. Todos têm o direito de exprimir e divulgar livremente o seu pensamento pela palavra, pela imagem ou por qualquer outro meio, bem como o direito de informar, de se informar e de ser informados, sem impedimentos nem discriminações.

418 | CALEIDOSCÓPIO DO DIREITO...

2. O exercício destes direitos não pode ser impedido ou limitado por qualquer tipo ou forma de censura. 3. As infracções cometidas no exercício destes direitos ficam submetidas aos princípios gerais de direito criminal ou do ilícito de mera ordenação social, sendo a sua apreciação respectivamente da competência dos tribunais judiciais ou de entidade administrativa independente, nos termos da lei. 4. A todas as pessoas, singulares ou colectivas, é assegurado, em condições de igualdade e eficácia, o direito de resposta e de rectificação, bem como o direito a indemnização pelos danos sofridos. Art.º 38.º (Liberdade de imprensa e meios de comunicação social). 1. É garantida a liberdade de imprensa. 2. A liberdade de imprensa implica: a) A liberdade de expressão e criação dos jornalistas e colaboradores, bem como a intervenção dos primeiros na orientação editorial dos respectivos órgãos de comunicação social, salvo quando tiverem natureza doutrinária ou confessional; b) O direito dos jornalistas, nos termos da lei, ao acesso às fontes de informação e à protecção da independência e do sigilo profissionais, bem como o direito de elegerem conselhos de redacção; c) O direito de fundação de jornais e de quaisquer outras publicações, independentemente de autorização administrativa, caução ou habilitação prévias. [...] 4. O Estado assegura a liberdade e a independência dos órgãos de comunicação social perante o poder político e o poder económico, impondo o princípio da especialidade das empresas titulares de órgãos de informação geral, tratando-as e apoiando-as de forma não discriminatória e impedindo a sua concentração, designadamente através de participações múltiplas ou cruzadas. 5. O Estado assegura a existência e o funcionamento de um serviço público de rádio e de televisão. 6. A estrutura e o funcionamento dos meios de comunicação social do sector público devem salvaguardar a sua independência perante o Governo, a Administração e os demais poderes públicos, bem como assegurar a possibilidade de expressão e confronto das diversas correntes de opinião. [...]. Art.º 39.º (Regulação da comunicação social). 1. Cabe a uma entidade administrativa independente assegurar nos meios de comuni-

O DIREITO NA VIDA: UMA ABORDAGEM TÓPICA | 419

regulação da comunicação social é da competência da Entidade Reguladora para a Comunicação Social[477];

- Utilização do serviço público de rádio e televisão (art.º 38, n.º 5) para compensar a eventual insuficiência ou enviesamento do tratamento jornalístico de certos casos;
- Reforçar as medidas de protecção (civil e criminal) dos direitos individuais à reserva, ao bom-nome e ao contraditório) (cf. arts. 37, n.º 3 e 4, e 39, d) da CRP, referido ao art.º 26, n.ºs 1 e 2 da mesma[478]).

---

cação social: a) O direito à informação e a liberdade de imprensa; b) A não concentração da titularidade dos meios de comunicação social; c) A independência perante o poder político e o poder económico; d) O respeito pelos direitos, liberdades e garantias pessoais; e) O respeito pelas normas reguladoras das actividades de comunicação social; f) A possibilidade de expressão e confronto das diversas correntes de opinião; g) O exercício dos direitos de antena, de resposta e de réplica política. [...]

[477] V. estatuto (Lei n.º 53/2005 de 8 de Novembro) em http://www.ics.pt/verfs.php?fscod=837&lang=pt.

[478] Art.º 26.º (Outros direitos pessoais) 1. A todos são reconhecidos os direitos à identidade pessoal, ao desenvolvimento da personalidade, à capacidade civil, à cidadania, ao bom-nome e reputação, à imagem, à palavra, à reserva da intimidade da vida privada e familiar e à protecção legal contra quaisquer formas de discriminação. 2. A lei estabelecerá garantias efectivas contra a obtenção e utilização abusivas, ou contrárias à dignidade humana, de informações relativas às pessoas e famílias.

420 | CALEIDOSCÓPIO DO DIREITO...

13.3 A narrativa dos *media* e a narrativa do direito. Direito e *pop culture* (*Pop law*)

Este modelo de narrativa tem, desde logo, efeitos sobre as estratégias judiciais.

Alguma literatura norte-americana – mas também experiências recentes em Portugal – tem referido os esforços dos advogados na simplificação da narrativa judicial dos casos, nomeadamente em matéria de estratégia da prova, seleccionando os factos e testemunhos mais expressivos e vibrantes, aproximando eventualmente o enredo probatório dos modelos de história das séries televisivas presumivelmente mais vistas pelos membros do júri, ou mesmo pelos julgadores: "as histórias são construídas independentemente da prova, segundo o modo que o advogado pensa fazer sentido – e, frequentemente, de acordo com o modelo de narrativa que lhe é familiar. De onde vêm estes modelos? A fonte pode ser tão próxima como a televisão na sala de estar ou a *press release* de uma empresa, emitida no dia anterior"[479].

É evidente que este modelo de comportamento forense coloca as discussões jurídicas muito mais pró-

---

[479] Ryan Alford (cit.). Na Internet, podem encontrar-se *sites* dando sugestões, ou mesmo cursos, sobre estas técnicas de utilização de modelos cinematográficos ou de televisivo no tribunal (cf., *v.g.*, http://www.theconnection.org/shows/2001/05/20010530_b_main.asp; http://www.nyls.edu/pages/2923.asp: v. também, *The on-line journal of law and pop culture*, em http://www.usfca.edu/pj/libel_trach.htm.

O DIREITO NA VIDA: UMA ABORDAGEM TÓPICA | 421

ximas das narrativas da vida de todos os dias e, portanto, mais compreensíveis pelo cidadão comum. Mas, dado que lhes subjaz uma intenção de condicionar o interlocutor – como, de resto, aconteceu sempre no mundo forense, desde o período dos sofistas gregos ou dos retóricos romanos –, servida por meios muito mais sofisticados e sustentados na técnica e nos saberes sobre a cognição, esta nova narrativa forense corrói o ideal de um diálogo justo, transparente e livre – do género do que tinha sido referido por J. Habermas, como condição de validade do "direito comunicativo" (v., *supra*, cap. 8) – e afasta-se da proibição de manipular testemunhas, jurados ou juízes, que aparecia como uma linha fundamental de conduta, mesmo nas novelas policiais clássicas norte-americanas.

Esta é uma das razões do pessimismo de muitos sobre o desfecho desta contaminação entre direito e comunicação social.

Irá o direito colapsar perante os *media*?

Richard Sherwin – um autor norte-americano de referência nesta matéria – afirma que os sentidos "jurídicos" (especializados) se estão a desvanecer (*thinning*) à medida que são substituídos pelos "sentidos vernáculos" (populares)[480]. Na sua opinião, isto

---

[480] Este é o tema dos autores que se dedicam ao estudo do "direito popular" (*pop law*), a forma mais actual daquilo a que, antes, se chamou *everydaylife law*, *lebendiges law*, *law in action*, e que relaciona o direito com a cultura popular, nomeadamente

422 | CALEIDOSCÓPIO DO DIREITO...

relaciona-se com a actual "cultura do espectáculo" e com a adopção dos estilos e técnicas comunicativas das relações públicas e dos *media*. Os advogados e a acusação pública tentam, desde logo, manipular a imprensa – como o fariam os publicitários – ou para ganhar casos ou para adquirir notoriedade, como fonte de sucesso profissional ou político. Mas o que há de mais importante e profundo nesta viragem é que o público adopta os estereótipos – sobre o direito, os tribunais, a sociedade, os "bons" e os "maus", e a própria maneira de discorrer sobre tudo isto – dos programas televisivos ou dos filmes que tomam o mundo jurídico e forense (ou, mais em geral, os conflitos na sociedade) e passa a adoptar estes mesmos estereótipos, imagens ou modelos, quando tem que apreciar um caso jurídico real.

Perante isto, a pressão é cada vez maior no sentido de abrir o processo judicial à comunicação social, ou permitindo a presença de jornalistas e de câmaras nas

---

cinematográfica, televisiva, musical, da banda desenhada (v. a revista *on line*, *Picturing Justice. The on-line Journal of Law and Pop Culture*, publicada pela School of Law da USF. University of San Francisco: http://www.usfca.edu/pj/index.html). Sobre direito e *pop culture*: http://tarlton.law.utexas.edu/lpop/; Judge Jacqueline Connor and Anne Endress Skove, "Dial "M" for Misconduct: The Effect of Mass Media and Pop Culture on Juror Expectations", em http://www.ncsconline.org/WC/Publications/KIS_JurDec_Trends.pdf; Jessica Silbey, "What Do We Do When We Do Law and Popular Culture", em http://papers.ss rn.com/sol3/papers.cfm?abstract_id=608322n.

sessões de julgamento – antes restringida para preservação da intimidade e imagem das partes e das testemunhas e, também, em virtude de uma forma de entender a serenidade e decoro do tribunal – ou atenuando, eventualmente, extinguindo, as normas sobre segredo de justiça[481].

Mas, sobretudo – como se disse –, o modelo mediático apelaria a uma forma psicológica de apreensão e resolução do caso jurídico diferente da tradicional. Segundo R. Sherwin, o público americano – digamos, o público ocidental urbanizado – vai-se habituando cada vez mais a um processo de estímulos visuais rápidos, típicos da publicidade, dos *clips* e de certos modelos de montagem cinematográfica (sequências curtas, em mudança rápida, elidindo trechos da história). O pensamento *raciocinante* é substituído por um pensamento *associativo*, em que a compreensão resulta de uma associação quase instintiva de imagens desgarradas, sem que haja uma linha de continuidade

---

[481] Sobre o "segredo de justiça" e valores aí envolvidos, v. César Dario Mariano da Silva, "Segredo de Justiça" (em http://www.cpc.adv.br/Doutrina/Penal/SegredodeJustica.htm); José Miguel Júdice, "O segredo de justiça para a cadeia", em *Revista da Ordem dos Advogados*, Nov. 2004; para o seu sentido originário, no séc. XIX, v. Hocks, Stefan, *Gerichtsgeheimnis und Begründungszwang. Zur Publizität der Entscheidungsgründe im Ancien Régime und im frühen 19. Jahrhundert* (= Veröffentlichungen des Max-Planck-Instituts für europäische Rechtsgeschichte, Rechtsprechung. Materialien und Studien 17), Klostermann, Frankfurt am Main, 2002.

lógica entre elas. O enredo não fornece uma história coerentemente organizada, mas apenas peças dispersas, entrecortadas por "brancos", a partir do que o espectador deve reconstituir o enredo, ligando as imagens e preenchendo os elementos ausentes com recurso a pré-compreensões (estereótipos, modelos) existentes na cultura popular. Este modo frenético e elíptico de narrar não decorre apenas de modas estéticas, mas das restrições impostas pelo custo dos tempos de emissão. Daqui resulta que muita gente já só responda (crie uma representação da história, se decida, escolha, avalie) em função deste tipo de informação, perdendo a capacidade de uma compreensão mais profunda, mais trabalhosa e mais crítica de apreensão do mundo.

Por outro lado, como sobretudo a publicidade, mas também os próprios noticiários, investem na emoção e nas paixões, o modo distanciado da narrativa jurídica perde terreno face a estes modelos empáticos de *storytelling* (relatos emotivos, na primeira pessoa). E, frequentemente, criam-se estereótipos sociais (a "loira estúpida", o "jovem executivo exigente e eficaz", a "mulher caprichosa", o "emigrante perigoso") que actuam como moldes para a compreensão da vida pela massa dos espectadores. A actual tendência para criar aquilo a que o *marketing* (mas também a polícia) chama *profiles* – ou seja, modelos gerais de classificação das pessoas, pelos seus gostos, pela sua idade, pelo seu *status* social, pela sua aparência física, pelas suas características étnicas – constitui a ponta mais

O DIREITO NA VIDA: UMA ABORDAGEM TÓPICA | 425

avançada desta tendência tipificadora que, no extremo, se pode tornar num elemento decisivo de diagnóstico jurídico (jurídico-criminal)[482].

Porém, R. Sherwin chama ainda a atenção para o facto de esta mistura do ficcional e da realidade esbater a capacidade para distinguir a verdade da interpretação, da criação ou da fantasia, corroendo, com isto, valores que, pelo menos no domínio da prova e da formação da convicção dos juristas clássicos, são centrais. Ele sustenta que a saturação da cultura popular por estas técnicas de manipulação cria um cepticismo ou indiferença no público e nos próprios operadores do direito, que se estende tanto à credibilidade dos factos como à razoabilidade dos padrões de julgamento (*liquefacção da verdade e dos valores*[483]).

---

[482] Sobre as técnicas da chamada *police intelligence* que utilizam o traçado de um *profile* para a identificação de criminosos, v. http://en.wikipedia.org/wiki/Police_Intelligence. No filme de ficção científica *Minority report*, de Steven Spielberg (2002: http://www.minorityreport.com/) o *profile* do criminoso é utilizado – um pouco como o faziam os criminólogos positivistas dos inícios do séc. XX com a biotipologia criminal – para prever a prática de crimes por certos indivíduos e para iniciar, em relação a eles, medidas de investigação e, eventualmente, de punição, antes mesmo de o crime ter sido cometido (uma espécie de novas medidas de segurança). Esta ficção tornou-se realidade na chamada guerra contra o terrorismo global em certos países.

[483] A que também se refere Z. Baumann, em livros sucessivos.

426 | CALEIDOSCÓPIO DO DIREITO...

Se tudo isto for certo – e há muitos indicadores de sentido afirmativo –, estes riscos existem. Embora outros autores salientem como o fluxo contemporâneo da informação pode funcionar justamente em sentido contrário, possibilitando o confronto de opiniões, por vezes em tempo real ou quase real (*chats*, *blogs*), e contribuindo, com isso, para uma maior reflexividade ("democracia reflexiva" ou "deliberativa")[484].

Porém, sendo também certo que as características da comunicação mediática são civilizacionais e grandemente independentes de regulação estadual ou outra, a única forma de atenuar o desgaste daquilo que mereça ser conservado na narrativa tradicional do direito é *o reforço da formação dos juristas*. Como diz R. Sherwin, "não podemos suprimir os meios de avaliar e decidir mais queridos ao direito e longamente testados pelo tempo, apenas porque eles já não estão de moda". A organização sequencial dos argumentos e a sua avaliação lógica (e não apenas empática ou emocional) deve manter-se, tendo embora em conta as modificações operadas no sentido comum, constituindo o traço distintivo da formação técnica dos juristas. Citando J. Derrida, um dos representantes da tendência para a "desconstrução" dos saberes (v. *supra*, cap. 11.2), conclui: "ler de outro modo [...] significa sempre passar através das disciplinas clássicas, e nunca abandoná-las ou desvalorizá-las".

---

[484] V., *supra*, nota 46.

Ou seja, no caso concreto, significa que os juristas terão que ter em atenção o impacto das novas formas de narrativa sobre a cultura das pessoas comuns – sobre as suas formas de discorrer e de valorar – sem, no entanto, abandonar as técnicas que o direito foi apurando como forma de tornar a descrição e a valorização dos factos e das normas mais susceptíveis de análise e de crítica. Isto consegue-se empenhando-se no conhecimento da cultura popular, mas identificando também as suas limitações e enviesamentos, do ponto de vista de uma avaliação jurídica susceptível de ser controlada por todos quanto ao seu rigor, objectividade e razoabilidade[485].

14. Estado e direito. As mutações do Estado na era da globalização

O liberalismo político clássico legou-nos um modelo de Estado e de direito que, como já vimos, não apenas continua a moldar as nossas imagens da política e do mundo jurídico, como permanece na base das construções dogmáticas dos próprios juristas: a ligação do direito ao poder legislativo unilateral (aos comandos) do Estado; a exclusividade da pertença dos indivíduos e do território a um Estado e a um

---

[485] O rigor, a objectividade e a razoabilidade que decorreriam de um diálogo equilibrado e universal, envolvendo todos os cidadãos.

428 | CALEIDOSCÓPIO DO DIREITO...

direito; a concepção do direito como uma ordem visando o interesse geral da comunidade nacional (o interesse público ou da *respublica*).

Como também vimos, tudo isto está, porém, em rápida mutação, face ao processo combinado de globalização e de diásporas entrecruzadas.

O tema da globalização – por muito ambíguo e pouco analítico que seja o conceito[486] – não pode deixar de ser relacionado com as formas emergentes de Estado e de direito.

Utilizando uma caracterização alheia[487], retemos os seguintes aspectos relevantes da globalização:

- uma economia mundial com transacções mais rápidas, devido a comunicações quase instantâneas, transportes mais baratos, uma nova divisão internacional do trabalho, multiplicação de empresas transnacionais, espaços económicos "desterritorializados" (*offshores*), potenciada ainda pelos efeitos de políticas de liberdade de comércio e de movimentos de capitais;

---

[486] V., entre outros, Anthony Giddens, *O Mundo na era da globalização*, 4.ª Edição, Lisboa, Editorial Presença, 2002; Ulrich Beck, Anthony Giddens and Scott Lash, *Reflexive Modernization. Politics, Tradition and Aesthetics in the Modern Social Order*, Stanford University Press, 1995; Anthony Giddens, *Runaway World: How Globalization is Reshaping Our Lives*, Oxford, Routledge, 2003; Zygmund Bauman, *Globalization. The Human Consequences*, New York, Columbia Univ. Press, 2000.

[487] Robin Cohen, *Global diasporas. An introduction*, Oxford, Routledge, 2004 (1.ª ed. 1997), p. 157.

O DIREITO NA VIDA: UMA ABORDAGEM TÓPICA | 429

- desenvolvimento de "necessidades globais", cuja relevância se manifesta mais ao nível global do que ao nível nacional ou local;
- aparecimento de entidades não estatais como sujeitos da comunidade internacional, com um peso económico e social que tende, globalmente, a exceder o do conjunto dos Estados-Nação tradicionais;
- criação de culturas *cosmopolitas*, ao lado das culturas locais, umas promovendo, as outras reagindo contra, a globalização[488];
- desterritorialização das identidades sociais, desafiando a hegemonia dos Estados-Nação e as suas pretensões em considerar uma cidadania exclusiva como origem dos vínculos de fidelidade política; e promovendo, antes, formas de identificação sobrepostas, permeáveis e múltiplas;
- formas de migração internacional temporária, opostas ao domicílio fixo e à adopção exclusiva da nacionalidade de um único país, com as suas consequências psicológicas e políticas (sentido de desenraizamento, angústias decorrentes da perda das referências comunitárias tradicionais).

Aqui, interessam-nos, sobretudo, as características que podem interferir com as funções tradicionais do Estado e do direito.

---

[488] As correntes antiglobalização estão, hoje, globalizadas, recorrendo aos meios globalizados de comunicação para aumentarem o seu impacto público.

430 | CALEIDOSCÓPIO DO DIREITO...

Neste sentido, importa destacar a função reguladora adquirida não apenas por organizações internacionais institucionalizadas, sobretudo no domínio económico (GATT [agora, Organização Mundial do Comércio, WTO/OMC], FMI, G8, Banco Mundial, OPEP) ou das novas tecnologias da comunicação (*v.g.*, ITU, International Telecommunication Union), mas também por empresas e organizações transnacionais informalmente associadas e produtoras de regulamentação. Neste último particular, convém destacar que:

- entre um quinto e um quarto de toda a produção mundial está nas mãos de empresas transnacionais;
- que mais de 50% do comércio total dos Estados Unidos com o Japão é realizado por elas;
- que das 100 mais importantes unidades económicas mundiais, metade são Estados-Nação e metade são já empresas transnacionais;
- que dos cerca de 180 Estados reconhecidos pelas Nações Unidas, 130 têm economias de menor dimensão do que as 50 maiores empresas multinacionais.

Este mundo de novas unidades económicas transforma-se num mundo de unidades, também novas, de natureza política e normativa, pois cada unidade económica constitui um centro de poder e, ao mesmo tempo, um centro de emissão de normas jurídicas: normas jurídicas obrigatórias por contrato entre as entidades transnacionais, normas jurídicas de regula-

ção genérica, válidas para um certo sector de actividade, normas técnicas, etc. E, por outro lado, o
conjunto destas unidades requer, por razões de segurança e de estabilização das suas relações presentes e
futuras, uma disciplina obrigatória para todos os participantes de transacções no mundo globalizado – ou
seja, um direito do mercado globalizado, uma espécie
de desenvolvimento e extensão do direito comercial
que, na Antiguidade e na Idade Média, regulava as
relações mercantis nas várias praças comerciais do
mundo (*lex mercatoria*).

Como o mundo da globalização é, por natureza,
avesso à territorialização – como a sua pretensão é a
de se expandir por sobre as fronteiras territoriais dos
Estados –, este novo direito do mercado globalizado
não é proveniente de direitos estaduais, sendo frequentemente de difícil acomodação com estes últimos.
Poderá, eventualmente, decorrer de tratados internacionais, de que os Estados sejam parte. Mas é cada
vez mais claro que a dinâmica da sociedade globalizada não é compatível com o ritmo (lento) da gestação de um direito global constituído na base de
tratados. Nem tão-pouco com um direito internacional consuetudinário (uma nova *lex mercatoria*), pela
mesma razão de que o costume exige uma continuidade no tempo que o dinamismo da sociedade globalizada raramente permite.

Por outro lado, a sociedade globalizada é também
uma sociedade de realidades sempre em mutação, de
modo que uma regulação normativa tradicional – ou

432 | CALEIDOSCÓPIO DO DIREITO...

seja, uma regulação por meio de regras fixas – tem o inconveniente de uma demasiada rigidez. A textualidade do Código terá que ser substituída pela maleabilidade de princípios menos fixamente formulados.

Há quem pense que, na base desta maleabilidade normativa, poderá estar uma comunidade de valores comum a todos os sujeitos da comunidade global, de valores *cosmopolitas*. E que esta comunidade global – que geraria a tal comunidade de valores – seria a comunidade dos sujeitos económicos transnacionais: as grandes empresas multinacionais, geridas por especialistas que cumpririam regras de boa gestão (regras *prudenciais* [*i.e.*, regras decorrentes de um saber prático], boas práticas), apoiadas pelos seus departamentos de aconselhamento jurídico ou por *law firms* também internacionais, auditadas por firmas, novamente internacionais, de gestão e auditoria, resolvendo os seus diferendos não perante a justiça do Estado, mas por meio da arbitragem, ou seja, em tribunais privados aceites pelas partes logo desde o momento da celebração dos contratos; tribunais estes compostos por árbitros escolhidos pela sua preparação técnica, mas também pela sua sensibilidade ao ambiente das grandes empresas e dos grandes negócios[489].

Seria este complexo institucional – este complexo político-mercantil – que constituiria o caldo de cultura de uma ordem de valores (e, logo, de um direito) para a sociedade globalizada. De um modo simplifi-

---

[489] Cf. Robin Cohen, cit., p. 162.

cador, podemos chamar a esta ordem de valores a "constituição económica do mercado global" dos nossos dias. Seria esta partilha de uma visão do mundo e das normas a ela associadas que faria com que as transacções fossem fáceis e seguras, apesar da dispersão geográfica e da inexistência de uma garantia coerciva estadual do seu cumprimento. Na verdade, "as sanções sociais oferecem meios mais baratos, mais efectivos e mais discretos de cobrar créditos difíceis do que os mandatos legais ou as acções judiciais"[490]. Um outro elemento de flexibilidade e de eficácia residiria no facto de que valores "antipáticos para o mercado" – como a defesa dos interesses nacionais (ou dos interesses das comunidades nacionais), a garantia dos direitos dos cidadãos, a salvaguarda de valores comunitários, a defesa dos interesses dos trabalhadores ou dos consumidores concretos, a promoção de uma ordem internacional equilibrada, a defesa do ambiente como *habitat* comum, ou ainda, pura e simplesmente, a defesa de uma ordem económica alternativa (por exemplo, centrada no combate à pobreza[491] ou à desigualdade, apostada na diminuição da "pegada ecológica", tendente ao estabelecimento

---

[490] Robin Cohen, cit., 160.

[491] Apenas a título de exemplo, demorou mais de uma década para que a CEE/UE tenha abolido (definitivamente?) normas que condenavam à destruição frutos e vegetais que não correspondessem a certos parâmetros de tamanho e forma, isto num mundo em que a fome é endémica; o mesmo se diga quanto à fixação de quotas para a produção de géneros ali-

434 | CALEIDOSCÓPIO DO DIREITO...

de uma razão justa de trocas internacionais[492] ou baseada na planificação estadual) – dificilmente encontram porta-vozes nesta economia globalizada. Na qual – para mais –, não sendo igual a mobilidade ("globalibilidade") de todos os factores e actores[493], estaria garantida, pela própria natureza das coisas, uma presença quase exclusiva dos interesses mais globalizáveis e, portanto, mais simpatizantes e simpáticos

---

mentícios, como medida de manutenção dos preços. Em Portugal – um país onde há fome e pobreza –, certas normas fiscais (*v.g.*, quanto à dispensa de pagamento do IVA) obrigam à destruição de produtos que poderiam satisfazer necessidades primárias.

[492] *V.g.*, os preceitos religiosos de que o islamismo rodeia a actividade económica, e que se institucionalizam hoje num universo institucional muito importante (http://en.wikipedia.org/wiki/Islamic_banking#Islamic_Financial_Institutions).

[493] Os fluxos financeiros, as tecnologias e a informação (nela incluídos os estilos de vida e os valores a eles ligados) gozam da maior mobilidade; os altos e médios quadros, de uma mobilidade ainda muito importante; a generalidade das matérias-primas e das mercadorias são bastante transportáveis; mas a mobilidade do trabalho, da mão-de-obra, varia na razão directa da sua qualificação, o que quer dizer que os trabalhadores menos qualificados e mais mal pagos apenas conseguem alguma mobilidade com enormes sacrifícios económicos e humanos, frequentemente com o recurso a redes clandestinas de trabalho ilegal, muito semelhantes a uma nova escravatura, promovidas pelas políticas restritivas da imigração adoptadas por Estados frequentemente campeões do comércio livre e de políticas não proteccionistas. E, internamente, objecto de uma mais do que permissiva fiscalização das entidades responsáveis pela legalidade e qualidade das condições de trabalho nas empresas.

à lógica do mercado global. Por isso é que problemas muito agudos ao nível das comunidades locais – como a deslocalização das empresas, as desigualdades de rendimentos e, portanto, de poder de compra de umas regiões para as outras, a diferente exposição às catástrofes climáticas, o diferente acesso às matérias-primas ou aos recursos energéticos – são encarados, ao nível global, como questões que se resolvem pelo simples funcionamento das leis do mercado internacional.

Daí que um direito estreitamente decalcado da prática quotidiana e imediata do mercado, volúvel, maleável, debilmente ancorado em outros valores que não sejam a utilidade – cada vez mais, a utilidade mais imediata – dos intervenientes mais poderosos, nunca poderá ser justo e equilibrado.

A crise de 2008 mostrou, afinal, que esta ordem económica internacional tinha quase apenas uma regra: a de que tudo era legítimo (logo, permitido) desde que contribuísse para a maximização dos lucros dos intervenientes dominantes (as grandes firmas transnacionais, os cartéis por elas formados, os seus administradores ou directores executivos [ou, como agora se diz, CEOs (*Chief Executive Officers*)]. Por isso, o entusiasmo reinante sobre o carácter benfazejo da auto-regulação económica global – no melhor dos casos fruto de uma ingenuidade de que hoje se fazem autocríticas surpreendentes[494] – está hoje muito abala-

---

[494] V. a declaração de Alan Greenspan, durante anos presidente da *Federal Reserve* dos EUA sobre os seus erros de diag-

436 | CALEIDOSCÓPIO DO DIREITO...

do, sendo frequentes as vozes que falam de "economia de casino", da ganância dos administradores, da ausência trágica de valores e de normas prudenciais, etc.

Uma análise mais avisada já se dava conta de tudo isto[495]. Mas também do facto de que a redução da comunidade de valores global às práticas ou ao *ethos* do mundo transnacional dos negócios tem algo simplificador, pois as entidades globalizadas não se reduzem às grandes empresas e aos seus consultores jurídicos. Dizendo de outro modo, o mundo global não é portador apenas dos valores do mercado internacional. Povoam-no também milhares de organizações não governamentais, comprometidas com outros interesses e portadoras de outros valores, não raramente incompatíveis ou mesmo reactivos a essa globalização apenas económica: organizações humanitárias, de combate à pobreza, de promoção e defesa dos direitos

---

nóstico quanto à situação financeira internacional (texto integral): http://clipsandcomment.com/wp-content/uploads/2008/10/greenspan-testimony-20081023.pdf.

[495] Cf. as opiniões de Joseph E. Stiglitz, prémio Nobel de Economia (2001), membro da Academia Pontifícia de Ciências Sociais (2003), Professor da Columbia Business School, da Graduate School of Arts and Sciences (Department of Economics) e da School of International and Public Affairs, http://www2.gsb.columbia.edu/faculty/jstiglitz/download/Stiglitz_CV.pdf (CV) e http://www2.gsb.columbia.edu/faculty/jstiglitz/Crisis.cfm (artigos sobre a crise financeira); sobre os pontos de vista de Paul Krugman, prémio Nobel (2008), apesar de se declarar como um liberal, http://en.wikipedia.org/wiki/Paul_Krugman, v. http://en.wikipedia.org/wiki/Paul_Krugman.

O DIREITO NA VIDA: UMA ABORDAGEM TÓPICA | 437

humanos, organizações ambientais, organizações de protecção dos bens culturais ou da vida selvagem, igrejas, etc. Embora com um muito menor poder de influência na gestação de normas efectivas no plano internacional, estas organizações contribuem para a formação de uma constelação de valores razoavelmente variada, que também deve ser tida em conta numa eventual formulação prudencial de um direito global, cujo perfil há-de, necessariamente, ter bastante menos em comum com o direito, correspondendo exclusivamente ao mero mundo internacional dos negócios, proporcionando bases normativas mais consensuais e, logo, mais efectivas e estabilizadoras[496].

Seja como for, neste direito global, o Estado irá perder – por razões de vária ordem – o protagonismo que obtivera desde a Revolução Francesa. O historiador italiano Paolo Grossi enumera, num livro recente[497], algumas destas razões: "O legislador estadual era lento, alheio ao mundo da prática, vulgarmente dócil aos apetites dos partidos políticos; a justiça estadual não estava em grau de responder às exigências de rapidez e concretização da prática económica. Acrescente-se que o Estado e a justiça estadual colocavam-se ainda

---

[496] Sobre as perspectivas do direito num mundo globalizado, v. Maria Rosario Ferrarese, *Le istituzioni della globalizzazione. Diritto e diritti nella società internazionale*, Bologna, Il Mulino, 2000.

[497] Paolo Grossi, *Derecho, Sociedad, Estado*, San Nicolas de Michoacá, Escuela Libré de Derecho, 2004, 161.

438 | CALEIDOSCÓPIO DO DIREITO...

numa óptica territorial que era asfixiante para a circulação capitalista, essencialmente global". Grossi fala, a este propósito, de uma tendência para a destextualização do direito e para a emergência de princípios maleáveis, como sinais de uma jurisdicidade que se nega à ossificação[498]. Do ponto de vista da sua arquitectura, este complexo normativo assemelhar-se-ia menos à tradicional pirâmide das normas estaduais – encimadas pelas regras da Constituição e pelo poder político do Estado – e mais a uma rede, cujas regras "não encontram a sua legitimação numa única fonte suprema identificada com quem tenha o supremo poder político, mas antes no modo espontâneo de manifestação dessa realidade variada e móvel que é o mercado"[499].

Tais regras são acordadas entre portadores de interesses privados desenvolvendo uma certa actividade social (bancária, produtora ou abastecedora de certo tipo de bens, seguradora, comunicativa, tecnológica), que não cuidam – ou, na melhor das hipóteses, só cuidam muito longínqua e indirectamente – dos inte-

---

[498] Cf., *ibid.*, 169: dando como exemplo os princípios reguladores em matéria de direito contratual internacional, patrocinados pelo Instituto para a Unificação do Direito Privado (UNIDROIT), que substituíram a primitiva ideia de elaboração de um código (*i.e.*, um complexo textual de regras) do direito privado europeu, datada de uns anos 40, ou o "projecto Taruffo", para a unificação do direito processual comercial internacional.

[499] P. Grossi, *ibid.*, 170.

resses da coisa pública, quer esta se identifique com a comunidade global (como aconteceria nas questões macro relativas ao ambiente, à exploração do recursos não renováveis, aos problemas sanitários e de bem-estar a nível mundial), quer se identifique com as comunidades locais, nacionais ou infranacionais, quer se identifique com os interesses dos destinatários ou utilizadores da actividade em causa (consumidores, ouvintes ou espectadores, segurados, clientes ou pequenos accionistas, etc.).

Dado o carácter globalizado e informal de muitas das instâncias de regulação, muitas das normas não dispõem de um mínimo de publicidade ou de transparência, pelo que não existe qualquer possibilidade de reclamação ou recurso, de verificação "da constitucionalidade" – qualquer que fosse o entendimento que se desse a esta expressão – destas normas. Realmente, a sua "constitucionalidade" residiria apenas na sua efectividade conjuntural, no facto de elas funcionarem, independentemente da "legitimidade" da entidade de que provenham, dos interesses que sirvam e do sentido axiológico que tenham. Para os defensores de constituição do mercado – da *lex mercatoria* – como a versão actual da "constituição da liberdade", o facto de estas normas funcionarem no mercado global bastaria para as legitimar. Pois a própria dinâmica do mercado não seria outra coisa senão, por um lado, a expressão da liberdade e criatividade individuais e, por outro, a melhor satisfação das utilidades privadas e públicas. Os simples mecanismos da concorrência se encarregariam de expulsar as más normas (tal como, segundo a lei de Gresham, a boa moeda expulsa a má).

Hoje, porém, estamos mais atentos ao que seja o bom funcionamento do mercado. Reclamando – depois da experiência de um mercado que corria eficazmente... em direcção ao abismo – que esse bom funcionamento se caracterize pela sustentabilidade e pela estabilidade. Como também temos consciência de que esta sustentabilidade/estabilização requerem normas estabelecidas na base de um conhecimento reflectido sobre esse mercado e a sua regulação[500], de consensos muito abrangentes, que incluam todos os interesses em causa.

É dos factores antes referidos que resulta a importância emergente daquilo que hoje se descreve sob a etiqueta de auto-regulação. Mas, ao mesmo tempo, daquilo que se poderia chamar uma regulação da auto-regulação. Ou seja, uma observação, num plano superior (de segunda ordem) sobre o modo como interagem auto-regulação e mercado e até que ponto fomentam uma estabilização da vida social. Não falta quem defenda que o papel do Estado nos dias de hoje é, mais até do que a regulação directa, o estabelecimento e manutenção de instâncias de meta-observação e avaliação da auto-regulação[501]. E, na verdade,

---

[500] Que exige transparência e avaliação crítica de um e de outra.

[501] Cf. Karl-Heinz Ladeur, *Kritik der Abwägung, Plädoyer für eine Erneuerung der liberalen Grundrechtstheorie*, Tübingen, Mohr

O DIREITO NA VIDA: UMA ABORDAGEM TÓPICA | 441

é a isso que estamos a assitir, quando se reclama do Estado que verifique o cumprimentos de práticas boas e dotadas de rigor por parte das comissões reguladoras autónomas[502].

Aparentemente – se tivermos em conta a teoria do Estado liberal clássico –, isto não constitui uma grande novidade, pois a lei também era concebida como uma forma de auto-regulamentação da vontade dos cidadãos ("vontade geral"), constituindo uma moldura de outras normas não estaduais que vinculavam estritamente as práticas, designadamente nas comunidades comercial e camponesa, ambas fortemente holísticas. A novidade é que, a partir de certa altura, o próprio afã regulador do Estado esvaziou essa carga normativa autónoma de sectores muito estruturados da sociedade. Ou seja, criou-se uma convicção generalizada

---

Siebeck, 2004; Karl-Heinz Ladeur, "Post-modern Constitutional theory: a prospect for the self-organizing society", em *The modern Law Review*, 60.5 (1997); G. Teubner, "Global private regimes: neo-spontaneous law and dual constitution of autonomous sectors", em K.-H. Ladeur, *Public governance in the age of globalization*, Hants, Ashgate Publ., 2004; G. Teubner (ed.), *Global law without a State*, Dartsmouth, London, 1996; Th. Vesting, *Rechtstheorie*, München, Beck, 2007.

[502] O Banco Central foi cuidadoso, competente, imparcial e prudente, nas suas medidas de regulação do mundo bancário? Certa comissão reguladora de um sector de actividade tem um conhecimento actualizado e alargado sobre o sector que regula? Adopta um posicionamento neutral e igualmente distanciado em relação a todos os interesses em causa (produtores, distribuidores, consumidores)?

442 | CALEIDOSCÓPIO DO DIREITO...

de que, desde que não proibido pelo Estado, tudo era autorizado, em consonância com um princípio que, embora presente em todos os códigos liberais oitocentistas ("tudo o que não é proibido é permitido"), na verdade não funcionava na vida real das comunidades dos comerciantes – nomeadamente dos grandes financeiros e industriais –, onde o "bom-nome", a "confiança", a "prudência nos negócios", caracterizava uma economia ainda fortemente ligada a pessoas, a famílias e práticas de negócios invioláveis. Hoje, tal como a economia se desmaterializou, despersonalizou-se também; e, com isso, esvaiu-se o sentido da responsabilidade pessoal e social. Por outro lado, a regulamentação estadual – que em tempos pretendeu colmatar esta brecha – revelou-se incapaz disso, tanto pela não correspondência entre o âmbito do poder do Estado e o âmbito das práticas a regular, como pela impossibilidade de o Estado, por falta de conhecimentos fiáveis sobre um mundo a regular – mutável e opaco – não ter meios de produzir uma normação atempada, adequada e estabilizadora.

Do ponto de vista dos mecanismos normativos tradicionais do Estado, há – seja como for, em que âmbito for e por quanto tempo for – diferenças substanciais a assinalar[503], pois o impacto das normas internacionais sobre o ordenamento interno dos Estados é cada vez maior, acompanhando esta tendência

---

[503] Cf. Sabino Cassese, *La crisi dello Stato*, Bari, Laterza, 2001.

O DIREITO NA VIDA: UMA ABORDAGEM TÓPICA | 443

para a globalização. O monopólio da lei atenua-se, correspondentemente, em função de normas supranacionais, e infranacionais ou mesmo de normas de âmbito nacional, mas com uma origem, tipo de normatividade e estrutura diferentes das legais (normas autárquicas, normas de entidades reguladoras completamente autónomas ou pouco dependentes do âmbito estadual, etc.).

Eis o conjunto das tipologias normativas que passam a constituir os ordenamentos jurídicos contemporâneos[504]:

- tratados, convenções e acordos internacionais;
- leis nacionais;
- normas "regionais", como as directivas comunitárias;
- regras provenientes de autoridades independentes supranacionais ou nacionais;
- linhas de orientação provenientes de organismos internacionais[505];
- modelos contratuais uniformes, que antes eram essencialmente estabelecidas pelas Câmaras de Comércio, mas que agora competem frequente-

---

[504] Enumeração sugerida por Stefano Rodotà, "Un códice per l'Europa? Diritti nazionali, diritto europeo, diritto globale", em *Codici. Una riflessione di fine milenio*, Milano, Giuffrè, 2002, 548 ss.

[505] A título de exemplo, as orientações da OCDE sobre a protecção de dados pessoais que, durante muito tempo, constituíram a única regulação sobre o assunto.

444 | CALEIDOSCÓPIO DO DIREITO...

mente a sujeitos de direito (eventualmente de direito público) internacional, a cujo cargo está a regulação de uma certa actividade[506];

• regras de normalização técnica, no estabelecimento das quais não se seguem regras da democracia política, mas antes um princípio de liderança por competência técnica[507], dotadas de um efeito de aplicação automática (*v.g.*, protocolos de diálogo [*shake hands*] no domínio das telecomunicações)[508];

• "memorandos" de entendimento (*memoranda of understanding, MoU*), estabelecendo planos de acção comuns a várias entidades de direito público, mistas ou, puramente, de direito privado[509];

• sistemas baseados numa regulação de "confiança", como a *web*[510];

---

[506] *V.g.*, as cláusulas contratuais tipo estabelecidas pela decisão da Comissão Europeia de 15 de Junho de 2001 sobre transferência de dados com carácter pessoal para países terceiros.

[507] José Matos Pereira, *Direito e normas técnicas na sociedade de informação*, Lisboa, UAL, 2005, 8.

[508] Cf. http://www.itu.int/home/index.html. Lista de organização de normalização técnica, em José Matos Pererira, *Direito e normas técnicas [...]*, 194.

[509] Cf. José Matos Pereira, *Direito e normas técnicas [...]*, cit., 70 s.

[510] Embora a Internet tenha sido objecto de alguma regulação por parte de Estados, como os Estados Unidos e a Comunidade Europeia (combate à pornografia e pedofilia) ou a República Popular da China (quanto a conteúdos políticos), tem

O DIREITO NA VIDA: UMA ABORDAGEM TÓPICA | 445

- códigos de conduta (ou instrumentos de auto--regulação) internacionais ou nacionais, de iniciativa privada (grupos de empresas operando no sector), mas por vezes aprovados por entidades de direito público internacional[511], também designados por "manuais de boas práticas"[512].

A regulação estadual – que já perdera características majestáticas tradicionais, com o dever, por parte do Estado, de ouvir entidades particularmente interessadas na regulação (nos termos dos preceitos relativos à chamada "concertação social")[513] – combina-se, assim,

---

sido, também, objecto de auto-regulação (*v.g.*, da CE, a ITU [*International Telecomunications Union*] e da WIPO [*World Intellectual Property Organization*], sobre "top level domain names").

[511] A Directiva europeia 95/46 contém um capítulo V intitulado precisamente "códigos de conduta", cujo art.º 27 prevê uma aprovação (mais precisamente, uma "declaração de conformidade com a directiva"). Do mesmo modo, o "Código da actividade jornalística" italiano foi aprovado por leis, mas elaborado a partir da colaboração da ordem dos jornalistas e do provedor para a protecção dos dados pessoais. Existem também códigos deontológicos para várias profissões, desde os médicos aos advogados.

[512] Exs.: http://www.npgoodpractice.org/ (guia); http://honolu lu.hawaii.edu/intranet/committees/FacDevCom/guidebk/teachtip/ 7princip.htm (Escola).

[513] A "concertação social" obriga o Estado a ouvir empresas e trabalhadores do sector ao estabelecer planos e legislação especializados (CRP, art.º 80, g)). Também estas audições de concertação exigem, para serem legítimas e para gerarem normas estáveis e estabilizadoras, a observância de "boas práticas"

com uma pluralidade de regulações não estaduais, nomeadamente a regulação técnica e a auto-regulação, sobretudo no plano da economia globalizada.

A incorporação da regulação técnica no direito verifica-se pelo facto de essas normas serem juridicamente relevantes. Esta relevância jurídica pode revestir uma forma "forte", quando as normas técnicas se impõem (por exemplo, a aceitação de normas técnicas que fazem parte da estrutura de mecanismos ou aparelhos)[514]. Dir-se-á que isto não é suficiente para fazer delas direito, pois também as leis naturais se nos impõem inevitavelmente (ou sob pena de uma sanção [natural, *v.g.*, a doença] ou da não obtenção do resultado pretendido) e não são tidas como direito. As normas técnicas podem ainda ser juridicamente relevantes de uma forma mais "débil", no sentido de servirem de causa justificativa de um acto que, aliás, geraria responsabilidade jurídica de quem o praticou, como quando alguém invoca uma norma técnica para se escusar do cumprimento de um dever jurídico ou da produção de um dano aliás ilícito; ou, em sentido oposto, no sentido de se gerar responsabilidade civil

---

(lealdade e boa-fé, respeito pela representatividade das instituições ouvidas, correspondência substancial entre a regulação produzida e os consensos obtidos): caso contrário, tratar-se-á apenas de um simulacro de concertação, que não cumpre os requisitos legais ou constitucionais.

[514] Como as normas técnicas que regulam os protocolos de telecomunicações, a que temos que obedecer, se queremos comunicar por essa via.

pela violação de uma regra técnica pertinente[515]. Em qualquer dos casos, põe-se a questão do fundamento desta relevância jurídica das normas técnicas, já que o sistema do direito tem fronteiras que condicionam a sua abertura a outros ambientes normativos. A fórmula da "norma de reconhecimento" de H. L. Hart – com o antimonismo jurídico que a caracteriza – permite-nos resolver a questão com alguma economia. As normas técnicas são direito quando exista uma prática prudencial sustentada ou tecnicamente fundada, por parte dos juízes e dos funcionários, acompanhada de uma convicção geral da sua incorporação no direito[516-517].

---

[515] Cf. Dec.-Lei. 48051, de 21.11.1967

[516] Cf., sobre a mesma questão, distinguindo normas ratificadas por fontes clássicas do direito – como tratados ou convenções internacionais ou legislação interna (*i.e.*, em que, num caso ou noutro, intervém o consentimento dos Estados) – de normas técnicas "emitidas a descoberto", Diogo Freitas do Amaral (e Ravi Afonso Pereira), *Manual de introdução ao direito*, Coimbra, Almedina, 2004, 534 ss.

[517] A formulação adoptada permite mesmo a incorporação de novas normas técnicas. Como não se exige o costume, mas apenas a atenção a decisões prudenciais, o reconhecimento jurídico da norma não depende do decurso do tempo.

448 | CALEIDOSCÓPIO DO DIREITO...

14.1 *Inciso. Economia global, igualdade e progresso humano*

Saber se este mercado global é a fonte de, ou a via para, um mundo de liberdade e de realização das pessoas é, evidentemente, problemático e decorre, afinal, de pré-compreensões (ou mesmo opções) políticas e ideológicas. No entanto, na medida em que envolvem também um momento cognitivo, estas pré-compreensões podem ser avaliadas na sua justeza empírica. Ou seja: pode pôr-se à prova se – depois de várias décadas já de prossecução deste ideal – a situação global do mundo melhorou; concretamente, se tem havido progressos nas políticas ambientais, nas políticas de utilização racional de recursos escassos, na melhoria global do nível de vida, na prossecução da paz e da segurança internacionais, na defesa da diversidade cultural, no estabelecimento de formas igualitárias e libertadoras de convivência internacional, etc. Mesmo neste plano puramente fáctico, os indicadores são frequentemente controversos ou equívocos; em todo o caso, o entusiasmo dominante em certos círculos quanto à bondade desta auto-regulação do mercado – hoje, porém, muito abalado pela crise de 2008, por muito que as esperadas autocríticas faltem ou se refugiem em questões conjunturais[518] ou

---

[518] *Vg.*, os sistemas de retribuição dos gestores; ou anormais compadrios de interesses entre avaliadores e avaliados.

O DIREITO NA VIDA: UMA ABORDAGEM TÓPICA | 449

de moralidade individual[519] – parece estar muito para além do que uma leitura, mesmo optimista, da evolução do mundo nas últimas décadas poderá permitir. Segundo um dos últimos *Human Development Report* das Nações Unidas[520], a riqueza global dos 358 "milionários globais" é igual ao rendimento combinado dos 2.3 biliões de pessoas mais pobres (45% da população mundial); a 80% da população, residente nos chamados países em via de desenvolvimento, pertencem apenas 22% da riqueza global (1996). De 1960 a 1990, a participação dos países mais pobres (20% do total) no rendimento global mundial caiu dos escassos 2,3% para uns miseráveis 1,4 %[521].

Os números, os gráficos e as tabelas também publicados nos *Human Development Reports*[522] fornecem apenas alguns dados estatísticos para uma primeira aproximação à questão dos ganhos ou perdas trazidos

---

[519] A "ganância de Wall Street"...

[520] http://hdr.undp.org/reports/global/2005/. Para indicadores numéricos, por países, v. o importante documento *Human Development Indicators*, em http://hdr.undp.org/. Importante é também o *World Database of Happiness*, em http://www1.eur.nl/fsw/happiness/.

[521] Dados citados em Peter Beilharz, *The Bauman Reader*, Oxford, 2000, p. 305. Cita-se, aqui, uma expressiva frase de um jornalista do *Guardian* (22.07.1996): "Se os 358 (mais ricos do mundo) decidissem guardar para si apenas 5 000 US$ e dar o resto, poderiam virtualmente duplicar o rendimento anual de cerca de metade da população da Terra".

[522] Cf. http://hdr.undp.org/en/reports/global/hdr2006/.

450 | CALEIDOSCÓPIO DO DIREITO...

por esta evolução para a globalização e para o liberalismo económico internacional.

Uma peça fundamental desta economia-mundo são os chamados paraísos fiscais, onde se refugiam os capitais cujos detentores não querem pagar impostos, que com isso concorrem deslealmente com os que os pagam, que querem evitar a execução dos seus bens por credores ou, pior ainda, a sua reivindicação pelos verdadeiros donos, que querem encobrir manobras financeiras ilegais ou actividades de corrupção[523].

Instituições fiáveis[524] avaliam em 72 o número de paraísos fiscais, por onde circulará até metade do comércio internacional. Também se pode provar que quase nenhum país em vias de desenvolvimento tem meios para regulamentar este comércio semiescondido, nem a viciação da contabilidade com ele conexa. Daqui resulta uma contínua depreciação da base fiscal destes países e, com isso, da capacidade financeira dos seus governos. Esta depreciação tem sido avaliada num montante de 600 triliões de US$ por ano, 12 vezes a soma necessária para atingir os *Millennium Development Goals*[525].

---

[523] A corrupção – nomeadamente nos países em vias de desenvolvimento, uma corrupção onde também há corruptores, e não apenas corruptos! – é, por sua vez, a justificação avançada para a redução do auxílio a esses países.

[524] Cf. http://www.law.wayne.edu/TAD/Documents/Research/Fiscal%20paradise.pdf; http://en.wikipedia.org/wiki/Tax_haven.

[525] Veja o que isto significaria em http://www.un.org/millenniumgoals/.

E, no entanto, há instituições económicas e financeiras mundiais capazes de desafiarem esta fonte de criminalidade económica: a ONU, o Banco Mundial, o Fundo Monetário Internacional, a União Europeia, a OCDE, o G8 e o G20, agindo concertadamente. A razão de não o terem feito, até hoje, com eficácia, bem como o facto de uma acção concertada contra a criminalidade económico-financeira não ocupar, nas agendas internacionais, um destaque semelhante ao da luta antiterrorista ou antinarcotráfico pode dizer quase tudo.

No plano do direito interno, a ideia de uma auto--regulação apresenta algumas das dificuldades teóricas já enunciadas. Como prescinde de uma "aprovação" correctiva do Estado (promotora de um equilíbrio entre as partes; garante dos direitos das partes mais débeis; garante dos interesses de sujeitos não participantes na entidade reguladora; garante do "interesse público"), a auto-regulação pressupõe uma sociedade naturalmente equilibrada e igualmente atenta ao interesse geral. No entanto, como as entidades reguladoras são frequentemente constituídas por representantes dos grandes grupos que actuam no sector, é de temer que os interesses acima mencionados não sejam eficazmente defendidos, sobretudo quando entrarem em conflito com os interesses particulares das entidades mais próximas da autoridade reguladora. A história recente da auto-regulação da comunicação social em Portugal mostra, ao mesmo tempo, como ela é difícil de realizar e como os interesses das empresas de comunicação social e dos próprios jornalistas se sobrepõem, frequentemente, não apenas ao respeito dos direitos dos consumidores-espectadores/ouvintes, ao direito à privacidade e ao bom-nome, mas ainda a normas públicas relativas, por exemplo, ao segredo de justiça. Em contrapartida, alguns casos recentes de práticas de cartelização nos sectores bancário, das indústrias farmacêuticas, de distribuição de combustíveis e moageira mostram duas coisas: (i) que a "tendência espontânea" parece ser a da viciação das "boas práticas" e dos mecanismos do mercado e (ii) que a correcção destas perversões se deve quase sempre à actuação – ou mesmo apenas à ameaça de actuação – da função inspectiva e punitiva das entidades públicas.

Porém, alguns juristas, sobretudo os mais impressionados pelo monopólio que a lei vinha tendo na constituição do direito contemporâneo desde a Revolução Francesa, encaram de uma forma optimista esta perda do poder normativo exclusivo do Estado, assim como põem em destaque o papel que advirá aos juristas na selecção, hierarquização e concretização do direito, na tal ordem jurídica constituída não em pirâmide, mas em rede. De novo, como já tinha acontecido no período do direito comum medieval e moderno, as normas voltariam a surgir de baixo, da prática, da experiência. Cabendo aos juristas, como corpo longamente treinado numa técnica especializada – a sua característica actividade *prudencial, i.e.,* de aferição prático-concreta –, a tarefa de medir a validade dessas normas – quanto à fonte e quanto à sua justeza intrínseca –, de ponderar a sua hierarquia face às normas estaduais (constitucionais ou legais), de as afinar em função dos casos concretos, já que o seu modo do positivação – sob a forma de princípios não necessariamente escritos – exigiria um trabalho suplementar de apuramento e de interpretação. Esta é a mensagem fundamental de R. Dworkin[526] ou de Gustavo Zagrebelsky, no seu manifesto em favor de um direito "mole" (*diritto mite*)[527]. Apesar de compartilhar ideias semelhantes quanto às insuficiências estruturais do legalismo[528], Paolo Grossi não deixa de apontar os riscos que esta entrega da revelação do direito aos juristas pode comportar: "Mas não esqueçamos quais são as forças históricas protagonistas e quem são os autores primários. Mais do que uma *praxis* feita por um povo composto de *homines oeconomici*, trata-se de uma realidade económica determinada por quem, até aos dias de hoje, reclama e orienta o mercado global, ou seja, pelas *transnational corporations*, as grandes empresas multinacionais, muitas das

---

[526] Cf. cap. 6.

[527] Cf. texto de G. Zagrebelsky, "Diritto per valori, principi o regole?", em *Quaderni fiorentini per la Storia del pensiero giurico moderno*, vol. 31(2002), fasc. 2, em que confronta as suas ideias, expostas em *Il diritto mite*, Torino, Giuffrè, 2001, com as de R. Dworkin.

[528] Orientando-se para um neo-institucionalismo, na linha de Santi Romano (que cria que o direito era uma realidade normativa surgida directamente da sociedade, na sua vida quotidiana, e não mediada pelo Estado).

454 | CALEIDOSCÓPIO DO DIREITO...

quais – como já antes revelámos – são de origem
norte-americana[529]. E aqui começamos a entrar num
terreno equívoco; aqui, a globalização mostra a sua
dupla face ao jurista; de ocasião, grande ocasião, de
maturação e de abertura, mas também de grande
risco. E o risco está na arrogância do poder económico, que não é menor do que a temida arrogância
do poder político. O risco de instrumentalização da
dimensão jurídica em relação à satisfação de interesses económicos, frequentemente concentrados – num
clima de capitalismo desenfreado – em alcançar, de
qualquer maneira e a qualquer preço, o maior lucro
possível. Perante esta arrogância, as grandes *law firms*,
os grandes especialistas que servem de suporte técnico
à globalização, podem descer ao nível de servir de
"mercadores de direito"[530], com a assunção de um
papel desprezível em relação à modesta mas honesta
exegese dos tempos passados, por estar manchado
por uma espécie de simonia [...]"[531].

---

[529] Presumo que esta referência à origem nacional das
empresas – que não é, de resto, muito rigorosa – se relaciona,
sobretudo, com o temor de Grossi quanto a uma descaracteri-
zação daquilo que ele considera como um dos mais preciosos
legados da cultura europeia – a tradição jurídica do direito
comum medieval e moderno.

[530] Cf. Y. Dezalay, *I mercanti del diritto*, Milano, Giuffrè, 1997.

[531] Paolo Grossi, *Derecho, Sociedad, Estado*, cit., 179. É de
descontar o tom idílico do confronto entre os juristas do
antigamente e os rapaces escritórios jurídicos da actualidade.

O problema principal deste novo direito "global e mole" nem parece ser sobretudo este. A corrupção da justiça pelo poder é de todos os tempos, se é que não pertence mesmo à natureza de uma coisa e de outra. As principais dificuldades provêm antes do facto de este novo direito ser um direito "sem pátria e sem texto".

O facto de ser um direito "sem pátria" quer dizer que é um direito *sem povo*. Direito cuja legitimidade democrática se perdeu, portanto; que, se representa alguma vontade, não é seguramente a dos seus destinatários.

O facto de ser um direito "sem texto" quer dizer que é um direito sujeito ao arbítrio de quem o declara – juristas, árbitros, tribunais públicos ou privados, de primeira ou de última instância. Esta situação não é desconhecida na história da cultura jurídica europeia. Foi contra isso que se fez, justamente, a Revolução Francesa; foi contra esta omnipotência e insindicabilidade de juristas e juízes, os primeiros entrincheirados nas universidades, os segundos abrigados nas "cours souveraines" e nos "parlements". Por causa da insindicabilidade de uns e de outros, bem como do carácter dificilmente validável dos seus saberes, o direito tornou-se incerto, arbitrário, opinativo, e a justiça tornou-se imprevisível e lenta. Esta viscosidade do meio jurídico e judicial era caldo de cultura para o exercício das pressões dos mais poderosos e, em última análise, o ambiente propício à corrupção. Poder-se-á dizer – como o faz Paolo Grossi, respondendo a uma objecção deste tipo (cf., *ibid.*, 227 s.) – que estes efeitos perversos podem ocorrer no plano do juiz – ou de um tribunal – isolado, mas que não resistem ao debate aberto da comunidade dos juristas. Mesmo não querendo antecipar futuros incertos, sabemos já que, na tradição jurídica europeia, estes efeitos se produziram, mesmo existindo uma comunidade jurídica eloquente, prolixa, altamente tecnicizada e dotada de um elevado grau de alto auto-consciência[532].

Daí que a este direito debilmente formulado, a este direito dúctil (pouco rígido, pouco rigoroso) na sua formulação, se deva exigir um reconhecimento alargado – nos termos afinal formulados por H. L. Hart, a propósito da sua norma de reconhecimento – por parte dos juristas, mas também por parte da generalidade dos cidadãos e das instituições que forjam e dão vida aos quadros de valores de cada sociedade, que reconhecem o bom e o mau governo, que distin-

---

[532] Sobre esta problemática do papel de agências privadas e das próprias firmas de consultoria jurídica na gestação do novo direito globalizado, v. David Sugarman (org.), Yves Dezalay (org.); *Professional Competition and Professional Power: Lawyers, Accountants and the Social Construction of Markets*, Routledge, 1995; Yves Dezalay and Bryant G. Garth, (eds.), *Global Prescriptions. The Production, Exportation, and Importation of a New Legal Orthodoxy*, Michigan, The University of Michigan Press, 2002; e Michael Likosky (org.), *Transnational Legal Processes. Globalisation and Power Disparities*, Butterworths, 2002. Aplicação a uma área geográfica, com estudos de casos, Yves Dezalay, Bryant G. Garth, *Internationalization of Palace Wars: Lawyers, Economists, and the Contest to Transform Latin American States*, Chicago, Chicago University Press, 2002.

guem as boas das más práticas, que aferem os *standards* a que devem obedecer as condutas exemplares e que, finalmente, decidiram sobre a Constituição da sua República.

Um outro desafio posto à concepção tradicional do Estado e do direito pela nova ordem global reside na sua fundamental incompatibilidade com as teorias ainda dominantes entre os juristas sobre o Estado, a soberania, a cidadania, a constituição, o direito, a coercibilidade e mesmo o conceito de direito democrático. É certo que conceitos são só conceitos e que, ao longo da história do direito, muitos conceitos fundamentais tiveram que ser substituídos por outros, por vezes de sinal contrário. Porventura, quase com certeza, isto vai ter que acontecer de novo. Mas, desta vez, isso significa nem mais nem menos do que a reconstrução das teorias mais fundamentais do Estado, do direito público e do direito privado, legadas pelo Estado liberal clássico.

Um último desafio à tradicional função do Estado na realização do direito é constituída por aquela tendência para situar no momento da resolução de conflitos a tarefa de identificação e de certificação do direito. Com o que a identificação das normas não se faria *a priori* e em abstracto, mas na sequência de um conflito e por ocasião da sua resolução concreta: o direito só se revelaria no momento da sua actuação por um tribunal, nomeadamente por iniciativa das partes. Pode ser interessante, neste momento, dar conta do balanço feito por uma especialista de socio-

458 | CALEIDOSCÓPIO DO DIREITO...

logia e política jurídicas comparadas acerca do funcionamento de um sistema jurídico posto assumidamente ao serviço do jogo autónomo dos interesses privados – o *common law* norte-americano.

14.2 *Um direito empresarial?*

Segundo Maria Rosario Ferrarese[533], o que distingue fundamentalmente o sistema jurídico norte-americano[534] do sistema jurídico continental europeu não é – como se costuma dizer – a característica formal do seu casuísmo, mas o modo como é encarada a sua função social.

Esta diferença de perspectiva pode ser expressa na oposição entre uma perspectiva *normativa* e uma perspectiva *empresarial* do direito, para utilizar a expressão da autora que vimos citando.

Numa perspectiva normativista, o direito é encarado como gerador de um *dever* (*Sollen*), com o qual os sujeitos têm que se conformar. Este carácter normativo ou impositivo do direito – que é típico da tradição continental europeia – prende-se com concepções acer-

---

[533] "An entrepreneurial conception of the law? The American Model through Italian Eyes", em David Nelken, *Comparing legal cultures*, Dartmouth, Socio-Legal Studies Series, 1997, 157--182. Sobre as *law firms*, v. antes, cap. 11.4.1. (A "teoria dos campos simbólicos").

[534] Sobre este, notáveis, Lawrence M. Friedman, *American law in the Twentieth Century [...]; Law in América. A short history [...]*.

ca da origem do direito na religião, na moral ou na vontade da República, expressa pelo conjunto dos representantes do povo, tendo em vista o interesse geral. Daí que o direito devesse fazer parte de um projecto de realização do interesse comum, tendencialmente monopolizado pelo poder político e expresso por meio da lei, única forma de o furtar à influência desagregadora dos interesses particularistas[535].

Numa perspectiva empresarial, o direito é encarado menos como um modelo normativo de comportamento do que como uma *fonte de oportunidades*, uma forma – entre muitas – de obter vantagens. De tal modo que o agente é menos convidado a cumprir as determinações do direito do que a *usá-las como partes de um jogo*, como lances que têm os seus riscos, mas que também podem trazer vantagens. Assim, o direito é olhado como "um teste de habilidade" mais do que como um "dogma" cuja violação se transforme numa "heresia"[536]. Por isso é que alguns dos teorizadores do direito americano – nomeadamente no campo da análise económica do direito – procuram reduzir o cumprimento/não cumprimento do direito à racionalidade da análise custos-benefícios, encarando "a observância das normas (especialmente de direito privado, mas não apenas essas) como uma das várias

---

[535] Daí que a liberdade fosse identificada com a obediência às leis (e não com a libertação em relação a estas).

[536] Cf. M. Edelman, *The symbolic uses of politics*, Champain, Univ. of Illinois Press, 1976, 47.

460 | CALEIDOSCÓPIO DO DIREITO...

soluções disponíveis, a ser avaliadas pelo cálculo económico individual. Em especial na vasta esfera do direito dos contratos, esta teoria jurídica está disposta a assumir pontos de vista económicos, em vez de meramente normativos"[537].

Algo desta caracterização tem a ver com pontos já abordados, ao tratar da análise económica do direito. Mas Ferrarese adopta, agora, estes pontos de vista para pôr em confronto, numa oposição propositadamente generalista e extremada, os direitos euro-continentais e o direito norte-americano, como subtipo actualmente diferenciado do conjunto dos direitos anglo-saxónicos (*common law*)[538].

Esta "indiferença aos valores" é – segundo a autora que vimos utilizando – muito mais forte no direito norte-americano. Nos Estados Unidos, a lei nasceu e desenvolveu-se como resultado de forças e exigências de sentido diferente das que dominaram a história da sensibilidade jurídica europeia; não em nome da chamada "soberania" una e única, mas como resultado de pressões populares, particularistas, diversificadas e localizadas, às quais o próprio processo legislativo se abria, nomeadamente pela institucionalização do

---

[537] Cf. Maria Rosario Ferrarese, "An entrepreneurial conception of the law? [...]", 176; v. também, R. S. Summers, *Instrumentalism in American Legal Theory*, Ithaca, NY, Cornell UP, 1982, bem como o que antes se disse sobre o direito à quebra do cumprimento contratual (cf., antes, cap. 10).

[538] Para a caracterização do "espírito" destes, v. a clássica obra de Rescoe Pound, *The Spirit of the Common Law* (1921).

O DIREITO NA VIDA: UMA ABORDAGEM TÓPICA | 461

lobbyismo. "A intenção era dar voz a novas necessidades e interesses que surgiam na esfera económica e social e que não encontravam satisfação pelos canais tradicionais do direito judiciário. Por isso, a legislação americana foi sempre «o grande alvo das reivindicações de oportunidade (*opportunistic*)»"[539]. Interessante, ainda, é o facto de que, em certo sentido, a legislação se apropriou de características do direito judiciário e acabou por funcionar "de uma forma quase tão passiva como os tribunais, decidindo, de facto, sobre questões já previamente delimitadas pelas partes mais proximamente interessadas", organizadas em *lobbies* com acesso aos corredores do legislativo.

Esta tendência manifesta-se, também e cada vez mais, na Europa de hoje, tendo a legislação europeia "esbatido as suas características de generalidade e de abstracção para assumir a forma de «leis negociadas» ou «by laws» [...], ao mesmo tempo que todos os parlamentos são, hoje, agora assaltados por *lobbies* [...]; tal como foi notado por Damaska, num Estado liberal, a forma própria do poder é a judicial, que se restringe à arbitragem de interesses privados (Damaska, 1986[540])"[541].

---

[539] J. W. Hurst, *Law and social process in US history*, NY, DaCapo Press, 1960 [1972], 11 (cit. por M. R. Ferrarese, "An entrepreneurial conception of the law [...]", 159).

[540] Cf. M. R. Damaska, *The faces of Justice and State authority*, New Haven, Yale Univ. Press, 1986.

[541] M. R. Ferrarese, "An entrepreneurial conception of the law [...]", 159.

462 | CALEIDOSCÓPIO DO DIREITO...

Seja como for, esta especificidade de fundo do direito americano mantém-se ainda. Segundo os autores que vimos citando[542], ele parece inspirar-se nos valores da economia[543] mais do que nos da política[544], existindo como um instrumento mais do que como um comando. Neste contexto, sobressai o papel dos privados na evolução do direito, pois, numa democracia com economia de mercado, "a maior parte do direito toma a forma de arranjos privados entre privados e entidades públicas"[545]: "contratos, transferências de propriedade, doações, testamentos, etc., transformam-se no sangue do direito e constituem os privados no papel da verdadeira fonte do direito"[546]. Uma vez que o direito americano é receptivo ao contributo de indivíduos e grupos privados, o funcionamento deste direito de origem privada tende a favorecer atitudes nos agentes jurídicos que não são de todo normativas – isto é, dirigidas para a observância de certas normas –, mas sim empresariais, ou seja, tendentes a obter lucro por meio de um uso

---

[542] M. R. Ferrarese, "An entrepreneurial conception of the law [...]", 159.

[543] *Oikonomia* (como conjunto dos interesses privados da "casa", *oikos*).

[544] *Politikon* (como conjunto de valores públicos da cidade, *polis*).

[545] R. S. Summers (1982), *Instrumentalism in American Legal Theory [...]*, cit., 219.

[546] M. R. Ferrarese, "An entrepreneurial conception of the law [...]", 160.

O DIREITO NA VIDA: UMA ABORDAGEM TÓPICA | 463

criativo dos instrumentos jurídicos[547]. O uso e o próprio cumprimento do direito torna-se no objecto de um "cálculo jurídico".

Esta tendência estende-se mesmo aos ramos do direito público – mesmo ao direito penal, em que a dedução de acusação é decidida em função de cálculos políticos, muitas vezes em função de considerações eleitoralistas, e em que a configuração da própria acusação penal é objecto de negociação entre o procurador público, as vítimas e os arguidos.

Nada parece estar mais longe do modelo normativo de direito, como este é entendido na tradição milenar da Europa, primeiro como imposição de normas naturais ou de origem ético-religiosa, depois de normas estipuladas pela República, em nome do interesse geral. Enquanto o direito europeu é sobretudo um direito "a partir de cima"[548], que fornece modelos cogentes de comportamento, o direito americano é sobretudo o direito "a partir de baixo", que frequentemente se presta a usos instrumentais pelos sujeitos na busca das suas conveniências.

Além de estar associado a uma diferente história[549] e a uma diferente concepção política, o sistema jurí-

---

[547] *Ibid.* 161.

[548] Seja este "cima" o Estado, o interesse público ou comunitário, ou "os valores".

[549] A que já se aludiu; restando acrescentar que este direito "elaborado a partir de baixo", mais feito de acordos privados do que de comandos, caracteriza todos os direitos "de fronteira", como o foi, na sua origem, o direito norte-americano.

464 | CALEIDOSCÓPIO DO DIREITO...

dico americano vive também de uma diferente estrutura constitucional e institucional, em que a busca sistemática de controles e equilíbrios (*checks and balances*) dos poderes públicos proporciona vários canais para a infiltração dos interesses privados na arena dos interesses públicos.

O direito judicial – ao lado do lobbyismo legislativo, da co-regulação e da auto-regulação – é um dos mais importantes destes canais, na medida em que atende "as escolhas individuais e os pedidos dirigidos à autoridade pública sob a forma de acções ou pretensão de direitos". Ou seja, os tribunais decidem de pretensões privadas, eventualmente conflituais com interesses comunitários, sem qualquer iniciativa necessária da comunidade ou qualquer necessidade de discussões no âmbito da chamada esfera pública[550]. Assim, "os tribunais transformam-se em «equivalentes funcionais» das respostas políticas (nomeadamente, legislativas), mas sem que seja necessário pôr a máquina política (parlamentar, legislativa) em movimento. Nesta medida, eles contribuem para manter uma grande quantidade de pretensões individuais abaixo do limiar explicitamente político. Foi precisamente esta simplicidade do instrumento judicial, comparado com outras estratégias para penetrar na área do governo (no processo legislativo, por exemplo, ou nas decisões

---

[550] F. K. Zemans, "Legal mobilization: the neglected role of the law in the political system", *The American Political System Review*, 77.Setembro, 1983, 692 ss.

do executivo), que trouxe perante os tribunais americanos uma série de questões, que já não tinham apenas um significado meramente individual, estando realmente imbuídas de consequências políticas e colectivas. Um exemplo importante é o do movimento dos direitos cívicos dos anos sessenta, o qual fez um enorme uso dos tribunais [...]"[551]. Ou, acrescentaria, a actual questionação das medidas securitárias e invasivas das liberdades individuais que, tendo às vezes triunfado nas Câmaras, são depois questionadas pelos interessados ao nível dos tribunais, obtendo a sua não aplicação casuística ou mesmo a sua invalidação por uma decisão de inconstitucionalidade da *Supreme Court.*

Importa problematizar criticamente alguns dos pressupostos desta democracia judicial. Apesar de Milton Friedman[552] ter exaltado o carácter democrático deste direito judicial, ao escrever que "o direito de ir a tribunal é teoricamente totalmente ilimitado"[553], isto, na verdade, só *teoricamente* é exacto, pois *de facto* existem barreiras de custos e de cultura (v., antes, cap. 12.6) que tornam problemático que este direito judicial constitua, realmente, um sistema jurídico "a

---

[551] M. R. Ferrarese, "An entrepreneurial conception of the law [...]", 164.

[552] (N. 1912), um dos mais importantes representantes da escola económica liberal. (http://en.wikipedia.org/wiki/Milton_Frie dman).

[553] L. M. Friedman, *The Republic of choice*, Cambridge, Mass., Harvard UP, 1990, 21.

466 | CALEIDOSCÓPIO DO DIREITO...

partir de baixo", livremente posto em movimento pelos cidadãos, por todos os cidadãos, de acordo com a avaliação que estes fazem dos seus interesses. É certo que os padrões de julgamento não dependem, monoliticamente, do Estado, como acontece no direito "a partir de cima", estabelecido por lei e actuado pelos corpos político-administrativos estaduais. Como também não dependem de uma formulação de "princípios de direito natural" ou de um catálogo de "direitos naturais" definidos autoritariamente por uma elite jurídica ou cultural. No entanto, as decisões judiciais ou as correntes doutrinais podem ser tão distorcidas e unilaterais como as decisões de uma administração estadual ou de um grupo de "sábios". A grande diferença é que, neste sistema de direito baseado na iniciativa de parte, as políticas públicas, corporizadas e traduzidas em factos pelas decisões judiciais, não podem ser levadas a cabo autonomamente e sistematicamente pela administração, mas apenas paulatinamente postas em prática por decisões judiciais, tomadas a pedido dos particulares interessados e frequentemente variamente orientadas. Neste sentido, "qualquer agenda de realização do direito ensaiada por uma entidade governamental depende, no caso do direito judiciário, da procura de implementação pelos cidadãos afectados"[554], para além de a sua coerência e sistematicidade não poder ser assegurada previamente. Nesta perspectiva – como escreve a mesma autora – o sistema do direito judiciário

---

[554] F. K. Zemans, "Legal mobilization: [...]", cit., 696.

(*judge-made law*) "desempenha uma importante função de «dispersão do poder»", aparecendo como "essencialmente democrático, embora não necessariamente igualitário"[555].

É este carácter inigualitário que pode, a nosso ver, corromper tudo o resto, ratificando um darwinismo social, em que o sistema jurídico é incapaz de se comprometer com um dever igualitário ou altruísta[556], darwinismo que já vai dominando as sociedades contemporâneas de matriz liberal. Esta preocupação ainda se agrava, se atendermos a outro dos princípios--chave do sistema judicial norte-americano – o princípio acusatório do processo (*adversarial model*), em que o juiz funciona apenas como um árbitro do litígio que as parte alimentam e desenvolvem perante ele, tendendo a alhear-se das circunstâncias materiais que podem corromper a *fairness* do processo: falta de igualdade efectiva das partes, desequilíbrio do seu poder negocial substancial, primado da negociação sobre a adjudicação[557].

É com a consciência de tudo isto – e, mais do que isso, com a prudência que todas as transferências de

---

[555] *Ibid.*, 691.

[556] Cf. D. Kennedy, "Form and substance in private law adjudication", *Harvard Law Review*, 89 (Junho), 1976, 1744. Sobre este aspecto no direito da responsabilidade, v. Ferrarese (e bibl. cit.), "An entrepreneurial conception of the law", 171; sobre o direito comercial, *ibid.*, 172.

[557] *I.e.*, sobre uma decisão do juiz independente, eventualmente contrária à vontade das partes. Cf. M. R. Ferrarese, "An entrepreneurial conception of the law [...]", 161-169.

468 | CALEIDOSCÓPIO DO DIREITO...

soluções jurídicas para sistemas culturalmente diferentes devem comportar – que se devem encarar os projectos de subsunção do direito a uma lógica privatista e empresarial, hoje tão aventados.

Será, porém, possível construir o direito sobre outra base que não seja a consideração dos interesses individuais dos membros da República, apenas temperada pela sua melhor compatibilização? Não foi para isso, precisamente, que o direito apareceu? Para resolver os conflitos egoístas de interesses? Se não fora essa natureza predadora e possessiva dos homens, dominada pelo desejo de maximizar os seus interesses, de os impor aos interesses dos outros, seria necessário que existissem normas jurídicas?

Durante séculos, a resposta a esta questão foi afirmativa, pois se acreditou na tendência naturalmente associativa, sociável, política (de *polis*, consociação numa cidade) dos homens, no seu *affectus societatis*. E, sendo assim, na existência de uma lei do amor, de uma ordem de afeições políticas, que faria com que o direito consistisse mais na afirmação de deveres para com os outros do que na afirmação de direitos em relação a eles[558]. Mais tarde, o individualismo típico

---

[558] V., sobre a importância jurídica dos amores e afectos nas concepções políticas e jurídicas do Antigo Regime, A. M. Hespanha, "La senda amorosa del derecho. *Amor* e *iustitia* en el discurso jurídico moderno", em Carlos Petit (ed.), *Pasiones del jurista. Amor, memoria, melancolia, imaginación*, Madrid, Centro de Estudios Constitucionales, 1997, 23-74. Rec.: Emanuele Conte, *Rechtshistorisches Journal*, 17(1998), 53-59.

da modernidade, acompanhado da concepção con-
tratualista da sociedade política que o acompanhou,
destruiu esta compreensão solidarista do mundo, ao
mesmo tempo que elevava o poder de vontade (*Willensmacht*) (ou a vontade de poder) de cada um à fonte
exclusiva do direito e dos direitos e deveres que dele
decorriam. Sendo, porém, certo que as convicções
profundas em que assentava a anterior compreensão
solidarista do direito dificilmente podem sobreviver
no mundo de hoje, de tal modo estavam impregnadas
de valores (religiosos, morais, filosóficos) hoje proble-
matizados pela suspeita do pós-modernismo em relação a quaisquer valores com uma pretensão de validade
universal ou objectiva.

15. Os deveres e os valores jurídicos numa era pós-
-moderna?

Hoje em dia, há boas razões para voltar a repensar
estes temas e a investigar os momentos não puramente
egoístas, ou individualistas, do direito.

A primeira destas razões é que a República ou
sociedade civil se estabelece para garantir os direitos
dos particulares; mas, por isso, é também do interesse
destes que se satisfaçam os interesses da República
(*v.g.*, o da ordem que, com ela, se estabeleceu [a sua
constituição], o da sua defesa externa e interna, o da
participação de todos no sustento das suas actividas-
des). E isto cria direitos da República, a que correspondem deveres dos cidadãos.

470 | CALEIDOSCÓPIO DO DIREITO...

A segunda razão é que é preciso entender que o exercício de certos direitos exige deveres por parte dos outros. Uns são deveres de abstenção, que correspondem ao respeito das esferas jurídicas de outrem. Outros poderão ser, mesmo, deveres de cooperação, como o dever de auxílio na extrema necessidade de outrem[559]. Entramos, aqui, porém, numa questão mais espinhosa: será, de facto, defensável que existam deveres para com os outros, como os de auxílio, de socorro, de garantia de certos bens ou qualidade de vida?

Se a questão da legitimidade da República para exigir impostos ou para fazer a guerra, para a salvaguarda do interesse geral (*salus reipublicae*) exige que se coloquem meios à sua disposição, a mesma questão se põe, também, quanto ao dever de capacitar a República – por meio do pagamento de impostos – para socorrer os mais carenciados, de modo a que eles possam, realmente, exercer os seus direitos numa base minimamente real e igualitária: garantindo a todos bens como a educação, a saúde, a oportunidade de trabalho ou remédios contra a falta dele, a assistência na velhice. A teoria política ocidental tem, sobretudo a partir do primeiro quartel do séc. XX e com fundamentos diversos – desde fundamentos religiosos e morais a fundamentos de teoria económica[560] –, res-

---

[559] Que está na base da criminalização da omissão de socorro, em muitas ordens jurídicas.

[560] A liberalidade da teoria clássica das virtudes, a caridade cristã, a filantropia laicista, as teorias keynesianas do pleno emprego e da redistribuição do rendimento.

O DIREITO NA VIDA: UMA ABORDAGEM TÓPICA | 471

pondido afirmativamente a esta questão, defendendo que o Estado deve – enquanto garante do bem-estar comum – providenciar uma política redistributiva, segundo a qual os que vivem melhor contribuem para melhorar a vida dos que vivem pior, sendo esta, no modelo social europeu, uma das suas funções essenciais[561].

---

[561] Porém, o neoliberalismo tende a acantonar o Estado nas suas funções de manutenção da ordem externa e interna (defesa, diplomacia e justiça). Em Portugal, este modelo servirá, até, para enquadrar a reforma da administração pública, segundo um modelo binário, que distingue as funções essenciais das suas funções ocasionais, prestigiando diferentemente e garantindo, também diferentemente, os seus agentes. A ideia apareceu nas *Bases gerais da reforma da Administração Pública*, aprovadas pela Resolução do Conselho de Ministros n.º 95/ 2003, de 30 de Julho, "tendo como objectivos essenciais prestigiar a Administração Pública e os seus agentes, racionalizar e modernizar as estruturas, reavaliar as funções do Estado e promover uma cultura de avaliação e responsabilidade, distinguindo o mérito e a excelência". É, justamente, nesta reavaliação das funções do Estado que a *Lei sobre a Organização da Administração Directa do Estado*, Lei n.º 4/2004, de 15 de Janeiro (aprovada durante o governo de Durão Barroso) dispõe, no seu art.º 2.º, que "1. Integram a Administração Directa do Estado os serviços centrais e periféricos que, pela natureza das suas competências e funções, devam estar sujeitos ao poder de direcção do respectivo membro do Governo. 2. Incluem-se no disposto no número anterior *os serviços de cujas atribuições decorra, designadamente, o exercício de poderes de soberania, autoridade e representação política do Estado ou o estudo e concepção, coordenação, apoio e controlo ou fiscalização de outros serviços administrativos*". Ou seja, coloca sob a dependência obrigatória do Estado os órgãos a cargo dos quais estejam: poderes de soberania,

472 | CALEIDOSCÓPIO DO DIREITO...

Mas, para além destes deveres para com os outros, cumpridos por intermédio do Estado, o direito não nos imporá deveres pessoais de solicitude também pessoal?

O direito dos nossos dias – embora limitadamente – reconhece deveres deste género. A CRP, na epígrafe da sua Parte I, fala mesmo de "Direitos e deveres fundamentais". No domínio da família, encontram-se deveres destes entre os parentes mais próximos (v. arts. 1671, n.º 2; 1672; 1674; 1675; 1676; 1874; 1878; 1884; 1926 do CC); o mesmo acontece no

---

autoridade e representação política do Estado, estudo e concepção de políticas, coordenação de outros serviços administrativos, controlo ou inspecção de outros serviços administrativos. Mas tarde, já na vigência do governo de José Sócrates, esta circunscrição das funções do Estado às funções típicas do liberalismo clássico tem sido reafirmada, como se de coisa natural e aproblemática se tratasse. Nada de mais errado: trata-se de um princípio que, além de contrariar a CRP (cf. art.º 9 da CRP – que define as "Tarefas fundamentais do Estado"), afectando um dos seus núcleos fundamentais – o dos direitos fundamentais (Parte I, nomeadamente, Tit. III) –, contraria frontalmente o modelo social europeu que a Constituição reflecte. Doutrinalmente, carece de qualquer razoabilidade e realismo teórico-doutrinais, fora dos esquemas neoliberais. Funções do Estado são as definidas no art.º 9.º da CRP; outra coisa é saber se elas devem ser desempenhadas directa ou apenas indirectamente pela administração pública; e outra ainda é a questão do estatuto dos funcionários que concretamente as levem a cabo. Estas questões devem ser decididas segundo critérios pragmáticos e não a partir de uma definição conceptual, ainda por cima inconstitucional. Cf., em sentido diferente, João Caupers, *Introdução à ciência da administração pública [...]*, cit., 72 ss.

domínio das relações prediais de vizinhança (arts. 1550 ss. do CC); ao passo que o Código Penal criminaliza "quem, em caso de grave necessidade, nomeadamente provocada por desastre, acidente, calamidade pública ou perigo comum, que ponha em perigo a vida, a integridade física ou a liberdade de outra pessoa, deixar de lhe prestar o auxílio necessário ao afastamento do perigo, seja por acção pessoal, seja promovendo o socorro" (art.º 200, omissão de socorro). Também ao admitir a licitude da legítima defesa de terceiro (art.º 32 do Cod. Pen.) ou do "facto praticado como meio adequado para afastar um perigo actual que ameace interesses juridicamente protegidos do agente ou de terceiro" (art.º 34 do mesmo Código), o direito reconhece implicitamente um dever de socorro nestes casos.

Em outras épocas e em outras culturas estes deveres jurídicos pessoais eram muitos mais, caracterizando-se a ordem jurídica mais como uma ordem de deveres do que como uma ordem de direitos. Nos finais do séc. XVII, Samuel Pufendorf escreveu uma exposição geral do direito subordinada ao título *De officio hominis et civis juxta legem naturalem* [Sobre os deveres do homem e do cidadão segundo direito natural, 1673], tendo a obra uma estrutura correspondente ao título, ou seja, sendo baseada não nos direitos naturais do homem, mas nos seus deveres: em relação a Deus (Liv. I, 4), em relação a si mesmo (I, 5), em relação aos outros homens (I, 6), decorrentes da condição humana (I, 8), dos contratos (I, 9), do uso da linguagem (I, 10), dos juramentos (I, 11), da aquisição de propriedade (I, 12/13), dos deveres conjugais (II, 2), da relação parental-filial (II, 3), das relações entre patrão e criado (II, 4), do exercício do governo (II, 11), da qualidade de cidadão (II, 18). No fundamento de todos estes deveres estavam considerações de ordem antropológica:

> "[7.] O homem é, portanto, o animal mais propenso à autopreservação, carente em si mesmo, incapaz de sobreviver sem o auxílio dos seus semelhantes, altamente adaptado para promover os interesses mútuos; mas é, por outro lado, não menos malévolo, insolente e provocável e, logo, não menos capaz de infligir injúrias aos outros. Daqui se segue que, para estar em segurança, deve ser sociável, ou seja, deve unir-se aos seus semelhantes e, assim, conduzir-se para com eles de modo que eles não tenham motivo para lhe causar dano, mas antes estejam prontos para salvaguardar e promover os seus interesses. [8.] Por isso, as leis desta sociabilidade, ou as que ensinam o homem a comportar-se de forma a se tornar um bom membro da sociedade, chamam-se direito natural" (I, 3).

Ainda antes, durante os primeiros tempos do cristianismo, alimentou-se a ideia de que seria possível uma ordem política baseada não nos comandos externos do direito, mas nos deveres internos do amor. No amor que seria natural entre irmãos – como espiritualmente o eram os filhos da Igreja (*filii ecclesiae*) –; amor que comportaria, também, um elemento coactivo, de imposição ou mesmo de castigo, a que então se chamava "correcção fraternal" (*fraterna correctio*).

O DIREITO NA VIDA: UMA ABORDAGEM TÓPICA | 475

Embora os canonistas tenham continuado a utilizar esta expressão para designar a coerção usada no direito canónico – e os civilistas, a coerção utilizada no mundo doméstico –, este ideal foi rapidamente substituído, ainda antes da oficialização do cristianismo como religião do Estado romano (em 354 d.C.), pelo de uma Igreja organizada à maneira do Império, usando de formas coercivas semelhantes às do poder civil[562], ainda que algo limitadas[563]. No entanto, durante toda a época medieval e moderna essa ligação entre direito e amor continuou bastante viva, já que o amor era tido como a manifestação mais perfeita, permanente e inclusiva da ordem (da lei) do mundo[564]. A tal ponto que, ainda no século XVI, se pôde

---

[562] Notável, sobre a evolução do cristianismo primitivo e sobre as rupturas aí verificadas, também no plano da eclesiologia (*i.e.*, sobre a teoria da Igreja como corpo político), v. Hans Küng, *A essência do Cristianismo*, Círculo dos Leitores, 2000.

[563] O direito canónico não admitia penas cruentas (*i.e.*, que dessem lugar à efusão de sangue), pelo que, no caso dos crimes mais graves, a Igreja pedia o "auxílio do braço secular", para que aplicasse a pena do direito secular. Era, por exemplo, o que acontecia com a Inquisição que, nos casos de delitos graves, "relaxava" o condenado aos tribunais da coroa, para que estes lhe aplicassem penas físicas como a de flagelação, morte ou vivicombúrio (morte pelo fogo); em todo o caso, o próprio tribunal eclesiástico aplicava a tortura, embora não como pena, mas como técnica para obter "a verdade", pela confissão.

[564] Cf. Michael Clanchy, "Law and Love in the Middle Ages," in *Disputes and Settlements*, org. John Bossy (Cambridge, Eng., 1983), 47–67; António Manuel Hespanha (colab. de António Serrano González), "La senda amorosa del derecho,

476 | CALEIDOSCÓPIO DO DIREITO...

desenvolver uma forte polémica acerca do dever de dar esmolas aos pobres, dever correspondente ao direito que estes teriam ao auxílio do próximo[565].

A grande oposição entre a ordem jurídica, como a conhecemos hoje, e uma ordem jurídica altruísta, orientada para o Outro e para a convivência solidária, resulta, fundamentalmente, do desequilíbrio entre a densidade existencial do Eu e a leveza e exterioridade com que se considera esse Outro, que é o sujeito de direito[566].

Amor e iustitia en el discurso jurídico moderno", em Carlos Petit, *Las pasiones del juristas. Amor, memoria, melancolia, imaginación*, Madrid, Centro de Estudios Constitucionales, 1997, 23--74. Com um outro desenvolvimento e âmbito, a bela dissertação de Pedro Cardim, *O Poder dos Afectos: ordem amorosa e dinâmica política no Portugal do Antigo Regime*, cit. V. o comentário de José Maria Ferreira, "Considerações sobre o amor e a amizade no período moderno", http://www.fcsh.unl.pt/cpg/mhm/trabalhos_de_investiga%C3%A7%C3%A3o.htm. A propósito do paradoxo da ordem de amar ("Amarás o Senhor teu Deus [...]") e, consequentemente, do carácter devido do amor em relação a quem nos ama, v. P. Ricoeur, *Amor y justicia*, México, Caparrós Editores, 2000, 17.

[565] V. síntese em Fr. Greg Cooney, CM, "The social conscience of Vincent de Paul", *Oceania Vincentian*, Australian Province of the Vincentians, September 2001; F. Allan Hanson, "How Poverty Lost Its Meaning", *The Cato Journal*, 17.2 (2004), em http://www.cato.org/home.html; Exemplo: Ahasveri Fritschi, *Tractatus Theologico-Nomico-Politicus De Mendicantibus Validis*, Ienae, Typis et Sumptibus Sengenwaldianis, 1659.

[566] Esta aproximação às relações e diferenças entre a ordem do amor (que é uma ordem da desproporcionalidade, da superabundância do dom – *dat quia tibi datum fuit*, dá porque

15.1 *O direito e a "despersonalização do Outro"*

O primeiro factor deste desequilíbrio reside no facto de que, ao passo que cada Eu (cada "pessoa") é o fruto de uma reflexão profunda, em que a introspecção, a emoção, o amor-próprio são componentes fundamentais de um processo cognitivo que nunca se tem por acabado, o sujeito com que o direito lida é uma entidade *objectiva*, como que uma "coisa", um objecto finito e "sem profundidade", cujos desejos, felicidade e interesses eu considero poder conhecer exaustivamente, pelo menos para aquilo que interessa à regulação da vida social. Por isso, o direito considera como dispensáveis os elementos não objectiváveis, não exteriorizados, como os *proposita in mente retenta*.

O segundo factor de superficialização do Outro é que, como todos os Outros, considerados nos seus aspectos externos, são iguais, todos podem ser tratados pelo direito *de forma geral e abstracta*. Tratados como "indivíduo", ou seja, apenas como o menor divisor comum, a menor entidade indivisível e indistinta da sociedade. Assim, ao cuidar da ordem da

---

te foi dado) e a ordem da justiça (pelo menos, da justiça distributiva, que é uma ordem da equivalência – *do ut des,* dou para que dês) é, naturalmente, muito superficial. Para uma exploração filosófica muito rica, desembocando sobre pontos comuns com o que adiante se colherá de E. Levinas e de Z. Bauman, v. Paul Ricoeur, *Soi-même comme autre*, Seuil, Points, 1990; *Amor y justicia*, México, Caparrós Editores, 2000.

República, o direito é encaminhado para soluções baseadas nessas características de indiferenciação do indivíduo: soluções *gerais* – que, por causa da generalidade, sacrificam a singularidade – e *objectivantes* – que, por razões de segurança e de verificabilidade, se ocupam apenas dos aspectos externos das condutas, desinteressando-se (sendo forçadas a desinteressar-se) das dimensões internas (dos sentimentos). Mesmo quando o direito se propunha realizar objectivos essencialmente intimistas, como a realização "da maior felicidade para o maior número" (C. Beccaria, J. Bentham), este objectivo era despersonalizado por duas razões: (i) porque a felicidade do maior número exigia a limitação da felicidade de cada um; e porque (ii) a "felicidade" era objectivada, ou seja, era transformada, de algo irredutivelmente pessoal, num padrão universal, objectivável, descritível, mensurável em geral e, logo, calculável (*felicific calculus*, J. Bentham). Um processo idêntico de objectivação é posto em marcha na filosofia do direito de Kant, na medida em que a máxima de conseguir um direito que respeitasse a liberdade e radical autonomia do sujeito é combinada com uma definição transcendental de sujeito que o despersonaliza, que o afasta dos sujeitos individuais e concretos que cada um de nós é. Isso fica bem expresso no imperativo moral de "proceder de tal modo que a conduta de cada um se possa transformar numa norma de acção universal".

Mas esta "individualização" ainda tem efeitos num outro plano. Pois, em terceiro lugar, uma vez que a

República é considerada como uma comunidade de indivíduos, o Outro tende a ser sempre um ente individual, no sentido, agora, de atomizado, isolado dos grupos a que pertence – uma família, uma comunidade de vizinhança, de trabalho, de idade, de cultura, de partilha de interesses (como consumidor, como utente, como especialmente afectado por uma desvantagem); um indivíduo isolado, cuja natureza, interesses e direitos nunca decorrem, pelo menos em parte, das suas pertenças a certos grupos portadores de interesses comuns: o de pertencer a um grupo cultural, o de habitar um sítio com um ambiente particular, o de estar inserido numa comunidade de trabalho ou de vizinhança. Daqui decorre que, em geral, ele não tem qualquer direito a que estas suas vinculações grupais sejam protegidas e mantidas pelo direito. O direito, tipicamente, apenas protege direitos individuais e não direitos comunitários ou direitos individuais relativos à dimensão comunitária dos indivíduos[567-568].

---

[567] V., sobre estes aspectos, Mary Ann Glendon, *Rights talk. The impoverishment of political discourse*, New York, The Free Press, 1991. Este livro, que constitui uma veemente denúncia do individualismo jurídico americano – que a A. distingue de um tradicional cuidado do direito europeu pelos valores colectivos –, denuncia a insensibilidade do direito aos "deveres" (aos deveres que não correspondam a direitos de ninguém em particular, mas a princípios de solidariedade ou de disponibilidade para com a comunidade – como os deveres de prestar serviços à República, os deveres de auxílio ou de socorro, os deveres de preservar o ambiente e a qualidade de vida, etc.),

480 | CALEIDOSCÓPIO DO DIREITO...

bem como a dimensão exclusivamente individual dos direitos (não integrando na linguagem jurídica, senão excepcionalmente, direitos colectivos). Estas perspectivas inserem-se nas correntes da ciência política chamadas de "comunitaristas", que procuram transferir a ênfase da análise política do indivíduo para a comunidade. As principais consequências políticas e jurídicas desta atitude são:

  (i) revalorização de todas as "redes sociais" e do impulso que estas geram de "fazer coisas pelos outros" (autor de referência: Robert Putnam, n. 1941: *Bowling Alone: The Collapse and Revival of American Community*, 2000; v. http://xroads.virginia.edu/~hyper/DETOC/assoc/bowling.html);

  (ii) a complementação de uma concepção estritamente individualista da democracia, centrada no sufrágio individual, com formas colectivas de exercício de direitos (democracia participativa);

  (iii) insistência na importância de *direitos positivos*, ou seja, aquilo a que, na Europa, chamamos direitos sociais, como correspondendo a garantias das componentes não estritamente pessoais do ser humano (educação, ambiente, trabalho, segurança colectiva [*v.g.*, contra a proliferação de porte de armas]); a necessidade de reconhecer a possibilidade de accionar em comum direitos colectivamente relevantes (*class actions*, acção popular; cf. art.º 53, n.º 3, da CRP).

  (iv) reconhecimento de direitos de entidades colectivas, como "comunidades nativas" ou "povos" (cf. art.º 7.º, n.º 3, da CRP) ou de grupos sociais merecedores de uma especial atenção ou carentes de uma especial solicitude e protecção (*v.g.*, "os trabalhadores", a que se refere todo Tit. III, Cap. II da CRP).

O nome mais famoso deste movimento é Amitai Etzioni (n. 1929), fundador do movimento comunitarista. A sua obra realça a importância de um elaborado equilíbrio entre direitos e responsabilidades, autonomia individual e ordem republicana.

[568] O que acaba de ser dito só vale integralmente para direitos marcadamente individualistas – como, até certo ponto,

O DIREITO NA VIDA: UMA ABORDAGEM TÓPICA | 481

Algumas das perspectivas do direito que apontámos em capítulos anteriores – nomeadamente a tentativa Habermasiana de aproximar o direito de uma ordem dialogada, em que as pessoas não fossem transformadas em objectos, sujeitas a um direito que servisse os seus interesses, mas sem respeitar a autonomia de razão e de vontade, a adesão pessoal, daqueles a que se aplicava – procuravam justamente esta "personalização do direito" e, nesse sentido, esta sua reaproximação com o amor, como relação de abertura e de solicitude para com o outro.

No entanto, a lógica global do direito da modernidade tem sido a da universalização, a da construção de sistemas ou complexos de normas genéricas que, por razões que podem ir da preocupação com a igualdade-generalidade ao simples desejo de eficácia (nomeadamente, de eficácia pública), têm continuamente prescindido desta referência à natureza não objectivável, não delimitável, infinitamente profunda

---

o direito norte-americano. Na Europa, sempre foi mais nítida a dimensão comunitária dos direitos e dos deveres. Isto ficou particularmente claro com o advento do "Estado de bem-estar" ou com o "Estado social de Direito". Na Constituição portuguesa, os "direitos e deveres sociais" aparecem como epígrafe do Cap. II do Tit. III, da Parte I ("Direitos e deveres fundamentais"). Esta sistematização é bem clara no sentido de que tão fundamentais como certos direitos são certos deveres e que, dentre estes últimos, alguns são "deveres sociais" – ou seja, para com a comunidade –, impendendo sobre o Estado ou sobre os indivíduos.

482 | CALEIDOSCÓPIO DO DIREITO...

e complexa, da pessoa; dessa pessoa com a qual apenas nos podemos relacionar nos termos de uma atitude também ilimitadamente aberta, a que chamamos "amor". Porém, a partir do séc. XVIII, políticos e juristas só falam de uma espécie de amor política e juridicamente relevante – o amor da República (*amor reipublicae, cura reipublicae*), ou seja, a solicitude (racional, regulada, mensurável, generalizável) pelo interesse geral e pelo bem comum. O amor como afecto singular e ilimitado foi remetido para o plano das relações pessoais e identificado com a paixão (ou seja, o amor pessoal, logo, "irracional" [ou seja, sem medida])[569].

---

[569] Mas nem neste plano o amor pessoal – incomensurável, complexo e ambíguo – foi deixado em sossego... Para reduzir a complexidade e opacidade da comunicação íntima, a sociedade teria – segundo Luhmann, no âmbito da sua já descrita teoria – procurado criar sistemas simbólicos codificados, ou seja, em que o sentido tenderia a ser unívoco: um deles teria sido "o amor": Niklas Luhmann, *Liebe als Passion: Zur Codifizierung von Intimität*, 3d ed., Frankfurt, 1996 (trad. Ingl. 1998: *Love as Passion. The Codification of Intimacy*); comentário interessante em Dustin Kidd, "How do I Love Thee? No Really, How? Theory, Literary History, and Theory in Luhmann's Love as Passion", em http://xroads.virginia.edu/~MA99/kidd/resume/luhmann.html: "Morality is a symbolic generalization. Love is another. While morality can be applied to any social relationship, love applies only to intimate relations. For the purposes of this paper, love is a symbolic generalization that reduces the full reflexive complexity of doubly contingent ego/alter intimate relations to one of a few possible expressions, thus rendering a simplified, but not binary, schematism. [...]

Àquele direito – àquela justiça – marcado pela irredutível singularidade (e, por isso, complexidade) das relações humanas substituiu-se um direito feito de normas que "externalizam", "objectivizam", "funcionalizam", "colonizam", as pessoas, sujeitando as relações entre elas a padrões de valoração que ou visam o "bem geral" (*i.e.*, o bem de um sujeito trancendental), ou erigem os pontos de vista e interesses de cada um, os interesses "egoístas", no padrão exclusivo ou dominante de conduta (como acontece, tendencialmente, em todas as formas de utilitarismo e de individualismo liberal, que já apreciámos antes)[570].

Existe, é certo, por parte da filosofia hermenêutica[571], uma consciência desta insuficiência de uma abordagem externa e objectivante para captar o sentido pleno das relações interpessoais (do Outro no seu diálogo com o Eu). Porém, a maior parte dos hermeneutas resolve esta dificuldade com o recurso à

Like all social relations, intimate relations are improbable due to the problems of contingency and complexity. This improbability is overcome, and the complexity reduced, through the symbolic generalization. [...] Symbolic generalizations can only successfully function if they embody codes. Every social relationship must be codified to overcome improbability. [...]".

[570] Cf., antes, caps. 10 e 14.2.

[571] Cf., para uma primeira aproximação, http://en.wikipedia.org/wiki/Hermeneutics; bem como a notável síntese de Zygmunt Bauman, "The challenges of hermeneutics", em *The Bauman reader*, ed. por Peter Beilharz, Oxford, Blackwell's, 2001, 125-138.

484 | CALEIDOSCÓPIO DO DIREITO...

hipótese de uma unidade humana fundamental entre os dois interlocutores que permitiria que, apelando a esse substrato humano comum do sentido, se produzissem o pleno conhecimento e entendimento.

A questão que hoje se pode pôr é a de saber se a crise da modernidade[572], com a tomada de consciência da natureza irredutivelmente singular de cada pessoa, bem como da natureza idiossincrática, pessoalíssima, da racionalidade (tanto como do gosto, dos sentimentos), bem como, ainda, do consequente efeito redutor, despersonalizador e desresponsabilizador dos sistemas cognitivos e normativos (entre eles, o direito, mas também a moral) sobre o humano, não poderá (i) ou permitir descobrir sistemas normativos que não

---

[572] Alguns autores vêem, de facto, na pós-modernidade um estádio de autoconsciência da modernidade. Como escreve Zygmunt Bauman (em *The Bauman Reader [...]*, cit., 20-21), "[...] uma vez que sabemos que a contingência e a ambivalência vieram para ficar, então podemos deixar de falar de categorias que pretendem capturar o fluxo do espaço e do tempo da vida contemporânea [...]. Qualquer tentativa de falar sobre "sociedade" e apresentar um modelo consistente é necessariamente um intento de seleccionar, de proclamar, arbitrariamente, certos modos de vida social como "norma" e, no mesmo movimento, de classificar todos os outros como anormais, ou como resíduos do passado atrasado". Assim, as comunidades da pós-modernidade seriam repúblicas arriscadas e voláteis, não tendo "qualquer base firme senão o compromisso dos membros de se manter nelas, de modo que as unidades vivem enquanto a atenção dos membros está viva e esse compromisso emocional é forte".

reduzam a complexidade do Outro, que não se apropriem dele para as nossas finalidades, (ii) ou (contrapartida pessimista quanto às virtualidades de um direito plenamente humano) reconhecer que o direito – como todos os outros sistemas que impõem, de fora, normas ao comportamento – são, inevitavelmente, dispositivos que reduzem a complexidade das relações interpessoais, que encaram as pessoas de um ponto de vista meramente exterior e que, assim, nos privam de um seu conhecimento total.

Ao desejo de suprir estas deficiências do direito corresponderia um *retorno da moral*.

Como esta expressão é (perigosamente) equívoca, esclarecemos um dos sentidos que nos parece mais pertinente.

15.2 *O retorno da moral: as respostas "éticas" de E. Levinas e de Z. Bauman*

O filósofo polaco Zygmunt Bauman (1925-...) explica deste modo o interesse que hoje suscitam as questões éticas, como questões em que cada um se defronta, pessoalmente, com o seu sentido interior do dever. Para ele, as questões éticas tornaram-se mais centrais para a pós-modernidade porque a forma *moderna* de lidar com as dimensões éticas das relações humanas se está a esgotar. Que forma era esta, a da ética da modernidade? Ainda para o mesmo autor, ela comportava dois aspectos: "por um lado, constituía uma tentativa de fazer com que as instituições – orga-

486 | CALEIDOSCÓPIO DO DIREITO...

nizações como os Estados ou as Igrejas – assumissem a responsabilidade moral dos indivíduos", ao pôr a seu cargo a emissão de uma série de normas que, se fossem seguidas, assegurariam a cada um os comportamentos moralmente correctos. Por outro lado, promovia aquilo a que o A. chama "adiaforização"[573], ou seja, a proclamação "da maior parte das actividades permitidas por essas organizações" como moralmente não significativas, do ponto de vista das pessoas nelas directamente envolvidas. De tal modo que bastava a cada um desempenhar o seu dever [social ou político] para se livrar de qualquer responsabilidade moral por isso[574]. O que teria acontecido na pós-modernidade

---

[573] A palavra *adiaforização* descreve um processo de distanciação entre a nossa moralidade e os nossos actos, retirando certos deles do controle moral. A expressão era usada pelos teólogos escolásticos para designar aquelas ideias que eram dogmaticamente indiferentes (nem ortodoxas, nem heréticas). V. *Modernity and the Holocaust* e *Modernity and Ambivalence* (ambos de 1991). Bauman redefine *adiaphorization* como "a privação das relações humanas do seu significado moral, isentando-as de avaliação moral, tornando-as «moralmente irrelevantes»" (Z. Bauman, *Life in Fragments*, Oxford, Blackwell's, 1995, 133). Recentemente, o termo foi utilizado, neste sentido de desresponsabilização moral, a propósito das torturas do campo militar de prisioneiros de Abu Grahib, em que a obediência a regulamentos militares parecia pôr os actos dos soldados ao abrigo de juízos morais (exactamente pelo mesmo processo de desculpabilização que buscavam os agentes do Holocausto: "Befehl ist Befehl!" Ordens são ordens!).

[574] Cf. *The Bauman reader [...]*, 21.

foi que estas duas formas de (des)regulação moral (de desresponsabilização ética das pessoas, pelo processo de regulação heterónoma, de adiaforização) teriam entrado em crise, pois teria deixado de se acreditar que a moral dependeria de prescrições exteriores provindas de instituições que nos dissessem o que deveríamos fazer: "[...] a responsabilidade que tinha sido retirada aos indivíduos está de volta – eu e você somos agora, em larga medida, deixados sozinhos com a nossas decisões. É por isso que eu penso que as teorias sociológicas da modernidade que viam a sociedade como autora e guardiã da moralidade têm que ser revistas. Isto parece-me um elemento crucial em qualquer tentativa de compreender a condição pós-moderna" [*ibid.*, 22][575]. O que agora temos, então, é "tudo menos um solo firme sobre o qual possamos caminhar". Este retorno da moral não é, no entanto, a queda no nihilismo e na desresponsabilização; bem pelo contrário: "Ele significa, simplesmente, que não há maneiras fixas e rápidas de separar o bom do mau, a cultura correcta da errada, etc. O que nos leva outra vez para a questão da escolha moral e da

---

[575] As comunidades pós-modernas distinguir-se-iam, porém, radicalmente das pré-modernas. "A única semelhança entre as comunidades pré-modernas e as comunidades da pós-modernidade é a ausência de códigos gerais de conduta; as primeiras dispensavam-nos uma vez que nelas as pessoas viviam olhos nos olhos; as segundas porque, embora sejam constituídas por indivíduos estranhos, já não acreditam em códigos desse tipo" [*ibid.*, 22].

488 | CALEIDOSCÓPIO DO DIREITO...

responsabilidade, tornando cada um, de novo, responsável (embora muita gente não goste disso) [...]" (*ibid.*, 23).

Mas poderá este retorno da moral corresponder a uma submersão do direito?

Submersão que tanto poderia consistir no desaparecimento das normas jurídicas, como normas de regulação da comunidade política, deixando esse campo à sensibilidade de cada um, na redução do âmbito do juridicamente regulado, de modo a que este deixasse mais espaço à ética para que ela regulasse *questões irredutivelmente éticas*, como poderia consistir no sentido da assunção pelo direito de valores morais ou numa subordinação do direito a um sistema de moral (densificação ética do direito). Note-se que esta última forma de submersão do direito não evitaria a adiaforização, apenas deslocando a "moldura exterior da consciência" do direito para uma moral objectiva. Quanto à primeira, suporia, no limite, uma "sociedade de justos" que, claramente, foi proposta para um mundo do fim dos tempos:

> "mas eu digo-vos, a vós que me escutais: Amai os vossos inimigos, fazei bem aos que vos odeiam, dizei bem dos que vos caluniam, orai pelos que vos difamem" (Lucas, 6, 27) [...] "Se vos limitardes a amar os que vos amam, que mérito tereis? Pois também os pecadores amam os que os amam. Se fizerdes o bem aos que vo-lo fazem, que mérito tereis? Pois também fazem o mesmo. Se emprestardes àqueles de quem esperais receber, que mérito tereis? Pois também os pecadores emprestam para poder receber o correspondente. Pois bem,

O DIREITO NA VIDA: UMA ABORDAGEM TÓPICA | 489

amai os vossos inimigos, fazei o bem e emprestai sem esperar nada em troca" (Lucas, 6, 32-34)[576].

Assim, a problematização do direito tem que ser mais limitada, ficando-se pelo reconhecimento de que a solução jurídica nunca resolve definitivamente os problemas da legitimidade ética do comportamento pessoal. Pelo reconhecimento de que, durante e depois da resolução do caso jurídico, cada uma das partes – mas também o julgador – continua a ser interpelada sobre a legitimidade do seu comportamento, sobre a sua conformidade com os padrões morais, irredutivelmente pessoais, da responsabilidade de cada um, incodificáveis, e, por isso, plenos de incertezas e de riscos.

Aqui estariam, justamente, os limites do direito, que o condenariam a funcionar sempre como um elemento apenas preliminar – mas também arriscado, por criar uma aparência de legitimidade[577] – de vias

---

[576] Sobre a compatiblização da "regra de ouro" da equivalência com esta supra-ética da superabundância, com esta economia do dom, v. P. Ricoeur, *Amor y justiça [...]*, cit., 26 ss., que expressamente relaciona estes princípios evangélicos com o *equilíbrio reflexivo* da teoria da justiça de John Rawls.

[577] Daí o carácter fantasmagórico "da força da lei", a que se refere Jacques Derrida (*Force de loi. Le "fondement mystique de l'autorité"*, Paris, Galilée, 1994; ed. útil. *Forza di legge. Il fondamento mistico dell'autorità*, com uma introdução de Francesco Garritano, Torino, Bollati Boringhieri, 2003. Derrida apoia-se num dito de Montaigne: "Ora, as leis mantêm a sua força, não porque sejam justas, mas porque são leis. Este é o fundamento místico da sua autoridade. Não têm outro" (*Ensaios*, III, cap. 13). Se a

490 | CALEIDOSCÓPIO DO DIREITO...

alternativas para uma descoberta pessoal, autónoma e responsável da conduta justa.

Que pistas existem, porém, para nos guiar nessa descoberta pessoal do caminho justo?[578] Como se passa

---

legitimidade da lei não decorre senão do facto da sua forma de lei (e esta da força de quem a edita e de que a edite legalmente), esta mesma tautologia revela o carácter mistificador da legitimidade legal, a qual procura substituir a justiça pela força ("legítima", ou seja, fundada na lei) como fundamento da validade do direito.

[578] Outros autores, que também colocam a ética no centro da sua reflexão sobre a política e o direito – tais como Alasdair McIntyre (*Marxism: An Interpretation*, 1953; *A Short History of Ethics*, 1966; *Marxism and Christianity*, 1968; *Against the Self-Images of the Age: Essays on Ideology and Philosophy*, 1971; mas, sobretudo, *After Virtue*, 1981, 2.ª ed. 1984) – encontram essas directrizes na conduta do homem pessoalmente virtuoso, ou seja, aquele que desenvolveu (educou) um bom carácter; isto é, um homem que adquiriu as suas convicções morais no seio de uma tradição de pensamento, baseada na evolução da sua história e da sua cultura. Ou seja, o que para Z. Bauman e E. Levinas constituem estruturas despersonalizadoras da consciência moral, constituem para MacIntyre, pelo contrário, os seus próprios fundamentos (cf., para uma primeira aproximação, http://en.wikipedia.org/wiki/Alasdair_MacIntyre ou http://en.wiki pedia. org/wiki/After_Virtue). Um outro filósofo que propõe um retorno à moral é John Finnis (n. 1940; *Natural Law and Natural Rights*, Oxford, Clarendon Press, 1980; *Aquinas: Moral, Political, and Legal Theory*, Oxford University Press, 1998). J. Finnis recolhe, de uma forma inovadora, a tradição tomista; assume o carácter evidente e absoluto (ou incomensurável) dos bens morais (vida, conhecimento, lúdico, experiência estética, sociabilidade (ou amizade), razoabilidade e religião); apesar da evidência de todos estes bens, cada acção humana representa uma escolha aberta, justamente por causa da pluralidade das formas de os combinar em cada acção concreta. No plano de política

desta regra da autenticidade e da plena responsabilidade pelos nossos actos para uma regra que nos oriente no nosso comportamento em relação aos outros?

A exploração deste tópico poderia ser feita com base na obra de dois autores contemporâneos, diferentes em muitas coisas – um é, fundamentalmente, um filósofo, o outro classifica-se, preferentemente, como um sociólogo: Emmanuel Levinas[579] e Zygmunt Bauman, respectivamente[580]. Ambos com posições teóricas muito consistentes embora, no final, pouco nítidas[581], como é natural em autores que evitam a

---

do direito, a lógica dos seus postulados leva-o a atacar o aborto, as medidas antidiscriminatórias em matéria de orientação sexual, a contraconcepção, defendendo que apenas é moralmente lícita a "actividade sexual reprodutiva" entre adultos casados. Além de parecer que estas posições não favorecem as asserções de Finnis quanto à evidência dos bens morais, os seus críticos têm acusado Finnis de partir das convicções estabelecidas (ou, mais grave ainda, das suas particulares convicções) para alegados princípios evidentes (breve introdução em http://en.wikipedia.org/wiki/John_Finnis).

[579] Cf., para uma primeira aproximação, Emmanuel Levinas, *Entre nous. Essais sur le penser à l'autre*, Paris, Grasset, 1991; síntese útil: http://en.wikipedia.org/wiki/Emmanuel_L%C3%A9vinas.

[580] Cf., para uma primeira aproximação, http://en.wikipe dia.org/wiki/Zygmunt_Bauman.

[581] De uma entrevista dada em 1992 por Z. Bauman a Cantell & Penderson (revista *Telos*): "*Telos*: como é que se passa da tolerância [exigida pelo carácter pessoal das escolhas éticas] para a solidariedade? *Bauman*: Essa é a questão mais difícil. A minha resposta é simples: não sei [...] tudo quanto podemos fazer é especular sobre diversas possibilidades" (P. Beilharz, *The Bauman Reader [...]*, cit., 23).

492 | CALEIDOSCÓPIO DO DIREITO...

ideia de sistema, de possibilidade de apreensão completa das questões, de recusa da expropriação da liberdade e responsabilidade pessoal por dispositivos desresponsabilizadores externos, sejam eles os códigos ou os saberes e que, por isso, se recusam a prescrever "remédios" para os problemas difíceis, preferindo deixar a sua solução à liberdade reflectida de cada um.

Partamos de E. Levinas. Ele funda a dimensão ética na ontologia (na maneira profunda de ser) da relação do Eu com o Outro. Para ele, a consciência de si mesmo nasce justamente dessa experiência pessoal da presença de um Outro. Não tanto porque partilhamos com ele o mundo, mas porque a compreensão de nós mesmos depende da compreensão daquilo que não somos, daquilo que é *outrem*. Daí que o Outro represente para o Eu uma interpelação fundamental, um convite instante a um conhecimento mais profundo de Si mesmo, por meio do diálogo e da compreensão daquilo que não somos, daquilo que marca os nossos limites (o Outro, como o diferente do Próprio)[582]. Dizendo-o por palavras mais próximas de uma imagem muito utilizada por Levinas – o Outro está aí, sempre, como um parceiro de diálogo[583], ou

---

[582] Baseamo-nos, nesta breve exposição, em *The Cambridge Companion to Levinas*, ed. Simon Critchley & Robert Bernasconi, Cambridge, Cambridge Univ. Press, 2002.

[583] O diálogo é uma situação existencial (ou fenomenológica) que se presta bem a descrever a atitude de atenção (de solicitude ou de cuidado para com, de estar atento) ao outro. Mas, ao mesmo tempo, a situação de compreensão limitada,

O DIREITO NA VIDA: UMA ABORDAGEM TÓPICA | 493

mesmo apenas uma esperança (um temor) de diálogo, como alguém que tem coisas que nos podem ser ditas e que, se o forem, modificam a nossa compreensão de nós mesmos, provavelmente mais do que a nossa compreensão do Outro, a qual permanecerá sempre aberta e inacabada.

A tragédia está em que, sendo essa presença a presença *de algo que não sou Eu*, que tem uma entidade e um sentido diferente e próprio, ela coloca de imediato as dificuldades da compreensão e do diálogo, tornando-nos logo conscientes de que a compreensão há-de ser sempre incompleta, dela resultando sempre um resíduo irredutível[584]. Ou seja, o Outro permanece como uma totalidade ou infinito, inapropriável pelo nosso pensamento, mas despertando sempre uma vertigem de conhecer mais (para nós mesmos nos conhecermos mais). Assim, todo o saber que se pretenda completo sobre o Outro é um saber apropriador e predatório[585]. Assim, excluída uma relação cognitiva (objectivante, ontológica) com o Outro, o que permanece é apenas a pulsão de o compreender,

---

incerta e de resultado imprevisível: quem sabe o que o outro vai dizer, vai responder, vai calar? quem sabe como o diálogo se vai interromper (ou vai mesmo cessar)?

[584] Que E. Levinas designa como "a face inacessível do Outro".

[585] Como é o caso de toda a filosofia ontológica, que quer dominar o Ser com as capacidades do entendimento, como se a filosofia fosse uma aptidão "digestiva" (a frase é de J.-P. Sartre: «O digestive philosophy...», 1970).

494 | CALEIDOSCÓPIO DO DIREITO...

o que implica uma ética de o compreender. Paradoxalmente, o Outro mantém comigo, ao mesmo tempo, uma dimensão de alteridade, de separação, mas também de condição indispensável do meu próprio conhecimento. E, por isso, esta relação de responsabilidade infinita (ou seja, que nunca termina, que nunca cessa de deixar um resíduo) para com a outra pessoa, a que E. Levinas chama relação ética[586].

"A grande ideia de E. Levinas é a de que a relação com o Outro não pode ser reduzida à compreensão e que esta relação é ética, estruturando a experiência daquilo que nós pensamos como sendo o sujeito [...]. Quer dizer, há algo acerca de outra pessoa, uma dimensão de separação, de interioridade, de segredo, ou daquilo a que E. Levinas chama alteridade, que escapa à minha compreensão. Isto é, que excede os limites do meu conhecimento e que exige reconhecimento [no sentido, ao mesmo tempo, de «exploração» e de «conhecimento do conhecido, de mim»]"[587]. Tal como E. Levinas gostava de dizer, esta pulsão para dialogar com o outro tem manifestações muito concretas e triviais, exprimindo-se em "actos quotidianos e bastante banais de civilidade, hospitalidade, bondade e educação, que talvez tenham recebido menos atenção dos filósofos do que aquela que lhes era devida"[588].

---

[586] Cf. *The Cambridge Companion to Levinas [...]*, cit., p. 6.
[587] *Ibid.*, 25.
[588] *Ibid.*, 27.

O DIREITO NA VIDA: UMA ABORDAGEM TÓPICA | 495

"Não se pode dizer que o trabalho de Levinas nos forneça aquilo que habitualmente consideramos uma ética ou uma teoria da Justiça, encarada como "um conjunto de regras gerais, princípios e processos que nos permitam avaliar a aceitabilidade de máximas ou juízos específicos relativos à acção social, aos deveres cívicos ou coisas do género [...]. Pelo contrário, E. Levinas acredita que a ética tem que ser baseada em alguma forma de compromisso básico existencial ou numa exigência que vai para além das normas teóricas de alguma concepção de justiça ou de algum código ético socialmente instituído"[589].

O texto que vimos utilizando remata muito judiciosamente os parágrafos que dedica à relação entre a filosofia de E. Levinas e a ética, que nós aqui estendemos ao direito: "Tal como outros perfeccionistas morais, E. Levinas descreve a exigência ética em termos exorbitantes: responsabilidade infinita, trauma, perseguição, cativeiro, obsessão. A exigência ética é exigir o impossível", ou seja, a compreensão da totalidade e do infinito. Assim, ela não pode realizar mais do que a função de limitar a arrogância dos sistemas de normas positivadas, clamando a irredutibilidade da responsabilidade moral – que o direito nunca pode elidir nem substituir.

No domínio do direito, esta conclusão é, no entanto, de uma importância fundamental.

---

[589] *Ibid.*, 27.

496 | CALEIDOSCÓPIO DO DIREITO...

Em dois sentidos. O primeiro deles é o de destruir a auto-suficiência daqueles que pensam que o cumprimento do direito basta à justificação moral ("tudo o que não é proibido é permitido", como clama o liberalismo e o legalismo, aqui de mãos dadas), ignorando que, para além do direito – para além da maneira jurídica de lidar com os outros –, existem resíduos normativos fundamentais, constituídos por "boas práticas", decência e justeza (*decency* e *fairness*), solidariedade e graça, solicitude, abertura à compreensão profunda do mundo (dos pontos de vista, dos interesses) do Outro. Mas, num outro sentido, o ensino de E. Levinas ensina-nos que a superação deste défice do direito não pode ser feita acrescentando-lhe (ou submetendo-o a) um outro sistema de normas codificadas, como uma qualquer moral positiva. Pois este sistema normativo suplementar teria os mesmos vícios do primeiro e conduziria à mesma forma de adiaforização, de desresponsabilização do sujeito e de objectivação ou colonização do outro, incorporando-o no nosso conhecimento moral, expropriando-o da sua irredutível inacessibilidade e, com isso, fornecendo-nos receitas acabadas para lidar com ele. A solução é a de um direito "limitado", convencionado em vista do convívio pacífico, autoconsciente da sua limitação na regulação das relações entre os "eus" e os "outros"; e, por isso, promovendo os valores da atenção e da solicitude, expressos, na linguagem tradicional do direito, nas noções de "dever", de "prudência", de "contraditório", de "igualdade (real, material, substancial)", de "comunidade" (ou de República).

As posições de Zygmunt Bauman[590], por sua vez, arrancam de uma análise sociológica da condição moral da pós-modernidade. Embora sociólogo, Z. Bauman move-se numa linha de análise que tem muitos pontos de contacto com a antropologia moral de E. Levinas. Por um lado, o centramento da sua análise sobre a moral como teoria da relação com o Outro; por outro lado, a sua recusa da estratégia moderna de conhecer o Outro (mediante uma sua redução objectivante: empiricista, racionalista, ontológica) e de estabelecer normas de relacionamento com ele (de relacionamento social: heterónomas, codificadas, alheias à consciência moral dos sujeitos existenciais). Aproxima-os ainda a mútua dificuldade (recusa) de objectivarem uma proposta de estratégia moral que seja aceitável nos termos da cultura da modernidade: uma série de regras de conduta, discursivamente explicáveis e justificáveis.

---

[590] Especialmente no seu livro fundamental *Postmodern ethics*, Oxford, Blackwell's, 1993, continuado em *Life in Fragments. Essays in Postmodern Morality*. Cambridge, MA: Basil Blackwell, 1995; *Alone Again – Ethics After Certainty*, London, Demos, 1996. E consecutivamente desenvolvidas, nos seus vários tópicos, em sucessivos livros, dos quais destaco: *Liquid Modernity*, Cambridge, Polity Press, 2000; *Community. Seeking Safety in an Insecure World*, Cambridge, Polity Press, 2001; *The Individualized Society*, Cambridge, Polity Press, 2001; *Liquid Love: On the Frailty of Human Bonds*, Cambridge, Polity Press, 2001; *Liquid Life*, Cambridge, Polity Press, 2005. A que acrescento outra obra singular, referida na nota seguinte.

498 | CALEIDOSCÓPIO DO DIREITO...

Num livro anterior sobre a função dos intelectuais na modernidade e na pós-modernidade[591], Z. Bauman faz uma esclarecedora contraposição entre o modelo de sociedade de cada uma das duas épocas. "A visão tipicamente moderna do mundo – escreve ele – é a de uma totalidade essencialmente coordenada; a presença de um padrão regular de distribuição das probabilidades permite uma espécie de explicação dos acontecimentos que – se o padrão estiver correcto – constitui simultaneamente um instrumento de previsão e (se os recursos necessários estiverem disponíveis) de controlo. O controlo ("domínio sobre natureza", "planeamento" ou "desenho" da sociedade) está estreitamente associado com o ordenamento da sociedade, concebido como a manipulação das probabilidades de modo a tornar certos acontecimentos mais prováveis e outros menos prováveis [...]" (p. 3-4). Associada a esta estratégia de controlo está um modelo de saber que corresponde ao ideal cientista[592]: objectivo, unívoco[593],

---

[591] *Legislators and interpreters – On Modernity, Post-Modernity, Intellectuals*, Ithaca, N.Y., Cornell University Press, 1982; comentário e aplicação ao direito em A. M. Hespanha, "Os juristas como couteiros", *Análise Social* 161 (2001), 1183-1209; sobre o conceito de pós-modernidade e sua aplicação ao direito v. A. M. Hespanha, *Cultura jurídica europeia [...]*, 8.6.4.

[592] Sobre a estreita relação entre o ideal cientista e o direito moderno, v. Boaventura de Sousa Santos, *Introdução a uma ciência pós-moderna*, Rio de Janeiro, Graal, 1989; Porto, Afrontamento, 1989; *A crítica da razão indolente. Contra o desperdício da experiência*, Porto, Edições Afrontamento, 2000, 58 ss., 89 ss.

[593] A crítica da univocidade é o tópico central da metodologia *desconstrutiva* de Jacques Derrida (1930-2004), para o qual

O DIREITO NA VIDA: UMA ABORDAGEM TÓPICA | 499

controlável e demonstrável, geral, ignorando e discriminando, portanto, o particular, o subjectivo, o indemonstrável em termos discursivos.

Em contrapartida, a visão tipicamente pós-moderna do mundo é a de uma pluralidade de sentidos, de valores ou versões da ordem, cada um dos quais gerado de uma forma relativamente autónoma por um conjunto de práticas e corporizado num particular senso comum quanto à realidade e quanto aos valores. "Cada um dos muitos modelos de ordem só faz sentido no interior do conjunto de práticas de que ele dá conta; e, em cada caso, a sua validação apela para critérios desenvolvidos no seio de uma tradição particular e suportados pelos hábitos e crenças de uma «comunidade de sentidos» [...][594]. Como esta regra

---

os discursos se caracterizam sempre pela sua equivocidade, pela sobreposição de sentidos. Neste sentido, o apelo à univocidade, à lisibilidade, à simplificação, são sempre formas míticas ou mistificadoras de reduzir artificialmente a complexidade e abertura das coisas. V., para uma introdução geral: http://www.iep.utm.edu/d/derrida.htm; sobre aspectos da sua obra relevantes para o direito, *German Law Journal. Review of developments in German, European and International Jurisprudence* (=http://www.germanlawjournal.com/past_issues_archive.php?show=1&volume=6, Dez. 2006). Informação bibliográfica mais geral: http://www.hydra.umn.edu/derrida/jd.html.

[594] Bauman aproxima-se, aqui, ao localizar o sentido em sistemas ou constelações de práticas, do antropólogo Clifford Geertz, nomeadamente em *Local knowledge. Further essays in interpretative anthropology*, New York, Basic Books, 1983 (nomeadamente, III.8, "Civilização e saber: facto e direito em perspectiva comparada"); boa síntese de textos curtos: Clifford Geertz, *Los usos de la diversidad*, Barcelona, Ediciones Paidós, 1996.

500 | CALEIDOSCÓPIO DO DIREITO...

geral se aplica também aos critérios acima descritos como modernos, estes são validados, em última análise, também apenas por uma das muitas possíveis «tradições locais», dependendo o seu destino histórico da fortuna da tradição no seio da qual eles residem". Nesta versão, a visão do mundo da "modernidade" é, assim, reduzida a uma das várias que coexistem na história do mundo, perdendo, por isso, as características de infalibilidade e de racionalidade que a caracterizariam, segundo os próprios "modernos".

Já se vê que a cada uma destas *Weltanschaungen* vai corresponder um tipo diferente de intelectuais. Aos primeiros, ligados à tradição social moderna, designou Z. Bauman por "legisladores" – ou seja, autores de códigos gerais e externos de normas que exprimiam a ordem. Aos segundos, típicos da sociedade pós-moderna, designou de "couteiros", "guardas-caça", significando com isto o seu papel passivo, apenas de reconhecimento e de guarda dos sistemas de valores locais instalados, consistindo a sua função sobretudo em "traduzir afirmações feitas no seio de uma tradição própria de uma comunidade, de tal modo que ela pudesse ser entendida pelo sistema de conhecimentos baseado na tradição de outra comunidade". Longe de se orientarem para uma selecção da *melhor ordem social*, a sua estratégia é dominada pela preocupação de facilitar a comunicação entre participantes diferenciados – quanto à sua cultura e aos seus valores – da sociedade global, evitando as distorções de sentido. Para este fim, eles cultivam uma hermenêutica pro-

O DIREITO NA VIDA: UMA ABORDAGEM TÓPICA | 501

funda, ou seja, uma técnica de penetrar profundamente nos sistemas cujos valores tenham que traduzir (realizando aquilo a que Clifford Geertz chamou uma sua descrição espessa – «*thick description*»), bem como a de manter entre duas tradições dialogantes um equilíbrio delicado necessário para que a mensagem das duas seja entendida (pelo receptor) com um mínimo de distorções do sentido nela investido pelo emissor[595].

O facto de que Bauman use um conceito jurídico – o de legislador – para descrever o título moderno de intelectual não constitui um mero acaso. Na verdade, foram os legisladores modernos (a par dos cientistas modernos) que inventaram e difundiram por todo mundo o conceito de lei geral e rígida e que criaram um saber caracterizado por:

(1) uma forte autoconfiança e sentido de autoridade intelectual;

(2) um sentido de posse exclusiva de um saber verdadeiro geral – ao mesmo tempo (i) desligado da experiência e (ii) supralocal – sobre a natureza e sobre a moral;

(3) uma agressiva antipatia pelos arranjos normativos alternativos (nomeadamente, baseados na tradição, em sensibilidades locais ou mesmo nos sentimentos individuais) relativos à ordem social;

---

[595] V. Bauman, *Legislators* [...], cit., 4-5.

502 | CALEIDOSCÓPIO DO DIREITO...

(4) uma indisputada capacidade de afirmar e de impor uma ordem às coisas;
(5) uma antipatia profunda pela pluralidade, concorrência, ambiguidade ou relativismo (contextualização) dos valores[596];
(6) uma técnica de decidir as controvérsias de acordo com padrões monótonos e universais;
(7) técnicas de ultrapassar as contradições (*aporias*) do sistema geral com recurso à ideia de coerência do sistema de normas (mediante processos como a interpretação, a analogia ou o recurso à capacidade generativa dos conceitos).

Note-se, porém, que também a figura do "couteiro" tivera correspondente na cultura jurídica ocidental. Na verdade, os juristas tradicionais – *i.e.*, tal como o seu labor foi entendido até ao século XVIII – eram considerados como *(iuris)prudentes*, ou seja, como peritos. Só que peritos de um saber diferente, especializado:

(i) no reconhecimento de ordens diferentes e incoerentes entre si (*divinarum atque humanarum rerum notantes*, que recolhem [anotam] as coisas divinas e humanas);

---

[596] V. sobre o anti-anti-relativismo, atitude muito característica do direito moderno e dos seus cultores, Clifford Geertz, "Anti-antirelativism", *American anthropologist*, 86.2 (1994), reproduzido na colectânea anteriormente citada *Os usos da diversidade [...]*.

O DIREITO NA VIDA: UMA ABORDAGEM TÓPICA | 503

(ii) em derivar a ordem de arranjos locais pré-
-existentes (*norma est id quod plerumque accidit*,
a norma é o que acontece o mais das vezes);
(iii) em assumir a natureza local e singular (logo,
limitada) dos comandos do direito e da moral
(*non ex regula ius sumatur, sed ex iure quod est
regula fiat*, não é da regra que surge o direito,
mas do direito que existe que se faz a regra);
(iv) em reclamar um papel de mediador entre
diferentes conjuntos normativos (religião,
piedade, graça, amizade, usos comunitários, a
vontade do Príncipe), por meio de conceitos-
-ponte (como *pietas*, *natura*, *gratia*, *utilitas*,
aequitas, *usus*, *potestas absoluta*, *debitum quasi
legalis*) que permitiam uma conversação bidirec-
cional entre as ordens locais.

É, no entanto, no seu livro *Postmodern ethics* (1993)
que Z. Bauman desenvolve de forma mais consistente
a sua análise acerca do abafamento da consciência
moral pelos mecanismos de objectivação (heteronomi-
zação, adiaforização), nomeadamente pela moral estabelecida e pelo direito.

O "retorno à moral", que marcaria sociologicamente a cultura dos nossos tempos pós-modernos, teria
consistido, justamente, na tomada de consciência do
desastre moral originado pela tentativa, irremediavelmente falhada, de efectivar em códigos e regras rígidas e universais os deveres morais. Neste sentido, a
pós-modernidade caracterizar-se-ia pela aquisição de
um sentido crítico em relação ao período anterior,

504 | CALEIDOSCÓPIO DO DIREITO...

traduzido, fundamentalmente, nas seguintes convicções (cf. *Postmodern ethics* [...], cit., 10 ss.):

(1) A ambiguidade moral dos humanos, com a consequência de que uma moral (um direito) não ambígua, universal e objectivamente fundada é uma impossibilidade existencial.

(2) O carácter arriscado do juízo (do impulso) moral, que não pode ser racionalizado, nem objectivado, nem provado, nem garantido (*ibid.*, 11); por isso, os fenómenos morais são inerentemente não racionais, não calculáveis, não repetidos, não monótonos e não previsíveis, ou *rule guided*, contrariamente ao que pretendia o direito moderno, o qual tentou (sempre sem êxito) fornecer um código constituído por definições exaustivas e não ambíguas; ou que devia fornecer as regras claras para escolha entre acções próprias e impróprias, não deixando áreas cinzentas de ambivalência ou de múltiplas interpretações (*ibid.*, 11); estratégia que excluiu do direito (moderno) "tudo aquilo que é *verdadeiramente moral* na moralidade, ao deslocar os fenómenos morais do domínio da autonomia pessoal para o da heteronomia assistida pelo poder" (*ibid.*, 11)[597].

---

[597] De novo, ou pelo poder da ciência moral ou pelo poder do direito: "ou (i) ao antepor o saber que se pode aprender de regras à moral autoconstituída a partir da responsabilidade, ou (ii) ao colocar a responsabilidade na mão do legislador e dos

O DIREITO NA VIDA: UMA ABORDAGEM TÓPICA | 505

(3) A moral é inevitavelmente aporética, pois a maior parte das escolhas morais nascem de impulsos contraditórios (*ibid.*, 12)[598].

(4) A moral não é universal. Chegado a este ponto, Bauman tem um enorme cuidado em se demarcar do relativismo moral a que a pós-modernidade anda, na opinião comum, muito frequentemente associada: "Argumentarei contra esta visão abertamente relativista e finalmente nihilista da moralidade. A afirmação de que «a moral não é universalizável» tem aqui um significado diferente: opõe-se a uma versão concreta do universalismo moral, que na época moderna se constituiu numa tentativa mal disfarçada de levar a cabo uma *Gleichschaltung* [coordenação, estandardização], por meio de uma virulenta campanha para esbater as diferenças e, sobretudo, para eliminar todas as fontes "selvagens" – autónomas, e incontrola-

---

guardiães do código no lugar onde antes existia uma responsabilidade para com um Outro e para com a consciência moral própria, esse contexto de onde se colhe o fundamento da moral" (*ibid.*, 11).

[598] Mas, mais importante do que isso, virtualmente todos os impulsos morais, se levados até ao fim, conduzem a consequências imorais, sendo o exemplo mais característico o impulso moral de solicitude para com o outro que, quando levado ao seu extremo, conduz à aniquilação da autonomia do outro, ao seu domínio e à sua possessão-opressão (tema que Z. Bauman desenvolve magistralmente no seu livro *Liquid love*, de 2005).

das – do juízo moral. A modernidade, reconhecendo embora a diversidade das crenças e a variedade persistente de posições morais individuais, considerou isto como uma abominação que era preciso ultrapassar. Porém, não o fez tão abertamente – não em nome da explícita extensão das preferências éticas próprias [da Europa, dos mundos urbanos, modernos, civilizados] sobre populações que se regiam por diferentes códigos, apertando o garrote com o qual tais populações eram mantidas sob o seu domínio –, mas sub-repticiamente, em nome de uma ética comum a todos os homens, que excluísse e suplantasse todas as distorções locais" (*ibid.*, 12). Essa estratégia universalista e dogmática[599] conduziu, porém, como hoje fica claro, não a um reforço da moralidade, mas antes "à substituição da responsabilidade autónoma do sujeito moral por regras éticas heterónimas e aplicadas do exterior (o que não significa senão a castração ou mesmo a destruição desse sujeito moral). Portanto, o seu efeito global não é a «universalização da moral», mas o silenciamento dos impulsos morais mais autênticos e o encaminhamento das capacidades morais para objec-

---

[599] Que corresponde à universalização dos padrões jurídicos ocidentais, tanto no plano dos conteúdos, como no das formalidades e da organização.

tivos socialmente heterodeterminados que podem incluir propósitos imorais (o que, de facto, acontece)" (*ibid.*)[600].

(5) Cada um deve assumir que "a responsabilidade moral – ser *para* o Outro em vez de ser apenas *com* o Outro – é a primeira realidade do sujeito, um ponto de partida, mais do que um produto da sociedade". Neste ponto, Z. Bauman segue uma antropologia filosófica muito parecida com a de E. Levinas, ao defender o carácter constitutivo, para cada um de nós, da presença e interpelação do Outro, em toda a sua totalidade e, ao mesmo tempo, em toda a sua indefinibilidade (inefabilidade)[601]. O dever de solicitude para com o Outro é infinito, porque não entendemos completamente aquilo que ele nos pede. A pulsão para o diálogo não tem limites, porque a interpretação do Outro *nunca deixa de deixar* um resíduo.

(6) As sociedades modernas, ao degradar a responsabilidade moral, praticaram um paroquialismo ético sob a máscara de promover uma ética universal. O relativismo actual – a que

---

[600] A referência implícita é, aqui, o *Holocausto*, a que Z. Bauman dedicou um livro de referência (*Modernity and The Holocaust*, Ithaca, N.Y., Cornell University Press, 1989).

[601] Sobre a imagem do Outro, *ibid.*, p. 146 ss. e 165 ss.

508 | CALEIDOSCÓPIO DO DIREITO...

Bauman, nas obras mais recentes, chama "liquidez", ou seja, falta de solidez e de forma, leveza e efemeridade [602] – provém justamente disso e não – como normalmente afirmam os anti-relativistas – da tomada de consciência da inexistência desse pseudo-universalismo. Justamente porque não é fácil ser uma pessoa moral, é que não é também de admirar que surjam sucessivas ofertas para aliviar o sujeito da carga de responsabilidade moral: as regras do mercado, as normas do Estado, os consensos da sociedade civil. Mas, em vez de "moralizar", de dar valores, estes expedientes rompem o compromisso pessoal com esses valores, tornando-os em algo de pré-fabricado, que poupa à consciência moral as dores saudáveis de os parir por si.

(7) A unidade moral da humanidade pode ser pensada, mas "não como o produto final da globalização do domínio de poderes políticos com pretensões éticas universais [*v.g.*, "o Eixo do Bem"], mas [...] como um projecto de uma moral que encara de frente, sem tentativas de fuga, a ambivalência inerente e incurável na qual esta responsabilidade se molda [...]" (*ibid.*, 15). A unidade moral da sociedade é o resultado da coexistência de todos nessa dolo-

---

[602] "Liquid modernity", "liquid love", "liquid life".

rosa tarefa comum de dar à luz, cada um por si, o sentido das suas próprias acções, bem como da compreensão por todos das condições éticas que possibilitam o êxito desse parto – a liberdade radical de cada um, o risco de escolher, a incerteza dos resultados, e – apesar disso – a responsabilidade por eles.

Nem tudo são rosas, porém, na construção de um mundo baseado na responsabilidade moral, entendida como solicitude para com o Outro. De facto, mesmo este compromisso pode ter resultados diametralmente contraditórios. Por um lado, o egocentrismo ético, "a fúria sectária da reafirmação tribal" [da apropriação do Outro pelo Eu; da "transformação da coisa amada no amador"]. Por outro lado, a recusa em julgar ou escolher, uma vez que todas as escolhas seriam boas, desde que fossem uma escolha do Outro[603].

---

[603] Ou seja, a tolerância moral alimenta a intolerância das tribos. A intolerância das tribos torna-se arrogante e tira partido da tolerância moral (cf. *ibid.*, p. 238). "Tal como o aventureirismo [moral] moderno, com a insistência na ordem e na clareza, levou à opacidade e à ambivalência, a tolerância pós-moderna alimenta a intolerância" (*ibid.*, p. 238), aquela mesma que é exemplificada com aquelas culturas que importam alegremente a tecnologia ocidental, mas põem restrições, por exemplo, à concepção ocidental de cidadania (cf. *ibid.*, p. 239). Mais um risco a acrescentar a tantos outros – o de que a prevalência conjuntural do egoísmo prevaleça, temporária ou definitivamente, sobre a atitude moral de solicitude.

Na perspectiva de Z. Bauman, as alternativas estão, porém, esgotadas. A moral estabelecida (as convenções sociais), o direito e a política não podem continuar a ser extensões e institucionalizações da responsabilidade moral (cf. *ibid.*, p. 346). No fim do livro, conclui: "Se os capítulos sucessivos deste livro sugerem alguma coisa é que as questões morais não podem ser "resolvidas", como não pode ser garantida a vida moral da humanidade, ou pela via do cálculo, ou do direito fundado na razão. A moralidade não está a salvo nas mãos da razão, embora seja isso precisamente o que os porta-vozes da razão prometem. A razão não pode ajudar os sujeitos morais sem os expropriar daquilo que os torna, justamente, sujeitos morais: ou seja, essa urgência infundamentada, não racional, não argumentada, não justificada, não calculada, para se aproximar do Outro, para o acariciar, para ser *por*, para viver *por*, aconteça o que acontecer [...]. Afortunadamente para a humanidade (embora nem sempre para o sujeito moral ...) – e apesar de todos os sábios esforços em contrário – a consciência moral – esse último apoio do impulso moral e raiz da responsabilidade moral – apenas foi anestesiada, não amputada. Ela ainda aí está, talvez dormente, talvez atordoada, talvez frequentemente num silêncio envergonhado – mas em condições de ser acordada [...]. A consciência moral impõe a obediência, sem a prova de que o comando deva ser obedecido; nunca pode convencer nem coagir. Por isso, a consciência não é portadora de nenhuma das armas reconhecidas pelo mundo moderno como insígnias de autoridade. Pelos padrões do mundo moderno, a consciência é, por isso, algo de fraco" (*ibid.*, pp. 246-249). Um dos efeitos benéficos da empresa desconstrutiva do pós-modernismo seria este facto de oferecer as condições para que a consciência moral ganhe ousadia e se revigore, escolhendo sem rede, assumindo a sua subjectividade e correndo os respectivos riscos.

Em certo sentido, E. Levinas, mas sobretudo Bauman, prosseguem uma empresa de desconstrução do iluminismo (da "modernidade"), quando põem em causa a ortodoxia e o dogmatismo religioso. Só que, agora, o seu alvo é também o direito (pelo menos o direito "moderno", mas talvez mesmo o direito em geral), enquanto forma de construir relações interpessoais inautênticas, em que o fogo interior da abertura ao Outro (do viver *para* o Outro) é substituído pór uma regulamentação exterior que nos permite apenas viver *com* o Outro[604], criando uma série de regras que, objectivando o Outro, dando-lhe o estatuto de "objecto", nos permitem acomodá-lo adequadamente, de acordo com a nossa visão e valoração do mundo[605].

---

[604] Ecoam aqui as antigas críticas das visões proféticas dirigidas aos formalismos. E, no caso concreto do direito, a oposição da "lei do Amor" à lei do Estado. Não é de estranhar que ambos os autores sejam religiosos (judeus), um deles – E. Levinas – um judeu praticante, que escreveu tanto textos filosóficos como textos religiosos (talmúdicos).

[605] Levinas relaciona esta objectivação com a visão "ocular--cêntrica", própria do Ocidente, que produz um mundo constituído por objectos de formas bem definidas e bem separados do Eu. Como refere um estudioso de Levinas, "num mundo

512 | CALEIDOSCÓPIO DO DIREITO...

No direito, dois vícios convergem: (i) o constituir uma armadura de regras exteriores de comportamento a disciplinar algo que deveria ser apenas do foro interior – a relação com o Outro; (ii) o reduplicar a autoridade da lei com a autoridade da razão, fazendo supor que a responsabilidade moral tem algo a ver com a coerência racional. Por uma coisa e por outra, o direito – esse "mínimo ético" (como se a ética pudesse ter "mínimos") – anestesia a consciência moral[606], banaliza a escolha ética e trivializa o risco que ela faz correr.

Como a abertura ao Outro é sempre uma abertura parcialmente falhada (incompleta, que deixa resíduos improcessáveis e inapreensíveis), nem a esperança de um diálogo transparente (*à la* Habermas, cf. *supra*, cap. 8) constitui uma consolação. Aparentemente, do ponto de vista do direito (deste direito moderno?), nada há a esperar.

---

povoado deste tipo de objectos, as outras pessoas aparecem como mobiliário (*meubles*) que podemos rearrumar ou de que podemos mesmo desfazer-nos [...]". Para Levinas, o mundo visual é tão incompleto e enviesado como o dito em relação ao dizer (ou seja, a linguagem, com o seu carácter inevitavelmente infinito e ambíguo. Cf. Julian Edgoose, "An Ethics of Hesitant Learning: The Caring Justice of Levinas and Derrida", em *Philosophy of Education. A Publication of the Philosophy of Education Society*, também em http://www.ed.uiuc.edu/eps/PES-Yearbook/default.asp (Dez. 2006).

[606] Tal como anestesia a consciência política (a consciência moral relativa a esse outro colectivo que é a sociedade de pessoas concretas para as quais vivemos).

O DIREITO NA VIDA: UMA ABORDAGEM TÓPICA | 513

Jacques Derrida – ao qual já nos referimos, mas que aproximamos, agora, das posições de E. Levinas e de Z. Bauman, como desconstrutores do direito da modernidade – revela muito bem esta aparente inanidade da empresa desconstrutiva. Na sua obra *La force de la loi*[607], J. Derrida é de opinião que nem o direito, como aplicação universal de normas, pode deixar de despersonalizar o Outro, na medida em que lhes impõe os nossos modelos e valores de comportamento, a nossa compreensão do sentido do direito. Porém, se procurarmos lançar mão da "justiça", em vez do "direito", isto envolveria estar atento a "muitos particulares Outros", a dirigirmo-nos ao Outro na sua inacessível linguagem (ou seja, na sua inacessível pré-compreensão das coisas). Significaria, na expressão impressiva de um comentador, "uma monopolização [*engrossment*] pelo outro", o que também excluiria tanto a justiça com o "direito", pois a primeira supõe uma abertura a todos os Outros (e não a entrega exclusiva a um Outro) e este a universalidade que permite a sua aplicação a "todos" (a uma espécie de máximo divisor comum da universalidade da pluralidade dos Outros). "Vivemos num mundo onde há sempre mais do que um Outro. Estamos rodeados de diferentes vozes e de diferentes línguas. Se nos dirigimos a cada voz singular, o cuidado da justiça (*juste*) é negado. Para além de que esta pluralidade não pode

---

[607] Cf. nota 577.

colapsar numa narrativa unificada. Ela responde à singularidade do Outro, mas de cada Outro"[608]. Na arquitectura da teoria de Derrida, o que realiza a justiça é a própria desconstrução. Realmente, a desconstrução visa restaurar a irredutível ambiguidade, a infinita superabundância de sentidos, a multiplicidade caótica de valores deste mundo de Outros diferentes em que vivemos; significa "to think – in the most faithful, interior way – the structured genealogy of [its] concepts, but at the same time to determine – from a certain exterior that is unqualifiable or unnameable by [it] – what this history has been able to... forbid"[609]. E, com isso, restaurar uma plena, mas indizível, justiça.

Ou haverá alguma lição a tirar, ainda que incompleta e incerta?

Tentei inventariar algumas lições.

A primeira lição a tirar é a da necessidade de proceder a uma radical baixa de expectativas quanto à função humanizadora do direito:

(*a*) como garante da autonomia moral dos indivíduos, pois, na verdade, o que leva a cabo é a sua expropriação;

(*b*) como factor de responsabilização (e de educação moral) dos indivíduos, pois o que faz é apropriar-se deles e conduzi-los);

---

[608] Julian Edgoose, "An Ethics of Hesitant Learning: [...]", cit.
[609] *Ibidem*.

(c) como modelo geral de resolução de dilemas humanos, pois – para um se reconciliar com o Outro – há mais mundo para além do direito: os afectos, o diálogo, a política, a moral, a religião[610].

A segunda lição é a de assumir que o direito, não podendo cumprir objectivos éticos, deve procurar antecipar a ética[611], construindo-se sobre um princípio idêntico, o da solicitude (viver *para* o Outro); ou que, pelo menos, o clássico princípio da mera tolerância (viver *com* o Outro) com que o direito moderno se bastava (nos termos do tal "mínimo ético") tem que ser substituído por um princípio mais exigente – o de

---

[610] Como escreveu recentemente Pierre Guibentif, numas notas de intervenção num colóquio sobre Z. Bauman ("Liquid Society and Its Law" Conference, Cardiff, 16 September 2005, cuja comunicação lhe agradeço), "o principal desafio é o de restabelecer as conexões entre o indivíduo e a sociedade: o de fazer de tal modo que as experiências individuais possam conduzir, de novo, à formulação de causas comuns [...] mas é também necessário reinventar um espaço público no qual possam ressurgir impulsos morais, na confrontação com situações concretas. Daí a importância que reveste a noção de cidadanias, sobre a qual Bauman permanece, no entanto, bastante impreciso, constituindo o seu apoio à ideia de *Basic Income* (que garantiria as condições materiais mínimas da participação de todos nos debates públicos, ainda que a insegurança actual torne cada vez mais improvável a tomada de posições individuais) a sua proposta mais concreta a este respeito".

[611] Um pouco como, na teoria medieval do direito, a Cidade Terrena devia antecipar e preparar a Cidade Divina.

516 | CALEIDOSCÓPIO DO DIREITO...

uma solidariedade mais fundamental (viver *para*, viver *como se o Outro fosse Eu*)[612].

E, por isso, a terceira lição é a de que a eventual solicitude do direito (nomeadamente para com os mais fracos) deve constituir um princípio cardinal do direito, princípio incorporado na nossa ordem jurídico-constitucional (arts. 1, 2, 9, 26, etc. da CRP).

Mas, quarta lição, a de que a prossecução deste objectivo não pode funcionar perversamente, menorizando ainda os já desfavorecidos (nomeadamente, ao torná-los meros objectos da acção redistributiva [caritativa, filantrópica] do Estado; ou ao degradá-los de cidadãos [participativos] a meros consumidores [passivos]); mas antes que esse objectivo há-de ser cumprido *com eles*, com o reconhecimento da sua plena cidadania e do seu indeclinável direito de participar, em plena igualdade, na modelação *da nossa própria* solicitude[613].

A quinta lição relaciona-se antes com a desmontagem de técnicas alienantes de "pensar o direito" –

---

[612] Tal como, na ordem jurídica do Antigo Regime, a Justiça constituía um patamar anterior ao da Graça. Cf., sobre isto, A. M. Hespanha, "Les autres raisons de la politique. L'économie de la grâce", em J.-F. Schaub (ed.), *Recherches sur l'histoire de l'État dans le monde ibérique (15e.-20e. siècles)*, Paris, Presses de l'École Normale Supérieure, 1993, 67-86; também em Pierangelo Schiera (a cura di), *Ragion di Stato e ragione dello Stato (secoli XV-XVII)*, Napoli, Istituto Italiano di Studi Filosofici, 1996, 38-67. (também em http://www.hespanha.net/).

[613] Ou seja, na construção dos modelos do tal direito solidário.

generalização, conceptualização, separação entre o direito e a vida (formalismo), pseudoneutralidade, etc. Aqui, trata-se de interpelar, directamente, a responsabilidade moral dos juristas, levando-os a assumir as contradições, ambivalências, irracionalidades, conspurcações e unilateralidades, do seu discurso alegadamente racional, despertando-os para a presença perturbante de uma totalidade (ou infinidade, E. Levinas *dixit*) que eles têm, tragicamente (em vão), de compreender para que se compreendam a si próprios – a totalidade constituída pelas pessoas reais.

A sexta lição relaciona-se com a denúncia do "cosmopolitanismo", como um outro nome da "indiferença". Por muito paradoxal que isso possa parecer, este é um discurso que pode ser feito a propósito da defesa pelo direito de valores universais, nomeadamente, dos "direitos humanos". Confrontando-nos aqui, uma vez mais, com a ambivalência das decisões. Se a ideia de direitos humanos pode ser uma manifestação de solicitude, já a sua extensão generalizada a todo o universo de culturas do mundo pode denunciar superficialidade de compreensão e, portanto, uma indiferença "cosmopolita" pelas pessoas reais (nesta caso, também, pelas culturas reais). Sendo, também, certo que o completo abandono da ideia de direitos humanos pode também significar a rendição da consciência moral a formas tribalistas de arrogância. Aqui, como diria Bauman: "se tiver dúvidas, pergunte à sua consciência".

V

INICIAÇÃO
À METODOLOGIA DO DIREITO

"With a few remarkable exceptions, jurists are not able to think by themselves about the basic issues (theoretical and practical alike) arising in the course of their professional commitments (and indeed – someone suggested – they often do not even notice them). This is the reason why philosophers – and/or economists, sociologists, psychologists, natural scientists, moralists, linguists, literary critics, jetset gurus, cauldron-bubblers, etc. – do (and must) frequently step into the jurists' unfairy world, aiding them to find the right path. It goes without saying that jurists may sometimes entertain apparently sound basic beliefs, through innocent philosophising on their homely experience, like the old masters did, very long time ago, on the Aegean shores. These finest outputs of juristic mental efforts, however, are doomed to dwell into the realm of lame, or even naked, "intuitions" (as happy as they might be), unless they may be shown to pass the test of some duly licensed philosophical outlook – or, at least, to get substantive support out of it", Pierluigi Chiassoni, "A Nice Derangement of Literal-Meaning Freaks: Linguistic Contextualism and the Theory of Legal Interpretation", in *Analisi e diritto. Ricerche di giurisprudenza analítica*, a cura di Paolo Comanducci e Riccardo Guastini, G. Giappichelli Editore, Torino, 2005, p. 115[614].

---

[614] "Salvo raras e honrosas excepções, os juristas não são capazes de pensar por eles mesmos sobre as questões mais

522 | CALEIDOSCÓPIO DO DIREITO...

16. Introdução. As fontes de direito como formas de manifestação do direito. Contributo para uma teoria pluralista das fontes de direito[615]

O objectivo deste capítulo é o de proceder a uma revisão das versões mais tradicionais – mas também

fundamentais (tanto práticas como teóricas) que surgem no decurso das suas tarefas profissionais (e, decerto – sugerem alguns – frequentemente nem dão por elas). Esta é a razão pela qual os filósofos – e/ou os economistas, sociólogos, psicólogos, cientistas da natureza, moralistas, linguistas, críticos da literatura, gurus mundanos, agitadores de ideias, etc. – entram decididamente (e devem fazê-lo) nesse mundo sério dos juristas, ajudando-as a encontrar o caminho certo. Não é preciso dizer que os juristas parecem ter frequentemente convicções sólidas, provindas do seu inocente filosofar acerca da própria experiência doméstica, tal como os antigos sábios as tinham, em tempos antigos, nas suas praias do mar Egeu. Estas jóias dos esforços intelectuais dos juristas estão, no entanto, condenadas (por muito felizes que elas façam os juristas) a viver num mundo de "intuições" trôpegas ou mesmo desprovidas de conteúdo, a menos que mostrem ser capazes de passar o teste de um recorte filosófico devidamente creditado – ou, pelo menos, de conseguirem com isso algum apoio crível".

[615] Sobre a dignidade constitucional da teoria das fontes do direito e sobre a arquitectura desta num cenário pós-legalista, v., num sentido próximo ao que aqui se expõe, Joaquim Gomes Canotilho, *Direito constitucional e teoria da constituição [...]*, cit., Parte III, tit. 5, cap. 1, (pp. 693 ss., 7.ª ed.). Outros textos, com pressupostos e perspectivas distintas, João B. Machado, *Introdução ao discurso legitimador [...]*, cit.; José de O. Ascensão, *O direito. Introdução [....]*, cit., 255-332, Fernando José Bronze, *Lições de introdução ao direito*, Coimbra, Coimbra Editora, 2006, *maxime*, 683-746. Directamente sobre o tema, com actualidade, profundidade e desenvolvimento, Atienza, Manuel, & y Ruiz Manero, Juan, *Las piezas del derecho [...]*.

mais frequentes nos cursos de introdução ao direito – da teoria da norma, perspectivando-a agora no ambiente pluralista do direito de hoje (cf., *supra*, cap. 2), mas também no contexto constitucional de um Estado democrático.

Como já se disse, por muito que nos atenhamos à formula "Estado democrático" como a sede clássica da soberania popular e, logo, à ideia de um direito vinculado à vontade do povo, não podemos ignorar dois factos. O primeiro deles é que, em certas circunstâncias, a democracia representativa está tão afastada do sentir jurídico da comunidade que é vantajoso, mesmo do ponto de vista do carácter democrático do direito, admitir que este se possa exprimir por formas não estaduais (como o costume, os códigos de boas práticas consensualmente aceites, a auto-regulação, os sentimentos notórios e incontroversos de justiça, as práticas jurisprudenciais e burocráticas estavelmente aceites). O segundo é que, seja como for, o dinamismo da sociedade – e também o seu dinamismo normativo (ou seja, a sua actividade de produção de normas) – é um facto da vida. Tais normas não apenas são produzidas em círculos de convivialidade mais ou menos extensos (uns infranacionais, outros supranacionais), como obtêm um sentido de obrigatoriedade por parte dos grupos comunitários envolvidos. Umas são tidas como válidas apenas no âmbito desses círculos, outras adquirem um poder expansivo – espontâneo ou provocado pelos grupos interessados na sua vigência – que tende a impô-las em círculos mais vastos.

524 | CALEIDOSCÓPIO DO DIREITO...

O pluralismo normativo é, assim, um facto, antes mesmo de ser ou um ideal ou um perigo; qualquer que seja o modo como avaliemos os seus custos ou benefícios, ele está aí. *Estar aí* significa, neste caso, ser reconhecido como um modo de manifestação de direito; significa que essas normas de vários âmbitos e níveis que surgem na sociedade são reconhecidas como direito, ao cumprirem (se cumprirem) os pressupostos das "normas de reconhecimento", tal como é definida pelas teorias realistas (nomeadamente, pela que foi articulada por H. L. Hart)[616].

O facto de o pluralismo estar aí não nos força, todavia, a ser sociologicamente ingénuos. O reconhecimento ou não como direito de certa constelação de normas sociais – o facto de os tribunais e outras instâncias relevantes, estaduais ou não, as reconhecerem como juridicamente relevantes – mexe com interesses sociais e políticos e, por isso, é objecto de confrontos socio--políticos. Uns desejam esse reconhecimento, porque ele lhes é favorável. Outros não, pelas razões opostas. É, por isso, normal que o próprio juízo sobre se estas ou aquelas normas são recebidas pela norma de reconhecimento, longe de implicar apenas uma leitura superficial e ingénua "do que acontece de facto", envolva também uma observação reflexiva e crítica do que seja "acontecer de facto", pois aqui a expressão significa "cumprir todas as condições requeridas pelas normas de reconhecimento":

---

[616] Cf. Cap. 5.

INICIAÇÃO À METODOLOGIA DO DIREITO | 525

- quer quanto à recepção da norma na ordem jurídica;
- quer quanto às condições sob as quais ela aí é recebida[617];
- quer quanto à sua concorrência com outras normas – nomeadamente as recebidas com a qualificação de superioridade normativa, como geralmente acontecerá com a Constituição e com as leis[618].

---

[617] *V.g.*, a auto-regulação só pode produzir normas jurídicas quando as instituições reguladoras obedeçam à regra da representatividade, neutralidade e democraticidade; isto se, como acontece nos ordenamentos jurídicos actuais (como o português), tiverem também sido reconhecidas como jurídicas as regras relativas à natureza representativa, neutral e democrática das entidades capazes de produzir regulação. Cf., para um lugar paralelo, o Ac. do STJ n.º SJ200312040034347, de 04/12/2003: "Várias vezes, aliás, em situações algo similares, se pronunciou já o próprio Tribunal Constitucional no sentido de que a liberdade de organização interna e de auto-regulação estatutária pode sofrer os limites impostos pela garantia dos princípios de organização e gestão interna democráticas e que se mostrem adequadas e proporcionadas a garantir esses princípios", citando várias decisões do TC.

[618] Assim, *v.g.*, a auto-regulamentação não será, muito provavelmente, reconhecida se tiver lugar num domínio de reserva constitucional de lei. O Ac. do STJ SJ200703070015414, de 07/03/2007, invocando *expressis verbis* J. Gomes Canotilho e Vital Moreira (*Constituição da República Portuguesa Anotada*, Tomo I, Coimbra Editora, 2005, p. 154), decidiu que "os direitos, liberdades e garantias só podem ser regulados por lei da AR ou, nos termos do art.º 168.º, por decreto-lei governamental devidamente autorizado [...] e não pelo Governo (salvo autorização) e, muito menos, pelas Regiões Autónomas ou pelas autarquias locais, ou por entidades públicas dotadas [!] de poder de auto-regulação".

526 | CALEIDOSCÓPIO DO DIREITO...

Finalmente, a superação de todos os requisitos das normas de reconhecimento pode ser problemático. Uns insistirão em que há um reconhecimento suficiente pela jurisprudência, outros dirão que não; uns dirão que o eventual reconhecimento pelos tribunais não corresponde a um consenso social suficientemente alargado, equilibrado ou vivaz, outros acharão o contrário; e, sobretudo, uns dirão que aos sentimentos jurídicos generalizados da comunidade não corresponde um igual assentimento por parte das "autoridades" jurídicas (os juízes, os juristas, a doutrina); outros darão pouca importância a este argumento.

Por isso é que, nestas controvérsias, não podemos dispensar uma linha de orientação que nos permita decidir com critério – e com um critério que esteja de acordo com a cultura política dos Estados legitimados pela soberania popular – sobre quais as normas que cumprem ou não os requisitos da norma de reconhecimento.

Isto implica, naturalmente, trabalhar um pouco o sentido do que seja esse "reconhecimento", aspecto sobre o qual a formulação de H. L. Hart mantém uma certa ambiguidade.

Já sabemos que esse reconhecimento não pode equivaler ao simples reconhecimento formal dos órgãos do Estado[619]. Sabemos também que uma componente

---

[619] Este equívoco tem sido frequente na nossa jurisprudência superior, que, frequentemente, parece fazer decorrer a competência normativa de órgãos não estaduais de uma dele-

importante desse reconhecimento é a aplicação da norma pelos tribunais e a sua admissão corrente no mundo dos juristas. Porém, dada a tendência frequente deste mundo dos juristas especializados para se assumirem como criadores de direito ou como pedra-de-toque do direito válido, não podemos deixar de verificar se o reconhecimento que eles atribuem a certa norma corresponde, num mínimo, a um consenso generalizado dos portadores de interesses nesse domínio relevantes. Por outro lado, uma vez que

---

gação do Estado, ou a vigência de normas não estaduais de um reconhecimento delas por parte da lei. Assim: o Ac. do STJ n.º SJ200312180039367, de 18/12/2003, deriva os poderes de auto-regulação do mundo do futebol profissional da devolução de poderes regulamentares pelo Estado para a Federação Portuguesa de Futebol e desta para a Liga dos Clubes, a qual "portanto, age no quadro de poderes públicos de auto-regulação que pela entidade federativa lhe foram devolvidos". Pode ser que seja assim; mas, então, não se trata de auto-regulação, mas apenas de uma forma estatal delegada de regulação. No Ac. n.º SJ2008042206267, de 22/04/2008, é dada relevância às regras de arte, normas técnicas ou boas práticas, no domínio da construção e obras de engenharia civil, mas como uma decorrência do art.º 487.º, n.º 2, do C.C., ao remeter para o comportamento prudencial do chamado bom pai de família. Se assim for, nada há de novo, tratando-se apenas de dar densidade normativa a uma cláusula geral do direito do Estado. Também o Ac. do STJ n.º SJ20080429047681, de 29/04/2008, incorreu no mesmo equívoco: "Constatamos deste modo que o Banco R procedeu, ao actuar como actuou no caso concreto, em absoluta conformidade com as boas práticas que lhe são indicadas no referido Regulamento do Banco de Portugal – entidade reguladora da actividade bancária [...]".

528 | CALEIDOSCÓPIO DO DIREITO...

outras normas estão reconhecidas como fazendo parte da ordem jurídica e, por vezes, reconhecidas com um atributo de superioridade (com uma eficácia dirigente)[620], é preciso determinar a forma de acomodação da norma no todo da ordem jurídica.

Assim, as opções que elegemos em matéria de teoria das fontes e em matéria de teoria da norma procuram realizar esse equilíbrio difícil entre o reconhecimento do pluralismo e os limites deste pluralismo aconselhados por um adequado respeito da vontade popular, formalmente expressa, quanto à conformação do direito.

Desde já fica o aviso. Estamos a tratar de uma questão de equilíbrios difíceis e problemáticos, onde é arriscado formular regras gerais. Só o caso – confrontado com a ideia condutora de um direito fundado na vontade popular e orientado para a garantia dos direitos concretos dos indivíduos ou das comunidades – dirá qual é o âmbito com que se deve entender o reconhecimento (local, geral) de uma norma, qual a força (eficácia, hierarquia) a ela reconhecida (infra-legal, supralegal ou, raramente e com todas as cautelas, supraconstitucional), qual o sentido com que ela foi, é, está a ser, reconhecida.

---

[620] É, tipicamente, o caso da Constituição. *Já que, além do mais, também estas normas eminentes são objecto de reconhecimento e, seguramente, muito fundo, permanente e digno de ponderação;* o mesmo se diga, embora em geral em grau menor, das leis.

INICIAÇÃO À METODOLOGIA DO DIREITO | 529

Na sociedade, o direito torna-se interessante para vários saberes. Um deles é o saber jurídico[621]. Outros são a sociologia, a história, ou mesmo a literatura e as artes plásticas.

Para o saber jurídico, são relevantes, como manifestações do direito, aquelas normas que a comunidade aceita como comandos vinculativos no sentido jurídico, independentemente do seu efectivo cumprimento pelos destinatários (v. cap. 5). Mesmo uma teoria "realista" do direito[622] pode aceitar esta afirmação de que há normas geralmente não observadas e, não obstante, reconhecidas como jurídicas, pois pode-se constatar que certas regras admitidas pela *norma de reconhecimento* (v. *ibid.*) – *i.e.*, aceites como jurídicas e, logo, vinculativas, pela comunidade em geral e, nomeadamente, pelos tribunais e pelas práticas administrativas[623] – não são geralmente observa-

---

[621] Muitos autores falam, a este propósito em "ciência jurídica". Evito essa expressão, que evoca um saber dotado de certezas e de soluções únicas. O saber sobre o direito tem sido sempre um saber de soluções prováveis, discutíveis, dominadas não pelo valor da Verdade, mas pelos da prudência e da sensatez. Por outro lado, as suas soluções não assumem a forma de normas gerais e abstractas – como as das ciências "duras" –, mas a de proposições casuísticas, adaptadas à singularidade de cada caso.

[622] V. *supra*, cap. 5 (O realismo jurídico de H. L. Hart).

[623] Antigamente dizia-se: dotadas de *opinio iuris [vel necessitatis]* (do sentimento de que eram direito [ou de acatamento forçoso]).

das[624-625]. Já uma perspectiva sociológica do direito se interessará mais por aquelas normas jurídicas que tiverem algum impacto social (sociologia das práticas sociais); embora se possa interessar também pelas normas que, não sendo realmente obedecidas, são, todavia, aceites como cânones correctos ou desejáveis de conduta (sociologia das representações sociais); o mesmo se diga de uma perspectiva histórica, consoante tenha por objecto o direito como fenómeno social ou, antes, como o estudo das ideias ou dos valores jurídicos, independentemente da sua eficácia ou impacto social.

Para designar um conjunto de normas que lhe interessam como objecto, o saber jurídico tem usado a expressão "fontes de direito", querendo com ela significar[626] – pelo menos num dos seus sentidos – as vias de manifestação ou de formação do direito num certo ordenamento jurídico.

Tomada neste sentido, a expressão "fontes de direito" aponta para uma certa pré-compreensão do direito.

---

[624] Cf. K. Larenz, *Metodologia [...], 262.*

[625] Um sociologismo jurídico mais radical desprezaria esta distinção, reconhecendo apenas como normas jurídicas aquelas que, além de suscitarem na comunidade um sentimento de obrigatoriedade, fossem também minimamente observadas.

[626] A expressão "fontes de direito" pode também designar a origem do direito (sentido histórico), o conjunto de factores geradores ou condicionantes de uma norma jurídica (sentido sociológico ou material), os textos através dos quais as normas se expressam (sentido textual). V. José de Oliveira Ascensão, *O direito* [...], cit., 52 s.

INICIAÇÃO À METODOLOGIA DO DIREITO | 531

O direito existiria – como ordem ou conjunto de valores, naturais, racionais, divinos – antes e independentemente da sua manifestação concreta, irrompendo, depois, sob a forma de certas categorias de comandos, normas ou regras, que concretizavam esses valores. Nesta perspectiva, como aquilo que se manifesta na fonte decorre sempre de uma realidade anterior (interior)[627], existe uma tarefa indispensável em relação a cada norma jurídica: a de averiguar de que forma nela se traduz a ordem de valores que ela apenas revela ou manifesta. Trata-se de uma tarefa de *hermenêutica* ou *interpretação*; mas que, para esta compreensão do conceito de "fontes de direito" e das suas relações com o direito, constitui algo sempre necessário e sempre fundamental.

No entanto, ainda que continuemos a recorrer à metáfora das "fontes" e da "nascente", podemos considerar menos o património oculto da mãe-de-água, do que o que brota dessa fonte e que embebe o solo da vida, nas micromanifestações da experiência jurídica quotidiana, nomeadamente nas situações jurídicas individuais, entre as quais se contam actos jurídicos, mas também usos e rotinas com pouca densidade intencional ou reflexiva, a que alguns autores têm chamado "direito vivo" (*lebendiges Recht*), "sperienza

---

[627] Seja ela o direito natural, a cultura tradicional de um povo (*Volksgeist*, como para a Escola Histórica Alemã) ou os sentimentos jurídicos dominantes numa comunidade.

giuridica" (Cesarini-Sforza[628]; Boaventura de Sousa Santos[629]), "direito do quotidiano" ("everyday life law", A. Sarat[630], A. M. Hespanha[631]), "direito do «jeito»"[632]. Ou mesmo aquelas decisões do julgador tomadas a partir das circunstâncias de um caso concreto (*equidade*).

Nos termos de uma teoria realista do direito, teria mais sentido falar num "depósito" ou "repositório" de normas jurídicas comunitariamente reconhecidas, não provindas de alguma nascente escondida e obscura, mas estabilizadas na consciência da comunidade. Neste caso, as normas não teriam tanto que ser objecto de uma hermenêutica que conduzisse aos seus sentidos primitivos, "naturais", ocultos, mas de uma observação empírica quanto à sua efectiva vigência no tecido social e quanto aos sentidos efectivamente reconhecidos com que vigoram. O seu conhecimento não demandaria tanto um recurso a aptidões de interpre-

---

[628] Cesarini Sforza, "Il diritto dei privati", em *Il corporativismo come esperienza giuridica*, Milano, 1942, 24 ss.

[629] Boaventura de Sousa Santos, *A Crítica da Razão Indolente – Contra o Desperdício da Experiência*, vol. I, Edições Afrontamento, Porto, 2000 (2.ª ed., 2002).

[630] Austin Sarat & Thomas R. Kearns, *Law in everyday life*, Ann Arbor, Univ. Michigan Press ("The Amherst Series in Law, Jurisprudence and Social Thought"), 1993.

[631] A. M. Hespanha, *Cultura jurídica europeia [...]*, cit., cap. 8.6.4 (com detalhes sobre esta "trivialização" do direito na cultura jurídica contemporânea).

[632] Keith S. Rosenn, *O jeito na cultura jurídica brasileira*, Rio de Janeiro, Renovar, 1998.

tação filosófica ou espiritual, a uma sondagem dos sentidos escondidos do direito (*arcana iuris*), mas, mais chãmente, a capacidades de observação da realidade social, de constatação de comportamentos regulares, embora essa observação comporte também – ao lado da explicação dessas regularidades (análise sociológica do direito) – a interrogação das razões, dos sentidos, desses comportamentos (análise teleológica do direito).

Esta valorização de certas normas como constituindo direito tem que obedecer a algumas condições – tem que ser aceite como tal pela generalidade dos juristas e dos cidadãos[633]. Nos Estados constitucionais, como a Constituição é objecto de um especial reconhecimento, quer pelo corpo dos juristas, quer pela comunidade em geral, que a votou e estabeleceu como norma superior, fundadora e estruturante da República, ela estrutura também fortemente a norma de reconhecimento. Ou seja, ela condiciona de forma muito forte (embora não absolutamente decisiva) a disponibilidade da norma de reconhecimento para admitir fontes de direito que contradigam a Constituição. Ou, mesmo, que contradigam formas de manifestação do direito que correspondam muito directa ou claramente à vontade soberana do povo na criação do

---

[633] Mantemos esta formulação cumulativa, já presente em H. L. Hart, que pode levantar alguns problemas, já que os dois sentimentos de justiça podem não ser – e, frequentemente, não são – totalmente sobreponíveis.

direito (como a lei parlamentar)[634]. Embora não se possa excluir casos especiais de permeabilidade da norma de reconhecimento em relação a normas contrárias à Constituição e à lei, a admissão de uma rendição pura e simples dos valores constitucionais (como a democracia, a liberdade, a igualdade) a "um direito realisticamente reconhecido" tem que ser sujeita a uma cuidadosa análise, verificando e voltando a verificar se há sinais suficientes de que tais direitos tenham sido efectivamente aceites, e por uma forma tão certa e enfática como o é o direito constitucional e, até, o direito parlamentar legislado[635].

Destas normas do quotidiano – que, ao lado do direito formal do Estado, podem ser objecto de reconhecimento jurídico – fazem parte, como se disse, práticas pouco estruturadas, dotadas de um sentimento, mais ou menos difuso, de obrigatoriedade (aquilo a que podemos chamar rotinas, usos ou costumes); mas fazem também parte actos jurídicos reflectidos e intencionais (como modelos de contratos) ou mesmo actos oficiais (como séries de sentenças judi-

---

[634] Neste sentido da valorização do direito da vida, Joaquim Gomes Canotilho, *Direito constitucional [...]*, 702 s.

[635] De facto, a ideia de um ordenamento "vivo", paralelo ao ordenamento jurídico formal, bebe e continua a beber de muitas fontes (desde o corporativismo à "constituição do mercado"), muitas delas incompatíveis com a aceitação generalizada dos princípios estruturantes do carácter democrático do direito e da soberania jurídica do povo.

INICIAÇÃO À METODOLOGIA DO DIREITO | 535

ciais ou práticas administrativas[636]). Toda a dificuldade desta admissão do direito do quotidiano no quadro das fontes do direito está, portanto, na determinação do grau e âmbito do sentimento de obrigatoriedade que todo o direito deve suscitar; trataremos disso mais à frente.

Há, também, quem pense que o direito, nomeadamente o direito mais fundamental, se manifesta sob a forma de orientações muito genéricas e indeterminadas – como esses sentidos da justiça, ou mesmo do que é bem e do que é mal (da ética), quase espontâneos e irreflectidos, que nos guiam no dia-a-dia –, a ser determinadas apenas perante os casos concretos. Seriam os "princípios", a que já aludimos, logo no início do livro[637]. Também eles poderão ser, portanto, incluídos no elenco das normas reconhecidas. Embora esta inclusão não seja impossível – ao contrário do que defendia R. Dworkin –, o certo é que a indeterminação dos princípios coloca algumas dificuldades quanto à definição do que é que há-de ser dado como reconhecido. Não, decerto, apenas o princípio em si, que, na sua vaguidade, se furta a qualquer assentimen-

---

[636] Esta valorização das "práticas" como direito tem uma longa história na cultura jurídica ocidental: em todo o período do direito comum (em Portugal, até à Lei da Boa Razão), os "estilos" constituíam uma fonte de direito. Ainda hoje são de linguagem corrente expressões como "afixação nos «lugares do estilo»".

[637] Cf., antes, cap. 6.

536 | CALEIDOSCÓPIO DO DIREITO...

to comunitário suficientemente claro. Haverá que haver um assentimento genérico quanto ao princípio genérico, mas, além disso, tem também que se poder dizer que certa concretização específica deste princípio genérico está recebida ou reconhecida suficientemente pela nossa comunidade de direito, nomeadamente, que se inclui na norma de reconhecimento do nosso ordenamento jurídico.

Durante alguns séculos, esta ideia de fontes que jorram de uma mãe-d'água comum – fosse ela a Providência Divina, a razão natural, ou o espírito do povo – propiciou a ideia de uma harmonia fundamental entre todas as normas, de modo a que todo o sistema de fontes devesse produzir um ordenamento jurídico harmónico e coerente. Isto decorria – como logo se vê – da ideia de que a subentendida mãe do direito era uma só (o "Povo", por exemplo; a "Razão", noutras versões), coerente, não esquizofrénica... Em vista destes míticos pressupostos – o último dos quais seria a existência, na comunidade, de um *idem sentire*, de um consenso, jurídico –, esta ideia da harmonia e coerência do ordenamento jurídico não reúne hoje um consenso suficiente. Porém, o advento do Estado constitucional reintroduziu uma certa unidade num conjunto díspar de fontes, ao sujeitá-las todas à hegemonia dos comandos e valores da Constituição[638].

---

[638] Cf. Maria Lúcia Amaral, *A forma da República [...]*, cit.

INICIAÇÃO À METODOLOGIA DO DIREITO | 537

Numa Constituição como a nossa, que – como se viu – incorpora o pluralismo jurídico como um princípio jurídico construtivo fundamental, esta unidade não reduz todas as fontes à Constituição, nem mesmo todo o direito ao direito do Estado. A unidade da constelação das fontes provirá, portanto, do facto de que todas elas, *qualquer que seja a sua origem e os sentidos que possam ter em outras ordens jurídicas*, dentro de uma certa ordem jurídica têm que se moldar aos princípios constitucionais dessa ordem, cujo carácter estruturante é tido em conta pela norma de reconhecimento; ou seja, que têm que se incorporar numa ordem jurídica determinada, com a estrutura e hierarquia que é testemunhada pela norma de reconhecimento[639]. Destes princípios constitucionais deve resultar não apenas uma norma genérica de interpretação[640], mas também uma norma de selecção e de hierarquização das fontes de direito, ambas conformes à Constituição, entendida como "norma primária sobre a produção jurídica"[641]. Ou, pondo as coisas na

---

[639] Cf. art.º 8, n.º 4, a que deve ser dado um alcance geral, dado que a sua parte final decorre, afinal, de princípios fundamentais da ordem constitucional, nomeadamente dos arts. 2 e 3.

[640] Cf., *infra*, cap. 21 (Interpretação).

[641] Joaquim Gomes Canotilho, *Direito constitucional [...]*, cit. 693, dando exemplos dos artigos relevantes para o estabelecimento das fontes de direito: art.º 8.º (direito internacional e comunitário), art.º 56 (convenções colectivas de trabalho), art.º 112 (actos normativos), art.º 115 (referendo), arts. 161, 164 e

538 | CALEIDOSCÓPIO DO DIREITO...

perspectiva de uma teoria realista do direito, o papel estruturante que a Constituição, como tal, tem na norma de reconhecimento faz com que a possibilidade da abertura desta ao reconhecimento de normas jurídicas contrárias à Constituição fique muito diminuída. Pois a comunidade jurídica dificilmente pode admitir comandos contraditórios ao pacto fundamental, como norma de vida comum solenemente estabelecida. Daí que possamos concluir que a Constituição, não sendo mais a depositária do elenco das fontes de direito, estrutura decisivamente – por ser um produto da soberania popular e por ser assim entendida pela comunidade geral e, mais concretamente, pela comunidade dos juristas – os consensos dominantes sobre

---

165 (leis da Assembleia da República), art.º 198 (decretos-leis do governo), art.º 226 (estatutos da regiões autónomas), art.º 227 (actos normativos das regiões autónomas), art.º 241 (regulamentos das autarquias locais). Ver, no mesmo lugar, normas sobre hierarquias e sobre competências normativas. Creio, porém, como direi mais tarde, que a Constituição contém também princípios implícitos que podem ajudar a responder a questões nela não abordadas expressamente sobre o valor normativo de alguns tipos de normas integradas nos catálogos tradicionais de fontes de direito (*v.g.*, o costume, a doutrina, etc.). Mais indeciso quanto ao sentido do papel de direcção da Constituição, Joaquim Gomes Canotilho, no seu recente (e complexo, pois abrange 20 anos de evolução dogmática do autor) livro *"Brancosos" e interconstitucionalidade. Itinerário dos discursos sobre a historicidade constitucional*, Coimbra, Almedina, 2006; reacções brasileiras: Jacinto Nelson de Miranda Coutinho (org.), *Canotilho e a Constituição dirigente*, São Paulo, Renovar, 2005, 2.ª ed.

INICIAÇÃO À METODOLOGIA DO DIREITO | 539

o reconhecimento ou não de uma norma como jurídica. Esta será mais facilmente reconhecida como tal (i) se corresponder a um sistema de fontes implícito (ou explícito) na constituição e (ii) se este sistema de fontes não ofender os princípios constitucionais básicos[642]. É, portanto, natural que este enquadramento constitucional tenha efeito sobre as normas de reconhecimento de uma certa ordem jurídica[643].

O elenco das fontes de direito deve ser, nos quadros de uma posição realista quanto ao conceito de direito, extraído da observação das normas admitidas como jurídicas pela nossa jurisprudência, pela nossa prática burocrática, pela nossa doutrina e, finalmente, pelos sentimentos da comunidade acerca do que é direito. Na exposição que se segue simplificamos um

---

[642] Por exemplo, o princípio de que o direito decorre da vontade popular (arts. 1 a 3); ou o do reconhecimento constitucional de algumas certas normas (lei, tratados internacionais, direito comunitário) como fontes de direito. Cf., ainda, arts. 202, n.º 2, 203 e 204, sobre a função estruturante da lei e, acima dela, da Constituição.

[643] Pondo as coisas num plano muito prático, parece razoavelmente claro que, na consciência pública portuguesa, a Constituição – que tem sido um ponto constante de referência para quase todas as forças políticas e sociais – modela hoje, muito significativamente, o sentimento das pessoas quanto ao que seja direito; de tal modo que a generalidade dos cidadãos e dos operadores jurídicos, postos perante o facto de que determinada norma ou acto de poder é contrário à Constituição, lhe negam a validade (e se, em contrapartida, os acatam, é por mero efeito da força, real ou virtual).

540 | CALEIDOSCÓPIO DO DIREITO...

tanto a natureza complexa desta investigação empírica, fazendo a prova sobretudo com base no teor da Constituição da República, de tal modo as suas disposições são, como dissemos, estruturantes da prática jurídica e, portanto, das normas de reconhecimento que identificam e delimitam a nossa ordem jurídica.

16.1 *O elenco das fontes de direito*

Nos parágrafos seguintes, enumeraremos as fontes de direito, quer as tradicionalmente indicadas como tal, quer algumas que o são menos, procurando testar a validade de cada uma delas em função dos critérios de reconhecimento antes referidos.

16.1.1 *O direito internacional e comunitário*

O *direito internacional* é expressamente reconhecido como fonte de direito pela CRP: "As normas e os princípios de direito internacional geral ou comum fazem parte integrante do direito português." (art.º 8, n.º 1). Já no artigo anterior, a Constituição assumira implícita e explicitamente a validade de outras normas de direito internacional (como, por exemplo, as que regulam a "jurisdição do Tribunal Penal Internacional, nas condições de complementaridade e demais termos estabelecidos no Estatuto de Roma", art.º 7, n.º 7). No entanto, a vigência do direito internacional público na ordem interna portuguesa não está dependente deste reconhecimento expresso.

INICIAÇÃO À METODOLOGIA DO DIREITO | 541

Na verdade, é doutrina comum que o costume é uma fonte deste direito e, sendo assim, todos os Estados membros da comunidade internacional estão obrigados a aceitar, além das normas contidas nos tratados que subscreverem, também aqueles que se tiverem estabelecido consuetudinariamente no direito internacional[644]. Bem como, por outro lado, certos princípios gerais firmados no convívio internacional, como os princípio da não agressão; da não ingerência nos "assuntos internos" de um outro Estado; da solução pacífica de controvérsias; da autodeterminação dos povos; da coexistência pacífica; da continuidade do Estado; da proporcionalidade; da reparação dos danos; alguns dos quais estão, de resto, explicitamente consagrados na Constituição portuguesa (art.º 7.º). A que acresceria, nos termos já descritos, a *lex mercatoria*[645], embora esta se distinga, nos seus destinatários (que são, geralmente, privados), do direito internacional público clássico.

Do ponto de vista de uma teoria pluralista do direito, o direito internacional foi, de resto, uma das áreas em que mais precocemente se manifestou a ideia de que a *opinio iuris* (ou seja, o valor constitutivo do consenso sobre a natureza jurídica das normas) tinha uma função constitutiva de direito. Na falta de um "Estado Mundial", as concepções estadualistas-legalis-

---

[644] Cf. art.º 38 (1) (b) do Estatuto do Tribunal Internacional de Justiça (de Haia) (v. http://www.icj-cij.org/).

[645] Cf. cap. 14.

542 | CALEIDOSCÓPIO DO DIREITO...

tas sempre tiveram dificuldades em aceitar a jurisdicidade do direito internacional público fora do marco
de um (inexistente) Estado mundial, pelo que os seus
cultores tiveram que admitir, antes dos especialistas
de muitas outras áreas, o carácter juridicamente vinculativo de normas de origem não estadual, como o
costume ou as normas reconhecidas como vinculantes
por uma comunidade de peritos (juristas, estadistas,
diplomatas) ou por crenças de validade generalizada
na comunidade dos povos.

Do *direito internacional convencional* (*i.e.*, com o fundamento em tratados ou convenções) também decorrem muitas normas jurídicas, com eficácia interna,
por vezes sindicável por instâncias jurisdicionais
internacionais. É o caso, por exemplo, da *Carta Social
Europeia*, adoptada em 1961 e revista em 1966
(cf. http://www.coe.int/T/F/Droits_de_l'Homme/Cse/),
cuja observância pela legislação dos Estados é apreciada pelo *Comité Européen des Droits Sociaux* (9.9.1999),
o qual, em caso de desrespeito, pode condenar o
Estado responsável por este[646].

O reconhecimento de todas estas fontes de direito
internacional está, em todo o caso, sujeita à restrição,
já referida, do art.º 8.º, n.º 4, quanto à sua conformidade com os princípios fundamentais do Estado de

---

[646] Cf. o seu regimento (*Règlement*) *em* http://www.coe.int/T/
F/Droits_de_l'Homme/Cse/3_Comit%E9_europ%E9en_des_Droi
ts_sociaux/Reglement.asp.

direito democrático[647] (com todas as ambuiguidades que o conceito comporta).

Segue-se o *direito comunitário*.

Costuma distinguir-se, no âmbito do direito comunitário, o que consta dos tratados que criaram a Comunidade Europeia ou a desenvolveram e o direito comunitário derivado, ou seja, o produzido pelos órgãos da Comunidade/União depois da sua instituição. A todo ele se refere o art.º 8.º, n.ºs 2 a 3 da CRP (revisões de 1982, 1989 e 2004, na previsão da adesão à União e na hipótese da aprovação da chamada "constituição europeia", respectivamente)[648].

As fontes de direito comunitário emanam dos órgãos da União, de acordo com as suas competências[649].

Entre estas fontes, há que destacar:

1. Os *regulamentos*, normalmente emanados do Conselho (mas também da Comissão [*v.g.*, art.º 48, d] ou do Banco Central Europeu [cf. art.º 108 a]) e que gozam de aplicabilidade directa, passando a integrar a ordem jurídica interna de cada Estado-membro.

---

[647] Para as fontes de direito internacional convencional, v. o regime especial do art.º 277, n.º 2 (que, todavia, continua a manter a ressalva, mesmo nestes casos, dos princípios fundamentais do direito constitucional português).

[648] Cf., antes, cap. 12.2.

[649] Sobre estes órgãos, v. a versão integral do Tratado de Roma, em http://dupond.ci.uc.pt/CDEUC/TRVRINT.HTM ou http://dupond.ci.uc.pt/CDEUC/TRV.HTM. O Conselho das Comunidades, integrado por representantes de cada Estado-membro (art.º 145.º ss. do Tratado da União Europeia, TUE);

544 | CALEIDOSCÓPIO DO DIREITO...

2. As *directivas*, da competência do Conselho e da Comissão, que, obrigando os Estados-membros quanto ao resultado ou objectivo final, permitem, no entanto, aos Estados-membros a eleição da forma de o atingir, exigindo, por isso, um complemento de legislação interna; embora o Tribunal de Justiça, na esteira da sua política "invasiva", entenda que, por si só, as directivas podem criar direitos invocáveis por particulares[650].

3. As *decisões do Tribunal de Justiça*. Não valem senão para o caso *sub judice*, embora tenham ganho uma importância prática, sempre crescente, mesmo no plano da constituição e eficácia da ordem jurídica comunitária[651].

---

a Comissão, designada por acordo dos governos dos Estados, consultado o Parlamento Europeu (art.º 158); o Parlamento Europeu, designado por sufrágio universal (art.º 144); o Tribunal de Justiça (art.º 164 ss.) – constituído por 15 juízes e 8 advogados gerais, designados de comum acordo pelos governos dos Estados-membros entre juristas de reconhecidas independência e competência – o qual, ao decidir no âmbito das suas competências jurisdicionais, consolida o sentido do direito comunitário, tomando frequentemente como padrão considerações de política comunitária (cf., antes, cap. 12.2) não constantes dos tratados. As suas decisões não têm, em princípio, força vinculativa sobre as decisões futuras (*i.e.*, não há uma regra do precedente). Mas a influência do Tribunal na fixação do direito comunitário não tem cessado de crescer, nomeadamente pela atenção que este, de facto, presta aos precedentes e pela sua consequente tendência para se autolimitar em função destes.

[650] Contestando a validade desta pretensão do Tribunal de Justiça, por contrária ao art.º 8, n.º 3, v. José de Oliveira Ascensão, *O direito [...]*, cit., 260. V. antes, cap. 12.2.

[651] Como antes vimos (cf., *supra*, cap. 12.2).

INICIAÇÃO À METODOLOGIA DO DIREITO | 545

O Tribunal de Justiça tem uma ampla competência jurisdicional para fazer respeitar o direito comunitário (art.º 164: "garante o respeito do direito na interpretação e aplicação do presente Tratado"; sabendo nós já que, normalmente, ultrapassa estes estritos limites), quer actuando como instância de recurso, quer como instância decisória de primeira instância ou de procedimentos prejudiciais.

Como *instância de recurso*, o Tribunal deve verificar se os Estados-membros respeitam as obrigações que lhe são impostas pelo Direito Comunitário, condenando os faltosos a adoptar as medidas necessárias para pôr fim à situação; e impondo-lhe o pagamento de multa coerciva se, depois de nova denúncia da Comissão, o país-membro não cumprir a sentença (arts. 169 ss.).

Acções de anulação. O Tribunal pode, a pedido dos Estados-membros, do Conselho, da Comissão e do Parlamento, decidir a anulação total ou parcial de disposições comunitárias; e, a pedido de particulares, determinar a anulação dos actos jurídicos que os afectem directa e individualmente ("art.º 173: "Qualquer pessoa singular ou colectiva pode interpor, nas mesmas condições [*i.e.*, com fundamento na violação do direito comunitário], recurso das decisões de que seja destinatária e das decisões que, embora tomadas sob a forma de regulamento ou de decisão dirigida a outra pessoa, lhe digam directa ou individualmente respeito").

O *recurso por omissão* permite ao Tribunal controlar a legalidade de falta de actuação das instituições comunitárias e impor-lhes sanções pelo silêncio ou pela passividade (arts. 175 e 176).

Recurso cassação: sempre limitado às questões do direito contra as sentenças do Tribunal de Primeira Instância (v. *infra*) nos assuntos que sejam da competência deste.

546 | CALEIDOSCÓPIO DO DIREITO...

Acção de indemnização: permite ao Tribunal estabelecer a responsabilidade da Comunidade por danos causados pelas suas instituições ou agentes no exercício das suas funções (art.º 178).

Em relação às *questões prejudiciais* – isto é, questões de validade (incluindo a relacionada com a competência) ou de interpretação surgidas no decurso de uma acção –, estabeleceu-se que, para evitar a diversidade de interpretações do Direito Comunitário, os juízes nacionais possam, e muitas vezes devam, dirigir-se ao Tribunal de Justiça (art.º 177), para que este defina a interpretação segundo a qual o órgão nacional destinatário da decisão deve aplicar ao litígio o direito comunitário.

O *Tribunal de Primeira Instância* foi criado em 1988, no sentido de melhorar a protecção judicial dos cidadãos, mediante o estabelecimento de um duplo grau de órgão de jurisdição. O Tribunal exerce em primeira instância a jurisdição atribuída ao Tribunal de Justiça, nomeadamente nos recursos interpostos contra uma instituição das Comunidades por pessoas físicas ou jurídicas, incluindo recursos interpostos por particulares (recursos por omissão, anulação ou por responsabilidade).

Apesar da crescente importância que vem sendo atribuída ao direito comunitário, a intervenção efectiva dos Tribunais da Comunidade é ainda muito exígua.

Os quadros seguintes procuram dar conta disso. O primeiro compara o número de processos entrados nos tribunais comunitários, provindos de todos Estados-membros, com o número de processos entrados nos tribunais de um pequeno país, como Portugal.

INICIAÇÃO À METODOLOGIA DO DIREITO | 547

Anos	Tribunal de Justiça da UE	Trib. 1ª Inst. da UE	STJ[652]	Relações[653]	Tribs. 1ª inst.
1989	385	169			
1990	381	55			
1991	340	91			
1992	438	115	3004	19614	800823
1993	486	589	4126	21446	861796
1994	342	399	3427	17776	868081
1995	410	242	3371	19370	614234
1996	416	221	3526	19790	249385
1997	443	627	3570	20482	730505
1998	482	214	4238	20868	705951
1999	542	361	4012	22561	709426
2000	501	389	4026	26525	697401
2001	502	336	4423	29049	682800
2002	472	402	4582	19641	738882
2003	555	443	2845	16448	802202
2004	526	507	3011	16148	780175
2005	467	462			
2006	535	416			
2007	573	502			

Fonte: (para os tribunais comunitários): http://curia.europa.eu/pt/content/juris/index.htm; (para os tribunais portugueses): Movimento dos Processos nos Tribunais (1992-2004), em http://www.dgpj.mj.pt/sections/estatisticas-da-justica/informacao-estatistica/estatisticas-dos/movimento-de-processos/movimento-de-processos5940/

---

[652] Os valores de 1992 a 2001 compreendem os processos entrados em todas as secções; os valores de 2002 a 2004 compreendem apenas os das secções cível e social (para permitir melhor confronto com os valores dos tribunais europeus, que não têm competências penais).

[653] V. nota anterior.

548 | CALEIDOSCÓPIO DO DIREITO...

Como daqui se vê, o progresso quantitativo da intervenção dos tribunais comunitários é muito lento (uma média anual de menos de 4%, desde 1989 até hoje, no Tribunal de Justiça, algo mais no Tribunal de 1.ª Instância), representando o número de processos entrados anualmente uma magra parcela (c. 1/6) dos que entram no STJ português. Embora o seu impacto doutrinal e jurisprudencial tenda a representar mais do que estas contas podem deixar supor.

Também o mundo social e o âmbito temático tendem a ser restritos. Utilizando uma pequena amostra de processos em 2008, concluímos que as empresas representavam entre 50% e 60% dos que recorriam ao tribunal, ao passo que as pessoas individuais representavam menos de 30% dos autores no Tribunal de 1.ª Instância e um pouco mais do que esta percentagem no Tribunal de Justiça. Já quanto às temáticas dos processos, 60% correspondem a matérias relacionadas com o mundo dos negócios, menos de 25% repartem-se por igual entre questões de âmbito social (trabalho, ambiente, consumo) e relativas a liberdades, dizendo os restantes 20% dos processos respeito a temas de direito institucional.

A validade interna do direito comunitário está, como já vimos por diversas vezes, reconhecida, embora com restrições, no art.º 8, n.º 4 (e, também, no art.º 277, n.º 2) da CRP e, agora, do projectado/

INICIAÇÃO À METODOLOGIA DO DIREITO | 549

malogrado Tratado de Lisboa[654], que introduz aqui duas novidades centrais:

– a acção da União, também no plano normativo, seria subsidiária da dos Estados, só sendo permitida quando estes, por si só, não tivessem a possibilidade (não sobretudo técnica[655], mas político-estrutural[656]) de realizar de forma suficiente as políticas da União.

– os parlamentos nacionais vigiariam o cumprimento do princípio da subsidiariedade, podendo recusar normação comunitária quando o Estado respectivo pudesse suficientemente, por si só, realizar as políticas da União e elaborar a regulamentação conducente a tais políticas.

Deste modo, este artigo alargaria o domínio de reserva normativa nacional, em face do que está estabelecido no art.º 8, n.º 4 da CRP.

---

[654] Cf. http://european-convention.eu.int/bienvenue.asp?lang =PT. O Tratado de Lisboa já foi rejeitado por um país-membro, a Irlanda, por referendo. Todavia, parece (Dezembro 2008) que, segundo as regras da melhor democracia, o referendo irá ser repetido sucessivamente até que os Irlandeses votem o que as cúpulas europeias desejam que eles votem. Mas ainda há outros países que não se pronunciaram. A mairia aprovou-o por decisão parlamentar.

[655] Não sejam capazes, tecnicamente, de o fazer.

[656] Por exemplo, por exigir a cooperação, ou tocar os interesses, de outros Estados-membros.

550 | CALEIDOSCÓPIO DO DIREITO...

Em todo o caso, extensas competências seriam atribuídas à União, nomeadamente no domínio da política económica.

A questão que sempre se poderá pôr é se mesmo o exercício destas competências exclusivas não está sujeito aos princípios construtivos antes referidos.

16.1.2 *A doutrina*

Eis aqui um dos pontos em que uma teoria sociológica pode divergir profundamente de uma teoria dogmática sobre o direito. A primeira, constatando o extraordinário impacto efectivo que a doutrina tem sobre a conformação do direito. A segunda – com razões que têm variado segundo as épocas –, ficcionando o carácter meramente explicativo (anotativo) ou derivado (ancilar) do trabalho dos juristas em face dos "textos de autoridade", seja esta a do direito tradicional (como o direito romano), seja a do direito legal[657].

Até aos meados do séc. XVIII, a doutrina foi, indubitavelmente, a mais importante das fontes de direito do Ocidente europeu[658]. Ainda durante a segunda

---

[657] Sobre esta alegada dependência ou filiação dos juristas em relação a textos "de autoridade", que se limitariam a interpretar ou a anotar, v. Pierre Legendre, *Les enfants du texte*, Paris, Fayard, 1998; Bourdieu, P. (1986), "La force du droit, éléments pour une sociologie du champ juridique", in *Actes de la recherche en sciences sociales*, 64, 3 ss.

[658] A. M. Hespanha, *Cultura jurídica europeia [...], maxime* cap. 5.

INICIAÇÃO À METODOLOGIA DO DIREITO | 551

metade desse século, apesar de toda a ênfase posta na lei, como vontade do monarca, a presunção de que a vontade real era um produto da razão fazia com que, em última análise, a lei devesse ser interpretada sempre de acordo com os princípios da "boa razão" e com que, na falta de lei, vigorasse directamente a doutrina, embora já não a do direito comum, mas a do jusracionalismo[659]. O legalismo que se seguiu imediatamente à Revolução Francesa insistiu, por um momento, no primado da lei: primeiro, como homenagem ao seu carácter democrático; depois, como forma de coarctar a incerteza e o arbítrio doutrinal, que comprometeriam a segurança do direito, bem como a rapidez e a eficácia geral das medidas reformadoras que a Revolução trouxera consigo. Este movimento, por muito espectacular que tenha sido nas suas afirmações de princípio, foi rapidamente absorvido por concepções jurídicas que assimilavam o direito a uma longa tradição de reflexão dos jurisconsultos; e, assim, mesmo os grandes códigos da época, nomeadamente em França, reflectem bem mais a tradição doutrinal anterior do que a vontade do legislador[660]. Sendo mais preciso: reflectiam, sim, a vontade

---

[659] Cf. A. M. Hespanha, *Guiando a mão invisível [...]*, cap. 4.1.

[660] Fundamental: A.-J. Arnaud, *Les origines doctrinales du Code civil français*, Paris, LGDJ, 1969; ou, do mesmo autor, *Les juristes face a la société, du XIXe siècle à nos jours*, Paris, Presses Universitaires de France, 1975. E, por fim, *idem*, "Les juristes face à la société: 1975-1993", *Droit et société*, 25(1993), 525-541 (=http://www.reds.msh-paris.fr/publications/revue/html/ds025/ds025-14.htm).

552 | CALEIDOSCÓPIO DO DIREITO...

do legislador, mas este tinha bem interiorizado o dever de acatar a doutrina jurídica da época[661].

Durante todo o século XIX, poucas vozes se levantaram a favor da ideia de que a doutrina fosse uma fonte de direito, podendo, por isso, disputar ao legislador essa posição. Mas também é verdade, como se comprova de uma leitura em diagonal de qualquer manual de direito, tanto público como privado, que a maior parte das razões de decidir dos seus autores se baseava em considerações de ordem doutrinal e, apenas lateralmente e a título confirmativo, no textos das leis. Ou seja, praticavam justamente o oposto daquilo que afirmavam... A prova prática mais definitiva do que acaba de ser dito é o modo como o monumento por excelência do legalismo – o *Code Civil* francês de 1804 – vem sobrevivendo há mais de 200 anos, justamente porque tem sido progressivamente alterado pela doutrina e pela jurisprudência, as tais fontes... subordinadas à lei e desprovidas de autonomia.

---

[661] Cf. A. M. Hespanha, *Cultura jurídica europeia [...]*, cit., *maxime* 8; *idem*, "Um poder um pouco mais que simbólico. Juristas e legisladores em luta pelo poder de dizer o direito", em Ricardo Marcelo Fonseca e Airton C. Leite Seelaender (coords.), *História do direito em perspectiva*, *Do Antigo Regime à modernidade*, Curitiba, Juruá, 2008, 143-202. O discurso preambular de Jean-Étienne Marie Portalis ao *Code Civil* não pode ser mais claro quanto à dependência dos novos códigos, e da lei em geral, em relação à doutrina (notável: http://classiques.uq ac.ca/collection_documents/portalis/discours_1er_code_civil/ discours.html).

INICIAÇÃO À METODOLOGIA DO DIREITO | 553

Nos dias de hoje, em que devemos ficar?

O próprio facto de geralmente se entender que a interpretação constitui um momento forçoso da realização da lei[662] faz com que se tenha que admitir que, sendo a interpretação (e a integração) tarefas doutrinais, são os jurisconsultos quem, afinal, fixa e consolida o sentido com que as leis hão-de ser aplicadas. Nestes termos, o sentido das normas é sempre o seu sentido recebido e não o seu sentido originariamente querido[663]; ou, dizendo de outro modo, o seu sentido *doutrinal* ou *jurisprudencial*, e não o seu sentido *legislativo*. Mas, mais do que isso: como vimos na primeira parte deste livro, são hoje frequentes as "invasões" doutrinais do direito, quer em nome de princípios jurídicos suprapositivos, quer como reflexos de alegados ordenamentos jurídicos objectivos, como os corolários jurídicos da dignidade humana, dos direitos humanos, das regras do mercado, de normas prudenciais de vários âmbitos e origem, etc. Daí que, do ponto de vista de uma concepção realista do direito, seja difícil fugir à conclusão de que a doutrina é, de facto, também nos dias de hoje, reconhecida como uma via de manifestação e de formação do direito (se

---

[662] Ideia claríssima, por exemplo, em Savigny; e, a partir dele, continuamente reproduzida.

[663] O que se diz no texto não é, afinal, nada de substancialmente diferente do que propõe, há muitas décadas, a teoria objectivista da interpretação: a lei deveria valer não com o sentido que lhe quis dar o legislador histórico, mas com o sentido que lhe daria um legislador actual e razoável.

554 | CALEIDOSCÓPIO DO DIREITO...

o for... de acordo com as normas de reconhecimento), como – em concreto – claramente o é na ordem jurídica portuguesa, onde decisões judiciais são essencialmente baseadas em considerações doutrinais de juristas reconhecidos ou em correntes jurisprudenciais[664].

Até há pouco, o grande obstáculo ao aberto reconhecimento deste carácter directamente regulador da doutrina era a ideia do monopólio estadual da criação do direito. Mas, com o reconhecimento, pela teoria do direito ou pela constituição, do pluralismo jurídico, este obstáculo desaparece.

Por isso, do que se trata hoje não é tanto de saber se a doutrina deve ou não ser tida como uma das fontes imediatas de direito, pois dificilmente poderá deixar de o ser, se quisermos considerar as coisas realisticamente. A questão em aberto é antes a de saber com que hierarquia ela figura na norma de reconhecimento, nomeadamente se se verga ou não perante o primado da Constituição, bem como perante os princípios hierarquizadores das fontes de direito que decorrem dos seus princípios (nomeadamente do princípio democrático referido à constituição do direito, art.º 3, n.º 2: "o Estado subordina-se à Constituição e funda-se na legalidade democrática").

---

[664] Um estudo estatístico, que seria muito interessante, dos argumentos com que se fundamentam as decisões (as chamadas *rationes decidendi*) deveria comprovar isto, empiricamente.

Para muitos juristas – ainda a pensar no contexto do estadualismo normativo – parece que estamos a discutir o óbvio: claro que a doutrina se tem que subordinar à Constituição e às leis, por uma razão de princípio. Porventura, vamos chegar a uma conclusão praticamente semelhante, mas não por uma razão de princípio, pois esta estava ligada a uma concepção das relações entre o direito e o Estado que hoje já não subsiste. De facto, subvertido o princípio do monopólio jurídico do Estado pelo do princípio do pluralismo normativo, a doutrina não terá forçosamente que ceder, perante a Constituição ou perante outras normas provenientes dos órgãos do Estado. Tudo irá depender, realisticamente, da prática estabelecida – nomeadamente nos tribunais, mas também nas previsões comuns acerca do modo como as normas jurídicas se hierarquizarão na solução dos casos – sobre a forma de resolver os conflitos de fontes de direito.

Em Estados como o nosso – em que o primado da Constituição está bem arreigado na prática jurisprudencial, correspondendo ainda às expectativas comuns mais generalizas, de juristas e não juristas – a observação das normas de reconhecimento do sistema jurídico inclina-se fortemente para a sujeição da doutrina à constituição, bem como às fontes provindas do Estado democrático, por causa da dignidade que tanto a norma de reconhecimento como a Constituição lhes confere; como acontece, por exemplo, com a lei parlamentar (cf. CRP, art.º 3, n.º 2)[665-666] e, quanto às leis, tanto mais quanto elas sejam interpretadas segundo os sentidos mais conformes à Constituição[667].

---

[665] Deve entender-se, por exemplo, que a lei democrática não pode ser afastada inconsideradamente por considerações puramente doutrinais ou de opinião, mesmo quando haja um razoável consenso doutrinal que a conteste ou contrarie. Isto em virtude da dignidade especial que a norma de reconhecimento atribui à Constituição e à lei, como expressões da vontade democrática do povo. Já no período do direito comum, apesar do seu profundo pluralismo, se entendia que a lei, embora não intangível, deveria ser objecto de especial consideração, por exprimir a vontade do rei. A conhecida fórmula da Chancelaria de Castela – "Obedézcase [à lei], pero no se cumpla [por contrária à doutrina]" – constitui a expressão, hoje pitoresca, dessa valorização da lei perante a doutrina (que, então, também valia como direito).

[666] Enxerta-se, aqui, um problema de apreciação da constitucionalidade. Naturalmente que a apreciação da constitucionalidade em abstracto (cf. art.º 278) de uma norma doutrinal não pode existir, porque, enquanto não sair dos livros, a norma doutrinal é uma manifestação de opinião, também ela garantida pela Constituição (art.º 37). Mas, tomada como fundamento de uma sentença, pode ser objecto do processo de recurso previsto no art.º 281 da CRP.

[667] Daí a importância do princípio de que a interpretação deve ser "conforme à Constituição". Nos círculos do direito comunitário aparece também a referência ao princípio da "interpretação conforme ao direito comunitário" (cf., v.g., Despacho do Tribunal de Justiça das Comunidades (Quarta Secção), de 13 de Dezembro de 2005, mandando interpretar certa legislação espanhola de acordo com os princípios de aproximação das legislações nacionais no que respeita à protecção dos trabalhadores assalariados em caso de insolvência do empre-

INICIAÇÃO À METODOLOGIA DO DIREITO | 557

No entanto, é claro que a resposta afirmativa à pergunta sobre se a doutrina tem que respeitar a Constituição tem hoje outros fundamentos dogmáticos, fundando-se na observação das condições das normas de reconhecimento, bem como das hierarquias que elas estabeleçam entre as normas primárias (entre as fontes de direito).

É evidente que este requisito de que a doutrina seja conforme à Constituição e se adeqúe às leis em nada conflitua com a liberdade intelectual de opinar sobre as soluções jurídicas ou sobre a interpretação a dar a normas jurídicas (incluindo as próprias normas cons-

---

gador: http://europa.eu.int/eur-lex/lex/LexUriServ/LexUriServ.do ?uri=CELEX:62005O0177:PT:HTML; v. ainda o acórdão do mesmo Tribunal (Quinta Secção), de 8 de Fevereiro de 2001: http://curia.europa.eu/jurisp/cgi-bin/gettext.pl?lang=pt& num=79989791C19990350&doc=T&ouvert=T&seance=ARRET). No entanto, o STA (ac. 0857/02, de 29-03-2006) entendeu que "A interpretação das normas de direito interno conforme o direito comunitário só é possível quando o sentido da norma nacional for ambíguo e comporte, entre os vários sentidos possíveis, uma interpretação que se harmonize com aquele direito". Ou seja, conclui, um pouco trivialmente, que, tratando-se de interpretação, o tal sentido coerente com o direito comunitário tinha que ser um dos sentidos possíveis do texto, pois, aliás, não se trataria de interpretação. V. ainda o acórdão 05S4027, de 30.03.2006, do STJ, que se pronuncia no sentido da aceitação do mesmo princípio. O problema principal põe-se, porém, quando se verifique uma incompatibilidade entre os dois cânones interpretativos – ou seja, interpretação conforme à Constituição e interpretação confirme ao direito comunitário. Nestes casos, há que verificar a hierarquia – ou hierarquias sectoriais – constantes da norma de reconhecimento.

titucionais), sendo mesmo legítimo que alguém propo-
nha soluções clara e conscientemente contrárias à
Constituição[668]. Por outro lado, não existe aqui, naturalmente, a possibilidade de obter a declaração prévia
de inconstitucionalidade (art.º 278 da CRP), para
normas constantes de tratados ou decretos da Assembleia da República. Dir-se-ia ainda que, de acordo
com os preceitos sobre declaração da inconstitucionalidade, a doutrina nem sequer pode ser objecto
de uma fiscalização directa, pois não constitui uma
"norma", no sentido dos arts. 277 e ss. da CRP.
No entanto, se se declarar inconstitucional uma
norma *no sentido que lhe for dado por certa corrente ou*

---

[668] Suponha-se que alguma doutrina, ainda subsidiária de
uma concepção muito corrente no passado sobre o carácter
"perigoso" das manifestações públicas, as sujeitava a autorização
prévia do governo civil e a outras limitações gravosas de forma
e de conteúdo, como era tradicional e, porventura, ainda
exigido por alguma norma obsoleta (como, em certos dos seus
aspectos, o Decreto-Lei n.º 406/74, de 29 de Agosto [Lei de
Liberdade de Reunião e de Manifestação], anterior à Constituição e nascido dos receios dos abusos de um direito recém-
-adquirido e de cujo uso não havia experiência). Se o TC,
reiteradamente, declara que esta doutrina é contrária ao art.º
45 da CRP, isto implica que, embora a doutrina possa continuar a ser defendida, e eventualmente confirmada por práticas burocráticas e policiais, ela não terá passado as condições
da regra de reconhecimento e, por isso, não pode servir de
fundamento autónomo de decisões judiciais. Não foi desapli-
cada como doutrina, como opinião política ou como consideração de política do direito, mas foi-o como norma de direito
vigente.

INICIAÇÃO À METODOLOGIA DO DIREITO | 559

entendimento doutrinal (ou, também, corrente jurisprudencial)[669], indirectamente está-se a declarar inconstitucional não a norma objecto da interpretação, mas a norma já interpretada de acordo com certa orientação doutrinal. Ou seja, embora indirectamente, como que se inconstitucionaliza a doutrina (ou a corrente jurisprudencial) por inspirar a atribuição de um conteúdo inconstitucional a uma norma. Só que os efei-tos desta "declaração de inconstitucionalidade" não podem ser os mesmos que os da declaração inconstitucional de normas no sentido tradicional do termo, que foi aquele com que lidou a Constituição. Nomeadamente, mesmo que o Tribunal Constitucional declare inconstitucional, em três casos concretos, uma interpretação doutrinal de certa norma, isto não obtém uma eficácia obrigatória geral, nem em relação à norma em si (se interpretada de outro modo), nem em relação à doutrina que subjazeu à interpretação. A norma poderá

---

[669] Por exemplo, o acórdão n.º 467/91 do TC (publicado nos *Acórdãos*, vol. 20.º, página 289 e seguintes), pronunciou-se no sentido de recusar a "ideia de funcionalização do preço da justiça à racionalização dos serviços de justiça", uma vez que "a garantia de acesso aos tribunais configura-se como irredutível posição jurídica subjectiva fundamental", pois que "aqui está em causa a tutela dos direitos individuais fundamentais (e o asseguramento procedimental da sua realização), e não a questão da optimização dos serviços de justiça, mediante a introdução de um coeficiente de custos como critério de maximização da eficiência". Mas esta declaração da "inconstitucionalidade" de "uma ideia" apenas é possível porque esta ideia tinha sido utilizada na interpretação de certo preceito legal.

ser aplicada com outra interpretação; a concepção doutrinal que serviu de base à interpretação daquela norma também continua válida, no plano doutrinal, podendo ser aplicada com êxito a outra norma.

E se se der o caso de que, em virtude da admissão do pluralismo no sentido em que aqui se vem admitindo, uma decisão judicial apresente como *ratio decidendi*, como motivação, apenas uma norma doutrinal ou – caso basicamente assimilável – uma boa prática ou uma norma de regulação não estadual? Neste caso, já parece que se poderá aplicar o art.º 381, n.º 3 da CRP, com alcance não, naturalmente, de impedir que tal doutrina seja expulsa do ambiente doutrinal (ou que tal "boa prática" deixe de vigorar no respectivo contexto da vida), mas apenas no sentido de que ela não poderá ser aplicada como fundamento de decisão de instâncias de composição de conflitos sujeitas à jurisdição do Tribunal Constitucional.

A questão complica-se ainda porque – nos quadros de uma teoria realista e apesar da já realçada função estruturante que a norma constitucional naturalmente tem sobre a norma de reconhecimento – tem que se admitir, com as cautelas adequadas, que pode (porventura excepcionalmente) acontecer que sejam recebidas, de forma reiterada, sustentada e estabilizadora, pela comunidade (e, em particular, pela comunidade dos juristas) normas (correntes jurisprudenciais, normas e práticas administrativas, princípios exclusivamente doutrinais) contrárias à Constituição.

16.1.3 *A jurisprudência*

Em relação à jurisprudência – cuja posição se coloca hoje[670] em termos muito semelhantes aos da doutrina –, verifica-se que, entre nós, é abertamente reconhecida pelos tribunais a relevância jurídica das correntes jurisprudenciais, pelo que se pode dizer que, na norma de reconhecimento do direito português, elas constituem direito. Há apenas a considerar a natureza de fontes autónomas de direito das decisões de jurisprudência cujos efeitos não se restringem ao caso *sub judice*. Tais são, nomeadamente, os casos em que o Supremo Tribunal Administrativo[671], o Tribunal Constitucional[672] ou o Tribunal de Justiça das Comu-

---

[670] Não, porém, enquanto vigorou (até 1993; cf. sobre isto, José de Oliveira Ascensão, *O direito [...]*, cit., 327) a figura dos *assentos do STJ*, decisões do plenário do Tribunal que, em face de contradições entre duas decisões sobre casos jurídicos semelhantes, proferia uma decisão sobre a questão de direito, vinculativa para os tribunais no julgamento de casos futuros do mesmo tipo. Hoje, o nosso sistema jurídico não tem recurso autónomo para uniformização da jurisprudência, a qual se processa por via do recurso de revista ou do recurso de agravo ampliados. Sobre a jurisprudência como fonte de direito, v. José de Oliveira Ascensão, *O direito [...]*, cit., 318-331.

[671] Cf. Estatuto dos Tribunais Administrativos e Fiscais (aprovado pela Lei n.º 13/2002, de 19 de Fevereiro, alterada pela Lei n.º 4-A/2003, de 19 de Fevereiro e pela Lei n.º 107--D/2003,de 31 de Dezembro): art.º 4, n.º 1, b) e d); arts. 25, n.º 2 e 27, n.º 2; também n.º 3 do art.º 152.º do Código de Processo nos Tribunais Administrativos (CPTA).

[672] Cf. CRP, arts. 279 ss.: declaração abstracta de inconstitucionalidade ou ilegalidade (cf. Joaquim Gomes Canotilho, *Direito constitucional [...]*, cit., 704 ss.).

562 | CALEIDOSCÓPIO DO DIREITO...

nidades profiram decisões com uma eficácia que ultrapasse os limites do caso que está a ser julgado (v., antes, cap. 12.2).

Independentemente desta eficácia vinculativa genérica, deve salientar-se tanto o já referido peso que os precedentes – os casos semelhantes anteriormente julgados – têm na decisão dos casos ulteriores, como a função que a resolução de um caso concreto pode ter na despistagem de um princípio geral[673]. Isto acontece, nomeadamente, na interpretação de conceitos indeterminados, em que os tribunais adoptam critérios de *densificação* desses conceitos já utilizados pela jurisprudência estabelecida. Em todo o caso, valem para a jurisprudência todas as cautelas referidas no número anterior relativamente ao papel estruturante que o teor constitucional (e, em menor medida, a lei parlamentar) têm na formatação do reconhecimento do direito (e também do direito jurisprudencial) vigente.

16.1.4 *O costume*

O costume tem sido definido pela doutrina como uma prática social reiterada (*corpus*), acompanhada da convicção da sua obrigatoriedade (*opinio iuris*)[674]. Dada

---

[673] V. cap. 17.1., nomeadamente no que se refere ao julgamento de equidade e à concretização de cláusulas gerais e de conceitos indeterminados.

[674] Note-se que a convicção de obrigatoriedade pode não ser muito explícita, nem muito consciente, em termos de a distinção entre costumes e usos poder não ser tão nítida como

INICIAÇÃO À METODOLOGIA DO DIREITO | 563

esta íntima imediação entre prática social e norma jurídica, difícil se torna não incluir o costume entre as fontes de direito. Na verdade, a própria norma de reconhecimento é, afinal, um costume. E pode, naturalmente, reconhecer o carácter jurídico de costumes. Estes corresponderão àquilo que, numa linguagem mais actualizada, é designado por "direito do quotidiano" (*lebendiges Recht, everyday life law*).

A propósito do costume, cabe uma referência a uma das suas principais fontes de estabilização, que tem a particularidade de não ter origem numa prática espontânea da comunidade, mas em comportamentos induzidos pelo próprio direito oficial. Refiro-me à chamada "jurisprudência cautelar" (ou "jurisprudência das cautelas"). Trata-se da prática comum de antecipar e prevenir exigências possíveis dos órgãos aplicadores do direito oficial, mesmo que estas não sejam claramente exigíveis por este, adoptando correspondentes medidas jurídicas. Por exemplo, munir-se de um documento escrito, ou ter uma certidão ou cópia autenticada, realizar uma escritura pública, realizar um acto de registo (predial, comercial ou automóvel). Por vezes, estes actos são mesmo exigidos pelo direito

---

por vezes se pretende. Mais decisivo do que a convicção da obrigatoriedade, é o sentimento de que, com o incumprimento do costume, se frustrou uma expectativa equiparável a um direito (*intentio fundata*); tais são os elementos que devem ser ponderados para a classificação como jurídica de uma norma consuetudinária.

oficial para uma completa eficácia e protecção das situações jurídicas, o que não quer dizer que, na prática, estas não produzissem os seus efeitos normais[675]. Porém, frequentemente, os actos praticados à sombra da jurisprudência das cautelas decorrem apenas de costumes aconselhados pela regra da prudência, sobretudo quando se está perante uma administração mal organizada, burocratizada, invasiva e hostil ao utilizador.

Associação Portuguesa dos Profissionais do Sector Funerário

ADVERTÊNCIAS	
EXIJA SEMPRE À AGÊNCIA FUNERÁRIA • A prestação de informações claras e precisas sobre preços e demais condições dos serviços prestados, designadamente quanto à existência do serviço de funeral social. • O orçamento detalhado dos serviços a prestar e respectivos valores unitários. • Um serviço de qualidade e com pessoal profissional e a utilização de viaturas confortáveis e limpas. • A apresentação de mostruário de artigos fúnebres de modo à garantir-lhe mais de uma alternativa de escolha. **A LEI DETERMINA** • A obrigatoriedade de existência de livro de reclamações, o qual deve ser imediatamente facultado ao cliente sempre que solicitado. • Cada Agência Funerária deve possuir pelo menos um estabelecimento comercial aberto ao público dotado de instalações autónomas e exclusivamente afectas à actividade da Agência. • A proibição de permanência do pessoal das Agências Funerárias em quaisquer dependências de estabelecimentos hospitalares ou de serviços médico-legais, salvo o acesso de pessoal devidamente identificado, às casas mortuárias e aos serviços hospitalares com o fim de obter documentação referente ao óbito indispensável à realização do funeral.	**• Reserva da actividade** A actividade das agências funerárias consiste na prestação de serviços relativos à organização e realização de funerais, transporte de cadáveres para exéquias fúnebres, inumação, cremação e repatriamento e trasladação de restos mortais já inumados. • As Agências devem abster-se, por si ou através de terceiros, de contactar as famílias do falecido com o intuito de obter a encomenda da organização do funeral, sem que os seus serviços tenham sido previamente solicitados para o efeito. • As Agências devem abster-se de usar serviços de terceiros cuja idoneidade profissional não seja compatível com as características da actividade funerária. • O estabelecimento comercial (Agência Funerária) deve estar aberta ao público, dotado de instalações autónomas e exclusivamente afectas à actividade da Agência. • É vedado ao pessoal das Agências Funerárias, no exercício da sua actividade, a permanência em quaisquer dependências de estabelecimentos hospitalares, serviços médico-legais e lares de idosos. Apenas é permitido o acesso devidamente identificado nas casas mortuárias e nos serviços hospitalares com o fim de obter documentação referente ao óbito indispensável à realização do funeral.

Das instruções constantes deste anúncio, muitas delas não decorrem directamente da lei, mas ou de um saber prudencial dos profissionais do ramo ou de medidas cautelares a tomar para evitar embaraços jurídicos futuros.

---

[675] Assim, a compra e venda de imóveis exige escritura pública, prévio pagamento do correspondente imposto e registo predial da nova situação criada. Em todo o caso, a compra e venda pode produzir os seus efeitos normais – nomeada-

INICIAÇÃO À METODOLOGIA DO DIREITO | 565

No direito contemporâneo, verifica-se uma tendência para revalorizar o costume, como elemento da vida, mesmo que ele não esteja revestido daquela durabilidade temporal tradicionalmente exigida. É que é justamente por vias como estas, do reconhecimento do carácter jurídico das práticas correntes, que se pode tanto aproximar o direito da sociedade, como promover uma sua maleabilidade próxima do dinamismo dos fenómenos sociais. Neste sentido, há toda a vantagem – do ponto de vista de uma política do direito – em que as rotinas bem estabelecidas se juridifiquem, como um meio de reforçar a confiança, estabilizando as expectativas sociais, uma das finalidades do direito (v., antes, cap. 9.1). Neste sentido, não é de estranhar que o costume se tenha imposto e se continue a impor, justamente naqueles sectores do direito em que a rapidez, maleabilidade e garantia da

---

mente, proporcionar ao comprador a fruição pacífica da coisa – sem que nada disto tenha lugar, sendo esta a situação mais comum, nomeadamente nos meios rurais, quanto à compra e venda de prédios rústicos ou urbanos. No entanto, acautelando dificuldades futuras possíveis – como a impossibilidade de nova venda a um terceiro, de partilha entre herdeiros ou de se ser prejudicado por uma segunda venda feita pelo anterior proprietário, não falando já nas consequências da falta de cumprimento das obrigações fiscais – o mais prudente é cumprir integralmente as obrigações legais, ou mesmo aquelas que, no entender (mesmo infundado ou abusivo) das repartições competentes, são necessárias para os actos. Neste último caso, é que estaremos perante a promoção de costumes que vão para além da lei (*praeter legem*).

566 | CALEIDOSCÓPIO DO DIREITO...

confiança são valores mais importantes – como o direito comercial, o direito dos negócios e o direito internacional público. Nomeadamente, se os costumes estão em consonância com as práticas admitidas por instituições – mesmo privadas – de referência e, naturalmente, tendo em conta as restrições já feitas quanto às cautelas a ter com a admissibilidade de práticas ou costumes inconstitucionais[676].

Por outro lado, é esta revalorização de práticas quotidianas revestidas de um sentimento de autoridade que deu origem ao conceito, hoje corrente, de *pop law*, ou "direito do quotidiano" (*everyday life law*). Esta expressão parece dever a sua notoriedade ao título de um livro de dois professores da Universidade de Michigan, Austin Sarat e Thomas R. Kearns[677], em

---

[676] Por exemplo, o facto de as normas relativas aos direitos dos trabalhadores serem geralmente incumpridas no caso de trabalhadores estrangeiros, nomeadamente indocumentados, não torna esta prática ou costume numa norma juridicamente reconhecida; pelo contrário, embora geral (mas não geralmente reconhecida como jurídica), continua a ser uma prática ilícita, por contrariar a lei, a Constituição e os direitos nela consagrados. O mesmo se diga do generalizado incumprimento das normas relativas à segurança do trabalho. De outro modo, só faltaria que se considerasse como costume, em sentido jurídico, a prática também corrente de as empresas serem antecipada e discretamente avisadas dos dias em que ocorrerão as fiscalizações do Ministério do Trabalho, da Segurança Social ou do Serviço de Estrangeiros...

[677] Austin Sarat & Thomas R. Kearns (eds.), *Law in everyday life*, University of Michigan Press, 1993.

que se destacava como o direito é também constituído por práticas, expressões e, até, objectos triviais, incorporados na vida quotidiana, que remetem para deveres a cumprir. Muito frequentemente, o seu nível de normatividade é tão leve que nem nos damos conta do modo como eles nos condicionam, muito menos do carácter não necessário, não forçoso, dos comandos que eles nos murmuram. As suas implícitas ordens são, pura e simplesmente, aceites como dados de facto (*taken for granted*). Segundo estes autores, mesmo os sociólogos mal se apercebem da importância normativa do mundo da vida quotidiana. Dominados por uma visão centrada na imagem tradicional do direito, eles teriam andado a procurar o direito de hoje nos lugares errados. Em contrapartida, se partirmos de factos triviais da vida de todos os dias (como comprar uma cerveja ou envolver-se numa discussão de trânsito), perceberemos melhor como estes actos, que aparentemente pouco ou nada têm a ver com o direito, na verdade constituem utilizações subliminares de um direito apenas virtualmente invocado, ao mesmo tempo que o reforçam e impregnam dele a vida quotidiana.

Com base nesta ideia de um mundo quotidiano saturado de comandos – que podem ir dos sinais de trânsito às indicações/prescrições/proibições afixadas nas embalagens ("uso tópico", "não deixar ao alcance de crianças", "manter em lugar frio"), passando pelos avisos e cartazes afixados ("reservado às grávidas", "não pisar a relva", "proibida a entrada de cães") –,

568 | CALEIDOSCÓPIO DO DIREITO...

Susan S. Silbey e outros voltaram ao tema do direito embebido na vida, num livro[678] que deu origem a uma secção dedicada aos *artefactos normativos* (a que as autoras chamaram *legalfacts*), numa exposição que chamava a atenção para o importante papel do subliminar na regulação da vida quotidiana[679]. Esta problemática já entrou no ensino universitário, existindo, nos EUA, no Reino Unido e em outros países, disciplinas dos cursos de direito dedicadas aos impactos jurídicos da vida quotidiana[680].

---

[678] Patricia Ewick & Susan S. Silbey, *The Common Place of Law: Stories from Everyday Life (Chicago Series in Law and Society)*, London-Chicago, The University of Chicago Press, 1998.

[679] Cf. o seu interessante artigo – cuja leitura se recomenda – "The Common Place of Law Transforming Matters of Concern into the Objects of Everyday Life", em Bruno Latour & Peter Weibel (eds.), *Making Things Public: Atmospheres of Democracy*, The MIT Press, 2005(= http://web.mit.edu/ssilbey/www/pdf/making_things_public.pdf).

[680] Cf. este curso da *Law School of Wallongong*, Australia: *Objects, Subjects; law, things and everydaylife*, cuja matéria e objectivos são descritos da seguinte forma: "What role do material objects play in the law and legal processes? Property, symbols, documents, land and buildings all combine with law to be part of everyday life. Law regulates use of these objects, while drawing on them for its own representations and effectiveness. We are legal subjects in many senses: we act as willing subjects in living our lives: buying and selling, entering into contracts, making decisions. We are also subject to the law. In each of these areas our relationship with the material world is critical: bodies, property and space are all critical interfaces between objects and subjects".

INICIAÇÃO À METODOLOGIA DO DIREITO | 569

Trata-se, como se vê, de muito mais do destacar a velha oposição entre *the law in the books* e *the law in action*[681]. Ao falar em direito do quotidiano, o que se pretende destacar é como a própria acção gera um direito, tão constrangedor como o que vem nos livros.

Resta acrescentar, quanto ao valor normativo do costume (nesta acepção muito geral que aqui lhe é dada), que um juízo acerca da sua natureza jurídica não dispensa, naturalmente, que o costume obedeça, como todas as restantes componentes normativas do ordenamento jurídico, aos preceitos constitucionais, no sentido já acima referido. Mas já não me parece tão forçoso que se exija ao costume conformidade com a lei (costume *secundum legem* e costume *praeter legem*), invalidando automaticamente qualquer costume *contra legem*. Isto corresponderia a desvalorizar o costume frente à doutrina, pois nesta admite-se a interpretação ab-rogatória, embora rodeada das cautelas e consideração devidas à lei democrática. De novo, o único elemento que pode prejudicar o reconhecimento como direito de um costume contra a lei é a sua contradição – cujo grau convém ponderar – em relação a princípios constitucionais ou legais, por configurar uma forma de desrespeito da soberania popular expressa com particular formalidade e ênfase. Mas também aqui, raramente a resposta poderá ser

---

[681] É certo que essa diferença existe, estando na origem de uma imensidade de livros de direito para não juristas.

570 | CALEIDOSCÓPIO DO DIREITO...

dada independentemente de uma ponderação prudencial dos elementos concretos do caso[682].

16.1.5 *Normação privada*

A normação privada – a que nos referimos frequentemente na primeira parte do livro – tem, enquanto fonte de direito, uma natureza e um regime muito semelhantes aos que esboçámos nos números anteriores[683].

Nessa primeira parte, vimos vários exemplos de normas jurídicas de origem privada.

Um outro exemplo é o previsto pela CRP (art.º 56, n.º 3), ao prever que as convenções colectivas de trabalho tenham uma força obrigatória geral; regime este que é comum a vários estados da União Europeia. Outro exemplo é o das normas emanadas da *International Federation of Accountants* (IFAC: http://www.ifac.org/), que são obrigatórias na organização da contabilidade das empresas cotadas em bolsa e que

---

[682] Sobre o costume como fonte de direito, com outros desenvolvimentos, cf. José de Oliveira Ascensão, *O direito [...]*, cit., 264-283. Um caso recente em que esta ponderação entre respeito ou pela vontade democrática nacional ou pela salvaguarda de tradições locais se revelou difícil foi o das "touradas de morte, de Barrancos". Neste caso, havia mesmo princípios constitucionais concretamente em desacordo, embora, numa prudente opinião, de diferente peso.

[683] Cf. Joaquim Gomes Canotilho, *Direito constitucional [...]*, cit., 705.

INICIAÇÃO À METODOLOGIA DO DIREITO | 571

vão tendo um impacto progressivo na própria contabilidade pública[684]. A estes conjuntos normativos
haveria que acrescentar aquilo a que hoje é comum
chamar códigos de boas práticas, formulados por
entidades privadas de referência, frequentemente sem
qualquer caução estadual ou legal[685], mas comummente

---

[684] INTOSAI *[International Organization of Supreme Audit Ins-
titutions] i.e.*, Tribunais de Contas: http://www.intosai.org/; http:/
/www.ifac.org/.

[685] Exemplos: IAPMEI (exemplos de códigos de boas práticas comerciais, industriais e de serviços – http://www.iapmei.pt/
iapmei-bmkartigo-01.php?temaid=14&subtemaid=23; código
de boas práticas no domínio da higiene alimentar – http://
www.saudepublica.web.pt/TrabClaudia/HigieneAlimentar_Boas
Praticas/HigieneAlimentar_CodigoBoasPraticas1.htm; promoção
de boas práticas no domínio do *e-government* (UE) – http://
www.epractice.eu/; boas práticas no domínio das compras públicas – http://www.ancp.gov.pt/ComprasPublicas/BoasPraticas/Pa-
ges/BoasPraticas.aspx; boas práticas no domínio da manutenção da ordem pública por agentes de autoridade (António
Manuel Clemente Lima, "Reuniões, manifestações e actuação
policial. Notas para uma conferência", Instituto Superior de
Ciências Policiais e Segurança Interna, Lisboa, 25 de Maio de
2006; em http://igai.pt/publicdocs/IntervencaoIG2006Mai05.pdf
[Nov. 2008], p. 16 ss.); boas práticas no relacionamento inter-
cultural (com a comunidade cigana) – http://www.acime.gov.pt/
modules.php?name=News&file=article&sid=2580; boas práticas fiscais no domínio da restauração – http://www.dgci.min-
financas.pt/NR/rdonlyres/C90D7747-7379-46DA-94CB
-2B57D11D3FC9/0/Guia_Boas_praticas_fiscais.pdf; boas práticas
no acolhimento de idosos – http://www.advita.pt/index .php?id
=48,0,0,1,0,0; boas práticas no ensino do direito – http://
www.streetlaw.org/en/Page.lawschool_articles.aspx. No plano
internacional, cf., *v.g.*, *Part-time workers. The law and best practice*

572 | CALEIDOSCÓPIO DO DIREITO...

aceites como correspondendo a uma ética de relacionamento negocial ou mesmo cívico, um modo de superar a mera legalidade. Em alguns casos, estas práticas receberam, inclusivamente, um reconhecimento legal, como aconteceu, em Portugal, com o Decreto-Lei n.º 446/85, de 25 de Outubro[686], que regula as cláusulas contratuais gerais, proibindo as contrárias à boa-fé; exigindo a plena e atempada comunicação e adoptando o princípio da interpretação mais favorável ao aderente, nos contratos de adesão[687]. No Brasil, ainda que sem que a expressão seja usada, alguns dos princípios fundamentais do governo das empresas

---

– *a detailed guide for employers and part-timers (Department for Business, Enterprise and Regulatory Reform)* – http://www.berr. gov.uk/whatwedo/employment/employment-legislation/employment-guidance/page19479.htm.l; *Code of Ethics for Arbitrators in Commercial Disputes* (http://www.abanet.org/dispute/commercial_disputes. pdf). Guia de códigos de práticas: http://www.npgood practice. org/; exemplo de código de boas práticas em ambiente escolar: http://honolulu.hawaii.edu/intranet/committees/FacDevCom/guidebk/teachtip/7princip.htm. Temas em que existem códigos de boas práticas: cuidado dos sem-abrigo, género, cuidados de saúde, informação aos consumidores, transparência na administração, gestão escolar, ética pedagógica e de aprendizagem, prática científica, avaliação do desempenho, jornalismo, participação da comunidade, biodiversidade, realojamento; cf. Rosabeth Moss Kanter (Introduction), Robert Heller, Tom Brown, *Best Practice. Ideas and Insights from the World's Foremost Business Thinkers*, Perseus Publishing, 2006. Base de dados: http://www.bestpractices.org/.

[686] Cf. http://www.portolegal.com/ccg.htm.

[687] Exemplo em http://www.lardocelar.com/images/compras/documentos/pdfgasfomento_versao%20geral.pdf.

INICIAÇÃO À METODOLOGIA DO DIREITO | 573

já se pautam por códigos prudenciais ou de boas práticas, como a transparência, a publicidade, o controle de legalidade, a prestação de contas, o dever de diligência e a responsabilidades dos administradores e accionistas[688].

Hoje em dia, são já muito frequentes as decisões jurisprudenciais que invocam as boas práticas como razão autónoma de decidir (*v.g.*, em diversos domínios, para estabelecer ou isentar de responsabilidade extracontratual por danos, para avaliar o correcto cumprimento de obrigações)[689].

---

[688] Cf. já a Lei das Sociedades por Acções (Lei nº 6.404, de 15/12/76) e a Lei da Comissão de Valores Mobiliários – CVM (Lei nº 6.385, de 07/12/76).

[689] Ac. STJ SJ200202280034727, de 28/02/2002 ("[...] Exercício de actividades perigosas – IV – Torna-se imprescindível, para encontrar as adequadas providências a adoptar, o recurso às particulares *normas técnicas* que ao caso convierem, para além das *regras ditadas pela experiência comum*."); Ac. STJ SJ200709130018577, de 13/09/2007 ("[...] 230. Nessa medida, é nula porque contraria o princípio da justiça comutativa dos contratos (bilaterais), o "do ut des" que os caracteriza, revelando-se contrária às *boas práticas comerciais* (e leia-se, aos bons costumes, art.º 280.º, n.º 2 do CC) e à ordem pública, na medida em que é uma prestação "sem causa objectiva" – *v.g.* não é a contrapartida pelo gozo da loja."); Ac. STJ SJ200712130035501, de 13/12/2007 ("[...] IV. Tendo havido fortes deslocações de terras e escavações na construção de uma auto-estrada, e havendo ficado provado que quer a dona da obra quer a empreiteira actuaram com a falta de cuidados necessários para se evitar inundações a jusante, a responsabilidade pelos danos decorre a título de culpa por ambas as entidades (a dona da obra ou porque o projecto acusou defi-

574 | CALEIDOSCÓPIO DO DIREITO...

O problema reside em que a legitimidade das "boas práticas" está dependente ou de um assentimento generalizado, não apenas das entidades fornecedoras

ciências ou, porque não acusando deficiências, a sua execução não foi devidamente fiscalizada; e empreiteira ou porque executou deficientemente o projecto sendo ele bom, ou, não sendo o projecto bom, porque não chamou a atenção da dona da obra quanto às deficiências do projecto ou o executou não observando as *boas práticas*)."); Ac. STJ SJ20080312006943, de 12/03/2008 ("[...] Também o conselho da Europa elaborou um *código de boas práticas* sobre programa de protecção de testemunhas (*Best Pratice Survey-Witness protection programs*) em que ressalta a importância das medidas de protecção de testemunhas para lutar contra o crime organizado conjugada com um sistema de recompensa em relação aos coarguidos que colaboram com a justiça. No mesmo sentido aponta a resolução do Comité de Ministros sobre os princípios estruturantes da luta contra o crime organizado datada de 19 de Setembro de 2001."); Ac. STJ SJ200810020026547, de 02/10/2008 ("[...] 2. O serviço médico, pela sua natureza de meio de prevenção da doença ou da recuperação da saúde das pessoas deve pautar-se pela *diligência, atenção e cautela, na envolvência das boas práticas da profissão e dos conhecimentos científicos existentes*."); Ac. STJ SJ200505040012633, de 04/05/2005 ("[...] 5. A densificação da noção de "ilicitude considerável diminuída", tendo, embora, como referências ainda a indicação dos critérios da lei, está fortemente tributária da intervenção de *juízos essencialmente prudenciais*, permitidos (e exigidos) pela sucessiva ponderação da praxis judicial perante a dimensão singular das casos submetidos a julgamento.); Ac. STJ SJ2008042206267, de 22//04/2008 ("[...] Interpôs o Estado Português recurso de revista, formulando, em síntese, as seguintes conclusões de alegação: – o escoramento dos edifícios limítrofes ao da obra em execução é uma medida técnica imposta pelas *boas práticas* da construção civil [e pelos artigos 128.º e 138.º do Regulamento Geral das Edificações Urbanas].").

INICIAÇÃO À METODOLOGIA DO DIREITO | 575

de bens ou de serviços, mas também dos seus utentes, ou da sua fixação por entidades reguladoras verdadeiramente independentes. Estas condições sofrem, no entanto, frequentes desmentidos práticos, sendo muitos os sectores em que, apesar do controle da opinião pública e de entidades reguladoras, as más práticas prevalecem[690]. Ou então, sectores em que passam por

---

[690] Os recentes exemplos das instituições bancárias (arredondamentos, comissões de rescisão; número de dias do ano para efeito de contagem de juros; demora das transferências; opacidade dos produtos financeiros vendidos; aconselhamento dos clientes no sentido não dos seus interesses, mas dos do banco, dos directores das agências ou dos gestores de contas): http://dn.sapo.pt/2006/11/15/economia/arredondamen tos_deram _12_milhoes_10_.html; http://santerna.blogspot.com/2006/11/autoridade-da-concorrncia-estuda.html; http://www.tvi.iol.pt/informacao/noticia.php?id=738056. O mundo financeiro e bancário é hoje um lamentável exemplo de uso generalizado de más práticas, causadas pelo desequilíbrio das posições dos contraentes, das violações dos deveres de informação e de boa-fé no estabelecimento e cumprimento dos contratos e da complacência ou cumplicidade das agências fiscalizadoras e dos tribunais. Tudo isto envolvido na ideia mistificadora de que "há que salvaguardar a imagem dos bancos", quando são precisamente estes quem mais eficazmente a deteriora. Cf. Ac. STJ – SJ200811130034747 ("[...] 3. A lei e os *usos agrícolas* não impõem ao empregador que faculte aos trabalhadores assalariados na cava de vinha meios de protecção ocular de fragmentos de aço das enxadas. 4. A lesão ocular sofrida por um trabalhador no exercício da referida actividade não é imputável ao empregador a título de omissão ilícita, o que só por si inviabiliza a sua responsabilidade civil extracontratual."); neste caso, os "usos agrícolas" invocados não constituem decerto uma boa prática...; mas o que aqui interessa é a relevância que lhes é dada.

576 | CALEIDOSCÓPIO DO DIREITO...

"boas práticas" apenas aquelas que satisfazem os interesses de uma parte (a empresa, mas não os trabalhadores, os consumidores ou os utentes do ambiente; os administradores bancários, mas não os pequenos accionistas ou depositantes; os administradores hospitalares, mas não os médicos ou os doentes).

Trata-se, nestes casos, de um enviesamento, não apenas antidemocrático (porque não igualitário e discriminador), destas normas numa sociedade desigual, mas ainda de um enviesamento que afecta o consenso e, logo, a estabilidade, pois não realiza as expectativas de todos os interessados, antes "irrita" as de alguns. Estes enviesamentos podem ser compensados pela sua subordinação ao crivo dos valores constitucionais, nomeadamente pela subordinação de alegadas boas práticas ao art.º 18 da CRP, quando determina que "os preceitos constitucionais respeitantes aos direitos, liberdades e garantias são directamente aplicáveis e vinculam as entidades públicas e privadas", ou quando tutela valores como a "liberdade de expressão e informação" (art.º 37), "direito ao trabalho" (art.º 58), "direitos dos consumidores" (art.º 60), "direito de propriedade privada" (art.º 62), direito à segurança social, à solidariedade e à saúde (arts. 63 e 64), "direito ao ambiente e qualidade vida" (art.º 66), direito à protecção na juventude, na deficiência e na terceira idade (arts. 70 a 72), etc. Esta sindicância constitucional das boas práticas justifica-se pelo facto de estes (e outros) artigos identificarem interesses cuja não consideração transformará a prática de "boa" (*i.e.*, consensual, estabilizadora) em "má" (irritante, desestabilizadora). Mesmo antes deste crivo verificador, o próprio processo de elaboração dos códigos de boas práticas pode prevenir a parcialidade e garantir a universalidade das suas normas se, no processo de feitura, se for rigoroso na audição de todos os interesses, não substituindo um modelo democrático de consenso por um modelo apenas burocrático ou oligárquico.

O crivo dos direito fundamentais ficará então a constituir uma última instância de controlo.

O que acaba de ser dito pressupõe uma posição afirmativa quanto à questão de saber se aos direitos fundamentais deve ser conferida uma eficácia, não apenas em relação Estado ou outros entes públicos em geral, mas também em relação a organizações não estaduais ou a particulares. Se, por outras palavras e usando terminologias consagradas, eles devem ter um – impropriamente chamado[691] – "efeito externo" (ou

---

[691] É mais correcto falar de uma eficácia horizontal dos direitos fundamentais (*Horizontalwirkung der Grundrechte*): "Não se trataria, apenas, de atribuir um efeito externo aos direitos fundamentais, mas sim de determinar que estes valem não apenas nas relações verticais (*Mittelbare, indirekte Drittwirkung*), estabelecidas entre o Estado e os particulares, mas também nas próprias relações interprivadas, isto é, ao nível das relações bilaterais e horizontais (*Unmittelbare, direkte Drittwirkung*) estabelecidas entre os particulares" (v. a síntese de Luiz Fernando Martins da Silva, "A incidência e eficácia dos direitos fundamentais nas relações com particulares", em http://jus2.uol.com.br

578 | CALEIDOSCÓPIO DO DIREITO...

Drittwirkung), sendo tutelados por uma acção que os defenda de agressões privadas (*State Action Doctrin*) ou se devem valer apenas contra o Estado. As opiniões a este propósito variam. Porém, é bastante claro que a restrição da eficácia das normas de protecção de direitos fundamentais apenas em relação ao Estado decorre de uma concepção liberal extremista, que entende a liberdade apenas como uma contenção do Estado, ficcionando, pelo contrário, a sociedade civil como isenta de agressões a direitos fundamentais cometidas por privados[692]. Pondo as coisas de outro

---

/doutrina/texto.asp?id=3460). Aqui, enxertam alguns autores uma alegada diferença conceitual entre direitos constitucionais de hierarquia diversa – os "simples" direitos fundamentais, os "direitos, liberdades e garantias" e os "direitos económicos, sociais e culturais", estes últimos menos definitivamente garantidos por dependerem de decisões políticas (de oportunidade, de possibilidade) suplementares. Numa distinção que tem bastante de escolástico, estes últimos não seriam direitos fundamentais, mas apenas "pressupostos de direitos fundamentais". V. sobre o tema, tendendo para uma aproximação entre todas estas categorias, como parece realista e prudente, Joaquim G. Canotilho, *Direito constitucional [...]*, cit., Parte III, Tit. 3, caps. 1-5, pp. 375 ss., 7.ª ed.

[692] Três exemplos extraídos de J. G. Canotilho (onde se pode encontrar um tratamento esclarecido do problema): "Num congresso de um partido político destinado a escolher os candidatos desse partido às eleições parlamentares, foi excluída a participação de indivíduos da raça negra. O princípio da igualdade vinculará ou não directamente, uma associação partidária?". "A empresa Z contratou dois indivíduos do sexo feminino para o seu serviço de informática, mas condicionou a manutenção do contrato de trabalho a três cláusulas:

modo: como se os direitos fundamentais fossem algo de que os titulares pudessem livremente dispor, no decurso da sua vida social. Na verdade, não é assim. Os direitos fundamentais são-no por estarem de alguma forma relacionados com aspectos indeclináveis da dignidade cidadã e por, nessa medida, incluírem valores que interessam à comunidade, como componente do seu bom governo. Pelo que os seus titulares o são numa espécie de compropriedade com a República, não podendo dispor deles por decisão apenas sua. Tanto mais que a violação de direitos fundamentais por privados ocorre, normalmente, em situações em que os seus titulares estão em situações de carên-

---

(i) sujeitarem-se a testes de gravidez no momento da admissão; (ii) aceitarem como justa causa de despedimento o fato de ocorrer uma gravidez durante o contrato; (iii) considerarem também como justa causa de despedimento o fato eventual de virem a servir de "mães de aluguer" durante a vigência do contrato. Como conciliar estas cláusulas com direitos, liberdades e garantias com direitos à intimidade pessoal e o direito de constituir família?". "As entidades patrimoniais e as organizações sindicais celebraram um contrato colectivo de trabalho, onde incluíram a cláusula de *closed-shop*, ou seja, a proibição de contratação de operários não sindicalizados. Como conciliar esta cláusula contratual com o princípio da liberdade de associação". Sobre o tema, cf. ainda João José Abrantes, *A vinculação das entidades privadas aos direitos fundamentais*, Lisboa, AAF Dec.-Lei, 1990; Christian Cappel, "Anachronismus einer „Drittwirkung". Das kognitivistische Konzept Karl-Heinz Ladeurs und die Matrix Gunther Teubners im grundrechtstheoretis chen Spannungsfeld, em http://www.anci.ch/doku.php?id=bei trag:anachronismus_einer_drittwirkung.

580 | CALEIDOSCÓPIO DO DIREITO...

cia (económica, social, cultural), nas quais nem se pode, em rigor, falar de uma vontade livre de cedência desses direitos.

A defesa deste ponto de vista sobre a oponibilidade dos direitos fundamentais em relação a particulares é hoje tanto mais urgente quanto cada vez mais se aceita a entrega ou devolução a privados – ou mesmo a espontânea assunção por estes – de prerrogativas tradicionalmente reservadas a entidades públicas. Por isso é que, em muitos domínios – como, nomeadamente, o direito do trabalho, os direitos sociais, o direito dos consumidores, o direito do ambiente –, se verifica uma tendência clara, por parte de órgãos jurisdicionais nacionais e internacionais, para imporem o respeito pelos direitos fundamentais, tanto aos Estados como a entidades privadas[693].

Neste sentido, também uma norma de natureza privada pode ser objecto de sindicância pelo Tribunal Constitucional, embora isto exija um entendimento alargado do elenco das normas sujeitas à verificação de inconstitucionalidade (cf. arts. 277 e ss. da CRP)[694].

---

[693] Cf. http://www.eurofound.eu.int/emire/GERMANY/THIR-DPARTYEFFECTOFCONSTITUTIONALRIGHTS-DE.html.

[694] Note-se as alíneas a) e b) do n.º 1 do art.º 280 falam em "qualquer norma" ou "norma", sem mais qualificações. Já a aplicação do art.º 281 parece reservada a normas de direito oficial, apesar da formulação genérica da al. a) do seu n.º 1.

16.1.6 *A lei*

Desde os inícios do séc. XIX que a lei constitui a principal fonte de direito nos Estados ocidentais. Nas páginas anteriores já se tem referido suficientemente as causas e as consequências deste primado da lei, ou, melhor, deste quase exclusivismo da lei – embora mais teórico do que prático[695], repetindo o que já se disse quando se tratou da doutrina. Foi ele, nomeadamente, que explicou a teoria dominante do direito e da norma jurídica durante os séculos XIX e XX, hoje em crise mas ainda muito influente na literatura corrente sobre metodologia jurídica; e, porventura, ainda mais na prática jurisprudencial, na verdade muito livre no decidir, mas, no seu próprio imaginário, miticamente muito reverente para com o direito do Estado.

A visão que aqui expomos é mais matizada quanto à importância da lei, tomando em conta o carácter pluralista das ordens jurídicas actuais – com a consequente crise do "legalismo"[696] –, embora não se despreze também, como se tem repetido, quase obsessivamente, ao longo do livro, a especial legitimidade da

---

[695] Cf., para o séc. XIX português, A. M. Hespanha, "Um poder um pouco mais que simbólico. Juristas e legisladores em luta pelo poder de dizer o direito", em Ricardo Marcelo Fonseca e Airton C. Leite Seelaender (coords.), *História do direito em perspectiva, Do Antigo Regime à modernidade*, Curitiba, Juruá, 2008, 143-202.

[696] Cf. o já citado capítulo de Fernando J. Bronze, *Lições de introdução [...]*, cit.

forma legislativa, como tradução da vontade popular, a primeira fonte de legitimação dos Estados democráticos; e, por isso, a função determinante da lei na configuração da sensibilidade jurisprudencial, burocrática e comunitária sobre o que é direito e, logo, no elenco de critérios de validação do direito constantes da "norma de reconhecimento". Acresce ainda que, mesmo pondo de parte estes aspectos mais ligados à legitimação democrática, o processo legislativo – se decorrer de acordo com as boas práticas aconselhadas pela mais actual "ciência da legislação" (ou "legística"[697]) – garante normas jurídicas mais consensuais

---

[697] Cf. Marta Tavares de Almeida, "A contribuição da Legística para uma política de legislação: concepções, métodos e técnicas": "A consulta/participação dos diferentes actores sociais na preparação da lei é, hoje, reconhecida como uma fase da maior importância no procedimento legislativo. Com efeito, um procedimento de consulta, bem conduzido, é uma forma de legitimação da lei, traz maior transparência ao procedimento legislativo e proporciona uma recolha de dados e de informações fundamentais para a identificação e avaliação dos problemas em debate. Interessa-nos pois saber quais os actores envolvidos neste procedimento e de que forma é que ele (procedimento) é conduzido", em http://www.almg.gov.br/eventos/Legistica/imagens/Marta_Tavares.pdf (Nov. 2008). Cf. ainda Wim Voermans, "The Quality of EU Legislation: What Kind of Problem, by What Kind of Standards?", em http://papers.ssrn.com/sol3/papers.cfm?abstract_id=1272620 (Nov 2008), p. 3; cf. "Legislation in modern states performs a host of other functions too. [...] *It expresses and fixes trade-offs between (opposing) interests in political arenas (political function), it provides for popular participation – and by this legitimization – in the framing of*

INICIAÇÃO À METODOLOGIA DO DIREITO | 583

e mais estabilizadoras e, por isso, mais capazes de realizarem as expectativas dos destinatários e, com isso, o valor fundamental da segurança. Este cuidado na preparação informada, reflectida, prudente, da legislação, que atribui ao direito estatal a sua especial força, por, além de supor o carácter democrático--participativo do órgão legislador, promover o carácter estabilizador das suas normas, está justamente condicionado pela qualidade do processo legislativo, o qual deve consistir numa série metódica de tarefas, que fixe a substância da matéria normativa e assegure a

---

legislation (democratic function) it communicates and reaffirms public morals, values and public goods (symbolic function) [...] it organizes and structures implementing powers and institutions (*bureaucratic function*), [...] to name but a few of the most important functions". Em geral, Claudio M. Radaelli & Fabrizio de Francesco, *Regulatory Quality in Europe: Concepts, Measures and Policy Processes*, European Policy Research Unit Series, Manchester University Press; 2007; Luzius Mader, "Wer soll Gesetze vorbereiten? Organisationsformen der legistischen Arbeit", em http://www.google.pt/search?sourceid=navclient&ie=UTF-8&rlz=1T4GGLJ_enPT284PT284&q=luzius+mader+legistik.; *Idem*, "Législation et légisprudence" (sobretudo o cap. dedicado à "legística material"), em http://www.eal.eu/onlinemedia-1.htm. Para Portugal, v. *Legislação. Cadernos de Ciência da Legislação*, 47(10--11.2007), nomeadamente os artigos de Fabiana de Menezes Soares ("Legimática: a tecnologia da informação aplicada à qualidade da produção legislativa", pp. 53-76) e de Marta Tavares de Almeida ("A contribuição da legística para uma política de legislação: concepções, métodos e técnicas", pp. 77--92) (a quem agradeço algumas das referências mais actualizadas).

584 | CALEIDOSCÓPIO DO DIREITO...

avaliação dos seus resultados. Dessa sequência fazem parte, além da análise da situação existente e da definição dos objectivos, a avaliação das soluções e instrumentos susceptíveis de exercer uma função consensualizadora e de satisfação das expectativas (estabilizadora). Daqui depende a "justeza da lei", de que uma tradição já milenar fazia depender a sua validade. E, afinal, em termos novos, é disso mesmo que estamos a falar: da forma como o reconhecimento da lei como fonte de direito – e, mais do que isso, de um direito preeminente – depende da sua própria capacidade de realizar consensos[698].

A insistência da metodologia corrente do direito na análise da lei dispensa-nos de, neste texto, desenvol-

---

[698] Não deixa de ser estranho que, insistindo-se tanto hoje na responsabilização dos juízes pelos resultados danosos de sentenças dadas por ignorância ou erro grosseiro – e até na introdução de um direito de regresso actuável contra o magistrado concretamente responsável pela decisão (cf., *v.g.*, http://www.al.sp.gov.br/web/instituto/democrac.htm; http://www.geocities.com/Tokyo/Towers/8214/adrianafeijo.html; http://www.direitonet.com.br/artigos/x/20/50/2050/) – a mesma ideia não surja em relação aos danos particulares e públicos causados por legislação mal feita, nomeadamente por omissão de cautelas de informação e análise das situações a regular, ou de previsão de resultados muito prováveis. Sem qualquer referência a esta problemática ou mesmo apenas à das boas práticas legislativas que, em alguns países, incluem formas de participação legislativa dos interesses especialmente relevantes em cada caso, também Jorge Miranda, "Em vez do Código Civil, uma lei sobre leis", em *Legislação [...]*, cit., 47 (1.º.11-2007), 5-24.

ver aspectos da teoria da norma jurídica, nomeadamente da lei, que podem ser encontrados em muitos textos disponíveis. Limitamo-nos, por isso, a remeter para eles[699], apenas desenvolvendo um pouco mais alguns temas em que a superação do paradigma legalista ocasionará mudanças mais radicais.

---

[699] Sobre a lei como fonte de direito, v. José de Oliveira Ascensão, *O direito [...]*, cit., 283-314. Texto para onde remetemos quanto aos importantes temas das espécies de actos legislativos, seus requisitos, sua publicação (p. 209), rectificação (p. 302), entrada em vigor (p. 303), cessação ou termo de vigência (309).

VI

APONTAMENTOS
PARA UMA TEORIA DA NORMA

17. Alguns aspectos mais importantes da metodologia jurídica. As normas: sua estrutura e categorias

Apesar do que acabamos de dizer sobre a inutilidade de repetir, aqui, as noções mais comuns e incontroversas sobre a teoria das normas, não deixaremos de dedicar alguns parágrafos a temas centrais para o método jurídico, em que as opiniões mais simplificadoras não têm tido suficientemente em conta algumas perspectivas novas oriundas, nomeadamente, de campos teóricos estranhos ao direito. Isto passa-se, nomeadamente, com as questões da estrutura e categoria das normas, da qualificação, da interpretação, da integração das lacunas e dos conflitos de normas.

17.1 *Previsão e estatuição. A previsão*

A estrutura comum das normas jurídicas é a de um antecedente (*previsão, hipótese*; a que os italianos chamam *fattispecie* e os alemães *Tatbestand*) a que o direito liga uma consequência ou *estatuição* (*Rechtsfolge*)[700].

---

[700] Sobre este tema, v., por todos e com muito maior profundidade e desenvolvimento, Aguiló Regla, 2000.

590 | CALEIDOSCÓPIO DO DIREITO...

Analisaremos brevemente, por esta ordem, a hipótese, a estatuição e a relação entre as duas.

A hipótese é constituída pela descrição de uma situação de factos referidos ao direito (na perspectiva do direito, *sub specie iuris*); logo, na verdade e mais correctamente, de uma leitura ou versão *jurídica* da realidade. Realmente, os "factos" a que se alude na hipótese são aí descritos na perspectiva, e só na perspectiva, da aplicação de uma norma de direito. Mais radicalmente, são construções mentais adequadas à sua função no discurso jurídico (documento, coisa, pessoa), ao seu papel na "narrativa em que o direito os transforma" ("caso jurídico"). Como nos personagens dos romances ou dos filmes[701], dos factos só sabemos o que interessa – e da maneira que interessa – para o desenrolar da narrativa jurídica. Só têm um sentido quando integrados na trama desta. Isto acontece, de resto, noutros tipos de discurso, que depuram (ou constroem) à sua medida a realidade com que lidam. Mesmo no discurso quotidiano, o sentido da realidade (traduzida em locuções) relaciona-se com as

---

[701] V. Vincent Jouve, *L'effet-personnage dans le roman*. Paris, Presses Universitaires de France, 1992.

[702] Pense-se nos significados contextuais que podem ter palavras como "flor", "dragões", "virgem", "beata", "borracho", etc. Na biografia política de um político só cabem as suas actividades políticas, mas não já, em princípio, a sua vida doméstica, os seus ócios, a sua produção literária. Da mesma forma, o *curriculum* académico de um professor universitário não deve conter actividades ou episódios que nada tenham a ver com a investigação, a docência ou outras actividades universitárias.

finalidades contextuais que esta tem no âmbito de um certo discurso[702]. Assim, ao incluir certos factos na hipótese de um caso jurídico, o que se descreve não é "a realidade antes de ser convocada pelo direito", mas a realidade já percepcionada e marcada pelo direito: "Para identificar o facto ou situação de facto, ou averiguar se se concretiza ou não a hipótese legal (ao resolver a chamada "questão de facto", quando se trata de fazer a aplicação do direito), temos que ter presente que estamos a aplicar um conceito jurídico, um conceito integrado no sistema jurídico – e não um conceito naturalístico ou um conceito fornecido por qualquer outro sistema conceitual (científico, económico, sociológico, técnico) de intelecção e descrição da «realidade»" (escreve, a este propósito, Baptista Machado). E continua: "Isso tem como consequência que, em bom rigor, é a *facti species* jurídica [*i.e.*, a espécie, a versão, jurídica do facto] que nos fornece o óculo pelo qual havemos de inspeccionar a realidade de facto [...]. O que nos permite identificar, *especificar* ou determinar a diferença específica das situações do ponto de vista do direito é a *facti species* jurídica. É segundo esta, pois, que se deve fazer a *in-spicium* (in-specção) dos factos, para que estes se nos apresentem (configurados *sub species iuris* [como o direito as inspecciona, as vê])"[703].

Repetimos que esta situação não é distinta daquela que se passa com qualquer discurso, ou mesmo apenas

---

[703] João Baptista Machado, *Introdução [...]*, cit., 81.

592 | CALEIDOSCÓPIO DO DIREITO...

com a linguagem, em que são as palavras (significantes) – ou melhor, o *sistema de significantes* que constitui a linguagem[704] – que dão sentido (e, nesta medida, constituem) as coisas. Note-se que, apesar de não fazermos mais do que repetir coisas consabidas da metodologia do direito, estamos muito próximos de proposições que encontrámos ao descrever as concepções autopoiéticas: a realidade jurídica, descrita na previsão, é uma realidade de sentido e, nesta medida, não constitui uma entidade *a se stante* (autónoma, independente), mas uma construção levada a cabo pelo sentido interno ao sistema (do sistema discursivo do direito). Se o facto jurídico é o evento juridicamente relevante, também se pode dizer que é esta relevância jurídica que o constitui como facto para o direito[705]. Pelo que, como nos sistemas autopoiéticos,

---

[704] Estes pontos de vista remontam às teorias do fundador da linguística moderna, o suíço Ferdinand de Saussure (1857--1913); para um resumo, v. http://en.wikipedia.org/wiki/Ferdinand_de_Saussure; v. ainda Pierre Bourdieu, *Ce que parler veut dire. L'économie des échanges linguistiques*, Paris, Fayard, 1982.

[705] Note algumas construções de "coisas" pelo direito: Artigo 200.º do CP (Omissão de auxílio): "1. – Quem, em caso de *grave necessidade*, nomeadamente provocada por desastre, acidente, *calamidade pública* ou situação de perigo comum, que ponha em perigo a vida, a integridade física ou a liberdade de outra pessoa, deixar de lhe prestar o *auxílio necessário ao afastamento do perigo*, seja por acção pessoal, seja promovendo o socorro, é punido com pena de prisão até 1 *ano* [365 ou 366 dias?] ou com pena de multa até 120 dias"; Artigo 163.º do CP (Coacção sexual): "1 – Quem, por meio de *violência*, *ameaça grave*, ou depois de, para esse fim, a ter tornado inconsciente

os factos jurídicos constituem um universo fechado em relação aos factos brutos (aos "factos da vida"); um universo cujo sentido não provém da "realidade", mas "do direito". Embora, também como nos sistemas autopoiéticos, esta "realidade jurídica" sofra a "compressão", a "irritação", os "estímulos" vindos do ambiente (não jurídico)[706].

---

ou posto na *impossibilidade de resistir*, constranger outra pessoa a sofrer ou a praticar, consigo ou com outrem, *acto sexual de relevo* é punido com pena de prisão de 1 a 8 anos."; Artigo 243.º do CP (Tortura e outros tratamentos cruéis, degradantes ou desumanos): "1 – Quem, tendo por função a prevenção, perseguição, investigação ou conhecimento de infracções criminais, contra-ordenacionais ou disciplinares, a execução de sanções da mesma natureza ou a protecção, guarda ou vigilância de pessoa detida ou presa, a torturar ou tratar de forma cruel, degradante ou desumana para: a) Obter dela ou de outra pessoa confissão, depoimento, declaração ou informação; [...]".

[706] A propósito de um caso recente de disputa de uma menina entre o seu pai biológico e o casal que, na falta de presença e cuidados dos pais biológicos, tinha tomado conta dela, na perspectiva de futura acção, disse publicamente um jurista que o direito apenas conhecia três figuras que se podiam relacionar com este caso – a de "paternidade biológica", a de "paternidade adoptiva" – das quais nenhuma se adaptava à situação do casal que tomara conta da menina – e a de "sequestro". Esta seria a única que se lhes adequava, já que da realidade jurídica não faria parte a "paternidade afectiva", de que falavam o casal, os pedopsicólogos, bem como o senso comum. Isto constitui uma visão grosseira da autonomia da construção jurídica da realidade. Pois o sistema jurídico, embora relativamente fechado, é sensível – por compressão, irritação, reacção, estímulo – a outros sistemas "ambientais" de construção da realidade (para a fundamentação teórica, v., antes, cap. 9).

594 | CALEIDOSCÓPIO DO DIREITO...

Ponha-se como exemplo o conceito de parentesco. Existe uma ideia comum – dependente das culturas históricas – acerca de quem são os nossos parentes. Mas o direito adopta uma noção sua, relativamente arbitrária em relação ao senso comum e, ainda por cima, não necessariamente igual para todas as finalidades do direito e, por isso, com significados diferentes de uma norma para a outra[707]. Na verdade, pode dizer-se que há vários parentescos jurídicos (parentesco para os efeitos do direito civil, para os efeitos do direito penal, para os efeitos do direito processual), cada um correspondente a uma finalidade específica do direito ao tratar de pessoas unidas por um vínculo familiar.

Como explica K. Engisch: "[a hipótese legal] não é conceitualmente *fixada* e tornada objecto de enunciados científicos (sobre um "parentesco" ou "descendência" biológica "em si", com estes ou aqueles efeitos "naturais"), não é uma situação de facto em si previamente dada. O que acontece é, antes, que as "hipóteses legais" são recortadas e por assim dizer *postas* (constituídas) como pressupostos de determinadas regulamentações jurídicas (de natureza civil, penal, ou até de direito público). Ora, ao proceder assim, o legislador tem a liberdade de determinar diferentemente os pressupostos da hipótese, na perspectiva de específicos pontos de vista jurídicos, e, portanto, de

---

[707] Cf., para um exemplo tirado do direito alemão, K. Engisch, *Introdução [...]*, cit., 21 ss.

APONTAMENTOS PARA UMA TEORIA DA NORMA | 595

apreciar e conceber de diferentes modos, tendo em conta as diferentes consequências jurídicas, um facto natural unitário da "descendência"[708].

Mas a capacidade construtora do direito está longe de terminar aqui. Ele constrói entidades que a natureza desconhece, embora perceptíveis para o senso comum, como a distinção entre "uniões de direito" e "uniões de facto" ou, outrora, "filhos legítimos" e "filhos ilegítimos". Mas outras das suas criações nem sequer são óbvias para o senso comum.

Isso passa-se frequentemente no caso das presunções. Presunções (cf. art.º 349 CC) são ilações, elidíveis (*iuris tantum*) ou não (*iuris et de iure*), que o direito tira de um facto conhecido para outro que não é conhecido. Por exemplo, a presunção de que o filho nascido na constância do matrimónio ou no período máximo de concepção após a dissolução deste é filho do marido da mãe[709]; aqui, a lei extrai de um facto empírico verificado (a existência de um casamento entre a mulher M e o homem H) um facto construído não empiricamente verificado (até prova em contrário, H é o pai dos filhos de M nascidos na constância desse matrimónio ou até cerca de 300 dias após a sua dissolução). Neste caso, a presunção jurídica é tão forte que só pode ser destruída por meio de declaração formal da mãe em sentido contrário ou

---

[708] K. Engisch, *Introdução [...]*, cit., p. 39.

[709] "Pater est quem iuxtae nuptiae demonstrant" (o pai é aquele que um casamento válido demonstra sê-lo).

596 | CALEIDOSCÓPIO DO DIREITO...

por uma acção judicial especial[710]. Mas é claro que este vigor da presunção é frequentemente uma forma de estabelecer, a bem da segurança das situações jurídicas e dos valores que as nossas sociedades costumam ligar à fidelidade da mulher em relação ao seu marido, uma situação cuja consistência o comum das pessoas podia ousar desafiar. Noutros casos, a relação estabelecida pela lei pode ser revertida; mas, enquanto o não for pela prova formal em contrário, vale como realmente existente[711]. Isso quer dizer que – como a prova dos factos cabe àquele a quem estes interessarem, se a lei presumir um facto, o que tem que ser provado, pela parte a quem isso interesse, não é a existência desse facto que a lei presume, mas a sua não existência ou verificação[712].

Outra manifestação do construtivismo jurídico são as *ficções jurídicas*, ou seja, os casos em que o direito faz de conta que existe uma coisa ou uma situação que, empiricamente, não existe[713]. Casos de ficção jurídica são, por exemplo, figuras como a da "perso-

---

[710] Arts. 1832, 1839 ss. do CC.

[711] Chama-se a isto a inversão do ónus da prova: o dever de prova passa a incidir sobre quem queira pôr em causa aquilo que a lei estabeleceu como facto.

[712] Sobre as presunções, João B. Machado, *Introdução ao direito e ao discurso legitimador* [...], pp. 111-112; José de O. Ascensão, *O direito [...]*, p. 519.

[713] Sobre as ficções, João B. Machado, *Introdução ao direito e ao discurso legitimador* [...], pp. 108-110; José de O. Ascensão, *O direito [...]*, p. 519.

APONTAMENTOS PARA UMA TEORIA DA NORMA | 597

nalidade colectiva", em que se ficciona que um agregado de pessoas ou um acervo patrimonial constituem uma pessoa natural, capaz de entender e de querer; ou como a adopção, em que se atribui a qualidade de filho biológico a alguém que o não é; ou como o crime continuado, em que uma pluralidade de condutas naturalisticamente distintas são unificadas se se verificarem certos requisitos: unidade da deliberação, unidade do tipo legal de crime, certa conexão temporal.

Outras vezes, o direito como que se sente incapaz de esboçar de forma genérica as situações que teve em vista regular num certo sentido. Nestes casos, a previsão contém conceitos intencionalmente indeterminados, de modo a forçar o julgador a configurar mais exactamente a situação de facto, em função das intenções da norma genérica, aplicadas às circunstâncias do caso. É isto que acontece quando o direito recorre a conceitos indeterminados ou cláusulas gerais, como "utilização imprudente"[714], "comportamento adequado"[715],

---

[714] Cf. art.º 1038.º do CC: "São obrigações do locatário: a) Pagar a renda ou aluguer; b) Facultar ao locador o exame da coisa locada; c) Não aplicar a coisa a fim diverso daqueles a que ela se destina; d) Não fazer dela uma utilização imprudente; [...]".

[715] Cf. art.º 1885.º do CC (Educação dos filhos): "1. Cabe aos pais, de acordo com as suas possibilidades, promover o desenvolvimento físico, intelectual e moral dos filhos. 2. Os pais devem proporcionar aos filhos, em especial aos diminuídos física e mentalmente, adequada instrução geral e profissional, correspondente, na medida do possível, às aptidões e

598 | CALEIDOSCÓPIO DO DIREITO...

"boa-fé"[716], "função social da propriedade"[717], etc.[718-719]. Já se vê que esta incapacidade de determinação concreta não significa que o autor da norma não tivesse uma estratégia normativa, embora apenas genérica. Daí decorre que, na concretização, o aplicador do direito esteja vinculado a essa estratégia. O interesse de salientar esta evidência já surgirá.

Normalmente, tomam-se como exemplos de conceitos indeterminados os conceitos de direito civil, como a maior parte dos antes referidos. Mas também no direito administrativo se encontram noções jurídicas indeterminadas, quer na hipótese, quer na estatuição ("interesse público", "motivo grave", "necessidade", "necessidade grave", "boa-fé", etc.). E também aqui,

---

inclinações de cada um". Realmente, neste caso, o conceito indeterminado surge na estatuição e não na previsão, o que já nos revela que, também ao determinar as consequências de uma certa situação, o legislador pode não ser capaz de a particularizar, encarregando o aplicador da norma de o fazer.

[716] Cf. art.º 227.º do CC (Culpa na formação dos contratos): "1. Quem negoceia com outrem para conclusão de um contrato deve, tanto nos preliminares como na formação dele, proceder segundo as regras da boa-fé, sob pena de responder pelos danos que culposamente causar à outra parte."

[717] Constituição de Weimar (1919), art.º 153; Constituição Federal do Brasil de 1988 (art.º 5, inciso XXIII; art.º 170, inciso III).

[718] Sobre os conceitos indeterminados, v., por todos, João B. Machado, *Introdução ao direito e ao discurso legitimador* [...], cit., pp. 113-114.

[719] Sobre as cláusulas gerais, v., por todos, João B. Machado, *Introdução ao direito e ao discurso* [...], pp. 116-118.

tal como nos outros ramos do direito, a concretização dessas noções pela administração está sujeita a controlo judicial, visando, justamente, verificar se, na concretização, o aplicador foi fiel às intenções normativas do comando genérico.

A questão é, neste momento, expressamente sublinhada, pois há quem aparentemente confunda a concretização de cláusulas gerais com o poder discricionário da administração, entendido, de resto, num sentido tradicional, muito pouco compatível com as concepções actuais de um Estado de direito democrático. Segundo esta opinião, o princípio da separação de poderes – quando não uma translatícia concepção na natureza activa e livre da actividade administrativa[720] – originaria um espaço livre de apreciação (ou avaliação, *Beurteilungspielraum*)[721], com a consequência de que a interpretação administrativa das noções indeterminadas não poderia ser apreciada pelos tribunais. Com o progresso da ideia de primado do direito e de Estado constitucional, esta doutrina é cada vez menos aceite. Embora se continue a reconhecer que este espaço pode existir nos casos em que tenha sido concedida expressamente à administração a faculdade

---

[720] Na verdade, isto é uma consequência serôdia do "princípio monárquico", baseado na ideia da legitimidade originária do monarca para agir, compensada pela legitimidade, também originária, do parlamento para limitar essa acção por meio de leis gerais.

[721] Cf. H. Maurer, *Allgemeines Verwaltungsrecht*, cit., p. 145.

600 | CALEIDOSCÓPIO DO DIREITO...

de uma interpretação/avaliação definitiva[722], entende-se hoje que esta liberdade tem que ceder em face das exigências constitucionais de controlo integral dos actos administrativos pelos tribunais[723]. Como únicas excepções[724], as decisões de avaliação de mérito pessoal ou as de grande tecnicidade, tomadas por colé-

---

[722] Ermächtigungslehre; cf. H. Maurer, *Allgemeines Verwaltungsrecht*, p. 146.

[723] Para a Alemanha, cf. art.º 19 IV GG, H. Maurer, *Allgemeines Verwaltungsrecht*, 146/147, doutrina que tem merecido o acolhimento por parte do Tribunal Administrativo Federal (*ibid.*, 148). Para Portugal, CPA art.º 2, n.º 5: "Os princípios gerais da actividade administrativa constantes do presente Código e as normas que concretizam preceitos constitucionais são aplicáveis a toda e qualquer actuação da Administração Pública, ainda que meramente técnica ou de gestão privada". Ainda, Lei n.º 13/2002 de 19 de Fevereiro (Estatuto dos Tribunais Administrativos e Fiscais): "Art.º 1 (Jurisdição administrativa e fiscal) – 1. Os tribunais da jurisdição administrativa e fiscal são os órgãos de soberania com competência para administrar a justiça em nome do povo, nos litígios emergentes das relações jurídicas administrativas e fiscais. 2. Nos feitos submetidos a julgamento, os tribunais da jurisdição administrativa e fiscal não podem aplicar normas que infrinjam o disposto na Constituição ou os princípios nela consagrados".

[724] Elenco em H. Maurer, *Allgemeines Verwaltungsrecht*, cit. 149-152: decisões de mérito no caso de exames ou equiparáveis, no domínio escolar; apreciação do mérito dos funcionários, decisões de comissões de especialistas ou representantes de interesses, decisões sobre prospectivas de riscos, nomadamente no domínio ambiental e económico. As restrições a estas excepções dizem respeito, apenas, a violação das formalidades, erros de facto, erros grosseiros de apreciação global ou desvio de poder.

APONTAMENTOS PARA UMA TEORIA DA NORMA | 601

gios de especialistas, apenas atacáveis com fundamento em erros de facto, erros grosseiros de avaliação ou em desvio de poder.

Assim, a doutrina mais actual é francamente favorável à equiparação do controle judicial da discricionariedade no que respeita aos conceitos indeterminados, quer se trate de tribunais civis ou administrativos, não concedendo, portanto, ao arbítrio administrativo mais espaço do que concede ao arbítrio dos cidadãos[725]. Por isso mesmo, é que a fundamentação dos actos administrativos – obrigatória nos termos dos arts. 124 e ss. do CPA – não é um requisito meramente formal, como que a pretender apenas provar que a decisão não foi arbitrária. Pelo contrário. A fundamentação deve fornecer as razões que fundaram o processo de decisão naquele sentido, e estas razões têm que ser confrontadas com as intenções genéricas da norma aplicada. Ou seja, o acto discricionário

---

[725] Acrescente-se – para descanso dos que temem a paralisação da administração por um controlo excessivo, que o controle dos tribunais administrativos apenas se exerce quando estão em causa direitos de cidadãos – e não já em casos em que só esteja em causa a bondade ou oportunidade genéricas dos actos administrativos (CPA – art.º 160.º *"(Legitimidade)* – Têm legitimidade para reclamar ou recorrer os titulares de direitos subjectivos ou interesses legalmente protegidos que se consideram lesados pelo acto administrativo"); por isso, à administração fica sempre um largo espaço de acção. Para não referir as oportunidades extensas de defender os seus pontos de vista em tribunal, tanto mais que se supõe dominar melhor do que os oponentes a matéria de facto objecto da decisão atacada; cf. H. Maurer, *Allgemeines Verwaltungsrecht [...]*, cit. 157-169.

602 | CALEIDOSCÓPIO DO DIREITO...

tem que ser fundamentado e esta fundamentação tem que ser conforme às finalidades da norma genérica.

Fora deste controlo legal e constitucional da discricionariedade ficam os actos políticos[726]. "Até ver...", como diz a cantiga do Sérgio Godinho.

---

[726] Ainda, Lei n.º 13/2002 de 19 de Fevereiro (Estatuto dos Tribunais Administrativos e Fiscais): Artigo 4.º (Âmbito da jurisdição): "1 – Compete aos tribunais da jurisdição administrativa e fiscal a apreciação de litígios que tenham nomeadamente por objecto: a) Tutela de direitos fundamentais, bem como dos direitos e interesses legalmente protegidos dos particulares directamente fundados em normas de direito administrativo ou fiscal ou decorrentes de actos jurídicos praticados ao abrigo de disposições de direito administrativo ou fiscal; [...]; 2 — Está nomeadamente excluída do âmbito da jurisdição administrativa e fiscal a apreciação de litígios que tenham por objecto a impugnação de: a) Actos praticados no exercício da função política e legislativa...]". Também a lei que regulamentou o exercício da acção popular (cf. art.º 52, n.º 3 da CRP) – Lei n.º 83/95, de 31 de Agosto, direito de participação procedimental e de acção popular – foi muito cautelosa em evitar que, com a acção popular, se pudessem sindicar decisões políticas, ainda quando lesivas de interesses colectivos, como o desvio do dinheiro dos contribuintes para a salvaguarda de interesses privados (por exemplo, a concessão pelo Estado de avales a um banco em risco de falência, mas de exígua importância sistémica); para isso, a lei faz uma enumeração taxativa dos casos em que podem ter lugar os direitos de informação, de oposição e de acção ("A adopção de planos de desenvolvimento das actividades da Administração Pública, de planos de urbanismo, de planos directores de ordenamento do território e a decisão sobre a localização e a realização de obras públicas ou de outros investimentos públicos com impacte relevante no ambiente ou nas condições económicas e sociais e da vida em geral das populações ou agregados populacionais de certa área do território nacional", art.º 4.º).

APONTAMENTOS PARA UMA TEORIA DA NORMA | 603

Na realidade, o conceito de "actos políticos" está em crise.

"Actos políticos" ou "de governo", são aqueles que, por decorrerem de escolhas "de oportunidade" ditadas pelo governo político ou razão de Estado, pertencem à "prerrogativa do governo" (a antiga *royal prerrogative*, mais tarde recolhida e ampliada pela doutrina francesa pós-napoleónica e pós-Restauração, mas, sobretudo, pela da Alemanha imperial, dominada pelo princípio monárquico [*monarchisches Prinzip*]), não podendo, portanto, ser jurisdicionalmente controlados (sindicáveis), quer pelos tribunais judiciários, quer pelos tribunais administrativos. No início do séc. XIX, a existência de um móbil considerado político pelo governo era considerada a marca distintiva destes actos. Já nos finais do século, esta definição parecia lata de mais, por pôr nas mãos do governo o critério que decidia da insindicabilidade judicial de um acto seu. A tendência, em alguns países (como a França), tem sido a de alargar progressivamente a sindicabilidade dos actos não puramente administrativos do executivo; os quais, no sentido de actos "livres e insindicáveis" juridicamente, tendem – em virtude de uma jurisprudência do *Conseil d'État* cada vez mais ciosa das suas prerrogativas de controlo judicial dos actos do executivo – a tornar-se numa categoria residual, embora ainda importante, sobretudo no domínio das relações entre o executivo e o legislativo, das actividades não administrativas do governo (iniciativa legislativa, nomeação de cargos políticos, por exemplo), das relações externas.

604 | CALEIDOSCÓPIO DO DIREITO...

A tendência para uma progressiva restrição ("irré-ductible peau de chagrin") dos actos políticos decorre de vários factores. Desde logo, da reivindicação de controlo dos órgãos jurisdicionais internos (incluído o Tribunal de Contas, que tende a apreciar, progressiva-mente, mais do que a simples legalidade dos actos), nomeadamente em matéria de garantia de direitos, de respeito de princípios constitucionais (como o da igualdade, da neutralidade do Estado, da transparên-cia da administração, a que se somam os formulados genericamente nos primeiros artigos do CPA), de proporcionalidade entre as medidas tomadas e os interesses públicos invocados, de eficiência, de boas práticas e de cumprimento de regras sãs de contabi-lidade. Depois, a maior parte dos actos políticos não escapa ao controle judicial de instâncias jurisdicionais internacionais, como o Tribunal Europeu dos Direitos do Homem ou o Tribunal Penal Internacional. Por fim, o próprio acto de iniciativa legislativa está hoje, por vezes, vinculado, podendo a omissão legislativa do executivo ser julgada como inconstitucional. Dados estes sinais de crise da noção – falta de uma teoria de sustentação, diminuição progressiva do âmbito da actividade insindicável do governo – já foram utiliza-dos, ao tratar dos actos de governo, títulos como «L'acte de gouvernement, monstre ou victime?» (René Chapus, 1958) ou «les actes de gouvernement, irré-ductible peau de chagrin?» (Josiane Auvret-Finck)[727].

---

[727] A referência à *peau de chagrin* – imagem tirada de um célebre romance de Honoré de Balzac em que um talismã de

APONTAMENTOS PARA UMA TEORIA DA NORMA | 605

Contra esta série de linhas de força, a invocação unilateral e enviesada do princípio da separação de poderes está condenada ao descrédito. Note-se que, no sistema da *common law*, existe um processo bastante agressivo – e, por isso mesmo, menos quotidiano e eficaz – de controlo da legalidade dos actos políticos (e, até, jurisdicionais): trata-se do *impeachment*, que permite a apreciação – normalmente pelo legislativo – da conduta política de um funcionário que não tenha superior hierárquico – mesmo o Chefe do Estado, como nos Estados Unidos da América – quanto à sua conformidade com a Constituição e com as leis. O *impeachment* existe em vários países como o Reino Unido, o Brasil, a Índia, a Rússia, a Irlanda, etc.[728]

---

pele de gato selvagem (*chagrin*) ia encolhendo (tal como quem o usava) à medida que ia sendo invocado. Realmente, a reivindicação – sobretudo quando abusiva – do carácter político de um acto do executivo, para o eximir ao controlo do direito, tem progressivamente desacreditado o conceito e criado uma tendência para a sua contínua restrição. Em Portugal, como noutros países, vai-se tornando insuportável o argumento de alguns políticos que, quando acusados de ilegalidade ou más práticas equiparáveis, procuram fugir ao controle judicial (ou compensar as condenações neste foro) com o argumento de que "nas próximas eleições, o povo é que me julgará".

[728] V., em síntese, http://en.wikipedia.org/wiki/Impeachment. Em Portugal, cabe à Assembleia da República "vigiar pelo cumprimento da Constituição e das leis e apreciar os actos do Governo e da Administração" (art.º 162, al. a)). Mas trata-se de um controlo apenas político, embora possa conduzir a uma moção de censura e, com isso, à queda do Governo.

606 | CALEIDOSCÓPIO DO DIREITO...

Embora a doutrina da vinculação daquele que concretiza uma cláusula geral ou um comando genérico relativamente a uma situação concreta tenha sido pensada para o juiz ou o administrador público relativamente a normas estaduais, estes mesmos princípios são extensivos para qualquer acto de concretização normativa – por exemplo, de um regulamento de trabalho de uma empresa que contenha formulações genéricas ("dever de cuidado", "dever de obediência", "dever de diligência", "conduta prudente") – o qual deve ser conforme à intenção da norma, motivado e sindicável.

17.2 *Previsão e estatuição. A estatuição*

Tendo referido a hipótese, trataremos agora da estatuição, que declara a consequência que o direito liga a uma certa hipótese ou previsão.

Frequentemente, liga-se a estatuição a uma proibição (*normas proibitivas*), a um castigo, a uma pena (*normas punitivas*). No entanto, ela pode ter consequências muito diversas. Desde a concessão de um prémio[729], ao reconhecimento de um direito[730], à sujeição a um certo regime legal (*normas injuntivas*), à remissão para outra norma (*normas remissivas*)[731].

---

[729] Por exemplo, normas que estabeleçam benefícios fiscais.

[730] *V.g.* as normas que estabelecem os direitos dos proprietários, dos estrangeiros, dos nascituros.

[731] *V.g.* as normas que mandam aplicar a uma situação – a de adoptado – as normas previstas para outra situação – a de filho biológico.

APONTAMENTOS PARA UMA TEORIA DA NORMA | 607

De modo que, generalizando, podemos dizer que a consequência jurídica da estatuição se traduz na constituição, modificação ou extinção de uma situação jurídica, ou seja, do conjunto de deveres e direitos que um sujeito jurídico tem perante a ordem jurídica.

Algumas notas suplementares sobre a estatuição.

Mas, se nem todas as estatuições consistem em deveres, também nem todas elas contêm, sequer, comandos. Não os contêm, por exemplo, as definições legais. Estas, porém, não constituem normas autónomas, sendo antes "partes de normas" que hão-de completar outras normas, essas constituindo já, em princípio, comandos. Apesar de não conterem um comando (a não ser para o jurista, que as tem que respeitar, ainda que as considere erradas[732]), as definições legais são formas legítimas e económicas de, por via genérica, formular hipóteses a que se quer ligar consequências normativas. Correspondem a algo de semelhante à "declaração das variáveis", obrigatória em certas linguagens de programação, como secção inicial de um programa[733-734].

---

[732] Têm, nesse sentido, um carácter prescritivo, pois contêm uma intenção ou vontade normativa.

[733] *Vg.*: "Art.º 1577.º (Noção de casamento). Casamento é o contrato celebrado entre duas pessoas de sexo diferente que pretendem constituir família mediante uma plena comunhão de vida, nos termos das disposições deste Código."

[734] Sobre as definições, João B. Machado, *Introdução ao direito e ao discurso legitimador* [...], IV, II, § 3, pp. 110-111; José de Oliveira Ascensão, *O direito [...]*, cit., p. 516.

608 | CALEIDOSCÓPIO DO DIREITO...

De modo semelhante, também as normas remissivas carecem de uma imperatividade substancial. São elas as normas que mandam aplicar outras normas (outros conjuntos de normas, do sistema jurídico considerado ou de outro[735]). As normas remissivas apenas são imperativas enquanto remetem imperativamente para outras normas, sendo estas que, por sua vez, impõem uma solução substancial.

Neste capítulo da estatuição, a situação porventura mais interessante é justamente aquela em que a norma, materialmente, nada estatui, remetendo a decisão para a discrição daquele que a aplica – ou seja, basicamente, o juiz ou o funcionário administrativo – reconhecendo a estes um campo de "livre" apreciação (*Beurteilunsspielraum*). O qual existe igualmente – como vimos acima, ao tratar da hipótese ou previsão[736] – no caso de, na descrição da hipótese ou mesmo na estatuição, o legislador utilizar conceitos indeterminados[737].

---

[735] Como acontece, tipicamente, no Direito Internacional Privado.

[736] Cf., antes, cap. 17.1.

[737] Cf. Código Civil – art.º 437.º (Condições de admissibilidade [Resolução ou modificação do contrato por alteração das circunstâncias]) "1. [Hipótese] Se as circunstâncias em que as partes fundaram a decisão de contratar tiverem sofrido uma *alteração anormal*, [Estatuição] tem a parte lesada direito à resolução do contrato, ou à modificação dele *segundo juízos de equidade*, desde que a exigência das obrigações por ela assumidas afecte *gravemente* os *princípios da boa fé* e não esteja coberta pelos *riscos próprios* do contrato." Sublinhei a itálico os conceitos indeterminados. [Casamento putativo] art.º 1647.º (Efeitos do casamento declarado nulo ou anulado) "1. O casamento

APONTAMENTOS PARA UMA TEORIA DA NORMA | 609

civil anulado, quando contraído *de boa fé* por ambos os cônjuges, produz os seus efeitos em relação a estes e a terceiros até ao trânsito em julgado da respectiva sentença. 2. Se apenas um dos cônjuges o tiver contraído de boa fé, só esse cônjuge pode arrogar-se os benefícios do estado matrimonial e opô-los a terceiros, desde que, relativamente a estes, se trate de mero reflexo das relações havidas entre os cônjuges. 3. O casamento católico declarado nulo pelos tribunais e repartições eclesiásticas produz os seus efeitos, nos termos dos números anteriores, até ao averbamento da decisão, desde que esteja transcrito no registo civil." Art.º 1648.º (Boa fé) "1. *Considera-se de boa fé o cônjuge que tiver contraído o casamento na ignorância desculpável do vício causador da nulidade ou anulabilidade, ou cuja declaração de vontade tenha sido extorquida por coacção física ou moral*"; art.º 1594.º (Indemnizações [no caso de quebra de promessa de casamento]) "1. Se algum dos contraentes romper a promessa sem *justo motivo* ou, por culpa sua, der lugar a que outro se retracte, deve indemnizar o esposado inocente, bem como os pais deste ou terceiros que tenham agido em nome dos pais, quer das despesas feitas, quer das obrigações contraídas na previsão do casamento. 2. Igual indemnização é devida, quando o casamento não se realize por motivo de incapacidade de algum dos contraentes, se ele ou os seus representantes houverem procedido com dolo. 3. A indemnização é fixada segundo *o prudente arbítrio do tribunal*, devendo atender-se, no seu cálculo, não só à medida em que as despesas e obrigações se mostrem *razoáveis, perante as circunstâncias do caso e a condição dos contraentes*, mas também às vantagens que, independentemente do casamento, umas e outras possam ainda proporcionar. Código do Procedimento Administrativo: Art.º 6.º-A (Novo) *Princípio da boa fé:* "1 – No exercício da actividade administrativa e em todas as suas formas e fases, a Administração Pública e os particulares devem agir e relacionar-se segundo as regras da boa fé. 2 – No cumprimento do disposto nos números anteriores, devem ponderar-se os valores fundamentais do direito, relevantes em face das situações consideradas, e, em especial: *a)* A confiança suscitada na contraparte pela actuação em causa; *b)* O objectivo a alcançar com a actuação empreendida."

610 | CALEIDOSCÓPIO DO DIREITO...

As situações mais características desta indeterminação da estatuição são duas.

Uma delas verifica-se quando a lei devolve para o "prudente arbítrio do julgador"[738], ou para uma solução "de equidade". A situação está expressamente prevista no art.º 4.º do CC, que inclui a equidade entre as fontes do direito, embora, ao classificá-la como uma fonte mediata, torne a sua validade dependente de uma expressa determinação da lei; ou seja, a reduza a uma cláusula da estatuição de uma norma pertencente a um outro tipo de fonte[739].

A equidade tem uma longa história na cultura jurídica europeia. Basicamente, foi considerada como a realização da Justiça para um caso particular, por oposição à norma ou regra que definia a Justiça em geral. O contraste com o carácter genérico das normas de direito (da Justiça estrita ou *legalis*) faria com que a equidade pudesse ter em conta elementos particulares que afastassem a regra geral. Desde muito

---

[738] Cf. CC: "art.º 2007.º (Alimentos provisórios) – 1. Enquanto se não fixarem definitivamente os alimentos, pode o tribunal, a requerimento do alimentando, ou oficiosamente este for menor, conceder alimentos provisórios, que serão taxados *segundo o seu prudente arbítrio*"; Cf. de novo art.º 1594.º

[739] Realmente, o julgamento "de equidade" – pelo menos se tomarmos a expressão no seu sentido estrito e clássico – só tem lugar por remissão expressa de uma outra fonte. O caso em que o julgador se depara com a previsão de uma situação juridicamente regulável – sobre esta noção, v. cap. 22 –, mas para a qual não encontra estatuição corresponde a um caso de lacuna do direito, a ser resolvido nos termos que indicaremos a propósito deste tema (cf. cap. 22).

APONTAMENTOS PARA UMA TEORIA DA NORMA | 611

cedo, porém, que os juristas distinguiram uma solução puramente casuística, arbitrária (no sentido de alheia a quaisquer horizontes normativos jurídicos particulares, *ruda aequitas*), de uma equidade que se desenvolvesse no âmbito de uma ordem jurídica em especial, caracterizada por valores específicos e que se guiasse por eles (*aequitas civilis*)[740]. Neste sentido, a equidade é, geralmente, um processo de concretização, teleologicamente vinculado, carente de motivação e sindicável. O Código Civil (art.º 4) é limitativo quanto ao julgamento de equidade, ao dispor que "os tribunais só podem resolver segundo a equidade, (a) quando haja disposição legal que o permita; (b) quando haja acordo das partes e a relação jurídica não seja indisponível e (c) quando as partes tenham previamente convencionado o recurso à equidade, nos termos aplicáveis à cláusula compromissória". Porém, como veremos[741], a natureza pluralista do ordenamento jurídico faz com que as normas do Código Civil apenas tenham em vista um sector do direito legislado; bem podendo acontecer que, para outro tipo de direito reconhecido, a equidade desempenhe um papel dife-

---

[740] Sobre ela, v. A. M. Hespanha, *Cultura jurídica europeia [...]*, cit., 6.3.8.2. Dos melhores trabalhos historiográficos sobre o tema, Jesus Vallejo, *Ruda equidad, ley consumada. Concepción de la potestad normativa (1250-1350) [...]*, cit., 1992. Para a doutrina actual, António Menezes Cordeiro, "A decisão segundo a equidade", em *O Direito*, 1990; José de Oliveira Ascensão, *O direito [...]*, cit., n.º 129, p. 145; n.º 249, p. 442.

[741] Cf. cap. 21 (Interpretação).

612 | CALEIDOSCÓPIO DO DIREITO...

rente e mais importante[742]. Em qualquer caso, não parece admissível que se equipare a equidade a um julgamento totalmente arbitrário, sem referência a um qualquer padrão normativo, dependendo exclusivamente do arbítrio – no seu sentido mais pleno – do juiz.

Outra situação característica desta indeterminação da estatuição existe no âmbito do direito administrativo, como afloramento de um princípio aí central – o da existência, ao lado de uma zona de actividade vinculada à lei, de uma outra em que o agente administrativo goza de poder discricionário (*Ermessen*), correspondente aos casos em que a lei deixa ao aplicador a escolha de agir ou não agir e, neste último caso, a escolha da modalidade de acção (*v.g.*, *polizeiliche Generalklausel*)[743-744]. No entanto, mesmo nestes

---

[742] Os tribunais arbitrais (v., antes, 12.7: Formas alternativas de justiça: conciliação, mediação e arbitragem.) podem julgar de acordo com a equidade se as partes nisso convierem" (Lei 31/86 de 29 de Agosto e Decreto-Lei n.º425/86 de 27 de Dezembro). Cf. Dário Moura Vicente, "Applicable Law in Voluntary Arbitrations in Portugal", *The International and Comparative Law Quarterly*, Vol. 44, No. 1. (Jan., 1995), pp. 179-191.

[743] V., sobre este tema, por todos, Hartmut Maurer, *Allgemeines Verwaltungsrecht*, München, Verlag C. H. Beck, 2006 (16.ª ed., reelaborada e aumentada); bem como os excelentes comentários de Mário Esteves de Oliveira aos primeiros artigos do seu livro *Código do procedimento administrativo comentado*, ed. cons. 2.ª ed., Coimbra, Almedina, 1977 (entretanto, o CPA foi revisto em 1996: v. Decreto-Lei n.º 6/96 de 31-01-1996 – http: //www.diramb.gov.pt/data/basedoc/TXT_LN_332_2_0001.htm).

[744] Esta discricionariedade pode exprimir-se, indirectamente, por expressões como "a administração *pode*", por contraposição a "a administração *deve*".

APONTAMENTOS PARA UMA TEORIA DA NORMA | 613

casos de âmbito discricionário de decisão, em que, portanto, a norma carece de uma estatuição fixa quanto ao modo de agir dos agentes administrativos ou equiparados, a administração não é completamente livre. Longe disso; pois o exercício do poder discricionário visa apenas assegurar um tratamento justo dos casos particulares, *tidos em vista os objectivos da lei*[745]; pelo que a primeira pergunta do administrador deve ser a de qual o fim para que lhe foi conferido, naquele caso, um poder discricionário e, em face disso, que elementos devem ser determinantes na avaliação e decisão desse caso; assim, o poder discricionário está sempre limitado pelos deveres inerentes à função (*pflichtgemässes Ermessen*).

Por isso é que o exercício do poder discricionário pode ser sujeito à apreciação de um tribunal (contencioso administrativo)[746], que inquira:

- da existência de vícios nesse exercício[747];
- do não exercício do poder discricionário[748];

---

[745] Cf. H. Maurer, *Allgemeines Verwaltungsrecht*, cit., p. 140.

[746] Em face de um acto definitivo e executório em que ele se tenha traduzido (*ibid.*, p. 141).

[747] Como o excesso do poder discricionário, quando a entidade administrativa ultrapassa os limites do espaço de discricionariedade que lhe tinha sido concedido (*v.g.*, excesso do montante máximo de uma taxa ou de uma coima).

[748] Ou seja, da recusa de considerar o campo de decisão discricionária que lhe assistia, decidindo como se não tivesse um dever de ponderação de várias alternativas.

614 | CALEIDOSCÓPIO DO DIREITO...

- de *abuso do poder discricionário*, quando *não se tenham em conta as finalidades tidas em vista pela lei ao conceder esse poder*[749] (consideração de pessoas, de filiação política, motivações financeiras ilegítimas; cf. CPA, arts. 3.º[750], 4.º[751] e 6.º[752], 6.º-A[753]);

---

[749] Exemplos em H. Maurer, *Allgemeines Verwaltungsrecht*, cit., 142.

[750] Art.º 3.º − "*Princípio da legalidade*. 1 − Os órgãos da Administração Pública devem actuar em obediência à lei e ao direito, dentro dos limites dos poderes que lhes sejam atribuídos e em conformidade com os fins para que os mesmos poderes lhes forem conferidos. 2 − Os actos administrativos praticados em estado de necessidade, com preterição das regras estabelecidas neste Código, são validos, desde que os seus resultados não pudessem ter sido alcançados de outro modo, mas os lesados terão o direito de ser indemnizados nos termos gerais da responsabilidade da Administração".

[751] Art.º 4.º − "*Princípio da prossecução do interesse público e da protecção dos direitos e interesses dos cidadãos*. Compete aos órgãos administrativos prosseguir o interesse público, no respeito pelos direitos e interesses legalmente protegidos dos cidadãos."

[752] Art.º 6 − "*Princípios da Justiça e da Imparcialidade*. No exercício da sua actividade, a Administração Pública deve tratar de forma justa e imparcial todos os que com ela entrem em relação."

[753] Art.º 6-A (Novo) − "*Princípio da boa-fé*. 1 − No exercício da actividade administrativa e em todas as suas formas e fases, a Administração Pública e os particulares devem agir e relacionar-se segundo as regras da boa-fé. 2 − No cumprimento do disposto nos números anteriores, devem ponderar-se os valores fundamentais do direito, relevantes em face das situações consideradas, e, em especial: a) A confiança suscitada na contraparte pela actuação em causa; b) O objectivo a alcançar com

APONTAMENTOS PARA UMA TEORIA DA NORMA | 615

- de violação dos direitos fundamentais (todos os constitucionalmente previstos) e dos princípios gerais do direito administrativo[754].

---

a actuação empreendida." Uma nota sobre a boa-fé, no contexto desta apreciação dos actos administrativos. Não se trata aqui, evidentemente, de uma boa-fé psicológica (resta mesmo saber se, nos domínios clássicos do direito civil, se trata disso...), em termos tais que o conceito (e, logo, o princípio) fosse inaplicável em relação a órgãos colectivos, por estes carecerem de faculdades psicológicas (cognitivas e valorativas) semelhantes às dos humanos. Trata-se, evidentemente, de um conceito ético-institucional, relacionado com o respeito das boas práticas de correcção, verdade e transparência.

[754] *V.g.*, princípio da igualdade, da necessidade e da proporcionalidade: cf. CPA art.º 2, n.º 5: "Os princípios gerais da actividade administrativa constantes do presente Código e as normas que concretizam preceitos constitucionais são aplicáveis a toda e qualquer actuação da Administração Pública, ainda que meramente técnica ou de gestão privada."; art.º 4.º (*Princípio da prossecução do interesse público e da protecção dos direitos e interesses dos cidadãos*) "Compete aos órgãos administrativos prosseguir o interesse público, no respeito pelos direitos e interesses legalmente protegidos dos cidadãos." e art.º 5.º (*Princípios da igualdade e da proporcionalidade*) "1 – Nas suas relações com os particulares, a Administração Pública deve reger-se pelo princípio da igualdade, não podendo privilegiar, beneficiar, prejudicar, privar de qualquer direito ou isentar de qualquer dever nenhum administrado em razão de ascendência, sexo, raça, língua, território de origem, religião, convicções políticas ou ideológicas, instrução, situação económica ou condição social. 2 – As decisões da Administração que colidam com direitos subjectivos ou interesses legalmente protegidos dos particulares só podem afectar essas posições em termos adequados e proporcionais aos objectivos a realizar."

616 | CALEIDOSCÓPIO DO DIREITO...

De algum modo, idêntico sentido estrutural tem, no direito penal, a fixação de um máximo e mínimo da pena, entre os quais o tribunal determinará a pena concreta[755]. Diferente desta eventual indeterminação da natureza ou da medida da pena é a criminalização de factos, sem que se lhe faça corresponder qualquer pena. A questão foi aventada, recentemente, aquando da realização do referendo sobre a descriminalização, sob certas condições, da interrupção voluntária da gravidez, em que algumas pessoas propuseram, como

---

[755] Artigo 70.º (Critério de escolha da pena) – "Se ao crime forem aplicáveis, em alternativa, pena privativa e pena não privativa da liberdade, o tribunal dá preferência à segunda sempre que esta realizar de forma adequada e suficiente as finalidades da punição"; Artigo 71.º (Determinação da medida da pena) – 1 – "A determinação da medida da pena, dentro dos limites definidos na lei, é feita em função da culpa do agente e das exigências de prevenção. 2 – Na determinação concreta da pena o tribunal atende a todas as circunstâncias que, não fazendo parte do tipo de crime, depuserem a favor do agente ou contra ele, considerando, nomeadamente: a) O grau de ilicitude do facto, o modo de execução deste e a gravidade das suas consequências, bem como o grau de violação dos deveres impostos ao agente; b) A intensidade do dolo ou da negligência: c) Os sentimentos manifestados no cometimento do crime e os fins ou motivos que o determinaram; d) As condições pessoais do agente e a sua situação económica; e) A conduta anterior ao facto e a posterior a este, especialmente quando esta seja destinada a reparar as consequências do crime; f) A falta de preparação para manter uma conduta lícita, manifestada no facto, quando essa falta deva ser censurada através da aplicação da pena. 3 – Na sentença são expressamente referidos os fundamentos da medida da pena".

medida intermédia, não a descriminalização, mas apenas a sua despenalização. A solução era inédita, não tanto por chocar contra o princípio, central no direito penal, de que não há pena sem lei anterior que a preveja – pois aqui, teoricamente, não havia pena[756] –, mas por ser juridicamente inconsequente, quer em face da obrigação que o Ministério Público tem de deduzir acusação, no caso de se provar a existência de crime (consequência dos princípios da legalidade e da igualdade no domínio do direito penal)[757], quer em face da própria natureza do direito penal que, tendo por finalidade única punir os actos minimamente contrários ao convívio social pacífico, aqui deixaria de realizar a sua *única função*[758].

---

[756] Na realidade, havia: a obrigação de comparecer em tribunal e ser sujeita a julgamento, quanto mais não fosse para apuramento dos factos, a exposição pública vexatória a que isso conduzia e, mesmo, uma maior ou menor censura e labéu públicos, são uma pena, uma pena acessória (cf. arts. 65 ss. do CP), digamos, pudicamente não decretada pelo tribunal; senão mesmo – mas isto já é pena, mesmo em termos formais – uma admoestação pelo juiz (art.º 60.º do CP) ou alguma obrigação de serviço à comunidade (cf. art.º 58.º do CP), como chegou a ser sugerido.

[757] Estatuto do Ministério Público (aprovado pela Lei n.º 47/86, de 15 de Outubro com as alterações introduzidas pelas Leis n.os 2/90, de 20 de Janeiro, 23/92, de 20 de Agosto, 10/94, de 5 de Maio e 60/98, de 27 de Agosto): art.º 3 (Competência) – "1 – Compete, especialmente, ao Ministério Público: [...] c) Exercer a acção penal *orientada pelo princípio da legalidade;* [...]".

[758] O argumento histórico que alguns pretenderam extrair do direito romano é fruto de uma interpretação ligeira e

618 | CALEIDOSCÓPIO DO DIREITO...

18. Classificação das normas por ramos de direito

Embora tratemos nesta secção o tema dos "ramos do direito", o que aqui se dirá é apenas introdutório – e, de certo modo, prototípico – quanto aos problemas

---

anacrónica (para além de, está bem de ver, não provar nada, como qualquer argumento *ab praeteritum ad presentem...*). Guilherme Ockham discute esta questão e toca nos seus pontos fundamentais para entendermos o alcance cultural e político da existência das penas de sanção indeterminada – *poenae arbitrariae* – no direito antigo: "Uma das considerações é que, para o imperador, todas as penas são arbitrárias [dados os seus poderes de dispensar a lei], para que lhe seja possível aplicar quaisquer penas a quaisquer casos. De onde se poderia argumentar que, nos casos em que a pena não esteja fixada no direito, esta pena deve ser fixada segundo o arbítrio do juiz inferior; nem se trata de algo de irracional, já que naquelas coisas em que não há direito expresso sobre qual o critério por que se devam punir, permanece o de que se devem punir segundo o seu [do juiz] arbítrio [...]. No entanto, o imperador está acima de todo o direito positivo e, por isso, não está obrigado a punir por nenhum direito positivo, de onde sempre que tenha que punir algum crime, pode infligir o género de pena que o seu arbítrio lhe ditar [...]" (William de Ockham, *Dialogus*, pars 3, tr. 2, lib. 1, cap. 6-17. Corrected text by John Kilcullen and John Scott [Version 1, September 1995], em http://www.humanities.mq.edu.au/Ockham/w32d1btx.html). Ou seja, o princípio valia apenas para as decisões imperiais, já que o imperador e, mais tarde, os reis, podiam dispensar a lei por actos de graça e, ainda assim, sempre ressalvada a "equidade natural". Caso diferente era o do juiz inferior que, não podendo deixar de punir, tinha que o fazer segundo a equidade. E tudo isto, claro, antes da formulação enfática dos princípios da legalidade e da igualdade em direito penal, depois das revoluções americana e francesa.

de método que subjazem a esta classificação. Já quanto ao seu completo desenvolvimento, remeteremos para textos existentes, para já bastantes.

A questão da identificação dos ramos de direito não se reduz a uma classificação das normas por assuntos, já que se presume que os ramos de direito, além de dizerem respeito, globalmente, ao mesmo assunto, apresentam ou um carácter orgânico ou coerente, ou uma intenção comum, ou regras de arte específicas, que os diferenciam uns dos outros. O carácter orgânico decorre do facto de eles regularem aquilo que o senso comum identifica como uma área diferenciada da vida, orientada por certos valores (o mundo doméstico [direito da família], o mundo do trabalho [direito do trabalho], o mundo do comércio [direito comercial], o mundo empresarial [direito económico ou direito das empresas], a vida política [direito político ou constitucional], a administração pública [direito administrativo], as relações entre sujeitos e coisas [direitos reais], a relação com a natureza [o direito do ambiente], as relações de consumo [o direito do consumo], as condutas gravemente desviantes e a sua punição [direito penal]). A intenção resulta, precisamente, das características desta fatia do mundo da vida de que eles se ocupam e das regras técnicas eventualmente diferenciadas que o tratamento dessa fatia exige. Assim, classificar uma norma como pertencente a um ramo de direito significa determinar se ela se relaciona organicamente com as outras que fazem parte desse mesmo ramo ou se com

620 | CALEIDOSCÓPIO DO DIREITO...

elas partilha um objectivo, intenção ou regras metodológicas de processamento que sejam comuns.

Como a organicidade dos princípios de cada ramo do direito decorre dos valores e dos sentidos que o senso comum considera como orientadores daquele domínio da vida e como estes recortes do mundo da vida e os valores que os orientam são relativos às maneiras de viver, toda esta tipologia é determinada pela cultura. Por isso, a história da doutrina jurídica ocidental tem conhecido muitas formas de organizar internamente o direito. Épocas houve em que aproximou o direito político do direito doméstico (*ius vitae ac necis*) – porque a cidade era uma grande casa, ambas dirigidas por uma lógica idêntica – ou o direito administrativo do direito judicial, como duas formas paralelas de governo segundo o direito; o direito do trabalho oscilou entre um parentesco estreito com o direito civil ou com uma grande proximidade do direito público, consoante se destacaram os aspectos individuais, igualitários e livres ou, pelo contrário, colectivos, não igualitários e condicionados das relações de trabalho; o direito económico, tal como o direito agrário, apenas surgiram no início do séc. xx, quando se começou a ver na empresa (ou na herdade agrícola, *fundus instructus*) uma organização de factores de produção, que devia ser tratada unitariamente pelo direito, mais do que uma actividade e meios produtivos de indivíduos, que podiam ser considerados pelo direito como isolados.

Embora os vários ramos do direito constituam, do ponto de vista doutrinal, disciplinas diferenciadas,

APONTAMENTOS PARA UMA TEORIA DA NORMA | 621

eles mantêm relações uns com os outros, partilhando certos princípios e mantendo, entre, si eventuais relações de hierarquia. Assim, em princípio, todos estes ramos têm que se orientar pelos princípios contidos na Constituição, devendo ser, por isso, objecto de uma interpretação "conforme à Constituição"[759].

---

[759] Como funcionaria uma interpretação deste género, em face de artigos como os seguintes: art.º 1625: "(Competência dos tribunais eclesiásticos). O conhecimento das causas respeitantes à nulidade do casamento católico e à dispensa do casamento rato e não consumado é reservado aos tribunais e às repartições eclesiásticas competentes"; art.º 1626 (Processo) "1. As decisões dos tribunais e repartições eclesiásticas, quando definitivas, sobem ao Supremo Tribunal da Assinatura Apostólica para verificação, e são depois, com os decretos desse Tribunal, transmitidas por via diplomática ao tribunal da Relação territorialmente competente, que as tornará executórias, independentemente de revisão e confirmação, e mandará que sejam averbadas no registo civil", nomeadamente quando o processo eclesiástico não assegurar suficientes garantias de contraditório (cf. Cânon 1142: "O matrimónio não consumado entre baptizados, ou entre parte baptizada e parte não baptizada, pode ser dissolvido pelo Romano Pontífice, a pedido de ambas as partes ou de uma delas, ainda que a outra se oponha". Note-se que esta dispensa é concebida como uma *graça* e não como um *direito*, de onde decorrem importantes especificidades processuais: "[...] El proceso tiene como finalidad la *verificación* del hecho de la inconsumación del matrimonio y la existencia de la justa causa que el derecho exige para pedir la gracia, así como la elevación a la Santa Sede de la petición de la gracia. De ambos hechos juzga la Sede Apostólica, pero – aun existiendo ambos requisitos – no se sigue la concesión automática de la gracia. La dispensa la concede sólo el Romano Pontífice. En coherencia con estos principios, no se habla

622 | CALEIDOSCÓPIO DO DIREITO...

Nomeadamente, não é possível estabelecer regimes que ofendam os direitos fundamentais baseados na especificidade de certas matérias ou na especialidade dos vínculos de certas categorias de cidadãos (*v.g.*, os militares) com o Estado[760].

---

de escrito de demanda, sino de *preces* o escrito de petición de dispensa. No hay partes, sino *oradores*. Tampoco se permiten abogados, aunque los oradores pueden aconsejarse por *jurisperitos*. Este proceso se desarrolla en sede diocesana hasta la *fase de instrucción*. Una vez acabada – téngase en cuenta que las actas no se publican: canon 1703 – el Obispo remite a la Santa Sede las actas, con su voto y las observaciones del Defensor del Vínculo. El órgano competente es la Congregación para el Culto Divino y Disciplina de los Sacramentos. Este proceso se recoge en los cánones 1697 al 1706. Además, se deben tener en cuenta las *Litterae Circulares «De processu super matrimonio rato et non consummato» (Communicationes* 20 (1988), 99. 78-84)" (http://www.iuscanonicum.org/articulos/art025.html). Hoje a questão está resolvida pelo art.º 16 da nova Concordata entre o Estado Português e a Santa Sé (de 2004: http://www.geocities. com/CapitolHill/Senate/4801/Legislacao/Concordata-2004.html).

[760] A questão ganhou actualidade nos inícios de 2006, perante a afirmação do Governo de que tencionava alterar o Regulamento de Disciplina Militar de modo a evitar que os tribunais civis interferissem em matéria de disciplina militar. O argumento subjacente era o da centralidade da disciplina no seio das Forças Armadas, ideia que já tinha sido responsável pela inexistência de garantias suficientes de defesa e de recurso de ordens das chefias militares até à promulgação do RDM de 9.4.1977. A declaração governamental – suscitada pela decisão do Tribunal de Sintra de decretar a suspensão da punição aplicada a dez sargentos punidos pela Força Aérea por terem participado no protesto, conhecido como "passeio do descontentamento" e da ulterior recusa das chefias militares de acatar a ordem do tribunal – suscitou reacções, nomeadamente da

Outro factor de permeabilidade entre os vários ramos de direito consiste no facto de um caso concreto poder ser referido a vários destes ramos, conforme a perspectiva a partir da qual seja considerado. Assim, por exemplo, o não pagamento de um imposto devido insere-se, seguramente, no ramo do direito fiscal e terá que ser tratado de acordo com as normas e princípios que aí dominam; mas, em certas circunstâncias, pode integrar-se também no domínio do direito penal geral ou no domínio, mais específico, do direito penal fiscal, podendo ainda apresentar

---

Associação Sindical dos Juízes, cujo porta-voz afirmou: «Quando estão em causa matérias referentes a direitos, liberdades e garantias dos cidadãos, os tribunais independentes são a melhor forma de garantir que vejam as matérias apreciadas de forma isenta e imparcial [...]» (Agência Lusa-TSF – 09.03.2007). A última revisão constitucional extinguiu os tribunais militares, justamente em obediência ao princípio da unidade das jurisdições, decorrente do princípio da igualdade. Em geral, o direito comparado conhece uma gama ampla de restrições aos direitos dos militares e, mesmo, ao controle da legalidade ou constitucionalidade da disciplina militar. Em todo o caso, na sentença n.º 449 13.12.1999, o Tribunal Constitucional Italiano (reiterando uma sentença de 1987) lembra que a Constituição integra o ordenamento militar no âmbito geral do ordenamento estadual "que respeita e garante os direitos substanciais e processuais de todos os cidadãos", concluindo que a garantia dos direitos fundamentais de que são titulares os cidadãos militares não cede frente às exigências das estruturas militares, nomeadamente quanto aos direitos colectivos dos membros das Forças Armadas. Num sentido semelhante, J. Gomes Canotilho, *Direito constitucional* [...], 7.ª ed., 466/467.

624 | CALEIDOSCÓPIO DO DIREITO...

características que o relacionam com os direitos reais, com o direito de família, o direito económico, o direito comunitário, o direito fiscal e internacional, etc.

18.1 *Uma aplicação: direito público e direito privado nos nossos dias*

A título de exemplo do que acabamos de dizer, abordaremos um pouco mais detidamente a distinção entre direito público e direito privado, tal como ela se põe nos nossos dias.

O ponto de partida desta distinção está num texto de Ulpianus (séc. III), recolhido dos primeiros textos do *Digesto* justinianeu (D.,1.1.1,2: "O direito público é o que diz respeito aos interesses de Roma, o privado o relativo à utilidade dos particulares")[761].

---

[761] Note-se que a expressão "ad statum rei romanae" não se deve traduzir de modo a identificar "statum" com a actual noção de Estado, mas antes com o sentido de "condição", "interesse" e mesmo "património" da coisa pública (que consiste nas "coisas sagradas, nos sacerdotes e nos magistrados") (*Ibid.*, 1,1,1,2) e que "não pode ser alterado por pactos privados" (Papinianus, D. 2, 14, 38). O mesmo acontece nas línguas neolatinas: o antigo Conselho de Estado não tratava dos assuntos "de Estado", "constitucionais", mas de um certo conjunto de matérias, variável, que ia desde as relações internacionais até a matérias de casamentos da família real; a Casa do Estado das Rainhas era um "tribunal" que geria os direitos de natureza patrimonial das rainhas; a Junta dos Três Estados era um órgão "representativo" do clero, da nobreza e do povo, criado para a administração de um imposto especial (a "décima militar") criado para custear a Guerra da Restauração (da dinastia

APONTAMENTOS PARA UMA TEORIA DA NORMA | 625

Este critério da natureza dos interesses prosseguidos por cada um dos ramos do direito explica um
critério suplementar, o da situação relativa dos sujeitos intervenientes na relação jurídica regulada. Como
o interesse comum se impõe – embora com limites e
segundo regras predeterminadas – aos interesses particulares (*salus reipublicae suprema lex est*, a salvação da
República constitui uma lei suprema), a entidade a
quem compita a salvaguarda desse interesse está numa
relação bifronte, de sujeição e de autoridade, ao
mesmo tempo. De sujeição, porque os seus poderes
são vinculados à prossecução do interesse público,
contradistinguido-se, assim, do carácter *arbitrário* (de
arbitrium, alvitre, alvedrio) das vontades meramente
privadas. De superioridade em relação a quem for
portador de um simples interesse privado, podendo
impor-lhe condutas (gozando, em relação a ele, de
um poder de *imperium*), porque o interesse comum se
articula com os interesses privados, não pelo modo da
natural harmonização, mas pelo modo da superioriza-
ção e da correlativa imposição.

Claro que esta distinção entre interesses "públicos"
e "privados" tem uma longa e errática história, em
que o interesse público/comum foi considerado (i) ou

---

dos Bragança). Sobre o tema, em síntese, v. R. C. van Caenegem, *A historical introduction to the western constitutional law*,
Cambridge, Cambridge U. P., 1995, 1 ss. (ed. port. em preparação, Lisboa, Fundação Calouste Gulbenkian, 2009).

626 | CALEIDOSCÓPIO DO DIREITO...

como articulação, entre mística e artística, de todos os interesses privados/particulares, em termos tais que não poderia ser realizado à custa dos últimos (monarquias corporativas); (ii) ou como o exercício racional (estratégico, de vista longa) dos interesses privados, que coincidiria automaticamente com o interesse de todos (liberalismo clássico); (iii) ou como o interesse da colectividade expresso pelo Estado e contraposto aos interesses egoístas, paroquiais, facciosos, dos particulares (estatalismo oitocentista); (iv) ou, finalmente, como o interesse total da comunidade nacional (ou "do povo", de "uma classe"), perante o qual todos os interesses particulares deviam ceder (totalitarismos novecentistas)[762]; (v) ou como o interesse de uma elite instalada e egoísta, constituída por funcionários e burocratas, mais motivados pela manutenção do seu *status*, a ser marginalizado pela busca activa, diligente e sempre legítima dos interesse de cada um (liberalismo e neoliberalismo).

Nos dias de hoje – em que o *imperium* público tem que decorrer no âmbito da Constituição e das leis –, a principal característica do direito público não é a

---

[762] "Tudo pela Nação, nada contra a Nação". Este apagamento do particular é ainda visível em *slogans* como "Credere, Ubbedire, Combattere", "Deus, Pátria, Família", "España, Una, Grande, Santa", "Quem vive? Portugal! Quem manda? Salazar!", ou nas ideias de "ditadura do proletariado" ou de "governo pelos homens" (oposto a "governo pelas leis"). As origens estão no anti-individualismo oitocentista, decorrente da filosofia social de A. Comte.

da arbitrariedade, mas antes a da sua vinculação mais apertada a critérios de constitucionalidade, incluídos os do respeito de princípios constitucionais como os da igualdade, da transparência, da proporcionalidade, da cura do interesse público; ou, como já vimos, os princípios que dominam o direito administrativo e a que o CPA vincula a actividade, mesmo discricionária, da administração. Porém, também o direito privado, ao regular os conflitos na mera perspectiva dos interesses particulares e do princípio da autonomia da vontade, não é estranho a restrições e limites, pois a mão invisível do mercado sempre supôs uma mão visível, embora não necessariamente estadual, que enuncie regras que garantam a sustentação da concorrência baseada num mínimo de racionalidade e de liberdade. Daí a importância que a ideia de uma governação (*governance*) autoconsentida – constituída por boas práticas e regras prudenciais – seja indispensável para garantir o cálculo livre e racional e afastar o perigo de uma relacionação económica baseada no segredo, no puro arbítrio e no aleatório, que excluem a possibilidade de qualquer cálculo ou de qualquer modelo racional de decisão, equiparando o mercado a um jogo (a chamada *Casino economy*[763]).

---

[763] *"Casino economy* is the term given to the world that has just ended, sometimes described as a *bubble* bursting (as in *bubble economy*). For years now, the value of a company has not been some rational estimation of its physical assets, plus the contribution of its workers, rather the price to earnings ratio has been one that bears no relation to reality. Some people do

628 | CALEIDOSCÓPIO DO DIREITO...

Dada esta similitude dos dois mundos, ambos carentes de transparência, regulação, estabilização e previsibilidade (garantia das expectativas, contenção do risco e da excessiva complexidade), o termo "governação" tende a abranger hoje globalmente ambos os mundos. De alguma forma, a combinação de disciplina (estadual) com a governação (não estadual) obliterariam a distinção entre público e privado, no âmbito de uma geometria diferente de uma mesma proposta há décadas feita por aqueles que, constatando também a necessidade de acomodar os interesses privados com os da comunidade, imaginavam um modelo de publicização de grande parte do direito privado.

Apesar disto, e pesem embora todas as distorções e abusos que à sua sombra se podem cometer, não é arriscado dizer que, cuidando de tais interesses gerais e estando tão especialmente vinculado pelos princípios superiores da República, o direito público (como, em geral, a função pública) mantém uma dignidade ainda ímpar[764]. Pois ainda constituem a forma mais

---

very well. They are able to influence the rest of us to at least try our hands in the gamble that a stock market inevitably is. What went up; goes down. And people lose. People lose when they place what they should not into the market. People lose when governments place their resources at the disposal of the markets. People lose when governments pretend that they no longer need to exist, and that the private sector will take care of everyone. The lesson of The Great Depression is about to be learned all over again. We have prepared ourselves so well by eliminating all the mechanisms of the public sector because, hey, let's gamble on the market" (de um blog: http://every thing2.com/index.pl?node_id=985935).

APONTAMENTOS PARA UMA TEORIA DA NORMA | 629

transparente, universalmente e equilibradamente regulada de promover as soluções mais inclusivas, consensuais e estabilizadoras.

Por outro lado, nunca é de mais insistir na ideia de que muitos dos princípios – antes enunciados – que limitam a acção do Estado e da sua administração não podem deixar de limitar também – e talvez por maioria de razão – a vontade e acção dos particulares. Na verdade, estes também estão limitados, ao exercer os seus direitos, pelos direitos fundamentais – dos outros particulares –, pelo princípio da proporcionalidade[765].

---

[764] Cf. CRP, Artigo 266 (Princípios fundamentais). "1. A Administração Pública visa a prossecução do interesse público, no respeito pelos direitos e interesses legalmente protegidos dos cidadãos." Daí as cautelas com que se rodeia a sua actuação: "2. Os órgãos e agentes administrativos estão subordinados à Constituição e à lei e devem actuar, no exercício das suas funções, com respeito pelos princípios da igualdade, da proporcionalidade, da justiça, da imparcialidade e da boa-fé", bem como o disposto nos arts. 269 e 270 que, longe de constituírem uma marca de inferioridade, são um sinal da importância e dignidade desta função, a qual comporta, por isso, restrições a que escapam outras, de menor entidade.

[765] Os actos de exercício de direitos têm que ser os adequados, indispensáveis e proporcionais a esse fim, e não actos excessivos ou abusivos, (*i.e.*, que "excedem o uso" legítimo do direito: veja-se o excesso de legítima defesa [cf. art.º 33 CP], o abuso do direito [cf. art.º 334 do CC], o abuso de posição privilegiada ou dominante [nomeadamente, como violação das normas do direito da concorrência, como as estabelecidas pelos arts. 81 e 82 do Tratado da CE (rev. Amesterdão); num domínio totalmente diferente, art.º 1871 CC]), têm que ser

630 | CALEIDOSCÓPIO DO DIREITO...

19. Alguns aspectos mais importantes da metodologia jurídica. As normas: problemas de aplicação

Passado em revista o indispensável dos temas relacionados com a estrutura e arrumação das normas, especialmente pelos que podem ser mais afectados por novidades menos habitualmente incorporadas na teoria do direito, prosseguiremos, na mesma linha, revisitando os temas mais centrais da teoria das normas[766].

---

indispensáveis e não podem infligir mais prejuízos a terceiros do que os estritamente necessários (cf. arts. 1482, 1533, etc. CC). O mesmo se diga da acção dos particulares em confronto com os interesses públicos, tutelados pelo Estado e sua administração; também aqui, a liberdade dos particulares deve ser exercida de boa-fé (art.º 6-A do CPA; por isso é que, por exemplo, o abuso do direito de recurso à justiça é punido: litigância de má-fé, art.º 456 CPC). Esta precisão destina-se a matizar uma interpretação estritamente liberal do princípio da proporcionalidade, como dirigido unicamente à limitação da acção do Estado face aos particulares; ele limita também a acção dos particulares, em homenagem a direitos públicos ou de outros particulares.

[766] A natureza problemática da expressão "aplicação" relaciona-se com um problema maior da teoria do direito, ou seja, se o direito é um conjunto de normas abstractas que se hão-de aplicar aos casos da vida; ou se, pelo contrário, o direito não irrompe desses mesmos casos da vida (das suas pretensões de solução justa), sendo, no final, sintetizado em regras gerais (normas, neste sentido) que, neste caso, representam como que "sínteses" orientadoras provisórias para a resolução de outros caos. Os romanos diziam, a este propósito: "Non ex regula ius sumatur, sed ex iure quod est regula fiat" (*Digesto,* 50, 17, 1, Paulo) [o direito não se toma da regra; pelo contrário, é do direito que existe que se faz a regra].

20. A qualificação

Fala-se de *qualificação* quando se trata de referir uma situação de facto à(s) norma(s) de direito, a fim de encontrar o seu regime jurídico.

Do ponto de vista lógico, parece que esta fase devia ser antecedida de uma pesquisa (*Ermittlung*) e acertamento ou determinação (*Feststellung*) dos dados de facto que deverão ser apreciados juridicamente. A situação é, todavia, um tanto mais complexa, já que, como disse e voltaremos a reiterar, o direito não lida com "factos brutos" ou, dizendo de outro modo, é o direito que esculpe e determina os factos relevantes para a sua aplicação[767]. Vejamos porquê.

"O velho Dan pôs um pé no degrau do escadote, para dar espaço a Jim. Enquanto este se escarranchava num ramo ainda cheio de maçãs, o velho escadote torceu-se e deu de si. Dan caiu, juntamente com dois ou três degraus, Ficou deitado no chão, imóvel e calado, com a bacia provavelmente fracturada, enquanto os trabalhadores mais próximos acorriam. «Isto são as escadas que nos dão para trabalhar! Pobre Dan ...», rosnou London, de dentes cerrados e tremendo das mãos. O apontador aproximou-se silenciosamente, olhou o corpo e, metendo o caderninho no bolso das calças, disse: «O Dan está vivo. Ponham-no à sombra, recolham na caixa dele as

---

[767] Recorde o que se disse sobre o carácter autopoiético dos sistemas jurídicos (*supra*, cap. 9.1; e ainda o capítulo sobre a previsão da norma 17.1).

632 | CALEIDOSCÓPIO DO DIREITO...

maçãs por aí espalhadas e voltem para o trabalho»"
(John Steinbeck, *In dubious battle*, 1936 [ligeiramente
adaptado]).

Tudo isto é apenas um trecho de uma história de
John Steinbeck, até ao momento em que nos perguntamos por uma questão que caiba ao direito resolver.
E, como em qualquer situação da vida, há aqui uma
série de questões que cabe ao direito resolver, como
há outra série delas que apenas podem ser respondidas por outra série de sistemas de conhecimento.
Pode ser que estas questões se mantenham independentes, mas também pode ser que as respostas a umas
dependam das respostas a outras.

Antes de começarmos a perguntar, não sabemos
nada sobre a configuração da "versão jurídica" da
história – nem que questões jurídicas se irão suscitar,
nem como se combinarão elas com outras questões,
jurídicas ou não. Nem sabemos, rigorosamente, se as
questões por que começarmos são "jurídicas", isto é,
se as conseguiremos ou não referir a uma norma
jurídica[768]. Nem tão-pouco se, no caso negativo, isto
se deve a uma deficiência do direito, que deveria
conter tal norma e não contém, ou se decorre de se
tratar de uma circunstância do caso que nada tem a
ver com o direito, embora possa ser referível à moral

---

[768] *V.g.*, prestar assistência a Dan, mandá-lo para o hospital,
têm a ver com o direito, são deveres jurídicos ou apenas
"obras de misericórdia", actos prudentes de gestão, etc.?

(sobre o auxílio aos necessitados), à política (sobre como lidar com uma multidão [de trabalhadores]) ou a uma certa tecnologia (de colheita de frutos arvenses), por exemplo.

Suponhamos que a questão que nos interessa é a de saber quem responderá (quem o indemnizará) pelos danos – e por que danos – sofridos por Dan, em virtude da queda.

I. O despoletar desta pergunta – o pressupor que tal pergunta faz sentido, em termos de direito – é sugerido por pré-conhecimentos que temos, na nossa cultura[769], de que sempre que alguém cause danos a

---

[769] Esta assunção não é universalmente partilhada. Certas culturas africanas consideram as ocorrências prejudiciais como obras de espíritos – ou de bruxedos; as culturas clássicas europeias também ligavam as ocorrências nefastas ao destino (*fatum*). Nos dias de hoje, o Prémio Nobel de Economia Ronald H. Coase propõe que, se os prejuízos causados forem menores do que os custos necessários para evitar a sua produção, não haja lugar a responsabilização do poluidor pelos danos causados aos que sofrem os efeitos da poluição: "Suppose that, in a particular case, the pollution does $100,000 a year worth of damage and can be eliminated at a cost of only $80,000 a year (from here on, all costs are per year). Further assume that the cost of shifting all of the land down wind to a new use unaffected by the pollution – growing timber instead of renting out summer resorts, say – is only $50,000. If we impose an emission fee of a hundred thousand dollars a year, the steel mill stops polluting and the damage is eliminated – at a cost of $80,000. If we impose no emission fee the mill keeps polluting, the owners of the land stop advertising for tenants and plant trees instead, and the problem is again solved – at a cost of $50,000".

634 | CALEIDOSCÓPIO DO DIREITO...

outrem deve ter que o indemnizar, porque (a) os tais danos são imputáveis ou a uma vontade (a uma intenção) ou a uma falta ilegítima de vontade (a um desleixo, a uma anormal falta de previsão), recaindo sobre todos o dever de não prejudicar – voluntária ou culposamente – outrem (*alterum non laedere*); (b) ou porque incumbe contratualmente (em virtude de cláusulas contratuais, voluntárias ou implícitas [*v.g.*, exigidas pelas boas práticas no sector]), ao "dono da obra" cuidar dos seus empregados; (c) ou porque o direito [as "boas práticas"] dispõem que cada um tem o dever de prestar socorro, nos limites das suas capacidades, a alguém que se encontre gravemente carente de socorro. Como este conhecimento difuso não basta para decidir juridicamente o caso, temos que encontrar a(s) norma(s) que, na respectiva hipótese, prevejam situações destas.

Como o corpo do direito é vastíssimo, (i) a descoberta destas normas pode ser muito complicada para quem não conheça a arrumação das matérias do direito. Acresce que (ii) é muito improvável que encontremos uma norma que preveja a situação de alguém se ter ferido por cair de um velho escadote quando andava a colher maçãs para outrem. Daí que tenhamos que concentrar a nossa atenção em casos "que pertençam ao mesmo género".

II. Suponhamos que *partimos do caso* e não da *questão jurídica*.

Nesta eventualidade, a primeira questão pode resolver-se percorrendo todas as normas jurídicas à pro-

APONTAMENTOS PARA UMA TEORIA DA NORMA | 635

cura de um caso do mesmo género. Solução bastante pueril, que se assemelharia à do jogador de xadrez que, antes da sua jogada, antecipasse todas as jogadas possíveis e respectivas consequências. Mais eficiente é, dispondo do mapa da matérias jurídicas (de uma "enciclopédia jurídica", ou de um dicionário de direito), procurar na "sede" do caso proposto a norma concreta que o compreende. Frequentemente, o mundo do direito é apresentado como uma árvore, cujos ramos se bifurcam sucessivamente; de modo que a marcha para a qualificação corresponderia em encontrar o género principal – correspondente, digamos, a um "ramo do direito", como direito público, ou direito privado –, subindo pelos seus sub-ramos: direito civil, direito comercial, direito do trabalho, direito penal. O campo vai-se restringindo, mas por vezes arriscadamente. Há "nomes" que sugerem conexões: "comercial", pois o acidente desenvolve-se, presumivelmente, no âmbito de uma firma; "trabalho", pois se trata daquilo a que o senso comum chamaria um "acidente de trabalho"; "penal", pois pode parecer que, perante a produção de danos corporais aparentemente tão graves, alguém deveria ser "castigado". Daí que só a resolução de questões de taxionomia jurídica, como a afinação dos conceitos (ou dos "tipos ideais")[770] destes vários ramos de direito – enumeran-

---

[770] A distinção entre conceito e tipo remete para a seguinte diferença: o conceito é "fechado", delimitado por característi-cas fácticas finitamente enumeráveis; o tipo é "aberto", já que a

636 | CALEIDOSCÓPIO DO DIREITO...

do as características específicas (ou "nucleares") – dos casos que eles compreendem, permitirá avançar.

Existem, porém, mais algumas armadilhas. A árvore do direito, além de diferentemente podada (*i.e.*, arrumada em conceitos ou diferenciada em tipos), segundo as ordens jurídicas, tem os ramos ligados por entidades "transversais" – a que chamaremos "conceitos" ou "institutos" – que são conjuntos de normas que se manifestam em todos ou vários dos seus ramos. Em todos eles se pode falar de, por exemplo, "personalidade jurídica", "direito subjectivo", "negócio jurídico", "efeitos jurídicos do tempo", "responsabilidade", "propriedade", "dano". Acresce que, também ao nível dos institutos, se manifestam taxionomias arborescentes: a responsabilidade pode ser "contratual" (derivada de um contrato, obrigando as partes entre si) ou "extracontratual" (obrigando alguém responsável pela lesão de um direito para com o titular deste direito)[771]. Ou seja, a estrutura do direito não é estritamente arborescente ("um para um", ou "um

---

sua característica é a referência a uma ideia, ou a um valor, cabendo nele tudo o que é referível a essa ideia ou a esse valor, independentemente de características fácticas. Cf. Karl Larenz, *Metodologia [...]*, cit., 187 ss.

[771] "Pessoal" ou "por facto de outrem" (ou mesmo de coisa inanimada); "subjectiva" (*i.e.*, dependente de um facto imputável à vontade do lesante) ou "objectiva" (*i.e.*, independentemente da possibilidade de uma imputação desse tipo); "por acção" ou por "omissão" (de socorro, por exemplo).

para vários"), mas reticular ("vários para vários"), embora o facto de tais institutos transversais se manifestarem num ou noutro ramo possa colorir diversamente o seu regime, preenchendo diversamente o conteúdo dos conceitos.

Daí que um mapeamento elementar dos núcleos normativos do direito (dos seus ramos e institutos; melhor, talvez, dos seus institutos referidos aos ramos[772]) seja indispensável para qualificar juridicamente uma situação da vida. Era esta a função de uma disciplina de propedêutica jurídica, muito popular no séc. XIX, a "Enciclopédia jurídica".

Se partirmos, porém, da questão (adoptando um "problem solving approach" – uma perspectiva orientada para a resolução de um problema), o diagnóstico pode ser mais fácil. Vejamos.

Decomposta a situação da vida nos seus traços que assim se mostraram em princípio juridicamente relevantes – ou seja, que permitiriam servir de pontos de conexão com normas jurídicas –, apenas podemos hierarquizar o seu interesse para resolver juridicamente o caso *a partir de uma questão jurídica concretamente posta*. Pode acontecer que exista um elemento que permitiria eventualmente (depois de ulterior questionamento dos factos) ligar a situação ao instituto

---

[772] "Propriedade – direito público", "Propriedade – direito privado", "Relação de trabalho – direito civil", "Relação de trabalho – direito de trabalho", etc.

638 | CALEIDOSCÓPIO DO DIREITO...

penal da omissão de socorro ou das ofensas corporais por negligência; outro elemento que poderia apontar para a situação ilícita de emprego de pessoas incapacitadas pela idade. Mas, *uma vez que nos perguntamos sobre a responsabilidade pelos danos sofridos por Dan*, estas conexões desaparecem do nosso horizonte, tal como os pontos de conexão (os elementos da situação da vida) que as suportavam (*estilização do caso*), a não ser que estes suportem também conexões com o instituto da responsabilidade (a ausência de socorro agrava os danos; o emprego consciente de velhos escadotes ou outros utensílios de trabalho agrava o grau de responsabilidade para um nível de negligência grosseira ou reforça o nexo de causalidade entre a queda e a gravidade das lesões corporais). Ficarão então em estado de espera, podendo vir a ser chamados para activar conexões para já suspensas.

Como se vê, estamos agora claramente a considerar a situação *do ponto de vista da questão jurídica* posta (ou seja, adoptando uma estratégia orientada pela solução para o problema, *problem solving oriented approach*). Partindo justamente daqui (da solução jurídica para um dos aspectos do caso, de uma pergunta jurídica sobre o caso), e não do caso "em bruto", economizamos algum trabalho, pois podemos descartar desde logo todos os elementos do caso que não constituem pontos de conexão com o complexo de normas que nos interessa para responder à questão concretamente posta. Para além de que, metodologicamente, sempre se poderá dizer que o que se pode referir ao direito é a questão jurídica suscitada pelo caso e não a situação de facto, que não pertence ao mundo do direito[773].

Ou seja, a questão jurídica activa também, por sua vez, uma série de normas jurídicas que permitem dar--lhe uma resposta. Que normas são estas? De novo, há que buscá-las no ordenamento jurídico. Onde é que este determina quando é que alguém é responsável pelos danos sofridos por outrem por causa de um acidente? De novo, podemos encontrar o tema dos danos por acidente em vários ramos do direito, desde o direito civil geral, ao direito do trabalho ou ao direito de trânsito ou do ambiente, por exemplo. Neste caso, a referência a "trabalho por conta de outrem" é um indício forte para uma segunda conexão a "direito do trabalho", em que diversas normas dizem respeito à responsabilidade por acidentes de trabalho. Embora seja preciso saber que, na falta, de uma norma específica do direito de trabalho sobre esta situação, valerá a eventual norma do direito civil geral respectiva, pois o direito do trabalho, como "ramo especial" (?) do direito civil, tende a acolher o regime por este estabelecido, salvo norma em contrário.

---

[773] Ou seja, para subsumirmos uma espécie a um género, ou para referirmos uma instanciação a um tipo, todas as entidades têm que pertencer a um mesmo mundo – ou o dos factos, ou o das normas. Este argumento é, provavelmente, demasiado formal e pode provar menos do que parece.

640 | CALEIDOSCÓPIO DO DIREITO...

De passagem, algo sobre o processo psicológico que subjaz à qualificação, tema de grande interesse para uma possível formalização do diagnóstico jurídico executável por máquinas de inferência (por sistemas periciais [*expert systems*] computacionais).

A compreensão automática de situações pressupõe que a informação seja fornecida de forma estruturada. Aparentemente, o próprio cérebro humano dispõe de situações padrão, com auxílio das quais organiza a informação que recebe[774]. Um ilustre engenheiro do conhecimento, Roger Schanck[775], escrevendo nos fins dos anos 70, do séc. XX, descreveu esses modelos de organização da informação como "guiões" (*scripts*), ou seja, "esqueletos de histórias". De facto, argumento, neste sentido quase cinematográfico, é o esqueleto (uma espécie de formulário) de uma situação, em que falta preencher certos "encaixes" (*slots*) sem os quais ela não se pode entender. Perante certos estímulos

---

[774] É em virtude deste carácter activo do acto de conhecer que distinções nítidas entre "realidade" e "ideias", "factos" e "valores" parecem deslocadas. O conhecimento, tal como a valoração, não consistem na aplicação de entidades intelectuais a dados externos brutos, mas na própria construção (intelectual, valorativa) destes dados.

[775] Roger C. Schank and Robert P. Abelson, *Scripts, Plans, Goals and Understanding*, Lawrence Erlbaum Associates, 1977. Para notas biográficas e sobre o seu trabalho em ciência da computação e ciências cognitivas, http.//www.wtn.net/2004/winners. Já agora, veja o que Schank pensa sobre o que é uma pessoa culta no séc. XXI.: http://www.kurzweilai.net/meme/frame.html?main=/articles/art0391.html.

APONTAMENTOS PARA UMA TEORIA DA NORMA | 641

sensoriais, a memória chamaria um cenário, sendo a atenção dirigida para o preenchimento dos respectivos *slots*.

De forma semelhante, encontrar o instituto jurídico de referência que corresponde ao caso posto é identificar a série de questões, de facto e de direito, que permitem resolvê-lo juridicamente. Do ponto de vista da engenharia do conhecimento, tudo está em saber qual o processo metódico que conduz da pergunta jurídica sobre a situação da vida à construção do cenário jurídico que permite elaborar uma resposta.

Situação da vida   [confrontado com]

Direito (Instituto(s) jurídico(s) de referência)

Novo guião (novas perguntas suplementares "de direito" e "de facto")

Guião[776] (perguntas suplementares "de direito" e "de facto")
Invocação eventual de outro(s) instituto(s)

Questão jurídica

---

[776] Ou pré-compreensão jurídica, orientadora mas provisória, do caso.

642 | CALEIDOSCÓPIO DO DIREITO...

De alguma forma, era da construção deste guião com as perguntas que têm que ser respondidas (com as perguntas relevantes) de que se ocupava o juiz numa fase do processo a que se chamava de "especificação e questionário", em que o juiz enumerava os factos alegados relevantes já assentes ou os que, por serem controvertidos, tinham que ser objecto de prova[777].

III. Todavia, como já se disse, é quase certo que, no conjunto de normas abstractas, não se vai encontrar qualquer uma cuja hipótese corresponda, ponto por ponto, à situação da vida para a qual queremos uma solução jurídica. Desde logo, porque a norma está formulada em termos abstractos. Mas, mesmo que isto não acontecesse, como as situações da vida são muito mais do que as que podem ser antecipadas pelo direito, o mesmo aconteceria num direito casuístico.

Daí que referir um caso a uma norma (ou a um precedente) implique sempre um juízo sobre a sua semelhança, ou um juízo sobre a pertença das duas

---

[777] V., hoje, o art.º 511 do Código de Processo Civil, red. dada pelo Dec.-Lei 180/96, de 28.09: artigo 511.º (Selecção da matéria de facto) "1. O juiz, ao fixar a base instrutória, selecciona a matéria de facto relevante para a decisão da causa, segundo as várias soluções plausíveis da questão de direito, que deva considerar-se controvertida. 2. As partes podem reclamar contra a selecção da matéria de facto, incluída na base instrutória ou considerada como assente, com fundamento em deficiência, excesso ou obscuridade. 3. O despacho proferido sobre as reclamações apenas pode ser impugnado no recurso interposto da decisão final".

APONTAMENTOS PARA UMA TEORIA DA NORMA | 643

situações, a da vida e a da hipótese, a uma mesma categoria ou género, *sob o ponto de vista relevante para a questão jurídica posta*. Cair de uma escada porque esta se partiu é o mesmo que cair por causa de um desmaio, por causa de um raio, porque alguém abanou a escada? Do ponto de vista dos resultados físicos, as diferenças podem ser irrelevantes; do ponto de vista da pergunta jurídica que se fez, não o são[778]. Daí que este trânsito da situação real para a situação hipotética seja também relevante para a qualificação. De facto, esta não depende apenas de encontrar uma norma (ou um precedente) que tenha pontos de conexão com um instituto, mas ainda de confirmar que a hipótese da norma compreende, como uma espécie do seu género (como uma instanciação das variáveis que as suas hipóteses constituem), esta situação da vida (ou que as características do precedente fazem que ele pertença ao mesmo género – ao mesmo tipo, ao mesmo padrão – do caso *sub judice*).

---

[778] Um jurista da *common law*, treinado na identificação das circunstâncias que definem um caso como precedente de outro, distinguirá aqueles em que os elementos comuns fazem parte da razão de decidir do primeiro (*ratio decidendi*) daqueles em que o elemento comum só aí aparece "a propósito", "de passagem" (*obter dicta*) (http://en.wikipedia.org/wiki/Obiter_dicta). Neste último caso, não se pode falar de precedente. O correspondente na engenharia do conhecimento é o reconhecimento de padrões, em que dois conjuntos de factos, não precisamente iguais, são tidos como equivalentes; cf. http://en.wikipedia.org/wiki/Pattern_recognition).

644 | CALEIDOSCÓPIO DO DIREITO...

IV. A maior parte dos manuais de introdução ao direito ou mesmo de metodologia do direito não se ocupam deste patamar da qualificação – ou tipificação – em que se parte para ela "às escuras", sem qualquer conhecimento do direito. O que os ocupa é mais ou o caso de eleger a qualificação relevante, quando coexistem várias normas de ordenamentos jurídicos concorrentes que podiam enquadrar os factos (é a *famosa quaestio* da qualificação em direito internacional privado), ou as dificuldades teóricas, antes enunciadas, da determinabilidade do âmbito da norma ou da referência de factos a normas. Neste último nível cabem questões clássicas, como:

- A possibilidade de distinguir e a distinção efectiva entre interpretação e aplicação[779];
- A possibilidade de apreender os factos independentemente das questões de direito[780];
- As questões da analogia (de facto e de direito)[781].

O nível a que o problema aqui foi posto parece muito primitivo, quase equivalente ao de se perguntar

---

[779] Esta questão está ligada à de saber se é possível interpretar uma norma em abstracto (*i.e.*, sem referência a um caso concreto) (cf. K. Larenz, *Metodologia*, cit., 282-296); e esta última, afinal, ao problema da natureza do saber jurídico – é um saber normativo ou um saber casuístico? (cf. K. Larenz, *Metodologia*, cit., 182-230).

[780] Ou seja, a possibilidade de estabelecer uma fronteira fechada entre os factos e o direito; cf. K. Larenz, *Metodologia*, cit., 391-438. V. *infra*, cap. 21.

[781] Cf. K. Larenz, *Metodologia*, cit., 524 ss.

APONTAMENTOS PARA UMA TEORIA DA NORMA | 645

"como é que nós conhecemos as coisas e lhes damos os nomes apropriados?".

Todavia, num texto como este, que visa uma introdução (pretende-se que algo sofisticada) ao estudo do direito, dirigido a quem não sabe ainda direito, mas que irá ser posto perante casos jurídicos, esta questão é muito real. Como também é muito real para os engenheiros do conhecimento que queiram construir modelos de tipificação jurídica capazes de funcionarem em máquinas de inferência que, como é evidente, antes de programadas, não sabem nada de direito.

V. O modelo descrito por Roger Schank corresponde, afinal, a um certo senso comum sobre a aprendizagem do mundo e, mais concretamente, das técnicas. Aquilo que vamos acumulando como experiência da vida (ou adquirindo como a "natureza das coisas") vai-nos equipando com certos modelos mentais de situações (*scripts*) ou de maneiras de realizar objectivos (*plans* orientados para *goals*). Perante uma situação nova, que queremos classificar, ou na qual nos queremos orientar (para um objectivo), fazemos desfilar os modelos disponíveis[782] até encontrar um cujo padrão corresponda ao da nova situação (*pattern recognition*, [reconhecimento de padrões]). À medida que novas situações são tratadas, a memória é progressivamente enriquecida. Os grandes juristas – como, em geral, os técnicos mais apurados ou, simplesmente, as pessoas

---

[782] Porventura ordenados segundo uma certa etiqueta (*label*) ou palavra-chave (*keyword*).

646 | CALEIDOSCÓPIO DO DIREITO...

mais prudentes – distinguem-se, justamente, por uma maior capacidade de mobilizar mais modelos de processamento, de encontrar mais conexões, de complexificar-afinar o diagnóstico[783]. No caso das máquinas, a replicação da experiência humana passou a ser (limitadamente) possível com as técnicas computacionais conhecidas como *neuronal networks*[784]; mas pode ter que ser laboriosamente construída pelo programador, a partir de conhecimento fornecido por peritos (*expert systems*, sistemas periciais)[785].

---

[783] "Complexificar" – identificar um maior e mais complexo conjunto de modelos disponíveis ou mesmo aplicáveis; "afinar" – distinguir de forma mais fina entre os modelos próximos, apurando a escolha dos pertinentes (*qui bene distinguit, bene docet*). A técnica de apuramento das soluções jurídicas pelos juristas romanos (e medievais) era a de, a partir de um caso de base, ir-lhe introduzindo pequenas alterações, para sondar os limites do tipo com o qual o estavam a relacionar.

[784] Cf. António Manuel Hespanha, "Os juristas que se cuidem... Dez anos de inteligência artificial e direito", *Themis*, ano I, n.º 1, 2000, pp. 139-169.

[785] Sobre a aplicação ao direito dos resultados das ciências cognitivas e das suas extensões informáticas, v., com muita informação, Federico Casa, *Le scienze cognitive e gli studi attuali sull'informatica giuridica* (em http://www.filosofiadeldiritto.it/).

21. Interpretação

Nos dias de hoje, a teoria da interpretação ganhou estatuto de uma disciplina universal. Tudo, na verdade, é portador de sentido, de um sentido que raramente se exprime ou se deixa captar integralmente, exigindo, pelo contrário, uma actividade intelectual que decifra os seus sinais. Sintomas físicos, como a dor com febre, são sinais de doenças ocultas, que os médicos tentam diagnosticar a partir de uma específica ciência dos sinais (semiologia [médica]). As radiações emitidas pelos corpos celestes e captadas (incompletamente, imperfeitamente) em instrumentos científicos apropriados (espectrómetros) são sinais cuja interpretação nos permite concluir acerca da composição química, da distância, do movimento e de outras características dos corpos emissores da radiação. Os sons que emitimos – bem como os sons produzidos por outras espécies animais – denotam estados psíquicos, intelectivos ou emocionais. A linguagem humana, escrita ou falada, constitui um universo de sinais que relacionamos com coisas, com sentimentos, com ideias abstractas, etc.

Pensou-se durante muito tempo que a interpretação consistia em relacionar duas entidades autónomas e independentes uma da outra: o sinal (ou significante) e a "coisa" (ou significado). De tal modo que, se se aplicassem métodos rigorosos, o resultado da interpretação tenderia para ser um e um só, podendo ser fixado uma vez por todas. Na filosofia clássica, como

648 | CALEIDOSCÓPIO DO DIREITO...

se entendia que o conhecimento certo consistia na reprodução [cópia, replicação] no intelecto de uma coisa existente, autónoma e invariável, no mundo exterior (*adaequatio intellectus rei* [adequação do intelecto à coisa]), a interpretação – uma das modalidades do conhecimento – era, correspondentemente, a identificação *daquela* situação a que o sinal (o discurso, o texto) se referia[786].

Pierluigi Chiassoni[787] designa este conceito objectivista (não relativista, cognitivista) da interpretação como "Semantic Quasi-Cognitivism", caracterizando-o pelos seguintes traços: "(1) legal interpretation is like the interpretation of any piece of words whatever, for, in any case, it consists in ascribing to words and

---

[786] Mais modernamente, já no século XX, uma parte dos seguidores da teoria analítica da linguagem renovaram esta esperança de reduzir a linguagem a um conjunto de significados unívocos, desde que as palavras e as construções linguísticas que formam os discursos fossem usadas com rigor. Nesta medida, o resultado da interpretação de um texto (de uma norma) podia ser classificado de verdadeiro ou de falso. V. um apanhado de textos, fazendo o ponto da teoria da interpretação do ponto de vista da filosofia analítica da linguagem, em *Analisi e diritto. Ricerche di giurisprudenza analítica*, 2005, a cura di Paolo Comanducci e Riccardo Guastini, G. Giappichelli Editore, Torino, 2006. Para uma visão mais tradicional: http://www.ganz-recht.de/stlehre/Methode/meth0.htm.

[787] Em "A Nice Derangement of Literal-Meaning Freaks: Linguistic Contextualism and the Theory of Legal Interpretation", in *Analisi e diritto. Ricerche di giurisprudenza analítica*, a cura di Paolo Comanducci e Riccardo Guastini, G. Giappichelli Editore, Torino, 2005, 116-117.

sentences *their [sole, unique] linguistic meaning*; (2) problems of interpretation, both in the law and outside of it, arise out of linguistic indeterminacy, due to the actual or potential (the so-called "open texture") vagueness of the descriptive terms *[ill-]* employed in norm-formulations; (3) whenever a norm formulation appears to be vague in the face of some individual case waiting for legal regulation (due to the vagueness of some of its descriptive terms), linguistic meaning has run out and, accordingly, it is to the interpreter the fixing up *[by a voluntary, i.e., non cognitive]* of such a *language failure*, by *stipulating* a meaning which is necessarily beyond the literal meaning of the norm--formulation, and represents the outcome of a *discretionary* – though not necessarily an arbitrary – judgment; (4) norm-formulations, however, are by no means vague linguistic vessels all the time: on the contrary, *in most situations they prove determinate in the face of the individual cases to be regulated*, i.e., their literal meaning is determinate enough so as *to clearly include, or clearly exclude, them from the scope of the norms*; (5) when norm-formulations prove determinate, the whole business of interpreters *simply amounts (and may, and ought to, amount) to applying them (straightforwardly) according to their literal meaning* – i.e., according to a meaning *they simply "find", or "discover"*, out of the linguistic conventions as recorded in the grammars and dictionaries of the natural language employed by norm-authorities; (6) even in the very cases where norm-formulations contain essentially-vague expressions

650 | CALEIDOSCÓPIO DO DIREITO...

– like the expressions naming evaluative concepts in constitutional clauses ("free speech", "due process of law", "cruel and unusual punishment", etc.) – the business of the interpreters may still be discovery: for it is necessary to keep carefully separate those "thick" evaluative concepts, that are provided with a solid core of conventional meaning and paradigmatic references, on the one side, from the most airy, "thin", concepts, which perhaps have almost no core at all, on the other side". Sublinhei certos passos com itálico e acrescentei curtos incisos entre parênteses rectos.

Todavia, mesmo no campo da teoria analítica da linguagem, nem todos foram tão optimistas quanto à univocidade do sentido. Muitos defenderam – e esta posição não tem cessado de ganhar terreno – que o sentido não depende apenas de palavras e de regras sintácticas sobre a sua relacionação, mas de relações que se estabelecem entre as palavras e os mais variados contextos de uso, desde os contextos textuais até aos contextos sociais, culturais e históricos. Nesta medida, os analistas do discurso têm realçado que o sentido que ligamos ao discurso depende não apenas das relações entre as palavras (relações sintácticas), mas também das relações que se estabelecem com o contexto não discursivo (com "as coisas") (relações semânticas), bem como com os usos do discurso numa comunidade historicamente específica de locutores e de destinatários (relações pragmáticas). Pelo que os sentidos são mutáveis, dependentes destes variados contextos e relações ("linguistic contextualism"), e, por isso, irremediavelmente sujeitos a controvér-sia[788-789-790].

---

[788] Cf., além do antes citado artigo de Pierluigi Chiassoni (em que se desenvolve e adopta esta última perspectiva), o texto de Riccardo Guastini, "A Sceptical View on Legal Interpretation" (in *Analisi e diritto. Ricerche di giurisprudenza analitica*, a cura di Paolo Comanducci e Riccardo Guastini, G. Giappichelli Editore, Torino, 2005, 139-144): "Jurists and judges actually disagree about the meanings of most statutory and constitutional sentences. In other words, most legal provisions are in fact interpreted, at least diachronically, in different ways [...]. Therefore most legal provisions are liable to different and competing interpretations. Nevertheless, no truth criterion is available for meaning-ascribing sentences – at least, nobody was able to identify and defend a convincing criterion. *E.g.*, the theses according to which the truth-criterion of interpretive statements is either the common usage of language or the intention of lawgiving authorities – which in fact seem to suggest such criteria – are but normative theories of legal interpretation. As a consequence, any interpretive decision – *i.e.*, any act of interpretation accomplished by subjects, such as judges, who apply the law – supposes a choice between competing possibilities. This amounts to saying that interpretation is not an act of knowledge but rather an «act of will», which always implies discretion. Hence the language of interpreters is not descriptive in character. Interpretive statements are not "constative" sentences: they lack truth value, *i.e.*, they are not capable of truth or falsity. Indeed, they do not describe the one and only supposedly pre-existing meaning; rather, they ascribe meaning." Sobre a teoria desta mais complexa análise do discurso, no sentido de captar os seus sentidos, v., clássicos, John Searle (cf. http://socrates.berkeley.edu/~jsearle/), P. F. Strawson (1919-2006), *Entity and Identity: And Other Essays*, Oxford, 2000; Michel Foucault, *L'archéologie du savoir*, Paris, Gallimard, 1969; *Idem*, *L'ordre du discours*, Paris, NRF, 1976 (cf. http://www.revue-texto.net/Reperes/Themes/Maingueneau_Archeologie.html); Umberto Eco, *L'opera aperta*, 1962 (cf.

652 | CALEIDOSCÓPIO DO DIREITO...

A teoria da interpretação (hermenêutica, semiótica, semiologia), com origens filosóficas muito diferentes e muito desenvolvida nos últimos cem anos, veio também insistir em que a atribuição de sentido era um processo intelectual muito complexo. Em que o significante e o significado se condicionavam mutuamente: ou seja, dizendo as coisas bastante grosseiramente, em que as palavras criavam coisas e as coisas, por sua vez, modificavam o mundo das palavras[791]. Em que as próprias palavras se condicionavam umas às outras, num aparente despique para cobrir um mundo exterior a elas, mas que elas mesmas conformavam. As ilustra-

---

http://web.dsc.unibo.it/~penna/ig/opera.html). Para além do sentido geral do desconstrutivismo de J. Derrida, a que já nos referimos (cf. cap. 15.2).

[789] Outros autores adoptam uma terminologia diferente para contradistinguir uma interpretação fechada, presa ao significado quase literal do texto, orientada para a perpetuação do seu "sentido originário" (do seu sentido "querido pelo autor do texto"), e a interpretação aberta, que tenha em conta as sucessivas contextualizações históricas do texto – os universos textuais que o vão enquadrando, os interesses mutáveis que vão, sucessivamente, estando em jogo, as diferentes políticas do direito que se sucedem, a mobilidade dos sentimentos de justiça, a evolução dos enquadramentos teóricos e doutrinais do direito, etc. (cf. Enrico Paresce, "Interpretazione", cit., 215 ss.).

[790] Cf. Riccardo Guastini, "A Sceptical View on Legal Interpretation" (in *Analisi e diritto. Ricerche di giurisprudenza analítica*, a cura di Paolo Comanducci e Riccardo Guastini, G. Giappichelli Editore, Torino, 2005, 139-144), onde se parte de posições próximas das do antes citado artigo de Pierluigi Chiassoni.

[791] Novamente, há aqui pontos de contacto com a teoria dos sistemas autopoiéticos, nas relações entre fechamento sistémico e abertura ao ambiente.

APONTAMENTOS PARA UMA TEORIA DA NORMA | 653

ções e exemplos de tudo isto são muito abundantes e expressivos, não sendo, porém, este o lugar adequado a avançar mais neste campo.

Por outro lado, também se realçou recentemente[792] que, contrariamente à ideia corrente de que o autor é quem atribui o sentido definitivo, este é refeito por cada leitor, a cada leitura, sob o impacto de vários elementos, uns pessoais (o seu universo de referências: os seus conhecimentos, os seus interesses e expectativas), outros ambientais (a cultura em que o leitor se situa, os discursos correntes nesse lugar e nesse período, o senso comum).

Fiquem-nos apenas duas ideias: (i) a ideia de que a interpretação estabelece uma ponte entre entidades móveis (o significante e o significado, a palavra e a coisa, o discurso e a realidade extradiscursiva), sendo

---

[792] A partir, sobretudo, da "teoria da recepção". Para uma introdução brevíssima, http://en.wikipedia.org/wiki/Reception_theo ry; maiores desenvolvimentos em Robert C Holub, *Reception Theory: A Critical Introduction*. London, Methuen, 1984, onde se publicam os textos mais importants de W. Iser (1926-2007) e de H. R. Jauss (1921-1997), que lançaram esta perspectiva (trad. inglesas: Wolfgang Iser, *The Act of Reading: A Theory of Aesthetic Response*, Baltimore, Johns Hopkins UP, 1978; Hans Robert Jauss, *Aesthetic Experience and Literary Hermeneutics*, Minneapolis, Univ. of Minnesota Press, 1982. A considerar, também, Umberto Eco (*Opera aperta* [1962, rev. 1976]; *Lector in fabula* [1979]; porém, *I limiti dell'interpretazione* [1990], [edited by S. Collini]; *Interpretation and Overinterpretation* [1992, com R. Rorty, J. Culler, C. Brooke-Rose]; e, ainda, os ensaios sobre este tema contidos em *The Role of the Reader: Explorations in the Semiotics of Texts*, 1979).

654 | CALEIDOSCÓPIO DO DIREITO...

que a própria forma de construir esta ponte depende
dos contextos sociais e culturais em que os seus cons-
trutores (locutores, leitores e intérpretes) se movem;
(ii) a de que esta necessidade de contextualização não
se verifica apenas ou sobretudo da parte do autor, mas
também e principalmente da parte dos leitores.

Isto acontece em relação à interpretação de qualquer
texto, mesmo que se trate de um texto das chamadas
ciências exactas. Nestas, dado o carácter mais formalizado da linguagem, existe uma menor liberdade
individual de atribuir sentidos pessoais ou contextuais
às palavras – existem, para utilizar a expressão de
Umberto Eco, "limites à interpretação"; em todo o
caso, as circunstâncias históricas (nomeadamente as
tecnologias de observação dos fenómenos físicos, as
finalidades para que os saberes estão orientados) contribuem também para a maneira como os cientistas
transformam a natureza num texto sobre ela. É isto que
explica, em grande parte, as "revoluções científicas";
que, assim, provêm menos de esforços intelectuais ino-
vadores do que de modificações nas técnicas de observar (telescópio, microscópio electrónico, observação por
satélite, por raios X, sondas espaciais, submarinos de
grandes profundidades, espectrometria de massa,
nanotecnologias de observação e de manipulação, etc.),
bem como nos interesses tidos em vista pelos cientistas e pelas instituições que apoiam a sua pesquisa[793].

---

[793] Num plano filosófico, isto quer dizer que não lidamos
com o ser (absoluto, essencial, abstracto, ideal) das coisas (*Sein*),
mas com as suas manifestações histórico-concretas, ou seja,

O gráfico seguinte procura exprimir este movimento em espiral (ou em "círculo", como se tem preferido

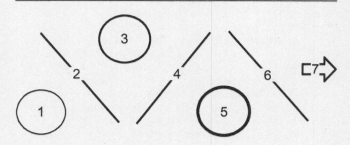

1. "Natureza".
2. Refracção da "natureza" pelas condições histórico-subjectivas da observação, pelas técnicas de manipulação, pela linguagem comum, pelas suas imagens tradicionais, pelos objectivos pragmáticos tidos em vista, etc.
3. Versão "científica" da natureza.
4. Novas condições históricas e novas imagens tradicionais decorrentes, desde logo, da imagem anterior da natureza, bem como da discussão e elaboração teórica pela comunidade científica.
5. Nova versão "científica" da natureza.
6. Reiteração de 4. em novas circunstâncias.
7. E assim sucessivamente (Progresso científico).

---

correspondentes à maneira situada e local com que lidamos (existencial, cognitivamente) com essas coisas, afinal, este "ser aqui" (*Dasein*), situado e relacionado previamente com o sujeito, para utilizar a terminologia de M. Heidegger, numa sua obra que relaciona intimamente o "ser" com a História ou "tempo" (*Sein und Zeit*, Marburg, 1927; existem boas traduções em inglês, francês, castelhano, italiano, etc.). Pontos de vista

656 | CALEIDOSCÓPIO DO DIREITO...

dizer: "círculo hermenêutico"[794]) das sucessivas interpretações e reinterpretações dos objectos dos saberes)[795].

---

filosóficos de resultados semelhantes, sobre o carácter inatingível e inexprimível de uma realidade objectiva, mais modernamente, em Richard McKay Rorty (1931 – 2007; v.g. *Contingency, Irony, and Solidarity*, Cambridge, Cambridge University Press, 1989; brevíssima introdução: http://en.wikipedia.org/wiki/Rorty; pequenas vídeo-entrevistas e documentários sobre pontos cruciais: http://br.youtube.com/watch?v=X6qkpPfqJNk; http://br.you tube.com/watch?v=GlrEbffVVjM&feature=related; http://br.you tube.com/watch?v=iy4BkVCh5bg&feature=related; http:// br.youtube.com/watch?v=UgEoSDm8GLo&feature=related; http://br.youtube.com/watch?v=kqunEXptf-g&feature=related.

[794] A palavra hermenêutica vem do termo grego ἑρμηνειας (*ermeneias*), que significa "interpretação". Sobre a tradição da hermenêutica como teoria geral da interpretação e suas principais aplicações, v., num rápido e bem estruturado resumo, http://en.wikipedia.org/wiki/Hermeneutics. Em geral sobre o lugar da teoria da linguagem na metodologia do direito, "Der Stellenwert der Sprachtheorie in der juristischen Methodenlehre", em http://www.doku.net/artikel/derstellen.htm. Aplicação ao direito, E. Betti, "Le categorie civilistiche dell'interpreta zione", RISG, 1948, 34-92. Emílio Betti (1890-1968, cf. http:/ /en.wikipedia.org/wiki/Emilio_Betti) é o autor de uma completa e omnicompreensiva teoria da interpretação, cuja aplicação ao direito é apenas um dos seus aspectos (cf. os seus livros *Teoria generale della interpretazione*, Milano, Giuffrè, 1958, 2 vols.; *Attualità di una teoria generale dell'interpretazione*, 1967). Sobre Betti, Griffero Tonino, *Interpretare. La teoria di Emilio Betti e il suo contesto*, Torino, Rosenberg & Sellier, 1998. Entre os autores portugueses, José Lamego, *Hermenêutica e Jurisprudência*, Lisboa, Ed. Fragmentos, 1990.

[795] Condensamos nestas breves referências uma longa e complicada e não unívoca tradição filosófica, que se prolonga desde a Antiguidade grega até à actualidade. A síntese mais

APONTAMENTOS PARA UMA TEORIA DA NORMA | 657

Nos saberes que têm por objecto as coisas humanas – como é o caso do direito – o processo de conhecimento também reveste sempre essa natureza de uma interpretação: o mundo não se nos oferece senão como "um discurso sobre o mundo", ou seja, como uma interpretação – feita, primeiro, pelo senso comum, depois, pela tradição intelectual dos saberes humanos – das imagens teóricas criadas sobre o homem e o seu mundo – existente numa certa cultura – depois ainda, por cada uma das muitas culturas profissionais em competição; e, finalmente, pela cultura, interesses e expectativas de cada um.

Aplicada ao saber jurídico, esta perspectiva – que é hoje francamente dominante, ainda que não conduza sempre às mesmas conclusões práticas – tem, nomeadamente, as seguintes consequências.

1. Ainda que exista um direito inerente à natureza (*v.g.*, um conjunto de direitos e deveres da pessoa humana, uma natureza da família, uma natureza da relação entre os Estado e os indivíduos, uma natureza das relações económicas entre estes [uma natureza do "mercado"]), tudo aquilo a que nós temos acesso é a uma sua *versão discursiva*, a uma sua tradução nas

---

prática e acessível para ulteriores esclarecimentos sobre ela é o artigo de Enrico Paresce, "Interpretazione (filosofia)", da *Enciclopédia del diritto*, vol. XXII, Milano, Giuffrè, 1990. No mesmo sentido, mas de leitura mais exigente, A. Castanheira Neves, *O Actual Problema Metodológico da Interpretação Jurídica – I*, Coimbra, Coimbra Editora, 2003; Fernando José Bronze, *Introdução ao direito*, Coimbra, Coimbra Editora, 2006, 875 ss.

658 | CALEIDOSCÓPIO DO DIREITO...

palavras e formas de discurso existentes, incapazes de exprimir a plenitude do que nelas se quer dizer e, por outro lado, carregadas de sentidos que a história foi depositando nessas palavras e nesses discursos; sentidos com os quais se desfocam, se distorcem e se obscurecem os objectos (neste caso, com os eventuais sentidos naturais do justo) a que se referem; ou, mais radicalmente, se constroem os objectos sobre que se discorre. Toda esta ganga de detritos de sentido depositado sobre as palavras deve ser trazida à consciência, mediante a *desconstrução*[796] dos sentidos mais imediatos, expontâneos, aproblemáticos (*taken for granted*).

2. Por isso, a concretização do direito em proposições linguísticas (nomeadamente em normas) é sempre uma tradução incompleta e enviesada de um sentido que ultrapassa as palavras, de que estas são sempre um sinal imperfeito e na construção do qual as palavras, em si mesmas – com a sua carga semântica acumulada – colaboraram muito decisiva e autonomamente. Daí que, por muito clara que pareça ser uma proposição jurídica (uma norma), ela necessite inevitavelmente de um trabalho de "desconstrução do seu sentido" – *i.e.*, de revelação das pré-compreensões e ambiguidades que ela transporta no bojo – e da eleição de um sentido concretamente adequado àquele concreta situação em função da qual tal proposição foi invocada.

---

[796] V. antes nota 318.

3. Este trabalho é, porém, sempre, um trabalho *de interpretação*. E, por isso, nunca pode perder de vista o texto da norma, como suporte – ambíguo, limitado, enviesado – de sentido e, ao mesmo tempo, como horizonte de expectativas de concretização. Ou seja, como nebulosa de sentido em função da qual os seus virtuais destinatários criaram expectativas. Este salto para fora dos "limites da interpretação" acontece se se der à norma um sentido que, de todo em todo, não caiba nos contornos dessa nebulosa semântica que o texto constitui. Tal como refere Enrico Paresce, no texto antes citado: "[o intérprete] não pode, de facto [...], prescindir de uma leitura do texto e esta não pode ser feita senão partindo das próprias palavras contidas nele e das suas ligações gramaticais; nem se pode, do mesmo modo, prescindir das implicações lógicas já presentes nas estruturas gramaticais nem das construções sistemáticas que daí derivam [...]. As figuras interpretativas (ou seja, os vários métodos) propostas pelos juristas não podem, na realidade, modificar aquilo que é uma estrutura do pensamento, apenas podendo indicar algumas explicitações ou alguns expedientes que possam salvaguardar da usura do tempo a interpretação dos comandos jurídicos, tendo presente a oportunidade da estabilidade e da certeza interpretativa ou, em contrapartida, abrindo caminho para novas interpretações que evitem anciloses e fracturas no funcionamento do ordenamento jurídico" (E. Paresce, "Interpretazione (filosofia)", p. 220). Ou seja, a interpretação, mesmo quando se

660 | CALEIDOSCÓPIO DO DIREITO...

afasta daquele sentido que parecia ser o que mais directamente decorria do texto, não o faz para subverter o texto, mas antes para salvar o seu sentido mais adequado, que poderia ser progressivamente obstaculizado pelo "envelhecimento das palavras", ignorando o seu contínuo rejuvenescimento pela tradição sucessiva e as virtualidades estabilizadoras que isto lhe confere[797].

4. Realmente, se o historiador – que é, *hoc sensu*, um "integrista", um "fundamentalista" – *só* está interessado no sentido originariamente fixado nos textos, o jurista não: parte deles, mas procura transportá-los para hoje, actualizá-los em função da história subsequente e das expectativas normativas do presente[798]. O jurista – tal como, até certo ponto, o

---

[797] Sobre os limites à interpretação, no campo do direito, ver, adiante, n.º 9 deste capítulo.

[798] Sobre o confronto entre as duas atitudes, v. Donald R. Kelley, "Hermes, Clio, Themis: historical interpretation and legal hermeneutics", em *The Journal of Modern History*, 55.4 (Dec. 1983), 644-668 (versão electrónica em JSTOR). Aplicada ao direito, a hermenêutica insere-se no vasto campo das correntes antipositivistas, que visam combater a redução do direito à vontade literal do legislador (em nome de um sentido que transcende a letra e que apenas pode ser captado se se inserir o texto na história e estudar o modo como esta o deformou, de acordo com as necessidades de cada momento); estas posições atribuem uma larga margem de liberdade criadora ao juiz (ou, em geral, ao intérprete). Cf. A. M. Hespanha, *Cultura jurídica contemporânea*, cit., 9.6; boa e pedagógica síntese, com específica referência à hermenêutica, Stefan Igracki, *Die Positivismustheorie Gustavs Radbruch*, nomeadamente, A. I. 3. c) (cf. http://userpage.fu-berlin.de/~roehrigw/ss97/igracki/volltext.html, 2006.08.05).

APONTAMENTOS PARA UMA TEORIA DA NORMA | 661

teólogo em relação aos textos sagrados – crê que estes continuam a ter um valor – uma capacidade orientadora – actual. E, neste sentido, os textos jurídicos do passado, mais ou menos remoto, interessam-lhe – não para conhecer as suas concretas consequências normativas no passado –, mas para o fim prático de aplicar às situações presentes o seu sentido normativo nuclear, mas enriquecido pelas aportações de sentido que o decurso da história e as expectativas normativas do presente lhes foram trazendo de novo. Assim, para este fim, o que interessa não é o seu sentido originário, aquele querido por quem os formulou pela primeira vez. Isso seria como que tentar fazer recuar o tempo, ignorando que as condições e intenções de "aplicação" desses textos (dessas normas) nos dias de hoje são diferentes daquelas que vigoravam quando eles foram originariamente formulados[799]. O mundo

---

[799] A uma conclusão idêntica chegaram os teólogos, ao admitir que as Sagradas Escrituras não podiam ser entendidas à letra, pois a mensagem nelas contida era dirigida a povos cuja visão do mundo, as crenças, as maneiras de se exprimir, as concepções de divindade diferiam fundamentalmente das de hoje. A mensagem divina não ficava inutilizada por isso, apenas tinha que ser "traduzida" para a sensibilidade dos nossos dias. Note-se o papel central que a teologia católica e protestante teve no desenvolvimento da teoria da interpretação. Percebe-se porquê. A teologia cristã (como, quase com certeza, a teologia judaica e a islâmica) é o desenvolvimento ou a explicitação de textos sagrados, cujo sentido (cuja mensagem) se pretende aplicar à actualidade. Como se trata de textos muito antigos e pertencentes a mundos culturais muito diferentes dos nossos, a hermenêutica teológica não pode bas-

662 | CALEIDOSCÓPIO DO DIREITO...

mudou; as palavras têm hoje um outro sentido habitual; existe um outro senso comum acerca do justo e do injusto; os ideais e intenções que presidiram à emissão e uso da aquela norma são hoje diferentes; também os casos práticos, as situações da vida que a convocam se inserem hoje num trato social distinto, gerador de expectativas diferentes de regulação. Todas estas novidades se depositam sobre as palavras da norma, dando-lhe novos sentidos e novas "utilidades" sociais. É precisamente isto, este "restauro", actualiza-

---

tar-se com uma interpretação literal, tendo antes que procurar os sentidos profundos que a divindade ou os seus profetas exprimiram daquela maneira que acharam adequada ao estádio cultural dos povos a que se dirigiam. O mesmo se passou, até certo ponto, com a interpretação dos juristas: também o saber jurídico se baseava em textos antigos dotados de uma autoridade indiscutível, pelo que a tarefa dos juristas não era senão proceder à sua interpretação, buscando por detrás da sua letra sentidos mais permanentes, que tornassem possível a sua aplicação aos casos contemporâneos. Sobre a hermenêutica teológica, v. Rudolf Bultmann, "The significance of the Old Testament for the Christian Faith," in *The Old Testament and Christian Faith*, edited by Bernard W. Anderson, New York, Harper & Row Publishers, 1963; boa síntese, Raymond F. Surburg "The New Hermeneutic Versus the Old Hermeneutics in New Testament Interpretation" em *The Springfielder*, Volume 38, Number 1(January 1974), 13-20 (existe versão electrónica, na *web*). Confronto com a hermenêutica filosófica, J. Pokorny & J. Roskovec, (dir.) *Philosophical hermeneutics and biblical exegesis* [bilingue inglês-alemão], Tübingen, Mohr Siebeck, 2002, nomeadamente Jean Grondin, "Gadamer und Bultmann", 2-35 (existe em versão electrónica na *web*).

ção ou tradução da norma, que constitui a tarefa da interpretação[800].

5. Já se vê como este ponto de vista exclui uma aplicação mecânica e literal das normas aos casos; tomando-as, antes, como pontos de partida para a espiral ou círculo hermenêutico[801]. Com isto, o que se está a excluir é uma concepção grosseiramente positivista do direito, para a qual este é constituído por uma série de *normas* que devem ser aplicadas literalmente a *factos*, também susceptíveis de serem objectivamente descritos, sem que nos perguntemos nem se elas foram pensadas para aqueles factos, tal como são apreciados na visão actual que temos do mundo; nem se a intenção originária das normas, eventualmente

---

[800] Um caso paralelo na vida corrente: como reconhecemos um amigo que não vemos há muito? Não, decerto, a partir das suas fotografias dos velhos tempos; mas daquilo que sabemos sobre como o tempo nos muda e das expectativas que isso nos cria sobre o seu aspecto (físico e afectivo) actual. O "seu sentido" (o ser "o nosso amigo", "a nossa namoradinha") é o mesmo, só que ele, agora, é "o nosso velho amigo" ("a nossa velha companheira"), com tudo o que esta expressão diz sobre ele, sobre nós e sobre o sentimento que nos une.

[801] Sobre este conceito, v. Hans Georg Gadamer, "Vom Zirkel des Verstehens" [sobre o círculo da compreensão], em *M. Heidegger. Zum 70. Geburtstag*, Pfullingen, 1959, 24 ss.; H. G. Gadamer, *Wahrheit und Methode. Grundzüge einer philosohische Hermeneutik* (Verdade e método. Linhas fundamentais de uma hermenêutica filosófica; há boas traduções: inglesa, italiana e castelhana), Tübingen, 1960, *maxime* 277 ss. Para uma revisão breve, v. o citado artigo "Hermeneutics" da *Wikipedia*.

664 | CALEIDOSCÓPIO DO DIREITO...

claramente expressa no seu texto, é compatível com o nosso sentido actual de bom governo e de vida boa; nem se os *factos* a que pretendemos aplicar a norma são, eles mesmos, unívocos, passíveis de uma única leitura.

6. O problema teórico da interpretação não abrange apenas a interpretação do texto; abrange ainda, como acabamos de referir, a "qualificação" jurídica dos factos. Ou seja, qual é a "leitura" dos factos que os faz invocar uma certa norma jurídica? A complexidade da qualificação dos factos decorre da circunstância de que, mesmo para o senso comum, pode haver divergências quanto à descrição ou caracterização de uma situação empírica. No plano do direito, a esta complexidade acrescenta-se uma outra. Frequentemente, os factos são, para o direito – como já vimos –, algo de diferente do que o são para uma outra sua análise. É o que se passa com a "morte", a "ausência"[802], o "parentesco", o "início da vida", etc. Esta diferença reside em que, para o direito, os factos são *aquilo que fizer sentido que sejam* na perspectiva de se lhes aplicar um certo regime jurídico. Por exemplo, o que está em causa quando se discute se um feto é, ou não, um ser vivo autónomo não tem a ver com considerações de natureza puramente biológica ou médica; mas apenas com considerações relativas aos efeitos jurídicos

---

[802] Por exemplo, o facto "ausência", no séc. XIX, antes da invenção do telégrafo, do telefone e do *e-mail*, não é o mesmo que o facto "ausência" hoje, na perspectiva da disciplina da formação do consenso contratual.

APONTAMENTOS PARA UMA TEORIA DA NORMA | 665

(e à nossa sensibilidade, em cada época ou cultura, perante eles) que cada uma das respostas origine[803]. Do mesmo modo, quando se discute se alguém é filho de outrem – ou seja, se ele e esse outrem têm um certo conjunto de direitos e de deveres mútuos – o que está em causa não são apenas ou sobretudo factos empíricos de natureza biológica, nem apenas factos empíricos de natureza psicológica (sentimentos de proximidade e de pertença), nem apenas factos sociológicos (relativos à "utilidade" material – conforto, oportunidades de vida – dos intervenientes). Mas antes a adequação da resposta em relação a certos valores ligados pelo direito à relação de filiação, historicamente variáveis e mutuamente hierarquizados (valores "de sangue", "direitos dos pais", bem estar emocional dos pais e dos filhos).

Por isso é que o juiz, ao interpretar a situação de facto, prefere uma sua "leitura" que lhe pareça *mais adequada à obtenção de uma solução que historicamente mostre ser mais consensual ou capaz de estabilizar*[804] *as*

---

[803] Nomeadamente, ser ou não considerado como uma espécie de homicídio a interrupção do seu desenvolvimento biológico. E, assim, um embrião pode ser equiparado a uma pessoa, para o fim de serem acautelados os seus virtuais direitos patrimoniais, que se converterão em actuais quando a criança nascer; mas não ser considerado como pessoa, do ponto de vista da possibilidade de ser destruído, sem que quem o faz incorra no crime de homicídio.

[804] Esta formulação, que remete para a capacidade estabilizadora das soluções jurídicas, das suas virtualidades para reduzirem a complexidade social, filia-se nas posições teóricas de

666 | CALEIDOSCÓPIO DO DIREITO...

relações sociais para situações daquele tipo[805]. Isto pode levar a um tratamento da situação de facto que a afasta da leitura que dela é feita pelo senso comum. Por exemplo:

- tratando-a como se ela fosse semelhante ou equivalente a *outra* situação (realmente diferente, de acordo com o comum das pessoas), mas, esta sim, claramente prevista na hipótese da norma *prima facie* aplicável (*interpretação extensiva*)[806];

N. Luhmann; na teoria do direito, os seus principais e mais recentes utilizadores são Karl-Heinz Ladeur, *Kritik der Abwägung, Pläidoyer für eine Erneuerung der liberalen Grundrechtstheorie*, Tübingen, Mohr Siebeck, 2004 e Th. Vesting, *Rechtstheorie*, München, Beck, 2007.

[805] Uma aplicação: o art.º 483, n.º 2 do CC estabelece que "2. Só existe obrigação de indemnizar [por factos ilícitos] independentemente de culpa nos casos especificados na lei". Esta proibição literal da interpretação extensiva (ou da analogia) é estendida pelo art.º 499 "aos casos de responsabilidade pelo risco, na parte aplicável e na falta de preceitos legais em contrário". Numa época pluralista, como aquela em vivemos, em que o direito não se reduz à lei, mas pode incorporar códigos de boas práticas e normas emitidas por entidades reguladoras, nomeadamente em matérias que se relacionem com a sociedade de risco (v., antes, cap. 9), a expressão "lei", usada no primeiro destes artigos, tem que ser interpretada extensivamente, alargando o âmbito da responsabilidade objectiva, sempre que seja geral e publicamente admitido que a prática de certos actos, a condução de certas actividades ou a criação de certos riscos, gera uma responsabilidade independente da culpa.

[806] A norma fala em filhos (ou alunos), mas interpreta-se como abrangendo as filhas, as alunas, os(as) adoptados(as). Ou

APONTAMENTOS PARA UMA TEORIA DA NORMA | 667

- ou, ainda, supondo factos que, na realidade, não se verificam, mas que, a verificar-se, levariam a uma solução desejável (*ficção jurídica*).

Claro que existem, também aqui, limites à interpretação: os factos não podem ser arbitrariamente manipulados. Se eles não puderem, como tal, corresponder a nenhuma hipótese de normas existentes, estar-se-á perante o caso de uma lacuna da lei, a ser tratada de acordo com um dos processos metodológicos previstos para a integração das lacunas do direito[807]. Será este o caso de a situação de facto corresponder à prevista na hipótese de outra norma claramente não aplicável, em face do seu texto, mas cuja solução se apresenta como tratando a situação *sub judice* de forma razoável (*aplicação analógica*)[808].

---

fala de Ministério da Educação, como entidade competente para certo acto, sendo que, na orgânica do governo, esta competência passou para o Ministério da Ciência, Tecnologia e Ensino Superior.

[807] V., adiante, cap. 22.

[808] O Código da Estrada formula regras de cuidado a ter na circulação automóvel; mas algumas delas poderão aplicar-se à circulação pedonal, que claramente não é visada pelo Código. A norma fala de Ministério do Ultramar como entidade competente para certo acto; ora este Ministério foi extinto, não tendo sido legalmente prevista a transferência daquela competência para outro organismo. A norma estabelece medidas de protecção do cônjuge inocente no caso de separação; deve, em princípio, ser aplicação por analogia ao membro de união de facto (cf. art.º 3.º da Lei n.º 7/2001). Exemplos jurisprudenciais: acórdão SJ200405130006612, do STJ, de

668 | CALEIDOSCÓPIO DO DIREITO...

Autores mais modernos tratam diferentemente este caso de a tarefa de interpretação não conduzir a um sentido elegível ou de não poder decidir entre vários sentidos possíveis. Nestes casos, estar-se-ia perante uma situação paradoxal. Falam, então, de uma interpretação (ou concretização) paradoxal[809]. Como o *iudicium* não pode terminar numa não solução (*non liquet*), o "intérprete", longe de ficar paralisado, disporia aqui de um campo totalmente aberto, com possibilidade de inovação do sistema, devendo proceder por um processo de tentativa controlado pelo erro (*trial by error, generate and test, guess and check*): o que, indispensavelmente, supõe instâncias de observação e controlo dos resultados. Neste caso, o erro será a frustração de um resultado consensual e estabilizador. "O processo de interpretação produz uma prática histórica de fixação de sentido, uma contínua repetição e extensão de sentido, uma permanente transformação e adiamento do direito. Apenas pela justificação a partir dos resultados produzidos, as soluções se

---

13--05-2004 (aplicação das normas sobre a restituição dos frutos civis da coisa possuída de má-fé à hipótese de restituição por anulação de contrato); Assento n.º 2/2000, do STJ, de 9.12.1999 ("O n.º 1 do artigo 150.º do Código de Processo Civil [validade dos actos praticados fora das secretarias judiciais] é aplicável em processo penal, por força do artigo 4.º do Código de Processo Penal").

[809] Cf. K.-H. Ladeur & Ino Ausberg, *"Auslegungsparadoxien. Zu Theorie und Praxis juristischer Interpretation"*, em *Rechtstheorie*, 36 (2005), 143-184; Th. Vesting, *Rechtstheorie [...]*, cit., 99, 116-120.

tornam plausíveis e actuam de forma, ao mesmo tempo, estabilizadora e modificadora, sobre a norma"[810].

Ainda aqui, não se cai num pleno arbítrio no caso de concretização – como seria defendido por um cepticismo duro, em que qualquer sentido de concretização seria válido ("anything goes")[811] –, justamente porque o paradoxo tem que ser resolvido com respeito pela função estabilizadora do direito, colhida a partir da observação e dos resultados de tentativas controladas. Por sua vez, estas tentativas e o conhecimento dos seus efeitos vão enriquecer a base de conhecimento que guiará futuros intérpretes.

7. Neste sentido, a interpretação, longe de ser mais um capítulo da teoria das normas jurídicas, transforma-se num pressuposto de qualquer entendimento do direito positivo[812]. Interpretar não é apenas determinar o sentido de uma norma isolada, mas sim determinar, em geral, o sentido das proposições jurídicas, sejam elas a lei, um princípio da doutrina, uma decisão judicial ou, com alguma diferença[813], uma

---

[810] Th. Vesting, *Rechtstheorie [...]*, 121.

[811] R. Guastini, "A Skeptical View on Legal Interpretation", cit, 142.

[812] Neste sentido, tanto Enrico Paresce, "Interpretazione (filosofia)", cit., como Fernando J. Bronze, *Introdução [...]*, cit.

[813] Na interpretação dos negócios jurídicos, como declarações da vontade das partes, há que dar mais consideração à intenção da parte, como autor do texto (*intentio auctoris*). Porém, nem sempre o texto exprime tudo o que a parte quis. Para além de que há também que ter em conta como é que o

670 | CALEIDOSCÓPIO DO DIREITO...

declaração negocial de um privado. E, sendo assim, parece que não cabe à lei estabelecer os cânones da interpretação (como o faz, entre nós o art.º 9 do CC)[814], pois a norma que os estabelece – além de provir do direito de um Estado-Nação, cuja relevância no ordenamento jurídico global está objectivamente em recuo, e, no seio do direito deste, de um conjunto particular de normas, o direito civil – não pode, ela mesma, escapar a um trabalho de interpretação que, eventualmente, irá transformar por completo o seu aparente sentido. Assim, as regras que hão-de guiar a interpretação terão que ser definidas pela comunidade dos intérpretes, em função do que se entender ser a natureza dos textos e das suas relações, por um lado, com a "realidade" e, por outro, com os seus "autores" e os seus "leitores" (destinatários). Pois, na verdade, o que confere o sentido ao texto jurídico é o conjunto destes planos entrecruzados: (i) do mundo empírico que interpela o texto (e é interpelado por ele); (ii) de quem transforma este mundo num texto ("autor"); (iii) de quem *lê* – recriando-o à sua maneira – esse texto

---

texto foi entendido pela outra parte (*intentio lectoris*); e, mesmo, o modo como uma pessoa razoável (*i.e.*, entendendo aquelas palavras de acordo com o senso comum) teria interpretado a declaração negocial de cada uma das partes, de cujo consenso resultou o contrato. Cf. arts. 236 ss. do CC (para os negócios jurídicos) e 2224 e ss. (para os testamentos). Também aqui, afinal, rege a regra de ouro de que a interpretação tem que produzir resultados expectáveis e estabilizadores.

[814] V. adiante.

("leitor": intérprete-juiz/jurista, intérprete-destinatário); (iv) dos outros textos (jurídicos, mas também filosóficos, políticos, de ciências sociais, históricos, literários) com que o primeiro convive (e mutuamente se fecundam, no seio de uma comunidade literária); é o conjunto destes planos (planos contextuais e intertextuais) que determina com que sentido deve valer a norma a interpretar.

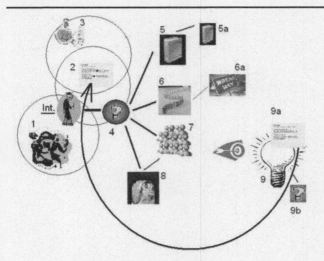

O intérprete (**Int**) considera o caso **1**, dando *uma certa interpretação* aos factos empíricos que o compõem (fazendo deles uma certa *leitura*), correspondente a uma pré-compreensão jurídica que ele tem desse caso (ou seja, correspondente à relação que ele admite existir entre o caso e ordenamento jurídico).

Essa interpretação sugere-lhe, provisoriamente, a aplicação da norma **2**, tal como ele à primeira vista a interpreta.

672 | CALEIDOSCÓPIO DO DIREITO...

Esta norma foi formulada pelo legislador **3**, tendo por base a interpretação que este fazia do mundo social e político e em vista de objectivos que, na sua época, eram considerados desejáveis.

Porém, a interpretação que o intérprete vai dar à norma **2** (a sua *leitura* dessa norma, *intentio lectoris*) não corresponde ao sentido que o legislador histórico **3** lhe pretendia atribuir (*intentio auctoris*), mas a um horizonte de sentido do intérprete (**4**), proveniente da consideração de vários elementos:

- o conhecimento que ele tem da ordem jurídica, nas suas componentes legislativa, doutrinal e jurisprudencial (**5**), com destaque para a ordem jurídica constitucional (**5a**), como fonte de legitimidade do conjunto do direito;
- o que ele sabe do mundo da vida e das suas expectativas normativas (**6**);
- a sua percepção dos sentimentos de justiça da comunidade (**7**), com a qual ele tece um diálogo implícito, no sentido de produzir decisões comunitariamente aceites e estabilizadoras;
- o saber especializado que ele tem das opiniões da comunidade dos especialista em direito (**8**), na sua tarefa intelectual de encontrar modelos e argumentos especializados que dêem conta das aspirações da comunidade geral (**7**) quanto ao modo jurídico de resolver os conflitos.

Na posse de todos estes elementos (argumentos), o intérprete reformula o seu entendimento inicial, quer do caso, quer da norma convocada, servindo-se da última para resolver o primeiro (**9**).

Esta nova norma, reformulada ou actualizada (**9a**), fica agora inscrita na tradição jurídica, embora com um estatuto tão provisório como a norma inicial (**2**). É a ela, sempre encarada como um ponto de partida problemático e sujeito a revisão (**9b**), que outros intérpretes recorrerão, no futuro, para resolver novos casos, reiterando o processo aqui descrito; e, assim, indefinidamente...

APONTAMENTOS PARA UMA TEORIA DA NORMA | 673

8. Estamos – hoje, mas, na verdade, sempre estivemos – em sociedades pluralistas, em que diversas pessoas, diversos grupos sociais, diversas comunidades de especialistas, diversas "escolas" de entre os especialistas, não são unânimes no sentido a dar às normas (ou aos factos). Nomeadamente porque não compartilham de uma mesma visão do mundo, nem dos mesmos interesses, nem, consequentemente, de uma mesma opinião acerca do que é justo ou injusto. Por isso, na sua tarefa de "actualizar" (*i.e.*, aplicar à actualidade) as normas jurídicas, o intérprete confronta-se com uma pluralidade de interpretações possíveis. Então, a sua preocupação há-de ser a de escolher, de entre as interpretações *possíveis* (*i.e.*, socialmente manifestadas), as mais *geralmente esperadas, desejadas e estabilizadoras*, nomeadamente por serem as mais aceites, em geral ou numa comunidade observadora, crítica e reflexiva de especialistas, por serem *as mais praticadas*, por serem as mais *reconhecidas* (*i.e.*, por cumprirem melhor e mais cabalmente as condições da norma de reconhecimento do direito positivo)[815]. Neste sentido, a interpretação é o produto de um diálogo – em que participam os juristas com o seu saber especializado, mas também a comunidade geral, com o seu senso comum do justo e do injusto; o seu resultado tende a ser a criação de soluções que se

---

[815] E, por isso, as que devem ser objecto de ensino (*eudoxon*), que constituem dox*a* [princípios, regras dotadas de autoridade], que devem ser incorporadas na dog*mática* jurídica.

674 | CALEIDOSCÓPIO DO DIREITO...

possam enraizar (*ius radicatum*), que possam ser como que a digestão comunitária das normas (*scientia iuris est practica digestiva*).

9. Mesmo assim, não haverá, porém, *limites à interpretação*? Ou seja, a letra da lei, produto de uma vontade que pode ser reconstituída historicamente, de uma vontade daqueles que a comunidade investiu na função de estabelecerem a justiça e a ordem, não colocará limites a esta liberdade do intérprete na escolha do sentido a atribuir às normas, a que nos referimos parágrafo anterior?

O pensamento jurídico já respondeu a esta questão de duas formas totalmente opostas. Uma delas foi a de considerar que o direito provinha de uma ordem natural ou espontânea das coisas, de uma razão que se impunha à vontade do legislador (*stat pro voluntas ratione*, a razão faz as vezes da [representa, constitui] a vontade). De tal modo que uma discussão racional – conduzida, nomeadamente, por especialistas – deveria sobrepor-se a qualquer vontade, mesmo que do rei ou das assembleias representativas. Neste caso, não haveria limites à interpretação, todo o direito sendo basicamente doutrinal, produto do consenso racionalmente formado na comunidade dos juristas, segundo as regras da arte que aí fossem consideradas válidas[816]. Uma outra resposta teve um sentido de todo

---

[816] Foi a interpretação dominante no Antigo Regime, sob o sistema do *ius commune*. V. A. M. Hespanha, *Cultura jurídica europeia [...]*, cit. Mas também em boa parte do séc. XIX, apesar do que se diz, frequentemente, sobre o seu "legalismo". V. A.

APONTAMENTOS PARA UMA TEORIA DA NORMA | 675

contrário: o direito, numa República, é o produto da vontade dos concidadãos, expressa directamente, ou pelos seus representantes ou por magistrados especialmente incumbidos pelo povo (ou por Deus) de estabelecer o direito.

Daí que – como já tem sido notado – esta opção, aparentemente técnica, entre duas teorias de interpretação (a da interpretação *aberta* e a da interpretação *fechada*) encubra grandes questões de teoria jurídica e política, estando estreitamente relacionada, afinal, com o princípio da separação de poderes. A primeira – interpretação *aberta* – procurando quebrar o monopólio parlamentar(-governativo) do poder legislativo a favor do judicial, ou mesmo de um outro "poder", o da comunidade dos juristas, ou mesmo apenas (mais raramente), da comunidade (*Freierecht Schule*, *Pop Law*). A segunda – interpretação *fechada* ou *vinculada* – procurando salvaguardar este monopólio "político" da criação do direito[817]. Porventura, o dilema não tem

---

M. Hespanha, "Um poder um pouco mais que simbólico. Juristas e legisladores em luta pelo poder de dizer o direito", em Ricardo Marcelo Fonseca e Airton C. Leite Seelaender (coords.), *História do direito em perspectiva, Do Antigo Regime à modernidade*, Curitiba, Juruá, 2008, 143-202.

[817] Note-se que, por detrás de cada um destes pontos de vista, há importantes questões de política: o primeiro, o da natureza racional do direito, cobriu frequentemente posições politicamente elitistas, em que certos grupos – nomeadamente o dos juristas – pretendiam primazia sobre os representantes eleitos do povo ou os detentores de poderes carismáticos, como os soberanos; o segundo, o da natureza voluntarista do direito, reforçava o poder dos governantes, normalmente por-

676 | CALEIDOSCÓPIO DO DIREITO...

que ser posto de forma tão aguda, até porque a liberdade interpretativa do juiz pode ser configurada como um dos mecanismos típicos de um governo limitado, tal como foi concebido pelo próprio Montesquieu: o mecanismo dos poderes de controlo e de equilíbrio (*checks and balances*), pois a tal liberdade do juiz poderá evitar ou contrabalançar uma má decisão do legislativo – ou uma sua inadequação pontual[818].

10. Nos dias de hoje, no seio de Estados democráticos vinculados à soberania popular, tal como é expressa pelos órgãos de soberania, na forma prescrita na Constituição, é difícil recusar o princípio de que os preceitos constitucionais devem estabelecer limites à interpretação. Por um lado, ao proibir certas formas de interpretação em certas matérias (*v.g.*, a interpretação extensiva das normas penais incriminatórias). Por outro lado, ao reservar à lei (e, portanto, não à sua

---

tadores de projectos de mudanças, mais ou menos revolucionárias, marginalizando, em contrapartida, os grupos que procuravam capitalizar em seu favor o saber ou a tradição. Cf. A. M. Hespanha, *Cultura jurídica [...]*, cit., cap. 8.

[818] Cf. a sensata apresentação da questão por Mauro Barberis, "Separazione dei poteri e teoria giusrealista dell'interpretazione", Relazione al Convegno annuale dell'Associazione Italiana Costituzionalisti su "Separazione dei poteri e funzione giurisdizionale", Padova, 22-23 ottobre 2004 (in *Analisi e diritto. Ricerche di giurisprudenza analítica*, a cura di Paolo Comanducci e Riccardo Guastini, G. Giappichelli Editore, Torino, 2004; texto disponível na *web*). No seu célebre *Discours préliminaire* ao *Code Civil*, Pothier coloca expressamente a *discretion* (espaço de liberdade interpretativa) do juiz como uma das condições da separação de poderes.

interpretação extensiva – muito menos à sua extensão analógica – a regulação de certas matérias; cf. art.º 165, n.º 1 da CRP). Por fim, ao estabelecer certos princípios substanciais – pelo menos aqueles que constituem o "núcleo duro" (cláusulas pétreas, como se diz no Brasil das normas constitucionais indisponíveis) da Constituição[819] – que devem exercer uma função dirigente sobre a legislação e sobre o desenvolvimento doutrinal e jurisprudencial do direito (nomeadamente, por via de interpretação), nisto se traduzindo a chamada "interpretação conforme à Constituição" – um dos aspectos do "papel dirigente" desta –, a qual, perante o conflito dos sentidos de uma norma, deve rejeitar aqueles sentidos que mais se afastarem dos princípios constitucionais. Muito perto dos limites da interpretação estão a proibição da interpretação extensiva das normas excepcionais ou a interpretação genérica de normas que remetam a sua especificação (ou densificação) para a actividade do aplicador concreto (para o arbítrio do julgador ou para o poder discricionário do agente administrativo).

Esta linha de orientação (este limite à interpretação) levanta, porém, algumas questões complicadas.

Por um lado, pressupõe algo que não está garantido à partida: ou seja, que os próprios princípios constitucionais – ou um de entre eles, justamente aquele a que se pretende recorrer – são unívocos. Dado o carácter frequentemente "aberto" (*open textured*)

---

[819] Cf. Jorge Reis Novais, *Princípios constitucionais estruturantes da República Portuguesa*, Coimbra, Coimbra Editora, 2004.

678 | CALEIDOSCÓPIO DO DIREITO...

desses princípios, este pressuposto pode falhar frequentemente. Os princípios constitucionais – eles também – nem constituem "textos" fechados – que possam ser tomados, sem mais, pelo seu valor facial –, nem têm forçosamente que ser harmónicos com outros princípios igualmente constitucionais. Daí que haja sempre que decidir qual o sentido com que eles devam valer e o grau de compromisso em que tenham que entrar, em relação a outro(s) princípio(s). A possível especificidade é que – a este nível constitucional – nesta interpretação dos princípios constitucionais e na consequente eleição do seu "sentido dirigente" quanto à interpretação de outras normas, a intenção do legislador histórico há-de ser particularmente acautelada. Ou seja, é neste plano constitucional que a tarefa de restauro do sentido deve ser particularmente cautelosa na conservação da "traça" original em que se cristalizou essa vontade popular pristina de regulação. O intérprete deve sujeitar-se estritamente aos limites postos pelas intenções e objectivos originais do legislador constituinte – como se se tratasse de um "património histórico classificado" –, sem empreender qualquer espécie de revisão ou actualização das suas motivações. Sob pena de passar de intérprete a legislador e, no caso concreto, mais grave ainda, a legislador constituinte, levando a cabo uma revisão escondida e abusiva da Constituição[820]. Porém – e como já

---

[820] Sobre este ponto, veja-se o clarificador artigo de Riccardo Guastini, "Specificita' dell'interpretazione costituzionale? (Prima parte)", em Rubrica Settimanale di Dottrina. Direttore

se tem repetido com frequência – não são apenas questões de legitimidade democrática que aqui estão coenvolvidas. São também questões da melhor garantia das expectativas dos destinatários das normas e, por isso, do papel estabilizador destas. É que, em ordenamentos como o nosso, foi fortemente recebida na comunidade – e também na comunidade jurídica – a expectativa de que quer a Constituição, quer mesmo as leis democráticas, constituem uma orientação fundamental para a interpretação do ordenamento jurídico. O que, naturalmente, conformou a norma de reconhecimento.

Uma outra questão é a de explicitar o que se quer exactamente dizer com "interpretação conforme à constituição". Ou seja, em que se cifra o tal papel dirigente dos princípios constitucionais? Que tipo de limites põe a Constituição à interpretação? Constitui o sentido dos princípios constitucionais como que um íman para a interpretação, que a atraia para o sentido *mais próximo* do estabelecido nos princípios constitucionais? Ou antes uma espécie de baluarte, que apenas impeça interpretações abertamente *contrárias* à

Editoriale: Giuseppe Cassano (web: www.studiocelentano.it/lenuovevocideldiritto/testi/ponzanelli.htm); extraído de *L'attività del giudice. Mediazione degli interessi e controllo delle attività*, dir. Mario Bessone, Torino, Giappichelli, 1997, no qual se põem em causa, por vezes com uma desconcertante clareza, alguns pontos de vista correntes sobre a especificidade da interpretação constitucional e sobre uma alegada especial exigência de uma interpretação não literal, dinâmica e inovadora.

680 | CALEIDOSCÓPIO DO DIREITO...

Constituição?[821] Concretizando. Quanto o art.º 13 da CRP estabelece que "1. Todos os cidadãos têm a mesma dignidade social e são iguais perante a lei", todas as normas jurídicas devem ser interpretadas no sentido da promoção desse desígnio, devendo ser eleito, de entre os possíveis, o sentido que mais o promova? Ou a função dirigente da Constituição, em sede de interpretação, apenas deve funcionar com o sentido de rejeitar todas as interpretações que promovam positivamente a desigualdade perante a lei, ficando o intérprete livre de escolher, entre os sentidos possíveis da norma qualquer um que estimule, mais ou menos, essa igualdade, ou mesmo que não se situe perante esta questão? Quando o art.º 36 da CRP declara que "1. Todos têm o direito de constituir família e de contrair casamento em condições de plena igualdade", para que fique cumprida a função dirigente da constituição em sede de interpretação

---

[821] Esta é a versão dominante da chamada "interpretação conforme à Constituição" ("Verfassungskonforme Auslegung"), de origem alemã, que a considera como uma forma de salvar da inconstitucionalidade uma norma que, interpretada de outro modo, seria inconstitucional. Mas, mesmo na doutrina alemã, podem encontra-se entendimentos mais ricos desta figura. Alguns autores falam, a este propósito, da escolha – entre as interpretações *constitucionais* de uma norma – daquelas "amigas da Constituição" ou "orientadas para a Constituição" (*Verfassunsfreundliche, Verfassungsorientierte Auslegung* no sentido de "[welche], die mit den Prinzipien des Grundgesetzes am besten übereinstimmt"). V. Jörn Lüdemann, "Dir verfassungskonforme Auslegung von Gesetzen", em http://www.ispm-bremen.de/downloads/seminartext_buecker_1.pdf.

basta (i) que a interpretação de uma norma não impeça alguém de formar uma família, nomeadamente pela celebração do casamento, ou (ii) é ainda necessário que ela seja a mais favorável para o cumprimento do desígnio constitucional?[822] Se as normas constitucionais são para ser levadas a sério, como expressão da soberania popular, parece que se deve optar por tudo quanto reforce a sua função dirigente, atribuindo aos princípios constitucionais uma função não apenas defensiva, mas antes propulsora, de uma interpretação visando a realização da Constituição, como pólo centrípto de toda a ordem jurídica.

De resto, se o princípio da interpretação conforme à Constituição se limitasse a impedir a eleição dos sentidos contrários à Constituição, nada teríamos adiantado em relação ao princípio do controle da constitucionalidade substancial das leis; pois, para impedir interpretações contrárias à Constituição, já existe a proibição de acolher uma norma que contradiga o disposto na Constituição (cf. art.º 280 ss. da CRP)[823].

11. Mesmo em relação à legislação democrática, este mesmo ponto de vista parece ser de atender.

---

[822] A questão da constitucionalidade de uma lei que permita casamentos de pessoas do mesmo sexo pode passar por esta problemática.

[823] Também no sentido da trivialidade de um conceito de interpretação conforme à constituição que se limitasse a excluir os sentidos inconstitucionais da norma, v. Virgílio Afonso da Silva, "La interpretación conforme ala Constitución. Entre la trivialidad y la centralización judicial", em http://www.juridicas. unam.mx/publica/librev/rev/cconst/cont/12/ard/ard1.pdf.

682 | CALEIDOSCÓPIO DO DIREITO...

Embora a interpretação decorra, como vimos no esquema acima, de um consenso produzido no seio de uma sociedade plural e comunicativa[824], em que muitos argumentos e perspectivas sobre o sentido do texto são contrapostos, metodicamente discutidos e ponderados segundo certas regras comummente aceites, desta regras deve fazer parte a de que uma especial consideração tem que ser atribuída ao sentido histórico da formulação textual da vontade popular, emitida pelos órgãos e segundo os processos estabelecidos na Constituição. Ou seja, o sentido atribuído à lei há-de caber no horizonte do seu texto; há-de constituir uma exploração, no limite do sensato, das palavras aí usadas. Depois, é certo, este sentido tem que ser restaurado ou actualizado, transplantado para os dias de hoje – mudado aquilo que tiver ser mudado – para que *hoje se produzam* os efeitos *então queridos*. Porém, na base desta operação de transferência (de tradução) há-de estar um sentido (uma motivação, um conjunto dos objectivos) que caiba no teor literal da declaração do legislador. Sob pena de, se isto não acontecer, se estar a criar uma nova norma, em vez de interpretar uma norma já existente[825].

---

[824] Cf., antes, cap. 8.

[825] Na verdade, o que acaba de ser dito não acrescenta nada de substancial em relação ao postulado da teoria da interpretação de que, se queremos falar de interpretação, o processo hermenêutico tem que levar a sério o texto de que se parte. De outro modo, podemos falar de *criação*, mas não de *interpretação* (cf., neste sentido, Enrico Paresce, "Interpreta-

12. Esta forma de conceber a interpretação ultrapassa uma antiga e usual distinção entre interpretação subjectiva e interpretação objectiva, a primeira dirigida para a reconstituição do sentido do legislador, a segunda destinada a captar o sentido da lei, tal como se esta fosse sendo formulada, a cada momento, por um legislador que usasse razoavelmente as palavras. Embora haja algo de sugestivo nesta distinção, ela não se refere a dois modelos opostos de interpretação, sugerindo apenas dois passos metodológicos de um único modelo. Num primeiro momento, de facto, a preocupação do intérprete é a de encontrar a motivação e finalidades estratégicas que *foram imputadas* à norma quando ela foi originariamente emitida (promulgada). Não se trata, note-se, da reconstituição psicológica da vontade do legislador histórico (*intentio auctoris*), mas da recuperação dos sentidos que a comunidade (e também a comunidade especializada dos juristas [*intentio lectorum*]) objectivamente lhe atribuiu, no processo interpretativo de então. Depois, num segundo passo, procede-se à actualização destes

---

zione (filosofia)", cit., 220 ss.). Esta última é, no entanto, a radical (e aqui não caucionada) proposta das escolas que atribuem ao juiz uma completa liberdade de criação do direito: *Freierechtslehre* (E. Ehrlich, 1862-1922, G. Kantorowicz, 1895-1963), *Libre recherche du droit* (François Gény, 1861-1959): ver Claude Thomasset, Jacques Vanderlinden, Philippe Jestaz (dir.), *François Gény, Mythe et réalités. 1899-1999, Centenaire de Méthode d'interprétation et sources en droit privé positif – Essai critique*, Paris, Yvon Blais, 2000.

684 | CALEIDOSCÓPIO DO DIREITO...

sentidos e motivações, traduzindo-os numa norma que, nas circunstâncias do presente, os possam levar a cabo. Em suma, nem se trata de reconstituir a vontade do legislador histórico, nem de ficcionar a vontade de um legislador actual que se exprimisse com aquelas palavras. Mas, em contrapartida, de captar o sentido comunitário passado de uma norma e de o transportar para o presente, incarnando-o numa outra norma que, na nova situação, possa realizar os objectivos estabilizadores da primeira.

13. Também a doutrina tradicional se dedicou a identificar um método para a interpretação, listando os elementos deste: (i) *elemento histórico*, ou seja, os contextos históricos a partir dos quais se podia reconstituir a vontade do legislador (ou o sentido histórico da lei, no contexto em que foi promulgada)[826]; (ii) o *elemento gramatical*, que averigua o sentido puramente textual da lei, identificando o significado das

---

[826] *V.g.*, debates parlamentares, preâmbulos ou exposições de motivos, fontes históricas gerais. Na listagem original destes "elementos", devida a Savigny (1779-1861), na primeira metade do séc. XIX, o elemento histórico relacionava-se estreitamente com a reconstituição da vontade do legislador histórico, pois, em homenagem à distinção entre poder político e autoridade científica, o intérprete não deveria pôr em causa as finalidades de política do direito adoptadas pelo legislador, já que o contrário seria uma usurpação das atribuições legislativas. Cf., sobre as posições metodológicas de Savigny, em matéria de interpretação, Aldo Mazzacane, "Jurisprudenz als Wissenschaft", em *Friedrich Carl von Savigny. Vorlesung über juristische Methodologie, 1802-1842*, Frankfurt/Main, V. Klostermann, 2004.

APONTAMENTOS PARA UMA TEORIA DA NORMA | 685

palavras e da sua combinação sintáctica em frases[827]; (iii) o *elemento racional*, sobre o qual a doutrina muito oscilou, tão depressa o identificando com as motivações do legislador, com os princípios gerais, lógico--conceituais (axiomas, dogmas) do sistema jurídico de que a norma a interpretar fazia parte, com o espírito (orgânico) das instituições desse sistema jurídico, ou com a razão de ser que um intérprete, em qualquer momento, poderia atribuir àquelas palavras (*mens legis*)[828]. Sabemos hoje que o processo de interpretação é muito mais complexo (v. antes), e envolve muitas etapas, passos metodológicos e elementos ou

---

[827] Também aqui, nas formulações originárias, a ênfase era posta no sentido do texto no momento da sua edição originária. Para além de que normalmente se desconhecia, ingenuamente, que o sentido das palavras não é fixo, nem determinado por um "dicionário intemporal", mas móvel e atribuído por um auditório que, activamente e em função de circunstâncias histórico-culturais, cria sentidos novos para a linguagem (quer a corrente, quer a técnica ou especializada).

[828] De todos os "elementos", este era, também por causa do seu carácter equívoco, aquele que introduzia uma maior liberdade interpretativa face ao texto da lei e à vontade do legislador histórico. Porém, na falta de uma teoria explícita da interpretação, este elemento introduzia no método hermenêutico um campo demasiadamente vasto de variabilidade. Realmente, não se saberia bem em que é que se estava a lançar mão, nem para que efeito. E, por isso, com o elemento racional (a que também se chamou sistemático ou mesmo teleológico) era possível extrair do texto da lei praticamente qualquer sentido, sem que fosse possível verificar a correcção dos processos ou métodos utilizados. Com isto, a interpretação aproximava-se de uma criação livre do direito pelo intérprete.

686 | CALEIDOSCÓPIO DO DIREITO...

apoios hermenêuticos. Para além daqueles identificados pela teoria clássica da interpretação, a hermenêutica normativa pode (e deve) recorrer aos contributos da teoria da linguagem e da análise do discurso[829], da sociologia[830], da história[831], da antropologia[832]; alargando muito, assim, o âmbito dos elementos de interpretação. Só assim podendo contextualizar o texto (no *contexto* e no *intertexto*), identificando, por detrás das palavras, o sentido tradicional e, identificado este, transpondo-o para as novas configurações da vida quotidiana (do mundo da vida, *Lebenswelt*) e tirando desta transposição o sentido com que a norma há-de valer hoje.

14. Também os resultados da interpretação eram tipificados pela doutrina tradicional. Assim, distinguia-se entre interpretação: (i) *declarativa*, em que apenas se clarificava o texto da norma; (ii) *extensiva*, em que se ampliava a previsão (*Tatbestand, fattispecie*) da norma a casos ou circunstâncias nela não expressamente previstos; (iii) *restritiva*, quando limitava o

---

[829] Para entender as relações entre as palavras, os locutores, os ouvintes (ou leitores) e os contextos sociais e culturais dos discursos.

[830] Para entender as relações sociais, quer enquanto lugares dos conflitos que o direito tem que resolver, quer enquanto auditório geral das proposições jurídicas.

[831] Para reconstituir os sentidos e os contextos de proposições emitidas no passado.

[832] Para estudar os imaginários sociais de onde provêm os sentidos mais espontâneos e automáticos (pré-compreensões).

APONTAMENTOS PARA UMA TEORIA DA NORMA | 687

aparente âmbito de aplicação da norma[833]; (iv) *ab-roga-tória*, quando reduzia o seu âmbito a nada, revogando a norma. Nesta tipologia se enxertavam algumas regras, como a que proibia a interpretação extensiva das normas excepcionais[834], das normas incriminató-rias ou das normas que definiam a incidência (e taxas) dos impostos. A razão de ser das últimas regras explica-se por princípios jurídicos de protecção dos particulares contra o soberano, surgidos ainda na época medieval, segundo os quais a punição e a tributação apenas se podiam basear em leis existentes e legitima-das pelo consenso, expresso ou tácito, dos súbditos (*nullum crimen [vel nulla poena] sine legis*, não há crime [ou pena] sem lei [prévia que o(a) estabeleça]; *quod ad omnes tangit ab omnibus adprobari debet*, o que toca a todos [como o pagamento dos impostos] deve ser aprovado por todos). Como a diferença entre estender

---

[833] A fonte desta regra é o princípio de que cessando a razão da lei, deve cessar o seu alcance normativo (*cessante ratione legis cessat etiam eius dispositio*). Daí que a interpretação restritiva seja denominada, pela doutrina alemã, de "redução teleológica" (*teleologische Reduktion*), embora haja quem reserve esta expressão para a redução do âmbito da norma em função da consideração da sua finalidade, criando, assim, uma lacuna da lei: "esta norma, em face da sua finalidade ou intenção, não se pode aplicar ao caso F, cuja regulação passa, assim, a cons-truir uma lacuna, a integrar segundo as técnicas respectivas" (v., adiante, cap. 22).

[834] Hoje, porém, o CC apenas proíbe a sua aplicação analó-gica, mas não a sua interpretação extensiva (cf. art.º 11).

688 | CALEIDOSCÓPIO DO DIREITO...

a previsão de uma lei incriminatória (ou tributária) e estabelecer um novo crime, uma nova pena, um novo tributo sem uma base legal era, frequentemente, difícil de estabelecer, a proibição de interpretação extensiva evitava este risco. Já a primeira regra – a da proibição da interpretação extensiva das normas excepcionais, bem como a da sua extensão a outros casos semelhantes por analogia – tem um fundamento lógico: se se estabelece um regime para um caso excepcional é porque não se quer que este valha para a generalidade dos casos, mas apenas para aqueles concretamente previstos. Embora a bondade destas regras seja provável, elas não devem ser aplicadas automática e acriticamente. Antes devem ser sujeitas, também elas, ao processo hermenêutico descrito acima, sondando as suas razões tradicionais e verificando se, e com que âmbito, é que estas razões podem valer no mundo contemporâneo. Isto significa que, caso por caso, normas penais incriminatórias, normas fiscais e normas excepcionais devem ser objecto do processo interpretativo comum, sem restrições cegas, mecânicas, automáticas ou de princípio[835-836].

---

[835] Cf. Enrico Paresce, "Interpretazione (filosofia")", cit., 233 ss.

[836] Por exemplo, perante a não incriminação no Código Penal português da venda de crianças, será impossível a interpretação extensiva de tipos penais próximos (*v.g.*, arts. 156 a 160, em que estão em causa outras formas – as que ocorriam mais frequentemente na altura em que o Código foi elaborado – de "despersonalização")?

APONTAMENTOS PARA UMA TEORIA DA NORMA | 689

15. O caso especial da interpretação autêntica. Designa o caso de uma lei que tenha por finalidade a interpretação de outro preceito legislativo, com finalidade de pôr fim à sua ambiguidade e, com isto, evitar a divergência das interpretações doutrinais. Na realidade, não se trata, aqui, de um acto com as características estruturais de um acto de interpretação, mas de um novo acto normativo, ele próprio sujeito a interpretação. A importância da admissibilidade ou não da natureza interpretativa do segundo acto legislativo reside no facto de, se ele for tido como mera interpretação do primeiro, dever ter uma aplicação retroactiva[837]; pois, na verdade, não é senão uma reformulação do primeiro, não ofendendo, por isso, quaisquer direitos ou expectativas que o primeiro já não tivesse posto em causa. O carácter anómalo de um acto de vontade normativa que se pretende substituir a um acto cognitivo – o acto de eleger, com base numa metodologia intelectual própria, um sentido para uma norma preexistente – aconselha bastantes cautelas na aceitação do sentido "imposto" pela norma interpretativa e, ainda mais, na aplicação retroactiva deste sentido. Tanto mais que raramente se verifica, na prática, que o órgão interpretante coin-

---

[837] Cf. art.º 13.º, n.º 1 do CC: "A lei interpretativa integra-se na lei interpretada, ficando salvos, porém, os efeitos já produzidos pelo cumprimento da obrigação, por sentença passada em julgado, por transacção, ainda que não homologada, ou por actos de análoga natureza".

690 | CALEIDOSCÓPIO DO DIREITO...

cida – na sua composição concreta e no contexto da sua declaração de vontade – com o órgão que emitiu a norma interpretada. É por isso que a doutrina mais actual sobre a eficácia e alcance da interpretação autêntica é muito exigente quanto à sua validação como tal, requerendo, nomeadamente, que não se verifique qualquer traço de inovação na norma que procede à interpretação[838-839].

16. A interpretação de "conceitos indeterminados". A questão tem algo de artificial, pois parece supor que na realidade linguística existiriam conceitos perfeitamente determinados, enquanto outros não o seriam. A distinção parece não residir no carácter indeterminado dos conceitos, mas sim no facto de certas expressões linguísticas convocarem, mais do que uma actividade interpretativa, uma actividade integradora e, com isso, inovadora, que "atribua ao conceito indeterminado o conteúdo que este não tem e que pede lhe seja conferido do exterior"[840]. Mais do que conceitos a serem interpretados, trata-se de "tópicos abertos" – boa-fé, bons costumes, moral pública, ordem

---

[838] Ac. do STJ de 12/02/97 (*in* Base de Dados Jurídico--Documentais, do Ministério da Justiça – DGSI): "Para se qualificar uma norma como interpretativa é imperioso que esta característica seja segura, que seja evidente e claro o propósito e a vontade do legislador em regular e atingir mesmo os casos passados".

[839] Num sentido semelhante, v. Enrico Paresce, "Interpretazione (filosofia)", cit., 232 ss.

[840] Cf. Enrico Paresce, "Interpretazione (filosofia"), cit., 236.

APONTAMENTOS PARA UMA TEORIA DA NORMA | 691

pública, culpa, justa causa, estado de necessidade, entidade pública – à espera de serem integrados, caso por caso e em cada momento histórico, por conteúdos normativos adequados. Nestes casos, ao julgador é conferida uma certa margem de liberdade para completar, em concreto, a intenção normativa do legislador, recorrendo, ainda aqui, não às suas próprias opiniões, mas aos sentimentos partilhados, na comunidade geral ou na comunidade jurídica, frequentemente já consolidados em precedentes. Trata-se, por isso, não de uma discricionariedade total, mas de uma liberdade vinculada ao senso comum ou ao senso jurídico geralmente partilhado[841].

17. O ordenamento jurídico português contém, no art.º 9.º do Código Civil, regras sobre a interpretação da lei. Isso não constitui uma excepção no contexto dos ordenamentos jurídicos contemporâneos. Todos eles, quase sem falha, procuraram resolver autoritariamente as questões teóricas e metodológicas da interpretação da lei. Não por acaso, pois o legislador sempre desconfiou – bastante sensatamente – de que os juristas se iam aproveitar de uma real ou alegada obscuridade da lei para substituírem à vontade do legislador as suas opiniões sobre o que é justo ou injusto, adequado ou inadequado, vantajoso ou prejudicial, para a ordem da República. Alguns códigos – como o código de Justiniano, as *Ordenações* portugue-

---

[841] V., antes, cap. 17.

692 | CALEIDOSCÓPIO DO DIREITO...

sas, alguma legislação revolucionária francesa[842] – chegaram ao extremo de, pura e simplesmente, proibirem a interpretação doutrinal, reservando para o legislador o esclarecimento das leis obscuras. Outros preceitos ficam-se por menos, limitando-se a estabelecer regras que decidam algumas questões controversas na teoria tradicional de interpretação, como, por exemplo, a de saber qual o sentido decisivo que deve ser procurado num texto da lei – se o seu sentido originário (subjectivismo) ou o seu sentido actualizado (objectivismo).

O texto do citado artigo 9.º do Código Civil é o seguinte:

ARTIGO 9.º
(Interpretação da lei)

1. A interpretação não deve cingir-se à letra da lei, mas reconstituir a partir dos textos o pensamento legislativo, tendo sobretudo em conta a unidade do sistema jurídico, as circunstâncias em que a lei foi elaborada e as condições específicas do tempo em que é aplicada.

---

[842] V. a institucionalização do chamado *référé législatif*, introduzido pela Constituição francesa de 3 e 4 Setembro 1791, Chap. V, art.º 21: "Lorsque après deux cassations le jugement du troisième tribunal sera attaqué par les mêmes moyens que les deux premiers, la question ne pourra plus être agitée au tribunal de cassation sans avoir été soumise au Corps législatif, qui portera un décret déclaratoire de la loi, auquel le tribunal de cassation sera tenu de se conformer", o que consistia em pedir esclarecimentos ao legislador no caso de dúvidas sobre a interpretação da lei.

APONTAMENTOS PARA UMA TEORIA DA NORMA | 693

2. Não pode, porém, ser considerado pelo intérprete o pensamento legislativo que não tenha na letra da lei um mínimo de correspondência verbal, ainda que imperfeitamente expresso.

3. Na fixação do sentido e alcance da lei, o intérprete presumirá que o legislador consagrou as soluções mais acertadas e soube exprimir o seu pensamento em termos adequados.

O n.º 1 confirma, afinal, o estado actual da teoria da interpretação. Na sua primeira parte ("interpretação não deve cingir-se à letra da lei [...]"), admite que o texto não é um dado, mas apenas um elemento – se bem que indispensável e irredutível[843] – do círculo hermenêutico. Partimos do texto para o depurar dos seus "localismos", atingindo o seu sentido nuclear que, depois, transplantamos para as circunstâncias actuais[844]. Para isso, é preciso ter em conta "as circunstâncias em que a lei foi elaborada"[845], bem como,

---

[843] De outro modo, se o intérprete pudesse desprezar o texto (o significante), deixávamos de estar, como se disse, perante uma actividade de interpretação.

[844] Já um jurista romano escrevera: "scire leges non hoc verba earum tenere sed vim ac potestatem" [conhecer (interpretar) as leis não é fixar as suas palavras, mas a intenção e ordem nelas contidas] (Celso, D., I, 3, § 17).

[845] Há aqui uma certa simplificação: relevante para este diagnóstico diferencial não é apenas a reconstituição das "circunstâncias em que a lei foi elaborada", mas ainda os sentidos que a tradição foi depositando nela, desde esse momento até ao presente, pois é na história da evolução de sentido durante este arco de tempo que melhor se podem estudar as virtualidades significativas do texto, os sentidos que este pôde suportar.

por outro lado, "as condições específicas do tempo em que é aplicada".

Os números 2 e 3 padecem, porém, de algum fetichismo textual, ao disporem que "a letra da lei" constitui um limite para a interpretação. Por isso, o teor destes números coloca algumas perplexidades. O que é a "letra da lei"? Será ela algo dotado de um sentido unívoco, fixado, fechado, sobre o qual não possa haver sempre debate e controvérsia? Realmente, daquilo que se trata, aqui, é de impedir que, sob capa de interpretação, se crie uma norma estranha à intenção legislativa, tal como ela decorre da tradição de sentido que aquele teor literal suportou na sua história passada. Esta tradição, a forma como ela foi usando as palavras da lei, os consensos interpretativos que aquele texto sustentou, é o que delimita, de facto, a "força e autoridade" dessas palavras. A língua tem os significados lapidados pelo seu uso contínuo e não por qualquer regra fixa e autoritária. De alguma maneira, a tradição de uso vai fecundando as palavras, gerando novos sentidos, vai-as abrindo a novas situações, tornando-as permeáveis a novos sentidos, validados pela comunidade geral, ou pela comunidade dos especialistas.

Também no n.º 3 ("3. Na fixação do sentido e alcance da lei, o intérprete presumirá que o legislador consagrou as soluções mais acertadas e soube exprimir o seu pensamento em termos adequados."), a tónica tem que se deslocar do legislador para a tradição interpretativa desse texto. Realmente, é esta que, ao

APONTAMENTOS PARA UMA TEORIA DA NORMA | 695

formar-se e impor-se, provou ter encontrado "as soluções mais acertadas" (*i.e.*, mais adequadas às circunstâncias do caso actualmente a decidir). Pondo as coisas de outro modo: quem julga do acerto das soluções é o auditório que assiste à sua aplicação no caso concreto e avalia (e avaliza) esta aplicação do ponto de vista dos seus sentimentos de justiça; quem afere do carácter adequado ou não do teor literal às intenções normativas é a tradição interpretativa, a história das interpretações sucessivas de que essa norma foi objecto. É perante este auditório e esta tradição – e não perante um legislador e um texto – que o intérprete tem que responder[846].

22. Integração

O art.º 8.º do CC, subordinado à epígrafe "Obrigação de julgar e dever de obediência à lei", dispõe que "1. O tribunal não pode abster-se de julgar, invocando a falta ou obscuridade da lei ou alegando dúvida insanável acerca dos factos em litígio". Esta disposição tem paralelo noutros códigos[847], constituindo aquilo a que se costuma chamar a proibição de

---

[846] Outros pontos de vista sobre a interpretação: João B. Machado, *Introdução ao direito e ao discurso legitimador* [...], 175-191; Ascensão, J. A., *O direito. Introdução [....]*, cit., 391--432.

[847] Nomeadamente no art.º 4 do *Code Civil* francês de 1804, albergando uma concepção positivista-legalista e, nisto, modelo para muitos outros.

696 | CALEIDOSCÓPIO DO DIREITO...

uma decisão de *non liquet* (ou seja, de que não há direito aplicável àquele caso).

Esta disposição não nos é hoje estranha, se atendermos a que a vida é mais dinâmica do que a promulgação das leis[848]. Mas torna-se menos estranha se a enquadrarmos numa certa ideologia do direito oficial, típica da época da codificação (séc. XIX), quando se admitia que todas as tarefas de controlo social cabiam ao Estado, o qual as levava a cabo por meio do direito oficial, da lei, nomeadamente da lei contida nos códigos[849]. Como se supunha que a lei era clara – e que, quando não o fosse, existiam métodos seguros de a clarificar[850] –, a recusa de

---

[848] Como diziam os Romanos, "plures sunt casus quam leges" (são mais os casos do que as leis).

[849] Sobre o tema "integração das lacunas", v. Fernando José Bronze, *Lições de introdução [...]*, cit., 940 ss.; síntese cómoda e elucidativa, Massimo Corsale, "Lacune dell'ordinamento", *Enciclopédia del diritto*, Milano, Giuffrè, 1998.

[850] O mais drástico dos quais era o de pedir esclarecimentos ao legislador (*référé législatif*, introduzido pela Constituição francesa de 3 e 4 Setembro 1791, Chap. V, art.º 21: "Lorsque après deux cassations le jugement du troisième tribunal sera attaqué par les mêmes moyens que les deux premiers, la question ne pourra plus être agitée au tribunal de cassation sans avoir été soumise au Corps législatif, qui portera un décret déclaratoire de la loi, auquel le tribunal de cassation sera tenu de se conformer"). No entanto, o art.º 4 do *Code Civil* de 1804 fez marcha atrás, perante a visível impossibilidade de esperar que o legislativo pudesse dar conta desta sua missão em tempo útil, introduzindo a regra que fará fortuna nos códigos seguintes: "Le juge qui refusera de juger, sous prétexte

APONTAMENTOS PARA UMA TEORIA DA NORMA | 697

julgar por parte de um tribunal correspondia ao incumprimento de um dos deveres fundamentais do Estado, o de fazer justiça, aplicando a lei (*denegatio iustitiae*).

Antes de se ter difundido uma tal ideologia, o que se pensava, como refere justamente o texto romanístico antes citado, era que havia muito mais vida para além das leis, pelo que a regulação ou controlo social tinham que ser realizados por meio de um direito que

---

du silence, de l'obscurité ou de l'insuffisance de la loi, pourra être poursuivi comme coupable de déni de justice". Este artigo foi o responsável por uma grande abertura à possibilidade de desenvolvimento jurisprudencial e doutrinal do direito legislativo, contrariamente ao que vulgarmente se diz a respeito da doutrina francesa deste período: ("[...] si la loi positive est muette, le juge peut interroger la loi naturelle, qui ne l'est jamais", escrevia um dos mais célebres comentadores do *Code Civil*, J.-A. Rogron, *Code Napoléon explique [...]*, Bruxelles, 1827; ed. cons. Paris, Henri Plon, 1859). Sobre a liberdade afinal concedida à doutrina e jurisprudência pelo *Code Civil*, v. Marie-Anne Frison-Roche, "Déni de justice et interprétation de la loi par le juge", *JurisClasseur* Civil Code > Art.º 4, Cote: 11,1996 (=http://coursenligne.sciences-po.fr/2004_2005/frison_roche/art4 .pdf). Sobre o *référé législatif*, V. John Henry Merryman, "The French Deviation", *The American Journal of Comparative Law*, Vol. 44, No. 1 (Winter, 1996), pp. 109-119 ou Paolo Alvazzi del Frate, *Giurisprudenza e Référé Législatif in Francia nel Periodo Rivoluzionario*, Milano, Giapichelli, 2005. Sobre os fundamentos históricos e doutrinais, bem como o seu impacto na Europa Central, Matthias Miersch, *Der sogenannte référé legislatif. Eine Untersuchung zum Verhältnis Gesetzgeber, Gesetz und Richteramt seit dem 18. Jahrhundert* (= Fundamenta juridica, 36), Nomos, Baden-Baden, 2000.

698 | CALEIDOSCÓPIO DO DIREITO...

abrangia muito mais do que a lei – costumes, direitos de grupos especiais (como Igreja, a família, as vilas e aldeias, as corporações), a doutrina dos juristas. Nesta concepção pluralista do direito, o problema da falta de regulamentação legal de um caso não tinha o dramatismo que depois veio a adquirir. As *lacunas* da lei – que nessa altura eram muitíssimas, dado o carácter muito circunscrito do direito legislado – eram quase sempre supridas por outras normas do direito.

Reduzido o direito à lei, é muito provável que esta não cubra todos os casos que surgem na vida prática. Isto pode, porém, dever-se a várias circunstâncias, entre si diversas:

1. A lei pode considerar certas situações como juridicamente irrelevantes ou estranhas à regulação legal (pense-se nos aspectos estritamente pessoais de uma relação afectiva não formalizada juridicamente, de um namoro, de uma amizade; ou, hoje em dia, nos direitos e deveres [não jurídicos] que decorrem de uma crença religiosa); tais situações cairiam, pura e simplesmente, num espaço vazio de lei ou, mesmo, vazio de direito (*Rechtsleerer Raum*) e não numa lacuna. Claro que estes espaços livres não abrangem todas as lacunas da lei; apenas aquelas que possam ser classificadas como lacunas intencionais corresponderão a este espaço indiferente à lei, devolvido por esta (i) ou para outras fontes de regulação (ii) ou para a decisão casuística do julgador; (iii) ou para ordens normativas não

APONTAMENTOS PARA UMA TEORIA DA NORMA | 699

jurídicas; (iv) ou, no limite, para o arbítrio de cada um. Mas resta sempre saber quais são as lacunas intencionais e quais aquelas devidas à simples imprevisão do legislador; e, depois, distinguir o "espaço livre de lei" do "espaço livre de direito"[851].

2. A lei pode supor que todos os comportamentos não proibidos nem obrigatórios são automaticamente *meramente permitidos*, ficcionando assim uma "norma geral exclusiva [da relevância jurídica]" (Ernst Zitelmann, *Lücken im* Recht, 1903) implícita[852]; neste sentido, não existem também lacunas de direito, pois as situações não abrangidas por normas expressas, são-no pela norma geral exclusiva da relevância jurídica e, portanto, são juridicamente irrelevantes (insignificantes) e, logo, permitidas[853];

---

[851] Um critério para reconhecer – do ponto de vista desta teoria – uma lacuna é a existência de normas legais que regulamentem, mas incompletamente, um certo instituto. Isto provaria que se estaria no âmbito de um espaço juridicamente relevante, mas incompletamente regulado.

[852] Do tipo daquela que declara não haver crimes senão em face de uma lei que declare certos comportamentos como tal (*nullum crimen sine lege*; v. CRP, art.º 29, n.º 1). Esta ideia é frequentemente aproximada de uma concepção liberal do direito.

[853] Note-se que não há nenhuma razão substancial ou lógica para supor a existência desta norma; esta teoria baseia-se no funcionamento do argumento *a contrario*; mas a correcta aplicação deste pressuporia que todos os casos não previstos reclamam uma solução oposta aos previstos, de modo que se pudesse

700 | CALEIDOSCÓPIO DO DIREITO...

3. Do mesmo modo, a lei pode supor a existência de "uma norma geral inclusiva (no mundo das situações juridicamente relevantes ou significativas)", segundo a qual os casos não expressamente previstos na lei são, porém, juridicamente relevantes, e, como tal, por ela também resolvidos, embora indirectamente, a partir de casos semelhantes (pela extensão das suas disposições expressas com base no argumento *a simili* – interpretação extensiva, analogia)[854]; aqui, há, sim, lacunas, mas apenas provisórias, pois o ordenamento jurídico é dotado de uma força expansiva, conferida pelas suas características de igualdade, generalidade e não contradição, numa palavra, pelo seu *carácter sistemático*; e, por isso, no final de contas, é completo ou sem lacunas (*lückenlos*)[855]. Do que nestes casos se

---

concluir: se os comportamentos previstos são proibidos ou obrigatórios, os não previstos – cujo sentido jurídico é oposto aos anteriores – têm que ser meramente permitidos (nem proibidos, nem obrigatórios). Ora isto não é, nem lógica, nem praticamente, uma coisa forçosa.

[854] Ou seja, de uma norma semelhante à do art.º 10, n.º 1 do CC: "1. Os casos que a lei não preveja são regulados segundo a norma aplicável aos casos análogos". A razão de ser desta norma é manter a coerência do sistema jurídico, tratando igualmente os casos iguais ou substancialmente semelhantes (que obedeçam às mesmas razões de decidir).

[855] Esta foi a posição típica da jurisprudência dos conceitos, corrente dominante na Europa continental, na segunda metade do séc. XX; cf. A. M. Hespanha, *História da cultura jurídica [...]*, cit., cap. 9.3.3.

APONTAMENTOS PARA UMA TEORIA DA NORMA | 701

trata, então, é de "desenvolver o direito" (*Rechtsfortbildung*), extraindo do direito explícito um direito implícito que o completa. De algum modo, trata-se ainda de uma tarefa de interpretação, uma interpretação integradora (*ergänzender Auslegung*), que desenvolve o direito, até que este revele a sua totalidade, preenchidas as suas imprevistas lacunas.

4. A lei pode ainda reconhecer a sua incapacidade de prever todos os casos, nomeadamente por causa das particularidades destes, irredutíveis a formulações genéricas ou vagas, devolvendo para o juiz a resolução de alguns deles por meio de soluções casuísticas ou de equidade ou, mesmo, a partir da mera discricionariedade do julgador[856].

5. Mas a lei (*maxime*, a lei constitucional) também pode, em contrapartida, prever que a ulterior regulação – já prevista ou ainda apenas hipotética – de certas matérias tenha que caber ao legislador, estabelecendo uma reserva de lei e retirando à doutrina ou à jurisprudência a tal possibilidade de desenvolver o direito nestas

---

[856] Do ponto de vista teórico, é esta a perspectiva das "escolas de direito livre", para as quais a solução jurídica de cada caso deve ser obtida a partir da sondagem das próprias características e circunstâncias do caso, sem recurso (ou com um recurso mínimo) a padrões genéricos e abstractos de julgamento.

702 | CALEIDOSCÓPIO DO DIREITO...

zonas. Dá-se isto sempre que o legislador (no-meadamente o legislador constituinte) determina que certa matéria tem que ser regulada por lei. O caso que logo nos ocorre é o do direito penal, ou do direito fiscal, já referidos. Nestes dois casos, há que ser extremamente prudente quanto à possibilidade de um "desenvolvimento do direito" (por via extensiva ou analógica) a cargo da doutrina ou da jurisprudência[857], pois o legislador constitucional reservou para a lei a incriminação, a definição das penas e a impo-sição fiscal. No entanto, há outras áreas de regulação jurídica reservadas à lei (ou mesmo à lei parlamentar, art.º 165, n.º 1 da CRP[858]).

---

[857] Dizemos "extremamente prudente" – e não "taxativa-mente contrário" –, em virtude do que se disse no capítulo anterior quanto à necessidade de, sempre e em todos os casos, averiguar da intenção originária desta "reserva de lei", da sua ulterior tradição e da sua projecção nas circunstâncias actuais.

[858] a) Estado e capacidade das pessoas; b) Direitos, liberda-des e garantias; c) Definição dos crimes, penas, medidas de segurança e respectivos pressupostos, bem como processo cri-minal; d) Regime geral de punição das infracções disciplina-res, bem como dos actos ilícitos de mera ordenação social e do respectivo processo; e) Regime geral da requisição e da expro-priação por utilidade pública; f) Bases do sistema de segurança social e do serviço nacional de saúde; g) Bases do sistema de protecção da natureza, do equilíbrio ecológico e do patrimó-nio cultural; h) Regime geral do arrendamento rural e urba-no; i) Criação de impostos e sistema fiscal e regime geral das taxas e demais contribuições financeiras a favor das entidades públicas; j) Definição dos sectores de propriedade dos meios

Também nestes casos, a possibilidade de integração doutrinal ou jurisprudencial das lacunas deve ser – em princípio – sujeita a uma questão prévia: será que, no caso concreto, o desenvolvimento jurisprudencial ou doutrinal do direito compromete a intenção de reservar para os representantes directos da soberania popular a regulação de matérias consideradas como politicamente muito sensíveis? Postas as coisas nestes

---

de produção, incluindo a dos sectores básicos nos quais seja vedada a actividade às empresas privadas e a outras entidades da mesma natureza; l) Meios e formas de intervenção, expropriação, nacionalização e privatização dos meios de produção e solos por motivo de interesse público, bem como critérios de fixação, naqueles casos, de indemnizações; m) Regime dos planos de desenvolvimento económico e social e composição do Conselho Económico e Social; n) Bases da política agrícola, incluindo a fixação dos limites máximos e mínimos das unidades de exploração agrícola; o) Sistema monetário e padrão de pesos e medidas; p) Organização e competência dos tribunais e do Ministério Público e estatuto dos respectivos magistrados, bem como das entidades não jurisdicionais de composição de conflitos; q) Estatuto das autarquias locais, incluindo o regime das finanças locais; r) Participação das organizações de moradores no exercício do poder local; s) Associações públicas, garantias dos administrados e responsabilidade civil da Administração; t) Bases do regime e âmbito da função pública; u) Bases gerais do estatuto das empresas públicas e das fundações públicas; v) Definição e regime dos bens do domínio público; x) Regime dos meios de produção integrados no sector cooperativo e social de propriedade; z) Bases do ordenamento do território e do urbanismo; aa) Regime e forma de criação das polícias municipais.

termos, as respostas podem, decerto, variar, não apenas em face dos temas das lacunas a integrar, mas ainda em face da norma integradora criada pelo aplicador do direito. O catálogo e âmbito dos direitos fundamentais[859] estariam, claramente, excluídos. Mas o mesmo se deve dizer, em princípio, da generalidade das outras matérias listadas no art.º 165 da CRP, pois todas elas são de evidente interesse político-estratégico e, por isso, demasiado importantes para serem deixadas à regulamentação "por desenvolvimento do direito", a cargo dos seus aplicadores.

Todavia é hoje muito difícil defender a redução do direito à lei. "Pelo contrário, numa sociedade em que coexistem múltiplos ordenamentos, cada um dos quais expressão da organização de um certo número de associados em vista de uma certa esfera de actividade [...]; em que cada um destes ordenamentos não pretende apresentar-se como exclusivo e completo nem sequer em relação aos associados a que se dirige; na qual nenhum ordenamento pretende fixar as condi-

---

[859] Se não consagrou este, também não se deve entender que consagrou aquele, que é do mesmo tipo. Mas, se consagrou este, também se deve entender consagrar aquele, que é semelhante, pois a concessão de direitos fundamentais, na medida em que cerceiam poderes da comunidade, é matéria de toda a *polis*, que por ela deve ser decidida.

APONTAMENTOS PARA UMA TEORIA DA NORMA | 705

ções de legitimidade dos outros; numa sociedade deste tipo [...] os comportamentos não regulados por um dos ditos ordenamentos recairão entre os regulados por um outro, ou então deverão ser considerados como efectivamente irrelevantes (e não apenas de um ponto de vista meramente legalista)"[860]. Neste contexto, a verificação de lacunas é muito mais difícil. Pois a inexistência de regulamentação legal pode ser suprida pela existência de outras normas jurídicas, provenientes de outros ordenamentos, que prevejam a situação. Só depois de uma busca exaustiva e de se concluir que os vários ordenamentos não pretenderam deixar a solução daquele caso à livre inventiva do juiz ou, em alternativa, que não pretenderam excluí-lo do âmbito juridicamente relevante, é que se pode concluir pela existência de uma lacuna e seguir os processos de integração válidos para cada ordenamento[861].

Pode acontecer que certos princípios jurídicos, dada a sua generalidade e eminência, possam servir de elementos de desenvolvimento do direito comuns a vários ordenamentos. Isto acontecerá, nomeadamente, com os mais eminentes dos princípios constitucionais, aqueles a que se refere, nomeadamente, o art.º 8.º ("[...] princípios fundamentais do Estado de direito democrático"). Nesses se poderá sempre basear a *ana-*

---

[860] Massimo Corsale, "Lacune dell'ordinamento", *Enciclopedia del diritto*, Milano, Giuffrè, 1998.

[861] Que não têm que ser necessariamente os mesmos.

706 | CALEIDOSCÓPIO DO DIREITO...

logia iuris[862], como processo de desenvolvimento e de integração de lacunas de toda a ordem jurídica. Outros princípios e normas, em contrapartida, são de âmbito mais restrito, não podendo valer como fonte de integração senão num campo especializado da ordem jurídica, como fonte da chamada *analogia legis*[863].

As normas legais que estabelecem cânones para a integração têm, portanto, que ser interpretadas neste contexto e validadas apenas para a integração das lacunas *da lei*. Na verdade, é razoável admitir que, constituindo a lei uma expressão da vontade dos órgãos legislativos da República, a integração destas declarações de vontade deva obediência a normas específicas. Nomeadamente, a normas que respeitem (i) o primado do princípio democrático; (ii) o primado do princípio da igualdade e (iii) o primado do princípio da separação de poderes.

O primado do princípio democrático exige que a integração de lacunas da lei seja feita de harmonia com as outras manifestações da vontade popular expressa nas leis (no "sistema" do direito legislado). O primado do princípio da igualdade exige que a lacuna seja integrada a partir de casos análogos previstos pelo legislador. O primado do princípio da

---

[862] Em que aplica um princípio geral, comum e eminente da ordem jurídica a uma sua instanciação particular.

[863] Em que se aplica uma norma "local", específica de um instituto ou de um ramo de direito, a um caso semelhante, segundo os critérios desse instituto ou ramo de direito.

separação de poderes exige, de novo, o respeito pelo sistema de direito legislativo em vigor.

É neste contexto que tem que ser interpretado o art.º 10 do CC, a que já nos referimos e que trata da "Integração das lacunas *da lei*".

Desde logo, importa fixar que o seu alcance há-de ser o da integração do direito legislado. Outros ordenamentos coexistentes na ordem jurídica portuguesa (como, *v.g.*, o direito europeu, o direito canónico[864]) poderão ter outras regras de interpretação, diferentes das deste artigo.

O seu n.º 1 ("1. Os casos que a lei não preveja são regulados segundo a norma aplicável aos casos análogos") estabelece uma "norma geral inclusiva", que se justifica pela exigência postulada pelo princípio da igualdade (art.º 13.º da CRP) e pelo carácter geral e abstracto do sistema legislativo, como forma de garantir a igualdade e certeza do direito[865]. O n.º 3 estende o mesmo princípio da igualdade e coerência, mesmo para além daqueles casos em que não exista uma norma legal regulando casos análogos – "3. Na falta de caso análogo, a situação é resolvida segundo a norma que o próprio intérprete criaria, se houvesse

---

[864] Nos termos em que este tenha que valer segundo a Concordata com a Santa Sé.

[865] A igualdade que aqui se fomenta e garante é a igualdade das motivações e das razões de ser ("2. Há analogia sempre que no caso omisso procedam as razões justificativas da regulamentação do caso previsto na lei").

708 | CALEIDOSCÓPIO DO DIREITO...

de legislar dentro do espírito do sistema". A expressão "espírito do sistema" (do direito legislado) constitui uma formulação teoricamente pouco elaborada, pois é claro que, apesar de tudo, o direito legislativo não constitui um "sistema", sendo frequentemente percorrido por contradições internas e antinomias. O crescente impacto da ideia do primado da Constituição pode justificar que se leia este número como significando que, justamente quando o espaço de criatividade do julgador seja maior, este deva operar tendo em vista o espírito da Constituição como ponto de referência de toda a ordem jurídica (integração conforme à Constituição).

23. Conflitos de normas

Os conflitos de normas – tecnicamente designados por *antinomias*[866] – são correntes no direito.

Eles podem consistir no facto de, no mesmo ordenamento, um mesmo comportamento estar regulado por duas normas incompatíveis, ou no de, para um mesmo comportamento, estarem previstas consequên-

---

[866] Do grego ἀντινομία (*anti*=contra; *nomos*=norma) que significa contradição de normas. Passou para a teoria da retórica, que se ocupava de dirimir o conflito entre duas posições; a expressão foi, de novo, revalorizada por I. Kant, na *Crítica de razão pura [...]* (1781), com o significado de duas asserções incompatíveis e ambas tidas como verdadeiras.

APONTAMENTOS PARA UMA TEORIA DA NORMA | 709

cias jurídicas opostas. As antinomias podem decorrer de imperfeições na elaboração das normas, nomeadamente das normas legislativas, em virtude de técnicas menos perfeitas de feitura das leis[867]. Neste caso, as

---

[867] Desde Bentham, que o tema da redacção legislativa é objecto de atenção: Jeremy Bentham, *Nomografía o El arte de redactar leyes*, Madrid, Boletín Oficial del Estado, Centro de Estudios Políticos y Constitucionales, 2000, LXXXI; Fulco Lanchester, *"Drafting" e procedimento legislativo in Gran Bretagna e negli Stati Uniti*, Roma, Bulzoni, 1990; *Légistique formelle et matérielle = Formal and material legistic*. Publié sous la direction de Charles-Albert Morand, Aix-en-Provence, Presses Universitaires d'Aix-Marseille, 1999; José J. Gomes Canotilho, "Os impulsos modernos para uma teoria da legislação", em *Legislação: cadernos de ciência de legislação*, núm. 1 (Abril-junho 1991), p. 7-14; David Duarte, Alexandre Sousa Pinheiro, *Perspectivas sobre a concepção e redacção de actos normativos*, Coimbra, 2002, Carlos Blanco Morais, *Manual de Legística*, Lisboa, Verbo, 2007; Rodolfo Pagano, *Introduzione alla legistica. L'arte di preparare le leggi*, Milano, Giuffré, 1999; *Le diretive di tecnica legislativa in Europa*, Roma, Camera dei Deputati, 1997. 2 v. Didier Batselé. *Initiation à la rédaction des textes législatifs, réglementaires et administratifs*, Bruxelles, Bruylant, 2001; bibliografia mais completa em http://www. parlament.cat/porteso/rec_doc/bibtem05_tecnica.pdf; cf., no plano legislativo, Lei n.º 74/98, de 11 de Novembro, na redacção da Lei n.º 2/2005, de 24 de Janeiro (determina os tipos de leis, a sua formulação e o processo da sua publicação); *Programa Legislar Melhor* (aprovado pela Resolução do Conselho de Ministros n.º 63/2006, de 18 de Maio; para mais informações sobre este programa, consultar o Comunicado do Conselho de Ministros de 4 de Maio de 2006). Revistas: *Legislação: cadernos de ciência de legislação*, *Statute Law Review*. Impulsionadas pela importância da escola analítica, dedicada à análise da linguagem do direito (R. Guastini, Vitt. Frosi, G. Tarello, U. Scarpelli),

710 | CALEIDOSCÓPIO DO DIREITO...

contradições são resolúveis, normalmente, em sede de interpretação, dando origem ou à ab-rogação (revogação) de uma das normas, nomeadamente daquela que tiver uma intensidade normativa menos elevada (que seja subordinada, em hierarquia, à primeira); ou à sua interpretação restritiva, no sentido de a compatibilizar com a outra; ou uma outra qualquer forma de interpretação que as compatibilize. Por vezes, o conflito é resolúvel demarcando com mais exactidão o âmbito relativo de vigência de cada uma das normas (delimitando a sua previsão), de modo a que elas se apliquem a situações diversas. Outras vezes, as duas normas incompatíveis subsistem, uma como norma geral e outra como norma especial, ou excepcional, aplicável apenas a uma espécie de situações dentro do género que constitui a previsão da norma de âmbito mais vasto. No entanto, as antinomias também podem provir do próprio dinamismo do direito, que vai requerendo novas disposições normativas para novas e diferentes situações[868] ou do facto de o legislador

---

utilizam-se hoje – ainda numa fase algo experimental ou prototípica, técnicas informáticas para testar a coerência interna dos actos normativos: v. Gianluigi Fioriglio, *Temi di informática giuridica*, Roma, Aracne, 2004 (=http://www.computers world.eu/download/fioriglio-temi_di_informatica_giuridica.pdf) ou os *sites* www.informaticagiurica.com ou o do *Istituto di Teoria e Tecniche dell'Informazione Giuridica (ITTIG)*, http://www.ittig.cnr.it/.

[868] Este tipo de antinomias é o objecto da teoria da aplicação das leis no tempo.

delegar frequentemente em outrem tarefas de natureza normativa.

Este último aspecto já nos alerta para o facto de que a produção de antinomias pode decorrer de algo de estrutural ao ordenamento jurídico, ou seja, de, no seio deste, existirem ordens jurídicas autónomas e compostas por normas entre si independentes e incompatíveis. Neste caso, ambas as normas se mantêm em vigor devendo ser mutuamente compatibilizadas, de modo a que se consiga optimizar a vigência de cada uma, nomeadamente por meio do princípio da proporcionalidade (v. adiante).

O que acabamos de dizer pode verificar-se mesmo no âmbito de uma única ordem jurídica que contenha em si princípios contraditórios, propondo ao intérprete que, em face de cada caso, encontre o melhor compromisso entre eles, ou seja, que encontre uma solução em que cada um desses princípios possa obter o máximo de realização. Isto acontece frequentemente no direito constitucional, que acolhe princípios fundamentais que, por causa de outros princípios também fundamentais, raramente podem ter uma realização total[869]. Mas o mesmo se pode encontrar no âmbito do direito ordinário, nomeadamente do direito civil, em que, por exemplo, o princípio da liberdade contratual (da autonomia da vontade) tem que ser, muitas vezes, temperado ou pelo princípio da

---

[869] V., a este propósito, *supra*, cap. 6.

712 | CALEIDOSCÓPIO DO DIREITO...

boa-fé, ou por cláusulas de ordem pública, um e outras limitadoras de um completo arbítrio da vontade na formulação das cláusulas contratuais. Contradições podem ainda encontrar-se entre normas jurídicas estabelecidas pela comunidade e normas jurídicas estabelecidas pelos privados, no âmbito da sua referida autonomia da vontade. Para resolver estas contradições, o direito prevê a conversão ou redução dos negócios jurídicos, sempre que eles contrariem normas que o direito (civil, nomeadamente) mande respeitar (normas cogentes, por oposição a normas supletivas)[870].

Excepto no que respeita à conversão ou redução dos contratos – figuras de há muito adquiridas pela teoria geral do direito civil –, o que se disse no parágrafo anterior era dificilmente aceite enquanto vigorou uma teoria do direito que enfatizava o carácter sistemático e não contraditório deste. Isto aconteceu sempre que predominou uma concepção racionalista do direito, como o jusracionalismo do séc. XVIII, ou, mais recentemente, na segunda metade do séc. XIX, a jurisprudência dos conceitos (*Begriffsjurisprudenz*)[871]. Para correntes como estas, o direito era uma ordem racional e isenta de contradições. O próprio legislador – por elas idealizado – devia também ser, mais

---

[870] Cf., clássico, Jean Ray, *Des conflits entre principes abstraits et stipulations conventionnelles*, 1934.

[871] Cf. A. M. Hespanha, *Cultura jurídica europeia [...]*, cit., cap. 9.3.3.

APONTAMENTOS PARA UMA TEORIA DA NORMA | 713

do que razoável, racional[872]. Nestes termos, uma antinomia era uma enfermidade da ordem jurídica, que devia ser curada a todo o preço, mesmo que este consistisse numa compatibilização que desafiasse as regras da razoabilidade e do bom-senso. Mais escandalosa era, ainda, a contradição entre princípios, entendidos como princípios lógicos do sistema jurídico, já que a lógica da noção de *sistema* jurídico contradizia, nos próprios termos, a possibilidade de desarmonia entre os seus princípios[873].

Hoje em dia, a própria lógica convive com situações de paradoxo e de antinomia (algumas de há muito conhecidas), procurando construir teorias baseadas em axiomas diferentes do princípio da não contradição[874]. No direito, passa-se o mesmo[875]. Perante a consciência de que o direito é uma ordem plural, com normas de diversas proveniências e obedecendo a diferentes lógicas normativas, a contradição entre normas passou a ser aceite naturalmente, como algo que nem sempre tem que ser resolvido em termos de

---

[872] Cf., clássico, Jean Ray, *Essai sur la structure logique du Code Civil français*, 1926.

[873] Cf. Salvatore Pugliatti, *La logica e i concetti giuridici*, 1941.

[874] Cf. http://de.wikipedia.org/wiki/Antinomie; http://Philognosie/Logik der Antinomien.mht

[875] Cf., sobre novas concepções de não coerência, de um ponto de vista sobretudo lógico (lógica deôntica), Giuseppe Lorini, *Incoerenza senza opposizione*, 1995 (em http://www.unipv.it/deontica/opere/gl/coerenza.doc [Ago. 2006]).

714 | CALEIDOSCÓPIO DO DIREITO...

uma compatibilização perfeita. Se existem anomalias patológicas, originadas por técnicas normativas imperfeitas, existem outras que têm que ser resolvidas por compromissos entre as normas (ordem jurídica *compromissória*). Ambas as normas (ou princípios) têm que ter a mais extensa aplicação compatível com a máxima salvaguarda da norma (ou princípio) concorrente, a isto se chamando a *optimização* recíproca das duas normas. Perante os sacrifícios a exigir a cada uma delas, tem que ser ponderada a proporcionalidade entre o custo do relativo sacrifício de uma e a vantagem da maior extensão da aplicação da outra (princípio da *proporcionalidade*[876]). Ou seja, todas as normas são *comensuráveis* umas com as outras, tendo a

---

[876] Sobre o qual, no sentido aqui usado, v. antes de mais Sergio Guerra, "O princípio da proporcionalidade na pós-modernidade" (em http://www.direitodoestado.com/revista/RE DE-2-ABRIL-2005-SERGIO%20GUERRA.pdf [Ago. 2006]); ou Robert Alexy, *Theorie der Grundrechte*, Baden-Baden, Nomos, 1985, pp. 75 e s.; mais em geral e com outras nuances, v. J. J. Gomes Canotilho, *Direito constitucional e teoria da Constituição*, cit., Almedina, 1998, 261; Luís Roberto Barroso, *Princípios da Razoabilidade e da Proporcionalidade* (em http://www2.uerj.br/~direito/publicacoes/publicacoes/diversos/barroso2.html [Ago. 2006]); Jorge Reis Novais, *Os princípios constitucionais estruturantes da República portuguesa*, cit.,; Willis Santiago Guerra Filho, *O Princípio da Proporcionalidade em Direito Constitucional e em Direito Privado no Brasil* (em http://www.mundojuridico.adv.br/sis_ artigos/artigos.asp?codigo=701 [Ago. 2006]); Paulo Arminio Tavares Buechele, *O Princípio da Proporcionalidade e a Interpretação da Constituição*, Jurídico, 1999.

APONTAMENTOS PARA UMA TEORIA DA NORMA | 715

aplicação de qualquer delas que ser medida em função do prejuízo que cause à aplicação de outra[877].

Embora se fale mais desta necessidade de medir o alcance de umas normas em função do alcance das outras a respeito dos "princípios" e, pelo contrário, se insista frequentemente na inflexibilidade das "regras" e na impossibilidade da sua co-adaptação[878], a experiência quotidiana dos juristas mostra que mesmo as regras podem ser mutuamente compatibilizadas, sobretudo porque, como já vimos, cada uma delas suporta várias interpretações, algumas das quais podem mutuamente conviver.

Para se efectuar este juízo de proporcionalidade, tem que haver critérios, pelo menos implícitos, a partir dos quais a importância relativa dos valores visados pelas diversas normas possa ser mutuamente comparada, ponderada, medida. Num ordenamento jurídico pluralista, em que os próprios valores são imanentes a cada uma das partes componentes do ordenamento, essa medida há-de corresponder àquele núcleo normativo da norma de reconhecimento que

---

[877] Sobre a contribuição de N. Bobbio para a renovação da teoria das antinomias, v. M.ª Teresa García-Berrio, "Decálogo de las principales aportaciones de Norberto Bobbio al tratamiento de las antinomias", *Analisi e diritto*, a cura di P. Comanducci e R. Guastini, 2005, 183-191 (em http://www.giuri.unige.it /intro/dipist/digita/filo/testi/analisi_2006/14garciaberrio.pdf [Ago. 2006]).

[878] Cf., antes, a propósito desta distintiva característica das regras em relação aos princípios, cap. 6.

716 | CALEIDOSCÓPIO DO DIREITO...

melhor corresponde ao princípio democrático como hoje o entendemos, ou seja, a Constituição. Ou seja, a resolução das antinomias há-de corresponder a uma compatibilização entre as normas que recolha elementos de uma e de outra, de modo a que o resultado corresponda à melhor proporção entre uma e outra, na perspectiva dos valores reconhecidos como constituintes da ordem jurídica. Por isso é que o juízo de proporcionalidade é um juízo tipicamente constitucional, a ser feito conforme com a Constituição (já agora, "integração conforme à Constituição") e a escala de valores que esta estabelece.

O que acaba de ser dito promove esta técnica de resolução das antinomias baseada no princípio da proporcionalidade a um cânone metodológico geral, ao qual escapam apenas aqueles casos de antinomias impróprias, provenientes de deficiente técnica legislativa. Isto quer dizer que, mesmo os problemas de conflitos de leis no tempo e no espaço, que costumam ter um tratamento autónomo, muito dependente de regras legislativas (cf. arts. 12.º e 13.º do CC; Liv. I, Tit. I, cap. III [arts. 14ss.]), não devem escapar a um juízo deste tipo que, eventualmente, corrija o automatismo na aplicação das referidas regras legalmente estabelecidas.

23.1 *Os conflitos temporais de normas*

Um tipo de conflito de normas para o qual a lei (civil) fornece uma regra de resolução é o provocado pela sucessão no tempo de leis com conteúdos normativos diferentes aplicáveis à mesma previsão. Por vezes, é a própria "lei nova" (ou seja, a promulgada em data posterior) que estabelece um *regime transitório*, definindo os casos em que se aplicam uma ou outra.

Na falta de tal regime, o art.º 12.º do Código Civil estabelece uma norma de conflitos definindo, em abstracto, os âmbitos de aplicação respectivos da "lei velha" e da "lei nova".

A primeira disposição deste artigo corresponde a um princípio óbvio: "1. A lei só dispõe para o futuro [...]", acrescentando-se ainda que "[...] ainda que lhe seja atribuída eficácia retroactiva, presume-se que ficam ressalvados os efeitos já produzidos pelos factos que a lei se destina a regular". Ou seja, a lei nova, ao aplicar-se apenas para futuro, respeita os factos passados, bem como os efeitos que estes já tenham produzido, isto mesmo que lhe seja conferida uma eficácia retroactiva[879].

---

[879] A lei que aprovou o Orçamento Geral de Estado para 2005 (Lei n.º 55-B/2004, 30 Dezembro) deixou de permitir que se deduzissem à colecta do IRS os montantes aplicados em contas de poupança-habitação ou de poupança-reforma. Esta lei abrangeu as aplicações referidas constituídas antes da sua entrada em vigor, mas ficaram salvaguardadas, nos termos do n.º 2 ao art.º 12 do CC, as deduções à colecta já efectuadas nos anos fiscais anteriores. Para além do mais, este talvez seja um dos tais casos em que ao automatismo da aplicação da regra de conflitos do art.º 12.º se devesse preferir uma análise de ponderação de custos relativamente à aplicação ou não da lei nova às consequências futuras do facto passado.

718 | CALEIDOSCÓPIO DO DIREITO...

Este princípio seria suficiente se a sua simplicidade não fosse ilusória, sobretudo relativamente aos efeitos de situações constituídas no passado anterior à promulgação da nova lei que se mantêm ainda depois de esta entrar em vigor. Perante situações deste tipo, poder-se-iam adoptar duas soluções extremas: (A) a nova lei aplicar-se-lhes-ia a partir do momento da sua promulgação, modificando, por isso, a sua configuração jurídica[880]; (B) a nova lei respeitaria integralmente as situações constituídas à sombra da lei antiga, mesmo que estas permanecessem e continuassem a produzir efeitos, mesmo depois da sua promulgação.

Qualquer destas soluções, no seu radicalismo, conduziria a resultados menos razoáveis: a primeira, por provocar alterações imprevisíveis nos efeitos de situações jurídicas (por exemplo, o casamento, o conteúdo dos contratos, as faculdades dos proprietários) constituídas antes da sua vigência; a segunda, por provocar o congelamento no tempo dos efeitos jurídicos de situações (como, de novo, as faculdades dos proprietários, as situações tributárias, o estatuto dos funcionários públicos, o estatuto dos alunos de uma escola pública) que a lei nova, fundada em motivos atendíveis, de justiça ou de interesse público, veio modificar.

Do confronto destas duas posições, alguma coisa de útil parece surgir.

---

[880] Esta seria a solução que decorreria da parte até agora citada do art.º 12.º (ou seja, apenas do seu n.º 1).

APONTAMENTOS PARA UMA TEORIA DA NORMA | 719

Por um lado, que a aplicação das leis a todas as consequências (embora apenas futuras) de situações constituídas antes da sua vigência tem custos que devem ser ponderados[881]. Estes custos são, nomeadamente, a quebra de confiança na estabilidade do direito e das situações jurídicas. Por outro lado, que a salvaguarda irrestrita dos efeitos das situações constituídas antes da entrada em vigor da lei nova tem também custos. Desta vez, estes serão – utilizando uma formulação jurisprudencial – (i) a desvalorização do "interesse na adaptação à alteração das condições sociais, tomadas naturalmente em conta pela nova lei, o interesse no ajustamento às novas concepções e valorações da comunidade e do legislador [...]"; (ii) a quebra da "[...] unidade do ordenamento jurídico, a qual seria posta em causa e com ela a segurança do comércio jurídico, pela subsistência de um grande número de situações duradouras, ou até de carácter perpétuo, regidas por uma lei há muito revogada [...]" e (iii) "[...] o reduzido ou nulo valor da expectativa

---

[881] Neste sentido, a jurisprudência tem-se orientado no sentido de que "uma retroactividade intolerável, que afecte de forma inadmissível e arbitrária os direitos e expectativas legitimamente fundados dos cidadãos [mas apenas esta...] viola o princípio da protecção da confiança, ínsito na ideia do Estado de direito democrático" (cf. o Acórdão do Tribunal Constitucional n.º 11/83, de 12 de Outubro de 1982, "Acórdãos do Tribunal Constitucional", 1, pp. 11 ss.); no mesmo sentido, já o Acórdão da Comissão Constitucional n.º 463, de 13 de Janeiro de 1983, e, designadamente, os Acórdãos 17/84 e 86/84 do mesmo Tribunal Constitucional".

720 | CALEIDOSCÓPIO DO DIREITO...

dos indivíduos que confiaram, sem bases, na continuidade do regime estabelecido pela lei antiga, uma vez
que se trata de um regime puramente legal, e não de
um regime posto na dependência da vontade dos
mesmos"[882].

Tudo está, portanto, em encontrar um critério adequado de distinção. Um critério capaz de ponderar
adequadamente os custos da mudança com os custos
da permanência da configuração jurídica das situações
que têm contacto com as duas leis[883].

---

[882] Parecer n.º 239/77, de 21 de Dezembro de 1977, publicado no Diário da República, II série, n.º 74, de 30 de Março
de 1978, e no Boletim do Ministério da Justiça, n.º 280, pág.
184. Os motivos invocados não têm todos o mesmo peso; o
argumento do custo da quebra da unidade do ordenamento
jurídico seria vantajosamente substituído pelo da quebra da
igualdade de tratamento de casos do mesmo tipo; por outro
lado, o terceiro argumento, o da débil respeitabilidade das
expectativas meramente decorrentes da lei, contrapostas às que
decorrem de situações contratuais, constitui o reflexo da teoria
oitocentista que concebia o direito como a tutela de poderes
de vontade (*Willenstheorie*). Não se vê hoje, ultrapassado esse
individualismo e liberalismo extremo, porque é que uma
expectativa decorrente da lei há-de ser menos respeitável do
que uma decorrente da volição de um particular.

[883] No mesmo sentido, v. Gama Lobo Xavier, "Sobre a
aplicação do art.º 830.º, 1.º, do novo Código Civil aos contra-
tos-promessa celebrados anteriormente à sua vigência", em
Revista de Direitos e de Estudos Sociais, ano XIV: "Como é sabido,
dois interesses conflituantes há fundamentalmente a ter em
conta em qualquer problema de aplicação das leis no tempo.
Por um lado, o interesse público inerente à regulamentação

APONTAMENTOS PARA UMA TEORIA DA NORMA | 721

A doutrina tradicional (*teoria dos direitos adquiridos*) – formulada há quase 200 anos por F. C. von Savigny, numa época de predomínio de uma concepção individualista do direito, para a qual a consideração dos direitos incorporados na esfera jurídica dos particulares era muito grande – encontrou o princípio de distinção na diferente natureza dos efeitos jurídicos produzidos ao abrigo da lei velha. Se se tratava de "direitos adquiridos" (ou seja, de direitos que já se tinham incorporado no património de um sujeito de direito), eram inatacáveis pela lei nova (A)[884]. Se, pelo contrário, se tratava de esperanças ou de expectativas, ainda "não consolidadas" em ganhos patrimoniais, elas já estariam à mercê da lei nova, a qual, concretamente, as podia frustrar (B). Esta solução tem sido objecto de várias críticas. Por um lado, a distinção entre "direitos adquiridos" e "simples expectativas" é tudo menos clara, tanto do ponto de

---

introduzida pela lei nova, que se presume ser a melhor, interesse que reclama a aplicação imediata da nova lei ao maior número possível de situações. Por outro, o interesse da certeza jurídica, do respeito das justas expectativas dos particulares criadas à sombra de determinada lei – interesse, este último, que justifica restrições mais ou menos latas à aplicação imediata e condicionada da nova regulamentação. Conforme, em cada caso, uma justa ponderação atribua mais ou menos peso a um ou outro destes interesses, assim o problema é de resolver pela aplicação ao caso da lei nova ou pela sua sujeição à disciplina jurídica anterior".

[884] Estas letras referem-se ao gráfico "Teorias da aplicação da lei no tempo".

722 | CALEIDOSCÓPIO DO DIREITO...

vista conceitual, como do ponto de vista da sua justeza prática[885]. Por outro lado, este critério é de tal modo respeitador dos direitos individuais que não permite a sua limitação em função de razões de interesse comum ou de ordem pública reconhecidas, em momento posterior, por uma nova lei[886]. Por fim, a

---

[885] Por exemplo, o direito a uma pensão da reforma (ou o seu quantitativo) não se incorpora na esfera patrimonial do seu titular senão quando este atinja a categoria de reformado; no entanto, esta pessoa pode ser surpreendida por um novo regime da reforma depois de várias dezenas de anos de descontos e de estabelecimento de planos de vida e correspondentes decisões (mesmo em termos económicos: fazer ou não fazer seguros privados de reforma, programação de actividades económicas para o período posterior de reforma, com correspondentes investimentos, etc.). Acresce que, se considerarmos que o seu direito é correspectivo aos descontos feitos (ao progressivo "pagamento do benefício"), a razoabilidade leva a que se tenha que considerar que o direito à pensão já está em vias (mais ou menos avançadas) de aquisição. A celebração do "contrato de reforma" já gerou, para o funcionário, o direito a um direito, que, nestes termos, se deve considerar adquirido, projectando-se sobre o direito que está a ser adquirido e conferindo-lhe uma certa estabilidade, tanto maior quanto a sua aquisição for progredindo pela passagem do tempo (e correspondente satisfação dos "descontos").

[886] Por exemplo, novas razões de ordem ambiental, mesmo que extremas (destruição da paisagem natural, risco para espécies em extinção, preservação da orla marítima, emissão de produtos químicos ou biológicos prejudiciais ao ambiente); crises financeiras graves, em que visivelmente estejam em causa a solvabilidade ou sobrevivência das instituições (*salus reipublicae suprema lex est*); relações supremas de solidariedade comunitária, etc.

APONTAMENTOS PARA UMA TEORIA DA NORMA | 723

doutrina formulada por Savigny inseria-se numa concepção liberal do direito, própria dessa época, para a qual o direito era concebido como apenas o reconhecimento e protecção legais de "manifestações de vontade" (era a chamada "teoria da vontade", ou *Willenstheorie*); gerações seguintes de juristas fizeram a crítica sistemática deste modo de ver, ao salientarem que ao direito competia muito mais do que proteger e garantir a vontade dos particulares; que lhe competia salvaguardar os interesses comuns, substituir-se à vontade menos livre dos mais fracos, protegendo-os contra a vontade mais poderosa, invasiva e predatória dos mais fortes, limitar a vontade dos particulares em face do interesse público, defender a função também social dos direitos dos indivíduos (como o da propriedade privada), complementar a vontade negocial com conteúdos contratuais provenientes das boas práticas e da boa-fé, impor ao quietismo social uma dinâmica de progresso e de melhoramento, etc.[887] Note-se, de resto, que os "direitos adquiridos" – ou seja, os bens, as vantagens, que alguém tinha como adquiridas – são continuamente ofendidas pelo simples curso da vida, sem que o direito faça (ou possa fazer) grande coisa

---

[887] Esta função propulsora do direito, em que este promove novos arranjos sociais ou ratifica mudanças que já se estão a produzir na sociedade e que, muito provavelmente, vão atingir situações individuais dadas como adquiridas, está muito bem descrita por Lawrence M. Friedmann, *American law in the 20th century*, New Haven, Tale Univ. Press, 2002, 6-9.

724 | CALEIDOSCÓPIO DO DIREITO...

– máquinas que se deterioram e deixam de funcionar, computadores que deixam de ser compatíveis com o *hardware* ou *software* mais recente; alimentos ou remédios que passam o prazo de validade, vistas que se perdem, com a consequente desvalorização dos imóveis, pelo congestionamento urbanístico, etc. Por outro lado, reiteramos aqui o que já avançámos na anterior nota 885 sobre a indistinta fronteira entre "direitos adquiridos" e "meras expectativas", salientando a relevância de uma terceira situação, a que poderíamos chamar "direitos *in fieri*", em estado de formação, ou "de formação sucessiva". Ou seja, de situações que, para os próprios ou para terceiros, já se consolidaram tanto e já suscitaram um tal nível de confiança, que passaram a ser razoavelmente consideradas como actualmente integradas nas esferas jurídicas dos interessados. Casos típicos são, no direito privado, as vendas sob condição suspensiva, as vendas a prestações, sobretudo na sua fase terminal de cumprimento, os seguros de reforma; no direito público, o regime da reforma. Seria absolutamente contrário ao princípio da confiança que, quando uma das partes já cumpriu num grau substancial as suas obrigações – de pagamento de prestações, de prémios de seguro, de descontos, de prestação de anos de trabalho –, a outra parte, ou a lei, viessem alterar *in peius* a configuração das obrigações da outra parte (o tipo ou localização de casa a entregar, o montante da pensão, o número de anos necessário para adquirir o direito à reforma, ou o seu quantitativo).

Um outro critério (*teoria do facto passado*, Ennecce-rus-Nipperdey)[888] é o de distinguir entre factos jurídicos isolados, ocorridos num momento temporal específico e que nele se esgotam quanto aos seus aspectos jurídicos (C), e situações jurídicas – eventualmente decorrentes de factos do primeiro tipo – que se prolongam no tempo (D). No primeiro caso, o que está em causa são, fundamentalmente, as condições de validade jurídica desses factos[889-890]; enquanto no segundo caso, o que está em causa é, em cada momento, a justiça, utilidade ou razoabilidade (tal como venha a ser avaliada pelo legislador) da configuração

---

[888] Sobre ela, v. Pires de Lima e Antunes Varela, *Código Civil anotado*, vol. I, Coimbra Editora, 1967, anotação ao artigo 12.º, pág. 18.

[889] Por exemplo, num contrato, se os contraentes são juridicamente capazes ou se a forma jurídica do contrato foi observada. Se, num processo – que é um encadeado de actos – cada um deles revestiu a forma prescrita na lei e foi praticado pela entidade competente.

[890] Ao defender a teoria do facto passado, alguns autores dão-lhe um cunho mais marcadamente voluntarista, segundo o qual o que tornaria mais respeitáveis os factos passados era o facto de eles constituírem manifestações da vontade das partes – e não apenas meras consequências objectivas da lei –, que sempre deveriam ser salvaguardadas. A verdade é que factos passados não são apenas contratos, mas também decisões de entidades públicas ou mesmo factos jurídicos não voluntários, como o usucapião ou a prescrição extintiva, que operam pelo mero facto do tempo e cujos efeitos se devem considerar como consolidados e inatacáveis pela lei nova.

726 | CALEIDOSCÓPIO DO DIREITO...

jurídica da tal situação que se mantém no tempo[891].
Daí que pareça ser adequado que os actos isolados
sejam regidos pela lei em vigor ao momento da sua
prática, ao passo que, no caso de situações permanentes no tempo, pareça ser ajustado sujeitá-las, sucessivamente, às leis que as vierem a regular. E é esta, de
facto, a solução consagrada no citado art.º 12.º, n.º 2:
"Quando a lei dispõe sobre as condições de validade
substancial ou formal de quaisquer factos ou sobre os
seus efeitos, entende-se, em caso de dúvida, que só
visa os factos novos; mas, quando dispuser directamente sobre o conteúdo de certas relações jurídicas,
abstraindo dos factos que lhes deram origem, enten-
der-se-á que a lei abrange as próprias relações já
constituídas, que subsistam à data da sua entrada em
vigor". Porém, também esta solução não pode ser
aplicada sem uma ponderação de custos, semelhante
àquela a que acima se referiu. Se esta ponderação
parece ser geralmente favorável à não aplicação da lei

---

[891] Se a lei determina as faculdades do proprietário, pouco
lhe interessa o modo de aquisição desta: se por contrato,
ocupação ou usucapião. Daí que a lei nova se deva aplicar a
todas as propriedades que existam no momento da sua entrada em vigor. O mesmo se diga se uma lei (civil) introduz a
possibilidade de divórcio ou a possibilidade de interromper a
gravidez. A primeira lei aplica-se a todos os casamentos, qualquer que tenha sido a sua forma de celebração (civil ou canó-
nica) e a segunda a todas as mulheres grávidas que estejam nas
condições prescritas na lei, quer a concepção tenha sido anterior ou posterior à promulgação da lei.

APONTAMENTOS PARA UMA TEORIA DA NORMA | 727

nova a factos passados e encerrados[892], já a aplicação ou não da lei nova, para o futuro, a todas as situações permanentes pode não resistir a uma análise da proporcionalidade dos cus-tos[893-894].

---

[892] A menos que haja razões de extremo interesse público no sentido de modificar a sua situação jurídica. Ponham-se, como exemplo, uma lei que vem proibir as demissões da função pública por motivos políticos, as expropriações ou confiscos por razões políticas ou rácicas e repor retroactivamente a justiça nas injustiças cometidas (reintegrando funcionários, devolvendo bens confiscados, mesmo com sacrifício daqueles que os tivessem adquirido – de boa ou má-fé – do Estado confiscante). Ou, num grau diferente, a aplicação, a direitos de edificação já concedidos, de restrições decorrentes de uma nova apreciação legal de relevantes riscos ambientais ou de sérias razões de planeamento urbanístico. Nestes casos, a incerteza jurídica decorrente é um custo menor em relação ao custo da permanência da iniquidade do acto.

[893] Vejam-se os casos referidos na anterior nota 885. Sobre o caso especial dos efeitos da declaração com força obrigatória geral de inconstitucionalidade ou de ilegalidade de uma norma, v. o art.º 282 da CRP.

[894] Num sentido muito semelhante quanto ao valor acentuadamente provisório e heurístico destas normas de conflitos, v. António Menezes Cordeiro, "Da aplicação da lei no tempo e das disposições transitórias", em *Legislação. Cadernos de ciência da legislação*, 7(Abr.-Jun. 1993), 26: "Chamado a resolver um problema [de conflito temporal de leis], o intérprete-aplicador procura a decisão passando em revista os diversos argumentos que para ela possam contribuir, entre os quais os elementos transitórios: ele não vai, em separado, determinar uma lei transitoriamente aplicável e, depois, proceder às outras operações de concretização. A metodologia actual entende a realização do direito como tarefa essencialmente integrada; e nessa integração inclui-se a determinação da lei aplicável, se necessário, com recurso ao direito transitório [...]".

728 | CALEIDOSCÓPIO DO DIREITO...

Teorias da aplicação da lei no tempo

Lei "velha"	"Lei "nova"	Tipos de situações	Teoria considerada
●●●	★★★		
↗	▷▷▷▷	A	Teoria dos direitos subjectivos
●▶▶▶▶			
↘	▶▶▶▶	B	
		C	Teoria do facto passado
●●●	★★★	D	

- situação continuada a que se aplica a lei velha;
- situação continuada, constituída durante a vigência da lei "velha", mas a que se aplica a lei nova;
- ● facto jurídico (pontual) a que se aplica a lei velha;
- ★ facto jurídico (pontual) a que aplica a lei nova;
- ▶ consequência de facto jurídico tida como "direito adquirido" (regulada pela "lei velha");
- ▷ consequência de facto jurídico tida como "simples expectativa" (regulada pela "lei nova");

Alguns autores têm tentado sistematizar os sistemas de resolução de conflitos temporais de leis, distinguindo vários graus de retroactividade. É o que faz João Baptista Machado, um notável jurista português já falecido[895]:

"Podemos distinguir pelo menos três graus de retroactividade. A retroactividade de grau máximo seria

---

[895] Em *Introdução ao Direito e ao Discurso Legitimador*, (13.ª reimpressão), Coimbra, Almedina, 2001, pp. 226/227.

aquela em que a lei nova nem sequer respeitasse as situações definitivamente decididas por sentença transitada em julgado ou por qualquer outro título equivalente (sentença arbitral homologada, transacção, etc.) ou aquelas causas em que o direito de acção havia já caducado (*res iudicata, vel transacta, vel praescrita*).

"Numa palavra, a retroactividade deste tipo não respeitaria sequer as *causae finitae* ou aquelas que como tais são de considerar.

"A esta segue-se aquela retroactividade que, respeitando embora as *causae finitae*, não se detém sequer perante efeitos jurídicos já produzidos no passado mas que não chegaram a ser objecto de uma decisão judicial nem foram cobertos ou consolidados por um título equivalente. Tal o que sucederia se uma lei nova viesse reduzir a taxa legal de juro máximo e estabelecesse a sua aplicação retroactiva em termos de obrigar a restituir os próprios juros vencidos sob a lei antiga (e em face desta perfeitamente legais).

"Por fim, podemos referir a retroactividade normal (aquela a que se refere o n.º 1 do artigo 12.º [...]), que respeita os efeitos de direito já produzidos pela situação jurídica sob a lei antiga. Tal a retroactividade que se verifica se a lei nova viesse estabelecer um prazo mínimo mais longo para os arrendamentos rurais e mandasse aplicar esse prazo aos contratos em curso no momento do seu início de vigência ou entrada em vigor; ou se a lei nova viesse reduzir o máximo da taxa legal de juros e se declarasse aplicável aos juros dos contratos de mútuo em curso no momento do seu início de vigência, relativamente aos juros que se viessem a vencer de futuro."

730 | CALEIDOSCÓPIO DO DIREITO...

A esta tipologia está subjacente algo de substancial. Na verdade, preferir a regulação pela lei "velha" ou pela "lei nova" relaciona-se com a ponderação relativa de valores jurídicos por vezes conflituais. Normalmente, a aplicação da "lei velha", ao garantir a continuidade das soluções, valoriza e protege tanto a segurança/confiança, como a justiça/igualdade[896]. Em contrapartida, aplicar a "lei nova" valoriza e protege novos valores, públicos ou privados, mais ou menos importantes, acautelados de novo pela lei por exigência da justiça[897]. Daí que a solução adequada do problema da aplicação das leis no tempo decorra da ponderação mútua que for feita destes valores eventualmente conflituais. Assim, a regra de ouro deverá ser que os benefícios decorrentes da contemplação dos novos interesses ou valores acolhidos pela "lei nova" não deve causar uma perturbação desproporcionada dos valores da confiança e da igualdade assegurados pela continuação da aplicação da lei velha. Neste arco de soluções, pode dizer-se que os extremos são: (i) a preservação do regime antigo naqueles casos em que a sua substituição pelo regime novo constitua uma alteração insuportável da segurança ou uma ofensa absolutamente injusta da igualdade; é o caso da aplicação de uma lei nova proibi-

---

[896] A chamada justiça comutativa: tratar igualmente as situações iguais.

[897] Neste caso, da justiça "distributiva" – tratar cada um, cada situação, como deve ser tratada.

APONTAMENTOS PARA UMA TEORIA DA NORMA | 731

tiva, invasiva ou restritiva a direitos (patrimoniais ou de acção) já consolidados[898]; (ii) a aplicação da lei nova a factos passados e consolidados quando se perdeu toda a confiança na sua garantia ou quando a justiça distributiva exige o sacrifício da confiança[899].

Resta acrescentar que as regras estabelecidas no Código Civil nem sequer valem para todo o corpo legislativo. Assim, embora a lei civil admita, com certas restrições[900], a retroactividade[901], esta não é

---

[898] Ou seja, que pune actos permitidos à data da sua prática, que anula direitos já consolidadas e exercitados, que cria impostos sobre factos não tributados aquando praticados.

[899] É o caso da chamada "legalidade revolucionária", em que a subversão da ordem estabelecida, com a consequente dissolução da segurança, torna pueril qualquer sentimento de confiança, tornando aceitável legislação "de excepção". Ou o caso em que a salvação da República constitua a lei suprema (*salus reipublicae suprema lex est*).

[900] Cf. o citado art.º 12.º, n.º 1; proibindo a aplicação retroactiva da lei que restrinja direitos, liberdades e garantias, art.º 18.º, n.º 3, da CRP: "As leis restritivas de direitos, liberdades e garantias [...] não podem ter efeito retroactivo [...]"; ou as situações fixadas por caso julgado (ou equiparado, como acto administrativo definitivo); v. art.º 282, n.º 3 da CRP.

[901] Esta é, também, a orientação corrente da jurisprudência superior: "apenas uma retroactividade intolerável, que afecte de forma inadmissível e arbitrária os direitos e expectativas legitimamente fundados dos cidadãos, viola o princípio da protecção da confiança, ínsito na ideia do Estado de direito democrático" (cf. o Acórdão do Tribunal Constitucional n.º 11/83, de 12 de Outubro de 1982, "Acórdãos do Tribunal Constitucional", 1, pp. 11 e ss.; no mesmo sentido se havia já pronunciado a Comissão Constitucional, no Acórdão n.º 463,

732 | CALEIDOSCÓPIO DO DIREITO...

admitida, em geral, no âmbito da lei penal, por força de uma interdição constitucional (cf. art.º 29.º da CRP). Muito menos valerão para outras ordens que integrem o ordenamento jurídico português, nos termos do seu carácter pluralista.

24. Conclusão

No final destes capítulos dedicados a processos intelectuais clássicos de aplicação das normas, tudo parece, a um tempo, mais sensato, mas também, admito, mais incerto e menos "procedimentalmente regulado". Ou seja, mais dependente de uma sensatez geral e menos de receitas seguras e específicas para cada processo. As próprias normas do Código Civil, classicamente invocadas para resolver estes problemas, foram problematizadas e remetidas para elementos laterais de fundamentação das soluções propostas. O que – valha a verdade – não deixa de ser natural, pois o Código Civil não é a sede própria para acolher normas que, na realidade, definem traços estruturais da ordem jurídica.

Constatamos, afinal, que desapareceu a distinção rígida entre processo de interpretação, de integração

---

de 13 de Janeiro de 1983, (...) e se continuou a pronunciar o Tribunal Constitucional, designadamente, nos Acórdãos 17/84 e 86/84 (...)" (em http://www.snesup.pt/juridica/pareceres_juris/parecer_lei1_2003.htm).

e de resolução de conflitos, parecendo que, no fim de contas, quase tudo se reduz à interpretação.

E, na verdade, é assim. Na interpretação, na integração das lacunas, na resolução do conflito de normas, do que se trata, sempre, é de *dar sentido a normas*[902], seja para tratar de forma adequada a resolução de uma situação que as invoca, seja para cobrir – sendo caso disso – uma situação que carece de resolução jurídica, seja para determinar a esfera relativa de alcance de duas normas que suportam interpretações susceptíveis de entrar em conflito.

Daí que, em todos estes passos, os cânones metodológicos essenciais hão-de ser os da interpretação.

E que cânones são estes?

O primeiro é o de que, na determinação do sentido, os elementos determinantes hão de ser a intenção estratégica ou fundamental com que a norma foi reconhecida como direito pela comunidade (geral ou de especialistas)[903].

O segundo é o de que tal intenção estratégica ou fundamental há-de ser perguntada à comunidade dos utentes, expressa em correntes doutrinais, precedentes

---

[902] De "desenvolver o direito", *Rechtsfortbildung*, etiqueta comum sob a qual alguns autores alemães colocam todas estas operações, de "determinar" o direito, dando-lhe o sentido que há-de ter "em certos termos", em certa situação.

[903] Esta norma – qualquer que tenha sido a sua origem e história anterior e os sentidos que nela teve – é hoje admitida como norma de direito (pela norma de reconhecimento) fundamentalmente em vista do objectivo Ω (ómega).

734 | CALEIDOSCÓPIO DO DIREITO...

jurisprudenciais, sentimentos comuns quanto ao alcance daquela – ou seja, há-de ser o seu *usu firmato* ou *usu radicato*. Sendo que também um anseio generalizado à interpretação num certo sentido, a uma certa solução para um determinado tipo de casos, uma vontade suficientemente comum de mudar a interpretação do direito naquele caso, há-de ser tida como firmada ou radicada pelo uso. Ou seja, direito também pode ser um projecto de entendimento não realizado mas geralmente aceite e esperado.

O terceiro é o de que – no caso de interpretações conflituais quanto ao sentido ou âmbito de uma norma, ou da acomodação do seu sentido com o de outras normas – o critério de escolha há-de, em princípio, ser o que for mais conforme com a Constituição, como núcleo mais estruturante da norma de reconhecimento[904].

O quarto, finalmente, é o de que só pela interpretação se podem estabelecer os limites da própria interpretação. Ou seja: só a interpretação é que nos pode informar do universo dos sentidos possíveis de um texto e, consequentemente, de (i) quando é que estamos a desenvolver o direito no âmbito dos sentidos possíveis das suas normas já estabelecidas [interpretação extensiva] e de (ii) quando é que o estamos a desenvolver superando os sentidos possíveis dessas normas, *i.e.*, criando sentidos novos (ou seja, novas

---

[904] Cf. cap 5.

normas) [integração]. Neste último caso, confrontamo-nos – então – com dois problemas já aludidos.

Um é o de saber se estamos perante uma *lacuna do direito*, ou antes perante um *limite do direito* (perante uma fronteira exterior do direito, que o separa de "espaços livres do direito"). Neste último caso, o jurista está condenado a um *non possumus*, pois *ninguém tem competência para desenvolver o direito, para além dos limites do direito*.

Outro problema é o de saber se, tendo atingido um limite da interpretação, mas não um limite do direito, *o direito não reservou a competência para o desenvolvimento do direito necessário para superar a lacuna a um particular órgão, a uma particular forma, a uma particular técnica intelectual*. Isto acontece, nomeadamente: (i) quando a Constituição exige a forma legal para o estabelecimento de certas normas (normas penais incriminatórias, definição de penas, normas que criem imposições ficais); (ii) quando a Constituição atribui a certos órgãos a competências exclusiva para regular certas matérias (como as do art.º 165, n.º 1, da CRP, reservadas à lei parlamentar); (iii) quando as regras da arte (fundadas em regras da lógica) proíbem o uso de certa técnica de desenvolvimento do direito, como a analogia, como se passa com a hipótese de integração de normas excepcionais; (iv) quando uma norma jurídica genérica remete o seu desenvolvimento para a apreciação casuísta do aplicador do direito (prudente arbítrio do julgador, discricionariedade do agente da administração). Em qualquer destes casos –

e por razões diferentes (separação de poderes, princípio lógico da disjunção ou do terceiro excluído, preocupação pela concretização da solução) –, certas modalidades de desenvolvimento do direito superadoras das normas existentes (a integração doutrinal, a integração analógica, a integração genérica) tornam-se impossíveis.

Se nenhuma destas reservas ocorre, o aplicador do direito é livre de desenvolver o direito para além dos sentidos permitidos pelas normas estabelecidas, usando qualquer das técnicas antes referidas: nomeadamente, a exploração dos diversos ordenamentos jurídicos que integram a ordem jurídica, a analogia (*legis* ou *juris*), incluindo neste último subtipo o desenvolvimento dos princípios, nomeadamente dos princípios constitucionais. Sempre com a observância do princípio da conformidade com a Constituição.

Todos estes cânones valem, como se vê facilmente, tanto para a interpretação *stricto sensu*, como para a integração, como – finalmente – para resolver os conflitos de normas.

Como – vantagem ulterior – tanto valem para uma ordem jurídica que tenha a estrutura monista tradicional como para uma que se apresente, como acontece claramente hoje, com uma estrutura pluralista. Neste último caso, a única – mas não desprezível – especificidade é a de que (a) existem mais normas e de diversas proveniências; (b) é necessária uma contextualização mais complexa de sentido, pois são mais os contextos normativos em que as normas se integram;

APONTAMENTOS PARA UMA TEORIA DA NORMA | 737

(c) são mais os conflitos de sentido entre normas; (d) e, por isso, é mais importante um critério unificador comum a todos os ordenamentos normativos que integram a ordem jurídica pluralista – sendo esse o da "conformidade com a Constituição".

25. A construção jurídica entre um saber "mole" e um saber "duro".

Com a qualificação, a resolução de antinomias, a interpretação e a integração perfaz-se a aplicação do direito aos casos da vida. Diríamos que a tarefa do jurista se consuma aqui. E, na verdade, não estaria mal dito, dada a natureza eminentemente prática – orientada para a resolução de uma indecisão na acção humana – do direito[905].

Em todo o caso, o saber jurídico sempre conheceu um outro tipo de actividade – a de reflectir sobre as normas e as soluções jurídicas, tentando encontrar nelas alguma coerência. Uma espécie de ruminação intelectual do direito que existe, em vista não propriamente de o aperfeiçoar ou de o fazer progredir para novas soluções, mas antes no sentido de reforçar a capacidade de auto-explicação (ou de auto-justificação) do direito que existe; de encontrar modelos

---

[905] Da vastíssima literatura sobre o tema do saber jurídico, saliento a síntese informada e sagaz de Santiago Nino, 1983, *maxime*, 316 ss.

738 | CALEIDOSCÓPIO DO DIREITO...

gerais que o confirmem, comprovando a sua coerência metodológica e normativa das soluções obtidas – *ex iure quod est regula fiat* [Paulo, *Digesto*, 50.17.1: é do direito que existe que se faz a regra – agora tomada a palavra regra nesta acepção de proposição doutrinal dos juristas]. Muito deste trabalho intelectual reinsere--se, depois, nas fases, antes estudadas, da interpretação, da integração (em geral, da aplicação do direito). Trata-se, por isso, de uma actividade cognitiva prática – conhecer melhor o direito, para melhor o aplicar à resolução de casos práticos.

Este labor intelectual – denominado de "construção" ou "dogmática"[906] – pode ser considerado como um discurso sobre o direito – logo, como um meta-discurso –, paralelo a outros, como o da análise do discurso jurídico, o da informática jurídica (em certo sentido), o da história do discurso jurídico, o da sociologia do discurso jurídico[907]. Só que, no caso da

---

[906] Cf., sobre o conceito de dogmática – fundamental – Maximilian Herberger, *Dogmatik. Zur Geschichte von Begriff und Methode in Medizin und Jurisprudenz*, Frankfurt/Main, V. Klostermann, 1981 (=http://rw22linux8.jura.uni-sb.de/mhhabil/).

[907] Ou mesmo da literatura jurídica (cf. Filippo Ranieri, „Juristische Literatur aus dem Anicen Régime und historische Literatursoziologie. Einige methodologische Vorüberlegungen", em *Aspekte europäischer Rechtsgeschichte. Festgabe für Helmut Coing zum 70. Geburtstag* [*Ius Commune Sonderhefte* 17], Frankfurt a.M., 1982, 293-323); ou da forma dos livros jurídicos (cf. A. M. Hespanha, "Form and content in early modern lawyers' books. Bridging material bibliography with history of legal thought", a publicar em *Portuguese Studies Review* (="Cultura

APONTAMENTOS PARA UMA TEORIA DA NORMA | 739

dogmática, este metadiscurso reincorpora-se no próprio discurso, já que pode servir, de novo, de fundamento a soluções jurídicas.

Durante os dois últimos séculos, por influência dos ideais cientistas, a dogmática jurídica pretendeu um estatuto semelhante aos das ciências formais – ou seja, das ciências fundadas em axiomas, evidentes e capazes de, por via dedutiva, produzirem novas proposições, também evidentes. Esta foi a posição característica da jurisprudência dos conceitos[908] que, consequentemente, reclamava para si a designação, ainda hoje ocorrente, de "ciência do direito". Apesar de esta posição ter hoje perdido a sua credibilidade teórica, ela desempenhou – e, até certo ponto, continua a desempenhar – um papel que não pode ser ignorado, na legitimação do discurso doutrinal dos juristas[909]. Por isso é que, se quisermos atribuir um papel não mistificador à natureza epistemológica da dogmática jurídica, teremos que nos perguntar em que é que ela se distingue dos saberes "científicos", desses que hoje gozam – pelo menos nos meios do senso comum – de um estatuto de rigor e de indisputabilidade.

---

giuridica, libri dei giuristi e tecniche tipografiche", em *Le radici storiche dell'Europa. L'età moderna*, a cura di Maria Antonietta Visceglia, I Libri di Viella, 2007.

[908] Cf. A. M. Hespanha, *Cultura jurídica europeia [...]*, cit., 8.3.3.

[909] Cf., antes, 11.4.1.

740 | CALEIDOSCÓPIO DO DIREITO...

Os saberes sobre os homens e as nossas sociedades são normalmente considerados como menos certos e menos seguros do que os saberes sobre a natureza, como a física ou a biologia... Por detrás desta ideia estão duas ordens de questões.

Uma delas prende-se com o facto de se crer que a única maneira de provar que uma afirmação científica é verdadeira é aquela que os "cientistas" normalmente usam: a experimentação e a demonstração lógica. Uma coisa e outra raramente são possíveis nas "ciências sociais" (ou "humanas"). Raramente nos podemos sujeitar a experiências. E nem tudo o que o senso e a experiência comuns acabam por provar ser válido pode ser demonstrado "por $a + b$"[910].

Uma outra razão pela qual as ciências sobre o homem e a sociedade parecem ser mais "moles" – ou seja, menos rigorosas (em latim, *rigor* quer dizer, justamente, rigidez, precisão) – é que, aparentemente, os que se dedicam a estas ciências estão mais habituados a pensar o seu saber de uma forma mais rica e colorida, menos a "preto e branco". Ou seja, estão habituados – pela própria natureza do seu trabalho intelectual – à ideia de que o que é verdade aqui,

---

[910] V., neste sentido de manifestar a multiplicidade das estratégias e dos elementos argumentativos dos juristas, Manuel Atienza, "Argumentación y constitución", em Josep Aguiló Regla, Manuel Atienza y Juan Ruiz Manero, *Fragmentos para una teoria de la Constitución*, Madrid, Iustel, 2007, 113-182; Manuel Atienza, *Las razones del derecho – teorias de la argumentacion jurídica*, livro em formato PDF (http://foródelderecho.blogcindario.com /2008/04/00446-la-argumentacion-juridica-manuel-atienza.html).

"pode não o ser para lá dos Pirinéus" (parafraseando Montaigne; que, por acaso, do nosso ponto de vista, estaria para lá dos Pirinéus ...). Felizmente que assim é. Se as "ciências humanas" deixarem de se assumir como *moles*, o risco que se correria era o da arrogância "científica": o de se pretender que o justo, o belo, o útil, o bom, podiam ser objecto de uma prova universal, com régua e esquadro, cruzando as fronteiras das culturas e das sensibilidades e impondo à inextinguível variedade humana uma uniformidade monótona. No entanto, o mal não era apenas esse: era também o de que a opinião de alguns – em questões tão pessoais e tão culturais como os gostos ou as opiniões sobre o "bom governo" – pudesse ser autoritariamente imposta a todos. Em certo sentido, todas as tiranias começaram por aqui: pela batota de fazer passar por "natureza" o que era apenas "cultura".

O direito – melhor, o saber jurídico – constitui um estudo de caso particularmente interessante para mostrar como diferem entre si as ideias de rigor, de método e de "verdade" utilizadas pelos vários saberes.

Na sua longa história de mais de dois milénios na cultura ocidental, o saber dos juristas ocupou vários lugares e foi considerado diversamente aparentado com outros saberes, cujos critério de verdade e as razões de decidir eram muito diferentes de caso para caso. Trata-se de uma história longa, que aqui não pode ser, evidentemente, contada[911]. Basta, porém,

---

[911] Cf. A. M. Hespanha, *Cultura jurídica europeia [...]*. cit.

742 | CALEIDOSCÓPIO DO DIREITO...

dizer que, no decurso destes dois mil anos, o saber jurídico se foi, alternadamente, aproximando: de um saber clínico, dirigido para casos concretos, como a medicina; de um saber formal, genérico e abstracto, como a geometria; ou de um saber de observação e de construção, como a biologia ou a química. E que, em cada caso, foi adoptando o correspondente método e lidando com o respectivo conceito de verdade e de rigor. O que é importante notar é que, em cada uma destas fases, entre si todas diferentes, o saber jurídico nunca por nunca deixou de reclamar para si a pretensão de ter *um método* sobre o qual repousava a sua validade.

Esta curtíssima evocação da história de um saber e do seu método pode ser muito esclarecedora desta questão que me propus abordar – a de saber porque é que, enquanto uns saberes se ufanam do rigor, da inevitabilidade e da indestrutibilidade dos seus métodos e da sua Verdade, outros permanecem numa deriva contínua em busca de certezas, rememorando e criticando permanentemente aquilo que parecia adquirido.

Pode sensatamente dizer-se que estes últimos constituem formas mais sofisticadas de saber. A sua insatisfação é um sinal de sabedoria e de exigência. Estão, desde logo, muito conscientes da sua história. E têm, para além disso, a sábia consciência de que a sua história não está apenas ligada à mutabilidade dos objectos com que lidam, mas também à diversa maneira de os cientistas e as outras pessoas lidarem com eles, em vista de finalidades sociais e culturais sempre em mutação (cultivando, por isso, uma racionalidade orientada para as finalidades, *Zielbezogene Rationalität*).

Em contrapartida, em outros saberes, esta consciência de que os tempos e os lugares mudam as verdades é menos viva. Pode perguntar-se se a natureza física muda, pelo menos a um ritmo que comprometa a acumulação de saber humano sobre ela. Mas sabe-se, de certeza certa (obtida por um saber mole, a história), que o que se quis fazer com as ciências naturais mudou, tal como mudaram as possibilidades e os instrumentos de observação e os modelos racionais de tratar os dados da observação. Sabe-se também que as formas de organizar, de classificar, de calcular, têm dependido de realidades históricas e culturais muito profundas, como têm variado muito os sentimentos, os prazeres, os estados de alma e as suas manifestações. Nem todos os cientistas estão conscientes disto ou, pelo menos, reduzem isto, frequentemente, a uma insignificância, perante a ideia de um progresso linear em que o mais moderno representa, inevitavelmente, um avanço sobre o mais antigo; ou em que o "ocidental" triunfa inexoravelmente sobre o "exótico". Como também sabemos, outra vez de certeza certa, que a história não marcha assim, que evolui por meandros ocasionais, e que, nos saberes, se têm verificado revoluções de grandes modelos (de paradigmas, costuma dizer-se) que transformam repentinamente a verdade em falsidade. Uma visão apolínea, progressiva, e auto-suficiente da ciência é mais ingénua do que sábia, mais arriscada do que segura, mais perigosa que benfeitora.

744 | CALEIDOSCÓPIO DO DIREITO...

Em vez de teorizar a seco sobre isto – para o que, de resto, me faltaria a competência[912] – elaboro sobre um caso que conheço – o caso do saber sobre o direito, um saber "mole" sempre atraído pela pretensão de se tornar "duro". Um saber inevitavelmente ligado a coisas com tempo e lugar – as leis, os costumes, os ideais de bom governo –, mas aspirando sempre a poder apresentar as suas conclusões como as dos "verdadeiros cientistas", com a visão imperial de quem legisla e discursa para a eternidade. Desta curta história quereria tirar, sobretudo, três lições.

A primeira é a de que se podem realizar os objectivos de um saber – neste caso, preparar uma decisão justa para os litígios – seguindo vários métodos. Uns são mais económicos, outros menos económicos; uns mais elegantes, outros menos; uns têm mais danos colaterais, outros menos. Mas quase todos permitem obter resultados que satisfizeram, no caso do saber

---

[912] Acho indispensável que se fale, quanto possível, apenas do que se sabe, embora se deva tentar olhar para o que se passa ao lado. É uma atitude rara dos cultores das ciências ditas exactas, muitos dos quais parece mesmo que duvidam de que exista outro método ou outra reflexão metodológica para além daquela que constitui a ideologia espontânea reinante nos seus laboratórios. Isto provoca *bévues* clamorosas, quando se põem a teorizar. Mas provoca também desastrosas e ofensivas políticas públicas quanto aos saberes (evitei a expressão, já enviesada, de "políticas científicas"), não apenas em termos de financiamento e alocação de recursos, mas também de avaliação dos resultados e seus critérios.

jurídico, gerações e gerações, antes de serem substituídos por outros.

A segunda conclusão é a de que todos os métodos experimentados na história jurídica ocidental continham uma racionalidade própria, com a qual ganhavam consensos sociais para os seus resultados. De outro modo, nenhum teria sobrevivido duradouramente, pois o direito vive quase exclusivamente do consenso, só rara e efemeramente da força bruta.

A terceira conclusão é a de que os métodos são funcionais aos resultados. Pelo que, sempre que a bondade dos resultados é sacrificada ao rigor do método, este desaparece rapidamente de cena. Na verdade, ao lado da verificabilidade dos resultados pelo método, existe também uma verificabilidade do método pelos resultados ("pelos frutos se conhece a árvore" ou, como dizia – com sotaque alemão – um certo filósofo, "the proof of the pudding is the eating"). Neste sentido, a maleabilidade metodológica (a "moleza" científica) presta serviços muito melhores do que o dogmatismo e a crença em Verdades abslolutas e trans-históricas.

Até cerca do século XV, os juristas sentiram-se perto dos médicos. Tal como estes, eles partiam de certas noções – recebidas de outros saberes, como as ciências da natureza, mas também a religião (*rerum humanarum atque divinarum notitia*) – e pretendiam desenvolver um saber, orientado para a prática, que lhes permitisse resolver certos problemas humanos, desta vez não do corpo individual dos homens, mas da sociedade humana enquanto corpo político.

746 | CALEIDOSCÓPIO DO DIREITO...

O seu ponto de partida era, por isso, duplo. Por um lado, observavam a maneira de ser das relações humanas, colhiam a experiência da vida quotidiana; por outro lado, confrontavam esta observação das relações sociais com uma certa pré-compreensão que tinham da natureza do homem e da natureza da sociedade. Estes esquemas de análise, iam-nos eles buscar à tradição da doutrina política da Antiguidade e aos ensinamentos contidos nos livros sagrados do cristianismo. Por muito mítico e opinativo que isto hoje nos pareça, encontramos aqui noções de verdade, de rigor, e de método. A verdade decorria da autoridade dos textos canónicos – ou seja, dos textos que constituíam uma norma (*canon*). O rigor, da observância de regras estabelecidas quanto à maneira de os interpretar (quanto à sua hermenêutica). O método, esse, consistia em encontrar uma forma de explicar ordenadamente a sequência do raciocínio que se seguia para chegar a certas conclusões.

Apesar de disporem dos conceitos de verdade, de rigor e de método, nem por isso os juristas se achavam em condições de reclamar uma verdade absoluta e definitiva para as suas conclusões. Não é que duvidassem da verdade contida na tradição, sobretudo na tradição religiosa; mas tinham uma concepção demasiado humilde das suas capacidades para pretenderem conseguir compreender essa verdade até ao fim. Acreditavam que era possível um progresso em direcção a ela e que esse progresso era, essencialmente, uma obra colectiva, de combinação metódica de parcelas de

APONTAMENTOS PARA UMA TEORIA DA NORMA | 747

verdade encontradas por cada um. A sua verdade era, por isso, sempre algo de provisório e inacabado. Também acreditavam que a interpretação, quer das fontes, quer da natureza, devia ser rigorosa. Por isso, desenvolveram, com base nas reflexões anteriores de teólogos e filósofos, uma sofisticadíssima doutrina da interpretação (hermenêutica), ou seja, uma série de investigações acerca do sentido, das suas diferentes espécies, e do modo de o determinar. Tinham, porém, uma consciência aguda da profundidade e da essencial ambiguidade do sentido. Na sua plenitude, ele era, como a ambrósia, um alimento exclusivo dos deuses. Contentavam-se, por isso, com aproximações apenas prováveis, com a plausibilidade das soluções. Mas, no avaliar desta probabilidade, eram muito rigorosos. Não lhes bastava uma probabilidade puramente subjectiva; queriam algo cuja plausibilidade, dentro de certos limites e em certo contexto de discussão, pudesse ser demonstrada. Para isso, contavam com o "método" – ou seja, com uma série tipificada de operações intelectuais cuja realização pudesse ser comprovada inter-subjectivamente.

Num saber orientado para a obtenção de uma verdade apenas provável, produto do confronto e da combinação das várias parcelas de verdade que residiam nas diversas perspectivas possíveis sobre uma mesma questão, o método era necessário sobretudo em dois momentos.

O primeiro deles era o da identificação sistemática, metódica, dessas perspectivas. Em vista da preparação

748 | CALEIDOSCÓPIO DO DIREITO...

da decisão mais provável, era necessário assegurar que todas as perspectivas tinham sido convocadas. Para isto servia a *tópica*, ou seja, a arte de encontrar todos os argumentos relevantes que pudessem ser produzidos (*ars vel methodus inveniendi*). Lógicos e juristas elaboraram, então, longas listas de argumentos, uns gerais – argumento por maioria ou paridade de razão (*a maiore* ou *a pari*), argumento *a contrario*, argumento de autoridade, argumento a partir da definição (*a definitione*), ou da causa (*a causis*), ou da etimologia (*ab ethymologia*) – outros específicos do direito ou de algum dos seus campos especiais – argumento a partir dos usos estabelecidos, da lei, dos casos julgados, da justiça, da segurança jurídica, etc. –, argumentos cuja aplicabilidade ao caso sob juízo devia ser testada.

O outro momento em que o método era necessário era o de avaliar a força relativa dos argumentos, ou seja, o momento de julgar (*iudicium, ars vel methodus judicandi*). Este julgamento ou hierarquização relativa dos argumentos disponíveis também devia ser feito de modo objectivo, explicável, de modo a poder ser auditado por qualquer pessoa. Não se tratava agora apenas de explicitar as razões pró e contra (*rationes reddendas*), mas também de explicar a sua ponderação na decisão (*iudicium explicando*). A regra de ouro era que tanto a aceitabilidade como a valoração relativa dos argumentos devia corresponder àquilo que fosse consensual no auditório (algo real, algo imaginado) a que o jurista se dirigia – *i.e.*, àquela comunidade, aquele espaço de discussão, letrado ou leigo, a que a decisão estava a ser apresentada e explicada. Este critério de julgamento, sendo metódico, não era porém rígido ou definitivo, pois se baseava na probabilidade de verdade dos vários argumentos, tal como ela fosse avaliada pelo auditório, concreto, histórico, situado, "local", a quem o julgador se dirigia.

Verdade, rigor e método – mas de outro tipo – foram também exigidos quando o saber jurídico se aproximou das ciências formais, como a geometria. Agora, os critérios de validade do conhecimento eram outros e, por isso, outra era a verdade, outro era o rigor e outro era o método. Numa palavra, agora entram em cena os pressupostos do saber científico expostos, entre outros, por R. Descartes (1596 – 1650) no *Discours sur la méthode* (1637) e adoptados pelos grandes matemáticos seiscentistas e setecentistas[913]. A verdade que os juristas passaram a procurar foi a que se baseasse na evidência racional, no rigor e no método, recomendados por Descartes: uma decomposição dos problemas nos seus elementos mínimos (método da análise[914]) e a recomposição metódica das soluções para estes problemas, de modo a obter a solução dos problemas mais complexos (método da

---

[913] Alguns dos quais foram, também, juristas, como Gottfried W. Leibniz (1646-1716), *Nova methodus discenda docendaeque iurisprudentiae* (1668).

[914] Com o qual chegaram à noção de "indivíduo", que iria ser crucial na teoria política e jurídica ulterior.

750 | CALEIDOSCÓPIO DO DIREITO...

síntese[915]). Não tanto pelas virtualidades do método, mas antes pelo espírito da época e pelo contágio das ciências "exactas", as evidências capazes de fundarem axiomas sobre o homem e sobre a vida em sociedade começaram a aparecer: a liberdade natural, a sua expressão na propriedade[916]. O direito – e outros saberes sobre as coisas humanas, não excluindo a estética e as belas letras – pareceriam ter atingido a maturidade científica, tal era a confiança que inspiravam estas suas novas descobertas de princípios baseados apenas na evidência racional da natureza do homem e, por isso, eternos e universais. Também o método, decalcado dos processos de inferência das ciências formais – silogismo, definição a partir do género e da diferença, taxinomias baseadas no mesmo processo – parecia blindado contra a insinuação de qualquer erro ou dúvida. O resultado era o de que se podia, a partir de agora, formular regras universais de bom governo, catálogos de direitos naturais, que deviam poder valer por todo o lado. Alguns, mais optimistas, como o inglês Jeremy Bentham[917-918],

---

[915] No campo dos saberes sociais, possibilitada pela ideia de "contrato social", também central nos séculos seguintes.

[916] Propriedade sobre o próprio corpo e sobre as suas acções, propriedade sobre as coisas apropriadas pelo trabalho, carácter vinculativo da palavra dada, a felicidade como fim da vida e, portanto, como fim a prosseguir pelo direito.

[917] Jeremy Bentham (1748-1832) considerava o direito como um "felicific calculus" ("cálculo da felicidade"), a realizar por

APONTAMENTOS PARA UMA TEORIA DA NORMA | 751

criam poder enviar pelo correio constituições e códigos a cada país que encetava processos de reforma ou de revolução.

E, todavia, a realidade concreta rebelava-se contra isto. Não era apenas que certos homens – selvagens (*homines in sylva*), primitivos, pagãos (habitantes de aldeias, *paganus* > *pagus* [aldeia]) – não estivessem ainda suficientemente desenvolvidos ou educados para entenderem a sua própria natureza, usando da sua própria razão (o que, vistas bem as coisas, não deixava de ter algo de paradoxal ...), ou que tivessem sido deseducados por maus costumes instilados por maus governos. Era também que, como Montaigne (1533--1592) já tinha observado para a própria Europa, poucos eram os costumes ou as leis – mesmo aquelas a que chamavam de "naturais" – que não variassem

---

cientistas que, a par dos soberanos, os deviam aconselhar quanto a esta maneira universal de organizar o "bom governo" (ou, para utilizar uma expressão de um seu contemporâneo napolitano, a "ciência da legislação" [Gaetano de Filangieri, 1752-1788, *La scienza della legislazione*, 1780; posta no *Index* pelas suas críticas à Igreja Católica, teve, no entanto, grande difusão europeia, foi republicada em Paris, em 1822-1824, com notas de Benjamin Constant]).

[918] Para Kant, também as leis (científicas), que deviam compatibilizar os interesses de cada um com os dos outros, eram gerais (I. Kant, *Metaphysische Anfangsgründe der Rechtslehre*, "Einleitung", § B, 1797. Das Recht ist der Inbegriff der Bedingungen, unter denen die Willkür des Einen mit der Willkür des Anderen *nach einem allgemeinen Gesetze* der Freiheit zusammen vereinigt werden kann).

com a travessia de um rio ou o passo de uma montanha[919].

[919] "Au demeurant, si c'est de nous que nous tirons le règlement de nos mœurs, à quelle confusion nous rejetons-nous ! Car ce que notre raison nous y conseille de plus vraisemblable, c'est généralement à chacun d'obéir aux lois de son pays, comme est l'avis de Socrate inspiré, dit-il, d'un conseil divin. Et par là que veut-elle dire, sinon que notre devoir n'a autre règle que fortuite? La vérité doit avoir un visage pareil et universel. La droiture et la justice, si l'homme en connaissait qui eût corps et véritable essence, il ne l'attacherait pas à la condition des coutumes de cette contrée ou de celle-là; ce ne serait pas de la fantaisie des Perses ou des Indes que la vertu prendrait sa forme. Il n'est rien sujet à plus continuelle agitation que les lois. [...] Que nous dira donc en cette nécessité la philosophie? Que nous suivions les lois de notre pays? c'est-à--dire cette mer flottante des opinions d'un peuple, ou d'un prince, qui me peindront la justice d'autant de couleurs, et la reformeront en autant de visages qu'il y aura en eux de changements de passion? Je ne puis pas avoir le jugement si flexible. Quelle bonté est-ce, que je voyais hier en crédit, et demain ne l'être plus, et que le trajet d'une rivière fait crime? Quelle vérité est-ce que ces montaignes bornent, qui est mensonge au monde qui se tient au-delà? Mais ils sont plaisants quand, pour donner quelque certitude aux lois, ils disent qu'il y en a certaines [qui sont] fermes, perpétuelles et immuables, qu'ils nomment naturelles, qui sont empreintes en l'humain genre par la condition de leur propre essence. Et, de celles-là, qui en fait le nombre de trois, qui de quatre, qui plus, qui moins: signe que c'est une marque aussi douteuse que le reste. Or ils sont si défortunés (car comment puis-je nommer cela, sinon défortune, que d'un nombre de lois si infini, il ne s'en rencontre au moins une que la fortune et témérité du sort ait permis d'être universellement reçue par le consentement de toutes les nations?), ils sont, dis-je, si misérables que de ces trois ou quatre lois choisies, il n'y en a [pas] une seule qui ne soit contredite et désavouée, non par une nation, mais par

APONTAMENTOS PARA UMA TEORIA DA NORMA | 753

Lá para os fins do séc. XVIII, quando os desmentidos desta verdade e deste método universais começaram a ser quotidianos, começa também a surgir, no campo das ciências naturais, a experiência das ciências experimentais, em que a verdade já não era o produto apenas de uma pura reflexão abstracta, sendo antes precedida da observação da realidade "posta", "positiva", por processos definidos de acordo com um método rigoroso e de natureza universal. O método experimental, rigoroso e dirigido por protocolos pré-estabelecidos, combina-se com a reflexão formal. Observa-se, segundo um programa metódico; e, depois, também com recurso a figuras gerais do pensamento (classificação, organização taxinómica, indução, dedução ou outro modelo aceite de demonstração ou de inferência), constrói-se a teoria – ou seja, constrói-se um conjunto de proposições genéricas e coerentes entre si que representam a verdadeira apreensão científica dos objectos estudados.

Para os juristas – que ambicionavam poder continuar a partilhar da designação prestigiada de "cientistas" – o exemplo das ciências experimentais, com

---

plusieurs. Or c'est la seule enseigne vraisemblable, par laquelle ils puissent argumenter quelques lois naturelles, que l'universalité de l'approbation. Car ce que nature nous aurait véritablement ordonné, nous l'ensuivrions sans doute d'un commun consentement. Et non seulement toute nation, mais tout homme particulier ressentirait la force et la violence que lui ferait celui qui le voudrait pousser au contraire de cette loi. Qu'ils m'en montrent, pour voir, une de cette condition", *Essais* (1580-1595), livre II, chapitre XII, d'après l'édition de 1595.

binando observação e razão, foi muito inspirador. Com isso, eles podiam redireccionar a busca da verdade para um nível menos elevado e abstracto do que o da Humanidade. Nomeadamente para o nível observável, "positivo", do direito efectivamente vigente na tradição de um país apenas. Tal como as ciências experimentais sectoriais seccionavam o campo do saber e construíam "verdades específicas" de cada uma delas, que só num futuro que talvez houvesse de vir seriam reunificadas numa verdade (ou teoria científica) geral, assim o saber jurídico visava construir, a partir da observação dos factos jurídicos concretos, mas com recurso a processos e métodos intelectuais universais, as verdades jurídicas de uma tradição regional (a alemã, a romana, a francesa).

Foi este, em geral, o programa do saber jurídico no séc. XIX. A sua flexibilidade estava em não ambicionar mais do que a construção científica de um direito particular, observável e descritível, embora partilhasse com as ciências a pretensão de usar, nessa construção, de métodos de validade racional indiscutível, a maior parte deles decalcados, realmente, dos métodos das ciências ditas exactas. Observavam os factos com neutralidade, interpretavam-nos segundo processos tipificados (os chamados "elementos da interpretação"), inferiam usando as figuras da lógica geral, nomeadamente o silogismo ou a analogia[920].

---

[920] E mesmo as regras de uso que estabeleciam para algumas destas figuras – como, por exemplo, a de que a analogia não pode funcionar a partir de normas excepcionais (como as

APONTAMENTOS PARA UMA TEORIA DA NORMA | 755

Esta cómoda interpretação, que combinava os dados dos direitos nacionais com os métodos universais das ciências, correspondia bem ao espírito do romantismo europeu, que acrescentava à universalidade do espírito humano características próprias das culturas nacionais (do "espírito do povo", do "génio da raça"). E, por isso, esta ideia do saber jurídico como um misto de observação e de reflexão pura (de "construção") manter-se-á quase até ao fim do séc. XIX, podendo mesmo estabelecer certas pontes com as novas ciências sociais empíricas, nascidas do sociologismo comtiano, que também combinavam a observação social com o estabelecimento de leis gerais, algumas "locais", outras abrangendo toda a humanidade (*v.g.*, no campo do direito, a "lei da divisão do trabalho", ou a "lei da solidariedade social"), assimilando, assim, o mundo social ao mundo natural ("naturalismo").

É interessante, nesta altura, parar um pouco na descrição e, em vez de atentar no que os juristas dizem que estão a fazer quando fazem "construção" ("ciência"), atentar antes naquilo que eles realmente fazem.

Por um lado, constroem figuras gerais do discurso (regras, conceitos, princípios) a partir das múltiplas

---

normas incriminadoras, que estabelecem, contra a norma geral da liberdade, um elemento de coacção) – eram igualmente aplicadas na inferência científica em geral: também aí não se pode inferir por analogia a partir de um caso que se sabe ser excepcional.

756 | CALEIDOSCÓPIO DO DIREITO...

soluções encontradas para casos concretos[921]. Ou seja, limitam-se a simplificar, por meio de um "resumo racional", a complexidade da multidão das soluções jurídicas particulares, casuísticas. Fazem-no por uma questão de elegância de exposição – ou seja, por razões meramente retóricas. Mas fazem-no, também, por razões práticas, pois, reduzindo a multiplicidade de soluções jurídicas a figuras gerais, tornam o direito mais previsível, mais "seguro", mais "fiável" (antecipável), "mais simples". Mais simples, também, para eles próprios, pois, fixada uma fórmula geral de resolução de um tipo de casos jurídicos, podem *deduzir* dela a solução para todos os casos do mesmo tipo (aquilo a que chamaram a virtualidade "genética" dos conceitos). Neste caso, a "construção" prossegue finalidades meramente práticas; reduz-se a uma questão de técnica de trabalho e de apresentação dos resultados desse trabalho. Do ponto de vista "científico" – *i.e.*, de criação de novos conhecimentos –, esta construção é quase improdutiva. Mas já não o é do ponto de vista prático, pois os conceitos e princípios gerais que ela obtém servem para produzir resultados (soluções de casos) novos.

Mais ambicioso, do ponto de vista teórico, é aquela construção que, tal como a das ciências experimentais, parte dos fenómenos observáveis para as suas causas ocultas (das entidades fenoménicas para a

---

[921] Por indução? por outro tipo de generalização (da espécie ao género)? por construção de "tipos" ou "padrões"?

entidade nouménica). Neste caso, os juristas regridem das "fontes" às "nascentes", em busca dos princípios fundadores, constituintes, das soluções jurídicas, tal como elas se manifestam nas leis, nos costumes, nos casos julgados, etc. Regridem (ou sobem...) do direito *constituído* para o direito *constituinte*. Aqui, sim, estão a criar saberes novos, recorrendo a uma série de métodos que foram fixados, logo no princípio do séc. XIX, por F. C. v. Savigny[922].

De todos os elementos metódicos enumerados na nota anterior, o mais relevante, do ponto de vista dos pressupostos teóricos destes autores, é o elemento sistemático. Na verdade, ele pressupõe que o conjunto da ordem jurídica (como o conjunto do mundo físico) constitui uma construção coerente, de tal modo que nenhuma das suas normas pode contradizer outra. E, de forma ainda mais clara do que na anterior concepção de construção, isto autorizava a que, dos conceitos e princípios deste direito científico, se deduzissem conclusões para os casos práticos que os juristas tinham que resolver.

Foi a isto que, mais tarde, se chamou "jurisprudência dos conceitos" (*Begriffsjurisprudenz*), por usar os conceitos como fonte da criação do direito. Embora esta corrente, muito sintomaticamente, se tenha cha-

---

[922] Para Savigny, esta investigação do "espírito do direito" fazia-se a partir das suas manifestações ("fontes") com recurso à "interpretação gramatical", à "interpretação histórica", à "interpretação teleológica" e à "interpretação sistemática".

758 | CALEIDOSCÓPIO DO DIREITO...

mado a si mesma "método jurídico" – ou seja, discurso neutro, rigoroso e metódico, próprio do direito[923]. Os seus detractores, observando como os conceitos tinham passado do fim para o início do processo intelectual, chamaram-lhe "método da inversão".

Note-se, porém, que subjacente a esta ideia está uma atitude política dos juristas, porventura inconsciente, mas também frequentemente formulada de forma aberta: a de que a palavra esclarecida, duradoura, científica, sobre o direito pertencia *aos juristas*, e não *aos políticos*. De facto, eram aqueles que, revendo, reponderando, filtrando, "racionalizando", as manifestações de vontade dos legisladores, estabeleciam o direito estável e científico, por oposição ao direito "político", conjuntural, arbitrário (*i.e.*, proveniente apenas do arbítrio ou vontade, eventualmente levianos), dos políticos. Ao lado dos três poderes identificados pela doutrina política liberal (legislativo, executivo e judicial), os juristas acabavam, sub-repticiamente, de acrescentar mais um, a que talvez pudéssemos chamar constituinte, já que presumiam que lhes pertencia identificar, por detrás das normas legisladas, a tal nascente intelectual de onde elas brotavam.

---

[923] Representantes principais: a pandectística alemã (G.-F. Puchta (1798-1846), Rudolf v. Jehring (1818-1892, 1.ª fase), Bernhard Windscheid (1817-1892), no direito privado e, no direito público, G. Jellinek (1851-1911), P. Laband (1838-1918), Carl Friedrich von Gerber (1823-1891), todos da segunda metade do século XIX.

APONTAMENTOS PARA UMA TEORIA DA NORMA | 759

No entanto, esta aproximação entre o saber jurídico e os saberes formais iria estar, de novo, ameaçada. Por um lado, a vontade de poder dos novos Estados nacionais reclamava para o seu direito (contido nas leis) uma exclusividade e um carácter definitivo que não deixavam espaço para uma elaboração científica autónoma dos juristas[924]. O momento da "construção", para se salvar, tinha que ficar reduzido à elaboração de conceitos e princípios gerais que sintetizassem a vontade do legislador. Mas, para além disso, esta vinculação absoluta da "construção" à lei realçava o carácter efémero do objecto desta "ciência" pois, como Montaigne já tinha realçado e Julius H. von Kirchmann polemicamente recordará, em 1847[925],

---

[924] R. von Jhering, *Der Zweck im Recht*, I (1893/reimpr. 1970), 322: "Recht ist die Summe aller in einem staatlichen Zwangsverfahren durchsetzbaren Normen, die das Zusammenleben der Menschen in einem Staat regeln" [o direito é a soma de todas as normas que regulam a vida em comum dos homens num Estado, impostas segundo um processo tornado obrigatório por esse mesmo Estado].

[925] J. H. von Kirchmann (1802-1884), *Die Wertlosigkeit der Jurisprudenz als Wissens* (1847) [trad. cast., pref. por Antonio Truyol y Serra, *La jurisprudencia no es ciencia*, Madrid, Instituto de Estudios Políticos, 1949]: "Jedem Juristen ist der Satz geläufig; [...] drei berichtigende Worte des Gesetzgebers und ganze Bibliotheken werden zur Makulatur" [é conhecida de todos os juristas a afirmação de que três palavras do legislador mandam bibliotecas inteiras para o lixo]. Sobre Kirchmann, http://de.wikipedia.org/wiki/Julius_von_Kirchmann.

760 | CALEIDOSCÓPIO DO DIREITO...

três palavras do legislador destroem bibliotecas jurídicas inteiras[926].

Isto não foi senão o eclodir de uma crise mais duradoura, facetada e profunda.

Desde os finais do séc. XIX que filósofos e metodólogos do direito reagiam contra a equiparação entre o saber jurídico e as ciências da natureza.

Uns adoptavam uma via claramente anti-racionalista, valorizando – como von Kirchmann já ensaiara, ao destacar a importância do "espírito jurídico" – os elementos intuitivos da arte jurídica (*Rechtsgefühl*; mais tarde, sob a influência de Henri Bergson) ou vitalistas (sob a influência de F. Nietzsche; mais tarde, *v.g.*, Carl Schmidt). Em alguns casos, a ideia tradicional de método quase desaparece sob o impacto da preocupação de não pôr freios à mobilização de todos os recursos espirituais na descoberta da solução jurídica. Noutros casos, propõe-se apenas que o jurista se desloque dos métodos estritamente conceituais e lógicos, aplicados ao direito oficial, aproximando-se antes dos

---

[926] De facto, a crítica de von Kirchmann à "ciência" do direito ia mais longe. Ele achava que o seu objecto (as leis, nomeadamente) não tinha a fixidez dos objectos das verdadeiras ciências, nem estava isento de um arbítrio de que os objectos naturais não eram passíveis; achava que a sua "cientificização" lhe ia retirar o dinamismo e a capacidade de se adaptar a situações e a tempos novos; cria, por fim, na especificidade do "sentido jurídico", essa espécie de sexto sentido que caracterizaria os grandes juristas.

APONTAMENTOS PARA UMA TEORIA DA NORMA | 761

métodos das ciências sociais, pondo ênfase no "direito vivo" e nos sentimentos jurídicos da comunidade[927].

Outros trabalharam sobre a distinção entre ciências da natureza (*Naturwissenschften*, que se ocupavam do "ser") e ciências da cultura (*Kulturwissenschaften*, que se ocupavam do "dever ser"), para proporem um modelo metodológico próprio destas últimas, construindo para elas uma teoria que desse conta das condições de validade do seu conhecimento, tal como Kant fizera, na *Crítica da razão pura*, para as primeiras. É a orientação da "filosofia dos valores", uma corrente neokantiana, de que se destacam dois ramos: a Escola de Marburg ("Marburger Schule"; *maxime*, Gustav Radbruch, 1878-1949[928]) e a Escola Sul-ocidental alemã ou de Baden (*maxime*, Wilhelm

---

[927] É, nomeadamente, o que acontece na Escola do Direito Livre (Freie Rechtsschule, Eugen Ehrlich, 1862-1922, *Fundamental Principles of the Sociology of Law*, 1913) que procurava métodos para captar o direito livre (*lebendiges Recht*), com plena liberdade em relação ao direito oficial. Aqui, o adjectivo "livre" não se refere a qualquer anarquia metodológica, mas à liberdade na escolha das fontes para identificar o que era direito: história, usos sociais, normas efectivas de conduta (o seu inspirador foi o historiador Hermann Kantorowicz (1877-1940). Cf. Marc Hertogh, "A 'European' Conception of Legal Consciousness: Rediscovering Eugen Ehrlich", *Journal of Law and Society*, vol. 31, No. 4 December 2004, pp. 457-481; A. M. Hespanha, *Cultura jurídica europeia [...]*, 8.4.2.

[928] *Einführung in die Rechtswissenschaft*, Leipzig, 1910. O conceito jurídico não é, para Radbruch, mais do que o dado que tem o sentido de servir a ideia de direito.

762 | CALEIDOSCÓPIO DO DIREITO...

Windelband, 1848-1915 e Heinrich Rickert, 1863--1936)[929].

Embora a sua ligação a estas correntes seja complexa, o resultado mais vistoso desta corrente é a construção, feita por Hans Kelsen (1881-1973)[930] de uma "teoria pura do direito", ou seja, de uma teoria do saber jurídico completamente autónoma das teorias das outras ciências: (i) o seu objecto seria diferente, por ser constituído exclusivamente por normas, analiticamente separadas de qualquer referência a factos[931],

---

[929] Cf., em português, Luís Cabral de Moncada, *Filosofia do direito e do Estado. I. Parte histórica*, Coimbra, Arménio Amado ed., 1947, p. 318 ss.

[930] *Reine Rechtslehre*, 1934 (trad. port., com pref. e notas de João Baptista Machado, *Teoria pura do direito*, Coimbra, Arménio Amado ed., 1984, 6.ª ed.): „Die Suche nach dem Geltungsgrund einer Norm kann nicht, wie die Suche nach der Ursache einer Wirkung, ins Endlose gehen. Sie muß bei einer Norm enden, die als letzte, höchste vorausgesetzt wird. Als höchste Norm muß sie vorausgesetzt sein, da sie nicht von einer Autorität gesetzt sein kann, deren Kompetenz auf einer noch höheren Norm beruhen müßte.... Eine solche als höchste vorausgesetzte Norm wird hier als Grundnorm bezeichnet" [A busca do fundamento de validade de uma norma não pode, tal como acontece com a causa de um efeito, prosseguir indefinidamente. Assim, deve ser pressuposta como norma mais elevada uma norma que não tenha sido estabelecida por uma autoridade cuja competência esteja na origem de uma norma menos elevada [pois constituiria como que uma petição de princípio]... Tal norma, aqui concebida como superior é designada de norma fundamental].

[931] No entanto, as normas a que Kelsen se refere têm que ser normas *vigentes*, *positivas*, ou seja, que são tidas, no plano

fossem eles sociológicos, políticos ou psicológicos ("a existência [o ser] da norma é a sua vigência [o seu valor]", "só uma norma jurídica pode fundamentar uma norma jurídica"); (ii) o seu método seria condicionado por este seu fechamento ao mundo não normativo, embora acolha muito dos processos intelectuais da lógica formal geral. Já se tem dito que, com Hans Kelsen, se atinge aquilo que se poderia chamar um "construtivismo radical": todo o saber jurídico seria uma construção. Isto, porém, tem pouco de verdade. Kelsen não propõe que os conteúdos das normas jurídicas sejam deduzidos de axiomas normativos racionais, como o faziam os jusracionalistas (matematizantes ou geometrizantes) do séc. XVIII. Tudo o que diz é que – não cuidando agora do seu conteúdo – a validade de uma norma jurídica depende sempre de uma norma superior, que estabelece a competência e o processo para editar as normas inferiores. Empiricamente, esta norma é a Constituição. Mas como a Constituição também é uma norma, cuja validade tem que ser fundada noutra norma superior, Kelsen pressupõe ou ficciona uma norma fundamental (*Grundnorm*) que determina o poder e processo constituintes pressupostos pela constituição efectivamente exis-

---

dos factos, como obrigatórias. Daí que, como ele escreve, "o princípio da legitimidade [da validade, no plano do dever ser] seja limitado pelo princípio da efectividade [no plano do ser]", *Teoria pura [...]*, ed. port., cit., 292 (v. todo o cap. "Legitimidade e efectividade", pp. 289-292).

764 | CALEIDOSCÓPIO DO DIREITO...

tente[932]. E, por isso, na verdade, a teoria de H. Kelsen acaba por se esgotar numa interpretação, explicação e sistematização das normas produzidas de acordo com a Constituição estabelecida (reconhecida, efectiva, positiva)[933].

Finalmente, outros partem mais do interior do próprio universo prático dos juristas, procurando responder às dificuldades que as tendências para uma "cientificização" do saber jurídico segundo os modelos mais próximos das ciências exactas punham à resolução das questões postas aos juristas.

Muito sensatamente, os juristas perguntavam-se sobre qual era o objectivo do seu trabalho. E se, afinal, deviam responder a ele ou antes a questões de fidelidade a métodos que, bem vistas as coisas, eram apenas funcionais, serviam apenas para garantir que os objectivos finais do saber fossem correctamente atingidos. Ou seja, sobretudo a partir dos inícios do séc. XX, a "querela dos métodos" (*Methodenstreit*) não

---

[932] "A função desta norma fundamental é: fundamentar a validade objectiva de uma ordem jurídica positiva, isto é, das normas postas por actos de vontade humanos, de uma ordem coercitiva globalmente eficaz, quer dizer: interpretar o sentido subjectivo destes actos como seu sentido objectivo [ou seja, como dever ser cuja validade não depende do acto psicológico de vontade que lhes deu origem, mas de se tornarem devidos por obediência à norma fundamental]".

[933] O texto implícito da norma fundamental é: "Devemos conduzir-nos como a Constituição prescreve" [porque, por sua vez, a validade-eficácia da Constituição pressupõe o reconhecimento de uma norma constituinte anterior]. Cf., *ibid.*, 274-277.

se move tanto no plano abstracto das concepções filosóficas sobre a natureza do direito ou a natureza do conhecimento, mas no plano concreto das reflexões sobre a natureza do trabalho dos juristas e das suas funções sociais.

Se a finalidade do direito é resolver um conflito de interesses, o método jurídico deve tender para isso, não se esgotando numa observância obcecante e exclusiva de métodos – ou seja, a perspectiva metodológica deve subordinar-se a uma perspectiva teleológica (*i.e.*, relativa aos fins do direito). É este o ponto de partida da "jurisprudência dos interesses" (*Interessenjurisprudenz*), que recolhe algumas inspirações anteriores. O método para encontrar a solução jurídica correcta há-de ser o da identificação dos interesses em conflito e, depois, da sua hierarquização, dando preferência aos mais dignos de ser protegidos, segundo um critério não subjectivo. Critério que, segundo Ph. Heck[934], o mais conhecido representante desta escola, devia ser o que decorresse das valorizações explícitas ou implícitas na lei. Porém, como a diversidade de interesses sociais é muito grande e, sobretudo, como a sua valorização relativa pelo legislador é muito móvel e criativa – em virtude da pressão de conjunturas político-sociais sempre diversas – não se

---

[934] Philipp Heck (1858-1943), „Gesetzesauslegung und Interessenjurisprudenz", in *Archiv für die civilistische Praxis* (AcP) 112 (1914). Curta notícia biográfica: http://catalogus-professorum-halensis.de/heckphilipp.html.

766 | CALEIDOSCÓPIO DO DIREITO...

podia pretender a uma construção coerente do direito, nem tão pouco a um direito sem lacunas. Era aí que falhava a resposta lógico-conceitual à questão do método, ao subordinar os objectivos do saber às preocupações com a coerência metodológica e com a construção de um saber sistemático. Por isso, o juiz devia dispor de uma maior margem de criação de soluções concretamente adequadas, embora sempre – sendo aqui que residiam os seus constrangimentos metodológicos – sob a égide das valorações de interesses (eventualmente diversas e não harmónicas) levadas a cabo pelo legislador (interpretação conforme aos interesses, e não apenas literal ou lógica; integração segundo o modelo de um legislador atento aos interesses concretos).

Parece que se voltou séculos atrás, a um momento em que a arte jurídica era dominada pela preocupação de responder aos desafios concretos que a comunidade lhe punha, de resolver os litígios de uma forma que pudesse ser explicada e conferida pelo público.

Algumas correntes metodológicas contemporâneas – que salientam o diálogo público como caldo de cultura da verdade e que identificam o método com as regras de constituição das condições (de transparência, de igualdade, de sinceridade, de verificabilidade) deste diálogo[935] – apontam neste sentido e justificam, assim, esta ligação da verdade e do método a carac-

---

[935] Por exemplo, as correntes consensualistas que têm origem na obra de Jürgen Habermas, *Theorie des kommunikativen Handelns*, Frankfurt/Main, Suhrkamp, 1981; J. Habermas,

APONTAMENTOS PARA UMA TEORIA DA NORMA | 767

terísticas mutáveis dos saberes – os interesses que os movem, as pré-compreensões em que repousam, os horizontes mentais dos destinatários. Tudo coisas móveis e "moles", a que o direito – um saber consabidamente *mole*, apesar da prosápia dos seus cultores... – se ligou muito fortemente nas épocas em que cumpriu mais efectivamente os seus objectivos.

Vorstudien und Ergänzungen zur Theorie des kommunikativen Handelns, Frankfurt/Main, Suhrkamp, 1984; já antes, *Strukturwandel der Öffentlichkeit*, Frankfurt/Main, ed. cons. 1971. V., antes, cap. 8 – O direito como elemento racionalizador da interacção social (como acção comunicativa, J. Habermas).

VII

REFERÊNCIAS E BIBLIOGRAFIA

26. *Sites* jurídicos mais utilizados

Assembleia da República: http://www.parlamento.pt/

Biblioteca virtual de doutrina jurídica portuguesa. Faculdade de Direito da UNL: www.fd.unl.pt

Diário da República: www.dre.pt/

Ministério da Justiça: www.mj.gov.pt/

Obsevatório Permanente da Justiça Portuguesa. CES. Faculdade de Economia de Coimbra: http://opj.ces.uc.pt/

Procuradoria-Geral da República: www.pgr.pt/

Provedoria da Justiça: www.provedor-jus.pt/

Supremo Tribunal Administrativo (STA): http://www.sta.mj.pt/

Supremo Tribunal de Justiça: www.stj.pt

Tribunal Constitucional (TC): www.tribunalconstitucional.pt/

Tribunal Internacional de Justiça (de Haia): http://www.icj-cij.org/icjwww/icjhome.htm

Tribunal Internacional de Justiça das Comunidades: http://www.curia.europa.eu/en/index.htm

Tribunal Penal Internacional: http://www.icc-cpi.int/about/ataglance/establishment.html

772 | CALEIDOSCÓPIO DO DIREITO...

27. Outros *links* de interesse

Blog "Direitos": http://direitos.blogspot.com/

Estatísticas básicas de países-membros da União Europeia: http://epp.eurostat.ec.europa.eu/portal/page?_pageid=1090,30070 682,1090_33076576&_dad=portal&_schema=PORTAL

Estatísticas mundiais sobre desenvolvimento económico e social (United Nations. Economic and social development): http://www.un.org/esa/

Harvard University. The Faculty Blog: http://uchicagolaw.typepad.com/faculty/2006/06/the_one_percent.html (discussões de temas actuais relacionados com o direito e as questões envolventes).

Notícias do direito e da justiça em Portugal: http://lexfunda mentalis.blogspot.com/2007_03_01_archive.html

Social Science Research Network: http://papers.ssrn.com/sol3/displayabstractsearch.cfm? (arquivo electrónico de artigos em suporte digital sobre ciências sociais).

REFERÊNCIAS E BIBLIOGRAFIA | 773

28. Livros e artigos [936]

ABRANTES, João José, *A vinculação das entidades privadas aos direitos fundamentais*, Lisboa, AAFDL, 1990.

AGUILÒ REGLA, Josep; ATIENZA, Manuel; e RUIZ MANERO, Juan, *Fragmentos para una teoria de la Constitución*, Madrid, Iustel, 2007, pp. 113-182.

AGUILÒ REGLA, Josep, *Teoría general de las fuentes del derecho*, Barcelona, Ariel, 2000.

AHUMADA RUIZ, Marian, *La jurisdicción constitucional en Europa. Bases teóricas y políticas*, Cizur Menor, Aranzadi, 2005.

AII, Farazmand, "The Elite Question: Toward a Normative Elite Theory of Organization", *Administration & Society*, 31.3 (July 1999), pp. 321-360.

ALEXY, Robert, *Teoria da argumentação jurídica. A teoria do discurso racional como teoria da justificação jurídica*, trad. port. de Cláudia Toledo, São Paulo, Landy Editora, 2005 (corresponde a Robert Alexy, *Theorie der juristischen Argumentation. Die Theorie des rationalen Diskurs als Theorie del juristischen Begründung*, Frankfurt am Main, Suhrkamp, 1983, mas contém, no final, um "Posfácio. Resposta a alguns críticos", pp. 289-314).

ALEXY, Robert, *Theorie der Grundrechte*, Baden-Baden, Nomos, 1985.

ALEXY, Robert, *Theorie der juristischen Argumentation. Die Theorie des rationalen Diskurses als Theorie der juristischen Begründung*, Frankfurt am Main, Suhrkamp, 1978.

---

[936] Não são indicados nesta bibliografia final a generalidade dos textos clássicos que aparecem suficientemente identificados no texto ou nas notas.

774 | CALEIDOSCÓPIO DO DIREITO...

ALMEIDA, Marta Tavares de, "A contribuição da Legística para uma política de legislação: concepções, métodos e técnicas", *Legislação. Cadernos de Ciência da Legislação*, 47 (Out.-Dez. 2007), pp. 77-92 (=http://www.almg.gov.br/eventos/Legistica/imagens/Marta_Tavares.pdf [Nov. 2008]).

AMADO, Juan A. G., "La société et le droit chez Niklas Luhmann", *in* A.-J. Arnaud e P. Guibentif (orgs.), *Niklas Luhmann observateur du droit*, Paris, LGDJ, 1993, pp. 101-145.

AMARAL, Diogo Freitas do (com colaboração de Ravi Afonso Pereira), *Manual de Introdução ao Direito*, Coimbra, Almedina, 2004.

AMARAL, Maria Lúcia, *A forma da República*, Coimbra, Coimbra Editora, 2004.

ANDRADE, Manuel da Costa, "Consenso e oportunidade", *Jornadas de Direito Processual Penal*, Coimbra, Almedina, 1992.

ARNAUD, André-Jean; e GUIBENTIF, Pierre, *Niklas Luhmann observateur du droit*, Paris, LGDJ, 1993.

ARNAUD, André-Jean, "Les juristes face à la société: 1975-1993", *Droit et Société*, 25 (1993), pp. 525-541 (=http://www.reds.msh-paris.fr/publications/revue/html/ds025/ds025-14.htm).

ARNAUD, André-Jean, *Les juristes face a la société, du XIXe siècle à nos jours*, Paris, Presses Universitaires de France, 1975.

ARNAUD, André-Jean, *Les origines doctrinales du Code Civil français*, Paris, LGDJ, 1969.

ASCENSÃO, José de Oliveira, *O direito. Introdução e teoria geral*, 12.ª ed., Coimbra, Almedina, 2005.

ATIAS, Christian, *Épistémologie du droit*, Paris, PUF, 1994.

ATIENZA, Manuel, "Argumentación y constitución", *in* Josep Aguiló Regla, Manuel Atienza e Juan Ruiz Manero, *Fragmentos para una teoria de la Constitución*, Madrid, Iustel, 2007, pp. 113-182.

REFERÊNCIAS E BIBLIOGRAFIA | 775

ATIENZA, Manuel; e RUIZ MANERO, Juan, *Las piezas del derecho. Teoría de los enunciados jurídicos*, 2.ª ed. actualizada, Barcelona, Ariel, 2004.

ATIENZA, Manuel, *Las razones del derecho – teorías de la argumentación jurídica*, 2003, (livro em formato PDF disponível em http://forodelderecho.blogcindario.com/2008/04/00446-la-argumentacion-juridica-manuel-atienza.html).

AUSTIN, Arthur, *The Empire strikes back: outsiders and the struck over legal education*, New York, New York University Press, 1998.

BACHOF, Otto, *Normas Constitucionais Inconstitucionais?*, trad. de José Manuel Cardoso da Costa, Coimbra, Atlântida, 1977.

BAKER, C. E., "The ideology of the economic analysis of law", *Philosophy and Public Affairs*, 5 (Aug. 1975), pp. 3-48.

BALBUS, Isaac, "Commodity Form and Legal Form: an Essay on the 'Relative Autonomy' of the Law", *in* Susan Easton (ed.), *Marx and Law*, London, Ashgate Publishing, 2008, pp. 123--140 (= *Law & Society Review*, 11 (Winter 1977), pp. 571-588).

BANCAUD, Alain, *La haute magistrature judiciaire entre politique et sacerdoce ou le culte des vertus moyennes*, Paris, LGDJ, 1993.

BANCAUD, Alain, "Une constance mobile – la haute magistrature", *Actes de la Recherche en Sciences Sociales*, n.os 76/77 (Mars 1989), pp. 30-48.

BARBERIS, Mauro, "Separazione dei poteri e teoria giusrealista dell'interpretazione", *in* Paolo Comanducci e Riccardo Guastini (orgs.), *Analisi e diritto. Ricerche di giurisprudenza analitica*, Torino, G. Giappichelli Editore, 2004.

BARCELLONA, Pietro, *L'uso alternativo del diritto*, Roma-Bari, Laterza, 1973.

BARROSO, Luís Roberto, "Princípios da razoabilidade e da proporcionalidade". http://www2.uerj.br/~direito/publicacoes/publicacoes/diversos/barroso2.html [Ago. 2006].

776 | CALEIDOSCÓPIO DO DIREITO...

BATSELÉ, Didier, *Initiation à la rédaction des textes législatifs, réglementaires et administratifs*, Bruxelles, Bruylant, 2001.

BAUMAN, Zygmunt, *Liquid Times: Living in an Age of Uncertainty*, Cambridge, Polity Press, 2006.

BAUMAN, Zygmunt, *Liquid Life*, Cambridge, Polity Press, 2005.

BAUMAN, Zygmunt, *Community. Seeking Safety in an Insecure World*, Cambridge, Polity Press, 2001.

BAUMAN, Zygmunt, *Liquid Love: On the Frailty of Human Bonds*, Cambridge, Polity Press, 2001.

BAUMAN, Zygmunt, *The Individualized Society*, Cambridge, Polity Press, 2001.

BAUMAN, Zygmunt, "The challenges of hermeneutics", *in* Peter Beilharz (ed.), *The Bauman Reader*, Oxford, Blackwell, 2001, pp. 125-138.

BAUMAN, Zygmunt, *Globalization. The Human Consequences*, New York, Columbia University Press, 2000.

BAUMAN, Zygmunt, *Liquid Modernity*, Cambridge, Polity Press, 2000.

BAUMAN, Zygmunt, *Alone Again – Ethics After Certainty*, London, Demos, 1996.

BAUMAN, Zygmunt, *Life in Fragments. Essays in Postmodern Morality*, Cambridge (Massachusetts), Basil Blackwell, 1995.

BAUMAN, Zygmunt, *Postmodern ethics*, Oxford, Blackwell, 1993.

BAUMAN, Zygmunt, *Modernity and The Holocaust*, Ithaca (New York), Cornell University Press, 1989.

BAUMAN, Zygmunt, *Legislators and interpreters – On Modernity, Post-Modernity Intellectuals*. Ithaca (New York), Cornell University Press, 1982.

BAYÓN, Juan Carlos, "Democracia y derechos: problemas de fundamentación del constitucionalismo", *in* J. Betegón, F. J. Laporta, J. R. de Páramo, e L. Prieto Sanchís (coords.),

REFERÊNCIAS E BIBLIOGRAFIA | 777

Constitución y derechos fundamentales, Madrid, Centro de Estudios Políticos y Constitucionales, 2004, pp. 67-138.

BECK, Ulrich; GIDDENS, Anthony; e LASH, Scott, *Reflexive Modernization. Politics, Tradition and Aesthetics in the Modern Social Order*, Stanford, Stanford University Press, 1995.

BECK, Ulrich, *Risikogesellschaft*, 1986; trad. ingl. *Risk society: towards a new modernity*, New Delhi, Sage, 1992.

BEILHARZ, Peter (ed.), *The Bauman Reader*, Oxford, Blackwell, 2001.

BELL, J., *French Legal Cultures*, London, Butterworths, 2001.

BENTHAM, Jeremy, *Nomografía o el arte de redactar leyes*, Madrid, Boletín Oficial del Estado, Centro de Estudios Políticos y Constitucionales, 2000.

BERNUZ BENEITEZ, María José, *François Gény y el derecho. La luxa contra el método exegético*, Bogotá, Universidad Externado de Colombia, 2006.

BETTI, Emilio, *Teoria generale della interpretazione*, Milano, Giuffrè, 1958.

BETTI, Emilio, "Le categorie civilistiche dell'interpretazione", *Rivista Italiana per le Scienze Giuridiche*, n.º 5 (1948), pp. 34-92.

BJARUP, Jes, "The Philosophy of Scandinavian", *Ratio Juris*, 18.1 (March 2005), pp. 1-15.

BOURDIEU, Pierre, "La force du droit, éléments pour une sociologie du champ juridique", *Actes de la Recherche en Sciences Sociales*, 64 (Septembre 1986), pp. 3-19.

BOURDIEU, Pierre, "Habitus, code, codification", *Actes de la Recherche en Sciences Sociales*, 64 (Septembre 1986), pp. 40-44.

BOURDIEU, Pierre, *Homo academicus*, Paris, Minuit, 1984.

BOURDIEU, Pierre, *Ce que parler veut dire. L'économie des échanges linguistiques*, Paris, Fayard, 1982.

778 | CALEIDOSCÓPIO DO DIREITO...

BOURDIEU, Pierre; e PASSERON, Jean-Claude, *Les héritiers: les étudiants et la culture*, Paris, Minuit, 1964.

BRONZE, Fernando José, *Lições de Introdução ao Direito*, Coimbra, Coimbra Editora, 2006.

BROWN, Tom; e HELLER, Robert, *Best Practice. Ideas and Insights from the World's Foremost Business Thinkers*, Cambridge (Massachusetts), Perseus Publishing, 2006.

BUECHELE, Paulo Arminio Tavares, *O Princípio da Proporcionalidade e a Interpretação da Constituição*, Rio de Janeiro, Renovar, 1999.

BULTMANN, Rudolf, "The significance of the Old Testament for the Christian Faith," *in* Bernard W. Anderson (ed.), *The Old Testament and Christian Faith*, New York, Harper & Row Publishers, 1963.

BULYGIN, Eugenio, "Objectivity of Law in the View of Legal Positivism", *in* Paolo Comanducci e Riccardo Guastini (orgs.), *Analisi e diritto. Ricerche di giurisprudenza analitica*, Torino, G. Giappichelli Editore, 2004 (=http://www.giuri.unige.it/intro/dipist/digita/filo/testi/analisi_2004/15bulygin.pdf).

CAENEGEM, R. C. van, *A historical introduction to the western constitutional law*, Cambridge, Cambridge University Press, 1995 (trad. port. em curso de edição, pela Fundação Calouste Gulbenkian).

CALABRESI, Guido, "Some Thoughts on Risk Distribution and the Law of Torts", *Yale Law Journal*, 70 (1961).

CANNIZZARO, Enzo, "Il pluralismo dell'ordinamento giuridico europeo e la questione della sovranità", *Quaderni fiorentini per la storia del pensiero giuridico moderno*, 31.1 (2002), pp. 245-271 (=www.unimc.it/web_9900/prov_dip/internaz/doc/pluralismo.pdf [Ago. 2006]).

CANOTILHO, Joaquim Gomes, *"Brancosos" e interconstitucionalidade. Itinerário dos discursos sobre a historicidade constitucional*, Coimbra, Almedina, 2006.

REFERÊNCIAS E BIBLIOGRAFIA | 779

CANOTILHO, Joaquim Gomes, *Direito constitucional e Teoria da Constituição*, 7ª ed., Coimbra, Coimbra Editora, 2003.

CANOTILHO, Joaquim Gomes; e MOREIRA, Vital, *Constituição da República Portuguesa Anotada*, 3ª ed., Coimbra, Coimbra Editora, 1993.

CANOTILHO, Joaquim Gomes, "Os impulsos modernos para uma teoria da legislação", *Legislação. Cadernos de Ciência de Legislação*, n.º 1 (Abril-Junho 1991), pp. 7-14.

CAPPEL, Christian, "Anachronismus einer „Drittwirkung". Das kognitivistische Konzept Karl-Heinz Ladeurs und die Matrix Gunther Teubners im grundrechtstheoretischen Spannungsfeld", *Ancilla Iuris*, publicado em 12.06.2006. http://www.anci.chdoku.php?id=beitrag:anachronismus_einer_drittwirkung.

CAPPELLETTI, Mauro (org.), *Accès à la justice et État providence*, Paris, Economica, 1984.

CARDIM, Pedro, *O Poder dos Afectos: ordem amorosa e dinâmica política no Portugal do Antigo Regime*, tese de doutoramento em História, especialidade de História Cultural e das Mentalidades Modernas, apresentada à Faculdade de Ciências Sociais e Humanas, Universidade Nova de Lisboa, 2000.

CARIIN, Jerome, *Lawyer's Ethics – Study of the New York City Bar*, New York, Russell Sage Foundation, 1966.

CASA, Federico, "Le scienze cognitive e gli studi attuali sull'informatica giuridica", 2007. http://www.filosofiadel diritto.it/.

CASSESE, Sabino, *La crisi dello Stato*, Bari, Laterza, 2001.

CAUPERS, João, *Introdução à ciência da administração pública*, Lisboa, Âncora, 2002.

CERRONI, Umberto, *Marx e il diritto moderno*, Roma, Editore Riuniti, 1962.

CHEN, Dingding, "Understanding China's Human Rights Policy: The Limits of International Norms". http://cosa.uchicago .edu/dingdingchen3.htm.

780 | CALEIDOSCÓPIO DO DIREITO...

CHIASSONI, Pierluigi, "A Nice Derangement of Literal-Meaning Freaks: Linguistic Contextualism and the Theory of Legal Interpretation", *in* Paolo Comanducci e Riccardo Guastini (orgs.), *Analisi e diritto. Ricerche di giurisprudenza analitica*, Torino, G. Giappichelli Editore, 2005.

CLANCHY, Michael, "Law and Love in the Middle Ages," *in* John Bossy (ed.), *Disputes and Settlements*, Cambridge, Cambridge University Press, 1983, pp. 47-67.

CLIFFORD, James, *Route: Travel and Translation in the Late Twentieth Century*, Cambridge (Massachusetts), Harvard University Press, 1997.

COASE, Ronald, "The Problem of Social Cost", *Journal of Law & Economics*, 3.1 (1960).

COHEN, Robin, *Global diasporas. An introduction*, London, Routledge, 2004 (1ª ed. 1997).

COMANDUCCI, Paolo, "Formas de (neo)constitucionalismo: un análisis metateórico". http://www.cervantesvirtual.com/servlet/SirveObras/90250622101470717765679/isonomia16/isonomia16_06.pdf [Out. 2006].

COONEY, Fr. Greg, CM, "The social conscience of Vincent de Paul", *Oceania Vincentian*, 2 (2001), pp. 1-33.

CORDEIRO, António Menezes, "Da aplicação da lei no tempo e das disposições transitórias", *Legislação. Cadernos de Ciência da Legislação*, 7 (Abr.-Jun. 1993).

CORDEIRO, António Menezes, "A decisão segundo a equidade", *O Direito*, 122-II (Abr.-Jun. 1990), pp. 261-280.

CORSALE, Massimo, "Lacune dell'ordinamento", *Enciclopedia del Diritto*, Milano, Giuffrè, 1998.

COSTA, Catarina Lima da, "O novo regime de acesso ao direito", *Boletim da Ordem dos Advogados*, 33 (Set-Out. 2004).

COSTA, Joaquín, *El Problema de la Ignorancia del Derecho y sus Relaciones con el Status Individual, el Referendum y la Costumbre*;

REFERÊNCIAS E BIBLIOGRAFIA | 781

trad. port. *A Ignorância do Direito* (tradução, notas e apresentação de Isaac Sabbá Guimarães, prefácio de Newton Sabbá Guimarães), Curitiba, Juruá Editora, 2008.

COTTUTTI, G., *Diritto eguale e società di classi. Per una critica dei manuali tradizionali*, Bari, De Donato, 1972.

COUTINHO, Jacinto Nelson de Miranda (org.), *Canotilho e a Constituição Dirigente*, 2ª ed., São Paulo, Renovar, 2005.

CRITCHLEY, Simon; e BERNASCONI, Robert, *The Cambridge Companion to Levinas*, Cambridge, Cambridge University Press, 2002.

DAMASKA, M. R., *The Faces of Justice and State Authority*, New Haven, Yale University Press, 1986.

DEFLEM, Mathieu (dir.), *Habermas, Modernity and Law*, London, Sage, 1996.

DEFLEM, Mathieu, "Introduction: Law in Habermas' Theory of Communicative Action". http://www.cas.sc.edu/socy/faculty/deflem/zhablaw.htm (síntese do seu livro *Habermas, Modernity and Law*, 1996).

DERRIDA, Jacques, *Force de loi. Le "fondement mystique de l'autorité"*, Paris, Galilée, 1994 (edição útil: *Forza di legge. Il fondamento mistico dell'autorità*, com introdução de Francesco Garritano, Torino, Bollati Boringhieri, 2003).

DEZALAY, Yves; e GARTH, Bryant G. (eds.), *Global Prescriptions. The Production, Exportation, and Importation of a New Legal Orthodoxy*, Michigan, The University of Michigan Press, 2002.

DEZALAY, Yves; e GARTH, Bryant G., *Internationalization of Palace Wars: Lawyers, Economists, and the Contest to Transform Latin American States*, Chicago, Chicago University Press, 2002.

DEZALAY, Yves, *I mercanti del diritto*, Milano, Giuffrè, 1997.

DEZALAY, Yves, "Territorial Battles and Tribal Disputes", *Modern Law Review*, 54 (1991), pp. 792-809.

782 | CALEIDOSCÓPIO DO DIREITO...

DEZALAY, Yves, "The Big Bang and the Law: The Internationalization and Restructuration of the Legal Field", *Theory, Culture & Society*, 7 (1990), pp. 279-93.

DICEY, Albert Venn, *An Introduction to the Study of the Law of the Constitution*, 1885. http://www.constitution.org/cmt/avd/law_con.htm [Ago. 2008].

DUARTE, David; e PINHEIRO, Alexandre Sousa (coords.), *Legística – Perspectivas sobre a concepção e redacção de actos normativos*, Coimbra, Almedina, 2002.

DWORKIN, Ronald, "Objectivity and Truth. You'd Better Believe It", *Philosophy and Public Affairs*, 25.1 (1996), pp. 87-139.

DWORKIN, Ronald, "Is There Really No Right Answer in Hard Cases", *in* Ronald Dworkin, *A Matter of Principle*, Cambridge (Massachusetts), Harvard University Press, 1984.

DWORKIN, Ronald, "No right answer?", *in* P. M. S. Hacker e Joseph Raz (eds.), *Law, Morality and Society, Essays in Honour of H. L. Hart*, Oxford, Oxford University Press, 1977, 58-84.

DWORKIN, Ronald, "Hard cases", *Harvard Law Review*, 88.6 (1974--1975), pp. 1057-1109 [depois publicado em Ronald Dworkin, *Taking Rights Seriously*, Cambridge (Massachussets), Harvard University Press, 1977].

ECO, Umberto, *L'opera aperta*, Milano, Bompiani, 1962.

EDELMAN, M., *The symbolic uses of politics*, Champain, University of Illinois Press, 1976.

EDGOOSE, Julian, "An Ethics of Hesitant Learning: The Caring Justice of Levinas and Derrida", *Philosophy of Education*, 1997, pp. 266-274 (=http://www.ed.uiuc.edu/eps/PES-Yearbook/default.asp [Dez. 2006]).

EWICK, Patricia; e SILBEY, Susan S., *The Common Place of Law: Stories from Everyday Life* (Chicago Series in Law and Society), Chicago, The University of Chicago Press, 1998.

FERRAJOLI, Luigi, *La sovranità nel mondo moderno*, Bari, Laterza, 1997.

REFERÊNCIAS E BIBLIOGRAFIA | 783

FERRAJOLI, Luigi, *La cultura giuridica nell'Italia del novecento*, Bari, Laterza, 1996.

FERRARESE, Maria Rosario, *Le istituzioni della globalizzazione. Diritto e diritti nella società internazionale*, Bologna, Il Mulino, 2000.

FERRARESE, Maria Rosario, "An entrepreneurial conception of the law? The American Model through Italian Eyes", *in* David Nelken, *Comparing legal cultures*, Dartmouth, Socio-Legal Studies Series, 1997, pp. 157-182.

FIORAVANTI, Maurízio, *Costituzione*, Bologna, Il Mulino, 1999.

FIORIGLIO, Gianluigi, *Temi di informática giuridica*, Roma, Aracne, 2004 (=http://www.computersworld.eu/download/fioriglio-temi_di_informatica_giuridica.pdf).

FISHKIN, James S.; e LASLETT, Peter, *Debating Deliberative Democracy*, Oxford, Blackwell, 2003.

FOUCAULT, Michel, *L'archéologie du savoir*, Paris, Gallimard, 1969.

FOUCAULT, Michel, *L'ordre du discours*, Paris, NRF, 1976.

FRATE, Paolo Alvazzi del, *Giurisprudenza e Référé Législatif in Francia nel Periodo Rivoluzionario*, Torino, Giapichelli, 2005.

FRIEDMAN, Lawrence M., *Law in América. A short history*, New York, Modern Library, 2004.

FRIEDMAN, Lawrence M., *American Law in the Twentieth Century*, New Haven, Yale University Press, 2002.

FRIEDMAN, Lawrence M., *The Republic of Choice*, Cambridge (Massachusetts), Harvard University Press, 1990.

FRIEDMAN, Daniel, "The Efficient Breach Fallacy", *The Journal of Legal Studies*, 18.1 (Jan. 1989), pp. 1-24.

FRITSCHI, Ahasveri, *Tractatus Theologico-Nomico-Politicus De Mendicantibus Validis*, Ienae, Typis et Sumptibus Sengenwaldianis, 1659.

FÜLLSACK, Manfred, "Geltungsansprüche und Beobachtungen zweiter Ordnung. Wie nahe kommen sich Diskurs- und

784 | CALEIDOSCÓPIO DO DIREITO...

Systemtheorie?", *Soziale Systeme. Zeitschrift für soziologische Theorie*, 4.1 (1998), pp. 185-198 (=http://sammelpunkt. philo.at:8080/archive/00001075/01/geltungsansprueche.htm).

GADAMER, Hans Georg, *Wahrheit und Methode. Grundzüge einer philosohische Hermeneutik*, Tübingen, 1960.

GADAMER, Hans Georg, "Vom Zirkel des Verstehens", *M. Heidegger, Zum 70*, Pfullingen, Geburtstag, 1959.

GALANTER, Marc, "Farther along", *Law & Society Review*, 33 (1999), pp. 1113-1123.

GALANTER, Marc, "Justice in Many Rooms: Courts, Private Ordering, and Indigenous Law", *Journal of Legal Pluralism*, 19 (1981), pp. 1-47.

GALANTER, Marc; e PALAY, Thomas, "Large Law Firms and Professional Responsibility", *in* R. Cranston (ed.), *Legal Ethics and Professional Responsibility*, Oxford, Oxford University Press, 1995, pp. 189-202 (=http/marcgalanter.net/Documents/lawyersandlawfirms.htm).

GARCÍA-BERRIO, Maria Teresa, "Decálogo de las principales aportaciones de Norberto Bobbio al tratamiento de las antinomias", *Analisi e diritto, in* Paolo Comanducci e Riccardo Guastini (orgs.), *Analisi e diritto. Ricerche di giurisprudenza analitica*, Torino, G. Giappichelli Editore, 2005, pp. 183-191 (=http:/ /www.giuri.unige.it/intro/dipist/digita/filo/testi/analisi_2006/ 14garciaberrio.pdf [Ago. 2006]).

GARDNER, John, "Legal positivism: 5 1/2 myths" *American Journal of Jurisprudence*, 46 (2001), pp. 199-227.

GAROUPA, Nuno, "Limites ideológicos e morais à avaliação económica da legislação", *Legislação. Cadernos de Ciência da Legislação* (Actas da Conferência sobre Avaliação Legislativa, Lisboa, 24/25 Janeiro 2005), n.os 42/43 (Jan.-Jun. 2006), pp. 83-102.

GAUNTETT, D.; e HILL, A., *TV living: culture and everyday life*, London, Routledge, 1999.

REFERÊNCIAS E BIBLIOGRAFIA | 785

GEERTZ, Clifford, *Los usos de la diversidad*, Barcelona, Ediciones Paidós, 1996.

GEERTZ, Clifford, "Anti-antirelativism", *American anthropologist*, 86.2 (1984), pp. 263-277.

GEERTZ, Clifford, "Common Sense as a Cultural System", *Local knowledge. Further essays in interpretative anthropology*, New York, Basic Books, 1983, pp. 73-93.

GEERTZ, Clifford, "The way we think. Toward an ethnography of modern thought", *Local knowledge. Further essays in interpretative anthropology*, New York, Basic Books, 1983, pp. 147-163.

GENY, François, *La libertad en el Derecho. Entre certeza y incertidumbre*, Granada, Comares, 2007 (colectânea elaborada e prefaciada por María José Bernuz Beneitez).

GIDDENS, Anthony, *Runaway World: How Globalization is Reshaping Our Lives*, London, Routledge, 2003.

GIDDENS, Anthony, *O Mundo na era da globalização*, 4ª ed., Lisboa, Editorial Presença, 2002.

GIDDENS, Anthony, "Risk and responsability", *Modern Law Review*, 62.1 (1999), pp. 1-10.

GIDDENS, Anthony, *Consequences of Modernity*, Cambridge, Polity Press, 1990.

GILROY, Paul, *The Black Atlantic. Modernity and Double Consciousness*, London/New York, Verso, 1993.

GIOVINE, Alfonso Di, "Le tecniche del costituzionalismo del '900 per limitare la tirannide della maggioranza", *in* G. M. Bravo (org.) *La democrazia tra libertà e tirannide della maggioranza nell'Ottocento* (Atti della X Giornata Luigi Firpo, Torino, 29-30 maggio 2003), Firenze, Olschki, 2004 (=http:// www.associazionedeicostituzionalisti.it/materiali/anticipazioni/ index.html [Out. 2006]).

GLENDON, Mary Ann, *Rights talk. The impoverishment of political discourse*, New York, The Free Press, 1991.

786 | CALEIDOSCÓPIO DO DIREITO...

GLENN, H. P., *Legal Traditions of the World*, Oxford, Oxford University Press, 2000.

GOMES, Conceição, *O tempo dos tribunais: um estudo sobre a morosidade da justiça*, Coimbra, Coimbra Editora, 2003.

GROSSI, Paolo, *Derecho, Sociedad, Estado*, San Nicolas de Michoacá, Escuela Libre de Derecho, 2004.

GUASTINI, Riccardo, "A Sceptical View on Legal Interpretation", *in* Paolo Comanducci e Riccardo Guastini (orgs.), *Analisi e diritto. Ricerche di giurisprudenza analitica*, Torino, G. Giappichelli Editore, 2005, pp. 139-144.

GUASTINI, Riccardo, "Specificita' dell'interpretazione costituzionale? (Prima parte)", *Rubrica Settimanale di Dottrina*. www.studiocelentano.it/lenuovevocideldiritto/testi/ponzanelli.htm (extraído de Mario Bessone (dir.), *L'attività del giudice. Mediazione degli interessi e controllo delle attività*, Torino, G. Giappichelli Editore, 1997).

GUEDES, Armando Marques, *Entre Factos e Razões – Contextos e Enquadramentos da Antropologia Jurídica*, Coimbra, Almedina, 2004.

GUEDES, Armando Marques, et al., "Litígios e pluralismo em Cabo Verde. A organização judiciária e os meios alternativos", *Themis*, 3 (2001), pp. 5-68

GUERRA FILHO, Willis Santiago, "O princípio da proporcionalidade em direito constitucional e em direito privado no Brasil", *Mundo Jurídico*, publicado em 9/10/2005. http://www.mundojuridico.adv.br/sis_artigos/artigos.asp?codigo=701 [Ago. 2006].

GUERRA FILHO, Willis Santiago, "A dimensão processual dos direitos fundamentais e da Constituição", 1998. http://www.senado.gov.br/web/cegraf/ril/Pdf/pdf_137/r137-02.pdf [24-10-2008].

REFERÊNCIAS E BIBLIOGRAFIA | 787

GUIBENTIF, Pierre, "Introduction", *in* A.-J. Arnaud e P. Guibentif (orgs.), *Niklas Luhmann observateur du droit*, Paris, LGDJ, 1993.

HABERMAS, Jürgen, *Between Facts and Norms*, Cambridge (Massachusetts), The MIT Press, 1996.

HABERMAS, Jürgen, *Faktizität und Geltung*, Frankfurt am Main, Suhrkamp, 1993.

HABERMAS, Jürgen, *Vorstudien und Ergänzungen zur Theorie des kommunikativen Handelns*, Frankfurt am Main, Suhrkamp, 1984.

HABERMAS, Jürgen, *Moral Consciousness and Communicative Action*, Cambridge (Massachusetts), The MIT Press, 1990 (versão orig. alemã: *Moralbewußtsein und kommunikatives Handeln*, Frankfurt am Main, Suhrkamp, 1983).

HABERMAS, Jürgen, *Theorie des kommunikativen Handelns*, Frankfurt am Main, Suhrkamp, 1981.

HABERMAS, Jürgen, *Strukturwandel der Öffentlichkeit*, Frankfurt am Main, Suhrkamp, 1971.

HABERMAS, Jürgen; e LUHMANN, Niklas, *Theorie der Gesellschaft oder Sozialtechnologie*, Frankfurt am Main, Suhrkamp, 1971.

HALPÉRIN, Jean-Louis, *Histoire du droit privé français depuis 1804*, Paris, PUF, 2001.

HANSON, F. Allan, "How Poverty Lost Its Meaning", *The Cato Journal*, 17.2 (Fall 1997), pp. 189-209 (=http://www.cato.org/pubs/journal/cj17n2/cj17n2-5.pdf).

HAREL, Alon, *The Blackwell Guide to the Philosophy of Law and Legal Theory*, Oxford, Blackwell, 2005.

HART, H. L. A., *The concept of law* (with a Postscript edited by Penelope A. Bulloch and Joseph Raz), Oxford, Oxford University Press, 1994 (trad. port. de A. Ribeiro Mendes, *O Conceito de Direito*, Lisboa, Fundação Calouste Gulbenkian, 1986).

788 | CALEIDOSCÓPIO DO DIREITO...

HECK, Philipp, "Gesetzesauslegung und Interessenjurisprudenz", *Archiv für die civilistische Praxis* (AcP), 112 (1914).

HERBERGER, Maximilian, *Dogmatik. Zur Geschichte von Begriff und Methode in Medizin und Jurisprudenz*, Frankfurt am Main, V. Klostermann, 1981 (=http://rw22linux8.jura.uni-sb.de/mhhabil/).

HERTOGH, Marc, "A 'European' Conception of Legal Consciousness: Rediscovering Eugen Ehrlich", *Journal of Law and Society*, 31.4 (December 2004), pp. 457-481.

HESPANHA, António Manuel, "Form and content in early modern lawyers' books. Bridging material bibliography with history of legal thought", a publicar em *Portuguese Studies Review* (= "Cultura giuridica, libri dei giuristi e tecniche tipografiche", *in* Maria Antonietta Visceglia (org.), *Le radici storiche dell'Europa. L'età moderna*, Roma, Libreria Editrice Viella, 2007).

HESPANHA, António Manuel, "Um poder um pouco mais que simbólico. Juristas e legisladores em luta pelo poder de dizer o direito", *in* Ricardo Marcelo Fonseca e Airton C. Leite Seelaender (coords.), *História do Direito em Perspectiva. Do Antigo Regime à Modernidade*, Curitiba, Juruá Editora, 2008, pp. 143--202.

HESPANHA, António Manuel, "The everlasting return of orality" (comunicação apresentada em *Readings Of Past Legal Texts. International Symposium in Legal History in Tromsø, 13th and 14th June 2002*), *in* Dag Michalsen (ed.), *Reading past legal texts*, Oslo, Unipax, 2006, pp. 25-56.

HESPANHA, António Manuel (coord.), *Inquérito aos Sentimentos de Justiça num Ambiente Urbano*, Coimbra, Almedina, 2005.

HESPANHA, António Manuel, *Guiando a Mão Invisível – Direitos, Estado e Lei no Liberalismo Monárquico Português*, Coimbra, Almedina, 2004.

REFERÊNCIAS E BIBLIOGRAFIA | 789

HESPANHA, António Manuel, *Cultura jurídica europeia. Síntese de um milénio*, Lisboa, Europa-América, 2003.

HESPANHA, António Manuel, "Os juristas que se cuidem... Dez anos de inteligência artificial e direito", *Themis*, I.1 (2000), pp. 139-169.

HESPANHA, António Manuel (com colab. de António Serrano González), "La senda amorosa del derecho, *Amor e iustitia* en el discurso jurídico moderno", *in* Carlos Petit (org.), *Las pasiones del juristas. Amor, memoria, melancolia, imaginación*, Madrid, Centro de Estudios Constitucionales, 1997, pp. 23-74.

HESPANHA, António Manuel, *Justiça e litigiosidade. História e perspectiva*, Lisboa, Fundação Calouste Gulbenkian, 1993.

HESPANHA, António Manuel, "Les autres raisons de la politique. L'économie de la grâce", *in* J.-F. Schaub (ed.), *Recherches sur l'histoire de l'État dans le monde ibérique (15e.-20e. siècles)*, Paris, Presses de l'École Normale Supérieure, 1993, pp. 67-86; *in* Pierangelo Schiera (org.), *Ragion di Stato e ragione dello Stato (secoli XV- XVII)*, Napoli, Istituto Italiano di Studi Filosofici, 1996, pp. 38-67.

HOCKS, Stefan, *Gerichtsgeheimnis und Begründungszwang. Zur Publizität der Entscheidungsgründe im Ancien Régime und im frühen 19. Jahrhundert* (= Veröffentlichungen des Max-Planck-Instituts für europäische Rechtsgeschichte, Rechtsprechung. Materialien und Studien 17), Frankfurt am Main, Klostermann, 2002.

HOLUB, Robert C., *Reception Theory: A Critical Introduction*, London, Methuen, 1984.

HURST, J. W., *Law and social process in US history*, New York, DaCapo Press, 1960.

IEVEN, Bram, "On the Content of a Violent Force. The Relation between Rawls and Derrida". http://www.wickedness.net/els/els1/Ieven%20paper.pdf [Out. 2006].

790 | CALEIDOSCÓPIO DO DIREITO...

IGRACKI, Stefan, "Die Positivismustheorie Gustavs Radbruch". http://userpage.fu-berlin.de/~roehrigw/ss97/igracki/volltext.html [08.05.2006].

IRTI, Natalino, *L'ordine giuridico del mercato*, Bari, Laterza, 2001.

ISER, Wolfgang, *The Act of Reading: A Theory of Aesthetic Response*, Baltimore, John Hopkins University Press, 1978.

JAUSS, Hans Robert, *Aesthetic Experience and Literary Hermeneutics*, Minneapolis, University of Minnesota Press, 1982.

JOERGES, Christian; e GHALEIGH, Singh (eds.), *Darker Legacies of Law in Europe: The Shadow of National Socialism and Fascism over Europe and its Legal Traditions. With a prologue by Michael Stolleis and an epilogue by J.H.H. Weiler*, Oxford, Hart Publishing, 2003.

JOUVE, Vincent, *L'effet-personnage dans le roman*, Paris, PUF, 1992.

JUST, Gustavo, *Interpréter les théories de l'interprétation*, Paris, L'Harmattan, 2005.

KELLEY, Donald R., "Hermes, Clio, Themis: historical interpretation and legal hermeneutics", *The Journal of Modern History*, 55.4 (December 1983), pp. 644-668.

KELSEN, Hans, *Reine Rechtslehre*, 1934 (trad. port., com prefácio e notas de João Baptista Machado, *Teoria Pura do Direito*, 6.ª ed, Coimbra, Arménio Amado Ed., 1984.)

KELSEN, Hans, *Wer soll der Hüter der Verfassung sein? Abhandlungen zur Theorie der Verfassungsgerichtsbarkeit in der pluralistischen, parlamentarischen Demokratie. Hrsg. u. mit einer Einf. und Auswahlbibliographie versehen v. Robert Chr. van Ooyen*, Tübingen, Siebeck-Mohr, 2008.

KENNAN, J.; e WILSON, R., "Bargaining with private information", *Journal of Economic Literature*, 31 (1993), pp. 45-104.

KENNEDY, D., "Form and substance in private law adjudication", *Harvard Law Review*, 89 (June 1976).

REFERÊNCIAS E BIBLIOGRAFIA | 791

KJAER, Poul, "Systems in Context. On the outcome of the Habermas/Luhmann debate", *Ancilla Iuris*, publicado em 29.09.2006. http://www.anci.ch/doku.php?id=beitrag:systems.

KRASNER, Stephen D., *Sovereignty. Organized Hypocrisy*, Princeton, Princeton University Press, 1999.

KÜNG, Hans, *A Essência do Cristianismo*, Lisboa, Círculo dos Leitores, 2000.

LADEUR, Karl-Heinz, *Kritik der Abwägung in der Grundrechtsdogmatik*, Tübingen, Mohr Siebeck, 2004.

LADEUR, Karl-Heinz, "Post-modern Constitutional Theory: a prospect for the self-organizing society", *The Modern Law Review*, 60.5 (1997).

LADEUR, Karl-Heinz, "Abwägung: ein neues Rechts-paradigma", *Archiv für Rechts und Sozialphilosophie*, 69 (1983).

LADEUR, Karl-Heinz; e AUSBERG, Ino, "*Auslegungsparadoxien*. Zu Theorie und Praxis juristischer Interpretation", *Rechtstheorie*, 36 (2005), pp. 143-184.

LAMEGO, José, *Hermenêutica e Jurisprudência. Análise de uma "Recepção"*, Lisboa, Fragmentos, 1990.

LANCHESTER, Fulco, "*Drafting*" *e procedimento legislativo in Gran Bretagna e negli Stati Uniti*, Roma, Bulzoni, 1990.

LANDES, William; e POSNER, Richard A., "The Independent Judiciary in an Interest Group Perspective", *Journal of Legal Studies*, 4 (1975).

LARENZ, Karl, *Metodologia da ciência do direito*, 3ª ed., tradução de José Lamego, Lisboa, Fundação Calouste Gulbenkian, 1997.

LATOUR, Bruno; e WEIBEL, Peter (eds.), *Making Things Public: Atmospheres of Democracy*, Cambridge (Massachusetts), The MIT Press, 2005.

Le diretive di tecnica legislativa in Europa, organização de Rodolfo Pagano, Roma, Camera dei Deputati, 1997.

792 | CALEIDOSCÓPIO DO DIREITO...

LECKIE, Barbara, "The force of law and literature: critiques of ideology in Jacques Derrida and Pierre Bourdieu", *Mosaic*, 28 (1995), pp. 109-135 (=http://www.highbeam.com/library/doc0.asp?DOCID=1G1:17534615&num=1&ctrlInfo=Round3a%3AProd%3ASR%3AResult).

LEGENDRE, Pierre, *Les enfants du texte*, Paris, Fayard, 1998.

LENOBLE, Jacques, "Prolegomenos para una lectura epistemologica de los modelos jurídicos", *in* Bruno Ribes et al., *Dominar o compartir?: desarrollo endógeno y transferencia de conocimientos*, [s.l.], UNESCO, 1977.

LEYDESDORFF, Loet, "Luhmann, Habermas, and the Theory of Communication", *Systems Research and Behavioral Science*, 17.3 (2000), pp. 273-288 (=http://users.fmg.uva.nl/lleydesdorff/montreal.htm).

LIKOSKY, Michael (org.), *Transnational Legal Processes. Globalisation and Power Disparities*, London, Butterworths, 2002.

LIMA, Fernando A. Pires de; e VARELA, Antunes, *Código Civil Anotado*, vol. I, Coimbra, Coimbra Editora, 1967.

LINHARES, José M. Aroso, "A unidade dos problemas da jurisdição ou as exigências e limites de uma pragmática custo/benefício. Um diálogo com a Law & Economics Scholarship", *Boletim da Faculdade de Direito de Coimbra*, 78 (2002), pp. 65-178.

LOPEZ, Ian F. Haney, "The Social Construction of Race: Some Observations on Illusion, Fabrication and Choice", *Harvard Civil Rights-Civil Liberties Law Review*, 29.1 (1994), pp. 1-62.

LOSANO, Mario G. (dir.), *Hans Kelsen. Scritti autobiografici*, Reggio Emília, Diabasis, 2008.

LÜDEMANN, Jörn, "Dir verfassungskonforme Auslegung von Gesetzen". http://www.ispm-bremen.de/downloads/seminar text_buecker_1.pdf.

LUHMANN, Niklas, *Liebe als Passion: Zur Codifizierung von Intimität*, 3.ª ed., Frankfurt, 1996; trad. ingl.: *Love as Passion. The Codification of Intimacy*, Stanford, Stanford University Press, 1998.

REFERÊNCIAS E BIBLIOGRAFIA | 793

LUHMANN, Niklas, *Risk: a sociological theory*, New York, Aldine de Gruyter, 1993 (=http://www.questia.com/library/sociology-and-anthropology/niklas-luhmann.jsp).

LUHMANN, Niklas, "Positivität als Selbsbestimmheit des Rechtes", *Rechtstheorie*, 19 (1988), pp. 11-27.

MACHADO, João Baptista, *Introdução ao Direito e ao Discurso Legitimador*, 13.ª reimpressão, Coimbra, Almedina, 2001.

MACHADO, João Baptista, *Lições de Direito Internacional Privado. Apontamentos das aulas teóricas do ano lectivo de 1971-1972 na Faculdade de Direito de Coimbra*, reimpressão da 3ª ed., Coimbra, Almedina, 1973.

MACKIE, J. L., "Obligations to obey the law", *Virginia Law Review*, 67.1, The Symposium in Honor of A. D. Woozley: Law and Obedience (February 1981), pp. 143-158.

MACKINNON, Catharine A., "Feminism, marxism, method, and the State: toward feminist jurisprudence", *in* Jules L. Coleman (ed.), *Philosophy of law*, New York, Garland Publishing, 1994, pp. 543-566.

MADER, Luzius, "Législation et légisprudence". http://www.eal.eu/onlinemedia-1.htm.

MADER, Luzius, "Wer soll Gesetze vorbereiten? Organisationsformen der legistischen Arbeit". http://www.google.pt/search?sourceid=navclient&ie=UTF8&rlz=1T4GGLJ_enPT284PT284&q=luzius+mader+legistik.

MADURO, Miguel Poiares, *A constituição plural: constitucionalismo e União Europeia*, S. João do Estoril, Principia, 2006 (=http://www.estig.ipbeja.pt/~ac_direito/PoderEuro.pdf [Ago. 2006]).

MADURO, Miguel Poiares, "O *superavit* democrático europeu", *Análise social*, vol. XXXVI (Primavera-Verão), n.os 158-159 (2001), pp. 119-152.

MANIQUE, John, *The origins of justice. The evolution of morality, Humans Rights and Law*, Philadelphia, Pennsilvania University Press, 2003.

794 | CALEIDOSCÓPIO DO DIREITO...

MAURER, Hartmut, *Allgemeines Verwaltungsrecht*, 16ª ed. reelaborada e aumentada, München, Verlag C. H. Beck, 2006.

MAZZACANE, Aldo, "Jurisprudenz als Wissenschaft", *Friedrich Carl von Savigny. Vorlesung über juristische Methodologie, 1802-1842*, Frankfurt am Main, V. Klostermann, 2004.

MCCORMICK, John P., "Derrida on Law; or Poststructuralim get serious", *Political Theory*, 29.3 (2001), pp. 395-423 (=http://ptx.sagepub.com/cgi/reprint/29/3/395 [Out. 2006]).

MERRYMAN, John Henry, "The French Deviation", *The American Journal of Comparative Law*, 44.1 (Winter 1996), pp. 109-119.

MIERSCH, Matthias, *Der sogenannte referé legislatif. Eine Untersuchung zum Verhältnis Gesetzgeber, Gesetz und Richteramt seit dem 18. Jahrhundert* (= *Fundamenta juridica*, 36), Baden-Baden, Nomos, 2000.

MILES, Thomas J.; e SUNSTEIN, Cass R., "The New Legal Realism", *University of Chicago Law Review* (a publicar); *University of Chicago Law & Economics, Olin Working Paper No. 372; University of Chicago, Public Law Working Paper No. 191* (disponível em http://ssrn.com/abstract=1070283).

MILLS, C.Wright, *The Power Elite*, Oxford, Oxford University Press, 1956.

MILSTEIN, Brian, "Between voluntarism and universal autonomy; Jacques Derrida's «Force of Law»". http://magictheatre.panopticweb.com/aesthetics/writings/polth-derrida.html [Out. 2006].

MONCADA, Luís Cabral de, *Filosofia do direito e do Estado. I. Parte histórica*, Coimbra, Arménio Amado Ed., 1947.

MORAIS, Carlos Blanco, *Manual de Legística*, Lisboa, Verbo, 2007.

MORAND, Charles-Albert (coord.), *Légistique formelle et matérielle*, Aix-en-Provence, Presses Universitaires d'Aix-Marseille, 1999.

MORESO, José Juan, "Bayón acerca de los fundamentos del constitucionalismo". http://www.upf.edu/filosofiadeldret/_pdf/moreso-bayon.pdf [Out. 2006].

REFERÊNCIAS E BIBLIOGRAFIA | 795

NAVES, Márcio Bilharinho, *Marxismo e Direito. Estudos sobre Pashukanis*, Rio de Janeiro, Boitempo, 2000.

NEVES, António Castanheira, *O Actual Problema Metodológico da Interpretação Jurídica – I*, Coimbra, Coimbra Editora, 2003.

NEVES, Marcelo, *Entre Têmis e Leviatã: uma relação difícil. O estado democrático de direito a partir e além de Luhmann e Habermas*, São Paulo, Martins Fontes, 2006.

NOVAIS, Jorge Reis, *Princípios constitucionais estruturantes da República Portuguesa*, Coimbra, Coimbra Editora, 2004.

NUNES, António J. Avelãs, *A Constituição Europeia. A constitucionalização do neo-liberalismo*, Coimbra, Coimbra Editora, 2006.

OLIVEIRA, Mário Esteves de; e OLIVEIRA, Rodrigo Esteves de, *Código do procedimento administrativo comentado*, Coimbra, Almedina, 2006 (reimp. de 2004).

OSTAS, Daniel T., "The evolution of economic analysis of law: is pragmatic institutionalism displacing orthodoxy ?", *Journal of Economic Issues*, 33.2 (1999).

PAGANO, Rodolfo, *Introduzione alla legistica. L'arte di preparare le leggi*, Milano, Giuffré, 1999.

PARESCE, Enrico, "Interpretazione (filosofia)", *Enciclopédia del diritto*, vol. XXII, Milano, Giuffrè, 1990.

PEREIRA, José Matos, *Direito e normas técnicas na sociedade de informação*, Lisboa, UAL, 2005.

PIÇARRA, Nuno, "A justiça constitucional da União Europeia", *Estudos Jurídicos e Económicos em Homenagem do Prof. Doutor António de Sousa Franco*, Coimbra, Coimbra Editora, 2006, pp. 467-501.

POKORNY, J.; e ROSKOVEC, J. (orgs.) *Philosophical hermeneutics and biblical exegesis. Wissenschafliche Untersuchungen zum Neuen Testament*, Tübingen, Mohr Siebeck, 2002.

POLINSKY, A. Mitchell, "Economic analysis as a potentially defective product: a buyers's guide to Posner's economic analysis of law, *Harvard Law Review*, 87 (1974), pp. 1655-1681.

796 | CALEIDOSCÓPIO DO DIREITO...

POSNER, Richard A., *Economic Analysis of Law*, 1ª ed., Boston, Little Brown, 1973 [última ed., com posições muito revistas, 2004].

PUGLIATTI, Salvatore, "La logica e i concetti giuridici", *Rivista del diritto commerciale e del diritto generale delle obbligazioni*, 39 (1941), pp. 197-214.

QUAGLIONE, Diego, *La sovranità*, Roma-Bari, Laterza, 2004.

RADAELLI, Claudio M.; e DE FRANCESCO, Fabrizio, *Regulatory Quality in Europe: Concepts, Measures and Policy Processes*, European Policy Research Unit Series, Manchester, Manchester University Press, 2007.

RADBRUCH, Gustav, "Gesetzliches Unrecht und übergesetzliches Recht", *Süddeutsche Juristenzeitung*, 1 (1945), pp. 105-108.

RAES, Koen, "Communicative action and the process of legalization. A critique of Habermas' approach of law", comunicação apresentada (em versão *draft*) a ECLS – *Conference on New frontiers of legality*, Universidade de Coimbra, Faculdade de Economia, Portugal, 1985.

RANIERI, Filippo, "Juristische Literatur aus dem Anicen Régime und historische Literatursoziologie. Einige methodologische Vorüberlegungen", *Aspekte europäischer Rechtsgeschichte. Festgabe für Helmut Coing zum 70. Geburtstag* (Ius Commune Sonderhefte 17), Frankfurt am Main, 1982, pp. 293-323.

RAY, Jean, "Des conflits entre principes abstraits et stipulations conventionnelles", *Recueil des Cours*, 48.2 (1934), pp. 631-707.

RAY, Jean, *Essai sur la structure logique du Code Civil français*, Paris, Librairie Félix Alcan, 1926.

RAZ, Joseph, *The authority of law. Essays on Law and Morality*, New York/Oxford, The Clarendon Press, 1979.

RICOEUR, Paul, *Amor y justicia*, México, Caparrós Editores, 2000.

RICOEUR, Paul, *Soi-même comme autre*, Paris, Seuil, 1990.

REFERÊNCIAS E BIBLIOGRAFIA | 797

ROCHA, Leonel Severo; SCHWARTZ, Germano; e CLAM, Jean, *Introdução à teoria do sistema autopoiético do direito*, Porto Alegre, Livraria do Advogado, 2005.

RODOTÀ, Stefano, "Un códice per l'Europa? Diritti nazionali, diritto europeo, diritto globale", *in* Paolo Cappellini e Bernardo Sordi (orgs.), *Codici. Una riflessione di fine milenio*, Milano, Giuffrè, 2002.

RORTY, Richard McKay, *Contingency, Irony, and Solidarity*, Cambridge, Cambridge University Press, 1989.

ROSANVALLON, Pierre, *Le modèle politique français*, Paris, Seuil, 2004.

ROSENN, Keith S., *O jeito na cultura jurídica brasileira*, Rio de Janeiro, Renovar, 1998.

SANTIAGO NINO, Carlos, *The constitution of deliberative democracy*, New Haven, Yale University Press, 1996.

SANTIAGO NINO, Carlos, *Introdución al análisis del derecho*, Barcelona, Ariel, 1983.

SANTOS, Boaventura de Sousa, *A Crítica da Razão Indolente – Contra o Desperdício da Experiência*, vol. I, 2ª edição, Porto, Edições Afrontamento, 2000.

SANTOS, Boaventura Sousa, "Towards a multicultural concept of human rights", *Zeitschrift f. Rechtssoziologie*, 18.1 (1997), pp. 1-15.

SANTOS, Boaventura de Sousa, *Introdução a uma Ciência Pós-Moderna*, Porto, Edições Afrontamento, 1989 (também publicado no Brasil: São Paulo, Graal, 1989).

SARAT, Austin; e KEARNS, Thomas R., *Law in everyday life* (The Amherst Series in Law, Jurisprudence and Social Thought), Ann Arbor, University of Michigan Press, 1993.

SCHANK, Roger C.; e ABELSON, Robert P., *Scripts, Plans, Goals and Understanding*, Hillsdale, Lawrence Erlbaum Associates, 1977.

798 | CALEIDOSCÓPIO DO DIREITO...

SCHMIDT, Siegfried J., *Der Diskurs des Radikalen Konstruktivismus*, Frankfurt am Main, Suhrkamp, 1987.

SFORZA, Cesarini, "Il diritto dei privati", *Il corporativismo come esperienza giuridica*, Milano, Giuffrè, 1942.

SHAVELL, Steven, "Is Breach of Contract Immoral?, *Harvard Law and Economics Discussion Paper No. 531*, Nov. 2005 (disponível em: http://ssrn.com/abstract=868592).

SHERWIN, Richard, *When law goes pop. The vanishing line between law and Pop Culture*, Chicago, Chicago University Press, 2000.

SILBEY, Susan S.; e CAVICCH, Ayn, "The Common Place of Law. Transforming Matters of Concern into the Objects of Everyday Life", *in* Bruno Latour e Peter Weibel (eds.), *Making Things Public: Atmospheres of Democracy*, Cambridge (Massachusetts), The MIT Press, 2005, pp. 556-565 (=http://web.mit.edu/ssilbey/www/pdf/making_things_public.pdf).

SILVA, Joana Aguiar e, *A Prática Judiciária entre Direito e Literatura*, Coimbra, Almedina, 2001.

SILVA, Virgílio Afonso da, "La interpretación conforme ala Constitución. Entre la trivialidad y la centralización judicial". http://www.juridicas.unam.mx/publica/librev/rev/cconst/cont/12/ard/ard1.pdf.

SILVERSTONE, R.; e HIRSCH, E., *Consuming technologies: media and information in domestic spaces*, London, Routledge, 1999.

SILVERSTONE, R., *Television and everyday life*, London, Routledge, 1994.

SOARES, Fabiana de Menezes, "Legimática: a tecnologia da informação aplicada à qualidade da produção legislativa", *Legislação. Cadernos de Ciência de Legislação*, n.º 47 (Out.-Dez. 2007), pp. 53-75 [10-11.2007].

SOROS, George, *The Alchemy of Finance*, New York, John Wiley, 1987 [nova ed. 2003].

REFERÊNCIAS E BIBLIOGRAFIA | 799

SOTTO MAIOR, Mariana, "O direito de acção popular na Constituição da República Portuguesa", *Documentação e Direito Comparado*, n.os 75/76 (1998) (= http://www.gddc.pt/actividade-editorial/pdfs-publicacoes/7576-g.pdf [Out. 2008]).

SPITTLER, Gerd, "Abstrakteswisse als Herrschaftsbasis zur Entstehung bürokratischer Herrschaft im Bauernstaaten Preussen", *Kölner Zeitschrift für Soziologie und Sozialpsychologie*, 2 (1980), pp. 574–604.

STIGLITZ, Joseph, *Making Globalization Work*, New York, W. W. Norton, 2006.

STOLLEIS, Michael, *The Law under the Swastika: Studies on Legal Histoy in Nazi Germany*, Chicago, University of Chicago Press, 1998.

STRAWSON, P. F., *Entity and Identity: And Other Essays*, Oxford, Oxford University Press, 2000.

STUCHKA, P. I.; SHARLET, Robert S.; MAGGS, Peter B.; e BEIRNE, Piers, *Selected Writings on Soviet Law and Marxism*, London, Sharpe, 1988.

SUGARMAN, David; e DEZALAY, Yves (eds.), *Professional Competition and Professional Power: Lawyers, Accountants and the Social Construction of Markets*, London, Routledge, 1995.

SUMMERS, R. S., *Instrumentalism in American Legal Theory*, Ithaca (New York), Cornell University Press, 1982.

SUNSTEIN, Cass R., *Republic.com*, Princeton, Princeton University Press, 2001.

SUNSTEIN, Cass R., *Risk and Reason: Safety, Law and the Environment*, Cambridge, Cambridge University Press, 2002.

SURBURG, Raymond F., "The New Hermeneutic Versus the Old Hermeneutics in New Testament Interpretation", *The Springfielder*; 38.1 (January 1974), pp. 13-20.

800 | CALEIDOSCÓPIO DO DIREITO...

TEIXEIRA, Carlos Adérito, "Acção Popular – Novo Paradigma". http://www.diramb.gov.pt/data/basedoc/FCH_19868_D.htm [Out. 2008].

TEUBNER, Günther, "Global private regimes: neo-spontaneous law and dual constitution of autonomous sectors", *in* K.-H. Ladeur, *Public governance in the age of globalization*, Hants, Ashgate Publishing, 2004.

TEUBNER, Günther (ed.), *Global law without a State*, London, Dartsmouth, 1996.

TEUBNER, Günther, *O direito como sistema auto-poiético*, Lisboa, Fundação Calouste Gulbenkian, 1993.

THOMASSET, Claude; VANDERLINDEN, Jacques; e JESTAZ, Philippe (orgs.), *François Gény, Mythe et réalités. 1899-1999, Centenaire de Méthode d'interprétation et sources en droit privé positif – Essai critique*, Paris, Yvon Blais, 2000.

TONINO, Griffero, *Interpretare. La teoria di Emilio Betti e il suo contesto*, Torino, Rosenberg & Sellier, 1998.

TYRRELL, A.; e YAQUB, Z., *The Legal Professions in the New Europe*, Blackwell, Oxford, 1993.

UNGER, Roberto Mangabeira, *The Critical Legal Studies Movement*, Harvard, Harvard University Press, 1986.

VALLEJO, Jesus, *Ruda equidad, ley consumada. Concepción de la potestad normativa (1250-1350)*, Madrid, Centro de Estudios Constitucionales (Colección Historia de la sociedad política, dir. Bartolomé Clavero), 1992.

VAN KRIEKEN, Robert, "Legal Reasoning as a Field of Knowledge Production: Luhmann, Bourdieu, and Law's Autonomy", comunicação apresentada no encontro anual da *Law and Society Association*, Renaissance Hotel, Chicago, Illinois, May 27, 2004. http://www.allacademic.com/meta/p_mla_apa_re search_citation/1/1/7/0/8/p117089_index.html.

REFERÊNCIAS E BIBLIOGRAFIA | 801

VESTING, Thomas, *Rechtstheorie*, München, Beck, 2007.

VICENTE, Dário Moura, "Applicable Law in Voluntary Arbitrations in Portugal", *The International and Comparative Law Quarterly*, 44.1 (January 1995), pp. 179-191.

VILLAS BOAS FILHO, Orlando, *O direito na teoria dos sistemas de Niklas Luhmann*, São Paulo, Max Limonad, 2006.

VISMANN, Cornélia, "Derrida, Philosopher of Law", *German Law Journal*, 1.1 (2005) (=http://www.germanlawjournal.com/article.php?id=531).

VOERMANS, Wim, "The Quality of EU Legislation: What Kind of Problem, by What Kind of Standards?". http://papers.ssrn.com/sol3/papers.cfm?abstract_id=1272620 [Nov. 2008].

WALZER, Michael, *Thick and Thin: Moral Argument at Home and Abroad*, Notre Dame, University of Notre Dame Press, 1966.

WHITMAN, James Q., "«Human Dignity» in Europe and the USA. The social foundations", *Human Rights Law Journal*, 25.1-4 (2004), pp. 18-23.

ZAGREBELSKY, Gustavo, "Diritto per valori, principi o regole (a propósito della dottrina dei principi di Ronald Dworkin)", *Quaderni fiorentini per la storia del pensiero giuridico moderno*, 31(2002), pp. 865-897.

ZEMANS, F. K., "Legal mobilization: the neglected role of the law in the political system", *The American Political System Review*, 77.3 (1983), pp. 690-703.

VIII

ÍNDICES

ÍNDICE TEMÁTICO

Ab-rogação, 710
Absolutismo legislativo, 55
Abstracção do direito
confronto com a mercadoria
(crítica marxista), 277
Acção afirmativa, 297
Acção popular, 252n292, 480
n567
Acesso ao direito, 374
Acesso ao direito
Antigo Regime, 375
Acesso ao direito
Liberalismo, 375
Acesso ao direito
Estado social, 376-77
Acesso ao direito (jurisdicização,
Verrechtlichung)
ambivalência, 377
Acórdão Costa/ENEL, 339-40
Acórdão *Van Gend & Loos*, 337
Acquis comunitário, 345
Actos de governo
ou actos políticos, 603
Actos normativos
noção constitucional, 44
Actos políticos, 602
Adiaforização, 486

Afectos
direito, 468
Althusser, L., 275
Altruísmo
o Eu e o Outro, 476
Amor
e direito, 482
Análise económica do direito,
231
e considerações normativas,
239
Análise teleológica do direito,
533
Antilegalismo
obsolescência, 92
Antinomias, 708
Arbitragem, 390
Ars inveniendi, 32
Ars iudicandi, 32
Artefactos normativos
legalfacts, 568
Assistência judiciária, 382
Autonomia do direito
face à sociedade (marxismo
contemporâneo), 281
Autopoiesis
e dogmática, 226

Autopoiesis
   positividade do direito, 218
Auto-regulação, 440
   e direito democrático, 451
Auto-regulação globalizada
   limitações, 439
Bauman, Z., 485, 497
Bentham, J., 234
Boas práticas
   códigos de, 571
Bourdieu, Pierre, 300
Cálculo jurídico, 463
Campos simbólicos (P. Bourdieu), 300
Capital simbólico, 302
Capital simbólico (P. Bourdieu), 305
Carta Social Europeia, 542
Casuísmo, 31
Causae finitae, 729
Chain novel (Dworkin), 140
Ciência do direito, 739
Ciências da natureza
   e ciências da cultura, 761
Círculo hermenêutico, 663
Circunstâncias do caso, 324
Class actions, 252n292, 480
Cláusulas gerais, 597
Códigos de boas práticas, 571
Coercibilidade, 81
   e estadualismo, 82
Compreensão solidarista
   direito, 469
Comunicação escrita erudita
   e acesso ao direito, 365
Comunidade globalizada de
   valores, 432

Conceitos indeterminados, 597, 608
   no direito administrativo, 598
Conceitos indeterminados (direito administrativo)
   e vinculação à Constituição, 599-600
Conciliação, 389
Confiança, 209, 215. *Ver* Estabilização
Conflitos de normas, 708
Conflitos temporais de normas, 716
Conhecimento do direito, 361
Conhecimento efectivo do direito, 369
Conhecimento popular do direito
   condicionantes sociais, 372
Consenso
   e direito (J. Habermas), 187
Consensualismo, 87
Constitucionalidade
   fiscalização preventiva da, 46
Constitucionalidade e legalidade
   fiscalização abstracta da, 47
   fiscalização concreta da, 46
Constituição
   emergência e primado, 353
   função dirigente e pluralismo, 62n49
   primado da, 35
Constituição económica do mercado global, 433
Constituição para a Europa, 347

ÍNDICES | 807

Construção
  e sistemática, 754
Consumidores
  soberania dos, 239
Contramaioritário
  princípio, 156
Controles e equilíbrios
  direito americano, 464
Costume, 324, 562
  direito internacional, 541
  e dinamismo da vida contemporânea, 565
Couteiros, 500
Crime continuado, 597
Crise do "legalismo", 581
Cultura popular
  Direito, 420
Decisionismo
  como forma de antilegalismo, 91
Decretos legislativos regionais, 44
Decretos-lei, 44
Definições legais, 607
Democracia
  direito, 322
Democracia
  liberdade, 355
Democracia participativa, 480
  n567
Democracia reflexiva ou deliberativa, 426
Democraticidade
  e autoridade científica, 327
Democraticidade do direito, 326
Denegação de justiça (déni de justice), 697
Derrida, Jacques, 284, 513
Descartes, René, 749

Desconstrução, 658
Desconstrução do iluminismo, 511
Desconstrutivismo, 282
  valores, sentidos, direito, 513
Desigualdades no acesso ao direito,
  e défice democrático, 367
Despersonalização do direito
  J. Habermas, 481
Deveres
  e direitos, 469
  enumeração, 472
  jurídicos, 469
  pós-modernismo, 469
Diálogo, consenso
  e pluralismo jurídico, 75
Diferenciação (Ausdifferenzierung) sistémica, 213
Dignidade humana -
  equivocidade, 326
Directivas comunitárias, 45
Direito
  acção comunicativa, 167, 180
  autopoiesis, 216
  como ratio, 31
  como voluntas, 31
  comunicação social, 400
  definição, 81
  diálogo justo, 183
  diálogo, legitimidade pelo, 188
  direitos naturais, 97
  e amor, 474
  e complexidade do Outro, 485
  e convivência republicana, 43

808 | CALEIDOSCÓPIO DO DIREITO...

e legitimidade democrática, 167
e mercadoria, 173
e outros complexos normativos, 81
e solicitude, 515
e valores concretos e situados, 517
fluir do, 400
função de humanização, 514
medicina, 745
mercado, 96
mito da auto-suficiência normativa, 496
natureza, 96
neutralidade social e política, 287
Outro, objectivação do, 483
republicanismo, 88
riscos de uma definição densa, 85
segurança, 202
segurança (redução da complexidade), 209
Direito altruísta, 472
antecipação da ética, 515
Direito como comunicação transparente (J. Habermas)
crítica, 194
Direito comunicativo
vs. direito instrumental, 181
Direito comunitário
aplicabilidade directa aos cidadãos, 336
e cogência tradicional do direito internacional público, 335

e Constituição Portuguesa, 344
legitimação pela ideia de pluralismo jurídico, 68
primado sobre o direito constitucional dos Estados, 341
primado sobre o direito interno, 338
direito contramaioritário, 111
Direito contramaioritário
interpretação democrática do conceito, 156
Direito democrático
direito aristocrático, 94
Direito democrático vs. direito aristocrático, 147
Direito democrático, princípio do
direito da sociedade global, 100
direitos individuais, 98
Direito do «jeito», 532
Direito do quotidiano, 67, 532, 566
Direito embebido na vida, 568
Direito empresarial, 458
avaliação crítica, 465
Direito global
Controle democrático, 455
e norma de reconhecimento, 456
fontes e legitimidade, 431
Direito globalizado
e constitucionalidade, 439
fontes, 443

ÍNDICES | 809

fundamento axiológico do seu mundo jurídico, 432
Direito global e Constituição primado da, 456-57
Direito não-individualista, 469
Direito nos códigos direito em acção (*law in the books vs. law in action*), 106
Direito popular, 420
Direito por princípios, 453
Direito público e direito privado, 624
Direito vivo, 531
Direito, conceito de acordo com o direito positivo, 102
Direitos cívicos movimento dos, 465
Direitos humanos, 354
Direitos humanos convergências e divergências, 355
Direitos humanos e direitos fundamentais, 360
Direitos individuais e direito democrático, 98-99
Discrição poder discricionário, 608
Discriminação positiva, 297
Ditadura do proletariado, 277
Dogmática, 738
Doutrina e Constituição, 557 e legalismo, 551
Doutrina (como fonte de direito) e primado da Constituição, 554
Drittwirkung, 578
Dworkin, R., 136, 331

Discricionariedade do juiz, 141
Efficient breach of contracts, 243
Ehrlich, E., 59
Elites, 298 distinção, 301
Empresarial, perspectiva do direito, 458
Entidade Reguladora para a Comunicação Social, 419
Entidades reguladoras globais, 430
Equidade, 324, 532, 610
Escola Crítica de Frankfurt, 288
Escolas realistas França, Estados Unidos, Inglaterra, 101
Espaço livre de apreciação, 599
Espaço livre de direito, 699
Espaço público (*Öffentlichkeit*) (J. Habermas) direito, 182
Estabilização função de, 211 previsibildade, expectabilidade, segurança, 203
Estabilização, função de, 77, 167
Estado tarefas fundamentais, 471
Estado democrático e consenso (J. Habermas), 190
Estado-Nação origem, 53
Estadualismo e sua crise, 25 genealogias das correntes críticas, 25

810 | CALEIDOSCÓPIO DO DIREITO...

Estatuição, 606
Estudos críticos do direito, *Critical legal studies*, 286
Ética e valores
pós-modernidade, 503
Eu
Outro, 476
Everyday life law, 566
Expert systems, 640, 646
Factos
e direito, 590
Ficções jurídicas, 596
Filosofia dos valores, 761
Finnis, J., 490n578
Fontes de direito, 43, 530
Code Civil de 1804, 104
Código Civil português, de 1867, 104
Constituição da República Portuguesa de 1976, 105
Constituição portuguesa de 1933, 104
direito comunitário, 543
direito internacional, 540
doutrina, 550
doutrina (suma histórica), 550
elenco constitucional, 48
Lei da Boa Razão, 103
Ordenações, 103
pré-compreensão, 530
teoria realista do direito, 532
Formalismo jurídico
interpretação político-social, 307
Formas alternativas de justiça
conciliação, mediação e arbitragem, 389

Fraterna correctio, 474
Funções do Estado
modelo social europeu, 471
Generalidade do direito
interpretação político-social, 308
Generalidade e abstracção
objectivação do outro, 477
Género, 174, 292-95
Globalização
direito, 427
Globalização e direito
a crise de 2008, 435
Gramsci, A. (1891-1937), 275
Grundnorm (norma fundamental), 763
Guiões, *scripts*, 640
Habermas, J., 421
pluralismo jurídico, 70-72
Habitus (P. Bourdieu), 304
Hard cases (R. Dworkin), 140
Hart, 116
Heck, Ph., 59
Hermenêutica, 652
Hipótese, 589
Ignorância da lei
consequências jurídicas, 372
Igualdade
protecção da igualdade material, 170
Igualdade de oportunidades, 297
Inconstitucionalidade
apreciação da, 45
Indeterminação da estatuição
no direito penal, 616
Individualismo, 483

ÍNDICES | 811

Inflação legislativa
consequências, 403
Informação jurídica
mundos de acesso, 365
Informação sobre o direito, 361
Integração
legalismo, 695
norma geral exclusiva [da relevância jurídica], 699
norma geral inclusiva, 700
plenitude do ordenamento jurídico, 700
Integração conforme à Constituição, 708, 716
Integração das lacunas
Art.º 10 CC, 707
Integração jurídica europeia, 68, 331
Interesses "públicos" e "privados", 625
Interpretação, 139, 537, 647
a «letra da lei» no art.º 9 do CC, 694
actualização (ou restauro) do sentido original, 686
cepticismo absoluto (*anything goes*), 669
conforme à Constituição, 677
e letra da lei, 682
e pluralismo, 673
e separação de poderes, 675
metodologia universal, 647
objectiva e subjectiva, 553
paradoxal, 668
princípios orientadores, 657

reconhecimento e virtualidade estabilizadora, 673
resultados (tipologia), 686
sentido originário e sentido actual, 660
superação do positivismo, 663
Interpretação [da lei]
art.º 9º do CC, 691
Interpretação extensiva, 676
das normas incriminatórias, 687
Interrupção voluntária da gravidez, 616
Jhering, R. v., 59
Juiz hercúleo (Dworkin), 140
Juízes
e atenção aos interesses privados, 235
liberdade dos, 324
Jurisdicização, *Verrechtlichung*, 377
Jurisprudência (como fonte de direito), 561
Assentos do STJ, 561n670
Jurisprudência cautelar, 562
Jurisprudência dos conceitos, 739
Jurisprudência dos interesses, 765
Juristas
autoridade especial para dizer o direito, 94
e poder soberano, 104
riscos de instrumentalização, 454
Jusnaturalismo, 322

812 | CALEIDOSCÓPIO DO DIREITO...

Justiça
causas da ineficiência, 384
ritmos, 406
Justiça, tempos da
vantagens do ponto de vista
substancial, 411
Kantorowicz, H., 59
Law and economics, 236
Legalfacts, 568
Legalidade socialista, 278
Legalismo, 89
democracia e autoritarismo,
90
e auto-regulação, 61
papel conformador dos juí-
zes, 57
Legislação de oportunidade
(*opportunistic*), 461
Legisladores (Bauman), 500
Legitimidade, 82
Lei
crítica da, 323
e regras de arte do saber
jurídico, 63
regras de arte e sentimen-
tos de justiça, 58
Lei (como fonte de direito), 581
Lei democrática
sua idoneidade democrática,
326
Leis, 44
Leis gerais da República, 45
Leis orgânicas, 45
Leis reforçadas, 45
Lentidão da justiça, 379
Levinas, E., 485, 492
Liberalismo político clássico,
427

Liberdade de expressão e de
informação, 417
Limites à interpretação
no direito, 674
Limites da interpretação, 654
e limites do direito, 735
Limites da interpretação (jurídica), 659
Limites do direito, 489
Linguística
e ciências sociais, 282
Liquidez (Bauman), 508
Livros de direito
literacia genérica e específica, 367
Luhmann e Habermas
a polémica entre, 227
Luhmann, N.
complexidade, redução da,
210
e pluralismo jurídico, 65
Mapa judiciário
defeitos e revisão, 385
Marx, K., 273
direito, 274
Marxismo
direito igual, 172
fetichismo da generalidade,
172
igualdade – mitos, 171
igualdade jurídica, 170
Marxismo contemporâneo, 273
direito, 279
Masculino
e normalidade, 292
McIntyre, Alasdair, 490n578
Mecanismos normativos do
Estado

ÍNDICES | 813

e mecanismos normativos globais, 442

Media
direito, 421
tempos dos, 413

Mediação, 389

Mercado
e senso comum (ou racionalidade), 239
lógica do, 246
méritos e deméritos, 248
neutralidade, 251

Mercado (ideal)
pressupostos, 239

Método
e política, 758

Método jurídico
carácter apenas provável dos resultados, 747

Metodologia jurídica
pluralismo, 523

Ministério Público, 396
independência, hierarquização, responsabilidade, 397

Modernidade
crise da, 484
modelo ético, 497

Moral
irredutibilidade da, 489
retorno da, 485, 503

Moral universal
e destruição dos impulsos morais pessoais, 506

Moral, retorno da
submersão do direito?, 488

Mundo quotidiano (*Lebenswelt*)
(J. Habermas)
direito, 182

Natureza
direito, 95-96

Natureza das coisas
equivocidade, 326
Maihoffer, E., 59

Neural networks, redes neuronais, 646

Norma de reconhecimento, 524
"reconhecimento?", 526
carácter democrático, 112
conteúdo, 120
critérios de reconhecimento, 120
e Constituição, 120, 533, 538
e contrato social, 125
e direito democrático, 142
e fundamento axiológico do direito, 124-25
e norma fundamental (*Grundnorm*), 125
princípios, 136

Normação privada, 570

Normas
tipos quanto à estatuição, 606

Normas primárias
normas secundárias (H. L. Hart), 117

Normas técnicas, 446

Normativismo, 31

Normativista, 458

Omissão de socorro, 473

Optimização recíproca de normas, 714

Oralidade
e acesso ao direito, 365

Ordem jurídica compromissória, 714

Ordenliberalismus, 237n267

814 | CALEIDOSCÓPIO DO DIREITO...

Outro
despersonalização do, 477
Ethnic jurisprudence, 295
Patrocínio judiciário gratuito, 382
Pattern recognition, reconhecimento de padrões, 645
Pedigree
como fonte de reconhecimento das normas de direito (H. L. Hart), 120
Pensamento associativo
e pensamento raciocinante, 423
Pluralismo, 28
Pluralismo jurídico, 65. *Ver* Habermas, J., *ver* Direito comunitário, *ver* Luhmann Constituição da República, 107
Tribunal de Justiça das Comunidades, 69
Pluralismo normativo
e reflexão crítica, 524
Police intelligence, 425n482
Política redistributiva
legitimidade, 470
Ponderação, 138
crítica da ideia de, 156
Pop law. Ver Direito popular
Positivismo conceitual, 323
Positivismo legal, 89
Pós-modernidade
relativismo moral, 505
Pós-modernidade
modelo ético, 499
Presunções, 595

Primado da Constituição
e emergência da democracia, 353
Primado da lei
e pluralismo, 61
Princípio da proporcionalidade, 714
Princípio da soberania popular, 89
Princípio do contraditório (*adversarial model*)
e democracia judicial, 467
Princípio do direito democrático, 88
riscos contemporâneos, 93
Princípios
riscos do desenvolvimento judicial dos, 158
Princípios
aprofundamento da democracia no campo do direito, 154
aspectos políticos da discussão sobre eles, 147
característica, 137
e princípio do direito democrático, 142
e regras, 137
e regras (ponderação e adjudicação), 138
positivação (ou recepção) concreta dos, 154
R. Dworkin, 135
Princípios
desenvolvimento judicial dos, e legitimidade democrática do direito, 331

ÍNDICES | 815

Princípios, 453, 535
Princípios fundamentais constitucionais
como limite à aplicação interna do direito comunitário, 341-42
Produção do direito, 280
Professorenrecht, 57
Proporcionalidade, 714
Providencialismo, 32
Prudentia, 31
Pufendorf, S., 473
Qualificação, 631
processo psicológico subjacente, 640
Ramos de direito
especificidades (materiais e substanciais), 618
Ramos do direito, 618
Raz, Joseph, 134n122
Realidade
e sentido, 592
Realidade e hiper-realidade
efeitos da mediatização da vida, 413
Realismo
alcance e balanço, 131
e flexibilização do direito, 133
e superação do legalismo, 133
e superação do subjectivismo, 133
Reconhecimento de uma norma
pressupostos, 124
Reconhecimento
instância social relevante, 130
Reconhecimento
por quem?, 526
Référé législatif, 696n850

Reforma do direito
e ritmo de evolução social, 221
Regimes políticos elitistas
e legalismo, 56
Regulamentos, 45
Relações especiais de poder, 621
Retorno da moral, 485
Revoluções liberais
e legalismo, 55
Risco
distribuição desigual, protecção desigual, 206
prevenção (sustentabilidade, precaução), 208
Risikogesellschaft. Ver Sociedade de risco
Ritmos respectivos do direito
e da comunicação social, 413
Saber axiomático
o direito como, 749
Saber positivo
o direito como, 753
Saber probabilístico
o direito como, 747
Santi Romano, 59
Santos, Boaventura de Sousa
pluralismo jurídico, 66
Savigny, F. C. v., 53
Schmitt, Carl
e decisionismo, 92n76
Segredo de justiça, 417, 423
Semiologia, 652
Semiótica, 652
Sentido, 647
Sistema
ambiente, 217, 220
das fontes de direito, 536
Smith, Adam, 234

816 | CALEIDOSCÓPIO DO DIREITO...

Soberania, 53
Soberania do consumidor
e soberania política, 249
Soberania popular, 89
Sociedade de risco (*Risikogese-llschaft*), 206
State Action Doctrin. Ver Drittwi-rkung
Storytelling, 424
Teleologia, 533
Teoria do direito
formação dos juristas, 159
Teoria do facto passado, 725
Teoria dos direitos adquiridos, 721
Teoria pura do direito, 762
Teorias realistas
descrição vs. justificação, 129
Totalitarismo da lei, 55, 325
Tribunais (EUA)
desigualdade de acesso, 465
funcionalização aos interesses privados, 464
Tribunais das comunidades
o seu 'público', 546

Tribunal de Justiça das Comunidades, 336
Tribunal Penal Internacional, 345
União Europeia
constituição económica, 333
Unidade da ordem jurídica, 620-21
pluralismo jurídico sob a
égide da Constituição, 537
Uso alternativo do direito, 291
Utilitarismo, 234, 230n256
Valores
pós-modernismo, 469
Viragem linguística (*Linguistic Turn, Linguistic Twist*)
e direito, 282
Vontade popular
vias da sua expressão, 327
White-collar crime, 409n470
Willingness to pay, 237
Zagrebelski, G., 453
Zielbezogene Rationalität, 743

ÍNDICE SISTEMÁTICO

Nota prévia.	13
Principais abreviaturas usadas.	19
I. Preliminares	23
1. Estadualismo e antiestadualismo.	25
1.1 Um saber dependente de pré-compreensões culturais.	30
1.2 Uma primeira e provisória aproximação.	39
1.2.1 Fontes de direito, sua hierarquia e forma de manifestação.	43
2. Pressupostos de uma revisão do método jurídico, num sentido pluralista. Contextualização da metodologia jurídica corrente.	52
2.1 A reacção antilegalista.	58
2.2 A democracia plural e o seu direito.	65
II. Uma definição realista do direito.	79
3. O que é, para nós, o direito?	81
4. Uma autodefinição?	102
5. O realismo jurídico de H. L. Hart, como ponto de partida	113
6. A definição realista e a consideração dos "princípios": H. L. Hart e R. Dworkin.	135
6.1 O sentido político de uma polémica acerca da definição de direito	147

818 | CALEIDOSCÓPIO DO DIREITO...

III. As funções sociais do direito 161

7. O direito como forma de estabelecer a igualdade entre os cidadãos. 168

8. O direito como elemento racionalizador da interacção social (como acção comunicativa, J. Habermas). 180

   8.1 Direito técnico-instrumental *vs.* direito comunicativo. 181

   8.2 O poder comunicativo. 188

   8.3 Balanço e críticas. 191

9. O direito como factor de segurança. 202

   9.1 Direito e a redução da complexidade (a perspectiva sistémica de N. Luhmann) 209

      9.1.1 Introdução. 209

      9.1.2 Diferenciação, sistema, ambiente, autopoiésis, fechamento-abertura. 213

   9.2 Habermas e Luhmann. Uma hoje paradoxal polémica. 227

10. O direito como factor de eficiência (do mercado) ("análise económica do direito", *law and economics*). 230

   10.1 Uma aplicação recente da teoria do valor de Posner ao mercado imobiliário nos EUA – o novo regime do *eminent domain.* 256

11. As análises políticas do direito. O direito como instrumento de domínio de um grupo social. 272

   11.1 O marxismo contemporâneo. 273

   11.2 O "desconstrutivismo". 282

   11.3 Os "estudos críticos do direito", *Critical legal studies.* 286

      11.3.1 Género (*"Feminist jurisprudence"*). 292

      11.3.2 Etnia (*"Ethnic" jurisprudence; outsider jurisprudence*). 295

   11.4 Elites. 298

      11.4.1 A "teoria dos campos simbólicos". 300

ÍNDICES | 819

IV. O direito na vida: uma abordagem tópica 317

12. Democracia e direito. 322

12.1 A democraticidade do direito e a crítica do positivismo legal. 322

12.2 Democraticidade do direito e integração jurídica europeia. 331

12.3 Democraticidade do direito e emergência do Estado Constitucional e dos "Direitos Humanos" 352

12.4 Direitos humanos e direitos fundamentais. 360

12.5 O conhecimento do direito. 361

      12.5.1 Meios de informação sobre direito. 362

12.6 O desenvolvimento de políticas de democratização do acesso ao direito 374

12.7 Formas alternativas de justiça: conciliação, mediação e arbitragem. 389

12.8 O dever estadual de assegurar a justiça. O Ministério Público e as suas funções 396

13. Tempos da vida moderna e tempos do direito. Direito e comunicação social. 400

13.1 O fluir do direito. 400

13.2 O direito, a comunicação social e a "cultura popular" 413

13.3 A narrativa dos *media* e a narrativa do direito. Direito e *pop culture* (*Pop law*) 420

14. Estado e direito. As mutações do Estado na era da globalização 427

14.1 Inciso. Economia global, igualdade e progresso humano 448

14.2 Um direito empresarial? 458

820 | CALEIDOSCÓPIO DO DIREITO...

15. Os deveres e os valores jurídicos numa era pós-moderna? 469

15.1 O direito e a "despersonalização do Outro". .. 477

15.2 O retorno da moral: as respostas "éticas" de E. Levinas e de Z. Bauman 485

V. Iniciação à metodologia do direito 519

16. Introdução. As fontes de direito como formas de manifestação do direito. Contributo para uma teoria pluralista das fontes de direito 522

16.1 O elenco das fontes de direito 540

16.1.1 O direito internacional e comunitário. 540

16.1.2 A doutrina. 550

16.1.3 A jurisprudência. 561

16.1.4 O costume. 562

16.1.5 Normação privada. 570

16.1.6 A lei. 581

VI. Apontamentos para uma Teoria da Norma 587

17. Alguns aspectos mais importantes da metodologia jurídica. As normas: sua estrutura e categorias 589

17.1 Previsão e estatuição. A previsão 589

17.2 Previsão e estatuição. A estatuição 606

18. Classificação das normas por ramos de direito 618

18.1 Uma aplicação: direito público e direito privado nos nossos dias. 624

19. Alguns aspectos mais importantes da metodologia jurídica. As normas: problemas de aplicação 630

20. A qualificação 631

ÍNDICES | 821

21. Interpretação 647

22. Integração 695

23. Conflitos de normas 708

    23.1 Os conflitos temporais de normas 716

24. Conclusão 732

25. A construção jurídica entre um saber "mole" e um saber "duro" 737

VII. Referências e bibliografia 769

26. *Sites* jurídicos mais utilizados 771

27. Outros *links* de interesse 772

28. Livros e artigos 773

VIII. Índices 803

Índice temático. 805

Índice sistemático 817